Investmentgesellschaften nach dem KAGB

Europäische Hochschulschriften Recht

European University Studies in Law

Publications Universitaires Européennes de Droit

Band/Volume **6164**

Julia König

Investmentgesellschaften nach dem KAGB

Investmentaktiengesellschaft und Investmentkommanditgesellschaft als neu geschaffene Gesellschaftsformen

PETER LANG

Bibliografische Information der Deutschen Nationalbibliothek
Die Deutsche Nationalbibliothek verzeichnet diese Publikation in der Deutschen Nationalbibliografie; detaillierte bibliografische Daten sind im Internet über http://dnb.d-nb.de abrufbar.

Zugl.: Tübingen, Univ., Diss., 2018.

Gedruckt auf alterungsbeständigem, säurefreiem Papier.
Druck und Bindung: CPI books GmbH, Leck

D 21
ISSN 0531-7312
ISBN 978-3-631-80360-8 (Print)
E-ISBN 978-3-631-82312-5 (E-PDF)
E-ISBN 978-3-631-82313-2 (EPUB)
E-ISBN 978-3-631-82314-9 (MOBI)
DOI 10.3726/17012

Peter Lang – Berlin · Bern · Bruxelles · New York · Oxford · Warszawa · Wien

Diese Publikation wurde begutachtet.
www.peterlang.com

Meiner Familie

Vorwort

Die vorliegende Arbeit wurde im Sommersemester 2018 von der juristischen Fakultät der Eberhard Karls Universität in Tübingen als Dissertation angenommen. Literatur und Rechtsprechung befinden sich auf dem Stand Mai 2018.

Mein herzlicher Dank gilt meinem viel zu früh verstorbenen Doktorvater Herrn Professor Dr. Jan Schürnbrand für die Anregung des Themas der Arbeit, den notwendigen Freiraum zur Erstellung der Arbeit und die lehrreichen Jahre am Lehrstuhl als wissenschaftliche Mitarbeiterin vom Sommersemester 2014 bis zum Wintersemester 2016. Während dieser Zeit ist der Großteil der vorliegenden Arbeit entstanden. Bedanken möchte ich mich ferner bei Herrn Professor Dr. Jens-Hinrich Binder für die sofortige Bereitschaft zur Übernahme des Erstgutachtens und die zeitnahe Erstellung desselben sowie Herrn Professor Dr. Heinz-Dieter Assmann für die sehr zügige Erstellung des Zweitgutachtens.

Frau Dr. Sonja Kreß danke ich für ihre Freundschaft und ihre stetige Zuversicht und Motivation in unseren gemeinsamen Jahren des Studiums und der anschließenden Promotionszeit.

Herzlich danken möchte ich meinen Eltern, die mir das Studium ermöglicht haben sowie meinem Ehemann und meiner Schwester für ihre Korrekturarbeiten. Ganz besonderer Dank gebührt meinem Ehemann, sowie meinen Eltern und meiner Schwester, die mich während des Studiums und der Promotion stets bedingungslos und liebevoll unterstützt und die Arbeit durch ihren Rückhalt und Zuspruch entscheidend gefördert haben. Ihnen allen ist diese Arbeit gewidmet.

Inhaltsverzeichnis

Abkürzungsverzeichnis

a. A.	andere Ansicht
a. F.	alte Fassung
AG	Aktiengesellschaft
AGB	Allgemeine Geschäftsbedingungen
AIF	Alternative Investmentfonds
AIFM-UmsG	Gesetz zur Umsetzung der Richtlinie 2011/61/EU über die Verwalter alternativer Investmentfonds (AIFM-Umsetzungsgesetz)
AktG	Aktiengesetz
Anh.	Anhang
BaFin	Bundesanstalt für Finanzdienstleistungsaufsicht
BayObLG	Bayerisches Oberstes Landesgericht
BGB	Bürgerliches Gesetzbuch
BGH	Bundesgerichtshof
BReg	Bundesregierung
BT-Drs.	Bundestagsdrucksache
BVI	Bundesverband Investment und Asset Management e.V.
DCGK	Deutscher Corporate Governance Kodex
FATF	Financial Action Task Force
FMFG	Finanzmarktförderungsgesetz
Fn.	Fußnote
GbR	Gesellschaft bürgerlichen Rechts
gem.	gemäß
ggf.	gegebenenfalls
GmbH	Gesellschaft mit beschränkter Haftung
GuV	Gewinn- und Verlustrechnung
h. M.	herrschende Meinung
HGB	Handelsgesetzbuch
Hs.	Halbsatz
i. S. d.	im Sinne des
i. S. v.	Im Sinne von
i. V. m.	in Verbindung mit
InvAG	Investmentaktiengesellschaft
InvÄndG	Investmentänderungsgesetz
InvG	Investmentgesetz

InvKG	Investmentkommanditgesellschaft
InvModG	Investmentmodernisierungsgesetz
InvRBV	Investment-Rechnungslegungs- und Bewertungsverordnung
KAGB	Kapitalanlagegesetzbuch
KAGG	Gesetz über Kapitalanlagegesellschaften
KAPrüfbV	Kapitalanlage-Prüfungsberichte-Verordnung, Verordnung über den Gegenstand der Prüfung und die Inhalte der Prüfungsberichte für externe Kapitalverwaltungsgesellschaften, Investmentaktiengesellschaften, Investmentkommanditgesellschaften und Sondervermögen
KARBV	Kapitalanlage-Rechnungslegung- und – Bewertungsverordnung, Verordnung über Inhalt, Umfang und Darstellung der Rechnungslegung von Sondervermögen, Investmentaktiengesellschaften und Investmentkommanditgesellschaften sowie über die Bewertung der zu dem Investmentvermögen gehörenden Vermögensgegenstände
KG	Kommanditgesellschaft
KGaA	Kommanditgesellschaft auf Aktien
KVG	Kapitalverwaltungsgesellschaft
KWG	Kreditwesengesetz
MoMiG	Gesetz zur Modernisierung des GmbH-Rechts und zur Bekämpfung von Missbräuchen
m. f. K.	mit fixem Kapital
m. v. K.	mit veränderlichem Kapital
OGAW	Organismen für gemeinsame Anlagen in Wertpapieren
OGAW-IV-UmsG	Gesetz zur Umsetzung der Richtlinie 2009/65/EG zur Koordinierung der Rechts- und Verwaltungsvorschriften betreffend bestimmte Organismen für gemeinsame Anlagen in Wertpapieren (OGAW-IV-Umsetzungsgesetz)
Publikums-KG	Publikumskommanditgesellschaft
RG	Reichsgericht
Rn.	Randnummer
S.	Seite
SE	Societas Europaea
StückAG	Stückaktiengesetz
TGV	Teilgesellschaftsvermögen
VerkProspG	Verkaufsprospektgesetz

VermAnlG	Gesetz über Vermögensanlagen, Vermögensanlagengesetz
Vgl.	Vergleiche
WpDVerOV	Wertpapierdienstleistungs-Verhaltens- und -Organisationsverordnung
WpHG	Wertpapierhandelsgesetz

A. Einführung und Grundlagen

I. Ziel der Arbeit und Gegenstand der Untersuchung

Diese Arbeit untersucht das Gesellschaftsrecht des KAGB. Aufgrund der Vielzahl der gesellschaftsrechtlichen Regelungen ist es das Ziel dieser Dissertation, die These, dass es sich bei der InvAG und der InvKG jeweils um neu geschaffene Gesellschaftsformen handelt, zu überprüfen.

Für die InvAG wurde in der Literatur bereits die Frage aufgeworfen, ob es sich um eine eigene Gesellschaftsform handelt[1]. Nach wohl überwiegender Ansicht ist die InvAG gesellschaftsrechtlich mit Blick auf die Gesetzgebungsunterlagen[2] als Aktiengesellschaft mit Sonderregelungen einzuordnen[3], obwohl auch auf die großen Unterschiede zur normalen AG aufmerksam gemacht wird[4]. Hinsichtlich der InvKG geht das Schrifttum zum KAGB teilweise von einer Variante der KG oder einem Sonderrecht aus und verneint die Schaffung einer neuen Gesellschaftsform durch das KAGB[5] oder verweist auf die Gesetzgebungsmaterialien[6]. In der Tat geht aus den Erläuterungen zu den §§ 124 und 149 des Gesetzesentwurfs zum KAGB hervor, dass jeweils „mit der Einführung dieser organisationsrechtlichen Form (…) keine neue Gesellschaftsform geschaffen“ werde[7].

Aufgrund der großen Abweichungen bezüglich der Organisations- und der Haftungsregelungen im KAGB zum HGB wird für die InvKG teilweise vertreten,

---

1 Vgl. hierzu *Fock/Hartig* in: Festschrift Spiegelberger, S. 653, 653, 657, 661; so zumindest im Titel *Hermanns,* ZIP 2004, 1297, 1297.

2 RegE 3. FMFG BT-Drs. 13/8933 S. 126; RegE AIFM-UmsG BT-Drs. 17/12294 S. 247.

3 So etwa *München* in: Baur/Tappen KAGB, § 108 KAGB Rn. 3 und *München* in: Baur/Tappen KAGB, § 140 KAGB Rn. 3; *Freitag* in: Moritz/Klebeck/Jesch KAGB, § 91 KAGB Rn. 20; *Silberberger/Lorenz* in: Weitnauer/Boxberger/Anders KAGB, § 139 KAGB Rn. 5; *Silberberger/Lorenz* in: Weitnauer/Boxberger/Anders KAGB, § 140 KAGB Rn. 1; *Baums/Kiem* in: Festschrift Hadding, S. 741, 745; *Dornseifer,* AG 2008, 53, 54f.; *Fischer/Friedrich,* ZBB 2013, 153, 158, 160; *Steck/Schmitz,* AG 2004, 658, 659.

4 *Freitag* in: Moritz/Klebeck/Jesch KAGB, § 91 KAGB Rn. 21; *Baums/Kiem* in: Festschrift Hadding, S. 741, 745ff.; *Dornseifer,* AG 2008, 53, 54ff.; *Steck/Schmitz,* AG 2004, 658, 659ff.

5 *K. Schmidt* in: K. Schmidt/Lutter, § 278 AktG Rn. 1; *Fischer/Friedrich,* ZBB 2013, 153, 160.

6 *Wallach,* ZGR 2014, 289, 296.

7 Siehe RegE AIFM-UmsG BT-Drs. 17/12294 S. 241, 249.

sie erscheine als selbstständige Gesellschaftsform[8]. In der Literatur wird die InvKG teilweise als (spezielle) Rechtsform[9] oder als Sonderform[10] bzw. Unterform[11] der KG bezeichnet. Auch werden die §§ 124ff. KAGB als Sondergesellschaftsrecht eingeordnet[12].

Leitende und mit dieser Dissertation zu überprüfende These ist daher, dass der Gesetzgeber trotz seines eindeutig entgegenstehenden Willens jeweils eine neue Gesellschaftsform geschaffen hat. Dies wird im Folgenden kritisch untersucht und belegt.

Der im Gesellschaftsrecht geltende numerus clausus[13] steht dieser These nicht entgegen. Schließlich sind die InvAG und die InvKG im KAGB gerade gesetzlich geregelt. Unabhängig von der Frage, ob es sich bei der InvAG oder der InvKG um eine eigene Rechtsform oder nur um Sonderrecht innerhalb der Rechtsform der AG oder der KG handelt, folgt aus den § 91 KAGB (für offene inländische Investmentvermögen) sowie § 139 (für geschlossene inländische Investmentvermögen) ein sogenannter „Rechtsformzwang"[14] der ebenfalls als „numerus

---

8 *Casper,* ZHR 179 (2015), 44, 79; *Freitag,* NZG 2013, 329, 335.

9 *Emde/Dreibus,* BKR 2013, 89, 93 sieht in der InvKG eine „bislang nicht vorgesehene Rechtsform"; *Möllers/Seidenschwann* in: Möllers/Kloyer, S. 1, 4 nennt die offene oder geschlossene InvKG als mögliche Rechtsformen beziehungsweise gesellschaftsrechtliche Formen für Investmentfonds; *Schürnbrand,* ZGR 2014, 256, 258 bezeichnet die InvKG als spezielle Rechtsform; *Voigt/Busse,* BKR 2013, 184, 185 sprechen von Rechtsformen im Hinblick auf die geschlossene und die offene InvKG.

10 *Oetker* in: Oetker HGB, § 161 HGB Rn. 163; *Casper* in: Staub HGB, Band 4, § 161 HGB Rn. 280; *Silberberger/Lorenz* in: Weitnauer/Boxberger/Anders KAGB, § 139 KAGB Rn. 5; *Casper,* ZHR 179 (2015), 44, 79.

11 *K. Schmidt* in: K. Schmidt/Lutter, § 278 AktG Rn. 1; *Silberberger/Lorenz* in: Weitnauer/Boxberger/Anders KAGB, § 139 KAGB Rn. 5; *Paul* in: Weitnauer/Boxberger/Anders KAGB, § 149 KAGB Rn. 6; *Stöber* in: Westermann/Wertenbruch, Hdb. Personengesellschaften, § 54a Die Investment-KG Rn. 3167; *Fischer/Friedrich,* ZBB 2013, 153, 160; *Wallach,* ZGR 2014, 289, 327.

12 *Assmann,* AG 2015, 597, 601 spricht von einem Sondergesellschaftsrecht; von einem Sonderrecht spricht auch *Wallach,* ZGR 2014, 289, 327 und *Zetzsche,* AG 2013, 613, 629 spricht von einem Spezialgesellschaftsrecht.

13 Sehr ausführlich hierzu etwa *K. Schmidt,* Gesellschaftsrecht, § 5 II.

14 *Freitag* in: Moritz/Klebeck/Jesch KAGB, § 91 KAGB Rn. 1, 41; *Freitag* in: Moritz/Klebeck/Jesch KAGB, § 139 KAGB Rn. 1; *Oetker* in: Oetker HGB, § 161 HGB Rn. 164; *Anders* in: Weitnauer/Boxberger/Anders KAGB, § 91 KAGB Rn. 3ff.; *Freitag,* NZG 2013, 329, 329f.; *Servatius,* ZfIR 2014, 134, 135; *Seitz,* Die InvestmentKG, S. 36ff.

clausus“ bezeichnet wird[15]. Die Investmentvermögen dürfen nur in den explizit dort genannten (Rechts-)Formen betrieben werden.

Mit dieser Leitthese betritt diese Dissertation Neuland. Zwar finden sich Dissertationen zur InvAG[16], jedoch wurden diese noch unter Geltung des InvG verfasst. Eine aktuelle Untersuchung die die InvAG mit der AG vergleicht und die Regelungen der InvKG denjenigen zur KG gegenüberstellt, wurde – soweit ersichtlich[17]- noch nicht vorgenommen. Insbesondere da die Regelungen zur InvKG nach dem Vorbild der InvAG verfasst wurden, ist eine Untersuchung beider Gesellschaftsformen zum Verständnis der neuen InvKG von Vorteil. Zudem können aufgrund der oft gleichlautenden Vorschriften auch Aufsätze oder Kommentierungen zur InvKG bereits bei Streitigkeiten innerhalb der InvAG berücksichtigt werden.

II. Gang der Untersuchung

Die Behauptung, dass es sich bei der InvAG und der InvKG um eine eigenständige Rechtsform handelt, ist die die gesamte Untersuchung umspannende Hauptthese und bestimmt den Gang der Untersuchung. In der Einführung im ersten Teil (A.) werden allgemeine Fragestellungen wie etwa der nicht zu untersuchende Anwendungsbereich des KAGB, die Einordnung der Normen des KAGB als Gesellschaftsrecht oder Aufsichtsrecht und die historische Entwicklung vorangestellt. Schließlich betreffen diese die InvAG und die InvKG gleichermaßen. Anschließend werden in den beiden Hauptteilen die InvAG (B.) und die InvKG (C.) untersucht. Bei der Überprüfung der Leitthese soll zunächst jeweils ein Überblick über die im KAGB geregelten Unterarten dieser Gesellschaftsform ermöglicht werden. Anschließend wird mittels der bekannten juristischen Methoden anhand näherer Betrachtung der historischen Entwicklung,

---

15 *Lichtenstein* in: Baur/Tappen KAGB, § 91 KAGB Rn. 3; *Freitag* in: Moritz/Klebeck/Jesch KAGB, § 139 KAGB Rn. 1; *Anders* in: Weitnauer/Boxberger/Anders KAGB, § 91 KAGB Rn. 4; *Servatius,* ZfIR 2014, 134, 135.

16 Vgl. hierzu etwa *Fischer,* Die Investmentaktiengesellschaft aus aufsichtsrechtlicher und gesellschaftsrechtlicher Perspektive, S. 1ff.; *Fromm,* Die Investmentaktiengesellschaft mit veränderlichem Kapital, S. 1–71; *Müchler,* Die Investmentaktiengesellschaft mit veränderlichem Kapital, S. 27ff.; *Wegner,* Die selbstverwaltete Hedgefonds-Investmentaktiengesellschaft mit Teilgesellschaftsvermögen, S. 45ff.

17 Es findet sich eine Dissertation zur InvAG (*Blenk,* Die Mitgliedschaft in der Investmentaktiengesellschaft) sowie zur offenen InvKG (*Mohr,* Die offene Investmentkommanditgesellschaft sowie zwei weitere zur InvKG (*Schewe,* Kommanditgesellschaften im Regelungsbereich des Investmentrechts; *Seitz,* Die InvestmentKG).

des Gesetzeswortlauts, der Systematik im KAGB, des Sinn und Zwecks der Regelungen im KAGB sowie schwerpunktmäßig durch eine ausführliche Gegenüberstellung der Normen des KAGBs mit den jeweiligen Normen bezüglich der Grundformen im AktG bzw. HGB und BGB erarbeitet, dass es sich um eigenständige Gesellschaftsformen handelt. Zum Abschluss (D.) werden die Ergebnisse zusammengefasst.

III. Der Anwendungsbereich des KAGB

Der Anwendungsbereich des KAGB muss im Einzelfall durch Auslegung ermittelt werden. Zwar gilt im KAGB ein materieller und somit weiterer Investmentbegriff als im InvG[18]. Jedoch ist in der Praxis in Einzelfällen unklar, ob ein Investmentvermögen im Sinne des § 1 Abs. 1 Satz 1 KAGB vorliegt[19]. Hinzu kommen die in § 2 KAGB geregelten Ausnahmen. Im Rahmen dieser Arbeit soll lediglich der Frage nachgegangen werden, ob es sich bei den Gesellschaftsformen, die zwingend nach den KAGB errichtet werden müssen, um eigene Gesellschaftsformen handelt. Auslegungsfragen zum Anwendungsbereich des KAGB bleiben weiteren wissenschaftlichen Untersuchungen vorbehalten[20].

---

18 RegE AIFM-UmsG BT-Drs. 17/12294 S. 188 sowie h. M., vgl. *Jesch* in: Baur/Tappen KAGB, § 1 KAGB Rn. 4; *Gottschling* in: Moritz/Klebeck/Jesch KAGB, § 1 KAGB Rn. 10; *Casper* in: Staub HGB, Band 4, § 161 HGB Rn. 260; *Volhard/Jang* in: Weitnauer/Boxberger/Anders KAGB, § 1 KAGB Rn. 2; *Emde/Dreibus*, BKR 2013, 89, 90; *Hartrott/Goller*, BB 2013, 1603, 1603.

19 Vergleiche hierzu etwa BaFin, Auslegungsschreiben zum Anwendungsbereich des KAGB und zum Begriff des „Investmentvermögens", Q 31-Wp 2137-2013/0006 vom 14.06.2013 zuletzt geändert am 09.03.2015, abrufbar unter: http://www.bafin.de/SharedDocs/Veroeffentlichungen/DE/Auslegungsentscheidung/WA/ae_130614_Anwendungsber_KAGB_begriff_invvermoegen.html?nn=2818492#doc3996604bodyText1, zuletzt abgerufen am 22.05.2018; EMSA, Leitlinien zu Schlüsselbegriffen der Richtlinie über die Verwalter alternativer Investmentfonds (AIFMD), EMSA/2013/611, abrufbar unter: https://www.esma.europa.eu/sites/default/files/library/2015/11/esma_2013_00600000_de_cor-_revised_for_publication.pdf, zuletzt abgerufen am 22.05.2015; *Seitz*, Die InvestmentKG, S. 287; *Gottschling* in: Moritz/Klebeck/Jesch KAGB, § 1 KAGB Rn. 26ff.; *Volhard/Jang* in: Weitnauer/Boxberger/Anders KAGB, § 1 KAGB Rn. 2ff.; *Demleitner*, BB 2014, 2058, 2059; *Kirchhof*, GWR 2016, 333, 333ff.; *Merkt*, DB 2015, 2988, 2988ff.; *Reiner*, GWR 2016, 202, 202ff.; *Wallach*, ZGR 2014, 289, 292f.; siehe zu Immobilienfonds *Niewerth/Rybarz*, WM 2013, 1154, 1156f.

20 Vgl. allgemein zum Anwendungsbereich *Schewe*, Kommanditgesellschaften im Regelungsbereich des Investmentrechts, S. 55ff.

IV. Die Sonderregelungen zur InvAG und zur InvKG als Sondergesellschaftsrecht oder Aufsichtsrecht?

Zur Eingrenzung des Untersuchungsgegenstandes, der schwerpunktmäßig das Gesellschaftsrecht umfassen soll, ist relevant, ob es sich bei den Sonderregelungen zur InvAG und zur InvKG um Sondergesellschaftsrecht oder um Aufsichtsrecht handelt. Zum KAGB wird vertreten, dass die Normen zur InvAG und zur InvKG Gesellschaftsrecht enthalten und daher zumindest auch zivilrechtlich einzuordnen sind[21]. Für die Einordnung der Regelungen des KAGB bietet sich ein Blick zur Einordnung entsprechender Regelungen betreffend Kreditinstitute im KWG an. Dort sind bankaufsichtsrechtliche Regelungen, die im Spannungsfeld zum allgemeinen Gesellschaftsrecht stehen, zu finden[22]. Nach einer Ansicht sind dort privates Gesellschaftsrecht, öffentliches Organisationsrecht und öffentliches Aufsichtsrecht derart miteinander verflochten, dass es sich um ein eigenes Rechtsgebiet, das sogenannte „*Bankgesellschaftsrecht*" handelt[23]. Ein Merkmal, das ein solches Bankgesellschaftsrecht vorliegt, ist *Langenbucher* zufolge, dass die staatliche Aufsicht als weiterer Akteur neben Anteilsinhabern und Geschäftsführung agiert[24]. Nach anderer Ansicht wird dagegen strikt zwischen dem „branchenspezifischen" und rechtsformunabhängigen Aufsichtsrecht und dem „branchenunabhängigen" Gesellschaftsrecht getrennt[25]. Bereiche, die sowohl aufsichtsrechtlichen als auch gesellschaftsrechtlichen Inhalt haben, beispielsweise die Compliancepflichten oder Vergütungsregelungen, werden als „*Aufsichtsgesellschaftsrecht*" bezeichnet[26]. Überträgt man diese Sichtweise auf das KAGB, so handelt es sich bei den von der Rechtsform abstrakten, aber branchenspezifischen Regelungen über KVGen ohne Zweifel um Aufsichtsrecht. Bei

---

21 *Casper*, ZHR 179 (2015), 44, 47; *Zetzsche*, AG 2013, 613, 622; *Seitz*, Die InvestmentKG, S. 26ff. betont die aufsichtsrechtliche Funktion des Gesellschaftsrechts.

22 Vgl. zu diesem Spannungsfeld etwa *J.-H. Binder*, ZGR 2013, 760, 760, 764ff.

23 *Langenbucher*, ZHR 176 (2012), 652, 662; ähnlich auch *Langenbucher*, ZGR 2010, 75, 75ff., die das durch das FMStBG geschaffene Recht als „Bankaktienrecht" bezeichnet; *Noack/Zetzsche* in: Festschrift Hopt 2010, S. 2283, 2292f., 2300 wiederum unterscheiden zwischen dem rechtsformunabhängigen „Bankaktienrecht" und dem „Aktienbankrecht" als „aktienrechtsspezifisches Bankrecht" unabhängig von der Einordnung in Aufsichts- oder Gesellschaftsrecht.

24 *Langenbucher*, ZHR 176 (2012), 652, 663.

25 *Wundenberg*, Compliance und die prinzipiengeleitete Aufsicht über Bankengruppen, S. 9.

26 *Wundenberg*, Compliance und die prinzipiengeleitete Aufsicht über Bankengruppen, S. 10.

den Regelungen zur InvAG und zur InvKG handelt es sich zwar um branchenspezifisches, aber auch um speziell für die jeweilige Rechtsform gesetztes Recht. An dieser Stelle könnte man daher auch von einem „Aufsichtsgesellschaftsrecht" oder sogar von einem „Investmentgesellschaftsrecht" sprechen. Somit ist keine eindeutige Zuordnung möglich. Eine weitere Differenzierungsmöglichkeit danach, ob der Charakter der Norm überwiegend investmentrechtlicher oder gesellschaftsrechtlicher Natur ist[27], erscheint aufgrund von Abgrenzungsschwierigkeiten ebenfalls nicht überzeugend.

Es ist letztlich auf die allgemein übliche Unterscheidung von Zivilrecht als Recht, das die Rechtsbeziehungen zwischen privat handelnden Personen kennzeichnet und öffentlichem Recht, das staatliches hoheitliches Handeln gegenüber Privatpersonen regelt, abzustellen[28]. Ob ein staatliches hoheitliches Handeln vorliegt, ist nach den anerkannten Theorien[29], insbesondere nach der wohl herrschenden modifizierten Subjektstheorie[30], zu beurteilen. Mithin handelt es sich um öffentliches Recht, sofern die betreffende Norm *ausschließlich* an einen staatlichen Hoheitsträger adressiert ist, während privatrechtliche Normen an jedermann gerichtet sind[31]. Hiernach handelt es sich bei Gesellschaftsrecht um Privatrecht, da durch den Gesellschaftsvertrag die Rechtsbeziehungen von Personen untereinander geregelt werden. Auch wenn es sich beim Gesellschaftsrecht zusätzlich um Organisationsrecht handelt, ist es dem Privatrecht zuzuordnen[32]. Wird allerdings für eine bestimmte Tätigkeit, wie bei dem Geschäftsbetrieb einer KVG, eine Erlaubnis durch die Verwaltungsbehörde, nämlich die BaFin erforderlich, so ist diese Norm an einen staatlichen Hoheitsträger gerichtet und als öffentlich-rechtliche Norm einzuordnen. Dies bedeutet zudem, dass diejenigen

---

27 *Casper,* ZHR 179 (2015), 44, 47, wobei die Kriterien hierfür offengelassen werden.

28 *Köhler,* BGB, Allgemeiner Teil, § 2 Rn. 2, 3; im Ergebnis wie hier *Schewe,* Kommanditgesellschaften im Regelungsbereich des Investmentrechts, S. 143 Fn. 7.

29 Vgl. hierzu auch BGHZ 108, 284 (286) mit Anwendung der Sonderrechtstheorie; *Hufen,* Verwaltungsprozessrecht, § 11 Rn. 14ff.; *Sodan/Ziekow,* Grundkurs Öffentliches Recht, § 67 Rn. 5ff.

30 Zur modifizierten Subjektstheorie auch Sonderrechtstheorie oder Zuordnungstheorie genannt, vgl. etwa *Hufen,* Verwaltungsprozessrecht, § 11 Rn. 17 m. w. N.; *Sodan/Ziekow,* Grundkurs Öffentliches Recht, § 67 Rn. 8 m. w. N.; *Wolff,* AöR 1950/51, 205, 208f.

31 *Hufen,* Verwaltungsprozessrecht, § 11 Rn. 17; *Sodan/Ziekow,* Grundkurs Öffentliches Recht, § 67 Rn. 8; *Wolff,* AöR 1950/51, 205, 208f.

32 *Windbichler,* Gesellschaftsrecht, § 1 Rn. 1.

Regelungen, die an die BaFin als Aufsichtsbehörde im Investmentrecht adressiert sind[33], öffentlich-rechtlich einzuordnen sind.

In § 5 Abs. 6 KAGB sind der BaFin weitreichende Aufsichtsrechte, nämlich die Überwachung der Einhaltung der Ge- und Verbote des KAGB eingeräumt. § 5 Abs. 6 S. 2 KAGB regelt sogar eine Anordnungsbefugnis der BaFin, um die Einhaltung der Regelungen der Anlagebedingungen und der Gesellschaftsverträge zu gewährleisten. Hierbei könnte es sich um eine Generalklausel handeln, die alle Vorschriften betreffend den Gesellschaftsvertrag zu öffentlichem Recht macht. Da sich allerdings auch die Anleger auf Regelungen bezüglich des Gesellschaftsvertrags, beispielsweise betreffend den Unternehmensgegenstand oder die Rücknahme von Aktien berufen können, handelt es sich nicht um öffentliches Recht. § 5 KAGB richtet sich dagegen ausschließlich an die BaFin und stellt eine aufsichtsrechtliche Vorschrift dar.

Untersuchungsgegenstand der vorliegenden Arbeit soll zunächst das Sondergesellschaftsrecht des KAGB und somit das Privatrecht sein. Soweit das Gesellschaftsrecht überlagert wird, indem aufsichtsrechtliche Regelungen Auswirkungen auf Regelungen im Gesellschaftsvertrag haben[34], wird auf das jeweilige Aufsichtsrecht eingegangen.

V. Die Entwicklung des Investmentrechts in Deutschland

1. Die Lage vor der Entstehung des KAGG

Während bereits Mitte des 19. Jahrhunderts erste Vorläufer der heutigen Investmentgesellschaften in England und Schottland entstanden und sich Investmentgesellschaften Anfang des 20. Jahrhunderts in den USA ausbreiteten, wurde in Deutschland erst im Jahre 1923 der „Zickertsche Kapitalverein", später „Deutscher Kapitalverein" benannt, als erster Vorläufer der heutigen Investmentgesellschaften gegründet[35]. Diese Gesellschaft wurde im Jahre 1929 liquidiert und der

---

33 Beispielsweise (ohne Anspruch auf Vollständigkeit) an die BaFin adressiert sind: §§ 20ff., 113, 114, 119 Abs. 2 S. 2, Abs. 5, 128 Abs. 2 S. 2, Abs. 4, 130, 132 Abs. 2 S. 2, 145, 147 Abs. 2 S. 2, Abs. 5, 153 Abs. 2 S. 2, Abs. 5, 155, 159 S. 2, 160 Abs. 4 KAGB.

34 Vgl. allgemein zur Überlagerung des allgemeinen Aktienrechts durch das für den speziellen Sektor eingreifende Aufsichtsrecht etwa *J.-H. Binder,* ZGR 2013, 760, 785; *Dreher,* ZGR 2010, 496, 502 m. w. N.

35 *Baur* in: Baur InvG 1970, Einl. I. S. 75; *Neuburger* in: Siara/Tormann KAGG 1957, Einl. S. 6f.; ausführlicher zur Ausgestaltung des Vereins als GbR: *Goldschmidt,* Investment Trusts in Deutschland, S. 64ff.; zu den englischen und schottischen Investmentgesellschaften vgl. *Liefmann,* Beteiligungs- und Finanzierungsgesellschaften, S. 167ff.; *Schäcker,* Entwicklung und System des Investmentsparens, S. 26.

„Deutsche Investment-Verein e. Gen. M. b. H.“[36], der neben Grundstückshypotheken Restbestände der Anlagen des „Deutschen Kapitalvereins“ übernahm, wurde 1931 aufgelöst[37]. Nachdem die Bayrische Investment-AG im Jahre 1926 gegründet und wenige Jahre später ebenfalls wieder liquidiert wurde[38], wurde erst im Jahre 1949 die Idee des Investmentsparens durch eine Gesellschaftsgründung in München wieder aufgenommen[39]. Sieben Jahre später, da zwischenzeitlich neben Bayern auch andere Bundesländer steuerliche Erleichterungen geschaffen hatten, wurden vier weitere Investmentgesellschaften gegründet[40]. Diese Entwicklung führte dazu, dass im zweiten Anlauf[41] das Gesetz über Kapitalanlagegesellschaften (KAGG) verabschiedet wurde, welches am 16. April 1957 in Kraft trat[42].

2. Die Einführung des KAGG im Jahre 1957

Das KAGG normierte erstmals das Investmentrecht in Deutschland. Es diente vorrangig dazu, den Schutz der Investmentsparer sicherzustellen und Missbräuche seitens der Investmentgesellschaften zu verhindern[43]. Ziel des KAGG war daneben, das Investmentsparen breiten Schichten der Bevölkerung zu ermöglichen, um dadurch die Möglichkeiten der Eigentumsbildung zu vergrößern, sowie auch dem „kleinen Sparer“ die gleichen Vorteile, beispielsweise die

---

36 Hierzu ausführlich *Goldschmidt,* Investment Trusts in Deutschland, S. 68ff.

37 *Baur* in: Baur InvG 1970, Einl. I. S. 76; *Neuburger* in: Siara/Tormann KAGG 1957, Einl. S. 7; *Goldschmidt,* Investment Trusts in Deutschland, S. 72 Fn. 153.

38 Vgl. hierzu ausführlicher: *Baur* in: Baur InvG 1970, Einl. I. S. 76, nach a. A. handelte es sich hierbei nicht um eine Investmentgesellschaft: vgl. *Goldschmidt,* Investment Trusts in Deutschland, S. 13 („Studiengesellschaft“); *König,* Anlegerschutz im Investmentrecht, S. 7.

39 *Neuburger* in: Siara/Tormann KAGG 1957, Einl. S. 7f.; näher hierzu *Lorenzen,* Kollektive Kapitalanlagen in Immobilien, S. 85.

40 *Baur* in: Baur InvG 1970, Einl. I. 79f.; *Neuburger* in: Siara/Tormann KAGG 1957, Einl. S. 8.

41 Ein erster Initiativantrag der Abgeordneten Neuburger und von Bretano sowie der Fraktion der CDU/CSU erfolgte bereits im Jahre 1953. Nach Ablauf der Legislaturperiode wurde der Antrag geringfügig verändert erneut durch weitere Abgeordnete und die Fraktion CDU/CSU eingebracht. Vgl. hierzu *Baur* in: Baur InvG 1970, Einl. II. 82ff.; *Neuburger* in: Siara/Tormann KAGG 1957, Einl. S. 8; BT-Drs. 01/4199; BT-Drs. 02/1585.

42 *Neuburger* in: Siara/Tormann KAGG 1957, Einl. S. 8.

43 *Neuburger* in: Siara/Tormann KAGG 1957, Einl. S. 9; *Consbruch,* BB 1957, 337, 337; *Neuburger,* AG 1957, 97, 97.

Risikostreuung und sachkundige Verwaltung, zu gewähren, die Großanleger haben[44]. Dem „kleinen Mann“, der 1957 – ebenso wie heute – dem Kapitalmarkt misstraut, sollte eine sichere Anlage ermöglicht werden, um so neue Geldquellen für die Wirtschaft zu erschließen[45]. Das KAGG enthielt bereits grundlegende Prinzipien des Investmentrechts: Typenzwang für Kapitalanlagegesellschaften, Kontrolle durch die Depotbank sowie die Anlage der Investmentgegenstände in einem treuhänderisch gehaltenen Sondervermögen[46].

Bis zur Novelle im Jahre 1969 erfasste das KAGG lediglich gem. § 1 Abs. 1 KAGG Kapitalanlagegesellschaften, die in Wertpapiere gesondert vom eigenen Vermögen investierten. Andere Investmentgegenstände waren nicht vom Anwendungsbereich des KAGG erfasst. Nachdem seit 1959 bereits vier Gründungen offener Immobilien-Investmentfonds erfolgt sind[47], wurde mit der Reform des KAGG im Jahre 1969 zudem die Anlage in Immobiliensondervermögen und Erbbaurechtsondervermögen in den Anwendungsbereich des KAGG aufgenommen[48]. Nach und nach wurde der Anwendungsbereich um weitere Investmentsondervermögen wie das Beteiligungs-[49], Geldmarkt-[50], Investmentfondsanteil-, Gemischte Wertpapier- und Grundstücks- oder Altersvorsorge-Sondervermögen[51] in den Katalog der vom KAGG erfassten Anlagemöglichkeiten erweitert.

Sofern der Anwendungsbereich des KAGG eröffnet war, unterlagen die Kapitalanlagegesellschaften bereits seit Einführung des § 1 Abs. 2 KAGG im Jahre 1957 einem Rechtsformzwang[52], der sich ab 1990 in Abs. 3 wiederfand[53]. Als Rechtsformen standen lediglich die AG oder die GmbH zur Verfügung. Die Anlage erfolgte gem. § 1 Abs. 1 KAGG nur in Sondervermögen, also getrennt vom eigenen Vermögen. Andere Gesellschaftsformen waren unzulässig[54].

---

44 *Neuburger* in: Siara/Tormann KAGG 1957, Einl. S. 9–18, insbesondere S. 9, 16; so auch bereits ders. BT-Drs. 02/2973 S. 1; *Consbruch*, BB 1957, 337, 337.

45 *Geßler*, WM 1957, Sonderbeil. Nr. 4, 10, 10f.

46 Vgl. *Köndgen/Schmies*, WM 2004, Sonderbeil. Nr. 1, Heft 11, 2, 3; *Schuler*, NJW 1957, 1049, 1049ff.

47 Vgl. ausführlicher *Koemm*, Immobilien-Investmentfonds, S. 7f.

48 Vgl. BGBl. I 1969, S. 992.

49 FMFG vom 22.02.1990 (BGBl. I 1990, S. 266).

50 2. FMFG vom 26.07.1994 (BGBl. I 1994, S. 1749, 1770).

51 3. FMFG vom 24.03.1998 (BGBl. I, S. 529, 539).

52 Siara/Tormann KAGG 1957, § 1 II; *v. Cammerer*, JZ 1958, 41, 44.

53 Mit dem FMFG vom 22.02.1990 (BGBl. I, S. 266) wurde Abs. 2 neu eingefügt.

54 *Baur* in: Baur InvG 1970, § 1 InvG III. S. 95.

Allerdings fielen Anlageformen, die bereits ein Merkmal nicht erfüllten wie etwa die Anlage in fremdem Namen, nicht unter den Anwendungsbereich des KAGG, sodass der Rechtsformzwang umgangen werden konnte[55].

Auch Publikums-KGen waren nicht vom Anwendungsbereich des KAGG erfasst und somit zulässig. Zum einen konnten sie bis zur Novelle 1969 nicht vom KAGG erfasst werden, sofern sie nicht in Wertpapiere, sondern in Sachwerte investierten[56]. Zum anderen findet sich in der Literatur und den Gesetzgebungsunterlagen als weiteres Argument, dass lediglich offene Kapitalanlagegesellschaften vom Anwendungsbereich des KAGG erfasst werden sollten[57] bzw. wurden[58]. Dies vermag nicht zu überzeugen, da die Definition des Anwendungsbereichs des KAGG in § 1 keine Regelung betreffend eine offene oder geschlossene Gesellschaftsform enthält. Zwar bestimmt § 10 Abs. 2 KAGG (1957), der sich später in § 11 KAGG findet, dass jedem Anleger ein Rückgaberecht zusteht, jedoch ändert dies nichts am Anwendungsbereich des KAGG. War der Anwendungsbereich nach § 1 eröffnet, so hatte dies zwingend die Unzulässigkeit geschlossener Kapitalanlagegesellschaften zur Folge. Die Unzulässigkeit geschlossener Fonds ist daher Rechtsfolge und hat keine Auswirkungen auf den Anwendungsbereich des KAGG. Entscheidend ist vielmehr, dass Publikums-KGen kein Sondervermögen bildeten, die Anlage erfolgte vielmehr direkt, sodass der Anwendungsbereich des KAGG gem. dessen § 1 nicht eröffnet war[59]. Neben dem KAGG wurde 1969 das AuslInvestmentG als Reaktion auf ausländische Investmentfonds, die in den 1960er Jahren am deutschen Markt um Anleger warben, eingeführt[60].

Im Jahre 1998 wurde die Sonderform InvAG zunächst – mangels Rückgaberecht – als geschlossener Fonds eingeführt, um risikoreiche Investitionen für

---

55 So bereits *Siara/Tormann KAGG 1957*, § 1 I; *Koemm*, Immobilien-Investmentfonds, S. 22; *Veltmann*, Instrumente des Anlegerschutzes im Investmentrecht, S. 33; a. A. *v. Cammerer*, JZ 1958, 41, 44f., der davon ausgeht, dass es sich bei den Kriterien „im eigenen Namen“ und „vom eigenen Vermögen getrennt“ nicht um Voraussetzungen, sondern lediglich um eine Beschreibung zur Veranschaulichung handelt.

56 Z.B. bei einer Investition in Immobilien, vgl. *Lorenzen*, Kollektive Kapitalanlagen in Immobilien, S. 62ff., 87.

57 Vgl. Abgeordneter Schmidhuber in BT-Drs. 5/4414 S. 5.

58 *Jesch/Klebeck/Dobrauz-Saldapenna*, Investmentrecht, S. 7; *Koemm*, Immobilien-Investmentfonds, S. 9.

59 So auch *Baur* in: Baur InvG 1970, § 1 InvG II. 5. S. 93f.; *Kohl/Kübler/Walz/Wüstrich*, ZHR 138 (1974), 1, 27; a. A. *v. Cammerer*, JZ 1958, 41, 44f.

60 Gesetz über den Vertrieb ausländischer Investmentanteile vom 28.07.1969 (BGBl. I 1969, S. 986), novelliert durch das FMFG vom 22.02.1990 (BGBl. I 1990, S. 266, 278ff.); *Köndgen/Schmies*, WM 2004, Sonderbeil. Nr. 1, Heft 11, 2, 3.

Privatanleger zu ermöglichen[61]. Hierbei wurde erstmals die Anlage ohne Sondervermögen ermöglicht[62]. Diese Rechtsform wurde jedoch unter anderem wegen steuerrechtlicher und anderer Belastungen nicht genutzt[63]. So wurden etwa das fehlende Rückgaberecht, die Pflicht zum öffentlichen Angebot der Aktien, das Preisbildungsverfahren sowie ursprünglich das Anlagespektrum als Gründe für das Scheitern der geschlossenen InvAG angesehen[64].

3. Das InvG

Das InvG, das der Umsetzung der OGAW-Änderungsrichtlichtlinien 2001/107/EG und 2001/108/EG diente[65], trat zum 01.01.2004 in Kraft und löste mit dem InvStG das KAGG sowie das AuslInvestmentG ab[66]. Hauptziel des InvG war es, das Vertrauen der Anleger in die Anlageform des Investmentsparens zu stärken und zu schützen[67]. Das InvG wurde wiederum durch das InvÄndG[68] und das OGAW IV-Umsetzungsgesetz[69], mit dem die Investmentfonds-Richtlinie 2009/65/EG umgesetzt wurde, geändert.

Während das KAGG Kapitalanlagegesellschaften definierte, um seinen Anwendungsbereich zu normieren, war für den Geltungsbereich InvG nach dessen § 1 lediglich entscheidend, ob ein Investmentvermögen vorlag[70]. Im InvG

---

61 Einführung durch das 3. FMFG vom 24.03.1998 (BGBl. I, S. 529, 553) geregelt in §§ 51ff. KAGG; *Fock/Hartig* in: Festschrift Spiegelberger, S. 653, 654; RegE 3. FMFG BT-Drs. 13/8933 S. 62.

62 Vgl. § 51 Abs. 3 KAGG vom 01.04.1998 (BGBl. I, S. 529, 553); RegE 3. FMFG BT-Drs. 13/8933 S. 60.

63 *Müchler,* Die Investmentaktiengesellschaft mit veränderlichem Kapital, S. 51ff.; *Fock/Hartig* in: Festschrift Spiegelberger, S. 653, 655; *Steck/Schmitz,* AG 2004, 658, 659.

64 *Müchler,* Die Investmentaktiengesellschaft mit veränderlichem Kapital, S. 51ff.

65 Richtlinie 2001/107/EG und Richtlinie 2001/108/EG des Europäischen Parlaments und des Rates vom 21. Januar 2002, auch bezeichnet als OGAW III, zur Änderung der Richtlinie 85/611/EWG des Rates zur Koordinierung der Rechts- und Verwaltungsvorschriften betreffend bestimmte Organismen für gemeinsame Anlagen in Wertpapieren (OGAW) zwecks Festlegung von Bestimmungen für Verwaltungsgesellschaften und vereinfache Prospekte, ABl. EU Nr. L 41/20ff. und ABl. EU Nr. L 41/35ff.

66 Eingeführt durch das InvModG vom 15.12.2003 (BGBl. I 2003, S. 2676ff., 2734); zum InvG *Köndgen/Schmies,* WM 2004, Sonderbeil. Nr. 1, Heft 11, 2, 5ff.

67 *Koemm,* Immobilien-Investmentfonds, S. 21.

68 InvÄndG vom 21.12.2007 (BGBl. I 2007, S. 3089), RegE InvÄndG BT-Drs. 16/5576.

69 OGAW-IV-UmsG vom 22.06.2011(BGBl. I 2011, S. 1126ff.); RegE OGAW-IV-UmsG BT-Drs. 17/4510.

70 Vgl. § 1 KAGG sowie § 1 InvG, ebenso *Verfürth/Emde* in: Emde/Dornseifer/Dreibus/Hölscher InvG, § 1 InvG Rn. 7.

galt ein sogenannter formeller Investmentbegriff[71]. Gem. dessen § 1 Abs. 1 Nr. 1 war das InvG bei inländischen Investmentvermögen nur auf InvAGen und Sondervermögen anwendbar. Hierbei handelte es sich nach dem Willen des Gesetzgebers und der wohl h. M. um einen „Positivkatalog", sodass Publikums-KGen nicht vom InvG erfasst waren[72]. Somit führte ihre fehlende Regelung nicht zur Unzulässigkeit. Aus diesem Grund und mangels fehlender Übergangsregelungen wurde bezüglich AGen vertreten, dass auch für diese keine Erlaubnispflicht bestand und diese nicht zwingend die Vorschriften des InvG zu beachten hatten, obwohl ihr Unternehmensgegenstand demjenigen des § 2 Abs. 5 InvG a. F. entsprach[73]. Diese historisch bedingte Regelungsweise wurde heftig kritisiert; ermöglichte sie doch eine Umgehung durch Wahl einer anderen Rechtsform, beispielsweise einer KG, und führte zudem zum Wachstum des unregulierten „grauen Kapitalmarktes"[74]. Trotz dieser Kritik wurde der formelle Investmentbegriff im InvG nicht geändert.

Bezüglich der InvAGen ergaben sich durch das InvModG[75] Neuerungen: Zum einen galten sodann für InvAGen die steuerlichen Erleichterungen nach dem InvStG, zum anderen wurde durch die Einführung einer InvAG m. v. K. eine offene InvAG ohne Börsennotierung ermöglicht, sodass es – im Gegensatz zur vorigen Regelung im KAGG – in der Folge zu Gründungen von InvAGen kam[76]. Mit dem InvÄndG[77] wurde die InvAG erneut reformiert. Die geschlossene Anlageform wurde abgeschafft[78], während der Gesetzgeber die offene InvAG immer

---

71 Ausführlich hierzu: *Verfürth/Emde* in: Emde/Dornseifer/Dreibus/Hölscher InvG, § 1 InvG Rn. 13ff.; *Wallach,* ZGR 2014, 289, 291; RegE InvModG BT-Drs. 15/1553 S. 74.

72 *Verfürth/Emde* in: Emde/Dornseifer/Dreibus/Hölscher InvG, § 1 InvG Rn. 13; RegE InvModG BT-Drs. 15/1553 S. 74.

73 *Fock,* BB 2006, 2371, 2373; *Wegner,* Die selbstverwaltete Hedgefonds-Investmentaktiengesellschaft mit Teilgesellschaftsvermögen, S. 49, 66 in Fn. 90 m. w. N.

74 *Koemm,* Immobilien-Investmentfonds, S. 23; *Köndgen/Schmies* in: Schimansky/Bunte/Lwowski, Bankrechts-Handbuch, 4. Auflage, § 113 Investmentgeschäft Rn. 36.

75 §§ 96–111 im InvG sowie das InvStG, InvModG vom 13.12.2003 (BGBl. I 2003, S. 2676).

76 *Döser* in: Patzner/Döser/Kempf, § 108 KAGB Rn. 2; *Fock/Hartig* in: Festschrift Spiegelberger, S. 653, 655f.; *Steck/Schmitz,* AG 2004, 658, 659.

77 InvÄndG vom 21.12.2007 (BGBl. I 2007, S. 3089).

78 *Verfürth/Emde* in: Emde/Dornseifer/Dreibus/Hölscher InvG, § 1 InvG Rn. 8; RegE InvÄndG BT-Drs. 16/5576 S. 50f.

mehr an die Anlageform des Sondervermögens annäherte[79] und die InvAG auch als Spezialfonds aufgelegt werden konnte[80].

4. Weitere Regelungen außerhalb des InvG

Der Forderung, den öffentlichen Vertrieb von Anlagen nicht an die jeweilige Organisationsform anzuknüpfen[81], kam der Gesetzgeber im Jahre 2004 mit der Ausweitung des Anwendungsbereichs des VerkProspG auf nicht in Wertpapiere verbriefte Anteile nach[82]. Im Jahre 2012 wurde das VerkProspG durch das VermAnlG abgelöst[83]. Sofern es sich bei den im Inland öffentlich angebotenen Gesellschaftsanteilen um Vermögensanlagen i. S. d. § 1 Abs. 2 VermAnlG handelte, bestand für den Anbieter (und somit in der Regel die KG oder die Gründungsgesellschafter) gem. §§ 6ff. VermAnlG die Pflicht zur Erstellung eines Verkaufsprospekts, für den er auch gem. §§ 20ff. VermAnlG haftete und daneben eine größenunabhängige Pflicht zur Erstellung und Bekanntmachung eines Jahresberichtes nach § 23f. VermAnlG, wovon der Jahresabschluss und der Lagebericht gem. § 25 VermAnlG von einem Abschlussprüfer zu prüfen war. Mit Einführung des KAGB wurden jedoch Anlagen in Investmentvermögen i. S. d. KAGB vom Anwendungsbereich des VermAnlG ausgenommen[84].

Das UBGG sowie das WKGB enthielten wie bereits das InvG und das KAGG keine abschließende Regelung, sodass weiterhin andere Gestaltungen zulässig waren[85]. Unattraktive zwingende Vorgaben, beispielsweise dass die Wagniskapitalgesellschaft zwingend Kapitalgesellschaft ist, führten für geschlossene Investmentfonds zur Wahl anderer Gestaltungsformen, wie etwa der Publikums-KG oder ausländischer Personengesellschaften[86].

---

79 Vgl. *Müchler,* Die Investmentaktiengesellschaft mit veränderlichem Kapital, S. 57f.; *Fock/Hartig* in: Festschrift Spiegelberger, S. 653, 656ff.; *Sedlmaier,* WM 2010, 1437, 1440; RegE InvÄndG BT-Drs. 16/5576 S. 83ff.

80 § 2 Abs. 5 S. 2 InvG in der Fassung vom 21.12.2007.

81 *Hopt,* Inwieweit empfiehlt sich eine allgemeine gesetzliche Regelung des Anlegerschutzes?, S. 86ff.

82 Einfügung des § 8f VerkaufsprospektG durch Art. 2 des Anlegerschutzverbesserungsgesetzes (BGBl. I 2004, S. 2647); *Koemm,* Immobilien-Investmentfonds, S. 23; *Köndgen/Schmies* in: Schimansky/Bunte/Lwowski, Bankrechts-Handbuch, 4. Auflage, § 113 Investmentgeschäft Rn. 36.

83 Gesetz zur Novellierung des Finanzanlagenvermittler- und Vermögensanlagenrechts vom 06.12.2011 (BGBl. 2011 I, S. 2481).

84 Vgl. Einleitungssatz § 1 Abs. 2 VermAnlG eingeführt durch AIFM-UmsG vom 04.07.2013 (BGBl. I 2013, S. 2152).

85 *Jesch/Klebeck/Dobrauz-Saldapenna,* Investmentrecht, S. 15.

86 *Jesch/Klebeck/Dobrauz-Saldapenna,* Investmentrecht, S. 15.

5. Das KAGB

Das KAGB[87] trat am 22.07.2013 in Kraft und diente der Umsetzung der AIFM-Richtlinie. Daneben sind im KAGB auch die Regelungen der OGAW-Richtlinie betreffend Investmentvermögen, die bereits im InvG umgesetzt wurden, enthalten. Das KAGB wurde mit dem Ziel geschaffen, ein abschließendes Gesetz für Investmentfonds sowie deren Manager zu schaffen[88]. Im Gegensatz zum InvG definiert § 1 Abs. 1 S. 1 KAGB den Investmentfondsbegriff materiell[89]: Hiernach ist jeder Organismus für gemeinsame Anlagen, der von einer Anzahl von Anlegern Kapital einsammelt, welches gemäß einer festgelegten Anlagestrategie investiert wird, und der kein operativ tätiges Unternehmen außerhalb des Finanzsektors ist, als Investmentvermögen vom Regelungsbereich des KAGB erfasst. Erstmals können und sollen somit auch Publikums-KGen unter den Anwendungsbereich einer umfassenden Regelung des Investmentsparens fallen. Im Gegensatz zum InvG unterliegen auch geschlossene Fonds einem Rechtsformzwang[90]. Werden die Anforderungen des KAGB nicht eingehalten, so liegt ein unerlaubtes Investmentgeschäft vor, sofern die Investmentgesellschaft erlaubnispflichtig ist[91]. Mit dem AIFM-UmsG wurde in §§ 140ff. KAGB erneut die InvAG m. f. K. eingeführt. Auch das KAGB wurde bereits mehrfach reformiert. Neben einigen redaktionellen Änderungen wurde etwa der Begriff der geschlossenen Investmentfonds europarechtskonform angepasst[92]. Außerdem wurden mit Umsetzung der OGAW-V-Richtlinie unter anderem die Normen bezüglich der Haftung der Verwahrstellen, der Vergütungspolitik und der Sanktionen angepasst[93].

---

87 AIFM-UmsG vom 04.07.2013 (BGBl. I 2013, S. 1981).

88 RegE AIFM-UmsG BT-Drs. 17/12294 S. 2, 187.

89 H. M., vgl. *Jesch* in: Baur/Tappen KAGB, § 1 KAGB Rn. 4; *Gottschling* in: Moritz/Klebeck/Jesch KAGB, § 1 KAGB Rn. 10; *Casper* in: Staub HGB, Band 4, § 161 HGB Rn. 260; *Volhard/Jang* in: Weitnauer/Boxberger/Anders KAGB, § 1 KAGB Rn. 2; *Emde/Dreibus*, BKR 2013, 89, 90; *Hartrott/Goller*, BB 2013, 1603, 1603 sowie RegE AIFM-UmsG BT-Drs. 17/12294 S. 188.

90 *Freitag*, NZG 2013, 329, 330.

91 RegE AIFM-UmsG BT-Drs. 17/12294 S. 188.

92 Gesetz zur Anpassung von Gesetzen auf dem Gebiet des Finanzmarktes vom 15.07.2014 (BGBl. I 2014, S. 934).

93 Gesetz zur Umsetzung der Richtlinie 2014/91/EU des Europäischen Parlaments und des Rates vom 23. Juli 2014 zur Änderung der Richtlinie 2009/65/EG zur Koordinierung der Rechts- und Verwaltungsvorschriften betreffend bestimmte Organismen für gemeinsame Anlagen in Wertpapieren (OGAW) im Hinblick auf die Aufgaben der Verwahrstelle, die Vergütungspolitik und Sanktionen vom 03.03.2016 (BGBl. I 2016, S. 348).

B. Die InvAG als eigenständige Gesellschaftsform

Die InvAG ist im KAGB in den §§ 108–123 und den §§ 140–148 gesetzlich normiert. Im Folgenden soll herausgearbeitet werden, dass sich die InvAG so wesentlich von der AG unterscheidet, weshalb sie nicht mehr als Unterform, sondern als eigene Gesellschaftsform anzusehen ist[94].

I. Historische Untersuchung zur Einordnung der InvAG als eigene Gesellschaftsform

Dafür, dass es sich bei einer InvAG lediglich um eine Unterform der AG und nicht um eine neue Gesellschaftsform handelt, spricht – wie bei der InvKG[95] – der Wille des Gesetzgebers. Beim Entwurf des 3. FMFG, mit dem die InvAG geschaffen wurde, ist von der einzigen zugelassenen Rechtsform der Aktiengesellschaft die Rede[96]. Zwar ist beim Entwurf des InvG von der Einführung der InvAG m. v. K. als weiterer Rechtsform die Rede[97], sodass der Wille Gesetzgebers nicht eindeutig ist. Jedoch bezieht der Gesetzgeber im Entwurf des AIFM-UmsG eindeutig Position in der Erläuterung zu § 140 Abs. 1 KAGB und stellt klar, dass „mit der [scil. Wieder-]Einführung dieser organisationsrechtlichen Form [scil. InvAG m. f. K.] […] keine neue Gesellschaftsform geschaffen" werde[98].

Aufgrund des geltenden numerus clausus im Gesellschaftsrecht und der damit lediglich dem Gesetzgeber vorbehaltenen Möglichkeit, selbst Gesellschaftsformen zu schaffen, könnte letztendlich der Wille des Gesetzgebers entscheidend sein, ob eine eigene Gesellschaftsform geschaffen wurde oder nur Sonderregelungen für eine bereits bestehende Gesellschaftsform gefasst wurden: Wenn der Gesetzgeber entscheiden kann, ob er eine neue Gesellschaftsform regelt,

---

94 Vgl. hierzu *Fock/Hartig* in: Festschrift Spiegelberger, S. 653, 653, 657, 661; so zumindest im Titel „Die Investmentaktiengesellschaft nach dem Investmentmodernisierungsgesetz eine neue Gesellschaftsform" *Hermanns,* ZIP 2004, 1297, 1297.

95 Siehe unten Teil C. I.

96 RegE 3. FMFG BT-Drs. 13/8933 S. 126.

97 RegE InvModG BT-Drs. 15/1553 S. 66: *„Neben der modifizierten Investmentaktiengesellschaft mit fixem Kapital sieht der Entwurf zusätzlich neu eine Variante mit veränderlichem Kapital vor. Dabei handelt es sich um eine Rechtsform, die bisher vor allem in Luxemburg bereits erfolgreich eingeführt wurde."*

98 Zitiert aus RegE AIFM-UmsG BT-Drs. 17/12294 S. 247.

so könnte man ihm auch zugestehen, dass er bestimmen kann, ob eine neue Gesellschaftsform oder eine Unterform geregelt wird. Damit spricht zumindest die historische Betrachtung gegen die eingangs aufgestellte These. Der Wille des Gesetzgebers als formales Argument kann allerdings nur beim Endergebnis der Untersuchung entsprechend gewichtet werden.

II. Wortlaut des KAGB

Das KAGB verwendet den juristischen Begriff „Investmentaktiengesellschaften". Da es sich hierbei auch nach § 118 Abs. 1 S. 1 bzw. § 146 KAGB um einen Firmenbestandteil und gem. § 3 Abs. 2 KAGB um einen geschützten Begriff handelt, spricht der allgemeine Sprachgebrauch[99] im KAGB eher für eine eigene Gesellschaftsform. Hierfür spricht ebenfalls, dass die „Investmentaktiengesellschaft" in § 1 Abs. 11 KAGB – ebenso wie die „Investmentkommanditgesellschaft" – als Rechtsform bezeichnet wird. Der Wortlaut des KAGB wäre damit mit der These, dass es sich bei der InvAG um eine neue Gesellschaftsform handelt, vereinbar und kann diese nicht widerlegen.

III. Sinn und Zweck des KAGB

Der Gesetzgeber wollte mit dem KAGB ein Gesetz schaffen, das sämtliche Regelungen für Investmentfonds und deren Verwalter enthält, und einen durchgehend hohen Anlegerschutz gewährleisten[100]. Der Sinn und Zweck der einzelnen Vorschriften zur InvAG werden beim konkreten Vergleich der Vorschriften zur InvAG mit denen der AG näher erläutert. Für die Untersuchung, ob es sich bei der InvAG um eine eigene Gesellschaftsform oder um eine AG handelt, helfen der Sinn und Zweck des KAGB, nämlich die einheitliche Regelung und der hohe Anlegerschutz zumindest pauschal nicht weiter. Beim konkreten Vergleich ergeben sich aber aus diesem Grund größere Unterschiede zwischen dem Sinn und Zweck der jeweiligen Regelungen zur InvAG und zur AG.

---

99 Vgl. zur Auslegung nach dem Wortlaut *Larenz*, Methodenlehre der Rechtswissenschaft, S. 320ff.

100 RegE AIFM-UmsG BT-Drs. 17/12294 S. 2.

IV. Systematik des KAGB

1. Äußere Systematik des KAGB betreffend die Regelungen zur InvAG

Bereits in § 1 KAGB, der Begriffsbestimmungen enthält, ist in Abs. 11 geregelt, dass Investmentgesellschaften Investmentvermögen in der „Rechtsform einer Investmentaktiengesellschaft" sind. Bereits diese Einordnung als Rechtsform weist auf eine eigene Gesellschaftsform, nämlich die InvAG, hin. Die Regelungen zur InvAG m. v. K. und zur InvAG m. f. K. befinden sich in Kapitel 1 „Allgemeine Bestimmungen für Investmentvermögen" des KAGB. Die InvAG m. v. K. ist – wie die unten dargestellte offene InvKG – im Kapitel 1 in dessen Abschnitt 4 „Offene inländische Investmentvermögen" geregelt. Die Regelungen zur InvAG m. f. K. befinden sich – wie diejenigen der geschlossene InvKG – im Abschnitt 5 „Geschlossene inländische Investmentvermögen". Allgemein für die jeweiligen Abschnitte gelten § 91 KAGB für offene inländische Sondervermögen sowie § 139 KAGB für geschlossene inländische Sondervermögen. Nach § 91 Abs. 1 KAGB, dessen Überschrift „Rechtsform" lautet, dürfen offene inländische Investmentvermögen als InvAG m. v. K. aufgelegt werden. Parallel dazu regelt § 139 KAGB, der ebenfalls mit der Überschrift Rechtsform versehen ist, dass geschlossene inländische Investmentvermögen als InvAG m. f. K. aufgelegt werden dürfen. In den einzelnen Abschnitten wurde jeweils ein separater Abschnitt, nämlich Unterabschnitt 3 „Allgemeine Vorschriften für Investmentaktiengesellschaften mit veränderlichem Kapital" sowie Unterabschnitt 2 „Allgemeine Vorschriften für Investmentaktiengesellschaften mit fixem Kapital", für die einzelnen Fondsvehikel gebildet. Die Normen § 91 und § 139 KAGB samt Überschrift sowie die darauffolgenden Unterabschnitte sprechen dafür, dass es sich bei der InvAG um eine eigenständige Rechtsform handelt. Betrachtet man nur diese Normen und die Untergliederung, so stellt sich sogar die Frage, ob es sich bei der InvAG m. v. K. und bei der InvAG m. f. K. um jeweils eigenständige Rechtsformen handelt[101]. In den genannten Unterabschnitten befinden sich wiederum § 108 KAGB und § 140 KAGB, die jeweils die Überschrift „Rechtsform, anwendbare Vorschriften" tragen. Nach § 108 Abs. 1 KAGB dürfen InvAGen m. v. K. nur in der Rechtsform der AG betrieben werden, § 140 Abs. 1 S. 1 KAGB enthält dieselbe Regelung für InvAGen m. f. K. Dies spricht wiederum dafür, dass es sich bei der InvAG um eine Unterform der AG handelt. Somit ist die äußerlich erkennbare Systematik der Regelungen zur InvAG nicht eindeutig, ob es sich bei der InvAG um eine eigenständige Rechtsform handelt oder nicht. Die These ist damit weder widerlegt noch ausdrücklich bestätigt.

---

101 Siehe hierzu Teil D.

2. Innere Systematik des KAGB betreffend die Regelungen zur InvAG

Innerhalb des KAGB gibt es verschiedene Differenzierungskriterien bezüglich der InvAG. Es ist darauf abzustellen, ob die Aktien zurückgegeben werden können (InvAG m. v. K. oder InvAG m. f. K.), wer Aktionär der InvAG sein darf (Spezial- oder Publikums-InvAG) und ob eine externe KVG bestellt wurde (intern verwaltete oder extern verwaltete InvAG). Die InvAG steht sowohl für OGAW als auch für AIF als Investmentvehikel zur Verfügung.

Abb. 1: Die Vorschriften des KAGB für die verschiedenen Arten der InvAG[102]

<table>
<tr><th></th><th colspan="3">InvAG mit veränderlichem Kapital (m. v. K.) = offen</th><th colspan="2">InvAG mit fixem Kapital (m. f. K.) = geschlossen</th></tr>
<tr><td>Sonderrecht des KAGB</td><td colspan="3">§§ 91, 108–123 KAGB</td><td colspan="2">§§ 139, 140–148 KAGB</td></tr>
<tr><td rowspan="2">Produktvorschriften</td><td colspan="2">Publikums-InvAG</td><td rowspan="2">Spezial-InvAG
= AIF:
§§ 273–277,
§§ 278–284
KAGB</td><td rowspan="2">Publikums-InvAG
= AIF:
§§ 261–272
KAGB</td><td rowspan="2">Spezial-InvAG
= AIF:
§§ 273–277,
§§ 285–292
KAGB</td></tr>
<tr><td>OGAW:
§§ 192–213
KAGB</td><td>AIF:
§§ 214–260
KAGB</td></tr>
<tr><td>Verwaltung</td><td colspan="5">Alle InvAGen können intern oder extern verwaltet werden.
Bei intern verwalteter InvAG sind zusätzlich anwendbar: §§ 17–67 KAGB</td></tr>
</table>

Es steht die InvAG m. v. K., geregelt in §§ 108–123 KAGB, und die InvAG m. f. K., normiert in den §§ 140–148 KAGB, zur Verfügung. Da für Immobilienfonds gem. § 93 Abs. 3 KAGB nur das Sondervermögen zur Verfügung steht, können diese nicht als InvAG m. v. K. aufgelegt werden.

Die InvAG m. v. K. ist eine offene Investmentgesellschaft i. S. d. § 1 Abs. 4 KAGB, da den Aktionären in § 116 Abs. 1, Abs. 2 KAGB, allerdings in gewissen Grenzen[103], ein Rücknahmeanspruch gewährt wird. Die InvAG m. v. K. begibt in der Regel gem. § 109 Abs. 1 KAGB Anlage- und Unternehmensaktien. Eine

102 Eigene Darstellung; vgl. hierzu die umfangreicheren Abbildungen zu allen Bestimmungen des KAGB bei *Möllers/Seidenschwann* in: Möllers/Kloyer, S. 1, 6.

103 Die Rückgabemöglichkeit wurde mit Einführung des KAGB auf einmal jährlich beschränkt, *Möllers/Seidenschwann* in: Möllers/Kloyer, S. 1, 3; inzwischen ist sie in der Regel bei (Publikums-) InvAGen zweimal im Monat zu gewähren, § 116 Abs. 2 S. 1 KAGB, weitere Einschränkungen sind in S. 2–6 geregelt.

Spezial-InvAG m. v. K. kann auf Anlageaktien verzichten und lediglich Unternehmensaktien begeben. Die InvAG m. v. K. kann sowohl für Spezialanleger als auch für Publikumsanleger organisiert sein.

Dagegen ist die wiedereingeführte InvAG m. f. K. gem. § 140 KAGB eine Organisationsform für geschlossene Investmentvermögen, sodass nach § 1 Abs. 5 KAGB keine Rückgabemöglichkeit der Aktien gegen Auszahlung gem. § 1 Abs. 4 Nr. 2 KAGB i. V. m. Art. 1 Abs. 2 Delegierte VO (EU) Nr. 694/2014[104] für die Aktionäre eingeräumt wird. Dort ist auch die Anzahl der Aktien sowie der Ausgabezeitraum von vornherein begrenzt[105]. Wird eine dieser Grenzen erreicht, kommt es zur Schließung des Fonds und Aktien können nur noch derivativ erworben werden[106]. Die Aktionäre können folglich nur aus dem Fonds aussteigen, wenn sie auf einem organisierten Sekundärmarkt ihre Anteile weiterveräußern[107]. Die InvAG m. f. K. kann ebenfalls gem. § 142 S. 1 KAGB als Publikums- und als Spezial-InvAG m. f. K. organisiert sein.

Zudem ist zwischen der Spezial-InvAG für Spezialanleger und der Publikums-InvAG als Investmentmöglichkeit für jedermann – Privat- und Spezialanleger – zu unterscheiden[108]. An Spezial-AIF dürfen sich gem. § 1 Abs. 6 S. 1 KAGB nur professionelle Anleger i. S. d. § 1 Abs. 19 Nr. 32 KAGB und semiprofessionelle Anleger i. S. d. § 1 Abs. 19 Nr. 33 KAGB beteiligen. Professionelle Anleger sind diejenigen, die i. S. v. Anhang 2 der RL 2004/39/EG als professioneller Kunde angesehen oder auf Antrag so behandelt werden. Ob ein semiprofessioneller Anleger vorliegt, bestimmt sich nach den Voraussetzungen des § 1 Abs. 19 Nr. 33 KAGB. Nach § 1 Abs. 19 Nr. 31 KAGB sind alle übrigen Anleger Privatanleger. Während Privatanleger vom Gesetzgeber als schutzwürdiger eingestuft werden, gelten für Spezialfonds erleichterte Bedingungen hinsichtlich der Errichtung, der Aufsicht und der Verwaltung[109]. Die Satzungsregelung einer Spezial-InvAG, dass lediglich Spezialanleger Anteile an einer InvAG erwerben können, stellt lediglich ein schuldrechtliches Erwerbsverbot dar[110].

---

104 ABl. EU Nr. L 183/18f.

105 So zur InvKG *Stöber* in: Westermann/Wertenbruch, Hdb. Personengesellschaften, § 54a Die Investment-KG Rn. 3167f, 3167g.

106 *Stöber* in: Westermann/Wertenbruch, Hdb. Personengesellschaften, § 54a Die Investment-KG Rn. 3167g.

107 *Steck/Schmitz*, AG 2004, 658, 659, vgl. hierzu auch § 1 Abs. 4 Nr. 2 KAGB i. V. m. Art. 1 Abs. 2 S. 3 Delegierte VO (EU) Nr. 694/2014, ABl. EU Nr. L 183/19.

108 Vgl. zu den verschiedenen Anlegerkategorien *Weitnauer*, Handbuch Venture Capital, Teil B. Rn. 11f. mit Abbildung.

109 *Zetzsche*, AG 2013, 613, 613; *Zetzsche* in: Möllers/Kloyer, S. 131, 326

110 Siehe unten Teil B. V. 2. i.

Bei einer offenen Publikums-InvAG m. v. K. kann es sich sowohl um einen OGAW als auch um einen AIF handeln[111]. Eine Spezial-InvAG ist dagegen immer ein AIF. Dies ergibt sich zum einen daraus, dass OGAW sich an das Publikum richten und die OGAW-RL nicht zwischen Publikums- und Spezial-Investmentgesellschaft differenziert[112]. Zum zweiten ergibt sich die Differenzierung bei AIF aus der AIFM-RL[113] sowie aus § 1 Abs. 6 KAGB i. V. m. §§ 273ff. Auch Publikums-InvAGen m. f. K. sind als geschlossene Fonds ausschließlich AIF gem. § 1 Abs. 5, §§ 261–272 KAGB[114]. Je nach Anlegerzielgruppe und Fondsart gelten in Hinblick auf die Anlagegegenstände die entsprechenden Produktvorschriften des KAGB.

Die InvAG kann nach § 1 Abs. 12, Abs. 13, § 17 Abs. 2 KAGB sowohl extern als auch intern verwaltet werden. Nach § 17 Abs. 2 Nr. 1 KAGB ist bei einem extern verwalteten Investmentvermögen eine KVG[115] bestellt, die für die Verwaltung des Investmentvermögens verantwortlich ist. Die Bestellung erfolgt nach § 17 Abs. 2 Nr. 1 KAGB durch das Investmentvermögen selbst oder in dessen Namen. Externe KVGen können gem. § 18 Abs. 1 KAGB in der Rechtsform der AG, der GmbH sowie der GmbH & Co. KG betrieben werden. Gem. § 17 Abs. 2 Nr. 2 KAGB ist bei intern verwalteten Investmentvermögen die KVG identisch mit dem Investmentvermögen selbst, sofern die Rechtsform des Investmentvermögens eine interne Verwaltung zulässt und keine externe KVG bestellt wird. Aus § 1 Abs. 12 KAGB ergibt sich, dass Investmentgesellschaften und somit gem. § 1 Abs. 11 KAGB auch die InvAG – sowie die InvKG – keiner Fremdverwaltung bedürfen. Für die intern verwaltete InvAG als KVG gelten die Vorschriften der §§ 17–67 KAGB.

Insgesamt ergibt sich aus dem Umstand, dass die InvAG noch in weitere Unterformen aufgeteilt wird, eher eine Tendenz zur eigenständigen Gesellschaftsform und nicht zur Sonderform mit weiteren Sonderformen. Man könnte überdies überlegen, ob es sich bei den Unterformen um einzelne Gesellschaftsformen handelt. Dies ist allerdings zu verneinen, da sich die InvAGen lediglich in einem

---

111 Dies ergibt sich aus § 108 Abs. 3 KAGB, siehe auch RegE AIFM-UmsG BT-Drs. 17/12294 S. 119.

112 Vgl. Art. 1 Abs. 2 a) Richtlinie 2009/65/EG (OGAW-Richtlinie).

113 Art. 4 Abs. 1 lit. ag) der Richtlinie 2011/61/EU (AIFM-Richtlinie).

114 Dies ergibt sich bereits aus § 1 Abs. 2 KAGB i. V. m. Art. 1 Abs. 2 lit. b der Richtlinie 2009/65/EG (OGAW-Richtlinie). Hiernach handelt es sich um Organismen, deren Anteile auf Verlangen zurückgenommen werden können, sodass nur offene OGAW-Fonds möglich sind.

115 Die weiteren Anforderungen an die externe KVG sind in § 18 KAGB geregelt.

Merkmal unterscheiden[116], beispielsweise der Rückgabemöglichkeit (offen oder geschlossen), Fondsart (OGAW oder AIF), erlaubter Anlegertyp (Spezialanleger oder Publikumsanleger) oder Verwaltungsart (intern oder extern).

3. Der Verweis auf das AktG innerhalb der Regelungen zur InvAG

Für beide Varianten der InvAG ist gem. § 108 Abs. 2 S. 1 bzw. § 140 Abs. 1 S. 2 KAGB das AktG anwendbar, soweit im KAGB nicht speziellere Regelungen bestehen. Von der Anwendung explizit ausgeschlossen sind in § 108 Abs. 2 S. 1 bzw. § 140 Abs. 2 KAGB die Regelungen in § 23 Abs. 5 AktG zur Satzungsstrenge, in §§ 150 bis 158 AktG betreffend die Aufstellung des Jahresabschlusses, in § 161 AktG bezüglich der Entsprechenserklärung zum DCGK und in §§ 278 bis 290 AktG zur KGaA. Zusätzlich sind auf die InvAG m. v. K. nach § 108 Abs. 2 S. 1 und S. 2 KAGB die Vorschriften in §§ 182 bis 240 AktG zur Kapitalerhöhung und Herabsetzung sowie auf eine extern verwaltete InvAG m. v. K. § 3 Abs. 2 AktG und § 264d HGB auf Anlageaktien nicht anzuwenden.

Das Rangverhältnis der investmentrechtlichen Sonderregelung zum AktG ist seit dem InvÄndG eindeutig ausgestaltet[117]. Die im AktG enthaltenen Regelungen finden gem. § 108 Abs. 2 S. 1 KAGB bzw. § 140 Abs. 1 S. 2 KAGB Anwendung, soweit sich aus den Vorschriften der jeweiligen Sonderabschnitte im KAGB nichts anderes ergibt. Ein solches Rangverhältnis findet sich ebenfalls bei der OHG in Bezug auf das Recht der GbR[118] und bei der KG, die wiederum auf das Recht der OHG verweist[119]. Dass die OHG und die KG jeweils eigene Gesellschaftsformen darstellen, ist unumstritten[120]. Auch das PartGG verweist auf das Recht der GbR[121]. Innerhalb der Partnerschaftsgesellschaft gibt es seit 2013 die Möglichkeit bei Abschluss einer vorgegebenen Berufshaftpflichtversicherung und Führung des Namens „Partnerschaftsgesellschaft mit beschränkter Berufshaftung" die Haftung der Partnerschaftsgesellschaft bezüglich fehlerhafter Berufsausübung auf die Gesellschaft selbst zu beschränken[122]. Während die

---

116 Vgl. hierzu auch Teil D. Zusammenfassung und Bewertung der Untersuchung.

117 So bereits *Dornseifer*, AG 2008, 53, 54 zu § 99 Abs. 1 InvG.

118 § 105 Abs. 3 HGB.

119 § 161 Abs. 2 HGB.

120 Dies ist selbstverständlich und oft nicht thematisiert, vgl. aber z. B. *K. Schmidt*, Gesellschaftsrecht, § 3 I 2.

121 § 1 Abs. 4 PartGG.

122 § 8 Abs. 2 PartGG.

Partnerschaftsgesellschaft nach wohl h. M. eine neue Gesellschaftsform darstellt[123], war zunächst bei der Partnerschaftsgesellschaft mit beschränkter Berufshaftung umstritten, ob es sich um eine Unterform oder wiederum um eine neue Gesellschaftsform[124] handelt. Nach wohl überwiegend vertretener Ansicht handelt es sich bei der Partnerschaftsgesellschaft mit beschränkter Berufshaftung um eine Rechtsformvariante der Partnerschaftsgesellschaft[125]. Dies ist allerdings für die Frage, ob ein genereller Verweis und ggf. Verweise innerhalb der Normen auf das Recht einer anderen Gesellschaft – hier der AG – dafür sprechen, dass es sich um eine Unterform handelt, irrelevant. Die Partnerschaftsgesellschaft mit beschränkter Berufshaftung ist lediglich in einzelnen Normen des PartGG geregelt (z. B. § 8 Abs. 4), sodass hier keine vergleichbare Verweisregelung besteht. Eine nach h. M. unstrittige Unterform, wie beispielsweise die UG haftungsbeschränkt[126] wird eher nur in einer[127] (oder mehreren Normen) innerhalb des Gesetzes, welches die Gesellschaftsform regelt, konkretisiert[128].

Nach alledem entspricht die lediglich fragmentarische Regelung der InvAG im KAGB mit generellem Verweis auf das Recht der AG der gängigen Regelungsweise eigenständiger Gesellschaftsformen[129]. Es handelt sich nämlich nicht um einzelne Normen innerhalb des AktG. Die Verweise auf das AktG sind daher als Indiz für eine eigene Gesellschaftsform zu werten.

---

123 *Hirtz* in: Henssler/Strohn, § 1 PartGG Rn. 1; *Schäfer* in: MüKo BGB, Band 6, § 1 PartGG Rn. 5; *K. Schmidt,* NJW 1995, 1, 1; BT-Drs. 12/6152 S. 1, 2, 8.

124 *Wertenbruch* in: Westermann/Wertenbruch, Hdb. Personengesellschaften, § 1 Die Personengesellschaften im Privatrechtssystem Rn. 8; in den Gesetzgebungsmaterialien BT-Drs. 17/10487 ist von verschiedenen Rechtsformen (S. 3, 13) und einer neuen Form (S. 11) die Rede.

125 OLG Nürnberg, GmbHR 2014, 429, 430; zustimmend hierzu: *Cramer,* GWR 2014, 197, 197; für eine Rechtsformvariante auch: *Lieder/Hoffmann,* NZG 2014, 127, 127; *Wälzholz,* DStR 2013, 2637, 2638; *Henssler,* NJW 2014, 1761, 1761.

126 RegE MoMiG, BT-Drs. 16/6140 S. 31 sowie h. M., vgl. *Fastrich* in: Baumbach/Hueck GmbHG, § 5a GmbHG Rn. 7; *Kleindiek* in: Lutter/Hommelhoff GmbHG, § 5a GmbHG Rn. 7; *Westermann* in: Scholz GmbHG, § 5a GmbHG Rn. 7; *Miras* in: Beck OK GmbHG, § 5a GmbHG Rn. 3; *Bitter/Heim,* Gesellschaftsrecht, § 1 Rn. 23; *Hangebrauck,* JR 2010, 323, 323; auch wenn teilweise die Erweiterung des numerus clausus um eine neue Gesellschaftsform vorgeschlagen wurde, z. B. *Gehb/Drange/Heckelmann,* NZG 2006, 88, 90.

127 § 5a GmbHG.

128 So auch die Begründung des OLG Nürnberg, GmbHR 2014, 429, 430 für das Bestehen einer Rechtsformvariante bei der Partnerschaftsgesellschaft mbB.

129 A. A. *Malcher,* Die Rechtsform(en) der Aktiengesellschaften, S. 88f.

V. Vergleich der InvAG mit der AG

Die InvAG könnte sich derart von der AG unterscheiden, dass materiell eine eigene Gesellschaftsform vorliegt[130], sodass die eingangs aufgestellte These bestätigt wird. Daher soll im Folgenden untersucht werden, wie sich die Vorschriften des KAGB zur InvAG von den Regelungen des AktG unterscheiden. Hierzu werden die Gründung, die Satzung mit ihren einzelnen Bestimmungen, die Anlagebedingungen, die Organisationsverfassung, die Finanzverfassung, die Rechnungslegung, die Insolvenz, die Liquidation sowie die Möglichkeit der Bildung einer Umbrellakonstruktion betrachtet.

1. Die Gründung der InvAG im Vergleich zur AG

Die Gründung der InvAG m. v. K. und der InvAG m. f. K. bestimmt sich mangels Sonderregelungen gem. § 108 Abs. 2 S. 1 KAGB und § 140 Abs. 1 S. 2 KAGB grundsätzlich nach den Regelungen des AktG. Es bleibt somit beim Abschluss eines notariell beurkundeten Gesellschaftsvertrags[131] gem. §§ 2, 23 Abs. 1 AktG. Damit ist die Satzung der AG gem. § 2 AktG festgestellt und gem. § 29 AktG eine Vorgesellschaft errichtet. Die Gründer müssen bei der InvAG m. v. K. gem. § 109 Abs. 2 S. 1 KAGB Unternehmensaktien übernehmen.

a. Die Vorgesellschaft als Vor-InvAG

Fraglich ist, ob es sich bei der Vorgesellschaft der InvAG um eine „Vor-InvAG" handelt. Dagegen wird zur Rechtslage beim InvG eingewendet, dass ohne aufsichtsrechtliche Erlaubnis auch keine Vor-InvAG vorliegen könne[132]. Hiernach liegt lediglich eine Vor-AG vor. Nach dem InvG bedurfte die InvAG gem. § 97 Abs. 1 S. 1 InvG[133] der schriftlichen Erlaubnis durch die BaFin. Auch nach dem

---

130 An einer Unterform der AG zweifelnd: *Fock* in: Spindler/Stilz AktG, Band 1, § 1 AktG Rn. 90; *Fock/Hartig* in: Festschrift Spiegelberger, S. 653, 661, 664f., die für die InvAG m. v. K. gegenüber Nicht-Unternehmensaktionären das Bestehen einer AG anzweifeln und ihr bei Publikumsanlegern die Existenzberechtigung absprechen; während *Steck/Schmitz,* AG 2004, 658, 659 die InvAG m. v. K. trotzdem als Unterform der AG ansehen; ebenso für die InvAG *Blenk,* Die Mitgliedschaft in der Investmentaktiengesellschaft S. 209f.

131 Zum notwendigen Inhalt der Satzung vgl. unten Teil B. V. 2.

132 So wohl auch im Ergebnis *Boxberger* in: Moritz/Klebeck/Jesch KAGB, § 118 KAGB Rn. 4; bereits zum InvG *Fischer,* Die Investmentaktiengesellschaft aus aufsichtsrechtlicher und gesellschaftsrechtlicher Perspektive, S. 30.

133 In der Fassung von 15.12.2003 bis zur Fassung vom 22.06.2012.

KAGB bedarf die intern verwaltete InvAG als KVG gem. § 20 KAGB der Erlaubnis zum Geschäftsbetrieb. Handelt es sich um eine extern verwaltete OGAW-InvAG, so bedarf diese zum Geschäftsbetrieb gem. § 113 Abs. 1 S. 1 KAGB der Erlaubnis der BaFin. Dagegen ist de lege lata im KAGB für die extern verwaltete AIF-InvAG keine Erlaubnispflicht zur Aufnahme des Geschäftsbetriebes ersichtlich[134]. Bereits diese fehlende Erlaubnispflicht spricht gegen das Erfordernis der aufsichtsrechtlichen Erlaubnis für das Bestehen einer InvAG oder gar einer Vor-InvAG. Es handelt sich vielmehr lediglich um eine aufsichtsrechtlich erforderliche Erlaubnis zur Aufnahme des Geschäftsbetriebes. Die Erlaubnis der BaFin für InvAGen ist öffentlich-rechtlich und daher vergleichbar mit einer gewerblichen Erlaubnis und somit nicht als gesellschaftsrechtliche Voraussetzung einzuordnen[135]. Bei einer gewerblichen Erlaubnis, die für den festgelegten Unternehmensgegenstand erforderlich ist, ist grundsätzlich das Vorliegen der Erlaubnis auch nicht Voraussetzung für das Bestehen einer Gesellschaft oder einer Vorgesellschaft. Dies ergibt sich aus dem Wegfall des § 37 Abs. 4 Nr. 5 AktG durch das MoMiG[136]. Die Genehmigung muss auch nicht nachgereicht werden[137]. Allerdings ist zuzugeben, dass der Unternehmensgegenstand im Beispiel der gewerblichen Erlaubnis nicht vom Gesetz, sondern nur von der Satzung bestimmt ist, während das KAGB den zulässigen Unternehmensgegenstand der InvAG eingrenzt.

Eine Sonderregelung hierzu stellt § 43 Abs. 1 KWG dar[138], wonach Eintragungen in öffentliche Register nur vorgenommen werden dürfen, wenn die Erlaubnis, sofern es einer Erlaubnis für das Betreiben von Bankgeschäften oder der Erbringung von Finanzdienstleistungen bedarf, dem Registergericht nachgewiesen ist. Gem. § 3 Abs. 5 KAGB ist § 43 KWG entsprechend anzuwenden. Fraglich ist, ob § 43 Abs. 1 KWG entsprechend anwendbar ist, sodass auch hier erst eine Eintragung vorgenommen werden darf, wenn die entsprechende Erlaubnis

---

134 So auch *München* in: Baur/Tappen KAGB, § 113 KAGB Rn. 3, 4.

135 Vgl. zur Unterscheidung zwischen Aufsichts- und Gesellschaftsrecht bereits oben Teil A. IV.

136 MoMiG vom 23.10.2008 (BGBl. I 2008, S. 2034); *Koch* in: Hüffer/Koch AktG, § 37 AktG Rn. 14; *Pentz* in: MüKo AktG, Band 1, § 37 AktG Rn. 70; diesen Wegfall übersieht *Wegner*, Die selbstverwaltete Hedgefonds-Investmentaktiengesellschaft mit Teilgesellschaftsvermögen, S. 88, der darauf eine Vorlagepflicht der Erlaubnis für eine Eintragung der InvAG ins Handelsregister stützt.

137 *Koch* in: Hüffer/Koch AktG, § 37 AktG Rn. 14.

138 *Solveen* in: Hölters AktG, § 37 AktG Rn. 25; *Koch* in: Hüffer/Koch AktG, § 37 AktG Rn. 14.

vorliegt. In der Kommentarliteratur wird teilweise gar nicht auf den Abs. 1 des § 43 KWG eingegangen[139]. Andere dagegen bejahen die Anwendung des § 43 Abs. 1 KWG[140]. *Emde* begründet dies mit dem Wortlaut sowie dem Sinn und Zweck des § 43 Abs. 1 KAGB, dass bei Bestehen einer Erlaubnispflicht eine Eintragung ins Register nur mit Nachweis der Erlaubnis erfolgen solle, wodurch der Rechtsverkehr geschützt werde[141]. In der Tat spricht der Wortlaut des § 3 Abs. 5 KAGB für eine Anwendung des gesamten § 43 KWG. § 43 Abs. 1 KWG bezieht sich jedoch auf gem. § 32 KWG erlaubnispflichtige Bankgeschäfte, während sich § 43 Abs. 2 und 3 KWG auf den Schutz der Bezeichnungen, die in §§ 39–40 KWG geregelt sind, bezieht. § 3 KAGB ist mit der Überschrift „Bezeichnungsschutz" versehen und regelt auch inhaltlich in § 3 Abs. 1 bis 4 KAGB lediglich den Bezeichnungsschutz. Da § 3 Abs. 5 KAGB eine entsprechende Anwendung der §§ 42 und 43 KWG anordnet, sind nach hier vertretener Ansicht lediglich diejenigen Regelungen, die der wirksamen Durchsetzung des Bezeichnungsschutzes dienen, anwendbar. § 43 Abs. 1 KWG betreffend die Einhaltung der Erlaubnispflicht ist nicht entsprechend anwendbar. Vielmehr hätte eine entsprechende Anwendung in den Normen, die eine Erlaubnispflicht regeln (§ 20 und § 113 KAGB), geregelt werden müssen. De lege ferenda wäre ein solcher Verweis denkbar, um die Durchsetzung der Erlaubnispflicht bereits im Vorfeld zu kontrollieren.

C. Fischer begründete zum InvG wiederum die Vorlage der Erlaubnis durch die BaFin als Voraussetzung für die Eintragung ins Handelsregister mit dem öffentlichen Glauben in das Handelsregister nach § 15 HGB[142]. Die Eintragung einer InvAG ohne Erlaubnis der BaFin führe den Rechtsverkehr in die Irre[143].

---

139 *Führmeyer/Klein* in: Baur/Tappen KAGB, § 3 KAGB Rn. 35; *Beckmann* in: Beckmann/Scholtz/Vollmer Investment, 405 § 3 KAGB Rn. 62ff.; wohl auch *Köndgen* in: Berger/Steck/Lübbehüsen InvG, § 3 InvG Rn. 9, der zwar von einem Verweis auf die Einschreitungsbefugnis der BaFin gem. § 43 S. 1 spricht, aber nicht von einer Vorlagepflicht der Erlaubnis.

140 Zur Vorgängerregelung im InvG *Emde* in: Emde/Dornseifer/Dreibus/Hölscher InvG, § 3 InvG Rn. 16; *Müchler*, Die Investmentaktiengesellschaft mit veränderlichem Kapital, S. 62.

141 *Emde* in: Emde/Dornseifer/Dreibus/Hölscher InvG, § 3 InvG Rn. 16.

142 *Fischer*, Die Investmentaktiengesellschaft aus aufsichtsrechtlicher und gesellschaftsrechtlicher Perspektive, S. 31.

143 *Fischer*, Die Investmentaktiengesellschaft aus aufsichtsrechtlicher und gesellschaftsrechtlicher Perspektive, S. 31f.

Gegen eine solche Argumentation spricht allerdings wiederum die Neuregelung im KAGB, wonach AIF-InvAGen m. f. K. nicht erlaubnispflichtig sind[144].

Da zum einen nach dem KAGB nicht alle InvAGen erlaubnispflichtig sind und zum anderen selbst bei einer Erlaubnispflicht die Erlaubnis nach hier vertretener Ansicht keine Voraussetzung für eine Eintragung der InvAG ist, ist auch im Umkehrschluss das Bestehen einer Vor-InvAG denkbar. Sofern der Unternehmensgegenstand entsprechend gewählt ist, liegt aufgrund der Alternativität der Unternehmensgegenstände[145] eine Vor-InvAG vor. Zu beachten ist allerdings, dass eine Erlaubnis trotzdem für die Aufnahme des Geschäftsbetriebs einer extern verwalteten InvAG oder einer OGAW-InvAG m. v. K.[146] erforderlich ist und bleibt[147].

b. *Exkurs: Aufnahme des Geschäftsbetriebs durch die Vor-InvAG*

Hiervon unberührt bleibt allerdings die Frage, ob eine Vor-InvAG überhaupt eine Erlaubnis erteilt bekommen und somit noch vor Eintragung den Geschäftsbetrieb aufnehmen darf. Dagegen spricht der Wortlaut der §§ 20 Abs. 1 S. 1, 113 Abs. 1 S. 1 KAGB[148]. Sinn und Zweck der Erlaubnispflicht ist neben dem Schutz der Funktionsfähigkeit des Kapitalmarktes auch der Schutz der Anleger und Verbraucher als Gesamtheit[149]. Wäre es bereits möglich für die Vor-InvAG eine Erlaubnis zu beantragen, so bestünde kein ausreichender Schutz der Anleger, da diese aufgrund der Unterbilanzhaftung, zumindest in Hinblick auf das Mindestkapital, haften würden[150]. Dies wäre nicht mit dem Normzweck der Erlaubnispflicht vereinbar. Nach der hier vertretenen Ansicht ist die Vor-InvAG zwar ein notwendiges Durchgangsstadium, allerdings kann der Geschäftsbetrieb nicht aufgenommen werden, da für dieses Stadium noch keine Erlaubnisfähigkeit vorliegt[151]. Unbeschadet hiervon kann noch die Frage

---

144 *Boxberger* in: Moritz/Klebeck/Jesch KAGB, § 110 KAGB Rn. 8 geht ebenfalls von einer Erlaubniserteilung der BaFin nach Gründung der InvAG aus.

145 Siehe unten Teil B. V. 2. d. cc.

146 InvAG m. f. K. gibt es nur als AIF, siehe oben Teil B. IV. 2.

147 §§ 20, 113 KAGB.

148 Beide Normen sprechen von „-gesellschaft".

149 *Beckmann* in: Beckmann/Scholtz/Vollmer Investment, 405 § 20 KAGB Rn. 15f.

150 Nach h. M. haften die Aktionäre für die Unterbilanz bei Eintragung pro rata im Innenverhältnis BGHZ 80, 129, 140ff.; *Koch* in: Hüffer/Koch AktG, § 41 AktG Rn. 8; *Heidinger* in: Spindler/Stilz AktG, Band 1, § 41 AktG Rn. 77; *Lutter*, NJW 1989, 2649, 2655.

151 A. A. allerdings mit Verweis auf den bereits entfallenen § 37 Abs. 4 Nr. 5 AktG: *Wegner*, Die selbstverwaltete Hedgefonds-Investmentaktiengesellschaft mit

aufgeworfen werden, ob eine Vor-InvAG im Erlaubnisverfahren beteiligungsfähig ist[152].

Für die extern verwaltete AIF-InvAG besteht keine Erlaubnispflicht, sodass sich hier die Frage der Erlaubnisfähigkeit nicht stellt. Die extern verwaltete AIF-Vor-InvAG könnte dann den Geschäftsbetrieb aufnehmen. Da AIF-InvAGen nicht im InvG geregelt waren und InvAGen als OGAW-Fonds gem. § 97 Abs. 1 S. 1 InvG immer erlaubnispflichtig waren, tritt dieses Problem erstmals im KAGB auf.

Für die InvAG m. v. K. ergibt sich folgende Rechtslage: Gem. § 109 Abs. 3 S. 1 KAGB können Anlageaktionäre erst nach der Eintragung im Handelsregister der InvAG Aktien übernehmen, sodass diese dem Risiko der unbegrenzten Haftung gar nicht ausgesetzt sind. Es verbleibt daher für die Gründungsaktionäre der AIF-Vor-InvAG m. v. K. das Risiko, bei einer Geschäftsaufnahme vor Eintragung im Handelsregister für die eintretende Unterbilanz zu haften. In der InvAG m. v. K. übernehmen diese gem. § 109 Abs. 2 S. 1 KAGB Unternehmensaktien. Da nicht im KAGB geregelt ist, dass Publikumsanleger nicht Unternehmensaktien übernehmen dürfen und es für Aktionäre üblich ist, dass diese keine persönliche Haftung übernehmen, sondern maximal ihre Einlage verlieren können, sollte de lege ferenda nach § 109 Abs. 2 S. 1 KAGB auch für Unternehmensaktionäre eine mit § 152 Abs. 5 KAGB vergleichbare Regelung im KAGB eingefügt werden.

In der InvAG m. f. K. bedarf es mangels Differenzierung zwischen Unternehmens- und Anlageaktien einer entsprechenden Regelung für alle Gründungsaktionäre. Nur so sind die Publikumsanleger ausreichend vor einer Haftung durch Aufnahme der Geschäfte vor Eintragung geschützt und die Haftung wäre gesellschaftsrechtlich für alle ausgeschlossen.

c. *Bestellung des Vorstands, des Aufsichtsrats und des Abschlussprüfers*

In der Vorgesellschaft werden, wie im Aktienrecht üblich, gem. §§ 30, 31 AktG der erste Aufsichtsrat und der erste Abschlussprüfer bestellt. Die Mitglieder des Aufsichtsrats bestellen wiederum den ersten Vorstand gem. § 30 Abs. 4 AktG. Besonderheiten zum Vorstand und zum Aufsichtsrat bezüglich Anzahl,

---

Teilgesellschaftsvermögen, S. 88f., der von einer Beteiligungsfähigkeit der Vorgesellschaft im Erlaubnisverfahren ausgeht.

152 Dies bejaht *Wegner*, Die selbstverwaltete Hedgefonds-Investmentaktiengesellschaft mit Teilgesellschaftsvermögen, S. 88f. mit Verweis auf § 11 Nr. 2 VwVfG.

Zusammensetzung, fachlicher Eignung sowie die Rechte und Pflichten sind in § 119 und § 147 KAGB speziell geregelt[153].

d. *Qualifizierte Gründung der InvAG mit Sacheinlagen*

Grundsätzlich ist im Aktienrecht auch eine Gründung mit Sacheinlagen oder Sachübernahmen gem. § 27 Abs. 1 S. 1 AktG möglich. Hierfür muss die Satzung die entsprechenden Angaben enthalten. Im KAGB finden sich besondere Regelungen betreffend Sacheinlagen. Neben der Frage, ob eine Sacheinlage oder eine Sachübernahme in der InvAG zulässig ist, ist zusätzlich fraglich, welche Gegenstände überhaupt sacheinlagefähig sind.

aa. *Verbot von Sacheinlagen und verdeckten Sacheinlagen in der Publikums-InvAG*

Gem. § 109 Abs. 5 KAGB und § 141 Abs. 2 KAGB sind bei offenen und geschlossenen Publikums-InvAG Sacheinlagen unzulässig. Das Sacheinlageverbot soll die Anleger vor einer Verwässerung des Wertes der Anteile schützen[154]. Es sollen Risiken durch Fehlbewertungen für mögliche Sacheinlagen ausgeschlossen werden[155]. Hinzu kommt, dass die Geldanlage in der Regel auch dem Interesse des typischen Publikumsanlegers entspricht[156]. Erfolgt eine Sacheinlage entgegen dem Verbot, so gilt diese als nicht erbracht[157]. Hierbei handelt es sich um ein gesetzliches Verbot, sodass die Rechtsgeschäfte gem. § 134 BGB nichtig sind[158].

Fraglich ist, wie verdeckte Sacheinlagen zu behandeln sind. Soweit dies überhaupt erörtert wird, wird in der Literatur vertreten, dass auch verdeckte Sacheinlagen aufgrund der Regelung des § 109 Abs. 5 bzw. § 141 Abs. 2 KAGB unzulässig sind und die Einlagen gelten entgegen der aktienrechtlichen Anrechnungsregelung ebenfalls als nicht erbracht[159]. Für eine Anwendung des § 27 Abs. 3 AktG

---

153 Siehe unten Teil B. V. 4.

154 RegE AIFM-UmsG BT-Drs. 17/12294 S. 247f.; kritisch hierzu *Silberberger/Lorenz* in: Weitnauer/Boxberger/Anders KAGB, § 141 KAGB Rn. 4; *Zetzsche*, AG 2013, 613, 616.

155 *Dreibus/Stabenow* in: Emde/Dornseifer/Dreibus/Hölscher InvG, § 23 InvG Rn. 21; *Müchler*, Die Investmentaktiengesellschaft mit veränderlichem Kapital, S. 66 m. w. N.

156 *Freitag*, NZG 2013, 329, 335.

157 *Herrmann* in: Baur/Tappen KAGB, § 109 KAGB Rn. 25.

158 *München* in: Baur/Tappen KAGB, § 141 KAGB Rn. 10 mit Abs. 3 ist wohl Abs. 2 gemeint; *Dorenkamp* in: Beckmann/Scholtz/Vollmer Investment, 405 § 140 KAGB Rn. 34.

159 *Müchler*, Die Investmentaktiengesellschaft mit veränderlichem Kapital, S. 65.

auf verdeckte Sacheinlagen könnte dagegen sprechen, dass dieser über den Verweis des § 108 Abs. 2 KAGB anwendbar ist und verdeckte Sacheinlagen nicht explizit ausgeschlossen wurden[160]. Vielmehr könnte es bei einem Verbot von verdeckten Sacheinlagen, das auch in § 27 Abs. 3 S. 1 AktG enthalten ist, sein Bewenden haben und der Inferent müsste für eine Anrechnung wie im Aktienrecht gem. § 27 Abs. 3 S. 5 AktG die Beweislast dafür tragen, dass seine verdeckte Sacheinlage werthaltig ist. § 27 Abs. 3 AktG wird allerdings bereits von § 109 Abs. 5 bzw. § 141 Abs. 2 KAGB als speziellere Regelung im Sinne des § 108 Abs. 2 S. 1 bzw. § 140 Abs. 1 S. 2 KAGB verdrängt. Die verdeckte Sacheinlage ist in der InvAG m. v. K. ebenfalls verboten, sodass die Regelung des § 27 Abs. 3 S. 1 AktG inhaltlich zutrifft und es diesbezüglich unerheblich ist, ob sie daneben besteht. Im Verbot der Sacheinlage ist ebenfalls das Verbot der verdeckten Sacheinlage eingeschlossen. Dies ergibt sich aus dem Schutzzweck des Sacheinlageverbots gem. § 109 Abs. 5 bzw. § 141 Abs. 2 KAGB i. V. m. § 134 BGB. Nach der juristischen Methodenlehre ist durch teleologische Auslegung der Verbotsnorm zu ermitteln, ob das Umgehungsgeschäft ebenfalls vom Verbot erfasst ist[161]. Sinn und Zweck des Verbots von Sacheinlagen in der Publikums-InvAG m. v. K. ist die Vermeidung von Unsicherheiten bei der Bewertung der Sacheinlagen und damit der Schutz der Privatanleger vor einer Verwässerung des Aktienwertes[162]. Wenn bereits die Anleger vor einer offenen Sacheinlage geschützt werden sollen, so erst recht vor einer verdeckten Sacheinlage. Somit ist diese Umgehung nach hier vertretener Auffassung von § 109 Abs. 5 und § 141 Abs. 2 KAGB erfasst. Der Literatur ist daher zuzustimmen.

Im Kapitalgesellschaftsrecht wird die entsprechende Anwendung des § 27 Abs. 3 AktG bei der Einbringung von nicht sacheinlagefähigen Gegenständen wie etwa bei der Einbringung von Dienstleistungen in eine AG diskutiert. Dienstleistungen sind gem. § 27 Abs. 2 2. Hs. AktG nicht sacheinlagefähig. Nach inzwischen wohl h. M. könne aufgrund der fehlenden Sacheinlagefähigkeit dem Inferent nicht vorgeworfen werden, dass er sich nicht rechtmäßig verhalten habe, da ein Verfahren zur Einbringung von Dienstleistungen nicht gesetzlich

160 Vor der Neufassung des § 27 Abs. 3 AktG durch das Gesetz zur Umsetzung der Aktionärsrichtlinie (ARUG) vom 30.07.2009 (BGBl. I 2009, S. 2479): *Heeren/v. Tiling* in: Kempf, Novellierung des Investmentrechts, S. 201, 215.

161 *Mansel* in: Jauernig BGB, § 134 BGB Rn. 18; *Armbrüster* in: MüKo BGB, Band 1, § 134 BGB Rn. 12, 15.

162 *Herrmann* in: Baur/Tappen KAGB, § 110 KAGB Rn. 24; zum gleichlautenden § 152 Abs. 7 KAGB: RegE AIFM-UmsG BT-Drs. 17/12294 S. 251.

vorgesehen ist[163]. Hiernach ist § 27 Abs. 3 S. 1 AktG nicht auf nicht sacheinlagefähige Gegenstände anwendbar. Nach der Gegenansicht soll die Gefährdung der AG bei der Einbringung nicht sacheinlagefähiger Gegenstände noch größer sein als bei der Einbringung verdeckter Sacheinlagen, sodass diese Regelungen zur verdeckten Sacheinlage erst recht gelten sollen[164]. Allerdings ist die Lage nicht vergleichbar. Bei der Publikums-InvAG sind Sacheinlagen denklogisch zwar sacheinlagefähig, aber verboten. Dienstleistungen sind dagegen bei der AG nicht sacheinlagefähig, jedoch auch nicht verboten. Es ist lediglich kein spezielles Verfahren hierfür vom AktG vorgesehen. Somit gibt es bei der InvAG keine Möglichkeit, Sacheinlagen zulässig einzubringen, sodass durch eine verdeckte Sacheinlage nicht das Verfahren, sondern das Verbot betreffend Sacheinlagen umgangen werden soll. In der Folge bleibt der Inferent weiterhin zur Leistung der Bareinlage verpflichtet. Diese ist aufgrund der verdeckten Sacheinlage nicht durch Erfüllung gem. § 362 Abs. 1 BGB erloschen, da die Zahlung aufgrund des Zusammenhangs mit der verdeckt vereinbarten Sacheinlage wirtschaftlich als eine verdeckte Sacheinlage anzusehen ist und ihr somit keine Erfüllungswirkung zukommen kann[165]. Mangels Anwendbarkeit des § 27 Abs. 3 S. 2 und 3 AktG sind die schuldrechtlichen und dinglichen Rechtsgeschäfte betreffend die verdeckte Sacheinlage gem. § 134 BGB unwirksam und die verdeckte Sacheinlage wird nicht auf die Bareinlage angerechnet. Anders als im Falle des § 27 Abs. 3 AktG wird hier nicht ein Verfahren für eine zulässige Einlage, sondern das Verbot selbst umgangen. Somit kann § 27 Abs. 3 S. 2. und 3 AktG nicht entsprechend angewendet werden und es bleibt bei der Nichtigkeit gem. § 134 BGB.

Ob das Verbot der Sacheinlage zu Recht im KAGB aufrechterhalten wurde, kann zwar diskutiert werden[166]. Vorliegend sollen aber die bestehenden Regelungen zur InvAG mit denjenigen der AG verglichen werden. Selbst wenn das Sacheinlageverbot aufgehoben wird, so wären die Regelungen im AktG

---

163 BGHZ 180, 38, 43 Rn. 11 (Quivive); BGHZ 184, 158, 163f. Rn. 15 (Eurobike); inzwischen auch *Benz* in: Spindler/Stilz AktG, Band 1, § 27 AktG Rn. 146; *Habersack* in: Festschrift Priester, S. 157, 164f.

164 So beispielsweise noch *Benz* in: Spindler/Stilz AktG, Band 1, 2. Aufl., § 27 Rn. 146; beachte aber Aufgabe der Ansicht in der 3. Auflage: *Benz* in: Spindler/Stilz AktG, Band 1, § 27 AktG Rn. 146.

165 Dies ist sowohl bei Anwendung des § 27 Abs. 3 S. 1 AktG als auch nach allgemeinen Grundsätzen der Fall, da der gezahlte Betrag nicht gem. § 36 Abs. 2 AktG zur freien Verfügung des Vorstands steht, vgl. etwa *Koch* in: Hüffer/Koch AktG, § 27 AktG Rn. 36; *Pentz* in: MüKo AktG, Band 1, § 27 AktG Rn. 111.

166 *Müchler*, Die Investmentaktiengesellschaft mit veränderlichem Kapital, S. 65ff.

anwendbar. Auch in diesem Fall wäre die reale Kapitalaufbringung aufgrund der aktienrechtlichen Regelungen[167] gesichert.

De lege lata bleibt jedoch festzuhalten, dass das Recht der InvAG Publikumsanleger stärker schützt als das Aktienrecht, da Sacheinlagen sowie verdeckte Sacheinlagen unzulässig und unwirksam sind.

bb. Sachübernahmen in der Publikums-InvAG

Dagegen sind Sachübernahmen nach h. M. in der Publikums-InvAG zulässig[168]. Eine Sachübernahme liegt vor, wenn der Aktionär seine übernommene Einlage zwar im ersten Schritt bar erbringt, jedoch im zweiten Schritt die InvAG vom Aktionär einen Vermögensgegenstand gegen ein Entgelt übernimmt[169]. Im Unterschied zur verdeckten Sacheinlage muss auch hier gem. § 27 Abs. 1 S. 1 AktG die Sachübernahme in der Satzung festgehalten werden.

Aufgrund des Sinn und Zwecks des Sacheinlageverbotes in § 109 Abs. 6 und § 141 Abs. 2 KAGB und des daraus erst recht bestehenden Verbots der verdeckten Sacheinlage ist zunächst zweifelhaft, ob Sachübernahmen zulässig sind[170]. Dafür spricht allerdings der eindeutige Wortlaut des § 109 Abs. 6 und des § 141 Abs. 2 KAGB, der unverändert vom InvG übernommen wurde[171]. Allerdings können Vermögensgegenstände des Aktionärs – ebenso wie Vermögensgegenstände Dritter – von einer InvAG nach dem gem. § 168 Abs. 7 KAGB geltenden sogenannten Marktgerechtigkeitsprinzip nur gegen Zahlung einer marktüblichen Vergütung entgegengenommen werden[172], sodass der Grundsatz der realen Kapitalaufbringung auch hier gewahrt wird. Das Markgerechtigkeitsprinzip

167 §§ 27, 38 Abs. 2, 9 Abs. 1 AktG.

168 H. M. und eindeutiger Gesetzeswortlaut, vgl. zum KAGB *Lorenz* in: Weitnauer/Boxberger/Anders KAGB, § 109 KAGB Rn. 20; zum InvG *Dreibus/Stabenow* in: Emde/Dornseifer/Dreibus/Hölscher InvG, § 23 InvG Rn. 23; *Eckhold,* ZGR 2007, 654, 667; so bereits zum Sondervermögen *v. Cammerer,* JZ 1958, 41, 47 Fn. 52; *Schuler,* NJW 1957, 1049, 1051; Bedenken äußert *Köndgen* in: Berger/Steck/Lübbehüsen InvG, § 23 InvG Rn. 8.

169 Vgl. Legaldefinition in § 27 Abs. 1 S. 1 AktG; *Dreibus/Stabenow* in: Emde/Dornseifer/Dreibus/Hölscher InvG, § 23 InvG Rn. 23; *Koch* in: Hüffer/Koch AktG, § 27 AktG Rn. 5; *Lorenz* in: Weitnauer/Boxberger/Anders KAGB, § 109 KAGB Rn. 20.

170 Auf eine vergleichbare Situation weisen auch *Lorenz* in: Weitnauer/Boxberger/Anders KAGB, § 109 KAGB Rn. 20 und *Eckhold,* ZGR 2007, 654, 667 hin.

171 RegE AIFM-UmsG BT-Drs. 17/12294 S. 237 und 247f.

172 Vgl. hierzu näher: *Schultheiß* in: Baur/Tappen KAGB, § 168 KAGB Rn. 4; kritisch, ob das Markgerechtigkeitsprinzip vor einer fehlerhaften Bewertung schützt, dagegen: *Boxberger* in: Moritz/Klebeck/Jesch KAGB, § 109 KAGB Rn. 25.

wird für Publikums-InvAGen aus § 168 Abs. 7 S. 4 KAGB, für AIF-Spezial-InvAGen aus den §§ 278, 168 KAGB hergeleitet[173]. Da es keine Spezial-OGAW gibt, gilt es somit für alle Formen der InvAG.

cc. Sacheinlagen und Sachübernahmen in der Spezial-InvAG

In einer Spezial-InvAG sind Sachübernahmen und – mangels einer speziellen gesetzlichen Regelung – zusätzlich Sacheinlagen zulässig. Es gelten die allgemeinen aktienrechtlichen Regelungen[174]. Da ebenfalls das Marktgerechtigkeitsprinzip anwendbar ist und zudem nach § 108 Abs. 2 KAGB die Regelungen des AktG[175] eingreifen, ist auch hier die reale Kapitalaufbringung gesichert. Allerdings besteht kein wesentlich höherer Schutz als im Aktienrecht.

dd. Sacheinlagefähige Gegenstände

Sacheinlagefähige Gegenstände sind nur Gegenstände, die die InvAG auch halten darf[176]. *A. München* zufolge umfasst das Verbot von Sacheinlagen auch die Einbringung von Dienstleistungen[177]. Dies ist zu verneinen, da es sich bei Dienstleistungen nach § 27 Abs. 2 2. Hs. AktG um einen nicht sacheinlagefähigen Gegenstand handelt[178].

ee. Abschließende Bewertung der Regelungen im KAGB und im AktG

Resümierend bleibt festzuhalten, dass Sacheinlagen im KAGB für die InvAG noch stärker reguliert sind als im AktG. Zum einen sind Sacheinlagen und verdeckte Sacheinlagen bei Publikums-InvAGen verboten. Zum anderen wird durch die zusätzliche Geltung des Marktgerechtigkeitsprinzips die reale Kapitalaufbringung gesichert. Diese strengeren Regelungen dienen dem Anlegerschutz.

e. Gründungsbericht und Gründungsprüfung

Anschließend haben die Gründer gem. § 32 AktG den Gründungsbericht zu erstellen und die Mitglieder des Vorstands und des Aufsichtsrates sowie

---

173 *Schultheiß* in: Baur/Tappen KAGB, § 168 KAGB Rn. 4.

174 So bereits *Fromm,* Die Investmentaktiengesellschaft mit veränderlichem Kapital, S. 25.

175 §§ 27, 38 Abs. 2, 9 Abs. 1 AktG.

176 So bereits *Fromm,* Die Investmentaktiengesellschaft mit veränderlichem Kapital, S. 25; vgl. hierzu die sich aus dem Unternehmensgegenstand ergebenden Anlagegegenstände Teil B. V. 2. d. aa.

177 *München* in: Baur/Tappen KAGB, § 141 KAGB Rn. 9.

178 Siehe hierzu bereits oben Teil B. V. 1. d. aa.

gegebenenfalls ein oder mehrere Gründungsprüfer prüfen den Hergang der Gründung gem. § 33ff. AktG.

f. Aufbringung des eingeforderten Betrags nach § 109 Abs. 4 KAGB bzw. § 141 Abs. 1 KAGB als lex specialis zu § 36a AktG

Die Gründer müssen außerdem in der AG den für die Anmeldung erforderlichen eingeforderten Betrag gem. § 36 Abs. 2 AktG aufbringen. Im AktG bestimmt sich der eingeforderte Betrag nach § 36a AktG. Für die InvAG könnte diesbezüglich in § 109 Abs. 4 bzw. § 141 Abs. 1 KAGB eine Sonderregelung bestehen. Gem. § 109 Abs. 4 KAGB dürfen Aktien nur gegen die volle Leistung des Ausgabepreises ausgegeben werden. Die Regelung unterscheidet sich nach h. M. somit von § 36a AktG und erlaubt keine teilweise Einzahlung[179]. Nach einer weiteren Ansicht ergibt sich zwar aus der Formulierung „Aktien dürfen nur gegen volle Leistung des Ausgabepreises ausgegeben werden" noch keine Abweichung von § 36a Abs. 1 AktG, da sich aus den Regelungen § 10 Abs. 2, § 93 Abs. 3 Nr. 4 im AktG auch ergäbe, dass Inhaberaktien nicht vor der vollen Leistung des Ausgabebetrags ausgegeben werden dürfen und dies die Geltung des § 36a AktG nicht beeinträchtige[180]. Aus den genannten Regelungen des AktG, dass Inhaberaktien nicht vor der vollen Leistung des Ausgabebetrags ausgegeben werden dürfen, ergibt sich zwar tatsächlich noch keine Auswirkung auf die Regelung des § 36a AktG, vielmehr haben sie lediglich zur Folge, dass noch keine Inhaberaktien, sondern auf den Namen lautendende Zwischenscheine ausgegeben werden dürfen, sofern der Ausgabebetrag noch nicht vollständig geleistet wurde[181]. Allerdings ist in § 109 Abs. 4 und § 141 Abs. 1 KAGB geregelt, dass gar keine Aktien ausgegeben werden dürfen. Es spricht bereits für die h. M., dass durch § 109 Abs. 4 bzw. § 141 Abs. 1 KAGB (und deren Vorgängerregelungen) eine zu § 36a AktG speziellere Regelung geschaffen werden sollte. Hinzu kommt, dass die Regelungen zur InvAG den gleichen Wortlaut haben,

---

179 *Herrmann* in: Baur/Tappen KAGB, § 109 KAGB Rn. 21f.; *München* in: Baur/Tappen KAGB, § 141 KAGB Rn. 3ff.; *Boxberger* in: Moritz/Klebeck/Jesch KAGB, § 109 KAGB Rn. 22; *Lorenz* in: Weitnauer/Boxberger/Anders KAGB, § 109 KAGB Rn. 17; *Silberberger/Lorenz* in: Weitnauer/Boxberger/Anders KAGB, § 141 KAGB Rn. 3; *Zetzsche,* AG 2013, 613, 615f.; zum InvG *Fromm,* Die Investmentaktiengesellschaft mit veränderlichem Kapital, S. 25f.; *Pluskat,* WM 2005, 772, 773.

180 *Müchler,* Die Investmentaktiengesellschaft mit veränderlichem Kapital, S. 63.

181 *Vatter* in: Spindler/Stilz AktG, Band 1, § 10 AktG Rn. 73; *Brändel* in: Hopt/Wiedemann Großkomm. AktG, Band 1, § 10 AktG Rn. 13; *Heider* in: MüKo AktG, Band 1, § 10 AktG Rn. 50.

wie bereits die Regelungen zum Sondervermögen im InvG (§ 23 Abs. 1 S. 2) und heute im KAGB (§ 71 Abs. 1 S. 2)[182]. Auch durch die Regelungen zum Sondervermögen soll sichergestellt werden, dass der volle Ausgabebetrag eingezahlt wird und keine ausstehenden Raten noch geschuldet werden. Der Anteil entsteht dementsprechend erst mit Eingang des Ausgabepreises[183]. Zudem ergibt sich aus den Gesetzgebungsmaterialien, dass zum Zeitpunkt der Ausgabe der Aktien der InvAG das Gesellschaftsvermögen dem Eigenkapital entsprechen soll[184]. Richtigerweise stellt daher die Regelung in § 109 Abs. 4 bzw. § 141 Abs. 1 KAGB eine Spezialregelung zu § 36a AktG dar.

g. *Anmeldung und Eintragung im Handelsregister*

Sodann erfolgt wie bei der AG die Anmeldung zur Eintragung im Handelsregister nach § 108 Abs. 2 S. 1 bzw. § 140 Abs. 1 S. 2 KAGB i. V. m. § 36 Abs. 1 AktG. Nach der hier vertretenen Ansicht ist für die Eintragung im Handelsregister keine Vorlage der Erlaubnis der BaFin erforderlich.

h. *Zwischenergebnis zur Gründung der InvAG im Vergleich zur AG*

Das Bestehen einer InvAG oder einer Vor-InvAG ist unabhängig vom Bestehen einer Erlaubnis durch die BaFin. Vielmehr ist der Unternehmensgegenstand maßgeblich, ob es sich um eine Vor-AG oder eine Vor-InvAG handelt. Die Vor-InvAG kann jedoch noch keinen Geschäftsbetrieb aufnehmen, da eine Erlaubnis hierfür nicht erteilt wird. Dies gilt aber nur, sofern die zu gründende InvAG überhaupt erlaubnispflichtig ist. Um einen gleich hohen Anlegerschutz zu gewährleisten, sollten de lege ferenda vergleichbare Regelungen für alle Anleger im KAGB enthalten sein: Entweder ist eine Erlaubnispflicht für alle InvAGen zu verlangen oder die Aufnahme des Geschäftsbetriebs vor Eintragung ist zu versagen. Für die Eintragung der InvAG im Handelsregister ist mangels entsprechender Anwendung des § 43 Abs. 1 KWG keine Vorlage der Erlaubnis der BaFin erforderlich.

---

182 Vgl. zum InvG *Dornseifer* in: Emde/Dornseifer/Dreibus/Hölscher InvG, § 103 InvG Rn. 3. § 71 Abs. 1 KAGB ist Nachfolgeregelung des § 23 Abs. 1 InvG, vgl. RegE AIFM-UmsG BT-Drs. 17/12294 S. 230. Die Vorgängerregelung des § 103 InvG, § 63 Abs. 1 S. 1 KAGG 1998 entspricht bewusst § 21 Abs. 1 S. 1 KAGG zum Sondervermögen vgl. RegE 3. FMFG BT-Drs. 13/8933 S. 130.

183 Es ist der Geldeingang bei der Verwahrstelle maßgeblich, so überzeugend *Karcher* in: Baur/Tappen KAGB, § 71 KAGB Rn. 12.

184 RegE AIFM-UmsG BT-Drs. 17/12294 S. 247.

Das Sacheinlagenverbot für Publikums-InvAGen im KAGB umfasst auch verdeckte Sacheinlagen. Eine analoge Anwendung des § 27 Abs. 3 AktG ist ausgeschlossen. § 109 Abs. 4 bzw. § 141 Abs. 1 KAGB sind lex specialis zu § 36a AktG. Die Einlagen müssen daher für die InvAG immer vollständig erbracht werden.

Diese Untersuchungsergebnisse, nämlich das Bestehen der Vor-InvAG, die (geforderte) Unzulässigkeit der Aufnahme des Geschäftsbetriebs der Vor-InvAG, die Einschränkungen bei den Sacheinlagen sowie das Erfordernis der vollen Kapitalaufbringung zeigen, dass sich die InvAG bereits bei der Gründung deutlich von der InvAG unterscheidet. Insgesamt ist eine stärkere Gewichtung des Anlegerschutzes zu konstatieren.

2. Die Satzung und ihre einzelnen Bestimmungen

Der notwendige Inhalt der Satzung der InvAG ergibt sich aus dem KAGB und gem. § 108 Abs. 2 S. 1 bzw. § 140 Abs. 1 S. 2 KAGB subsidiär aus § 23 Abs. 3 und Abs. 4 AktG.

a. Keine Anwendung der Satzungsstrenge gem. § 23 Abs. 5 AktG für die InvAG?

Die Satzungsstrenge, teilweise auch Gesetzesstrenge genannt[185], geregelt in § 23 Abs. 5 AktG findet auf InvAGen seit dem InvÄndG[186] keine Anwendung, sodass die Satzung grundsätzlich von den sonst zwingenden Vorschriften des AktG[187] abweichen darf. Der Gesetzesentwurf hatte hierbei vor allem die Ermöglichung investmentspezifischer Aktivitäten sowie deren Organisation im Blick[188]. Bereits durch den Ausschluss der Satzungsstrenge könnte sich die InvAG gravierend von der AG unterscheiden. Im folgenden Unterabschnitt wird zunächst untersucht, ob es sich bei der Satzungsstrenge um ein wesentliches Merkmal der AG handelt. Anschließend wird die tatsächliche Reichweite der Abbedingung der Satzungsstrenge betrachtet, um eine Bewertung der jeweiligen Regelungen vornehmen zu können.

---

185 *Seibt* in: K. Schmidt/Lutter, § 23 AktG Rn. 53.

186 Mit dem InvÄndG vom 21.12.2007 (BGBl. I 2007, S. 3089, 3118) wurde § 99 Abs. 1 InvG neu gefasst.

187 Vgl. hierzu die Übersichten zu den abdingbaren Vorschriften z. B. in *Röhricht* in: Hopt/Wiedemann Großkomm. AktG, Band 1, § 23 AktG Rn. 177ff.; *Pentz* in: MüKo AktG, Band 1, § 23 AktG Rn. 163.

188 RegE InvÄndG BT-Drs. 16/5576 S. 86.

aa. Die Satzungsstrenge als konstitutives und wesentliches Merkmal der AG

Ob die Satzungsstrenge ein wesentliches Merkmal der AG ist, wurde bereits in der Literatur, insbesondere anlässlich des 67. Deutschen Juristentages, ausführlich diskutiert[189].

Sinn und Zweck der Satzungsstrenge ist zum einen die Sicherheit des Rechtsverkehrs und die hierdurch verbesserte Fungibilität der Aktie[190]. Die Aktionäre sollen durch Gesellschaftsrecht vor unvorhergesehenen Satzungen oder Satzungsänderungen geschützt werden, indem nicht von den zwingenden Regelungen des AktG abgewichen werden darf[191]. Neben den Anlegern wird zum anderen der Kapitalmarkt sowie die Institution der AG als „Kapitalsammelstelle" geschützt[192]. Die einzelnen Aktiengesellschaften bleiben hierdurch vergleichbar und ihre Satzungen enthalten keine atypischen, benachteiligenden Regelungen[193]. Somit wird für die Aktionäre der Informations- und Transaktionsaufwand beim Erwerb von Aktien minimiert[194]. Durch die erleichterte Handelbarkeit von Aktien wird auch die Funktionsfähigkeit des Kapitalmarktes geschützt[195]. Darüber hinaus ist die Satzungsstrenge ein kennzeichnendes Merkmal der AG, das

---

189 Siehe dazu *Kuntz*, Gestaltung von Kapitalgesellschaften zwischen Freiheit und Zwang, S. 345–347; *Bayer*, Gutachten E für den 67. Deutschen Juristentag, Empfehlen sich besondere Regelungen für börsennotierte und für geschlossene Gesellschaften?, S. E 27ff.; *Bayer*, NJW 2008, Sonderbeil. zu Heft 21, 21, 21ff.; *Habersack*, AG 2009, 1, 1ff.; *Hirte* in: 11. ZGR-Symposium, S. 61, 61ff.; *Schäfer*, NJW 2008, 2536, 2536ff.; *Spindler*, AG 2008, 598, 598ff.; *Spindler*, AG 1998, 53, 53ff; eine Satzungsstrenge für die InvAG verneint *Blenk*, Die Mitgliedschaft in der Investmentaktiengesellschaft S. 40f., 42ff. und stellt auf S. 225ff. die Ausstrahlungswirkung dar.

190 *Pentz* in: MüKo AktG, Band 1, § 23 AktG Rn. 158; *Seibt* in: K. Schmidt/Lutter, § 23 AktG Rn. 1; *Limmer* in: Spindler/Stilz AktG, Band 1, § 23 AktG Rn. 28.

191 *Dornseifer* in: Emde/Dornseifer/Dreibus/Hölscher InvG, § 96 InvG Rn. 10; *Dornseifer* in: Emde/Dornseifer/Dreibus/Hölscher InvG, § 99 InvG Rn. 12; *Pentz* in: MüKo AktG, Band 1, § 23 AktG Rn. 158.

192 *Bayer*, NJW 2008, Sonderbeil. zu Heft 21, 21, 22; *Bayer*, Gutachten E für den 67. Deutschen Juristentag, Empfehlen sich besondere Regelungen für börsennotierte und für geschlossene Gesellschaften?, S. E32.

193 *Pentz* in: MüKo AktG, Band 1, § 23 AktG Rn. 158; *Koch* in: Hüffer/Koch AktG, § 23 AktG Rn. 34; *Seibt* in: K. Schmidt/Lutter, § 23 AktG Rn. 53.

194 *Koch* in: Hüffer/Koch AktG, § 23 AktG Rn. 34; *Seibt* in: K. Schmidt/Lutter, § 23 AktG Rn. 53.

195 *Pentz* in: MüKo AktG, Band 1, § 23 AktG Rn. 158; *Bayer*, Gutachten E für den 67. Deutschen Juristentag, Empfehlen sich besondere Regelungen für börsennotierte und für geschlossene Gesellschaften?, S. E32, E82; a. A.: *Hirte* in: 11. ZGR-Symposium, S. 61.74–81, der aber der Ansicht ist, dass eine fehlende Satzungsstrenge

die Gesellschaft insbesondere von der flexibleren GmbH abgrenzt und somit zur Erkennbarkeit sowie zur Seriosität der AG beiträgt[196]. Die Satzungsstrenge wurde auf Empfehlung des 67. Deutschen Juristentages bis heute auch für nicht-börsennotierte AGen beibehalten[197]. Hierdurch wird weiterhin ein einfacherer Übergang zur börsennotierten AG ermöglicht[198]. Die vorgenannten Argumente, nämlich die Satzungsstrenge als Erkennungsmerkmal sowie als Garant der Seriosität der Gesellschaftsform, welche dem Schutz der Gesellschafter, der Gesellschaftsgläubiger sowie die Funktionsfähigkeit des Kapitalmarktes dient, sprechen dafür, dass die Satzungsstrenge weiterhin ein wesentliches Merkmal der Gesellschaftsform AG ist. Bereits bei der Debatte des 67. Deutschen Juristentages bestand Einigkeit darüber, dass eine Abkehr von der Satzungsstrenge zwingend voraussetzt, dass der Schutz der Aktionäre durch Kapitalmarktrecht auszugleichen sei[199]. Der Schutz der Aktionäre wird bei der InvAG nach Ansicht des Gesetzesentwurfs hingegen durch den investmentrechtlichen Anlegerschutz ausgeglichen[200]. Es handele sich beim Aktionär primär um einen Anleger, der demzufolge investmentrechtlich zu schützen sei[201].

Während die Funktionsfähigkeit des Kapitalmarkts und der Anlegerschutz auch durch Kapitalmarktrecht erreicht werden kann, ist dies beim Gläubigerschutz schwieriger möglich. Auf den ersten Blick scheint mithin die Satzungsstrenge, ein wesentliches Merkmal der AG, gänzlich zu fehlen.

---

durch zwingendes Kapitalmarktrecht auszugleichen ist, vgl. S. 84; so wohl auch *Seibt* in: K. Schmidt/Lutter, § 23 AktG Rn. 53.

196 *Bayer,* Gutachten E für den 67. Deutschen Juristentag, Empfehlen sich besondere Regelungen für börsennotierte und für geschlossene Gesellschaften?, S. E96f.; *Bayer,* NJW 2008, Sonderbeil. zu Heft 21, 21, 24 zustimmend *Habersack,* AG 2009, 1, 7; *Schäfer,* NJW 2008, 2536, 2538; teilw. a. A.: „Mit Seriosität [...] hat das nichts zu tun" *Windbichler,* JZ 2008, 840, 845.

197 Vgl. eindeutiges Abstimmungsergebnis des 67. Deutschen Juristentages ZIP 2008, 1896, sowie aktuelle Fassung des § 23 Abs. 5 AktG.

198 *Habersack,* AG 2009, 1, 7; *Schäfer,* NJW 2008, 2536, 2539.

199 *Bayer,* Gutachten E für den 67. Deutschen Juristentag, Empfehlen sich besondere Regelungen für börsennotierte und für geschlossene Gesellschaften?, S. E83; *Habersack,* AG 2009, 1, 8; *Schäfer,* NJW 2008, 2536, 2537.

200 RegE InvÄndG BT-Drs. 16/5576 S. 83; *Dornseifer* in: Emde/Dornseifer/Dreibus/Hölscher InvG, § 96 InvG Rn. 10; *Dornseifer* in: Emde/Dornseifer/Dreibus/Hölscher InvG, § 99 InvG Rn. 12.

201 RegE InvÄndG BT-Drs. 16/5576 S. 83.

bb. Reichweite der Abbedingung der Satzungsstrenge

Es stellt sich die Frage, in welchem Maße das AktG abbedungen werden kann. Teilweise wird vertreten, die Satzung der InvAG könne vom AktG abweichen, lediglich die Regelungen des KAGB seien zwingend zu wahren[202]. Nach Ansicht der BaFin ist eine Abweichung nur in zwingenden investmentrechtlich notwendigen Fällen möglich[203]. Diese Ansicht wird auch in der Literatur vertreten[204]. Die Gesetzesmaterialien äußern sich hierzu nicht, sie stellen lediglich klar, dass die Satzung der InvAG weiterhin mit dem KAGB vereinbar sein müsse[205].

Die Ansicht der BaFin und der Literatur ist auch mit dem Wortlaut des KAGB vereinbar: Aus § 108 Abs. 2 S. 1 bzw. § 140 Abs. 1 und Abs. 2 KAGB ergibt sich, dass grundsätzlich die Vorschriften des AktG anzuwenden sind, sofern in den §§ 108–123 bzw. §§ 140–148 KAGB nichts Abweichendes geregelt ist. Zwar könnte die Unanwendbarkeit des § 23 Abs. 5 AktG für eine generelle Nichtgeltung der Satzungsstrenge sprechen, jedoch spricht der Wortlaut in § 108 Abs. 2 S. 1 KAGB „ [InvAGen] unterliegen den Vorschriften des Aktiengesetzes“ und in § 140 Abs. 1 S. 2 KAGB „die Vorschriften des Aktiengesetzes sind anzuwenden“ dafür, dass eine Anwendung des AktG nicht zur Disposition der InvAG oder deren Aktionäre steht[206]. De lege lata ist jedoch der Wortlaut weder eindeutig für noch gegen diese einschränkende Ansicht. Vielmehr wäre de lege ferenda eine Klarstellung des Gesetzgebers wünschenswert, dass lediglich Abweichungen

---

202 *München* in: Baur/Tappen KAGB, § 140 KAGB Rn. 7; so wohl *Lorenz* in: Weitnauer/Boxberger/Anders KAGB, § 108 KAGB Rn. 10; *Silberberger/Lorenz* in: Weitnauer/Boxberger/Anders KAGB, § 140 KAGB Rn. 5f.

203 *Dornseifer* in: Emde/Dornseifer/Dreibus/Hölscher InvG, § 99 InvG Rn. 13; *Boxberger* in: Moritz/Klebeck/Jesch KAGB, § 108 KAGB Rn. 9 spricht von der „geübten BaFin-Verwaltungspraxis“; *Lorenz* in: Weitnauer/Boxberger/Anders KAGB, § 108 KAGB Rn. 10; a. A.; *Blenk,* Die Mitgliedschaft in der Investmentaktiengesellschaft S. 40 spricht von einer „frühere[n] Ansicht der BaFin“ und weist darauf hin, dass die BaFin ihm mitgeteilt habe, diese Ansicht aufgegeben zu haben, vgl. S. 42, Fn. 98.

204 An der Notwendigkeit des Ausschlusses der gesamten Satzungsstrenge zweifeln auch *Dornseifer* in: Emde/Dornseifer/Dreibus/Hölscher InvG, § 99 InvG Rn. 13; *Müchler,* Die Investmentaktiengesellschaft mit veränderlichem Kapital, S. 80f., 89; *Wegner,* Die selbstverwaltete Hedgefonds-Investmentaktiengesellschaft mit Teilgesellschaftsvermögen, S. 341ff.; a. A.: *Blenk,* Die Mitgliedschaft in der Investmentaktiengesellschaft S. 42ff.; *Zetzsche,* AG 2013, 613, 629.

205 RegE AIFM-UmsG BT-Drs. 17/12294 S. 247, sowie zum InvG RegE InvÄndG BT-Drs. 16/5576 S. 86.

206 So auch *Müchler,* Die Investmentaktiengesellschaft mit veränderlichem Kapital, S. 80, Fn. 383 für die alte Fassung des § 99 Abs. 1 InvG.

vom ansonsten unabdingbaren Recht des KAGB und des AktG gemacht werden dürfen, wenn dies aus investmentrechtlichen Gründen zwingend notwendig ist.

cc. Stellungnahme und Bewertung: Geltung der investmentspezifisch modifizierten Satzungsstrenge

Die Ansicht der BaFin und Teilen der Literatur, dass nur sofern investmentrechtlich zwingend erforderlich – also aufgrund einer Regelung im KAGB – vom AktG abgewichen werden darf, ist aus Gründen der Rechtssicherheit und des Schutzes der Aktionäre, der Gesellschaftsgläubiger sowie zum Schutz der Funktionsfähigkeit des Kapitalmarktes vorzugswürdig. Auch ist ihr zuzustimmen, da so die Fungibilität der Aktien sichergestellt werden kann[207]. Sofern sich diese lediglich investmentspezifisch eingeschränkte Satzungsstrenge auch in der Praxis durchsetzen wird, hat der Ausschluss des § 23 Abs. 5 AktG deutlich geringere Auswirkungen, als auf den ersten Blick erwartet. Auf den zweiten Blick handelt es sich, nach der hier vertretenen Ansicht, lediglich um eine investmentspezifisch modifizierte Satzungsstrenge, sodass unter diesem Gesichtspunkt kein wesentliches Merkmal einer Aktiengesellschaft fehlt.

Sollte sich in der Praxis wider Erwarten die gegenteilige Auffassung durchsetzen[208], so würde bereits hier ein wesentliches Merkmal der Aktiengesellschaft bei der InvAG fehlen. Die Gesellschafter könnten zumindest im Innenverhältnis vom AktG abweichende Regelungen treffen. Es würde dann eine gewisse Nähe zum Personengesellschaftsrecht, insbesondere zur KG und gerade nicht zur AG bestehen. De lege ferenda ist zu fordern, dass im KAGB klargestellt wird, dass das AktG nur abdingbar ist, sofern sich dies aus zwingenden investmentrechtlichen Gründen ergibt.

b. Die Firma, Rechtsformzusatz und Hinweispflicht

Die Firma der InvAGen ist abweichend von § 4 AktG im KAGB geregelt. Nach § 118 Abs. 1 1. Hs. bzw. § 146 KAGB muss die Firma jeweils die Bezeichnung „Investmentaktiengesellschaft“ oder eine allgemein verständliche Abkürzung

---

207 *Wegner,* Die selbstverwaltete Hedgefonds-Investmentaktiengesellschaft mit Teilgesellschaftsvermögen, S. 343ff.

208 Vgl. zu den Konsequenzen ausführlich *Blenk,* Die Mitgliedschaft in der Investmentaktiengesellschaft S. 104ff., der in einem eigenen Konzept zum Schutz der Minderheitsaktionäre S. 162ff. unter anderem eine Anwendung der Kernbereichslehre und eine materielle Beschlusskontrolle fordert.

dieser Bezeichnung, beispielsweise „InvAG" oder „Investment-AG"[209] enthalten. Die Bezeichnung „Investmentaktiengesellschaft" ist gem. § 3 Abs. 2 KAGB geschützt. Sie darf lediglich von InvAGen i. S. d. §§ 124–138 oder der §§ 140–148 KAGB geführt werden.

Ursprünglich sollte mit der geschützten Bezeichnung ein „Gütesiegel" geschaffen werden[210]. Sinn und Zweck dieser bereits durch das InvÄndG eingeführten Regelung ist der Schutz des Rechtsverkehrs durch Offenlegung und die dadurch erlangte Transparenz, um eine Sensibilisierung in Hinsicht auf die Abweichungen der InvAG gegenüber der gewöhnlichen AG zu erreichen[211]. Der Bezeichnungsschutz in § 3 Abs. 2 KAGB sorgt dafür, dass nur der Aufsicht unterstehende Investmentfonds die Bezeichnung führen dürfen[212]. Daneben bleibt es bei den allgemeinen Regeln des HGB zur Namensgebung gem. § 17ff. HGB. Eine InvAG ist nach § 108 Abs. 2 S. 1 bzw. § 140 Abs. 1 S. 2 KAGB i. V. m. § 3 Abs. 1 AktG Formkaufmann, sodass die genannten Vorschriften anwendbar sind. Diesbezüglich ergeben sich keine Unterschiede zur AG.

Während es für die InvAG m. f. K. hierbei sein Bewenden hat, regelt § 118 Abs. 1 KAGB zusätzlich die Hinweispflicht auf das veränderliche Kapital in Geschäftsbriefen, sowie die Namensregelung bei Teilgesellschaftsvermögen (TGV) und eine Offenlegungspflicht, sofern die InvAG m. v. K. lediglich für ein oder mehrere Teilvermögen tätig wird, inklusive einem Hinweis auf die getrennte Haftung der TGV. Die fehlende Hinweispflicht in Geschäftsbriefen auf die Geschlossenheit der InvAG m. f. K. begründete der Gesetzgeber damit, dass sich die InvAG m. f. K. hierdurch nicht vom AktG unterscheide[213]. De lege ferenda wird aufgrund der Verwechslungsmöglichkeit mit der InvAG m. v. K. in der Literatur eine solche Hinweispflicht zu Recht befürwortet[214]. Sofern es sich

209 So *Herrmann* in: Baur/Tappen KAGB, § 118 KAGB Rn. 2; *Bubel/Zackor* in: Baur/Tappen KAGB, § 146 KAGB Rn. 4; *Fischer/Steck* in: Berger/Steck/Lübbehüsen InvG, § 98 InvG Rn. 2; *Dornseifer* in: Emde/Dornseifer/Dreibus/Hölscher InvG, § 98 InvG Rn. 3; *Lorenz* in: Weitnauer/Boxberger/Anders KAGB, § 118 KAGB Rn. 2; *Silberberger/Lorenz* in: Weitnauer/Boxberger/Anders KAGB, § 146 KAGB Rn. 3 nennen noch die „InvestAG" oder die „InvestmentAG".

210 RegE 3. FMFG BT-Drs. 13/8933 S. 126; *Boxberger* in: Moritz/Klebeck/Jesch KAGB, § 108 KAGB Rn. 7.

211 RegE InvÄndG BT-Drs. 16/5576 S. 86; *Bubel/Zackor* in: Baur/Tappen KAGB, § 146 KAGB Rn. 2f.; *Lorenz* in: Weitnauer/Boxberger/Anders KAGB, § 118 KAGB Rn. 1; *Dornseifer,* AG 2008, 53, 62f.

212 *Boxberger* in: Moritz/Klebeck/Jesch KAGB, § 117 KAGB Rn. 2.

213 RegE AIFM-UmsG BT-Drs. 17/12294 S. 248; BR-Drs. 791/12 S. 454.

214 *Geurts/Schubert,* KAGB kompakt, S. 103.

bei der InvAG um eine eigenständige Rechtsform handelt, wäre jeweils die Kennzeichnung „mit veränderlichem Kapital“ beziehungsweise „mit fixem Kapital“ de lege ferenda wünschenswert, um die jeweilige Unterform zu kennzeichnen. In Betracht kommt auch eine Unterscheidung nach interner und externer Verwaltung sowie nach Spezial- und Publikumsanlegern[215]. Auch eine solche Kennzeichnung in der Firma wäre für (künftige) Anleger und Gesellschaftsgläubiger hilfreich, um das bestehende Schutzniveau erkennen zu können.

Bereits die Bezeichnung „InvAG“ in der Firma könnte dafür angeführt werden, dass es sich um eine eigenständige Rechtsform handelt. Zwar weist der Bestandteil „Aktiengesellschaft“ auf die AG nach dem AktG hin. Allerdings bedeutet dies nicht, dass es sich lediglich um eine Unterform handelt, wenn ein Teil der zwingenden Bezeichnung auch eine andere Rechtsform kennzeichnet. So wird beispielsweise eine KG auf Aktien vorwiegend als eigene Rechtsform[216] und nur vereinzelt als Unterform der AG[217] angesehen. Dagegen weist eine andere Bezeichnung wie etwa bei der UG haftungsbeschränkt auch nicht zwingend auf eine eigene Gesellschaftsform hin[218]. Bei der UG haftungsbeschränkt handelt es sich jedoch um eine Besonderheit[219]. Gegen einen Rechtsformzusatz könnte sprechen, dass auch in §§ 6, 7 REITG für REIT-Aktiengesellschaften ein Firmenbestandteil mit Bezeichnungsschutz geregelt ist. Ob es sich bei der REIT-AG auch um eine eigene Gesellschaftsform handelt, soll im Rahmen dieser Arbeit allerdings nicht überprüft werden. Festzuhalten bleibt aber, dass die Firma den

---

215 *Klebeck/Kunschke* in: Beckmann/Scholtz/Vollmer Investment, 405 § 157 KAGB Rn. 7 empfehlen dies für die geschlossene InvKG, angesichts gleicher Interessenlage wäre die Argumentation aber auch auf offene InvKGen sowie auf InvAGen übertragbar.

216 BGHZ 134, 392, 398; *Perlitt* in: MüKo AktG, Band 5, § 278 AktG Rn. 29, 85; *Assmann/Sethe* in: Hopt/Wiedemann Großkomm. AktG, Band 8, § 278 AktG Rn. 3; *Herfs* in: Münch. Hdb. GesR, Band 4, § 76 Rn. 10; *K. Schmidt* in: K. Schmidt/Lutter, § 278 AktG Rn. 1; *Priester,* ZHR 160 (1996), 250, 259; teilweise wird eine größere Nähe zur AG bejaht: *K. Schmidt,* Gesellschaftsrecht, § 32 I 2; so auch mit Verweis auf die geringe praktische Bedeutung *Koch* in: Hüffer/Koch AktG, § 278 AktG Rn. 3; *Wiesner,* ZHR 148 (1984), 56, 66f. sieht sie als der AG wesensgleiche Rechtsform an; dagegen für eine Abart der AG: *Hueck/Hueck* in: Baumbach/Hueck AktG, Vor § 278 AktG Rn. 2.

217 *Bachmann* in: Spindler/Stilz AktG, Band 2, § 278 AktG Rn. 1.

218 RegE MoMiG, BT-Drs. 16/6140 S. 31 sowie h. M., vgl. *Fastrich* in: Baumbach/Hueck GmbHG, § 5a GmbHG Rn. 3, 7; *Miras* in: Beck OK GmbHG, § 5a GmbHG Rn. 3; *Kleindiek* in: Lutter/Hommelhoff GmbHG, § 5a GmbHG Rn. 7; *Westermann* in: Scholz GmbHG, § 5a GmbHG Rn. 7; *Bitter/Heim,* Gesellschaftsrecht, § 1 Rn. 23.

219 *Westermann* in: Scholz GmbHG, § 5a GmbHG Rn. 7 bezeichnet die abweichende Firmierung als „Merkwürdigkeit“.

Verkehr auf die besonderen Regeln hinweisen soll und damit zumindest ein Indiz für Abweichungen von der gewöhnlichen AG darstellt. Dafür, dass es sich um einen Rechtsformzusatz handelt, könnten ebenfalls die vergleichbaren Regelungen zur Firma in § 4 AktG und § 4 GmbHG sprechen. Im Ergebnis deutet der Firmenzusatz auf eine eigene Gesellschaftsform hin. Wäre hingegen kein eigener Rechtsformzusatz für die InvAG im KAGB vorgesehen, so wäre die These, dass eine neue Gesellschaftsform geschaffen wurde, widerlegt.

c. Sitz der Gesellschaft gem. § 23 Abs. 3 Nr. 1 AktG

Gem. § 23 Abs. 3 Nr. 1 AktG muss die Satzung den Sitz der Gesellschaft bestimmen. Bei der AG ist in § 5 AktG der Sitz der Gesellschaft als der Ort im Inland, der in der Satzung festgelegt ist, definiert. Im Folgenden sollen die Unterschiede zwischen der AG und der InvAG betreffend den Sitz der Gesellschaft herausgearbeitet werden.

Im KAGB finden sich keine speziellen Regelungen zum Satzungs- oder Verwaltungssitz. Jedoch ist in § 91 Abs. 1 KAGB geregelt, dass nur offene inländische Investmentvermögen als InvAG m. v. K. betrieben werden dürfen. Zudem ist parallel in § 139 KAGB normiert, dass lediglich geschlossene inländische Investmentvermögen als InvAG m. f. K. betrieben werden dürfen. Somit ist bereits durch die Rechtsform festgelegt, dass es sich um eine inländische Gesellschaft handeln muss. Nach § 1 Abs. 7 KAGB handelt es sich um inländische Investmentvermögen und damit um nationale Investmentgesellschaften, sofern sie inländischem Recht unterliegen.

Der Gesetzesbegründung zum KAGB zufolge soll sich die Anwendbarkeit des inländischen Rechts nach dem internationalen Privatrecht bestimmen[220]. Als anwendbares Recht kommen zum einen das Gesellschaftsrecht und zum anderen das Aufsichtsrecht des KAGB in Betracht. Der Anknüpfungspunkt für die Anwendung des deutschen Gesellschaftsrechts ist bewusst nicht im deutschen Kollisionsrecht normativ geregelt[221]. Die Frage, ob deutsches Gesellschaftsrecht Anwendung findet, bestimmt sich damit nach der Sitz- oder nach der Gründungstheorie[222]. Nach der Sitztheorie wird das Recht des Staates angewendet, in

220 RegE AIFM-UmsG BT-Drs. 17/12294 S. 202.

221 BT-Drs. 10/504 S. 29, 44; *Müller* in: Spindler/Stilz AktG, Band 2, Internationales Gesellschaftsrecht Rn. 1.

222 *Kindler* in: MüKo BGB, Band 12, Teil 10. Internationales Handels- und Gesellschaftsrecht [Kaufleute, Juristische Personen und Gesellschaften] Rn. 351; *Müller* in: Spindler/Stilz AktG, Band 2, Internationales Gesellschaftsrecht Rn. 2, 4.

dem die Gesellschaft ihren effektiven Verwaltungssitz innehat; nach der Gründungstheorie findet das Recht des Staates, wonach die Gesellschaft gegründet wurde und somit wo sich deren Satzungssitz befindet, Anwendung[223]. Anders gewendet wäre nach der Gründungstheorie für eine inländische InvAG ein Satzungssitz in Deutschland erforderlich. Nach der Sitztheorie müsste sich zudem der effektive Verwaltungssitz der InvAG im Inland befinden. Früher war in Deutschland nach h. M. gewohnheitsrechtlich die Sitztheorie maßgeblich[224]. Nach den Entscheidungen des EuGHs[225] zum Zuzug ausländischer Gesellschaften wurde die Sitztheorie für Zuzugsfälle von Gesellschaften aus der EU, dem EWR und aus Ländern, mit denen entsprechende Staatsverträge bestehen, aufgegeben[226]. Für Investmentgesellschaften, die nach deutschem Recht gegründet werden, ist der Zuzug allerdings nicht relevant. Hiervon ist der Wegzug von Gesellschaften zu unterscheiden. Für eine nach dem Recht eines Staates gegründete Gesellschaft kann nach den Urteilen des EUGH[227] ohne Beeinträchtigung der Niederlassungsfreiheit dagegen die Verlegung des Verwaltungssitzes ins Ausland untersagt werden. Infolge der Urteile des EuGHs zum Zuzug ausländischer Gesellschaften wurde jedoch § 5 AktG neu gefasst, sodass sich de lege lata der Verwaltungssitz auch im Ausland befinden kann[228]. Somit genügt für die Anwendbarkeit deutschen Gesellschaftsrechts, dass die Gesellschaft nach deutschem Recht gegründet wurde und sich der Satzungssitz im Inland befindet. Aus §§ 139, 91 Abs. 1 KAGB ergibt sich mithin lediglich, dass die InvAG einen inländischen Satzungssitz haben muss.

Es könnte allerdings eine Überlagerung der gesellschaftsrechtlichen Regelungen durch das Aufsichtsrecht stattfinden, sofern für die Erteilung der Erlaubnis

223 Vgl. hierzu *Kindler* in: MüKo BGB, Band 12, Teil 10. Internationales Handels- und Gesellschaftsrecht [Kaufleute, Juristische Personen und Gesellschaften] Rn. 5, 358.

224 Ständige Rspr. Vgl. BGH NZG 2000, 926; *Hohloch* in: Erman BGB, Band I, Anhang II zu Art 12 Statut der juristischen Person und Gesellschaften (Internationales Gesellschaftsrecht) Rn. 2; *Kindler* in: MüKo BGB, Band 12, Teil 10. Internationales Handels- und Gesellschaftsrecht [Kaufleute, Juristische Personen und Gesellschaften] Rn. 5, 358.

225 EuGH, Rs C-212/97, Slg. 1999, I-01459 „Centros"; EuGH, Rs C-208/00, Slg. 2002, I-09919 (Überseering); EuGH, Rs C-167/01, Slg. 2003, I-10155 (Inspire Art).

226 BGHZ 164, 148, 151; BGHZ 178, 192 Rn. 19 (Trabrennbahn); BGH NJW 2005, 1648, 1649; *Kindler* in: MüKo BGB, Band 12, Teil 10. Internationales Handels- und Gesellschaftsrecht [Kaufleute, Juristische Personen und Gesellschaften] Rn. 5, 358.

227 EuGH, Rs 81/87, Slg. 1988, 05483 (Daily Mail); EuGH, Rs. C-210/06, Slg. 2008, I-9641 (Cartesio).

228 RegE MoMiG, BT-Drs. 16/6140 S. 29; *Koch* in: Hüffer/Koch AktG, § 5 AktG Rn. 1.

der InvAG ein bestimmter Verwaltungssitz vorgeschrieben ist. Im InvG war in § 97 Abs. 1 S. 2 Nr. 2[229] geregelt, dass die damals nach S. 1 erforderliche Erlaubnis der BaFin nur erteilt werden darf, wenn sich der Sitz der InvAG im Geltungsbereich des InvG und somit innerhalb Deutschlands[230] befindet. Im KAGB findet sich keine dem § 97 InvG entsprechende Regelung speziell für InvAGen. Bei einer intern verwalteten InvAG ist allerdings gem. § 17 Abs. 1 S. 1 KAGB ein satzungsmäßiger Sitz sowie der Sitz der Hauptverwaltung im Inland Voraussetzung, um eine KVG nach dem KAGB zu sein. Die Erlaubnispflicht für extern verwaltete OGAW-InvAGen ist zwar in § 113 KAGB geregelt, allerdings fehlt dort eine entsprechende Regelung bezüglich des Sitzes. Hierbei könnte es sich um ein Versehen des Gesetzgebers handeln. Schließlich ist in Art. 27 Abs. 2 S. 2 der OGAW-RL[231] geregelt, dass sich der satzungsmäßige Sitz der Investmentgesellschaft im Herkunftsstaat der Investmentgesellschaft befinden muss. Da jedoch durch den Verweis auf das Aktienrecht der satzungsmäßige Sitz im Inland sichergestellt ist[232], wäre eine entsprechende Regelung in § 113 KAGB zwar klarstellend, aber nicht notwendig.

Sofern es sich um eine intern verwaltete InvAG handelt, ergibt sich durch die aufsichtsrechtlichen Regelungen in § 17 Abs. 1 S. 1 und § 23 Nr. 7 KAGB, dass sich der Sitz der Hauptverwaltung im Inland befinden muss. Mithin kann die intern verwaltete InvAG ihren Verwaltungssitz de lege lata nicht ins Ausland verlegen, ohne die aufsichtsrechtliche Erlaubnis zu verlieren. Gesellschaftsrechtlich wäre dagegen mit der Änderung des § 5 AktG eine Verlegung des Verwaltungssitzes zulässig[233]. In der Literatur wird daher die Frage aufgeworfen, ob die aufsichtsrechtlichen Anforderungen zum inländischen Verwaltungssitz mit der nach Art. 49, 50, 54 AEUV gewährten Freizügigkeit vereinbar sind[234]. Dies wird mit Verweis auf den Sinn und Zweck der OGAW-RL, „Briefkasten-Fonds" zu vermeiden und eine sinnvolle Beaufsichtigung zu erreichen, zu Recht bejaht[235].

Die extern verwaltete InvAG unterscheidet sich dagegen grundsätzlich nicht von der AG, da keine weiteren Vorschriften, die sich auf den Verwaltungssitz

229 Vgl. alle Fassungen des § 97 InvG.

230 *Dornseifer* in: Emde/Dornseifer/Dreibus/Hölscher InvG, § 97 InvG Rn. 18.

231 Richtlinie 2009/65/EG (OGAW-Richtlinie).

232 Zumindest, wenn es, wie hier vertreten, bei der investmentspezifisch modifizierten Satzungsstrenge, siehe oben Teil B. V. 2. a. cc. bleibt.

233 Mit der Neufassung des § 5 AktG durch das MoMiG wurde der Wegzug von Gesellschaften ermöglicht, RegE MoMiG, BT-Drs. 16/6140 S. 29.

234 *Dornseifer* in: Emde/Dornseifer/Dreibus/Hölscher InvG, § 97 InvG Rn. 18.

235 *Dornseifer* in: Emde/Dornseifer/Dreibus/Hölscher InvG, § 97 InvG Rn. 19.

auswirken, ersichtlich sind. Insgesamt muss sich wie bei der AG der Satzungssitz der InvAG im Inland befinden. Für die intern verwaltete InvAG bedarf es für die aufsichtsrechtliche Erlaubnis zusätzlich eines inländischen Verwaltungssitzes.

d. Der Unternehmensgegenstand als Abgrenzungsmerkmal der InvAG zur AG

Der Unternehmensgegenstand ist ebenfalls speziell im KAGB in § 110 Abs. 2 S. 1 bzw. § 142 S. 1 KAGB geregelt. Im folgenden Unterabschnitt soll zunächst der Unternehmensgegenstand der InvAG und anschließend der Unternehmensgegenstand der „normalen" AG erörtert werden, um anschließend eine Bewertung der gesetzlichen Regelungen vornehmen zu können.

aa. Der Unternehmensgegenstand der InvAG

Im KAGB ist der satzungsmäßig festzulegende Unternehmensgegenstand als notwendiger Bestandteil der Satzung einer InvAG in § 110 Abs. 2 S. 1 KAGB für die InvAG m. v. K. sowie in § 142 S. 1 KAGB für die InvAG m. f. K. vorgegeben. Hiernach darf eine InvAG ausschließlich die Anlage und Verwaltung ihrer Mittel nach einer festen Anlagestrategie, um eine gemeinschaftliche Kapitalanlage nach den jeweils genannten Vorschriften des KAGB zum Nutzen der Aktionäre vorzunehmen, zum Unternehmensgegenstand haben. Aus dem Verweis auf die produktbezogenen Vorschriften für OGAW, Publikums-AIF oder Spezial-AIF, wird bereits aus dem Unternehmensgegenstand ersichtlich, ob eine Publikums-InvAG oder eine Spezial-InvAG vorliegt[236].

Berücksichtigt man, dass in der InvAG m. v. K. Unternehmensaktionäre und Anlageaktionäre vorhanden sind, so könnte der vorgegebene Unternehmensgegenstand die Interessen beider Gattungsaktionäre gleichermaßen berücksichtigen. In der Literatur wird folgerichtig die teleologische Reduktion der Formulierung „zum Nutzen der Aktionäre" auf den „Nutzen der Anleger" gefordert[237]: Sofern das Anlegerinteresse und das Unternehmensaktionärsinteresse konkurrieren, sei dem Anlegerinteresse der Vorrang einzuräumen[238]. Bereits aus § 119 Abs. 1 Nr. 1 und Nr. 3 bzw. § 147 Abs. 1 Nr. 1 und Nr. 3 KAGB ergibt sich, dass das Unternehmensinteresse bei der InvAG nicht oder zumindest

---

236 RegE AIFM-UmsG BT-Drs. 17/12294 S. 238, 248.

237 *Zetzsche,* AG 2013, 613, 615.

238 *Sachtleber,* Zivilrechtliche Strukturen von open-end-Investmentfonds in Deutschland und England, S. 166; *Zetzsche,* AG 2013, 613, 615.

nachrangig nach dem Aktionärs- bzw. Anlegerinteresse zu berücksichtigen ist[239]. Für diese Ansicht spricht zudem die eindeutige Regelung des § 1 Abs. 1 S. 1 KAGB sowie die umgesetzte AIFM-Richtlinie[240], sodass eine teleologische Reduktion bei widerstreitenden Interessen der Anlageaktionäre und der Unternehmensaktionäre vorzunehmen ist. Sofern das Interesse der Unternehmensaktionäre nicht mit dem Anlegerinteresse in Widerspruch steht, ist allerdings von einer zulässigen überschießenden Umsetzung des Gesetzgebers auszugehen, sodass dieses subsidiär ebenfalls zu berücksichtigen ist.

Der Unternehmensgenstand von extern verwalteten InvAGen könnte sich insoweit vom Unternehmensgegenstand von intern verwalteten InvAGen unterscheiden, dass er lediglich die Anlage und nicht die Verwaltung von Vermögensgegenständen enthält. Dagegen spricht § 1 Abs. 12 KAGB, woraus sich ergibt, dass lediglich die Bestellung einer externen KVG für das Vorliegen einer extern verwalteten Investmentgesellschaft maßgeblich ist. Außerdem übernimmt die KVG gem. § 112 Abs. 1 S. 2 bzw. § 144 Abs. 1 S. 2 KAGB sowohl die Anlage als auch die Verwaltung der Mittel. Im Ergebnis ist auch der Unternehmensgegenstand von extern verwalteten InvAGen gleich zu formulieren[241].

Die einzelnen produktbezogenen Vorschriften, auf die für die InvAG m. v. K. in § 110 Abs. 2 S. 1 KAGB und für die InvAG m. f. K. in § 142 S. 1 KAGB verwiesen wird, unterscheiden sich, je nachdem ob es sich um Publikums- oder Spezialanleger handelt. Bei der InvAG m. v. K. wird zudem noch zwischen OGAW und AIF InvAGen unterschieden[242]. Handelt es sich um eine intern verwaltete InvAG m. v. K., so dürfen aufgrund der Regelung in § 20 Abs. 7 KAGB entweder OGAW oder AIF verwaltet werden[243]. Dagegen kann eine extern verwaltete InvAG m. v. K. mit entsprechender Erlaubnis sowohl in AIF als auch in OGAW investieren[244].

---

239 So mit weiteren Beispielen *Zetzsche,* AG 2013, 613, 615, Fn. 36.

240 Richtlinie 2011/61/EU (AIFM-Richtlinie) Art. 4 Abs. 1 lit. a) „zum Nutzen der Anleger"; so auch *Zetzsche,* AG 2013, 613, 615.

241 So auch *Zetzsche,* AG 2013, 613, 621.

242 Diese Unterscheidung entfällt bei der InvAG m. f. K., da ein geschlossenes Investmentvermögen nur AIF sein kann, siehe oben Teil B. IV. 2.

243 BaFin, Auslegungsschreiben zu §§ 20 Abs. 7, 110 Abs. 2 KAGB, WA 41-Wp 2137-2013-0020 vom 16.07.2013, abrufbar unter: https://www.bafin.de/SharedDocs/Veroeffentlichungen/DE/Auslegungsentscheidung/WA/ae_160723_20Abs7_110Abs2_KAGB.html, zuletzt abgerufen am 22.05.2018.

244 BaFin, Auslegungsschreiben zu §§ 20 Abs. 7, 110 Abs. 2 KAGB, WA 41-Wp 2137-2013-0020 vom 16.07.2013, abrufbar unter: https://www.bafin.de/SharedDocs/Veroeffentlichungen/DE/Auslegungsentscheidung/WA/ae_160723_20Abs7_110Abs2_KAGB.

Zudem ist zusätzlich in § 110 Abs. 2 KAGB für die InvAG m. v. K. festgelegt, dass die Anlage und Verwaltung der Mittel nach dem Grundsatz der Risikomischung zu erfolgen hat. Dies ergibt sich für die Publikums-InvAG m. f. K. aus § 142 S. 1 Nr. 1 i. V. m. § 262 Abs. 1 S. 1 KAGB. Für die Spezial-InvAG m. f. K. fehlt eine entsprechende Regelung. Somit ist dort keine Risikomischung erforderlich[245].

Durch das KAGB wird zudem die Auswahlmöglichkeit der jeweiligen Anlagegegenstände eingeschränkt: Aus § 95 Abs. 3 KAGB ergibt sich, dass InvAGen m. v. K. (und auch offene InvKGen) nicht in Immobilien investieren dürfen. Daneben richten sich die zulässigen Anlagegegenstände nach der jeweiligen Fondsart. Für OGAW-InvAGen m. v. K. sind die zulässigen Vermögensgegenstände (Wertpapiere, Geldmarktinstrumente, Bankguthaben, Investmentanteile, Derivate und sonstige Anlageinstrumente) in den §§ 192–198 KAGB detailliert geregelt. Für Publikums-AIF-InvAGen m. v. K. bestimmen sich die zulässigen Vermögensgegenstände nach § 219 KAGB für gemischte Investmentvermögen[246], gem. § 221 KAGB für sonstige Investmentvermögen[247] und gem. § 225 KAGB für Dach-Hedgefonds[248]. Bei Spezial-AIF-InvAGen m. v. K. ist § 282 KAGB einschlägig. Nach dessen Abs. 1 darf nur in Vermögensgegenstände investiert werden, deren Verkehrswert ermittelt werden kann. Zudem verweist § 284 Abs. 1 KAGB für InvAGen m. v. K. mit festen Anlagebedingungen auf die §§ 192–211 KAGB und nennt in Abs. 2 weitere Anlagegegenstände, für die es der Zustimmung der Anleger bedarf.

---

html, zuletzt abgerufen am 22.05.2018; zustimmend *Lorenz* in: Weitnauer/Boxberger/Anders KAGB, § 110 KAGB Rn. 6.

245 *Zetzsche,* Prinzipien der kollektiven Vermögensanlage, S. 123; vgl. zur InvKG *Herring/Loff,* DB 2012, 2029, 2034.

246 Für gemischte Investmentvermögen verweist § 119 KAGB auf §§ 193–198 KAGB. Zusätzlich darf beispielsweise nach § 219 Abs. 1 Nr. 2 KAGB in Aktien oder Anteile an inländischen oder vergleichbaren AIF nach Maßgabe der §§ 218, 219 sowie nach §§ 220–224 KAGB investiert werden.

247 § 221 KAGB verweist ebenfalls auf §§ 193–198 KAGB und weitet den Katalog der erlaubten Anlagegegenstände aus. So darf beispielsweise in Edelmetalle und unverbriefte Darlehensforderungen investiert werden.

248 Dach-Hedge-Fonds dürfen neben der Investition in Zielfonds gem. § 225 Abs. 1 S. 2 KAGB nur 49 % ihres Wertes in die in § 225 Abs. 2 KAGB genannten Anlagegegenstände investieren. Zudem dürfen sie gem. § 225 Abs. 4 KAGB nicht mehr als 20 % ihres Wertes in einen Zielfonds investieren.

Auch für die InvAG m. f. K. finden sich Bestimmungen im KAGB. Betreffend die Publikums-InvAG m. f. K. sind die zulässigen Anlagegegenstände in § 261 Abs. 1 KAGB aufgelistet. Hier finden sich Sachwerte, Anteile oder Aktien an ÖPP-Projektgesellschaften, Anteile oder Aktien an Gesellschaften und an geschlossenen AIF, Vermögensgegenstände nach §§ 193–195 KAGB sowie Gelddarlehen. In § 261 Abs. 2 KAGB sind die Sachwerte anhand von Beispielen („insbesondere") wie Immobilien, Schiffen, Luftfahrzeugen konkretisiert. Für die Spezial-InvAG m. f. K. sind die zulässigen Anlageobjekte in § 285 KAGB näher geregelt. Gem. § 285 Abs. 1 KAGB darf wieder nur in Vermögensgegenstände mit ermittelbarem Wert investiert werden; die weiteren Absätze enthalten zusätzliche Einschränkungen bezüglich der Gewährung von Gelddarlehen.

Für eine tiefgehendere Betrachtung könnte man wirtschaftliche Kategorien bilden und diese in liquide Finanzinstrumente, zum Beispiel Wertpapiere, und illiquide Anlagegegenstände, zu denen Immobilien und Edelmetalle gehören, unterteilen[249]. Um einen Vergleich zur AG herzustellen, ist an dieser Stelle keine vertiefte Betrachtung erforderlich. Es bleibt festzuhalten, dass die Anlagegegenstände für offene Investmentvermögen und für Publikums-Investmentvermögen stärker eingegrenzt sind als für geschlossene und Spezial-Investmentvermögen.

bb. Der Unternehmensgegenstand der AG

Die AG, die keine InvAG ist, muss gem. § 23 Abs. 3 Nr. 2 AktG ebenfalls ihren Unternehmensgegenstand in der Satzung näher bezeichnen. Allerdings bestehen diesbezüglich keine weiteren inhaltlichen Einschränkungen. Der Unternehmensgegenstand ist nicht gesetzlich vorgegeben. Nach einhelliger Auffassung ergeben sich die Grenzen des Unternehmensgegenstandes lediglich aus den jeweils entgegenstehenden gesetzlichen Verboten i. S. d. § 134 BGB und der Sittenwidrigkeit gem. § 138 BGB[250]. Somit ist der Unternehmensgegenstand nicht auf einen bestimmten Tätigkeitsbereich und schon gar nicht nur auf bestimmte konkrete Tätigkeiten beschränkt.

Es besteht auch keine Verpflichtung zur vorrangigen Berücksichtigung des Aktionärsinteresses. Zwar wird auch innerhalb der Pflichten und der Haftung des Vorstands einer AG diskutiert, ob das Aktionärsinteresse Vorrang vor dem

---

249 Vgl. hierzu *Zetzsche,* Prinzipien der kollektiven Vermögensanlage, S. 112ff.

250 *Pentz* in: MüKo AktG, Band 1, § 23 AktG Rn. 69; *Solveen* in: Hölters AktG, § 23 AktG Rn. 21; *Koch* in: Hüffer/Koch AktG, § 23 AktG Rn. 23 nennt hierfür Beispiele; *Arnold* in: Kölner Kommentar AktG, Band 1, § 23 AktG Rn. 80.

Unternehmensinteresse habe[251]. Nach wohl h. M.[252] sind vom Vorstand sowohl Unternehmens- und Gemeinwohlinteresse und nicht nur ausschließlich Aktionärsinteressen zu berücksichtigen. Eine sich im Vordringen befindliche Meinung vertritt dagegen den moderaten Vorrang der Aktionärsinteressen[253]. Auch dort wird allerdings eine Berücksichtigung der Gemeinwohlinteressen und der anderen Stakeholder-Interessen durch den Vorstand befürwortet, sofern es dem Wohl des Unternehmens und dem Erhalt oder Aufbau eines guten Rufes dient[254]. Innerhalb der Aktionärsinteressen wird, soweit ersichtlich, auch nicht zwischen Unternehmensaktionären und Anlageaktionären oder den Interessen der Gattungsaktionäre differenziert. Eine Gewichtung der unterschiedlichen Interessen im Unternehmensgegenstand ist ebenfalls nicht vorgesehen.

cc. Bewertung

Der Unternehmensgegenstand ist somit für die InvAG – anders als für die AG – stark eingegrenzt. Ob dies zur Folge hat, dass es sich bei der InvAG um eine eigene Gesellschaftsform handelt, ist fraglich. Dagegen könnte sprechen, dass der Unternehmensgegenstand der InvAG immer noch unter den weiteren der AG subsumiert werden kann. Außerdem ist der Sinn und Zweck des satzungsmäßig festzulegenden Unternehmensgegenstandes bei der AG sowie bei der InvAG derselbe. Die Festlegung des Unternehmensgegenstandes in der Satzung dient regelmäßig dem Schutz der Aktionäre, da hierdurch die Geschäftsführungsbefugnis des Vorstandes eingeschränkt wird[255]. Zudem schützt sie die

---

251 BVerfGE 50, 290, 347f.; BGH NJW 1979, 1823, 1826; vgl. zum Meinungsstand in der Diskussion Shareholder Value vs. Stakeholder Value: *Koch* in: Hüffer/Koch AktG, § 76 AktG Rn. 28ff.; *Fleischer* in: Spindler/Stilz AktG, Band 1, § 76 AktG Rn. 29ff.

252 So beispielsweise *Koch* in: Hüffer/Koch AktG, § 76 AktG Rn. 30ff.; *Kort* in: Kölner Kommentar AktG, Band 1, § 76 AktG Rn. 33ff.; *Hopt*, ZGR 1993, 534, 536; *Hopt*, ZGR 2002, 333, 359f.

253 *Spindler* in: MüKo AktG, Band 2, § 76 AktG Rn. 74ff.; *Seibt* in: K. Schmidt/Lutter, § 76 AktG Rn. 23; *Fleischer* in: Spindler/Stilz AktG, Band 1, § 76 AktG Rn. 38; *R. Schmidt/Spindler* in: Freundesgabe Kübler, S. 515, 516ff., 555.

254 Dies liegt nämlich wiederum im Aktionärsinteresse, vgl. etwa *Seibt* in: K. Schmidt/Lutter, § 76 AktG Rn. 23; *Fleischer* in: Spindler/Stilz AktG, Band 1, § 76 AktG Rn. 38; *R. Schmidt/Spindler* in: Freundesgabe Kübler, S. 515, 516f.

255 BGHZ 159, 30, 36 (Gelatine); *Pentz* in: MüKo AktG, Band 1, § 23 AktG Rn. 78; *Vetter* in: Henssler/Strohn, § 23 AktG Rn. 13; *Röhricht* in: Hopt/Wiedemann Großkomm. AktG, Band 1, § 23 AktG Rn. 83; *Seibt* in: K. Schmidt/Lutter, § 23 AktG Rn. 32; *Limmer* in: Spindler/Stilz AktG, Band 1, § 23 AktG Rn. 16; *Tieves*, Der Unternehmensgegenstand der Kapitalgesellschaft, S. 83f.

Gesellschaftsgläubiger und den Rechtsverkehr, schließlich wird der Unternehmensgegenstand erkennbar und es können gegebenenfalls mithilfe des Grundkapitals auch Rückschlüsse auf die Kapitalausstattung der AG gezogen werden[256]. Bei der InvAG hat der gesetzlich festgelegte Unternehmensgegenstand zusätzlich zur Folge, dass diese lediglich vermögensverwaltend und nicht unternehmerisch handeln darf[257]. Dafür, dass eine andere Gesellschaftsform vorliegt, könnte somit sprechen, dass ein speziellerer Unternehmensgegenstand gesetzlich vorgeschrieben ist.

Der Unternehmensgegenstand kennzeichnet die InvAG maßgeblich und grenzt sie eindeutig von einer „normalen AG" ab. Der festgelegte Unternehmensgegenstand grenzt jedoch nicht nur die möglichen Tätigkeiten einer InvAG ein[258]. Vielmehr verhalten sich die Unternehmensgegenstände alternativ zueinander. Dies beruht auf dem gem. § 1 Abs. 1 KAGB geltenden materiellen Investmentbegriff. Danach dürfen AGen, die Investmentvermögen gem. § 1 Abs. 1 KAGB sind, gem. § 91 Abs. 1 und § 139 KAGB nur als InvAGen aufgelegt werden. Somit kann, auch in schwierigen Abgrenzungsfragen, welche die Anwendbarkeit des KAGB betreffen[259], nur entweder eine AG i. S. d. AktG oder eine InvAG i. S. d. KAGB vorliegen[260].

Diese Abgrenzbarkeit spricht dafür, dass es sich bei der InvAG um eine eigene Gesellschaftsform und nicht lediglich um eine Unterform der AG handelt. Zudem legt der Unternehmensgegenstand der InvAG fest, dass diese im Anleger- bzw. nachrangig im Aktionärsinteresse handelt. Im Gegensatz dazu ist der Vorstand bei der AG auch dem Unternehmens- sowie dem Gemeinwohlinteresse

---

256 *Pentz* in: MüKo AktG, Band 1, § 23 AktG Rn. 78; *Seibt* in: K. Schmidt/Lutter, § 23 AktG Rn. 32; *Limmer* in: Spindler/Stilz AktG, Band 1, § 23 AktG Rn. 16; ausführlich dazu *Tieves,* Der Unternehmensgegenstand der Kapitalgesellschaft, S. 73ff.

257 *Dornseifer* in: Emde/Dornseifer/Dreibus/Hölscher InvG, § 96 InvG Rn. 57; *Müchler,* Die Investmentaktiengesellschaft mit veränderlichem Kapital, S. 82.

258 So auch *Lorenz* in: Weitnauer/Boxberger/Anders KAGB, § 110 KAGB Rn. 5; so zustimmend noch *Malcher,* Die Rechtsform(en) der Aktiengesellschaften, S. 92.

259 Vgl. hierzu beispielsweise *Hartrott/Goller,* BB 2013, 1603, 1603ff.; *Loritz/Rickmers,* NZG 2014, 1241, 1241ff., der Anwendungsbereich des KAGB bleibt weiteren wissenschaftlichen Untersuchungen vorbehalten.

260 Wohl a. A.: *Malcher,* Die Rechtsform(en) der Aktiengesellschaften, S. 93, wonach Sonderformen der AG zu einem größeren Angebot an Rechtsformen und einer Wahlmöglichkeit führen; a. A. zur alten Rechtslage nach dem InvG was auch aufgrund des dortigen formellen Investmentbegriffes nachvollziehbar ist *Wegner,* Die selbstverwaltete Hedgefonds-Investmentaktiengesellschaft mit Teilgesellschaftsvermögen, S. 66; *Fock,* BB 2006, 2371, 2373.

verpflichtet. Der abweichende Unternehmensgegenstand ist daher als Indiz für eine eigene Gesellschaftsform zu bewerten.

e. *Angaben zum Gesellschafts- oder Grundkapital gem. § 23 Abs. 3 Nr. 3 AktG*

In der AG muss die Satzung gem. § 23 Abs. 3 Nr. 3 AktG die Höhe des Grundkapitals bestimmen. Das AktG legt als Mindestnennbetrag in § 7 AktG 50.000 Euro fest. Für die InvAG m. f. K. bleibt es mangels spezieller Regelung bei diesem Mindestnennbetrag[261].

Die InvAG m. v. K. verfügt über kein Grundkapital[262]. § 110 Abs. 1 S. 1 KAGB bestimmt, dass die Satzung die Bestimmung enthalten muss, dass der Wert des Gesellschaftsvermögens dem Gesellschaftskapital entspricht. Für das Gesellschaftskapital muss die Satzung gem. § 116 Abs. 1 KAGB ein Mindestkapital sowie ein Höchstkapital festlegen. Auch in diesem Punkt unterscheidet sich somit die InvAG m. v. K. maßgeblich von der InvAG m. f. K. und der Grundform AG[263].

f. *Besondere Satzungsregelung der InvAG m. v. K.: Rückgaberecht der Anleger*

Gem. § 110 Abs. 2 S. 2 KAGB hat die Satzung der InvAG m. v. K. eine Bestimmung zu enthalten, wonach die Aktionäre ein Rückgaberecht[264] bezüglich ihrer Aktien nach Maßgabe des KAGB innehaben. Es handelt sich somit um ein konstitutives Merkmal der InvAG m. v. K.[265]. Gem. § 116 Abs. 2 S. 4 KAGB sind in der Satzung die Einzelheiten der Rücknahme zu regeln. In der Satzung sollte daher der Ablauf der Rücknahme näher konkretisiert werden[266].

Außerdem ordnet § 116 Abs. 2 S. 6 KAGB für die Beschränkung des Rückgaberechts der Aktionäre der InvAG eine entsprechende Anwendung der §§ 98 Abs. 2 und 3, 223, 227 oder 283 Abs. 3 KAGB an. Da es sich um eine entsprechende

---

261 Siehe unten Teil B. V. 5. b.

262 Siehe hierzu unten den Vergleich der Finanzverfassungen der AG und der InvAG Teil B. V. 5. a.

263 Siehe hierzu unten den Vergleich der Finanzverfassungen der AG und der InvAG Teil B. V. 5. a.

264 *Blenk*, Die Mitgliedschaft in der Investmentaktiengesellschaft S. 53ff. bezeichnet das Rückgaberecht als Austrittsrecht.

265 *Herrmann* in: Baur/Tappen KAGB, § 116 KAGB Rn. 5.

266 *Lorenz* in: Weitnauer/Boxberger/Anders KAGB, § 116 KAGB Rn. 12.

Anwendung handelt, stellt sich die Frage, ob die besonderen Rücknahmevoraussetzungen statutarisch oder in den Anlagebedingungen der InvAG m. v. K. zu regeln sind. Zwar spricht für eine Regelung in den Anlagebedingungen der Wortlaut der §§ 98 Abs. 2, 223, 227 (ggf. i. V. m. § 283) KAGB, allerdings normiert § 116 Abs. 2 S. 6 KAGB, dass für eine Beschränkung des Rückgaberechts der Aktionäre „in der Satzung" die genannten Vorschriften entsprechend gelten. Somit sind die jeweiligen Sonderregeln in der Satzung festzuhalten. Zudem wird eine Wiederholung dieser Sonderregeln in den Anlagebedingungen empfohlen. Dies ergibt sich auch aus § 162 Abs. 2 Nr. 4 sowie § 266 Abs. 2 S. 1 Nr. 1 KAGB.

Die gesetzliche Anordnungsbefugnis der Aussetzung der Kündigung der Anteile der BaFin gem. § 98 Abs. 3 KAGB, sofern das Anlegerinteresse oder das Interesse der Öffentlichkeit dies erfordert, gilt dagegen bereits ohne eine Regelung in den Anlagebedingungen. Damit bedarf es auch bei einer analogen Anwendung gem. § 116 Abs. 2 S. 6 KAGB weder einer Regelung in den Anlagebedingungen noch in der Satzung. Es empfiehlt sich zur Verbesserung der Transparenz, die gesetzlichen Modalitäten der Rücknahme einschließlich der Beschränkungen des Rückgaberechts gem. § 116 Abs. 2 S. 6 KAGB in die Satzung und zusätzlich auch in den Anlagebedingungen aufzunehmen.

Beim Rückgaberecht der InvAG m. v. K. handelt es sich um eine besondere Bestimmung, die sich mangels Rückgaberecht bezüglich der Aktien im AktG bzw. fehlender Möglichkeit zur Kündigung der AG[267] nicht in der Satzung einer gewöhnlichen AG findet. Zudem handelt es sich innerhalb der InvAG um eine Sonderbestimmung der offenen InvAG m. v. K.

g. Besondere Satzungsregelung der InvAG m. v. K.: Angaben zum Ausgabe- und Rückgabepreis

Beim variablen Kapital der InvAG stellt sich die Frage, ob auch der Aufschlag für den Ausgabepreis und der Abschlag für den Rückgabepreis gem. § 71 Abs. 2 S. 1 und § 71 Abs. 3 S. 1 KAGB in der Satzung bekannt gemacht werden müssen oder ob eine Regelung in den Anlagebedingungen genügt.

Ein Agio oder auch Aufgeld muss bei der gewöhnlichen AG im Kapitalerhöhungsbeschluss von den Aktionären festgelegt werden[268]. Ein solches Aufgeld

---

267 Es handelt sich bei der AG um eine Gesellschaft ohne Rückgabemöglichkeit, vgl. hierzu auch *Bachmann* in: Spindler/Stilz AktG, Band 2, § 262 AktG Rn. 70; ausführlich zur Ausstrahlungswirkung des § 116 Abs. 2 S. 1 KAGB auf das AktG *Blenk*, Die Mitgliedschaft in der Investmentaktiengesellschaft S. 212ff.

268 BGHZ 33, 175, 178; *Koch* in: Hüffer/Koch AktG, § 9 AktG Rn. 8.

dient aber dazu, in der Praxis die Differenz zwischen dem tatsächlichen Kurswert und dem Nennbetrag der zu erwerbenden Aktien auszugleichen[269]. Somit ist der Aufschlag der InvAG nicht mit dem Agio der AG vergleichbar, da bereits der Nettoinventarwert die Aufbringung des tatsächlichen Wertes sicherstellt. Mit dem Aufgeld sollen lediglich Transaktionskosten, die auch bei der InvAG m. v. K. anfallen, gedeckt werden[270].

Maßgeblich für die Frage, ob eine Regelung in der Satzung oder in den Anlagebedingungen erforderlich ist, ist demnach, ob es sich um eine korporative Regelung handelt, die in der Satzung festzulegen ist, oder ob es sich um eine bloße schuldrechtliche Regelung handelt. Da die InvAG selbst bzw. die externe KVG gem. § 108 Abs. 4 i. V. m. § 93 Abs. 7 KAGB für den Fall haftet, dass der Wert der Aktien der InvAG m. v. K. nicht zugeflossen ist[271], empfiehlt es sich, den Aufschlag oder zumindest eine Regelung, wie dieser zu berechnen ist, in die Satzung aufzunehmen. Für die extern verwaltete InvAG ist unstrittig, dass die KVG haftet, während bei der intern verwalteten InvAG eine Haftung aus dem Betriebsvermögen in Betracht kommt[272]. Als Beispiel für eine Formulierung könnten die Muster für Allgemeine Anlagebedingungen und Besondere Anlagebedingungen von Sondervermögen dienen[273]. Außerdem handelt es sich um eine Modalität, deren Leistung Voraussetzung für die Aufnahme in die InvAG m. v. K. ist, sodass eine Regelung in der Satzung als Gesellschaftsvertrag notwendig ist. Auch hier handelt es sich um weitere Sonderregelungen in der Satzung der InvAG m. v. K.

---

269 *Koch* in: Hüffer/Koch AktG, § 9 AktG Rn. 8.

270 § 71 Abs. 2 S. 1 bzw. Abs. 3 S. 1 KAGB i. V. m. § 98 Abs. 2 Nr. 8, Abs. 3 Nr. 1 KAGB.

271 *Boxberger* in: Moritz/Klebeck/Jesch KAGB, § 108 KAGB Rn. 20; *Lorenz* in: Weitnauer/Boxberger/Anders KAGB, § 108 KAGB Rn. 24; sowie zu § 140: *Dorenkamp* in: Beckmann/Scholtz/Vollmer Investment, 405 § 140 KAGB Rn. 32 sowie Rn. 3 f. zu den für die Haftung relevanten Fällen.

272 *Boxberger* in: Moritz/Klebeck/Jesch KAGB, § 108 KAGB Rn. 20; *Lorenz* in: Weitnauer/Boxberger/Anders KAGB, § 108 KAGB Rn. 24f.; sowie zu § 140 KAGB: *Dorenkamp* in: Beckmann/Scholtz/Vollmer Investment, 405 § 140 KAGB Rn. 32.

273 Da es im Sondervermögen keine Satzung gibt, sind diese Regelungen notwendigerweise in den Anlagebedingungen zu regeln vgl. hierzu *BVI,* Muster-AAB für OGAW-Sondervermögen; abrufbar unter: https://www.bvi.de/?id=1762&file=170324_AAB_OGAW_InvStG2018_abgestCV.docx § 18; zuletzt abgerufen am 22.05.2018; *BVI,* Muster-BAB für OGAW-Sondervermögen; abrufbar unter: https://www.bvi.de/?id=1762&file=170519_BAB_OGAW_InvStG2018_IIIabgestCV.docx, Baustein 6 Ausgabe und Rücknahmepreis, zuletzt abgerufen am 22.05.2018.

h. Angaben bezüglich der Aktien

Gem. § 23 Abs. 3 Nr. 4 AktG müssen in der Satzung Angaben zur Zerlegung des Grundkapitals in Nennbetrags- oder Stückaktien sowie zu den Aktiengattungen gemacht werden. Zusätzlich muss gem. § 23 Abs. 3 Nr. 5 AktG festgelegt sein, ob Namens- oder Inhaberaktien ausgegeben werden.

aa. Regelungen zu den Aktien im AktG

(1) Zerlegung des Grundkapitals in Nennbetrags- oder unechte Stückaktien

Die AG hat gem. § 1 Abs. 2 AktG ein in Aktien zerlegtes Grundkapital. Hierfür können gem. § 8 Abs. 1 AktG alternativ Nennbetragsaktien oder Stückaktien verwendet werden[274]. Beide Aktienformen können nicht nebeneinander verwendet werden[275]. Bei den im AktG geregelten Stückaktien handelt es sich um sogenannte unechte nennwertlose Stückaktien, da aufgrund des festen Grundkapitals durch die Festlegung der Anzahl der begebenen Stückaktien für jede Aktie der Anteil am Grundkapital ausgerechnet werden kann[276]. Das errechnete Ergebnis ist der „fiktive Nennbetrag"[277].

(2) Unteilbarkeit der Aktien

Nach § 8 Abs. 5 AktG sind Aktien unteilbar. Dies bedeutet, dass die Aktie selbst nicht aufgeteilt werden darf (Aufspaltungsverbot) und auch keine einzelnen Rechte oder Pflichten ohne die Mitgliedschaft übertragen werden dürfen (Abspaltungsverbot)[278]. Sinn und Zweck ist die Erhöhung der Verkehrsfähigkeit der Aktien[279], da nur so sichergestellt ist, dass alle Aktien den in der Satzung

---

274 Die Stückaktien wurden durch das StückAG vom 25.03.1998 (BGBl. I 1998, S. 590) mit Blick auf die bevorstehende Euroumstellung eingeführt; RegE StückAG BT-Drs. 13/9573.

275 Allgemeine Meinung: RegE StückAG BT-Drs. 13/9573 S. 14; *Wagner* in: Heidel Aktienrecht, § 8 AktG Rn. 5; *Ziemons* in: K. Schmidt/Lutter, § 8 AktG Rn. 4; *Dauner-Lieb* in: Kölner Kommentar AktG, Band 1, § 8 AktG Rn. 2.

276 *Heider* in: MüKo AktG, Band 1, § 8 AktG Rn. 21.

277 RegE StückAG BT-Drs. 13/9573 S. 10f.; *Heider* in: MüKo AktG, Band 1, § 8 AktG Rn. 21; *Vatter* in: Spindler/Stilz AktG, Band 1, § 8 AktG Rn. 4.

278 *Solveen* in: Hölters AktG, § 8 AktG Rn. 28; *Koch* in: Hüffer/Koch AktG, § 8 AktG Rn. 26; *Ziemons* in: K. Schmidt/Lutter, § 8 AktG Rn. 24ff.

279 *Ziemons* in: K. Schmidt/Lutter, § 8 AktG Rn. 24.

festgelegten Wert am Grundkapital[280] und die in der Satzung festgelegten Rechte und Pflichten repräsentieren.

(3) Die verschiedenen Aktiengattungen, insbesondere Vorzugsaktien

Nach § 11 S. 2 AktG bilden Aktien mit gleichen Rechten eine Aktiengattung. Die Anzahl der unterschiedlichen Gattungen ist nicht gesetzlich begrenzt[281]. Inhaltlich sind die Ausgestaltungsmöglichkeiten bezüglich der Gattungen durch die Satzungsstrenge begrenzt[282]. Im Vergleich zu der InvAG ist interessant, ob auch Aktiengattungen ohne Stimmrecht gebildet werden können. Daher werden die Vorzugsaktien, die von dem Grundsatz „one share one vote"[283] nach § 12 Abs. 1 AktG abweichen, näher betrachtet.

Vorzugsaktien ohne Stimmrecht müssen gem. § 139 Abs. 1 S. 1 AktG mit einem Vorzug bei der Verteilung des Gewinns ausgestattet sein. Dieser Vorzug kann nach der Neufassung des § 139 Abs. 1 S 2 AktG insbesondere als Vorabdividende oder als Mehrdividende gewährt werden. § 139 Abs. 2 AktG legt fest, dass Vorzugsaktien ohne Stimmrecht nur bis zur Hälfte des Grundkapitals ausgegeben werden dürfen. Zudem wurde das Recht der Vorzugsaktien dahingehend reformiert, dass mit der Streichung des Wortes „nachzuzahlenden" in § 139 Abs. 1 S. 1 AktG und der Regelung in § 140 Abs. 2 S. 2 AktG ein nicht nachzuzahlender Vorzug allerdings mit wiederauflebendem Stimmrecht, bis zu dem Zeitpunkt, indem der Vorzug in einem Jahr vollständig bezahlt wird, geschaffen wurde[284]. Da es sich um eine Aktiengattung handelt, können verschiedene Gattungen nebeneinander ausgegeben werden[285].

---

280 *Ziemons* in: K. Schmidt/Lutter, § 8 AktG Rn. 24.

281 *Heider* in: MüKo AktG, Band 1, § 11 AktG Rn. 35; *Vatter* in: Spindler/Stilz AktG, Band 1, § 11 AktG Rn. 5.

282 *Koch* in: Hüffer/Koch AktG, § 11 AktG Rn. 3; *Vatter* in: Spindler/Stilz AktG, Band 1, § 11 AktG Rn. 5.

283 Vgl. hierzu etwa *Ziemons* in: K. Schmidt/Lutter, § 12 AktG Rn. 1.

284 Vgl. hierzu BRegE Aktienrechtsnovelle 2014 BT-Drs. 18/4349 S. 8f., 25.

285 *Wagner* in: Heidel Aktienrecht, § 8 AktG Rn. 5.

Habersack[286] ebenso wie der *BDI*[287] und *Die Deutsche Kreditwirtschaft*[288] plädierten mit Verweis auf den Bundesrat[289] für die Zulässigkeit dauerhaft stimmrechtsloser Vorzugsaktien und Vorzugsaktien ohne nachzuzahlenden, aber wiederauflebenden Vorzug. Diese Möglichkeit wurde de lege lata jedoch nicht eingeführt. Nach geltendem Recht besteht somit entweder ein Vorzugsrecht oder ein Stimmrecht. Sofern dieses Vorzugsrecht nicht gewährt werden kann, lebt das Stimmrecht vorübergehend wieder auf.

(4) Inhaber- oder Namensaktien im AktG

Für die AG ermöglicht § 10 Abs. 1 AktG die Verbriefung der Aktien in Namens- oder Inhaberaktien. Es können beide Verbriefungsarten nebeneinander gewählt werden[290]. Mit der Aktienrechtsnovelle 2016 wurden, um eine höhere Transparenz der Beteiligungen zu erreichen[291], in § 10 Abs. 1 S. 1 AktG Namensaktien zum Regelfall erklärt. Inhaberaktien können gem. § 10 Abs. 1 S. 2 Nr. 1 AktG von börsennotierten Gesellschaften gewählt werden oder wenn eine Sammelurkunde bei den in § 10 Abs. 1 S. 2 Nr. 2 AktG genannten Stellen hinterlegt wird[292]. Namensaktien selbst sind bereits durch die Verpflichtung zur Führung

---

286 *Habersack,* AG 2015, 613, 615; siehe bereits *Habersack,* Stellungnahme Aktienrechtsnovelle Rechtsausschuss_2015 S. 2f.; abrufbar unter: http://www.bundestag.de/blob/372592/4fa5dcc6925299639e78e4ee209de2f5/habersack-data.pdf; auch Koch hält diese Möglichkeit für denkbar: *Koch,* Stellungnahme zur Aktienrechtsnovelle 2014 und Änderungsanträgen S. 2; abrufbar unter: http://www.bundestag.de/blob/373420/7f7973bb06ba786c2060c6795ce4b7d7/koch-data.pdf; und Noack befindet sie für erwägenswert aber verfrüht: *Noack,* Stellungnahme zur Aktienrechtsnovelle 2014 und zu einer Regelung des sog. Delisting S. 3; abrufbar unter: http://www.bundestag.de/blob/373542/7ca5d39034fa08336cd40001e7ced860/noack-data.pdf; jeweils zuletzt abgerufen am 22.05.2018.

287 *BDI,* Stellungnahme zum Regierungsentwurf einer Aktienrechtsnovelle 2014 S. 5; abrufbar unter: http://www.bundestag.de/blob/371892/faaf20a6124fcff9262805b0ba3da3ce/bdi-data.pdf, zuletzt abgerufen am 22.05.2018.

288 Die Deutsche Kreditwirtschaft, Stellungnahme zum Regierungsentwurf eines Gesetzes zur Änderung des Aktiengesetzes S. 4f.; abrufbar unter: http://www.bundestag.de/blob/387364/3cefff3fc1987f8107bea653580b4c27/kreditwirtschaft-data.pdf, zuletzt abgerufen am 22.05.2018 mit Verweis auf die Rechtslage in anderen Ländern.

289 Vgl. etwa BR-Drs. 22/1/15 S. 4f.

290 H. M., vgl. etwa *Koch* in: Hüffer/Koch AktG, § 10 AktG Rn. 7; *Lutter/Drygala* in: Kölner Kommentar AktG, Band 1, § 68 AktG Rn. 4.

291 Und auf Rüge der FATF zur Bekämpfung des internationalen Terrorismus und der Geldwäsche, vgl. BRegE Aktienrechtsnovelle 2014 BT-Drs. 18/4349 S. 15.

292 Vgl. hierzu etwa *Ziemons* in: K. Schmidt/Lutter, § 10 AktG Rn. 45ff.

des Aktienregisters in § 67 Abs. 1 S. 1 AktG transparent. Die Transparenz bei börsennotierten Gesellschaften wird zum einen durch § 21 Abs. 1 S. 1 WpHG sichergestellt, zum anderen durch die übliche Sammelverwahrung gem. § 1 Abs. 3 S. 1 DepotG[293] erreicht. Durch die Girosammelverwahrung kann die Identität des Inhabers über die sogenannte Verwahrkette ermittelt werden[294]. Hiermit wird zwar eine höhere Transparenz erreicht. Die Ermittlung über die (Zwischen-) Verwahrer zur Depotbank und letztendlich zu deren Kunde, welcher in der Regel der gesuchte Aktionär ist[295], ist dennoch aufwendiger als ein Blick ins Aktienregister.

Inhaberaktien werden als Inhaberpapiere in der Regel gem. §§ 929 S. 1ff. BGB übertragen[296]. Die §§ 793ff. BGB werden entsprechend angewendet[297]. Zusätzlich ist auch eine Abtretung der Mitgliedschaft möglich[298]. Dagegen können Namensaktien als geborene Orderpapiere gem. § 68 Abs. 1 AktG durch Indossament und Übereignung der Aktienurkunde[299] oder durch Abtretung des verbrieften Rechts selbst[300] sowie nach dem DepotG übertragen werden[301]. Für die Übertragung der Namensaktie ist keine Eintragung im Aktienregister erforderlich[302].

---

293 BRegE Aktienrechtsnovelle 2014 BT-Drs. 18/4349 S. 16.

294 BRegE Aktienrechtsnovelle 2014 BT-Drs. 18/4349 S. 16 spricht von einer Ermittlungsspur „Wertpapiersammelbank"; *Koch,* Stellungnahme zur Aktienrechtsnovelle 2014 und Änderungsanträgen S. 1; abrufbar unter: http://www.bundestag.de/blob/373420/7f7973bb06ba786c2060c6795ce4b7d7/koch-data.pdf, zuletzt abgerufen am 22.05.2018, weist auf die Verschleierungsmöglichkeit über Treuhandkonstruktionen hin.

295 *Ziemons* in: K. Schmidt/Lutter, § 10 AktG Rn. 47.

296 Das Recht aus dem Papier folgt dem Recht an dem Papier, vgl. *Heider* in: MüKo AktG, Band 1, § 10 AktG Rn. 39; *Solveen* in: Hölters AktG, § 10 AktG Rn. 14; *Brändel* in: Hopt/Wiedemann Großkomm. AktG, Band 1, § 10 AktG Rn. 28; *Habersack* in: MüKo BGB, Band 6, Vor § 793 BGB Rn. 14.

297 *Koch* in: Hüffer/Koch AktG, § 10 AktG Rn. 4; *Ziemons* in: K. Schmidt/Lutter, § 10 AktG Rn. 6.

298 *Solveen* in: Hölters AktG, § 10 AktG Rn. 14; *Ziemons* in: K. Schmidt/Lutter, § 10 AktG Rn. 33; *Lutter/Drygala* in: Kölner Kommentar AktG, Band 1, Anhang § 68 AktG Rn. 17.

299 *Bayer* in: MüKo AktG, Band 1, § 68 AktG Rn. 3; *Wagner* in: Heidel Aktienrecht, § 10 AktG Rn. 11f.; *Koch* in: Hüffer/Koch AktG, § 68 AktG Rn. 3; *Bezzenberger* in: K. Schmidt/Lutter, § 68 AktG Rn. 8; *Habersack* in: MüKo BGB, Band 6, Vor § 793 BGB Rn. 15.

300 So bereits RGZ 86, 154, 157; H. M., *Bayer* in: MüKo AktG, Band 1, § 68 AktG Rn. 30ff.; *Wagner* in: Heidel Aktienrecht, § 10 AktG Rn. 11f.; *Koch* in: Hüffer/Koch AktG, § 68 AktG Rn. 3; *Iversen,* AG 2008, 736, 739.

301 *Bayer* in: MüKo AktG, Band 1, § 68 AktG Rn. 33; *Wagner* in: Heidel Aktienrecht, § 10 AktG Rn. 11f.; *Koch* in: Hüffer/Koch AktG, § 68 AktG Rn. 3.

302 *Bayer* in: MüKo AktG, Band 1, § 68 AktG Rn. 4.

bb. Regelungen zu den Aktien im KAGB

(1) Zerlegung des Gesellschaftskapitals in Nennbetrags- oder Stückaktien

Bei der InvAG m. v. K. können aufgrund des variablen Gesellschaftskapitals[303] lediglich Stückaktien begeben werden. Dies normiert § 109 Abs. 1 S. 2 und S. 3 KAGB. Als weitere Besonderheit im KAGB können, wie bereits im InvG[304], Bruchteilsaktien begeben werden. Hierdurch soll den Anlegern wie beim Sondervermögen ermöglicht werden, einen selbst bestimmbaren Betrag zu investieren[305].

Im Stückaktiengesetz werden drei verschiedene Varianten von Stückaktien vorgestellt[306]: Zum einen echte Stückaktien, bei denen keine feste Grundkapitalziffer besteht. Zum zweiten Stückaktien, die nicht einem Teilbetrag des bestehenden festen Grundkapitals zugeordnet sind. In diesem Fall erfolgt eine Ausgabe der Aktien, ohne dass hierfür eine Kapitalerhöhung im Vorfeld vorgenommen werden muss. Als dritte Variante werden unechte nennwertlose Aktien genannt, die einem festen Grundkapital zugeordnet sind, sodass sich ein fiktiver Nennbetrag ermitteln lässt. Letztere ist unstrittig zulässig und wurde mit dem Stückaktiengesetz in § 8 AktG eingeführt[307].

Fest steht, dass sich bei der InvAG m. v. K. kein fiktiver Nennbetrag ermitteln lässt und es sich somit um echte nennwertlose Stückaktien handelt[308]. Mangels einer festen Grundkapitalziffer sind die Aktien der InvAG m. v. K. bereits in die erste Variante der echten nennwertlosen Stückaktien einzuordnen. In dem Mindestbetrag des Gesellschaftskapitals könnte jedoch auch ein festes Grundkapital, das dem Gläubigerschutz dient, zu erblicken sein. Dann wäre eine Einordnung in die zweite Variante der echten Stückaktien ebenfalls vertretbar, da das Gesellschaftskapital erst nach der Ausgabe der Aktien durch den erzielten Erlös und nicht bereits vor der Ausgabe neuer Aktien erhöht wird. Beide Varianten wären

303 Zu den Besonderheiten des variablen Gesellschaftskapitals siehe unten B.V. 5.a.

304 § 109 KAGB entspricht in weiten Teilen § 96 InvG, vgl. § 96 Abs. 1 S. 4 InvG, der § 109 Abs. 1 S. 3 KAGB entspricht.

305 RegE InvÄndG BT-Drs. 16/5576 S. 83; *Dornseifer* in: Emde/Dornseifer/Dreibus/Hölscher InvG, § 96 InvG Rn. 18; *Boxberger* in: Moritz/Klebeck/Jesch KAGB, § 109 KAGB Rn. 6; *Lorenz* in: Weitnauer/Boxberger/Anders KAGB, § 109 KAGB Rn. 6.

306 RegE StückAG BT-Drs. 13/9573 S. 10f.

307 RegE StückAG BT-Drs. 13/9573 S. 2; *Heider* in: MüKo AktG, Band 1, § 8 AktG Rn. 21.

308 Vgl. zu nennwertlosen Aktien auch *Heider* in: MüKo AktG, Band 1, § 8 AktG Rn. 22; zur InvAG *Fock/Hartig* in: Festschrift Spiegelberger, S. 653, 658.

als echte nennwertlose Aktien nicht nach der Richtlinie (EU) 2017/1132[309] zulässig. Gemäß. deren Art. 3 c) muss die Höhe des gezeichneten Kapitals in der Satzung der Gesellschaft enthalten sein.

Zwar lässt Art. 4 c) und h) der Richtlinie (EU) 2017/1132 zu, dass es Aktien ohne angegebenen Nennbetrag gibt. Allerdings ergibt sich aus Art. 47, der festlegt, dass Aktien nicht unter dem rechnerischen Wert des Nennbetrags ausgegeben werden dürfen, lediglich die Zulässigkeit von unechten nennwertlosen Aktien. Auch Art. 48 und Art. 49 Abs. 2 und 4, Art. 51 Abs. 1 c), Art. 60 Abs. 1 S. 3 a) und Abs. 2, Art. 61 Abs. 2 Art. 63 Abs. 2 b) und d) Art. 69, Art. 79 Abs. 1 d), Art. 80 Abs. 2, Art. 82 e) beziehen sich auf unechte nennwertlose Aktien. Somit wären echte Stückaktien zumindest nach der Richtlinie (EU) 2017/1132 unzulässig. Aus den Erwägungsgründen der Richtlinie (EU) 2017/1132 ergibt sich, dass gleichwertige Bestimmungen für Aktiengesellschaften oder vergleichbare europäische Gesellschaften geschaffen werden sollten[310].

Dass die Regelungen der InvAG m. v. K. nicht mit der Richtlinie (EU) 2017/1132 vereinbar sind, heißt nicht, dass diese nicht mit europäischem Recht vereinbar sind. Der Abschnitt 1 sowie Kapitel IV der Richtlinie (EU) 2017/1132 müssen vielmehr gem. Art. 2 Abs. 2, Art. 44 Abs. 2 nicht auf „Investmentgesellschaften mit veränderlichem Kapital" angewendet werden, sofern das veränderliche Kapital in Briefen oder Bestellscheinen[311] (Art. 26 Richtlinie (EU) 2017/1132) angegeben wird. Auch hier spricht die Ausnahme von der Richtlinie (EU) 2017/1132, die gleichwertige Bestimmungen für AGen schaffen soll, für das Bestehen einer eigenen Gesellschaftsform.

Dagegen steht bei der InvAG m. f. K. die Grundkapitalziffer fest, sodass gem. § 141 Abs. 1 S. 2 KAGB i. V. m. § 8 Abs. 1 AktG entweder Stückaktien oder Nennbetragsaktien ausgegeben werden können[312]. Es stellt sich die Frage, ob bei der InvAG m. f. K. auch Bruchteilsaktien ausgegeben werden können. Gem. § 8 Abs. 5 AktG sind Aktien unteilbar. Da das KAGB – anders als für die InvAG m. v. K. – keine Begebung von Bruchteilsaktien vorsieht, bleibt es beim

---

309 Richtlinie (EU) 2017/1132 des Europäischen Parlaments und des Rates vom 14. Juni 2017 über bestimmte Aspekte des Gesellschaftsrechts.

310 Vgl. Erwägungsgrund 3 der Richtlinie (EU) 2017/1132 des Europäischen Parlaments und des Rates vom 14. Juni 2017 und in englischer Fassung „public limited liability companies".

311 Auf Papier oder in sonstiger Weise, vgl. Art. 26 Richtlinie (EU) 2017/1132.

312 RegE AIFM-UmsG BT-Drs. 17/12294 S. 247; *München* in: Baur/Tappen KAGB, § 141 KAGB Rn. 2; *Silberberger/Lorenz* in: Weitnauer/Boxberger/Anders KAGB, § 141 KAGB Rn. 1.

aktienrechtlichen Grundsatz der Unteilbarkeit der Aktien. Ob es sich dabei um ein Versehen des Gesetzgebers handelt, bleibt offen; die Gesetzgebungsmaterialien gehen zumindest nicht auf die Möglichkeit der Ausgabe von Bruchteilsaktien ein[313]. Eine analoge Anwendung der Regelung für InvAGen m. v. K. kommt jedenfalls mangels vergleichbarer Interessenlage nicht in Betracht, da es durch die Wahl eines geringen Nennbetrags oder einer hohen Stückzahl dem Anleger ermöglicht werden kann, einem Sparplan zufolge selbst bestimmte Beträge in die InvAG m. f. K. zu investieren. Da das Kapital nicht wie bei der InvAG m. v. K. „atmet“[314], bleibt es auch bei dem anfangs gewählten Nennbetrag bzw. Wert der Stückaktie, der dem Grundkapital zugeordnet ist. Hinzu kommt, dass auch das Sondervermögen, an das die InvAG m. v. K. mit der Einführung von Bruchteilsaktien angeglichen werden sollte[315], gem. § 91 KAGB nur für offene inländische Investmentvermögen zur Verfügung steht, während diese Form für geschlossene inländische Investmentvermögen nicht von § 139 KAGB als zulässige Rechtsform vorgesehen ist.

Durch die ausschließliche Möglichkeit der Begebung von Stückaktien und darüber hinaus die Ermöglichung der Ausgabe von Bruchteilsaktien unterscheidet sich die InvAG m. v. K. in weiteren wesentlichen Merkmalen von der AG nach dem AktG, während die InvAG m. f. K. ebenfalls wie die AG Nennbetrags- oder Stückaktien und gerade keine Bruchteilsaktien ausgeben kann.

(2) Begebung von Aktien unterschiedlicher Gattungen, insbesondere Stamm- oder Vorzugsaktien als Aktiengattungen

Mit dem Verweis der § 108 Abs. 2 S. 1 KAGB sowie § 140 Abs. 1 S. 2 KAGB auf das AktG sind die Vorschriften über die Begebung von Aktien unterschiedlicher Gattungen in § 11 AktG sowie über Stamm- und Vorzugsaktien in §§ 12, 139–141 AktG grundsätzlich anwendbar. Etwas anderes würde lediglich gelten, wenn sich in dem jeweiligen Unterabschnitt des KAGB abweichende Regelungen befinden würden. Bei der InvAG m. f. K. enthält § 141 Abs. 1 KAGB eine Spezialregelung zu § 36a AktG und Abs. 2 schließt Sacheinlagen aus[316].

313 RegE AIFM-UmsG BT-Drs. 17/12294 S. 247; Bundesministerium der Finanzen, DiskE AIFM-UmsG S. 423.

314 *Lorenz* in: Weitnauer/Boxberger/Anders KAGB, § 110 KAGB Rn. 2; *Steck/Schmitz*, AG 2004, 658, 658, 660.

315 RegE InvÄndG BT-Drs. 16/5576 S. 83.

316 Siehe oben Teil B. V. 1. d. und f.

Weitere Regelungen betreffend Aktien sind nicht ersichtlich. Damit dürfen in der InvAG m. f. K. ebenso wie in der AG verschiedene Aktiengattungen gebildet werden.

Für die InvAG m. v. K. ist fraglich, ob neben den Unternehmensaktien und Anlageaktien noch die Begebung von Stamm- und Vorzugsaktien möglich ist. Dagegen spricht zunächst der Wortlaut des § 109 Abs. 1 S. 1 1. Hs. KAGB. Hiernach bestehen die Aktien einer InvAG m. v. K. aus Anlageaktien und Unternehmensaktien. Hinzu kommt, dass § 109 Abs. 3 S. 3 KAGB die Anwendung des § 139 Abs. 2 AktG, der die Ausgabe von Vorzugsaktien ohne Stimmrecht auf die Hälfte des Grundkapitals begrenzt, auf Anlageaktien ausschließt[317]. Zwar sind Anlageaktien keine Vorzugsaktien, sodass der Verweis lediglich deklaratorisch ist[318]. Aufgrund der eindeutig geregelten Aktiengattungen der InvAG besteht allerdings kein Raum und kein Bedarf für die Begebung von Vorzugsaktien neben Anlageaktien. Somit handelt es sich bei den Regelungen in § 109 Abs. 1–3 KAGB um Spezialregelungen, die eine Begebung von Stamm- und Vorzugsaktien ausschließen[319]. Auch hier unterscheidet sich die InvAG m. v. K. damit noch stärker von der AG als die InvAG m. f. K.

(3) Unternehmensaktien und Anlageaktien als Aktiengattungen

Gem. § 109 Abs. 1 S. 1 KAGB begeben InvAGen m. v. K. sowohl Unternehmensaktien als auch Anlageaktien. Spezial-InvAGen m. v. K. können nach ihrer Wahl gem. § 109 Abs. 1 S. 1 2. Hs. KAGB lediglich Unternehmensaktien begeben. Diese beiden Aktiengattungen wurden mit dem InvÄndG in § 96 InvG eingeführt[320]. Mit Einführung der Anlageaktien wurde berücksichtigt, dass Anleger einer Publikums-InvAG regelmäßig hauptsächlich aus Vermögensinteressen beteiligt sind[321]. Unternehmensaktionäre verfolgen daneben zusätzlich organisatorische und unternehmerische Interessen mit ihrer Beteiligung[322]. Mit den Anlageaktien wurde damit eine den Anteilen am Sondervermögen entsprechende Beteiligung geschaffen[323].

---

317 Hierauf verweist zur Vorgängerregelung in § 96 Abs. 1c InvG ebenfalls *Dornseifer* in: Emde/Dornseifer/Dreibus/Hölscher InvG, § 96 InvG Rn. 48.

318 *Lorenz* in: Weitnauer/Boxberger/Anders KAGB, § 109 KAGB Rn. 15.

319 So auch *Dornseifer* in: Emde/Dornseifer/Dreibus/Hölscher InvG, § 96 InvG Rn. 48.

320 RegE InvÄndG BT-Drs. 16/5576 S. 28.

321 RegE InvÄndG BT-Drs. 16/5576 S. 83; *Herrmann* in: Baur/Tappen KAGB, § 109 KAGB Rn. 17; *Lorenz* in: Weitnauer/Boxberger/Anders KAGB, § 109 KAGB Rn. 13; *Volhard/Wilkens*, DB 2008, 1195, 1198.

322 RegE InvÄndG BT-Drs. 16/5576 S. 83.

323 *Döser* in: Patzner/Döser/Kempf, § 109 KAGB Rn. 9.

Die Gründer der InvAG m. v. K. müssen gem. § 109 Abs. 2 S. 1 KAGB Unternehmensaktien übernehmen. Zu einem späteren Zeitpunkt können Unternehmensaktien originär (durch die Ausgabe neuer Aktien) oder derivativ (durch Übertragung ggf. mit Anzeige bei der BaFin[324]) erworben werden[325]. Gem. § 109 Abs. 3 S. 1 KAGB können Anlageaktien erst nach Eintragung der InvAG m. v. K. ins Handelsregister emittiert werden. Mit dem Ausschluss des § 139 Abs. 2 AktG in § 109 Abs. 3 S. 3 KAGB entfällt die Begrenzung der Ausgabe von stimmrechtslosen Aktien auf die Hälfte des Grundkapitals.

Bei Unternehmensaktien und Anlageaktien handelt es sich jeweils – gesellschaftsrechtlich betrachtet – um Aktiengattungen[326]. Gem. § 11 S. 2 AktG bilden Aktien mit gleichen Rechten eine Gattung. Unternehmensaktionäre haben gem. § 109 Abs. 2 S. 4 KAGB ein Teilnahmerecht an der Hauptversammlung sowie ein Stimmrecht, sodass sie in ihrem Interesse Einfluss auf die Unternehmung ausüben können[327]. Bei den Vermögensrechten ergeben sich mangels spezieller Regelungen keine Besonderheiten im Vergleich zu den Anlageaktionären. Darüber hinaus haben Unternehmensaktionäre gem. § 115 S. 2 KAGB ein Bezugsrecht entsprechend § 186 AktG. Zudem haben sie ein Rückgaberecht bezüglich ihrer Aktien gem. § 116 Abs. 2 S. 1 KAGB, sofern die besonderen Voraussetzungen des § 116 Abs. 2 S. 3 KAGB gewahrt sind. Hiernach besteht ein Rücknahmeanspruch erst, wenn die übrigen Unternehmensaktionäre der Rücknahme zustimmen. Außerdem müssen bei intern verwalteten InvAGen m. v. K. die Kapitalanforderungen des § 25 KAGB auch nach der Rücknahme gewahrt werden können und bei der extern verwalteten InvAG m. v. K. muss die Summe der Einlagen der verbleibenden Unternehmensaktionäre mindestens 50.000 Euro betragen. Sinn und Zweck dieser Vorschrift ist es den Verbleib von Unternehmensaktionären in der InvAG m. v. K. zu gewährleisten[328]. Auch die

---

324 Gem. § 109 Abs. 2 S. 5 und 6 KAGB können Unternehmensaktien bei Übernahme aller Rechte und Pflichten übertragen werden und bei Publikums-InvAGen m. v. K. ist ein Personenwechsel der Unternehmensaktionäre der BaFin anzuzeigen.

325 Die Ausgabe von Unternehmensaktien ist in § 109 Abs. 2 S. 2 und § 116 Abs. 1 KAGB geregelt, vgl. hierzu unten Teil B. V. 5. a. dd. (2) (b) und die Übertragung ist in § 109 Abs. 2 S. 4 und 5 geregelt, wobei die allgemeinen Grundsätze zur Übertragung von Namensaktien, vgl. Teil B. V. 2. h. aa. (4), gelten.

326 *Lorenz* in: Weitnauer/Boxberger/Anders KAGB, § 109 KAGB Rn. 2; in einem anderen Zusammenhang etwa *Müchler*, Die Investmentaktiengesellschaft mit veränderlichem Kapital, S. 99 (zu § 105 InvG) und S. 199ff. (zum Bezugsrecht).

327 RegE InvÄndG BT-Drs. 16/5576 S. 84.

328 *Herrmann* in: Baur/Tappen KAGB, § 116 KAGB Rn. 6; *Dornseifer* in: Emde/Dornseifer/Dreibus/Hölscher InvG, § 105 InvG Rn. 8.

Übertragung von Unternehmensaktien ist nur gem. § 109 Abs. 2 S. 5 KAGB zulässig, wenn der Erwerber alle damit verbundenen Rechte und Pflichten übernimmt. Hierdurch soll sichergestellt werden, dass der Unternehmensaktionär nicht seinen Pflichten entgehen kann[329]. Hinzu kommt, dass aus demselben Grund Unternehmensaktien nach § 109 Abs. 2 S. 3 KAGB nur auf den Namen lauten dürfen[330]. Sofern Unternehmensaktionäre Gründungsaktionäre sind, sind sie zudem für die Gründung verantwortlich[331] und zur Leistung der erforderlichen Einlagen verpflichtet[332].

Anlageaktionäre haben gem. § 109 Abs. 3 S. 2 KAGB weder ein Teilnahmerecht an der Hauptversammlung noch ein Stimmrecht. Nach § 109 Abs. 3 S. 2 letzter Hs. KAGB kann den Anlageaktionären ein solches Stimm- und Teilnahmerecht durch die Satzung gewährt werden, was in der Praxis allerdings nicht erfolgt[333]. Nach § 115 S. 2 2. Hs. KAGB besteht ein Bezugsrecht der Anlageaktionäre lediglich bei einer statutarischen Einräumung des Stimmrechts für Anlageaktionäre. Dies ist konsequent, da nur dann eine Verwässerung der Rechte der Aktionäre, nämlich der Stimmrechte, bestünde[334]. Durch die variable Kapitalstruktur verringert sich der Wert der verbleibenden Anlageaktien nicht durch die Ausgabe neuer Anlageaktien, da dadurch auch entsprechend das Gesellschaftskapital erhöht wird[335]. Hinzu kommt, dass es sich beim Ausschluss des Bezugsrechts um keine investmentrechtliche Spezialität handelt, sondern dieser auch im Aktienrecht ermöglicht wird[336]. Den Anlageaktionären verbleibt damit entsprechend ihrem Anlageinteresse das Vermögensrecht[337]. Das fehlende Stimmrecht wird nicht wie bei den Vorzugsaktien mit einem Vorzug bei der

---

329 RegE InvÄndG BT-Drs. 16/5576 S. 84.

330 RegE InvÄndG BT-Drs. 16/5576 S. 84.

331 § 109 Abs. 2 S. 1 KAGB; *Herrmann* in: Baur/Tappen KAGB, § 109 KAGB Rn. 10; so bereits im InvG vgl. RegE InvÄndG BT-Drs. 16/5576 S. 84.

332 § 109 Abs. 4 KAGB, vgl. zur Höhe der erforderlichen Einlagen siehe oben Teil B. V. 1. f.; so bereits im InvG vgl. RegE InvÄndG BT-Drs. 16/5576 S. 84.

333 *Boxberger* in: Moritz/Klebeck/Jesch KAGB, § 109 KAGB Rn. 17; *Zetzsche,* Prinzipien der kollektiven Vermögensanlage, S. 767.

334 *Herrmann* in: Baur/Tappen KAGB, § 115 KAGB Rn. 5.

335 So auch RegE InvÄndG BT-Drs. 16/5576 S. 88; *Fromm,* Die Investmentaktiengesellschaft mit veränderlichem Kapital, S. 56; *Sachtleber,* Zivilrechtliche Strukturen von open-end-Investmentfonds in Deutschland und England, S. 108, 110; *Baums/Kiem* in: Festschrift Hadding, S. 741, 748; *Eckhold,* ZGR 2007, 654, 675; *Köndgen/Schmies,* WM 2004, Sonderbeil. Nr. 1, Heft 11, 2, 18.

336 *Fischer/Steck* in: Berger/Steck/Lübbehüsen InvG, § 104 InvG Rn. 2.

337 RegE InvÄndG BT-Drs. 16/5576 S. 84.

Verteilung des Gewinns[338], sondern mit dem Rückgaberecht der Anlageaktionäre kompensiert[339]. Das Rückgaberecht wird in der Literatur auch als Ausgleich für das grundsätzlich fehlende Bezugsrecht angeführt[340]. Ein Anlageaktionär, der nicht mit der Unternehmensführung der InvAG m. v. K. einverstanden ist, kann seine Aktien nach Maßgabe des § 116 Abs. 1 und 2 KAGB zurückgeben[341]. Diese Möglichkeit wird daher zu Recht als „Abstimmung mit den Füßen" bezeichnet[342]. Das Rückgaberecht besteht bei Publikums-InvAGen m. v. K. mindestens zweimal im Monat[343]. Bei intern verwalteten InvAGen m. v. K. besteht ein Rücknahmeanspruch nach § 116 Abs. 2 S. 2 KAGB nur, wenn die Kapitalanforderungen des § 25 KAGB durch die Rücknahme nicht verletzt werden. Außerdem wird die fehlende Einflussmöglichkeit der Anlageaktionäre auf die InvAG m. v. K. durch die Kontrolle des Aufsichtsrats, der Depotbank, sowie die Aufsicht durch die BaFin, die jeweils auf die Wahrung der Rechte der Anlageaktionäre achten, kompensiert[344]. Zudem können Anlageaktien erst nach der Eintragung im Handelsregister ausgegeben werden, sodass die Anlageaktionäre weder Rechte noch Pflichten als Gründer treffen[345]. Selbst wenn der theoretische Fall der Einräumung des Hauptversammlungsteilnahmerechts sowie des Stimmrechts für Anlageaktionäre durch die Satzung bestünde, wären Unternehmens- und Anlageaktien weiterhin als verschiedene Gattungen einzuordnen, da sich das Rückgaberecht unterscheidet.

Insgesamt besteht zwar eine gewisse Ähnlichkeit der Unternehmensaktien und Anlageaktien zu Vorzugs- und Stammaktien. Allerdings besteht bei Anlageaktien kein Vorzugsrecht. Erstmals im Aktienrecht wird das Stimmrecht und das Teilnahmerecht an der Hauptversammlung einer Gattung für den Regelfall gesetzlich ausgeschlossen[346]. Somit entsprechen die Regelungen der Investment-AG m. v. K. denen des Investmentsondervermögens[347]. Es handelt sich daher um eine neue gesetzlich geregelte Aktiengattung. Der Ausschluss des

---

338 Vgl. § 139 Abs. 1 S. 1 AktG.

339 RegE InvÄndG BT-Drs. 16/5576 S. 84; dies halten *Fischer/Friedrich*, ZBB 2013, 153, 163 für realitätsfern.

340 *Fischer/Steck* in: Berger/Steck/Lübbehüsen InvG, § 104 InvG Rn. 2.

341 Diese Möglichkeit bestand bereits im InvG vgl. RegE InvÄndG BT-Drs. 16/5576 S. 84.

342 *Fischer/Steck* in: Berger/Steck/Lübbehüsen InvG, § 104 InvG Rn. 1.

343 § 116 Abs. 2 S 1 2. Hs. KAGB.

344 RegE InvÄndG BT-Drs. 16/5576 S. 84f.

345 RegE InvÄndG BT-Drs. 16/5576 S. 84.

346 *Dornseifer* in: Emde/Dornseifer/Dreibus/Hölscher InvG, § 96 InvG Rn. 46.

347 *Zetzsche*, Prinzipien der kollektiven Vermögensanlage, S. 767.

§ 139 Abs. 2 AktG in § 109 Abs. 3 S. 3 ist somit lediglich deklaratorisch, da es sich bei Anlageaktien nicht um Vorzugsaktien handelt[348].

Eine solche Differenzierung findet sich nicht bei der InvAGen m. f. K. Dort übernimmt § 141 KAGB lediglich die Regelung des § 109 Abs. 4 und Abs. 5 KAGB. Daraus ergibt sich, dass keine speziellen investmentrechtlichen Aktiengattungen zur Verfügung stehen[349]. Den Gesetzgebungsmaterialien zufolge sollen auch Anleger unternehmerisch mit Stimm- und Teilnahmerecht beteiligt werden, da in der InvAG m. f. K. keine Rückgabemöglichkeit der Aktionäre besteht[350], sodass keine „Abstimmung mit den Füßen"[351] möglich ist. Dies wird teilweise kritisiert, da es bei Publikumsaktionären fernliegend sei, dass das Teilnahmerecht und Stimmrecht der Aktionäre der InvAG m. f. K. das fehlende Rückgaberecht kompensieren könne[352]. De lege lata bleibt es aber für die InvAG m. f. K. bei den Aktiengattungen des AktG.

(4) Anteilklassen für die InvAG m. v. K.

Gem. § 108 Abs. 4 i. V. m. § 96 bzw. § 140 Abs. 3 i. V. m. § 96 Abs. 1 KAGB können für die InvAG m. v. K. verschiedene Anteilklassen gebildet werden. Fraglich ist, ob der Verweis auf § 96 KAGB nur bei der Bildung von TGV eingreift[353]. Dies ist aber aufgrund § 140 Abs. 3 KAGB, der für die InvAG m. f. K. explizit nur auf § 96 Abs. 1 KAGB verweist, zu verneinen. Nach § 96 Abs. 1 KAGB kann beispielsweise bezüglich der Ertragsverwendung, des Ausgabeaufschlags, des Rücknahmeabschlags, der Währung des Anteilswertes, der Verwaltungsvergütung, der Mindestanlagesumme oder unterschiedlichen Kombinationen differenziert werden. Die Aktienklassen entsprechen den Aktiengattungen[354]. Da das AktG die Bildung verschiedener Aktiengattungen nach § 11 zulässt, ist hier kein Unterschied zur normalen AG zu erkennen.

---

348 *Lorenz* in: Weitnauer/Boxberger/Anders KAGB, § 109 KAGB Rn. 15.

349 So im Ergebnis auch *München* in: Baur/Tappen KAGB, § 141 KAGB Rn. 2; *Silberberger/Lorenz* in: Weitnauer/Boxberger/Anders KAGB, § 141 KAGB Rn. 1.

350 RegE AIFM-UmsG BT-Drs. 17/12294 S. 247.

351 *Fischer/Steck* in: Berger/Steck/Lübbehüsen InvG, § 104 InvG Rn. 1.

352 *Silberberger/Lorenz* in: Weitnauer/Boxberger/Anders KAGB, § 140 KAGB Rn. 12, *Fischer/Friedrich,* ZBB 2013, 153, 163.

353 Offengelassen von *Boxberger* in: Moritz/Klebeck/Jesch KAGB, § 108 KAGB Rn. 27.

354 So auch ohne Klarstellung *Boxberger* in: Moritz/Klebeck/Jesch KAGB, § 108 KAGB Rn. 27f.

(5) Inhaber- oder Namensaktien im KAGB

Unternehmensaktien müssen gem. § 109 Abs. 2 S. 3 KAGB als Namensaktien ausgegeben werden. Anlageaktien dürfen gem. § 108 Abs. 2 S. 1 KAGB i. V. m. § 10 Abs. 1 AktG als Namensaktien oder als Inhaberaktien ausgegeben werden[355]. Mangels einer spezialgesetzlichen Regelung bezüglich der Verbriefung bei InvAGen m. f. K. kommen gem. § 108 Abs. 2 S. 1 bzw. § 140 Abs. 1 S. 2 i. V. m. § 10 AktG die aktienrechtlichen Regelungen zur Anwendung.

cc. Zwischenergebnis

Der Vergleich der Normen bezüglich der Aktien zeigt auf, dass sich die Regelungen der normalen AG und der InvAG m. f. K. nicht unterscheiden, während das KAGB für die InvAG m. v. K. Sonderregelungen enthält, die auch in den jeweiligen Satzungsbestimmungen zu beachten sind. Die AG und die InvAG m. f. K. können Nennbetrags- oder unechte Stückaktien begeben. Diese Aktien sind unteilbar. Dagegen kann die InvAG m. v. K. nur echte Stückaktien und sogar Bruchteilsaktien begeben. Alle Gesellschaften dürfen verschieden Aktiengattungen begeben. Bei der AG und der InvAG m. f. K. kann lediglich mithilfe von Vorzugsaktien vom Grundsatz „one share one vote“ abgewichen werden. Dies ist bei der InvAG m. v. K. durch die Ausgabe von Anlageaktien möglich. Die Sonderregelungen zu Unternehmens- und Anlageaktien verdrängen die Regelungen zu Vorzugsaktien. Die Aktien werden regelmäßig für alle Gesellschaften als Namensaktien ausgegeben. Aktien der AG, der InvAG m. f. K. sowie Anlageaktien der InvAG m. v. K. können unter den Voraussetzungen des § 10 Abs. 1 S. 2 AktG auf den Inhaber lauten. Zumindest die Regelungen zur InvAG m. v. K. sprechen dafür, dass es sich wiederum um eine Sonderform der Gesellschaftsform InvAG handelt.

i. Besondere Satzungsregelung der Spezial-InvAG: Begrenzung auf (semi-) professionelle Anleger

Gem. § 110 Abs. 3 KAGB bzw. § 142 S. 2 KAGB muss die Satzung von Spezial-InvAGen bestimmen, dass ausschließlich professionelle und semiprofessionelle Anleger Aktien erwerben dürfen.

---

355 *Herrmann* in: Baur/Tappen KAGB, § 109 KAGB Rn. 19; *Boxberger* in: Moritz/Klebeck/Jesch KAGB, § 109 KAGB Rn. 20; *Lorenz* in: Weitnauer/Boxberger/Anders KAGB, § 109 KAGB Rn. 16.

Professioneller Anleger ist nach § 1 Abs. 19 Nr. 32 KAGB jeder Anleger, der nach dem Anhang II der Richtlinie 2004/39/EG als professioneller Kunde angesehen wird oder auf Antrag als ein professioneller Kunde behandelt werden kann[356]. Somit wird zwischen geborenen und gekorenen professionellen Anlegern unterschieden[357]. Die geborenen professionellen Anleger müssen diese Voraussetzungen unter I. im Anhang II der Richtlinie 2004/39/EG erfüllen. Die gekorenen Anleger können dagegen unter den Voraussetzungen unter II. des Anhangs II der Richtlinie 2004/39/EG beantragen, als professionelle Anleger behandelt zu werden.

Semiprofessioneller Anleger ist jeder Anleger, der entweder die Voraussetzungen von § 1 Abs. 19 Nr. 33 lit. a, lit b, lit. c oder lit. d KAGB erfüllt. Diese Kategorie wurde mit dem AIFM-UmsG neu im KAGB eingeführt und ist in der AIFM-RL nicht enthalten[358]. Vielmehr wurde sie eingeführt, um es Anlegern – wie etwa Stiftungen oder vermögenden Privatanlegern – zu ermöglichen, auch ohne die Kriterien des professionellen Kunden i. S. d. Richtlinie 2004/39/EG zu erfüllen, in Spezialinvestmentvermögen zu investieren[359]. Die Voraussetzungen für semi-professionelle Anleger wurden in Anlehnung an Art. 6 des Vorschlags einer Verordnung über Europäische Risikokapitalfonds und § 2 Abs. 1 Nr. 3 lit. c VermAnlG entwickelt[360]. Gelten die Erwerber im Ausland nach anderen Kriterien als qualifizierte Anleger, so ist dies nach Ansicht der BaFin nicht erheblich[361]. Alle Anleger, die diese Kriterien nicht erfüllen, sind gem. § 1 Abs. 19 Nr. 31 KAGB Privatanleger.

---

356 Diese Definition stimmt mit Art. 4 Abs. 1 lit. ag) der Richtlinie 2011/61/EU (AIFM-Richtlinie) überein.

357 Vgl. *Volhard/Jang* in: Weitnauer/Boxberger/Anders KAGB, § 1 KAGB Rn. 108ff.

358 Auch im Entwurf des Bundesministeriums der Finanzen, DiskE AIFM-UmsG S. 203 fand sich nur in § 226 bei geschlossenen AIF die Regelung, dass sofern nur in einen Vermögensgegenstand investiert wird, bestimmte Kriterien vom Anleger zu erfüllen sind, der sodann in der Begründung als semiprofessionell bezeichnet wurde; *Volhard/Jang* in: Weitnauer/Boxberger/Anders KAGB, § 1 KAGB Rn. 112; *Schubert/Schuhmann*, BKR 2015, 45, 47.

359 *Volhard/Jang* in: Weitnauer/Boxberger/Anders KAGB, § 1 KAGB Rn. 113; *Schubert/Schuhmann*, BKR 2015, 45, 47f.; *Volhard/Jang*, DB 2013, 273, 274; *Wallach*, ZGR 2014, 289, 295.

360 RegE AIFM-UmsG BT-Drs. 17/12294 S. 204.

361 BaFin, Präsentation „Häufig gestellte Fragen zum KAGB“ Folie 2, abrufbar unter: http://www.bafin.de/SharedDocs/Downloads/DE/Rede_Vortrag/dl_151130_Seminar-Investmentrecht_H%C3%A4ufige%20Fragen.pdf?__blob=publicationFile&v=6; zuletzt abgerufen am 22.05.2018.

Die gesetzlich gem. § 110 Abs. 3 und § 142 S. 2 KAGB vorgeschriebene Satzungsbestimmung, wonach Aktien nur von professionellen und semiprofessionellen Anlegern erworben werden dürfen, soll dem Gesetzgeber zufolge sicherstellen, dass sich keine Privatanleger an der Spezial-InvAG beteiligen[362]. Maßgeblicher Zeitpunkt für die Beurteilung, ob ein Spezial- oder ein Privatanleger handelt, ist nach § 1 Abs. 6 und § 110 Abs. 3 bzw. § 142 S. 2 KAGB der Erwerbszeitpunkt[363].

Der Fall, dass ein Privatanleger Anteile an einer Spezial-InvAG kraft Gesetz erwirbt, ist inzwischen in § 1 Abs. 6 S. 1 Nr. 2, 2. Hs. KAGB normiert. Ein solcher Erwerber gilt dann als semiprofessioneller Anleger. Somit bleibt es bei dem Grundsatz des § 1922 BGB, wonach vermögensrechtliche Ansprüche und Verbindlichkeiten vererblich sind[364], und der gesetzliche Erwerber tritt an die Position des ursprünglichen Anlegers. Zudem wird gewährleistet, dass die Spezial-InvAG als solche erhalten bleibt[365].

Fraglich ist damit lediglich die Auswirkung des § 110 Abs. 3 bzw. § 142 S. 2 KAGB auf den rechtsgeschäftlichen Erwerb von Anteilen an einer Spezial-InvAG durch einen Privatanleger und ob es sich hierbei um ein dinglich wirkendes gesetzliches Erwerbsverbot gem. § 134 BGB[366] oder ein schuldrechtliches Veräußerungsverbot[367] handelt. Gegen ein dingliches Erwerbsverbot könnte sprechen, dass dieses zum Nachteil des Erwerbers, also eines schutzwürdigen Anlegers, wirken würde[368]. Andererseits könnte der Anleger geschützt werden, indem er gar nicht erst Aktionär der InvAG wird[369]. Jedoch spricht die Formulierung der §§ 110 Abs. 3, 142 S. 2 KAGB eindeutig gegen ein gesetzliches Verbot, da dieses nicht in der Satzung festzulegen wäre.

---

362 RegE AIFM-UmsG BT-Drs. 17/12294 S. 238, 248, zustimmend *München* in: Baur/Tappen KAGB, § 142 KAGB Rn. 5; *Silberberger/Lorenz* in: Weitnauer/Boxberger/Anders KAGB, § 142 KAGB Rn. 5.

363 Vgl. Wortlaut „erworben werden dürfen", der vom Finanzausschuss im Gesetzesentwurf zur Klarstellung geändert wurde, vgl. Beschlussempfehlung und Bericht des Finanzausschusses zum RegE AIFM-UmsG BT-Drs. 17/13395 S. 26, 149, 166, so bereits auch *Patzner/Schneider-Deters* in: Patzner/Döser/Kempf, § 142 KAGB Rn. 2.

364 *Lieder* in: Erman BGB, Band II, § 1922 BGB Rn. 9a.

365 RegE BT-Drs. 18/6744 S. 44

366 Zur InvKG *Freitag,* NZG 2013, 329, 334.

367 *Silberberger/Lorenz* in: Weitnauer/Boxberger/Anders KAGB, § 142 KAGB Rn. 5; *Boxberger* in: Moritz/Klebeck/Jesch KAGB, § 110 KAGB Rn. 25; *Zetzsche,* AG 2013, 613, 615.

368 *Zetzsche,* AG 2013, 613, 615.

369 *Freitag,* NZG 2013, 329, 334.

Für ein schuldrechtliches Übertragungsverbot spricht, dass diese Regelung nur in der Satzung und damit vertraglich geregelt ist[370]. Es handelt sich somit um ein schuldrechtliches und nicht um ein gesetzliches oder rein aufsichtsrechtliches Verbot. Anders zu beurteilen ist die Regelung in § 127 Abs. 1 S. 1 KAGB zur offenen InvKG. Dort wird nämlich im KAGB festgelegt, dass deren Anteile nur von professionellen und semiprofessionellen Anlegern erworben werden dürfen. Dort liegt zusätzlich zum schuldrechtlichen Verbot im Gesellschaftsvertrag gem. § 125 Abs. 2 S. 2 2. Hs. KAGB ein gesetzliches Verbot i. S. d. § 134 BGB vor[371].

Somit ist es der Spezial-InvAG schuldrechtlich untersagt, keine anderen Aktionäre als Spezialanleger aufzunehmen. Der Beitritt zur InvAG ist dagegen gem. § 137 S. 1 BGB wirksam. Das vorliegende Veräußerungsverbot unterscheidet sich in der Schutzrichtung von anderen Fällen, in denen ein rechtsgeschäftliches Veräußerungsverbot vereinbart wird. Dort werden regelmäßig künftige Erwerber vor einer anderweitigen Verfügung geschützt[372]. Im KAGB soll aber gerade der Erwerber selbst geschützt werden. Dieser Schutz des Erwerbers wäre mit einem gesetzlichen Verbot einfacher und effektiver erreicht[373]. Es sollte daher de lege ferenda im KAGB aufgenommen werden.

Denkbar ist außerdem, dass es sich nur um eine aufsichtsrechtliche Vorgabe handelt, die den Erwerb sowie die Beibehaltung der Mitgliedschaft nicht hindert[374]. Dann wäre allenfalls eine Anfechtung gem. § 123 Abs. 1 Var. 1 BGB durch die InvAG, sofern der Investor über seine Spezialanlegereigenschaft täuscht, möglich[375]. Nach einer weiteren Ansicht hat die BaFin die aufsichtsrechtliche Möglichkeit, eine Umwandlung in eine Publikums-InvAG zu verlangen[376].

Zudem wird vertreten, dass die BaFin bei einem rechtsgeschäftlichen Beitritt eines Publikumsanlegers zu einer Spezial-Investmentgesellschaft gegen die

370 *Silberberger/Lorenz* in: Weitnauer/Boxberger/Anders KAGB, § 142 KAGB Rn. 5.

371 *Freitag*, NZG 2013, 329, 334; a. A. *Casper* in: Staub HGB, Band 4, § 161 HGB Rn. 276; *Stöber* in: Westermann/Wertenbruch, Hdb. Personengesellschaften, § 54a Die Investment-KG Rn. 3170a; *Mohr*, Die offene Investmentkommanditgesellschaft, S. 46.

372 So etwa beim Verfügungsverbot gegenüber dem Erblasser, dem Vermieter oder einem Treuhänder, vgl. hierzu: *Armbrüster* in: MüKo BGB, Band 1, § 137 BGB Rn. 26ff.

373 Zu diesem Ergebnis kommt für die offene InvKG ebenfalls *Seitz*, Die InvestmentKG, S. 72.

374 *Lorenz* in: Weitnauer/Boxberger/Anders KAGB, § 110 KAGB Rn. 13; *Dorenkamp* in: Beckmann/Scholtz/Vollmer Investment, 405 § 142 KAGB Rn. 25.

375 *Lorenz* in: Weitnauer/Boxberger/Anders KAGB, § 110 KAGB Rn. 13.

376 *Dorenkamp* in: Beckmann/Scholtz/Vollmer Investment, 405 § 142 KAGB Rn. 25.

Spezial-Investmentgesellschaft gem. §§ 15, 16 KAGB vorgehen könne[377]. Dann läge nämlich nach dieser Ansicht das unerlaubte Betreiben eines Investmentgeschäfts vor[378]. Das allerdings besteht nur, sofern die Investmentgesellschaft intern verwaltet ist. Nur dann bedarf die Investmentgesellschaft als KVG einer Erlaubnis gem. §§ 20ff. KAGB und es liegt ein unerlaubtes Investmentgeschäft vor. Für eine extern verwaltete Investmentgesellschaft liegen die Voraussetzungen der §§ 15, 16 KAGB nicht vor. Es ist nicht ersichtlich, dass die Rechtsfolge beim Beitritt eines Publikumsanlegers zu einer Spezial-Investmentgesellschaft zwischen der extern und intern verwalteten Investmentgesellschaft unterscheidet. Somit ist diese Ansicht, dass die BaFin eine Einstellung des Geschäftsbetriebs oder einen Ausschluss eines Gesellschafters generell anordnen kann, abzulehnen. Allenfalls kann die BaFin neben dem bestehenden schuldrechtlichen Erwerbsverbot eingreifen.

De lege lata hat der Anleger, der vom schuldrechtlichen Veräußerungsverbot geschützt werden soll, einen Anspruch auf Schadensersatz gegenüber der InvAG, welcher einen Anspruch auf Rückabwicklung des Beitritts beinhaltet[379]. Zu prüfen ist im Einzelfall, ob den Anleger ein Mitverschulden trifft[380]. Dies ist regelmäßig zu bejahen, da ein Lesen der Satzungsbestimmung, die beinhaltet, dass nur Spezialanleger aufgenommen werden, erwartet werden kann. Daneben können aufsichtsrechtliche Maßnahmen der BaFin möglich sein. Hierfür müsste es sich allerdings um ein unerlaubtes Investmentgeschäft handeln beziehungsweise ist für eine Maßnahme gem. § 5 Abs. 6 S. 1 KAGB ein Verstoß gegen ein Ge- oder Verbot des KAGB erforderlich. Da § 110 Abs. 3 bzw. § 142 S. 2 KAGB kein Verbot, sondern nur ein schuldrechtlich auszusprechendes Verbot enthält, ist auf das Gebot gem. § 1 Abs. 6 KAGB abzustellen.

Dem Aktienrecht ist eine Unterteilung in normale Aktionäre und schutzbedürftigere „Verbraucheraktionäre“ nach dem Kenntnis- und Erfahrungsstand der Aktionäre nicht bekannt. Damit handelt es sich um eine weitere Besonderheit der InvAG, die die These, es handele sich um eine eigene Rechtsform, weiter stützt.

---

377 *Stöber* in: Westermann/Wertenbruch, Hdb. Personengesellschaften, § 54a Die Investment-KG Rn. 3170a; zustimmend ohne Begründung *Casper*, ZHR 179 (2015), 44, 64, zur gleichlautenden Regelung für die InvKG.

378 *Stöber* in: Westermann/Wertenbruch, Hdb. Personengesellschaften, § 54a Die Investment-KG Rn. 3170a.

379 So wohl auch *Eichhorn*, WM 2016, 110, 115.

380 So wohl auch *Eichhorn*, WM 2016, 110, 115.

j. *Sacheinlagen bzw. Sachübernahmen*

Für die zulässigen Sacheinlagen in Spezial-InvAGen sowie für die in jeder InvAG zulässigen Sachübernahmen[381] müssen in der Satzung – wie in der AG auch – die erforderlichen Angaben wie Gegenstand der Sacheinlage bzw. Sachübernahme, die Person, von der die Gesellschaft den Gegenstand erwirbt, und der Nennbetrag, bei Stückaktien die Zahl der bei der Sacheinlage zu gewährenden Aktien bzw. bei der Sachübernahme die zu gewährende Vergütung gem. § 27 Abs. 1 S. 1 AktG enthalten sein.

k. *Genehmigung von Satzungsänderungen der InvAG durch die BaFin*

Die Satzungsänderung erfolgt – wie in der AG – durch Beschluss gem. § 179 Abs. 1 AktG. Während für OGAW-InvAGen eine Genehmigung der BaFin gem. § 110 Abs. 4 i. V. m. § 163 Abs. 2 S. 1, 2 4–9 KAGB i. V. m. Art. 5 Abs. 2 der OGAW-RL erforderlich ist, fehlt eine solche Regelung für AIF-InvAGen[382]. Dort ist die Genehmigung mithin nicht erforderlich[383]. Auch dieses aufsichtsrechtliche Genehmigungserfordernis schützt die Anleger.

l. *Keine Satzungsbestimmung zur Bestellung der Verwahrstelle für die InvAG*

Wegner forderte zum InvG trotz der gesetzlichen Regelung zur Klarstellung eine statutarische Regelung, wonach die InvAG zur Bestellung der Depotbank – deren Funktion im KAGB die Verwahrstelle übernimmt – verpflichtet ist[384]. Dies mag zwar zur Transparenz für die Anleger wünschenswert sein, die Verpflichtung zur Bestellung der Verwahrstelle ist jedoch keine vom KAGB geforderte Satzungsbestimmung. Im Übrigen ist gem. § 68 Abs. 1 bzw. § 80 Abs. 1 KAGB die KVG jeweils zur Bestellung der Verwahrstelle verpflichtet, sodass eine Verankerung in der Satzung nicht sinnvoll ist.

---

381 Vgl. zur Zulässigkeit von Sacheinlagen und Sachübernahmen, siehe oben Teil B. V. 1. d. cc.

382 *Lindauer* in: Beckmann/Scholtz/Vollmer Investment, 405 § 110 KAGB Rn. 7; *Lorenz* in: Weitnauer/Boxberger/Anders KAGB, § 110 KAGB Rn. 14f.

383 *Boxberger* in: Moritz/Klebeck/Jesch KAGB, § 110 KAGB Rn. 26; *Lorenz* in: Weitnauer/Boxberger/Anders KAGB, § 110 KAGB Rn. 15.

384 *Wegner*, Die selbstverwaltete Hedgefonds-Investmentaktiengesellschaft mit Teilgesellschaftsvermögen, S. 88.

m. *Besondere Satzungsregelungen der InvAG m. v. K. mit TGV*

Gem. § 117 Abs. 7 KAGB ist in der Satzung von Umbrella-InvAGen m. v. K. darauf hinzuweisen, dass für die einzelnen TGV besondere Anlagebedingungen gelten. Zudem hat die Firma einer InvAG m. v. K. gem. § 118 Abs. 1 S. 2 KAGB den Zusatz „mit Teilgesellschaftsvermögen“ oder eine allgemein verständliche Abkürzung hiervon, beispielsweise „TGV“[385], zu beinhalten. Bereits mit der Möglichkeit zur Bildung von TGV unterscheidet sich die InvAG m. v. K. von der AG[386].

n. *Zwischenergebnis zum Vergleich der Satzung und ihren einzelnen Bestimmungen*

Nach dem Vergleich der Satzungsbestimmungen ist ersichtlich, dass die Satzung der InvAG deutlich von derjenigen der AG abweicht. Zwar ist nach bisheriger wohl h. M. keine komplette Abkehr von der Satzungsstrenge zu bejahen, sondern es verbleibt, trotz des Ausschlusses des § 23 Abs. 5 AktG, bei der hier als „investmentspezifisch“ bezeichneten Satzungsstrenge. Sollte sich die Gegenauffassung durchsetzen, so würde ein wesentliches Merkmal der AG fehlen. Jedoch ergeben sich große Unterschiede bei der Firmierung. Ein Vergleich mit den Regelungen im AktG und GmbHG zur Firmierung sowie dem Umstand, dass der Zusatz InvAG den Rechtsverkehr auf die speziellen Regelungen hinweisen soll, weist darauf hin, dass es sich um einen Rechtsformzusatz handelt. Auch dass sich der Unternehmensgegenstand der InvAGen aufgrund des materiellen Investmentbegriffs alternativ zum Unternehmensgegenstand der AG verhält, spricht dafür, dass die InvAG als eigenständige Gesellschaftsform einzuordnen ist. Zudem sorgt der Unternehmensgegenstand der InvAG dafür, dass die InvAG vorrangig im Interesse ihrer Anleger handelt. Dies widerspricht der Interessenpluralität im Aktienrecht. Die Differenzierung zwischen Spezial- und Privatanlegern ist ein weiterer Unterschied zur AG.

Dagegen ergeben sich beim Sitz der InvAG keine großen Unterschiede. Wie bei der AG muss sich der Satzungssitz der InvAG im Inland befinden. Bei der intern verwalteten InvAG, die in der Theorie – nicht aber in der Praxis – den Regelfall darstellt, bedarf es zusätzlich aus aufsichtsrechtlichen Gründen eines inländischen Verwaltungssitzes.

---

385 *Herrmann* in: Baur/Tappen KAGB, § 118 KAGB Rn. 2.

386 Vgl. hierzu unten ausführlich Teil B. V. 8.

Eine weitere besondere Regelung in der Satzung der InvAG findet sich, sofern eine Spezial-InvAG vorliegt. Bereits die Unterscheidung nach der Fachkenntnis der Aktionäre ist dem Aktienrecht fremd. Beim Vorliegen einer Spezial-InvAG ist eine Satzungsbestimmung erforderlich, wonach lediglich Spezialanleger Aktien der InvAG erwerben dürfen. Hierbei handelt es sich um ein schuldrechtliches Verbot.

Die InvAG m. v. K. unterscheidet sich des Weiteren durch das variable Kapital, das Rückgaberecht, die dadurch erforderlichen Regelungen zum Rückgabepreis, die echten Stückaktien, die besonderen Aktiengattungen Anlageaktien und Unternehmensaktien sowie der Möglichkeit zur Bildung von TGV noch stärker als die InvAG m. f. K. von der „normalen" AG nach dem AktG. Es könnte sich bei den beiden InvAGen um zwei Arten der Gesellschaftsform InvAG oder um zwei Unterformen einer Sonderform der AG handeln. Bereits das Vorhandensein weiterer Unterformen deutet auf eine eigenständige Gesellschaftsform hin.

3. Die Anlagebedingungen der InvAG

Gem. § 111 S. 1 bzw. § 143 S. 1 KAGB sind zusätzlich zur Satzung Anlagebedingungen zu erstellen. Im Gegensatz zum vorherigen InvG sowie zur AIFM-RL besteht die Pflicht zur Erstellung von Anlagebedingungen[387]. Sie sind explizit gem. § 111 S. 2 bzw. § 143 S. 2 KAGB kein Bestandteil der Satzung und es ist keine notarielle Beurkundung der Anlagebedingungen erforderlich. Allerdings muss nach S. 3 der oben genannten Regelungen bei Zurverfügungstellung der Satzung, beispielsweise durch Veröffentlichung oder Aushändigung, auf die Anlagebedingungen hingewiesen werden und diese sind ebenfalls zur Verfügung zu stellen.

a. Erlass und Änderung der Anlagebedingungen

Im Gegensatz zur Satzung können die Anlagebedingungen auf den ersten Blick einfacher und günstiger geändert werden[388]. Sie werden nicht durch die Hauptversammlung, sondern durch den Vorstand beschlossen[389]. Zudem bedürfen sie

387 Vgl. § 96 Abs. 1d InvG; ausführlich und kritisch hierzu *Dorenkamp* in: Beckmann/Scholtz/Vollmer Investment, 405 § 143 KAGB Rn. 2–5.

388 *Fischer/Steck* in: Berger/Steck/Lübbehüsen InvG, § 96 InvG Rn. 24; *Wegner,* Die selbstverwaltete Hedgefonds-Investmentaktiengesellschaft mit Teilgesellschaftsvermögen, S. 90.

389 Ganz h. M., vgl. *München* in: Baur/Tappen KAGB, § 111 KAGB Rn. 4; *München* in: Baur/Tappen KAGB, § 143 KAGB Rn. 7; *Lindauer* in: Beckmann/Scholtz/Vollmer Investment, 405 § 111 KAGB Rn. 6; *Dorenkamp* in: Beckmann/Scholtz/Vollmer

gem. § 111 S. 2 und § 143 S. 2 KAGB nicht der notariellen Beurkundung[390]. Eine Genehmigung der Anlagebedingungen ist jedoch für Publikums-InvAGen, wie im nächsten Abschnitt dargestellt, erforderlich. Somit werden in der Praxis offene Formulierungen mit Spielraum für die InvAG verwendet, während eine Konkretisierung im Prospekt, der (noch) einfacher zu ändern ist, erfolgt[391].

Für offene Publikums-InvAGen kommen die §§ 162ff. KAGB zur Anwendung[392]. Geschlossene Publikums-InvAGen (ebenso geschlossene InvKGen) müssen § 266 und § 267 KAGB beachten. Bei der Publikums-InvAG m. v. K. und der Publikums-InvAG m. f. K. müssen die Anlagebedingungen gem. § 162 Abs. 1 Nr. 2 bzw. § 266 Abs. 1 KAGB schriftlich vor Ausgabe der Aktien festgehalten werden und die in § 162 Abs. 2 bzw. § 266 Abs. 2 KAGB vorgegebenen Angaben enthalten. Zudem bedürfen die Anlagebedingungen sowie deren Änderungen gem. § 163 Abs. 1 bzw. § 267 Abs. 1 KAGB der Genehmigung der BaFin.

Bei der Publikums-InvAG m. f. K. ist allerdings – wie bei der geschlossenen InvKG – die „faktische Änderungssperre"[393] des § 267 Abs. 3 S. 1 KAGB zu beachten. Demnach ist für eine Änderung der Anlagebedingungen, die mit den bisherigen Anlagegrundsätzen der Publikums-InvAG m. f. K. nicht vereinbar ist oder zu einer Änderung der Kosten oder der wesentlichen Anlegerrechte führt, eine Zustimmung von mindestens zwei Dritteln der Anleger erforderlich. Kritisch wird hierbei gesehen, dass die durch die Anlagebedingungen erst geschaffene Flexibilität eingeschränkt wird, da in der Praxis zu befürchten sei, dass viele Publikumsanleger gar nicht erst abstimmen werden[394]. Dieser Einwand ist nachvollziehbar, allerdings ist zu beachten, dass der Tatbestand nur solche Änderungen erfasst, die besonders in die Rechte des Anlegers eingreifen. Dem Gesetzgeber stand die besondere Schutzbedürftigkeit von Publikumsanlegern einer geschlossenen Investmentgesellschaft vor Augen[395]. Diese haben

---

Investment, 405 § 143 KAGB Rn. 20; *Boxberger* in: Moritz/Klebeck/Jesch KAGB, § 111 KAGB Rn. 7; *Lorenz* in: Weitnauer/Boxberger/Anders KAGB, § 111 KAGB Rn. 6; so bereits zum InvG *Fischer/Steck* in: Berger/Steck/Lübbehüsen InvG, § 96 InvG Rn. 22.

390 RegE InvÄndG BT-Drs. 16/5576 S. 85; *Lindauer* in: Beckmann/Scholtz/Vollmer Investment, 405 § 111 KAGB Rn. 6.

391 *v. Ammon/Izzo-Wagner* in: Baur/Tappen KAGB, § 162 KAGB Rn. 36; *Rozok* in: Emde/Dornseifer/Dreibus/Hölscher InvG, § 43 InvG Rn. 75f.

392 Es handelt sich um allgemeine Vorschriften für offene Publikumsinvestmentvermögen; so auch *Lindauer* in: Beckmann/Scholtz/Vollmer Investment, 405 § 111 KAGB Rn. 7; *Lorenz* in: Weitnauer/Boxberger/Anders KAGB, § 111 KAGB Rn. 7.

393 *Dorenkamp* in: Beckmann/Scholtz/Vollmer Investment, 405 § 143 KAGB Rn. 5.

394 *Dorenkamp* in: Beckmann/Scholtz/Vollmer Investment, 405 § 143 KAGB Rn. 21.

395 RegE AIFM-UmsG BT-Drs. 17/12294 S. 272f.

gerade kein regelmäßiges Rückgaberecht wie in offenen Investmentgesellschaften. Somit ist diese Änderungssperre bewusst gesetzt.

Für offene und geschlossene Spezial-InvAGen regelt § 273 KAGB die Anlagebedingungen näher. Hiernach sind die Anlagebedingungen schriftlich vor der Ausgabe der Anteile festzuhalten. Zwar bedürfen die Anlagebedingungen keiner Genehmigung, dennoch müssen diese sowie jegliche wesentliche Änderung bei inländischen Spezial-InvAGen gem. § 273 S. 2 KAGB der BaFin vorgelegt werden. Üblicherweise vereinbaren Spezialanleger jedoch, dass bei Änderungen der Anlagebedingungen die Zustimmung der Anleger erforderlich ist[396]. Das Zustimmungsbedürfnis wird zu Recht aufgrund des vertraglichen Charakters der Anlagebedingungen als Regelfall, von dem nur aufgrund einer abweichenden Vereinbarung abgewichen werden kann, angesehen[397]. Mithin bedarf es auch ohne besonderer Vereinbarung der Zustimmung der Spezialanleger. In der Praxis werden häufig Musteranlagebedingungen verwendet, welche vom BVI mit der BaFin abgestimmt wurden[398].

b. Veröffentlichung und Bereitstellung der Anlagebedingungen

In § 111 S. 3 bzw. § 143 S. 3 KAGB sind die Veröffentlichungspflicht und Bereitstellungspflicht der Anlagebedingungen geregelt, welche parallel zur Veröffentlichungspflicht und Bereitstellungspflicht der Satzung der InvAG bestehen. Für Publikums-InvAGen ist zudem § 163 Abs. 4 KAGB zu beachten.

c. Inhalt der Anlagebedingungen

Die Anlagebedingungen regeln das Verhältnis zwischen der InvAG und ihren Anlegern[399]. Damit unterscheiden sich die Anlagebedingungen von denen des Sondervermögens. Dort wird das vertragliche Verhältnis der KVG zu den Anlegern geregelt[400]. Daneben sollen sie Anlagegrundsätze detaillierter als die

---

396 *Lorenz* in: Weitnauer/Boxberger/Anders KAGB, § 111 KAGB Rn. 8.

397 *Wallach*, ZGR 2014, 289, 298; so für alle InvKGen *Mohr*, Die offene Investmentkommanditgesellschaft, S. 61ff.

398 *v. Ammon/Izzo-Wagner* in: Baur/Tappen KAGB, § 162 KAGB Rn. 34; *Rozok* in: Emde/Dornseifer/Dreibus/Hölscher InvG, § 43 InvG Rn. 72; Muster des *BVI*, Muster-Anlagebedingungen; abrufbar unter: https://www.bvi.de/regulierung/kapitalanlagegesetzbuch/muster/, zuletzt abgerufen am 22.05.2017.

399 § 162 Abs. 1 Nr. 2 KAGB; § 266 Abs. 1 Nr. 1 KAGB; § 273 S. 1 Nr. 2 KAGB; *Lindauer* in: Beckmann/Scholtz/Vollmer Investment, 405 § 111 KAGB Rn. 2; *Wallach*, ZGR 2014, 289, 298.

400 § 162 Abs. 1 S. 1 Nr. 1 KAGB; § 273 S. 1 Nr. 1 KAGB.

Satzung regeln[401]. So können etwa die Verwendung des Ertrags, Auswahl oder Umfang sowie das Verhältnis der Anlagegegenstände konkretisiert werden[402]. Der Mindestinhalt ist für offene Publikums-Investmentgesellschaften in § 162 Abs. 2 KAGB und für geschlossene Publikums-Investmentgesellschaften in § 266 Abs. 2 KAGB vorgegeben. Für Spezial-Investmentgesellschaften bestehen keine Vorgaben. Wie bereits beschrieben, werden in der Praxis Musteranlagebedingungen und Bausteine verwendet[403].

d. Rechtsnatur der Anlagebedingungen

Da es sich ausdrücklich nicht um einen Teil der Satzung handelt, stellt sich die Frage, wie Anlagebedingungen dogmatisch einzuordnen sind. Anlagebedingungen bestanden bereits im KAGG und InvG und waren als Anlage- und Vertragsbedingungen für das Sondervermögen vorgesehen[404]. Damals wie heute gestalten sie das Anlageverhältnis in Vertragsform zwischen Anleger und der das Sondervermögen verwaltenden KAG, heute KVG genannt, näher aus[405]. Bei der InvAG als Investmentgesellschaft erfolgt jedoch keine Anlage in Vertragsform, sondern in Satzungsform, sodass die Einordnung der Anlagebedingungen unklar ist.

Lorenz zufolge handelt es sich hierbei trotz der Zuständigkeit des Vorstandes um ein konstitutives „ergänzendes gesellschaftsrechtliches Konstrukt“[406]. Er begründet den Unterschied zur dogmatischen Einordnung als allgemeine

---

401 RegE InvÄndG BT-Drs. 16/5576 S. 85.

402 Vgl. hierzu § 162 Abs. 2 KAGB; mit weiteren Beispielen *Lindauer* in: Beckmann/Scholtz/Vollmer Investment, 405 § 111 KAGB Rn. 2–4.

403 *BVI*, Muster-Anlagebedingungen; abrufbar unter: https://www.bvi.de/regulierung/kapitalanlagegesetzbuch/muster/, zuletzt abgerufen am 22.05.2018; BaFin, Musterbausteine für Kostenklauseln geschlossener Publikumsinvestmentvermögen, WA 41-Wp-2137-2013/0026 vom 30.09.2014, abrufbar unter: https://www.bafin.de/SharedDocs/Downloads/DE/Merkblatt/WA/dl_140930_musterbaustein_kosten_geschl_svm.html, zuletzt abgerufen am 22.05.2018.

404 *v. Ammon/Izzo-Wagner* in: Baur/Tappen KAGB, § 162 KAGB Rn. 9f.; *Lorenz* in: Weitnauer/Boxberger/Anders KAGB, § 111 KAGB Rn. 4.

405 *Lorenz* in: Weitnauer/Boxberger/Anders KAGB, § 111 KAGB Rn. 4; zum InvG *Schmitz* in: Berger/Steck/Lübbehüsen InvG, § 43 InvG Rn. 3; *Rozok* in: Emde/Dornseifer/Dreibus/Hölscher InvG, § 43 InvG Rn. 5.

406 *Lorenz* in: Weitnauer/Boxberger/Anders KAGB, § 111 KAGB Rn. 5, 6.

Geschäftsbedingungen – wie etwa beim Sondervermögen[407] – damit, dass gerade keine Vertragsform bestehe[408].

Auch *Sachtleber* bejaht zwar ohne nähere Begründung das Vorliegen von allgemeinen Geschäftsbedingungen[409], stellt jedoch fest, dass es sich inhaltlich um gesellschaftsrechtliche Regelungen handelt, sodass die Ausnahme des § 310 Abs. 4 S. 1 BGB eingreift[410]. § 310 Abs. 4 S. 1 BGB wiederum sei teleologisch zu reduzieren, sofern es sich bei dem Anleger, wie beim typischen Publikumsanleger ohne unternehmerische Rechte, um einen Verbraucher handelt[411].

Es ist nicht nachvollziehbar, weshalb bei der InvAG zusätzlich zum gesellschaftsrechtlichen Vertrag – der Satzung – nicht Anlagebedingungen separat mit jedem einzelnen Anleger vertraglich und somit als allgemeine Geschäftsbedingungen vereinbart werden können. Dass im InvG festgelegt war, dass die Anlagebedingungen und die Satzung an die Stelle der Vertragsbedingungen treten[412], spricht weder für eine gesellschaftsrechtliche noch gegen eine solche Einordnung. Es spricht aber dafür, dass Satzung und Anlagebedingungen gemeinsam Regelungen betreffend die Anlage des Anlegers enthalten[413]. Dass die Anlagebedingungen gerade kein Satzungsbestandteil sind und der Vorstand diese nach h. M. ändern kann[414], spricht bereits gegen eine gesellschaftsrechtliche Einordnung, sodass § 310 Abs. 4 BGB nicht einschlägig ist. Hiergegen kann zwar eingewendet werden, dass § 310 Abs. 4 S. 1 BGB Verträge auf dem Gebiet des Gesellschaftsrechts ausschließt und hierunter auch Verträge mit gesellschaftsrechtlichem Inhalt subsumiert werden können[415]. Daneben wird vertreten, dass

407 Zur Einordnung beim Sondervermögen vgl. etwa *Schmitz* in: Berger/Steck/Lübbehüsen InvG, § 43 InvG Rn. 12; *Köndgen/Schmies* in: Schimansky/Bunte/Lwowski, Bankrechts-Handbuch, 4. Auflage, § 113 Investmentgeschäft Rn. 117f.

408 *Lorenz* in: Weitnauer/Boxberger/Anders KAGB, § 111 KAGB Rn. 5.

409 *Sachtleber,* Zivilrechtliche Strukturen von open-end-Investmentfonds in Deutschland und England, S. 154.

410 *Sachtleber,* Zivilrechtliche Strukturen von open-end-Investmentfonds in Deutschland und England, S. 154f.; zustimmend *Mohr,* Die offene Investmentkommanditgesellschaft, S. 68.

411 *Sachtleber,* Zivilrechtliche Strukturen von open-end-Investmentfonds in Deutschland und England, S. 155; zustimmend *Mohr,* Die offene Investmentkommanditgesellschaft, S. 68f.

412 § 99 Abs. 3 Nr. 5 InvG in der Fassung vom 22.06.2011.

413 *Wegner,* Die selbstverwaltete Hedgefonds-Investmentaktiengesellschaft mit Teilgesellschaftsvermögen, S. 91.

414 Siehe oben Teil B. V. 3. und Teil B. V. 3. a.

415 *Sachtleber,* Zivilrechtliche Strukturen von open-end-Investmentfonds in Deutschland und England, S. 155.

Anlagebedingungen nur investmentrechtlichen Zwecken dienen[416]. Fraglich ist daher, ob es sich bei den Anlagebedingungen tatsächlich um gesellschaftsrechtliche Regelungen handelt. Hierzu wird im Folgenden auf den von § 162 Abs. 2 KAGB geforderten Mindestinhalt der Anlagebedingungen bei InvAGen m. v. K. eingegangen.

§ 162 Abs. 2 Nr. 1 und 2 KAGB sind investmentrechtliche Regelungen, da sie die Anlagegegenstände konkretisieren. § 162 Abs. 2 Nr. 3 KAGB verlangt in den Anlagebedingungen eine Regelung, ob die zum Sondervermögen gehörenden Gegenstände im Eigentum der Verwaltungsgesellschaft oder im Miteigentum der Anleger stehen. Diese Regelung passt nicht für Investmentgesellschaften. Da die InvAG juristische Person ist[417] und die InvKG ebenfalls rechtsfähig ist[418], können Gegenstände, die zur Investmentgesellschaft gehören, nicht gleichzeitig im Miteigentum der Anleger stehen. Diese Regelung bezieht sich auf die in § 92 Abs. 1 KAGB vorgesehene „Treuhandlösung" oder „Miteigentumslösung"[419] und betrifft nur Sondervermögen. § 162 Abs. 2 Nr. 3 KAGB ist somit auf Investmentgesellschaften nicht anwendbar[420]. § 162 Abs. 2 Nr. 4 KAGB sieht vor, dass die Bedingungen der Rücknahme in den Anlagebedingungen näher festgelegt werden müssen. Hier könnte es sich um eine gesellschaftsrechtliche Regelung handeln. Allerdings sind gem. § 116 Abs. 2 S. 4 KAGB in der Satzung ebenfalls Einzelheiten zur Rücknahme zu regeln. Hier handelt es sich lediglich um eine nochmalige Klarstellung und Information des Anlegers. Die wesentlichen Einzelheiten sind in der Satzung zu regeln. § 162 Abs. 2 Nr. 5 KAGB sieht Angaben zur Veröffentlichung des Jahresberichts und des Halbjahresberichts vor. Hier könnte ebenfalls eine gesellschaftsrechtliche Regelung, nämlich ein Informationsrecht der Anleger normiert sein. Allerdings bestehen auch hier gesetzliche Regelungen in § 120 Abs. 7 S. 3 KAGB sowie im HGB. Diese werden in der Regel wiedergegeben[421]. Somit hat auch § 162 Abs. 2 Nr. 5 KAGB lediglich Klarstellungs- und Informationsfunktion. Nach § 162 Abs. 2 Nr. 6 KAGB haben die Anlagebedingungen Angaben zur Ertragsverwendung und zum Ertragsausgleichverfahren zu enthalten. Grundsätzlich handelt es sich bei der Gewinnverwendung um eine gesellschaftsrechtliche Regelung. Mangels

416 *Dorenkamp* in: Beckmann/Scholtz/Vollmer Investment, 405 § 143 KAGB Rn. 7.

417 § 108 Abs. 1 S. 1 KAGB bzw. § 140 Abs. S. 2 KAGB i. V. m. § 1 S. 1 AktG.

418 § 124 Abs. 1 S. 2 KAGB bzw. § 149 Abs. 1 S. 2 KAGB i. V. m. § 161 Abs. 2 HGB i. V. m. § 124 Abs. 1 HGB.

419 *Polifke* in: Weitnauer/Boxberger/Anders KAGB, § 162 KAGB Rn. 16.

420 So auch: *v. Ammon/Izzo-Wagner* in: Baur/Tappen KAGB, § 162 KAGB Rn. 57.

421 *v. Ammon/Izzo-Wagner* in: Baur/Tappen KAGB, § 162 KAGB Rn. 62.

spezieller Regelungen ist gem. § 108 Abs. 2 S. 1 bzw. § 140 Abs. 1 S. 2 KAGB die Vorschrift des § 174 AktG zur Gewinnverwendung anwendbar. Hiernach beschließt die Hauptversammlung gem. Abs. 1 über die Verwendung des Bilanzgewinns. Anlageaktionäre ohne Stimmrecht können selbstredend nicht mit abstimmen[422]. Auch hier können die Anlagebedingungen nicht von den gesetzlichen gesellschaftsrechtlichen Regelungen abweichen, da es auch für InvAGen eine investmentspezifisch modifizierte Satzungsstrenge gibt. Hinzu kommt, dass in der Praxis offene Formulierungen verwendet werden. Beispielsweise wird ein Thesaurierungsvorbehalt bis X Prozent[423] oder die Formulierung „soweit (…) [dies] nach Auffassung der Geschäftsführung (…) benötigt wird“[424] verwendet und für den verbleibenden Gewinn eine Ausschüttung festgelegt. Beim Ertragsausgleichsverfahren wird voraussichtlich erst recht eine solche Formulierung gewählt, um die notwendige Flexibilität zu erreichen. Somit handelt es sich auch hier nicht um eine eigenständige gesellschaftsrechtliche Regelung, sondern um eine informative Wiedergabe der Rechtslage.

Auch bei § 162 Abs. 2 Nr. 7 und 9 KAGB handelt es sich zwar um Regelungen gesellschaftsrechtlichen Inhalts, allerdings müssten diese ebenfalls im Gesellschaftsvertrag geregelt sein, sodass es sich wiederum nur um eine Information der Anleger handelt. Nr. 7 betrifft eine Angabe, sofern die InvAG nur für eine bestimmte Dauer gebildet wird. Hier handelt es sich ohne Zweifel um eine gesellschaftsrechtliche Regelung. Da eine solche Vereinbarung unmittelbar Auswirkung auf den Bestand der Gesellschaft hat, ist dies im Gesellschaftsvertrag niederzuschreiben, sofern das Ende von Anfang an feststeht. Auch die Bestimmung in § 162 Abs. 2 Nr. 9 KAGB, nämlich dass Angaben zu den Bedingungen, unter denen verschiedene Aktien ausgegeben werden, und zum Verfahren der Wertberechnung der Anteile gemacht werden müssen, regelt Angaben zur gesellschaftsrechtlichen Ausgestaltung. Auch hier wird größtenteils das Gesetz, das in § 108 Abs. 4 bzw. § 140 Abs. 3 i. V. m. § 96 Abs. 1 KAGB verschiedene Aktienklassen regelt, wiedergegeben. Sofern darüber hinausgehende Kriterien zur Bildung der Anteilklassen gebildet werden, sind diese ebenfalls in der Satzung festzulegen, da diese auch Auswirkungen auf den Wert der anderen Aktien haben. § 162 Abs. 2 Nr. 8 KAGB betrifft die InvAG mit TGV und verlangt, dass

---

422 Vgl. oben Anlageaktien, sowie § 109 Abs. 3 S. 2 KAGB.

423 *v. Ammon/Izzo-Wagner* in: Baur/Tappen KAGB, § 162 KAGB Rn. 64.

424 Vgl. mangels Muster-Anlagebedingungen zur InvAG *BVI,* Muster-Anlagebedingungen für geschlossene Publikums-InvKGen S. 3; abrufbar unter: https://www.bvi.de/?id=1762&file=2016_07_19_Muster-Anlagebedingungen_InvKG_Stand_18.Juli_2016.docx S. 9, zuletzt abgerufen am 22.05.2018.

Abgaben zu den Ausgabebedingungen an den Aktien der TGV, zu den Grundsätzen, nach denen die TGV gebildet werden, den Ausstattungsmerkmalen sowie dem Verfahren zur Errechnung des Wertes der Aktien der TGV gemacht werden. Gem. § 117 Abs. 5 S. 1 KAGB sind für jedes TGV separate Anlagebedingungen zu erstellen. Fraglich ist hier bereits, ob zusätzlich für die Umbrella-InvAG mit TGV eigene Anlagebedingungen zu erstellen sind. Dagegen spricht, dass TGV aufsichtsrechtlich wie ein selbstständiges Sondervermögen zu behandeln sind[425]. Da TGV eine investmentrechtliche Besonderheit sind, soll an dieser Stelle nicht für die Einordnung, ob Anlagebedingungen gesellschaftsrechtlicher Natur sind, auf alle Besonderheiten des TGV und ob diese vertraglicher oder gesellschaftsrechtlicher Natur sind, eingegangen werden[426]. Auch hier sind jedoch grundsätzliche Dinge, die das Verhältnis der AG zu den Aktionären und der Aktionäre untereinander betreffen, wie etwa die Aktienklassen, in der Satzung zu regeln und können in den Anlagebedingungen nur wiedergegeben werden.

§ 162 Abs. 2 Nr. 10 KAGB betrifft die Aufnahme eines anderen oder durch ein anderes Investmentvermögen. Fraglich ist, ob dies für InvAGen überhaupt möglich ist. Da die InvAG gem. § 1 AktG juristische Person ist, kommt zum einen eine Verschmelzung mit einem anderen Investmentvermögen (Up-Stream oder Down-Stream) oder zum anderen eine Einbringung eines anderen Investmentvermögens sowie eine Einbringung in ein anderes Investmentvermögen über die Kapitalerhöhung in Betracht. Für eine Einbringung eines Investmentvermögens müssten Sacheinlagen zulässig sein. Dies ist bei Publikums-InvAGen gem. § 109 Abs. 5 bzw. § 141 Abs. 2 KAGB nicht der Fall. Auch hier wird jedoch nur die Angabe ob und unter welchen Voraussetzungen eine Verschmelzung zulässig ist mit einem Hinweis auf die gesetzlichen Bedingungen verlangt[427], sodass es sich wiederum nur um eine deklaratorische Information der Anleger handelt.

In § 162 Abs. 2 Nr. 11 KAGB ist geregelt, dass bezüglich der Vergütungen und Erstattungen an die KVG, die Verwahrstelle sowie an Dritte die Berechnungsmethode sowie die Höhe anzugeben sind. In der Praxis werden häufig

425 *Kurth* in: Beckmann/Scholtz/Vollmer Investment, 405 § 117 KAGB Rn. 14.

426 Vgl. zum TGV unten Teil B. V. 8.

427 So bereits zum InvG *Rozok* in: Emde/Dornseifer/Dreibus/Hölscher InvG, § 43 InvG Rn. 113; so auch mangels Muster-Anlagebedingungen für InvAGen vgl. *BVI,* Muster-AAB für OGAW-Sondervermögen; abrufbar unter: https://www.bvi.de/?id=1762&file=170324_AAB_OGAW_InvStG2018_abgestCV.docx, § 15, zuletzt abgerufen am 22.05.2018.

Obergrenzen für Vergütungen festgelegt[428]. Die Angabe von Maximalbeträgen ist nach wohl h. M. zulässig und in der Praxis akzeptiert[429]. Bei Vergütungsansprüchen Externer, wie etwa der externen KVG oder der Verwahrstelle, welche nicht die InvAG betreffen, handelt es sich lediglich um eine Information des Anlegers[430]. Hier können gar keine Ansprüche zu Lasten Dritter begründet werden[431]. Durch die Vereinbarung von Maximalvergütungen wird klar, dass der Anleger durch die Anlagebedingungen informiert werden soll. Hierdurch wird gerade kein Anspruch begründet. Selbst wenn eine InvAG und ein externer Dritter eine höhere Vergütung als die in den Anlagebedingungen festgesetzte Maximalvergütung vereinbaren, wäre eine solche wirksam und die InvAG lediglich im Innenverhältnis zum Schadensersatz verpflichtet[432]. In Anbetracht dieser Überlegung könnte es sich bei den vereinbarten Maximalbedingungen um eine Beschränkung der Geschäftsführungsbefugnis und somit um eine gesellschaftsrechtliche Bestimmung handeln. Andererseits könnte man hierin auch eine vertragliche Selbstverpflichtung der InvAG sehen, da die InvAG die Anlagebedingungen mit jedem Anleger einzeln vereinbart. Auch hier ist eine vertragliche Selbstverpflichtung anzunehmen, da die InvAG die Anlagebedingungen einseitig erlässt und diese von den Anlegern nicht geändert werden können.

§ 162 Abs. 2 Nr. 12 KAGB enthält die Maßgabe, dass die Anlagebedingungen sämtliche Kosten des Anlegers einschließlich Aufschlag und Abschlag zu enthalten haben. Auch diesbezüglich ist mit einer Angabe von Höchstbeträgen sowie einer offenen Formulierung zu rechnen, beispielsweise dass die Gesellschaft

---

428 Mangels Musterbausteinen für InvAGen vgl. *BaFin,* Musterbaustein für Kostenregelung von Sondervermögen (ohne Immobilien-Sondervermögen) Stand: 04.09.2012; abrufbar unter: https://www.bafin.de/SharedDocs/Downloads/DE/Merkblatt/WA/dl_120904_musterbaustein_kosten_off_pub.html S. 2ff. mit der Formulierung „bis zu" und BaFin, Musterbausteine für Kostenklauseln geschlossener Publikumsinvestmentvermögen, WA 41-Wp-2137-2013/0026 vom 30.09.2014, S. 2ff., abrufbar unter: https://www.bafin.de/SharedDocs/Downloads/DE/Merkblatt/WA/dl_140930_musterbaustein_kosten_geschl_svm.html, jeweils zuletzt abgerufen am 22.05.2018; *v. Ammon/Izzo-Wagner* in: Baur/Tappen KAGB, § 162 KAGB Rn. 76.

429 *v. Ammon/Izzo-Wagner* in: Baur/Tappen KAGB, § 162 KAGB Rn. 80; vgl. auch die Musterbausteine für Kostenregelungen der BaFin (Fn. 428); so bereits zum InvG *Schmitz* in: Berger/Steck/Lübbehüsen InvG, § 41 InvG Rn. 11; *Rozok* in: Emde/Dornseifer/Dreibus/Hölscher InvG, § 41 InvG Rn. 16.

430 *v. Ammon/Izzo-Wagner* in: Baur/Tappen KAGB, § 162 KAGB Rn. 78.

431 *v. Ammon/Izzo-Wagner* in: Baur/Tappen KAGB, § 162 KAGB Rn. 78.

432 Im Außenverhältnis hat der Vorstand weiterhin organschaftliche Vertretungsmacht.

niedrigere Beträge festlegen kann[433]. Zudem ist, wie bereits erläutert, eine statutarische Regelung des Auf- bzw. Abschlags zu empfehlen[434].

Nach § 162 Abs. 2 Nr. 13 KAGB können die Kosten und Vergütungen als Pauschalgebühr (sogenannte „All-In-Fee“[435]) zusammengefasst werden. Diesbezüglich müssten die Zusammensetzung sowie nicht umfasste Zusatzkosten aufgedeckt werden. Fraglich ist, ob eine solche Pauschalgebühr für InvAGen Sinn macht. Es könnte maximal jeder Anteil in entsprechender Höhe belastet werden. Dies passiert automatisch, da sich mit der Zahlung der Vergütung an Dritte der Wert, der auf die Aktie des Anlegers entfällt, verringert. Allenfalls könnten die Kosten der InvAG gegenüber Dritten pauschal vereinbart und angegeben werden. In jedem Falle gilt das zu Nr. 11 Gesagte. Es handelt sich um eine Information der Anleger. Eine Beschränkung der Geschäftsführungsbefugnis durch die Anlagebedingungen ist zu verneinen.

Die von § 162 Abs. 2 Nr. 14 KAGB geforderten Angaben dienen ebenfalls der Transparenz, da sie mit dem Anleger eine Offenlegungspflicht vertraglich vereinbaren[436]. Auch hier handelt es sich nicht um eine gesellschaftsrechtliche, sondern um eine zusätzlich vertraglich vereinbarte Pflicht. Die neu hinzugekommene Regelung in § 162 Abs. 2 Nr. 15 KAGB enthält ebenfalls nur Informationen und keine zusätzlichen Verpflichtungen.

Nach der hier vertretenen Ansicht geben die Anlagebedingungen nur geltendes Gesellschaftsrecht wieder beziehungsweise begründen zusätzliche vertragliche Verpflichtungen[437]. Selbst wenn man die Anlagebedingungen inhaltlich als gesellschaftsvertragliche Regelungen beurteilen würde[438], so handelt es sich formal betrachtet nicht um Gesellschaftsrecht. Schließlich wird nur das Verhältnis zwischen dem einzelnen Anleger und der Gesellschaft und nicht, wie in einer Gesellschaft üblich, das mehrseitige Verhältnis der Gesellschafter (Anleger)

---

433 Vgl. mangels Vorlagen zur InvAG Musteranlagebedingungen *BVI,* Muster-Anlagebedingungen für geschlossene Publikums-InvKGen; abrufbar unter: https://www.bvi.de/?id=1762&file=2016_07_19_Muster-Anlagebedingungen_InvKG_Stand_18.Juli_2016.docx S. 9, zuletzt abgerufen am 22.05.2018.

434 Siehe oben Teil B. V. 2. g.

435 *v. Ammon/Izzo-Wagner* in: Baur/Tappen KAGB, § 162 KAGB Rn. 86.

436 *Rozok* in: Emde/Dornseifer/Dreibus/Hölscher InvG, § 41 InvG Rn. 64.

437 So ebenfalls zur offenen InvKG *Mohr,* Die offene Investmentkommanditgesellschaft, S. 59 ff.

438 So z. B. *Mohr,* Die offene Investmentkommanditgesellschaft, S. 57ff.; *Sachtleber,* Zivilrechtliche Strukturen von open-end-Investmentfonds in Deutschland und England, S. 154.

untereinander geregelt[439]. Es wird zwar diskutiert, ob Nebenabreden, die von allen Gesellschaftern außerhalb des Gesellschaftsvertrags miteinander vereinbart werden, auch korporationsrechtlich wirken[440]. Eine solche Bindung besteht aber nur zwischen denjenigen, die eine solche Nebenabrede vereinbart haben, mit künftigen Gesellschaftern müsste wieder eine solche Abrede getroffen werden[441]. Bei den Anlagebedingungen liegt gerade keine Abrede unter allen Gesellschaftern vor. Vielmehr liegen nur von der Investmentgesellschaft ausgehend mit den Anlegern jeweils separat zweiseitig vereinbarte Anlagebedingungen vor.

Die Anleger können die Anlagebedingungen zudem nicht selbst erlassen bzw. aushandeln oder verändern. Dies ist aber ein typisches Merkmal eines Gesellschaftsvertrags. Schließlich wird ein Gesellschaftsvertrag dadurch abgeschlossen, dass sich eine oder mehrere Personen durch Rechtsgeschäft zur Verwirklichung eines gemeinsamen Zwecks zusammenschließen[442]. Ein weiteres Kennzeichnen ist die Satzungsautonomie, die durch die Satzungsstrenge eingegrenzt wird[443]. Gewiss ist gerade bei einer InvAG, die als Kapitalanlagegesellschaft als „Massen-AG" auf viele Anleger ausgerichtet ist, die Möglichkeit der Satzungsänderung eher theoretischer Natur. Allerdings ist selbst diese theoretische Möglichkeit bei den Anlagebedingungen nicht vorhanden[444]. Dies spricht ebenfalls gegen eine gesellschaftsrechtliche Einordnung.

Hinzu kommt, dass die Anlagebedingungen der Publikumsgesellschaften von der BaFin gem. § 163 Abs. 1 bzw. § 267 Abs. 1 KAGB genehmigt werden müssen. Satzungen der InvAGen bedürfen dagegen nicht pauschal einer Genehmigung der BaFin, vielmehr ist allenfalls eine Erlaubnis zur Aufnahme des Geschäftsbetriebs der InvAGen erforderlich[445] und Satzungsänderungen der OGAW-InvAG m. v. K. bedürfen gem. § 110 Abs. 4 S. 1 KAGB einer Genehmigung. Auch dies spricht gegen eine gesellschaftsrechtliche Einordnung der Anlagebedingungen. Vielmehr sind Anlagebedingungen vertragliche Regelungen, die von der InvAG

439 Zu diesem Befund kommt ebenfalls *Seitz,* Die InvestmentKG, S. 50; so ebenfalls *Schewe,* Kommanditgesellschaften im Regelungsbereich des Investmentrechts, S. 148f.
440 Dies bejaht *K. Schmidt,* Gesellschaftsrecht, § 5 I 5.
441 *K. Schmidt,* Gesellschaftsrecht, § 5 I 5.
442 *Koch* in: Hüffer/Koch AktG, § 1 AktG Rn. 2.
443 *Koch* in: Hüffer/Koch AktG, § 23 AktG Rn. 34; *Schäfer,* Gesellschaftsrecht, § 39 Rn. 14.
444 Die „faktische Änderungssperre" dient nur als Vetorecht, vgl. oben Teil B. V. 3. a.
445 Lediglich intern verwaltete InvAGen und extern verwaltete OGAW-InvAGen m. v. K. bedürfen gem. § 20 Abs. 1 S. 1 bzw. § 113 Abs. 1 S. 1 KAGB zur Aufnahme des Geschäftsbetriebs einer Erlaubnis der BaFin.

einseitig gestellt werden. Sie sind vergleichbar mit AGB gem. §§ 305ff. BGB, da sie für eine Vielzahl von Verträgen angewendet werden[446].

Da die Anlagebedingungen allerdings von der BaFin genehmigt werden müssen, könnte eine Inhaltskontrolle entbehrlich sein. Die Anleger könnten durch die Genehmigungspflicht bzw. bei Spezialanlegern durch die Anzeigepflicht bereits ausreichend geschützt sein. Hier ist eine Parallele zu den bis 1994 zentral vorab genehmigungspflichtigen Versicherungsbedingungen (AVB)[447] zu ziehen. Ein behördliches verwaltungsrechtliches Genehmigungsverfahren erfasst nach wohl h. M. auch die zivilrechtliche AGB-Kontrolle, da die §§ 305ff. BGB auch unter die „gesetzlichen Anforderungen" gem. § 163 Abs. 2 S. 1 bzw. § 267 Abs. 2 S. 1 KAGB zu subsumieren sind[448]. Die Genehmigung hat jedoch keine präjudizielle Funktion, da sie eine spätere AGB-Kontrolle nicht ausschließt[449]. Dies wird unter anderem damit begründet, dass die Einhaltung der §§ 305ff. BGB nicht durch die verwaltungsrechtliche Genehmigung sichergestellt sei und dass eine solche Überprüfung aufgrund der Gewaltenteilung der Judikative vorbehalten bleibe[450]. *Pfeiffer* wiederum differenziert zwischen der Genehmigung als Wirksamkeitsvoraussetzung und der Genehmigung mit aufsichtsrechtlicher Bedeutung[451]. Für die Anlagebedingungen des InvG ordnet er die Genehmigung als Wirksamkeitsvoraussetzung ein, sodass nur genehmigte Anlagebedingungen

---

446 Vgl. ebenfalls zur Einordnung als AGB, welche jedoch als unerwünscht beurteilt wird *Seitz,* Die InvestmentKG, S. 48ff, 54f.

447 Die aufsichtsrechtliche Genehmigung wurde mit dem Dritten Gesetz zur Durchführung versicherungsrechtlicher Richtlinien des Rates der Europäischen Gemeinschaften (Drittes Durchführungsgesetz/EWG zum VAG) vom 21.07.1994 (BGBl. I 1994, S. 1630) abgeschafft, vgl. hierzu BT-Drs. 12/6959 S. 1.

448 *Grüneberg* in: Palandt BGB, Überbl v § 305 BGB Rn. 19; *Fuchs* in: Ulmer/Brandner/Hensen, AGB-Recht, Vorbemerkungen zur Inhaltskontrolle Rn. 96; *Stoffels,* AGB-Recht, Rn. 401; *Seitz,* Die InvestmentKG, S. 48 erwartet lediglich eine formelle Prüfung der Anlagebedingungen.

449 Vgl. zu allgemeinen Bausparbedingungen BGH NJW 2011, 1801; zur Inhaltskontrolle von genehmigten AGB und speziell bei allgemeinen Beförderungsbedingungen BGHZ 86, 284, 291 m. w. N.; *Roloff* in: Erman BGB, Band I, Vor §§ 307–309 BGB Rn. 14; *Grüneberg* in: Palandt BGB, Überbl v § 305 BGB Rn. 19; *Fuchs* in: Ulmer/Brandner/Hensen, AGB-Recht, Vorbemerkungen zur Inhaltskontrolle Rn. 96; *Stoffels,* AGB-Recht, Rn. 401; differenzierend *Pfeiffer* in: Wolf/Lindacher/Pfeiffer AGB-Recht, § 307 BGB Rn. 66.

450 *Fuchs* in: Ulmer/Brandner/Hensen, AGB-Recht, Vorbemerkungen zur Inhaltskontrolle Rn. 96; *Pfeiffer* in: Wolf/Lindacher/Pfeiffer AGB-Recht, § 307 BGB Rn. 70.

451 *Pfeiffer* in: Wolf/Lindacher/Pfeiffer AGB-Recht, § 307 BGB Rn. 66f.

überhaupt Inhalt eines Vertrags werden können[452]. Dieser Ansicht ist nicht zu folgen, da die Anlagebedingungen der Transparenz und dem Schutz des Anlegers dienen[453]. Fehlt die Genehmigung, so wären auch positive Bedingungen nicht wirksam. Sofern die Bedingungen nachteilig für den Anleger wären, so könnten sie trotzdem aufgrund der AGB-Kontrolle nichtig sein. Damit ist die Genehmigung auch im KAGB aufsichtsrechtlich zu betrachten. Soweit ersichtlich können AGB trotz behördlicher Genehmigung nach allen vertretenen Ansichten kontrolliert werden[454].

e. Keine vergleichbaren Regelungen bei der AG

Sodann stellt sich die Frage, ob im Aktienrecht mit den Anlagebedingungen vergleichbare Regelungen vorhanden sind. Da nach der hier vertretenen Ansicht die Anlagebedingungen allenfalls schuldrechtlich zusätzliche Pflichten (z. B. Informationspflicht) begründen, haben diese keinen Einfluss auf die Rechtsform InvAG. Somit kann diesbezüglich keine Aussage beim Vergleich zwischen AG und InvAG gewonnen werden.

De lege ferenda ist aufgrund der lediglich schuldrechtlichen Wirkung der Anlagebedingungen und des lediglich deklaratorischen Charakters zu fordern, dass die Bedingungen, die tatsächlich Rechte und Pflichten der Gesellschafter untereinander begründen, in den Gesellschaftsvertrag aufgenommen werden[455]. Die Anlagebedingungen verfehlen in der Folge ihren ursprünglichen Zweck, nämlich dass sie das Anlageverhältnis zwischen der KVG und den Anlegern näher ausgestalten. Die Anlagebedingungen zusätzlich zur Satzung erscheinen wenig sinnvoll. Vielmehr sollte für Investmentgesellschaften eine Genehmigungspflicht der Satzung selbst bestehen, die zusätzlich die Bestimmungen, die beim Sondervermögen in Anlagebedingungen geregelt sind, enthält.

f. Zwischenergebnis zu den Anlagebedingungen der InvAG

Die Anlagebedingungen der InvAG unterscheiden sich dahingehendend von denjenigen des Sondervermögens, dass nicht das Verhältnis zwischen Anleger und KVG, sondern unabhängig von der internen Verwaltung das Verhältnis

---

452 *Pfeiffer* in: Wolf/Lindacher/Pfeiffer AGB-Recht, § 307 BGB Rn. 66.

453 So im Ergebnis ohne Begründung auch *Grüneberg* in: Palandt BGB, Überbl v § 305 BGB Rn. 19.

454 *Pfeiffer* in: Wolf/Lindacher/Pfeiffer AGB-Recht, § 307 BGB Rn. 66, 69.

455 *Seitz,* Die InvestmentKG, S. 60 fordert die Aufnahme der Anlagebedingungen in einem separaten Teil des Gesellschaftsvertrags.

zwischen Aktionär und InvAG geregelt wird. Anlagebedingungen sind keine Verträge auf dem Gebiet des Gesellschaftsrechts i. S. d. § 310 Abs. 4 S. 1 BGB, sondern zwischen Gesellschafter und Gesellschaft abgeschlossene zweiseitige Vereinbarungen. Anlagebedingungen sind daher Allgemeine Geschäftsbedingungen und unterliegen trotz vorheriger Genehmigung der AGB-Kontrolle. Da es keine vergleichbaren Regelungen für die AG gibt, sprechen auch diese Sonderregelungen, obschon sie nicht gesellschaftsrechtlicher Natur sind, für eine weitere Besonderheit der InvAG im Vergleich zur AG.

Die Regelungen der Anlagebedingungen sollten de lege ferenda in der Satzung der InvAG integriert werden. Im Gegenzug könnte eine Genehmigung der Satzung verlangt werden. Dann würde sich die InvAG noch stärker von der AG unterscheiden.

4. Die Organisationsverfassung der InvAG im Vergleich zu derjenigen der AG

Die Organisationsverfassung der InvAG bestimmt sich nach dem AktG, soweit die einzelnen Normen nicht durch § 108 Abs. 2 KAGB oder § 140 Abs. 2 KAGB ausgeschlossen sind oder sich speziellere Regelungen im KAGB wieder finden. Für die extern verwaltete InvAG m. v. K. ergibt sich hier noch die Besonderheit, dass § 3 Abs. 2 AktG sowie § 264d HGB auf Anlageaktien nicht anwendbar sind. In der Literatur wird vertreten, dass hierdurch sämtliche Vorschriften des AktG und HGB, die sich auf börsennotierte oder kapitalmarktorientierte Gesellschaften beziehen, ausgeschlossen sind[456]. Da § 3 Abs. 2 AktG börsennotierte Gesellschaften definiert und § 264d HGB die kapitalmarktorientierte Kapitalgesellschaft normiert, erscheint es sinnvoll, die entsprechenden Regelungen nicht anzuwenden. Sofern also Anlageaktien zu einem Markt zugelassen sind, der von staatlich anerkannten Stellen geregelt und überwacht wird, regelmäßig stattfindet und für das Publikum zugänglich ist (§ 3 Abs. 2 AktG), handelt es sich nicht um börsennotierte Gesellschaften im Sinne des Aktiengesetzes. Daher sind auch alle Vorschriften speziell für börsennotierte AGen nur anwendbar, wenn die Unternehmensaktien der extern verwalteten InvAG die Voraussetzungen des § 3 Abs. 2 AktG erfüllen. Dieser Fall wird allerdings in der Praxis selten relevant sein[457]. Das bereits Gesagte gilt ebenfalls für das Vorliegen einer

456 Mit einer Aufzählung aller ausgeschlossenen §§ *Lorenz* in: Weitnauer/Boxberger/Anders KAGB, § 108 KAGB Rn. 18; zustimmend *Boxberger* in: Moritz/Klebeck/Jesch KAGB, § 108 KAGB Rn. 14.

457 *Lorenz* in: Weitnauer/Boxberger/Anders KAGB, § 108 KAGB Rn. 22.

kapitalmarktorientierten Kapitalgesellschaft. Mangels Anlageaktien besteht kein entsprechender Ausschluss des § 3 Abs. 2 AktG und § 264d HGB für die InvAG m. f. K.[458]

Angesichts der These, dass sich die InvAG derart von der normalen AG unterscheidet, sollen auch in diesem Unterkapitel nur die Abweichungen der InvAG im Vergleich zur AG herausgearbeitet werden. Im Folgenden werden die Sonderregelungen des KAGB betreffend den Vorstand, den Aufsichtsrat, die Aktionäre und die Verwaltungsart näher betrachtet.

a. Der Vorstand der InvAG

Der Vorstand ist das Leitungsorgan einer AG und in §§ 76–94 AktG geregelt. Im KAGB finden sich die Sonderregelungen zum Vorstand in § 119 bzw. § 147 KAGB, welche weitgehendend identisch sind. In Abs. 2 der jeweiligen Norm finden sich kleine Unterschiede in der Formulierung bezüglich der fachlichen Leitung im Hinblick auf den Unternehmensgegenstand. Ein weiterer Unterschied ist, dass § 119 Abs. 6 KAGB die durch das OGAW-V-UmsG neu eingeführte Regelung[459] hinsichtlich der Einrichtung eines Meldesystems für OGAW-InvAGen m. v. K. enthält, während eine solche Regelung nicht in § 147 KAGB zu finden ist. Da InvAGen m. f. K. nur als AIF betrieben werden können[460], ist eine entsprechende Regelung in § 147 KAGB auch nicht sinnvoll.

Darüber hinaus befinden sich aufsichtsrechtliche Regelungen zu den Geschäftsleitern der intern verwalteten InvAG in § 21 Abs. 1 Nr. 2–4, § 22 Abs. 1 Nr. 2–4, § 23 Nr. 2 und 3, § 34 Abs. 3 Nr. 1, 2, Abs. 5, § 37, § 40 KAGB. Für kleine intern verwaltete Publikums-InvAGen m. f. K., die die Voraussetzungen des § 2 Abs. 5 KAGB erfüllen, gilt § 44 Abs. 3, Abs. 4 S. 4 Nr. 6, Abs. 5 S. 2 und auf extern verwaltete OGAW-InvAG findet § 113 Abs. 1 Nr. 1 KAGB Anwendung.

---

458 RegE AIFM-UmsG BT-Drs. 17/12294 S. 247; *Silberberger/Lorenz* in: Weitnauer/Boxberger/Anders KAGB, § 140 KAGB Rn. 14.

459 RegE BT-Drs. 18/6744 S. 18; Beschlussempfehlung Finanzausschuss BT-Drs. 18/7393 S. 34; Gesetz zur Umsetzung der Richtlinie 2014/91/EU des Europäischen Parlaments und des Rates vom 23. Juli 2014 zur Änderung der Richtlinie 2009/65/EG zur Koordinierung der Rechts- und Verwaltungsvorschriften betreffend bestimmte Organismen für gemeinsame Anlagen in Wertpapieren (OGAW) im Hinblick auf die Aufgaben der Verwahrstelle, die Vergütungspolitik und Sanktionen, Gesetz vom 03.03.2016 (BGBl. I 2016, S. 348, 357).

460 Siehe bereits oben Teil B. IV. 2.

aa. Bestellung des Vorstands

Bezüglich der Bestellung des Vorstands der InvAG ergeben sich, abgesehen von der erforderlichen fachlichen Eignung[461], keine Besonderheiten. Der Vorstand wird daher gem. § 84 Abs. 1 S. 1 AktG von den Mitgliedern des Aufsichtsrats bestellt. Nach der erfolgten Bestellung sowie beim Ausscheiden von Vorstandsmitgliedern besteht seit dem OGAW-V-UmsG gem. § 119 Abs. 2 S. 2 bzw. § 147 Abs. 2 S. 2 KAGB eine Anzeigepflicht gegenüber der BaFin. Hierbei handelt es sich bei intern verwalteten InvAGen lediglich um eine Klarstellung[462], während für die extern verwaltete InvAG eine neue Anzeigepflicht statuiert wird.

bb. Zusammensetzung des Vorstands

Der Vorstand einer InvAG m. v. K. oder einer InvAG m. f. K. besteht in Abweichung von § 76 Abs. 2 S. 1 AktG gem. § 119 Abs. 1 S. 1 und § 147 Abs. 1 S. 1 KAGB aus mindestens zwei Personen. Hier kommt die besondere Verantwortung für das Aktionärsvermögen zum Ausdruck[463]. Mit Personen im Sinne der genannten Normen sind natürliche Personen gemeint[464]. Somit findet das Vier-Augen-Prinzip Anwendung[465].

Nach einer Ansicht ist es gesellschaftsrechtlich möglich, einem Vorstand der InvAG Einzelvertretungsbefugnis einzuräumen[466]. Hierfür könnte auch die Praxis der BaFin, dass in der Anfangsphase jeweils ein Geschäftsleiter für den jeweils anderen Bereich fachlich geeignet sein kann, sprechen[467]. Allerdings ist dies nur unter der Prämisse zulässig, dass sich die Vorstände in den jeweils

---

461 Siehe hierzu sogleich Teil B. V. 4. a. cc.

462 Die intern verwaltete InvAG ist als KVG bereits gem. § 21 Abs. 1 Nr. 2 KAGB oder gem. § 22 Abs. 1 Nr. 2 KAGB und i. V. m. § 34 Abs. 1 und Abs. 3 Nr. 1 und 2 KAGB zur Anzeige der ersten Geschäftsleiter und deren Änderung an die BaFin verpflichtet; so auch RegE BT-Drs. 18/6744 S. 58f.

463 RegE InvÄndG BT-Drs. 16/5576 S. 89.

464 So zur InvKG *Jesch* in: Moritz/Klebeck/Jesch KAGB, § 153 KAGB Rn. 9; *Wallach*, ZGR 2014, 289, 312; dies ergibt sich auch bei Betrachtung der §§ 119 Abs. 1 S. 1, 128 Abs. 1 S. 1, 147 Abs. 1 S. 1 und 153 Abs. 1 S. 1 KAGB im Vergleich zu § 128 Abs. 1 S. 2 bzw. § 153 Abs. 1 S. 2 KAGB.

465 *München* in: Baur/Tappen KAGB, § 119 KAGB Rn. 2; *Lorenz* in: Weitnauer/Boxberger/Anders KAGB, § 119 KAGB Rn. 3; *Fischer*, Die Investmentaktiengesellschaft aus aufsichtsrechtlicher und gesellschaftsrechtlicher Perspektive, S. 46f.; *Müchler*, Die Investmentaktiengesellschaft mit veränderlichem Kapital, S. 132f.

466 *München* in: Baur/Tappen KAGB, § 119 KAGB Rn. 2.

467 BaFin, Merkblatt zu den Geschäftsleitern gemäß KWG, ZAG und KAGB, vom 04.01.2016, zuletzt geändert am 31.01.2017 S. 36, abrufbar unter:

anderen Bereich einarbeiten[468]. Somit wäre zwar gem. § 78 Abs. 2 S. 1 AktG, welcher gem. § 108 Abs. 2 S. 1 und § 140 Abs. 1 S. 2 KAGB anwendbar ist, eine Einzelvertretungsmacht der Vorstände denkbar. Indes ist der Sinn und Zweck des Vier-Augen-Prinzips, nämlich der gemeinsamen Verantwortung und gegenseitigen Kontrolle[469], nicht mehr gewahrt und auch der besonderen Verantwortung für das Aktionärsvermögen wäre keine Rechnung getragen[470]. Man könnte zwar einwenden, dass sich die Vorstände gegenseitig vertreten können[471], da das Vier-Augen-Prinzip ursprünglich eingeführt wurde, um bei Krankheit oder Urlaub eine sachkundige Leitungsperson zu haben[472]. Allerdings bedeutet Vier-Augen-Prinzip, dass auch vier und nicht nur jeweils zwei Augen eine Entscheidung treffen und hierfür verantwortlich sind. Eine Einzelvertretungsbefugnis ist folglich mit diesem investmentrechtlichen Prinzip nicht vereinbar.

Außerdem wird vertreten, dass die BaFin sogar mehr als zwei Mindestmitglieder für den Vorstand vorsehen kann[473]. Dies wird mit der Formulierung „mindestens" begründet[474]. Diese Ansicht vermag allerdings – zumindest für das KAGB – nicht zu überzeugen. Die BaFin kann als Aufsichtsbehörde gem. § 5 Abs. 1 KAGB lediglich, wie des Öfteren durch Merkblätter oder Rundschreiben erfolgt, das vorhandene Gesetz näher konkretisieren und Praxisbeispiele

---

https://www.bafin.de/SharedDocs/Downloads/DE/Merkblatt/dl_mb_160808_GL_KWG_ZAG_KAGB.html, zuletzt abgerufen am 22.05.2018.

468 BaFin, Merkblatt zu den Geschäftsleitern gemäß KWG, ZAG und KAGB, vom 04.01.2016, zuletzt geändert am 31.01.2017 S. 36, abrufbar unter: https://www.bafin.de/SharedDocs/Downloads/DE/Merkblatt/dl_mb_160808_GL_KWG_ZAG_KAGB.html, zuletzt abgerufen am 22.05.2018.

469 Vgl. etwa zum Vier-Augen-Prinzip: *Schäfer* in: Boos/Fischer/Schulte-Mattler KWG, § 2b KWG Rn. 4; zum Erfordernis der gegenseitigen Kontrolle im KAGG: *König*, Anlegerschutz im Investmentrecht, S. 111; *Müchler*, Die Investmentaktiengesellschaft mit veränderlichem Kapital, S. 133.

470 Vgl. hierzu, wie bereits erwähnt, die Gesetzgebungsunterlagen zu § 106 InvG in RegE InvÄndG BT-Drs. 16/5576 S. 89.

471 So wohl auch *Schäfer* in: Boos/Fischer/Schulte-Mattler KWG, § 2b KWG Rn. 4.

472 *Fischer* in: Boos/Fischer/Schulte-Mattler KWG, § 33 KWG Rn. 58; *Thole* in: Emde/Dornseifer/Dreibus/Hölscher InvG, § 7b InvG Rn. 13.

473 *Keil* in: Beckmann/Scholtz/Vollmer Investment, 405 § 119 KAGB Rn. 2; zustimmend für die offene InvKG *Mohr*, Die offene Investmentkommanditgesellschaft, S. 100; so bereits zum InvG *Fischer/Steck* in: Berger/Steck/Lübbehüsen InvG, § 106 InvG Rn. 1; *Müchler*, Die Investmentaktiengesellschaft mit veränderlichem Kapital, S. 133.

474 *Fischer/Steck* in: Berger/Steck/Lübbehüsen InvG, § 106 InvG Rn. 1; zu § 33 Abs. 1 S. 1 Nr. 5 KWG bereits *Fischer*, Die Investmentaktiengesellschaft aus aufsichtsrechtlicher und gesellschaftsrechtlicher Perspektive, S. 46.

benennen. Allerdings ergibt sich aus dem Vorrang des Gesetzes[475] nach Art. 20 Abs. 3 GG die Vorrangigkeit des KAGB. Und sofern diese in § 119 Abs. 1 S. 1 bzw. § 147 Abs. 1 S. 1 KAGB geregelten gesellschaftsrechtlichen Mindestvoraussetzungen eingehalten sind, können keine weiteren Vorstandsmitglieder verlangt werden. Die BaFin kann allerdings im Einzelfall festlegen, dass die angezeigten Vorstände keine fachliche Eignung bezüglich aller Anlagegegenstände haben, sodass ein weiteres Vorstandsmitglied mit entsprechender fachlicher Eignung erforderlich wäre[476].

Für die intern verwaltete InvAG, die zugleich KVG ist, ergibt sich die Mindestanzahl an Geschäftsleitern auch aus § 23 Nr. 2 KAGB. Geschäftsleiter sind in § 1 Abs. 19 Nr. 15 KAGB legal definiert. Neben den organschaftlichen Vertretern der AG sind unter diesem Begriff auch diejenigen Personen zu subsumieren, die die InvAG tatsächlich leiten. Aufgrund dieser Definition ergibt sich aus § 23 Nr. 2 KAGB noch keine Mindestanzahl der Vorstandsmitglieder. Umgekehrt ist aber bei Einhaltung der Mindestanzahl der Vorstandsmitglieder bei interner Verwaltung die Voraussetzung des § 23 Nr. 2 KAGB gewahrt.

Zudem sind bei der InvAG Besonderheiten zum Risikomanagement zu beachten. Mit dem Rundschreiben der BaFin zu den Mindestanforderungen an das Risikomanagement von Kapitalverwaltungsgesellschaften – KAMaRisk[477] – wird in Ziffer 4.5 der Grundsatz der Funktionstrennung normiert. Hiernach soll unabhängig von der Geschäftsleitung ein Risikocontrolling installiert werden. Diese Unabhängigkeit ist auch bei der Benennung von Vertretern der Geschäftsleitung zu wahren, sodass hier keine Personenidentität bestehen darf.

Bei intern verwalteten OGAW-InvAGen darf zur Vermeidung von Interessenkonflikten ein Vorstandsmitglied gem. § 70 Abs. 4 S. 2 KAGB nicht gleichzeitig Angestellter der Verwahrstelle sein[478]. Die entsprechende Regelung für intern

---

475 Vgl. hierzu statt aller etwa *Grzeszick* in: Maunz/Dürig, Art. 20 GG VI. C. Rn. 72ff.

476 Vgl. zur Aufteilung der fachlichen Eignung auf verschiedene Bereiche BaFin, Merkblatt zu den Geschäftsleitern gemäß KWG, ZAG und KAGB, vom 04.01.2016, zuletzt geändert am 31.01.2017 S. 36, abrufbar unter: https://www.bafin.de/SharedDocs/Downloads/DE/Merkblatt/dl_mb_160808_GL_KWG_ZAG_KAGB.html, zuletzt abgerufen am 22.05.2018.

477 BaFin, Rundschreiben 01/2017 (WA) – Mindestanforderungen an das Risikomanagement von Kapitalverwaltungsgesellschaften (KAMaRisk) vom 10.01.2017; abrufbar unter: https://www.bafin.de/SharedDocs/Downloads/DE/Rundschreiben/dl_rs_1701_KAMaRisk.html, zuletzt abgerufen am 22.05.2018.

478 Vgl. etwa zu den Regelungen beim InvG *Müchler*, Die Investmentaktiengesellschaft mit veränderlichem Kapital, S. 133.

verwaltete AIF-InvAGen findet sich in § 85 Abs. 5 S. 2 KAGB. Darüber hinaus dürfen gem. § 85 Abs. 5 S. 3 KAGB weder Angestellte der AIF-KVG, Gesellschafter noch Mitglieder des Vorstands oder Aufsichtsrats der InvAG als natürliche Person als Treuhänder mit Verwahrstellenfunktion bestellt werden.

cc. Zuverlässigkeit und fachliche Eignung des Vorstands

In § 119 Abs. 2 S. 1 und § 147 Abs. 2 S. 1 KAGB ist normiert, dass die Vorstandsmitglieder zuverlässig und zur Leitung der InvAG, auch in Hinblick auf den jeweiligen Unternehmensgegenstand, die erforderliche fachliche Eignung innehaben müssen. Diese Anforderungen werden in der Praxis als „Fit & Proper-Test" bezeichnet[479]. Nach den Gesetzgebungsmaterialien und der Literatur hat § 119 Abs. 2 S. 1 bzw. § 147 Abs. 2 S. 1 KAGB nur für extern verwaltete AIF-InvAGen Regelungscharakter und ansonsten Klarstellungsfunktion[480]. Dies ergibt sich aus dem KVG-Erlaubnisverfahren: Die intern verwaltete InvAG hat nämlich als KVG gem. § 21 Abs. 1 Nr. 3 und Nr. 4 bzw. nach § 22 Abs. 1 Nr. 3 und Nr. 4 KAGB im Erlaubnisantrag Angaben zur Zuverlässigkeit und zur fachlichen Eignung der Geschäftsleiter zu machen. Die Erlaubnis ist gem. § 23 Nr. 3 KAGB zu versagen, wenn sich aus Tatsachen ergibt, dass der Vorstand nicht zuverlässig ist oder nicht über die fachliche Eignung gem. § 25c Abs. 1 KWG verfügt. Bei extern verwalteten OGAW-InvAGen (die nur InvAG m. v. K. sein können) ergibt sich das Erfordernis der Zuverlässigkeit und der fachlichen Eignung zudem aus § 113 Abs. 1 S. 2 Nr. 2 KAGB. Da es sich aber bei den anderen genannten Bestimmungen des KAGB um Voraussetzungen betreffend die Erlaubnis der KVG oder der OGAW-InvAG m. v. K. handelt, liegt nur eine mittelbare Regelung hinsichtlich der Satzung vor. Dagegen handelt es sich bei § 119 Abs. 2 S. 1 bzw. § 147 Abs. 2 S. 1 KAGB um eine gesellschaftsrechtliche Regelung, die grundsätzlich für alle InvAGen gleich und daher zu begrüßen ist. Es ist lediglich zu prüfen, ob die aufsichtsrechtlichen Anforderungen an die Zuverlässigkeit und Eignung höher sind als diejenigen gem. § 119 bzw. § 147 KAGB, sodass eine Überlagerung stattfindet.

---

479 *Boxberger* in: Moritz/Klebeck/Jesch KAGB, § 119 KAGB Rn. 10f.

480 RegE AIFM-UmsG BT-Drs. 17/12294 S. 240, 249; zustimmend *Lorenz* in: Weitnauer/Boxberger/Anders KAGB, § 119 KAGB Rn. 9; *München* in: Baur/Tappen KAGB, § 119 KAGB Rn. 7; *Keil* in: Beckmann/Scholtz/Vollmer Investment, 405 § 119 KAGB Rn. 7; *Döser* in: Patzner/Döser/Kempf, § 119 KAGB Rn. 2; *Boxberger* in: Moritz/Klebeck/Jesch KAGB, § 119 KAGB Rn. 10.

Die aufsichtsrechtlichen Anforderungen an intern verwaltete InvAGen werden durch das zweite Merkblatt zu den Geschäftsleitern gemäß KWG, ZAG und KAGB[481] der BaFin konkretisiert. Die Zuverlässigkeit von Geschäftsleitern wird dem Merkblatt der BaFin zufolge vermutet, sofern keine tatsächlichen Anhaltspunkte für eine Unzuverlässigkeit der Geschäftsleiter bestehen[482]. Persönliche Umstände, deren Vorliegen für eine Unzuverlässigkeit sprechen, beispielsweise Vermögens- oder Steuerstraftaten, Ordnungswidrigkeiten, aber auch Verstöße gegen das Aufsichtsrecht, werden von der BaFin – nicht abschließend – aufgezählt[483]. Die fachliche Eignung von Geschäftsleitern gem. § 23 Nr. 3 i. V. m. § 25c Abs. 1 KWG wird nach dem Merkblatt der BaFin bei einer dreijährigen Leitungstätigkeit in einer in Größe und Geschäftstätigkeit vergleichbaren Gesellschaft widerleglich vermutet[484]. Da es sich hierbei um eine widerlegliche Regelvermutung handelt, können im Einzelfall sowohl Umstände vorliegen, die trotz Vorliegens der dreijährigen Leitungserfahrung gegen eine solche Vermutung sprechen, als auch solche Umstände, die ohne dreijährige Leitungserfahrung für die fachliche Eignung sprechen[485]. Zudem ist gem. § 119 Abs. 2 S. 1 bzw. § 147 Abs. 2 S. 1 KAGB die fachliche Eignung hinsichtlich der beabsichtigten Geschäftstätigkeit, die im Unternehmensgegenstand festgehalten ist, notwendig. Zulässig ist zumindest in der Anfangszeit eines Fonds, dass zwei Geschäftsleiter sich ergänzen und für verschiedene Bereiche fachlich geeignet sind[486]. Hierbei ist zu beachten, dass die Expertise bezüglich der konkreten Fondskategorie, zu der die InvAG gehört, bestehen muss[487]. Das Merkblatt der BaFin findet explizit für die Anforderungen in § 22 Abs. 1 Nr. 3 und § 23 Nr. 3 KAGB Anwendung.

---

481 BaFin, Merkblatt zu den Geschäftsleitern gemäß KWG, ZAG und KAGB, vom 04.01.2016, zuletzt geändert am 31.01.2017, abrufbar unter: https://www.bafin.de/SharedDocs/Downloads/DE/Merkblatt/dl_mb_160808_GL_KWG_ZAG_KAGB.html, zuletzt abgerufen am 22.05.2018.

482 BaFin, Merkblatt zu den Geschäftsleitern gemäß KWG, ZAG und KAGB, vom 04.01.2016, zuletzt geändert am 31.01.2017 S. 35, siehe Fn. 481.

483 BaFin, Merkblatt zu den Geschäftsleitern gemäß KWG, ZAG und KAGB, vom 04.01.2016, zuletzt geändert am 31.01.2017 S. 35, siehe Fn. 481.

484 BaFin, Merkblatt zu den Geschäftsleitern gemäß KWG, ZAG und KAGB, vom 04.01.2016, zuletzt geändert am 31.01.2017 S. 35, siehe Fn. 481.

485 BaFin, Merkblatt zu den Geschäftsleitern gemäß KWG, ZAG und KAGB, vom 04.01.2016, zuletzt geändert am 31.01.2017 S. 36, siehe Fn. 481.

486 BaFin, Merkblatt zu den Geschäftsleitern gemäß KWG, ZAG und KAGB, vom 04.01.2016, zuletzt geändert am 31.01.2017 S. 36, siehe Fn. 481.

487 *Boxberger* in: Moritz/Klebeck/Jesch KAGB, § 113 KAGB S. 8ff.; *Boxberger* in: Moritz/Klebeck/Jesch KAGB, § 119 KAGB Rn. 15ff.

Darüber hinaus stellt sich die Frage, ob es auch für § 119 Abs. 2 S. 1 KAGB zur Anwendung kommt. Es könnte sich dabei um ein Versehen handeln. Schließlich sind auch § 21 Abs. 1 Nr. 3 und 4 und § 22 Abs. 1 Nr. 4 KAGB nicht explizit genannt. Dies könnte allerdings dahingestellt bleibe, sofern die Anforderungen des Merkblatts für alle InvAGen gelten.

Fraglich ist mithin, ob sich aus der Regelung in § 119 Abs. 2 bzw. § 147 Abs. 2 KAGB andere Voraussetzungen ergeben. In der Literatur wird teilweise auf die genauen Voraussetzungen der Zuverlässigkeit und der fachlichen Eignung nicht eingegangen[488] oder es wird eine Beachtung des BaFin-Merkblatts empfohlen[489]. Aus der konstatierten Klarstellungswirkung des Abs. 2[490] ergibt sich im Umkehrschluss, dass die gleichen Voraussetzungen für die Zuverlässigkeit und die fachliche Eignung Anwendung finden. Auch die Historie der Norm spricht für einen Gleichlauf der Voraussetzungen. § 119 Abs. 2 S. 1 KAGB entspricht nämlich dem früheren § 97 Abs. 1 S. 3 Nr. 3 InvG[491]. § 97 Abs. 1 InvG regelte die Voraussetzungen für eine notwendige Erlaubnis der InvAG nach dem InvG. Somit handelt es sich hierbei um eine ursprünglich aufsichtsrechtliche Regelung, welche Voraussetzung für die Erteilung einer Erlaubnis durch die BaFin war, und erst durch die Regelung an einem anderen Standort im KAGB nicht mehr als rein aufsichtsrechtliche Regelung erscheint. Letztendlich spricht auch die Einheit der Rechtsordnung dafür, dass Begriffe, die innerhalb eines Gesetzes angewendet werden, gleiche Voraussetzungen haben.

Diskutiert werden könnte lediglich, ob bei der intern verwalteten InvAGen die Anforderungen an die fachliche Eignung höher sind als bei extern verwalteten[492]. Die nach § 119 Abs. 2 S. 1 bzw. § 147 Abs. 2 S. 1 KAGB erforderliche fachliche Eignung bestimmt sich nach dem Unternehmensgegenstand der InvAG[493].

---

488 Vgl. etwa *München* in: Baur/Tappen KAGB, § 119 KAGB Rn. 7.

489 *Boxberger* in: Moritz/Klebeck/Jesch KAGB, § 119 KAGB Rn. 14.

490 RegE AIFM-UmsG BT-Drs. 17/12294 S. 240, 249; zustimmend *München* in: Baur/Tappen KAGB, § 119 KAGB Rn. 7; *Keil* in: Beckmann/Scholtz/Vollmer Investment, 405 § 119 KAGB Rn. 7; *Boxberger* in: Moritz/Klebeck/Jesch KAGB, § 119 KAGB Rn. 10; *Döser* in: Patzner/Döser/Kempf, § 119 KAGB Rn. 2; *Lorenz* in: Weitnauer/Boxberger/Anders KAGB, § 119 KAGB Rn. 9.

491 RegE AIFM-UmsG BT-Drs. 17/12294 S. 240.

492 Dafür *Lorenz* in: Weitnauer/Boxberger/Anders KAGB, § 119 KAGB Rn. 10; *Lorenz* in: Weitnauer/Boxberger/Anders KAGB, § 113 KAGB Rn. 6; für die InvKG: *Eichhorn* in: Moritz/Klebeck/Jesch KAGB, § 128 KAGB Rn. 10; zum InvG bereits *Fischer/Steck* in: Berger/Steck/Lübbehüsen InvG, § 106 InvG Rn. 2.

493 *Boxberger* in: Moritz/Klebeck/Jesch KAGB, § 119 KAGB Rn. 19; *Lorenz* in: Weitnauer/Boxberger/Anders KAGB, § 119 KAGB Rn. 9; vgl. auch BaFin, Merkblatt zu den

Der Unternehmensgegenstand der extern verwalteten InvAG unterscheidet sich nach hier vertretener Auffassung nicht vom denjenigen der intern verwalteten InvAG[494]. Allerdings richtet sich die fachliche Eignung der BaFin zufolge nach der beabsichtigten Geschäftstätigkeit der InvAG[495]. Durch die Bestellung einer externen KVG ergibt sich, dass die Verwaltung nicht von der Geschäftstätigkeit der InvAG umfasst sein soll. Den Vorstand trifft im Falle der externen Verwaltung eine deutlich geringere Verantwortung[496]. Daher sind an die fachliche Eignung der künftigen Vorstände einer extern verwalteten InvAG auch geringere Anforderungen zu stellen[497].

Im AktG ist lediglich in § 76 Abs. 3 geregelt, wer nicht Vorstandsmitglied werden kann. Die Regelungen im KAGB zur Zuverlässigkeit sind damit weitergehend. Zudem finden sich keine entsprechenden Vorschriften bezüglich der fachlichen Eignung von Vorstandsmitgliedern im AktG.

dd. Abberufung des Vorstands, insbesondere nach Verlangen der BaFin bei der InvAG

Neben der im AktG üblichen Abberufung durch den Aufsichtsrat gem. § 84 Abs. 3 KAGB kann auch die BaFin eine Abberufung gem. § 119 Abs. 5 bzw. § 147 Abs. 5 KAGB verlangen. Voraussetzung hierfür ist, dass nach § 119 bzw. § 147 Abs. 5 Nr. 1 KAGB Tatsachen vorliegen, die ergeben, dass das Vorstandsmitglied nicht zuverlässig oder fachlich ungeeignet ist. Alternativ ist ein Abberufungsverlangen der BaFin nach Abs. 5 Nr. 2 möglich, wenn Mitglieder des Vorstands gegen das KAGB oder das Geldwäschegesetz verstoßen haben.

Geschäftsleitern gemäß KWG, ZAG und KAGB, vom 04.01.2016, zuletzt geändert am 31.01.2017 S. 36, abrufbar unter: https://www.bafin.de/SharedDocs/Downloads/DE/Merkblatt/dl_mb_160808_GL_KWG_ZAG_KAGB.html, zuletzt abgerufen am 22.05.2018.

494 Siehe oben zum Unternehmensgegenstand der InvAG Teil B. V. 2. d. aa.

495 BaFin, Merkblatt zu den Geschäftsleitern gemäß KWG, ZAG und KAGB, vom 04.01.2016, zuletzt geändert am 31.01.2017 S. 36, abrufbar unter: https://www.bafin.de/SharedDocs/Downloads/DE/Merkblatt/dl_mb_160808_GL_KWG_ZAG_KAGB.html, zuletzt abgerufen am 22.05.2018.

496 So auch *Boxberger* in: Moritz/Klebeck/Jesch KAGB, § 119 KAGB Rn. 1; *Lorenz* in: Weitnauer/Boxberger/Anders KAGB, § 119 KAGB Rn. 2, 10.

497 A. A. mit Verweis auf die Überprüfung der KVG *Seitz*, Die InvestmentKG, S. 110f.

Auch hier kommt der Regelung für intern verwaltete InvAGen und für extern verwaltete OGAW-InvAGen m. v. K. teilweise nur eine klarstellende Wirkung zu[498]:

Für intern verwaltete InvAGen ergibt sich die Möglichkeit des Verlangens der Abberufung durch die BaFin aus § 40 Abs. 1 KAGB bei Verstößen gem. § 39 Abs. 3 KAGB, sodass es hier zu Überschneidungen kommen könnte. In der Tat enthält der Verweis in § 39 Abs. 3 KAGB auf § 23 Nr. 2 bis 11 KAGB sowohl den Fall der mangelnden Zuverlässigkeit und fachlichen Eignung (§ 23 Nr. 3 KAGB) als auch den Fall, dass die KVG nicht in der Lage ist, ihre Geschäfte ordnungsgemäß zu betreiben und die für die Erlaubnis erforderlichen Anforderungen des KAGB einzuhalten (§ 23 Nr. 8 KAGB). Selbst wenn der nachhaltige Verstoß gegen das KAGB – wie er von § 119 Abs. 5 Nr. 2 KAGB verlangt wird – hiervon noch nicht erfasst ist, so greift jedenfalls der Auffangtatbestand des § 23 Nr. 11 KAGB ein. Somit verbleibt es für intern verwaltete InvAGen lediglich bei einem Anwendungsbereich des § 119 Abs. 5 Nr. 2 2. Var. KAGB, der einen Verstoß gegen das Geldwäschegesetz voraussetzt.

Für extern verwaltete OGAW-InvAGen ergibt sich aus § 113 Abs. 3 KAGB die Möglichkeit des Verlangens der Abberufung durch die BaFin für die Fälle des § 113 Abs. 2 KAGB. Auch hier ergibt sich das gleiche Bild. Die Regelungen in Abs. 2 Nr. 2 sowie Nr. 4 sind deckungsgleich mit den Voraussetzungen des § 119 bzw. § 147 Abs. 5 Nr. 1 und Nr. 2 Var. 1. KAGB. Es verbleibt lediglich bezüglich des Verstoßes gegen das Geldwäschegesetz bei einer neuen Regelung.

Für extern verwaltete AIF-InvAGen wird dagegen das Verlangen der BaFin zur Abberufung erst durch § 119 Abs. 5 bzw. § 147 Abs. 5 KAGB ermöglicht. Da die extern verwaltete AIF-InvAG keiner Erlaubnis bedarf[499], ist diese Befugnis nicht an anderer Stelle geregelt oder als weniger einschneidende Möglichkeit zum Entzug der Erlaubnis möglich[500].

Gesellschaftsrechtlich ergeben sich keine Unterschiede zur AG, da die Abberufung nur durch den Aufsichtsrat erfolgt. Die Möglichkeit der BaFin, eine Abberufung zu verlangen, ist lediglich aufsichtsrechtlicher Natur.

---

498 Gänzlich von einer klarstellenden Wirkung gehen die Gesetzgebungsmaterialien aus, vgl. RegE AIFM-UmsG BT-Drs. 17/12294 S. 240, 249.

499 Im Gegensatz zur Vorgängerregelung in § 97 Abs. 1 S. 1 InvG bedarf die InvAG nicht pauschal einer Erlaubnis.

500 Vgl. hierzu etwa *Dornseifer* in: Emde/Dornseifer/Dreibus/Hölscher InvG, § 97 InvG Rn. 39.

ee. *Rechte und Pflichten des Vorstands*

(1) Die Leitung der InvAG durch den Vorstand

Wie bei der AG ist der Vorstand gem. § 76 Abs. 1 AktG berechtigt und verpflichtet, die InvAG unter eigener Verantwortung zu leiten. Er hat die Geschäftsführungsbefugnis gem. § 77 AktG für die AG inne und vertritt gem. §§ 78 Abs. 1 S. 1, 82 Abs. 1 AktG die InvAG. Der Unternehmensgegenstand beschränkt die Geschäftsführungsbefugnis des Vorstandes gem. § 82 Abs. 2 AktG[501]. Gem. § 119 Abs. 1 S. 3 KAGB handelt der Vorstand der InvAG zwar unabhängig von der Verwahrstelle. Hierbei handelt es sich jedoch lediglich um eine Klarstellung[502]: Bereits § 76 Abs. 1 AktG normiert, dass der Vorstand die AG unter eigener Verantwortung leitet. Es bestehen mit Ausnahme des unterschiedlichen Unternehmensgegenstands keine Unterschiede zwischen der Leitung einer InvAG und einer AG.

(2) Unternehmensinteresse oder Anlegerinteresse als Verhaltensmaxime des Vorstands

Der Vorstand ist gem. § 119 Abs. 1 S. 2 Nr. 1 bzw. § 147 Abs. 1 S. 2 Nr. 1 KAGB verpflichtet, im ausschließlichen Interesse der Aktionäre der InvAG sowie im Interesse der Integrität des Marktes zu handeln. Außerdem hat der Vorstand gem. § 119 Abs. 1 S. 2 Nr. 2 bzw. § 147 Abs. 1 S. 2 Nr. 2 KAGB bei der Ausübung seiner Tätigkeit das Interesse des verwalteten Vermögens sowie die Marktintegrität zu berücksichtigen. Es wird daher nicht wie in § 119 Abs. 1 S. 2 Nr. 1 auf das Aktionärsinteresse abgestellt. Das Interesse des verwalteten Vermögens entspricht allerdings regelmäßig dem Aktionärsinteresse, sofern es sich nicht um ein TGV handelt[503]. Im Zweifel sind nach § 119 Abs. 1 S. 2 Nr. 3 bzw. § 147 Abs. 1 S. 2 Nr. 3 KAGB widerstreitende Interessen zugunsten der Aktionärsinteressen aufzulösen.

Aus der Verpflichtung auf das Interesse der Aktionäre und das Interesse des verwalteten Vermögens ergibt sich ein Unterschied zur gewöhnlichen AG[504].

---

501 Vgl. hierzu OLG Stuttgart, ZIP 2005, 1415, 1416; *Seibt* in: K. Schmidt/Lutter, § 82 AktG Rn. 13; *Fleischer* in: Spindler/Stilz AktG, Band 1, § 82 AktG Rn. 28ff.

502 *München* in: Baur/Tappen KAGB, § 119 KAGB Rn. 5; *Keil* in: Beckmann/Scholtz/Vollmer Investment, 405 § 119 KAGB Rn. 3; *Lorenz* in: Weitnauer/Boxberger/Anders KAGB, § 119 KAGB Rn. 8.

503 *Lorenz* in: Weitnauer/Boxberger/Anders KAGB, § 119 KAGB Rn. 6.

504 So *München* in: Baur/Tappen KAGB, § 119 KAGB Rn. 4; *Müchler,* Die Investmentaktiengesellschaft mit veränderlichem Kapital, S. 136f.; *Einsele,* AG 2011, 141, 146.

Deren Vorstand ist gem. § 93 Abs. 1 S. 2 AktG verpflichtet zum Wohle der Gesellschaft zu handeln. Wie bereits oben dargestellt ist bei der InvAG im Zweifel das Anlegerinteresse vorrangig, während bei der AG zumindest auch Gemeinwohlinteressen zu berücksichtigen sind[505]. Somit unterscheidet sich auch hier die InvAG von der AG.

(3) Sorgfaltsmaßstab des Vorstands

Bei seiner Tätigkeit hat der Vorstand gem. § 119 Abs. 1 S. 2 Nr. 2 bzw. § 147 Abs. 1 S. 2 Nr. 2 KAGB die gebotene Sachkenntnis, Sorgfalt und Gewissenhaftigkeit anzuwenden. Im AktG ist in § 93 Abs. 3 Abs. 1 AktG festgelegt, dass die Vorstandsmitglieder die Sorgfalt eines ordentlichen und gewissenhaften Geschäftsleiters anzuwenden haben. Nach § 93 Abs. 1 S. 2 AktG, der sogenannten Business-Judgement-Rule[506], besteht bei unternehmerischen Entscheidungen keine Pflichtverletzung, wenn das Vorstandsmitglied aus ex ante Sicht vernünftigerweise Grund zur Annahme hatte, auf angemessener Informationsgrundlage zum Wohle der AG zu handeln. Sofern der Vorstand diese befolgt, begeht er keine Pflichtverletzung[507].

Fraglich ist, ob in der InvAG diese aktienrechtliche Regelung oder eine „Investment Judgement Rule" Anwendung findet[508]. Letztere wurde von *Zetzsche* aus der Verpflichtung des Vorstands zum Handeln im Interesse der Anlageaktionäre abgeleitet[509]. Hiernach dürfen die weiteren Interessen der Gesellschaft unberücksichtigt bleiben, sofern dies aus ex ante-Sicht erforderlich war, um die Interessen der Anleger zu wahren. Da nach § 119 Abs. 1 S. 2 Nr. 3 bzw. § 147 Abs. 1 S. 1 Nr. 3 KAGB im Falle eines Interessenkonflikts zwingend den Aktionärsinteressen Vorrang zu gewähren ist, vermag diese Regel zu überzeugen. Ebenso wie bei der Diskussion zum Unternehmensgegenstand und dem leitenden Interesse des Vorstandshandelns[510] ist somit die Business-Judgement-Rule dahingehend abzuwandeln, dass der Vorstand nicht zum Handeln zum Wohle

505 Siehe oben zum Unternehmensgegenstand der InvAG Teil B V. 2. d. aa. und zum Unternehmensgegenstand der AG Teil B. V. 2. d. bb.

506 Vgl. hierzu etwa *Dauner-Lieb* in: Henssler/Strohn, § 93 AktG Rn. 17ff; *Spindler* in: Spindler/Stilz AktG, Band 1, § 93 AktG Rn. 60ff.

507 Vgl. hierzu etwa *Koch* in: Hüffer/Koch AktG, § 93 AktG Rn. 12; *Krieger/Sailer-Coceani* in: K. Schmidt/Lutter, § 93 AktG Rn. 14.

508 *Zetzsche,* AG 2013, 613, 623.

509 *Zetzsche,* Prinzipien der kollektiven Vermögensanlage, S. 672.

510 Siehe oben zum Unternehmensgegenstand als Abgrenzungsmerkmal zwischen InvAG und AG Teil B. V. 2. d. und zum leitenden Interesse des Vorstands Teil B. V. 4. a. ee. (2).

der Gesellschaft, sondern vielmehr zum Handeln zum Wohle der Aktionäre, im Speziellen der Anlageaktionäre, verpflichtet ist. Ob sich hierfür der Begriff „Investment Judgement Rule" durchsetzen wird, bleibt abzuwarten.

(4) Die gesellschaftsrechtliche Haftung des Vorstandes

Für die Haftung des Vorstandes soll nur auf dessen Haftung im Innenverhältnis eingegangen werden. Dort kommt eine Schadensersatzpflicht gem. § 108 Abs. 2 S. 1 bzw. § 140 Abs. 2 S. 1 KAGB i. V. m. § 93 Abs. 2 S. 1 Akt und gem. § 108 Abs. 2 S. 1 bzw. § 140 Abs. 2 S. 1 KAGB i. V. m. § 117 Abs. 2 i. V. m. Abs. 1 S. 1 AktG in Betracht. Für das Bestehen einer Schadensersatzpflicht des Vorstands ist es unerheblich, ob er gegen aufsichtsrechtliche oder gesellschaftsrechtliche Normen verstoßen hat, da in jedem Falle die Legalitätspflicht des Vorstands verletzt wurde[511].

Die Beweislastumkehr gem. § 93 Abs. 2 S. 2 AktG soll *Zetzsche* zufolge für die InvAG nicht anwendbar sein[512]. Es soll vielmehr einheitlich bei der Beweislastverteilung gem. § 280 Abs. 1 S. 2 BGB bleiben, um der typischen Risikoverteilung bei Investmentfonds Rechnung zu tragen[513]. Für die InvAG erscheint es allerdings nicht überzeugend, dass den dortigen Aktionären ein niedriger Schutz als im Aktienrecht gewährt werden soll. Außerdem greift auch bei der InvAG der Sinn und Zweck des § 93 Abs. 2 S. 2 AktG, nämlich dass sich die zu beweisenden Voraussetzungen in der Sphäre des Vorstands und nicht des Aufsichtsrats befinden und daher Beweisschwierigkeiten bestünden[514], ein. Mangels speziellerer Regelung im KAGB findet § 93 Abs. 2 S. 2 AktG somit de lege lata Anwendung. Sollte dem Gesetzgeber eine Risikoverteilung wie beim Sondervermögen vor Augen gestanden haben, so wäre dies im KAGB zu ändern.

Zur Geltendmachung der Ansprüche der AG gegen den Vorstand ist in der Regel der Aufsichtsrat gem. § 108 Abs. 2 S. 1 bzw. § 140 Abs. 2 S. 1 KAGB i. V. m. § 112 S. 1 AktG berechtigt und verpflichtet[515]. Die Aktionäre können bei

---

511 So zum Bankaufsichtsrecht ausführlich *J.-H. Binder,* ZGR 2013, 760, 799f., der jedoch eine Haftung für ein vertretbares Vorstandshandeln bei einer ex ante unklaren Rechtslage im Aufsichtsrecht verneint.

512 *Zetzsche,* AG 2013, 613, 623.

513 *Zetzsche,* AG 2013, 613, 623.

514 *Koch* in: Hüffer/Koch AktG, § 93 AktG Rn. 53; *Fleischer* in: Spindler/Stilz AktG, Band 1, § 93 AktG Rn. 220.

515 BGHZ 135, 244, 251ff. (ARAG/Garmenbeck); *Spindler* in: Spindler/Stilz AktG, Band 1, § 93 AktG Rn. 190 vgl. hierzu ausführlich S. *Binder,* Grenzen der Vorstandshaftung, S. 528ff.

Untätigkeit des Aufsichtsrats diese Ansprüche in gesetzlicher Prozessstandschaft gem. § 108 Abs. 2 S. 1 bzw. § 140 Abs. 2 S. 1 KAGB i. V. m. § 148 AktG geltend machen[516].

Ein Schadensersatzanspruch gegenüber den Aktionären selbst könnte aufgrund § 108 Abs. 2 S. 1 bzw. § 140 Abs. 2 S. 1 KAGB i. V. m. § 117 Abs. 2 i. V. m. Abs. 1 AktG oder § 823 Abs. 1 BGB bei einer Verletzung der Mitgliedschaft gem. § 823 Abs. 2 BGB i. V. m. einem verletzten Schutzgesetz sowie gem. § 826 BGB bestehen[517]. Fraglich ist, ob eine mit dem Sondervermögen vergleichbare sogenannte „vertragstypische Haftungsverfassung" besteht[518] oder ob es bei der im Aktienrecht üblichen Haftung des Vorstandes bleibt[519].

Zetzsche begründet eine vertragstypische Haftung der Geschäftsleiter gegenüber den Anlegern mit den Regelungen in §§ 78, 89 KAGB[520]. Diese Regelungen seien auf die InvAG dergestalt anzuwenden, dass ein Anspruch auf Schadensersatz bei einer Pflichtverletzung des Vorstandes kein Anspruch der InvAG, sondern ein Anspruch der Anleger selbst sei. Die zwischen den Anlegern und der KVG geschaltete InvAG als Rechtsträger werde im Hinblick auf die Haftung des Vorstandes ignoriert. Dieser Ansicht ist nicht zuzustimmen[521]. Nach § 78 Abs. 1 S. 1 Nr. 1 KAGB ist die Verwahrstelle berechtigt und verpflichtet, Ansprüche der Anleger im eigenen Namen gegenüber der OGAW-KVG geltend zu machen. § 89 Abs. 1 S. 1 KAGB enthält die entsprechende Berechtigung und Verpflichtung gegenüber AIF-KVGen. Hieraus ist allerdings nicht ersichtlich, weshalb die Ansprüche gegen den Vorstand den Anlegern zustehen sollen. Vielmehr handelt es sich bei den Ansprüchen der Anleger um eine Tatbestandsvoraussetzung für eine gesetzliche Prozessstandschaft durch die Verwahrstelle. Die Verwahrstelle kann nur Ansprüche der Anleger in Prozessstandschaft geltend machen.

---

516 *Krieger/Sailer-Coceani* in: K. Schmidt/Lutter, § 93 AktG Rn. 46; *Spindler* in: Spindler/Stilz AktG, Band 1, § 93 AktG Rn. 190; vgl. hierzu ausführlich S. *Binder,* Grenzen der Vorstandshaftung, S. 546ff.

517 So auch *Drygala/Staake/Szalai,* Kapitalgesellschaftsrecht, S. 437; *Müchler,* Die Investmentaktiengesellschaft mit veränderlichem Kapital, S. 139.

518 Dafür *Zetzsche,* Prinzipien der kollektiven Vermögensanlage, S. 794ff.; *Zetzsche,* AG 2013, 613, 622f.; *Zetzsche* in: Festschrift Köndgen, S. 677, 697f.

519 *Lorenz* in: Weitnauer/Boxberger/Anders KAGB, § 119 KAGB Rn. 22.

520 *Zetzsche,* AG 2013, 613, 623.

521 So auch *Lorenz* in: Weitnauer/Boxberger/Anders KAGB, § 119 KAGB Rn. 22; *Einsele,* Bank- und Kapitalmarktrecht, § 10 Investmentgeschäft Rn. 46; *Mohr,* Die offene Investmentkommanditgesellschaft, S. 140ff.

Ein Umkehrschluss, dass dadurch Ansprüche der Anleger entstehen, ergibt sich daraus nicht[522].

Lorenz spricht sich für eine Geltendmachung durch die AG aus, um kein „Windhundrennen" der Anleger zu veranlassen[523]. Diese Argumentation verfängt aber nur, sofern dann die §§ 78 und 89 KAGB gar keine Anwendung finden würden. Bei einer gesetzlichen Prozessstandschaft der Verwahrstelle wäre kein Wettlauf der Aktionäre zu befürchten. Gegen eine vertragstypische Haftungsverfassung spricht jedoch, dass diese nur bei intern verwalteten InvAGen anwendbar wäre und bei extern verwalteten InvAGen weiterhin der Vorstand gegenüber der Gesellschaft haften würde. Daher ergibt sich aus den §§ 78 Abs. 1 S. 1 Nr. 1 und 89 Abs. 1 S. 1 Nr. 1 KAGB nicht, dass den Anlegern der Anspruch bei der Pflichtverletzung des Vorstandes zustünde.

Vielmehr könnte sich umgekehrt aus dieser Regelung ergeben, dass die Verwahrstelle die Ansprüche der Gesellschaft wegen Pflichtverletzungen des Vorstandes bei der internen Verwaltung der InvAG geltend machen kann[524]. Diese Rechtsfolge könnte sich aus einer analogen Anwendung der §§ 78 Abs. 1 S. 1 Nr. 1 und 89 Abs. 1 S. 1 Nr. 1 KAGB ergeben. Eine Regelungslücke könnte vorliegen, da lediglich die Geltendmachung von Ansprüchen der Anleger gegen die KVG durch die Verwahrstelle erfasst ist. In der intern verwalteten InvAG können die Aktionäre aber keine Ansprüche gegen die KVG innehaben. Schließlich sind die Anleger als Aktionäre selbst Inhaber der KVG, nämlich der InvAG[525]. Im Falle der intern verwalteten InvAG bestehen vielmehr bei einem Verstoß gegen das KAGB durch den Vorstand, der die Verwaltung übernimmt, lediglich Ansprüche der InvAG selbst gegen den Vorstand gem. § 93 Abs. 2 S. 1 AktG. Diese Ansprüche sind nach den aktienrechtlichen Regelungen vom Aufsichtsrat gem. § 112 S. 1 AktG und in Ausnahmefällen von den Aktionären selbst gem. § 148 AktG geltend zu machen. Gegen eine Regelungslücke spricht damit, dass bereits der Aufsichtsrat die Ansprüche der Vorstandsinnenhaftung geltend machen kann.

Für eine Regelungslücke könnte sprechen, dass der Gesetzgeber weitgehend einen Gleichlauf zwischen Sondervermögen und Investmentgesellschaften erreichen wollte[526]. Beim Sondervermögen gibt es bei einer Pflichtverletzung der

---

522 *Einsele*, Bank- und Kapitalmarktrecht, § 10 Investmentgeschäft Rn. 46.

523 *Lorenz* in: Weitnauer/Boxberger/Anders KAGB, § 119 KAGB Rn. 22.

524 A. A. *Einsele*, Bank- und Kapitalmarktrecht, § 10 Investmentgeschäft Rn. 46.

525 Vgl. hierzu ausführlich: *Einsele*, Bank- und Kapitalmarktrecht, § 10 Investmentgeschäft Rn. 45f.

526 RegE InvModG BT-Drs. 15/1553 S. 106; RegE InvÄndG BT-Drs. 16/5576 S. 50, 84, 88, 89.

Verwaltung aufgrund der externen Verwaltung und der fehlenden Rechtsfähigkeit des Sondervermögens nur Ansprüche der Anleger gegen die Verwaltung aus dem Vertrag, der durch die Anlagebedingungen gem. § 162 Abs. 1 Nr. 1, § 266 Abs. 1 Nr. 1 oder § 273 S. 1 Nr. 1 KAGB konkretisiert wird. Bei der extern verwalteten InvAG könnte die InvAG aufgrund der Bestellung selbst einen Anspruch gegenüber der KVG bei Pflichtverletzungen durch die Verwaltungstätigkeit innehaben. Außerdem könnte – wie beim Sondervermögen – ein Anspruch der Aktionäre selbst gegen die KVG in Betracht kommen. Gegen letztere Möglichkeit spricht allerdings § 162 Abs. 1 Nr. 2 KAGB, wonach die Anlagebedingungen das Verhältnis der InvAG zu ihren Aktionären regeln[527]. Somit verbleibt als Rechtsverhältnis zwischen der KVG und der InvAG die Bestellung durch die InvAG. Daher bestehen bei Pflichtverletzungen der externen KVG lediglich Ansprüche der InvAG[528]. Die Aktionäre erleiden lediglich einen Reflexschaden[529]. Ansprüche der Anleger gibt es auch in diesem Fall nicht. Mithin haben § 78 Abs. 1 Nr. 1 und § 89 Abs. 1 S. 1 Nr. 1 KAGB keinen Anwendungsbereich bei InvAGen und sind auch nicht analog anzuwenden[530].

Fraglich ist, in welchem Verhältnis die Verwahrstelle zum Aufsichtsrat steht. Dafür, dass der Aufsichtsrat bei der intern verwalteten InvAG teilweise die Aufgaben der Verwahrstelle übernimmt, indem er Ansprüche der Gesellschaft geltend macht und die Einhaltung der Anlagebedingungen und des KAGB kontrolliert, sprechen die aktienrechtlichen Regelungen in § 111 Abs. 1 und § 112 S. 1 AktG. Diese sind nach § 108 Abs. 2 bzw. § 140 Abs. 1 S. 2 KAGB anwendbar, sofern sich aus den jeweiligen Unterabschnitten im KAGB nichts anderes ergibt. Da die Verwahrstelle und die Geltendmachung von Ansprüchen der Anleger nicht im jeweiligen Unterabschnitt geregelt sind, geht die aktienrechtliche Kontrolle des Aufsichtsrats de lege lata der Kontrolle durch die Verwahrstelle vor. Hierfür

---

527 Hierfür spricht auch, dass die Formulierung in § 162 Abs. 1 Nr. 2 KAGB noch nicht im Diskussionsentwurf enthalten war, vgl. Bundesministerium der Finanzen, DiskE AIFM-UmsG S. 148. Dort lautete § 158 Abs. 1 S. 1 des Entwurfes: „Die Anlagebedingungen, nach denen sich das vertragliche Rechtsverhältnis der Kapitalverwaltungsgesellschaft zu den Anlegern eines offenen Publikumsinvestmentvermögens (…) bestimmt". Bei dieser Regelung wäre das Verhältnis zwischen KVG und Aktionären in den Anlagebedingungen geregelt.

528 A. A. zur offenen InvKG *Mohr,* Die offene Investmentkommanditgesellschaft, S. 149ff., der eigene Schadensersatzansprüche der Anleger bejaht.

529 *Einsele,* Bank- und Kapitalmarktrecht, § 10 Investmentgeschäft Rn. 46; a. A. im Einzelfall *Mohr,* Die offene Investmentkommanditgesellschaft, S. 153f.

530 A. A. zur offenen InvKG *Mohr,* Die offene Investmentkommanditgesellschaft, S. 160ff.

spricht auch § 153 Abs. 3 S. 1 KAGB, der für die intern verwaltete geschlossene InvKG die Gründung eines Beirats verlangt, der die Geschäftsführung bei der Umsetzung der Anlagebedingungen überwacht. Der Beirat bei der InvKG entspricht dem Aufsichtsrat, sodass diese Kontrollpflichten erst recht dem Aufsichtsrat zustehen müssen.

Zusammenfassend sind mangels Regelungslücke die §§ 78 Abs. 1 Nr. 1 und 89 Abs. 1 Nr. 1 KAGB nicht analog auf Ansprüche der InvAG gegen die KVG anzuwenden. De lege ferenda könnte allerdings über eine Neuregelung der Kompetenzen der Verwahrstelle gegenüber Investmentgesellschaften nachgedacht werden. De lege lata verbleibt es damit bei einer Haftung des Vorstands gem. § 93 Abs. 2 S. 2 AktG und die Ansprüche sind vom Aufsichtsrat geltend zu machen. Somit bestehen mit Ausnahme der sogenannten „Investment-Judgement-Rule" keine Unterschiede zwischen der InvAG und der AG.

(5) Compliancepflicht des Vorstands in der InvAG

Im Aktienrecht besteht nach wohl h. M. eine Compliancepflicht des Vorstandes, deren dogmatische Herleitung entweder aus einer Gesamtanalogie zu einzelnen Compliance-Vorschriften[531], einer Einzelanalogie zu § 91 Abs. 2 AktG[532] oder nach wohl überwiegender Meinung in der Literatur[533] aus der Leitungsverantwortung und Legalitätspflicht des Vorstandes gem. §§ 76 Abs. 1, 93 Abs. 1 AktG zwar umstritten ist. Dies ist jedoch für das Bestehen einer Compliancepflicht[534] und den Vergleich der AG mit der InvAG unerheblich. Hinsichtlich der Ausgestaltung der Compliance wird dem Vorstand ein Ermessen eingeräumt[535], nicht aber hinsichtlich der Pflicht, sich gesetzestreu zu verhalten[536].

Grundsätzlich besteht daher auch eine Compliance-Pflicht des Vorstands der InvAG. Lediglich § 161 AktG, wonach bei börsennotierten AGen eine

---

531 Vgl. *Schneider,* ZIP 2003, 645, 648f.

532 *Berg,* AG 2007, 271, 274ff.; *Dreher* in: Festschrift Hüffer, S. 161, 168ff.; *Schwintowski,* NZG 2005, 200, 201.

533 *Spindler* in: MüKo AktG, Band 2, § 91 AktG Rn. 52; *Koch* in: Hüffer/Koch AktG, § 76 AktG Rn. 12; *Fleischer* in: Spindler/Stilz AktG, Band 1, § 91 AktG Rn. 50; *Mertens/Cahn* in: Kölner Kommentar AktG, Band 2/1, § 91 AktG Rn. 35; *Bürkle,* BB 2007, 1797, 1799.

534 Ebenfalls offengelassen wurde die dogmatische Herleitung in LG München I, NZG 2014, 345, 346f. (Siemens/Neubürger).

535 *Hölters* in: Hölters AktG, § 93 AktG Rn. 92; *Koch* in: Hüffer/Koch AktG, § 76 AktG Rn. 14; *Bürkle,* BB 2007, 1797, 1799; *Kort* in: Festschrift Hopt 2010, S. 983, 991.

536 *Kort* in: Festschrift Hopt 2010, S. 983, 991.

Entsprechenserklärung zum DCGK abzugeben ist, findet gem. § 108 Abs. 1 S. 2 bzw. § 140 Abs. 2 S. 1 KAGB keine Anwendung. Da § 161 AktG nur für börsennotierte AGen gilt, handelt es sich nicht um ein notwendiges Merkmal einer AG, welches bei der InvAG fehlt.

Der Gesetzesbegründung zufolge hat das KAGB eigene Regelungen zur Corporate Governance und zur Compliance und der Unternehmensgegenstand der InvAG ist derart eingeschränkt, sodass folgerichtig § 161 AktG nicht auf InvAGen anwendbar sei[537]. In der Tat finden sich im KAGB eine Vielzahl von Spezialregelungen, die neben den aktienrechtlichen Vorschriften eingehalten und überwacht werden müssen[538]. Zu nennen wären hier beispielsweise die Regelungen zu Verkaufsprospekten[539], Vertrieb[540] und Anlagebedingungen[541], aber auch die allgemeinen Vorschriften bezüglich der InvAG m. v. K. bzw. der InvAG m. f. K.[542]. Zudem muss eine Verwahrstelle von der intern verwalteten InvAG als KVG beauftragt werden[543] und im Falle einer internen Verwaltung ist eine Genehmigung für die Aufnahme des Geschäftsbetriebs erforderlich[544].

Zusätzlich befindet sich in dem mit dem OGAW-V-UmsG[545] neu eingeführten § 119 Abs. 6 KAGB die Verpflichtung des Vorstands einer InvAG m. v. K. zur Einrichtung eines Meldesystems. Da eine Einrichtung von Whistle-Blower-Systemen als geeignetes Mittel zur Erfüllung der Compliance-Pflicht

537 RegE AIFM-UmsG BT-Drs. 17/12294 S. 247; fast wortgleich mit gleichem Inhalt bereits RegE InvÄndG BT-Drs. 16/5576 S. 86f.; *München* in: Baur/Tappen KAGB, § 140 KAGB Rn. 11; *Boxberger* in: Moritz/Klebeck/Jesch KAGB, § 108 KAGB Rn. 11; *Lorenz* in: Weitnauer/Boxberger/Anders KAGB, § 108 KAGB Rn. 13; *Silberberger/Lorenz* in: Weitnauer/Boxberger/Anders KAGB, § 140 KAGB Rn. 7.

538 Vgl. hierzu etwa *Jäger/Maas/Renz*, CCZ 2014, 63, 63ff.

539 §§ 165, 173, 224, 228, 269 KAGB.

540 Vgl. §§ 293ff. KAGB.

541 §§ 111, 143, 162, 173 Abs. 3 KAGB.

542 §§ 108–123 bzw. §§ 140–148 KAGB.

543 § 68 Abs. 1 S. 11 KAGB für OGAW-KVGen und § 80 Abs. 1 S. 1 KAGB für AIF-KVGen.

544 § 20 Abs. 1 S. 1 KAGB.

545 Vgl. hierzu RegE BT-Drs. 18/6744 S. 18, 56; Beschlussempfehlung Finanzausschuss BT-Drs. 18/7393 S. 34; Gesetz zur Umsetzung der Richtlinie 2014/91/EU des Europäischen Parlaments und des Rates vom 23. Juli 2014 zur Änderung der Richtlinie 2009/65/EG zur Koordinierung der Rechts- und Verwaltungsvorschriften betreffend bestimmte Organismen für gemeinsame Anlagen in Wertpapieren (OGAW) im Hinblick auf die Aufgaben der Verwahrstelle, die Vergütungspolitik und Sanktionen vom 03.03.2016 (BGBl. I 2016, S. 348, 357).

angesehen wird[546], ergibt sich hier kein struktureller Unterschied der OGAW-InvAG m. v. K. zur AG.

Für die intern verwaltete InvAG ist zudem § 28 KAGB zu beachten, der beispielsweise die Einrichtung eines Risikomanagement-Systems und die Einrichtung eines Whistle-Blower-Systems vorsieht[547]. Außerdem gelten für intern verwaltete AIF-InvAGen gem. § 28 Abs. 3 KAGB noch die Artikel 57–66 der Delegierten Verordnung (EU) Nr. 231/2013[548]. Hinzu kommen die Anforderungen der BaFin, dass die Risikocontrollingfunktion von einer unabhängigen Stelle vorzunehmen ist, die bis zur Vorstandsebene ihre Unabhängigkeit bewahrt[549].

Ohne im Detail auf die Compliance-Regelungen einzugehen, gilt aber auch hier, dass sich die intern verwaltete InvAG lediglich dadurch von der extern verwalteten InvAG und der AG unterscheidet, dass bei letzteren das Compliance-System weniger detailliert geregelt ist und im Ermessen des Vorstands steht. Dieses Ermessen kann allerdings auch reduziert sein und der Vorstand kann verpflichtet sein, bestimmte Maßnahmen zu treffen[550].

Grundsätzlich ist der Vorstand der InvAG und im Besonderen der intern verwalteten InvAG, obschon § 161 AktG keine Anwendung findet, in seiner Compliance-Pflicht stärker eingeschränkt und muss auch die Einhaltung einer Vielzahl von aufsichtsrechtlichen Regelungen überwachen. Mithin bestehen detailliertere Regelungen für die InvAG.

(6) Verhaltens- und Organisationsregeln für interne InvAGen als KVGen

Für intern verwaltete InvAGen bestehen besondere Verhaltens- und Organisationspflichten. In § 26 KAGB sind allgemeine Verhaltenspflichten für KVGen normiert. Bei intern verwalteten AIF-InvAGen bestimmt sich die Einhaltung der Verhaltens- und Organisationspflichten gem. § 26 Abs. 7 KAGB nach den Artikeln 16–29 der Delegierten Verordnung (EU) Nr. 231/2013. Daneben findet

546 *Bürkle*, BB 2007, 1797, 1800; *Kort* in: Festschrift Hopt 2010, S. 983, 991; *Kort*, NZG 2008, 81, 85.

547 Vgl. ausführlicher zu den Compliancepflichten nach § 28 KAGB *Kort*, AG 2013, 582, 583f.; detailliert zu §§ 28, 29 KAGB und zur Notwendigkeit des Risikomanagements als Teil der Compliance *Kort/Lehmann* in: Möllers/Kloyer, S. 197, 200ff.

548 Delegierte Verordnung (EU) Nr. 231/2013, ABl. EU Nr. L 83/1.

549 BaFin, Rundschreiben 01/2017 (WA) – Mindestanforderungen an das Risikomanagement von Kapitalverwaltungsgesellschaften (KAMaRisk) vom 10.01.2017, abrufbar unter: https://www.bafin.de/SharedDocs/Downloads/DE/Rundschreiben/dl_rs_1701_KAMaRisk.html, zuletzt abgerufen am 22.05.2018.

550 Vgl. LG München I, NZG 2014, 345, 347f.; *Fleischer*, NZG 2014, 321, 324.

für intern verwaltete Publikums-AIF-InvAGen und intern verwaltete OGAW-InvAGen die KAVerOV[551] Anwendung. Sie konkretisiert die Verhaltens- und Organisationsregeln näher und wurde aufgrund der Ermächtigung in § 26 Abs. 8 KAGB von der BaFin erlassen.

Fraglich ist, ob diese Verhaltensvorschriften auch für extern verwaltete InvAGen gelten[552]. Dagegen spricht, dass diese keine aufsichtsrechtliche Erlaubnis benötigen und daher auch keine Konkretisierung der Erlaubnisvoraussetzungen durch eine Verordnung erforderlich ist. Dafür könnte die Einheit der Rechtsordnung sprechen. Anders als bei der Zuverlässigkeit und der fachlichen Eignung der Geschäftsleiter werden nicht dieselben unbestimmten Rechtsbegriffe verwendet, sodass keine einheitliche Auslegung von Begriffen erforderlich ist[553]. Zudem handelt es sich bei den Verhaltenspflichten in § 26 Abs. 1 und Abs. 2 KAGB nur um Verhaltenspflichten der gesamten KVG gegenüber dem Investmentvermögen und nicht um spezielle Verhaltenspflichten für die Geschäftsleitung. Somit verbleibt es bei der Unterscheidung zwischen aufsichtsrechtlichen und gesellschaftsrechtlichen Regelungen und die besonderen Verhaltensregelungen finden keine Anwendung auf extern verwaltete InvAGen.

ff. Verbot des Erwerbs oder der Veräußerung von Vermögensgegenständen

Bei dem sogenannten „Geschäftsverbot“[554] in § 119 Abs. 4 S. 1 bzw. § 147 Abs. 4 S. 1 KAGB handelt es sich, wie in den Vorgängervorschriften[555], um ein

551 Verordnung zur Konkretisierung der Verhaltensregeln und Organisationsregeln nach dem Kapitalanlagegesetzbuch in der Fassung vom 16.07.2013 (BGBl. I S. 2460).

552 Dies lässt *Müchler*, Die Investmentaktiengesellschaft mit veränderlichem Kapital, S. 138 offen.

553 Vgl. hierzu oben B. V. 4. a. cc.

554 Vgl. Überschrift der Vorgängervorschrift in § 106 b InvG in der Fassung vom 21.12.2007; *Fischer/Steck* in: Berger/Steck/Lübbehüsen InvG, § 106b InvG Rn. 1; *Fischer*, Die Investmentaktiengesellschaft aus aufsichtsrechtlicher und gesellschaftsrechtlicher Perspektive, S. 47; so auch *Müchler*, Die Investmentaktiengesellschaft mit veränderlichem Kapital, S. 140ff.

555 Vgl. hierzu *Fischer/Steck* in: Berger/Steck/Lübbehüsen InvG, § 106b InvG Rn. 1; *Dornseifer* in: Emde/Dornseifer/Dreibus/Hölscher InvG, § 106b InvG Rn. 1; *Fischer*, Die Investmentaktiengesellschaft aus aufsichtsrechtlicher und gesellschaftsrechtlicher Perspektive, S. 47 m. w. N.; *Müchler*, Die Investmentaktiengesellschaft mit veränderlichem Kapital, S. 140ff.; *Sachtleber*, Zivilrechtliche Strukturen von open-end-Investmentfonds in Deutschland und England, S. 166.

gesetzliches Verbot gem. § 134 BGB[556]. Dadurch soll ähnlich wie in § 181 BGB ein Interessenkonflikt der persönlichen Interessen des Vorstands mit den Interessen der InvAG vermieden werden. Der Gesetzgeber hatte vor Augen zu verhindern, dass der Vorstand zum eigenen Vorteil „gute" Anlagegegenstände von der InvAG kauft und „schlechte" Anlagegegenstände an die InvAG weiterverkauft[557]. Hiervon nicht erfasst ist gem. § 119 Abs. 4 S. 2 bzw. § 147 Abs. 4 S. 2 KAGB der Erwerb oder die Veräußerung eigener Aktien. Da bei einem Aktienerwerb durch den Vorstand die Interessen der Aktionäre und des Vorstandes nicht gegenteilig, sondern vielmehr gleichgerichtet sind[558], ist eine solche Regelung sinnvoll.

Fraglich ist, ob nur Geschäfte des Vorstands im eigenen Namen oder auch Geschäfte in fremdem Namen aber für Rechnung des Vorstands vom Geschäftsverbot erfasst sein sollen[559]. Da es sich bei einem Geschäft für die Rechnung des Vorstands um ein Umgehungsgeschäft handelt, bei dem ebenfalls ein Interessenkonflikt entsteht, und genau dieser verhindert werden soll, sind beide Konstellationen erfasst[560]. Es könnte noch überlegt werden, ob solche Geschäfte entsprechend Art. 19 MAR publik gemacht werden sollten, um einen Erwerb aufgrund eines Insiderwissens transparent zu machen[561].

Auch hier kann in Frage gestellt werden, ob das Bestehen des Geschäftsverbots sinnvoll ist[562]. Jedenfalls besteht ein solches de lege lata und erhöht den Schutz der Investmentaktionäre. Die InvAG unterscheidet sich dadurch von der gewöhnlichen AG, für die kein spezielles Geschäftsverbot besteht.

---

556 *Boxberger* in: Moritz/Klebeck/Jesch KAGB, § 119 KAGB Rn. 29; *Lorenz* in: Weitnauer/Boxberger/Anders KAGB, § 119 KAGB Rn. 17; zur offenen InvKG *Mohr,* Die offene Investmentkommanditgesellschaft, S. 105; zur gleichlautenden Vorschrift betreffend die InvKG *Eichhorn* in: Moritz/Klebeck/Jesch KAGB, § 128 KAGB Rn. 15; *Seitz,* Die InvestmentKG, S. 112.

557 RegE 3. FMFG BT-Drs. 13/8933 S. 127.

558 RegE InvModG BT-Drs. 15/1553 S. 104; *Dornseifer* in: Emde/Dornseifer/Dreibus/Hölscher InvG, § 106b InvG Rn. 3; *Fischer,* Die Investmentaktiengesellschaft aus aufsichtsrechtlicher und gesellschaftsrechtlicher Perspektive, S. 47; so für die InvKG *Eichhorn* in: Moritz/Klebeck/Jesch KAGB, § 128 KAGB Rn. 15.

559 Zur InvKG: *Eichhorn* in: Moritz/Klebeck/Jesch KAGB, § 128 KAGB Rn. 16.

560 So auch für die InvKG: *Eichhorn* in: Moritz/Klebeck/Jesch KAGB, § 128 KAGB Rn. 16.

561 So noch mit Blick auf § 15a WpHG *Eichhorn,* WM 2016, 145, 147.

562 *Müchler,* Die Investmentaktiengesellschaft mit veränderlichem Kapital, S. 142ff.

gg. Vergütung des Vorstands

Die Vergütung der Vorstände ist für AGen in § 87 AktG geregelt. Aufgrund des Ausschlusses des § 3 Abs. 2 AktG für Anlageaktien von extern verwalteten InvAGen m. v. K. in § 108 Abs. 2 S. 2 KAGB sind die Regeln in § 87 Abs. 1 S. 2 und 3 auf extern verwaltete InvAGen m. v. K. nur anwendbar, wenn die Unternehmensaktien börsennotiert sind.

Unterschiede zur AG ergeben sich nur für die intern verwalteten InvAGen. Für KVGen sind in § 37 KAGB, der AIFM-RL[563] und der OGAW-RL[564] Vergütungsregeln enthalten, die nur für intern verwaltete InvAGen als KVGen gelten. Von der Ermächtigung zum Erlass einer Verordnung betreffend die Vergütungssysteme im KAGB hat die BaFin, soweit ersichtlich, noch keinen Gebrauch gemacht. In personeller Hinsicht gelten die Regeln für Vorstandsmitglieder als Geschäftsleiter sowie gem. § 37 Abs. 1 S. 1 KAGB für weitere Mitarbeiter der intern verwalteten AIF-InvAG. Auch hier handelt es sich um detailliertere Regelungen für KVGen. Neben der Angemessenheit der Vergütung im Verhältnis zur Leistung, welche im AktG im Vordergrund steht[565], soll bei KVGen ausweislich des § 37 Abs. 1 S. 1 KAGB zusätzlich verhindert werden, dass keine Anreize zur Eingehung von Risiken, die nicht in der Satzung oder den Anlagebedingungen der InvAG geregelt sind, gesetzt werden.

Das Verhältnis der Fixvergütung zur variablen Vergütung ist im Gegensatz zur Regelung in § 25a Abs. 5 KWG betreffend Institute nicht festgehalten. Daher ist gem. § 37 Abs. 2 KAGB i. V. m. Anhang II Ziff. 1 lit. j der AIFM-RL in jedem Fall einzeln zu prüfen, ob die fixe Vergütung hoch genug ist, um die volle Nutzung des variablen Bestandteils sicherzustellen[566]. Letztendlich haben die Vergütungsregeln keine Auswirkung auf die Gesellschaftsform, sodass an dieser Stelle eine nähere Betrachtung unterbleibt[567].

hh. Abschließender Vergleich zwischen einem Vorstand einer AG und einem Vorstand einer InvAG

Im Unterschied zum AktG ist die Bestellung eines Vorstandes der InvAG der BaFin anzuzeigen. Zudem besteht der Vorstand aus mindestens zwei Personen,

---

563 Anhang II der Richtlinie 2011/61/EU (AIFM-Richtlinie).

564 Art. 14a Abs. 2, Art. 14b Abs. 1, 3, 4 der Richtlinie 2009/65/EG (OGAW-Richtlinie).

565 *Seibt* in: K. Schmidt/Lutter, § 87 AktG Rn. 1.

566 *Insam/Heisterhagen/Hinrichs,* DStR 2014, 913, 914f.

567 Vgl. hierzu näher *Boxberger/Klebeck,* BKR 2013, 441, 441ff.; *Insam/Heisterhagen/Hinrichs,* DStR 2014, 913, 913ff.

da das Vier-Augen-Prinzip Anwendung findet. Daraus ergibt sich auch, dass anders als nach dem AktG keine Einzelvertretungsbefugnis zulässig ist. Es ergeben sich zudem in Hinblick auf die fachliche Eignung die höchsten Anforderungen an Vorstände der intern verwalteten InvAGen und leicht abgeschwächte an Vorstände von extern verwalteten InvAGen, während für die AG keine derartigen Regelungen zu finden sind. Auch die Zuverlässigkeit wird im KAGB vorgeschrieben und geht über die Anforderungen des AktG hinaus. Für die anzuwendende Sorgfalt ist im Rahmen der sogenannten „Investment-Judgement-Rule" ein Handeln im Interesse der Aktionäre, im Speziellen der Anlageaktionäre, zu verlangen. Abgesehen von dieser Regelung unterscheidet sich die Vorstandshaftung im Innenverhältnis nicht von derjenigen nach dem AktG. Auch für die Compliance besteht faktisch kein Unterschied zwischen der InvAG und der AG. Für die intern verwaltete InvAG bestehen außerdem noch besondere Verhaltens- und Organisationspflichten. Insgesamt sprechen die erforderliche Anzahl der Vorstandsmitglieder, die Anforderungen an deren fachliche Eignung und Zuverlässigkeit sowie die Abwandlung der Business-Judgement-Rule zumindest dafür, dass die InvAG eine besondere Form der AG, wenn nicht sogar eine eigene Rechtsform ist.

b. Der Aufsichtsrat der InvAG

Der Aufsichtsrat ist in §§ 95–116 AktG geregelt. Auch hier soll nur auf die Abweichungen der InvAG zur AG eingegangen werden. Besondere Regelungen zum Aufsichtsrat der InvAG finden sich in § 119 Abs. 3, 4 bzw. § 147 Abs. 3, 4 KAGB. Mangels einer spezielleren Regelung im KAGB bleibt es auch hier aufgrund der investmentspezifisch modifizierten Satzungsstrenge und fehlender investmentrechtlicher Besonderheiten bei der Mindestanzahl von drei Aufsichtsräten gem. § 95 Abs. 1 S. 1 AktG[568].

Nach § 18 Abs. 3 S. 1 KAGB, der gem. § 119 Abs. 3 S. 2 KAGB entsprechend Anwendung findet, muss mindestens ein Aufsichtsratsmitglied unabhängig von den Aktionären, den damit verbundenen Unternehmen und den Geschäftspartnern der InvAG sein[569]. Es stellt sich die Frage, ob tatsächlich eine Unabhängigkeit von den Anlageaktionären erforderlich ist. Wendet man § 18 Abs. 3 S. 1 KAGB konsequent an, so darf keine Abhängigkeit zu den Gesellschaftern

568 *Boxberger* in: Moritz/Klebeck/Jesch KAGB, § 119 KAGB Rn. 21; so mit anderer Begründung *Lorenz* in: Weitnauer/Boxberger/Anders KAGB, § 119 KAGB Rn. 12.

569 *Boxberger* in: Moritz/Klebeck/Jesch KAGB, § 119 KAGB Rn. 24 mit Ausführungen zur Unabhängigkeit.

der InvAG bestehen. Hiervon sind auch Anleger als Aktionäre erfasst. Für eine andere Ansicht[570] spricht, dass der Aufsichtsrat nach dem Willen des Gesetzgebers dem Schutz der Anleger dienen sollte[571]. Bei der externen KVG in der Rechtsform der AG ist eine Unabhängigkeit eines Aufsichtsratsmitglieds von sämtlichen Gesellschaftern der KVG zum Schutz der Anleger sinnvoll. Schließlich sind die Anleger der Investmentgesellschaft gar nicht an der KVG beteiligt. Im Falle einer internen Verwaltung oder der Bildung eines Aufsichtsrates sind die Interessen der Anleger und diejenigen des unabhängigen Ratsmitglieds dagegen gleichgerichtet. Folglich spricht einiges dafür, dass nicht vom Gesetzgeber bedacht wurde, dass durch die Verweiskette auch eine Unabhängigkeit von den Anlegern als Gesellschaftern der InvAG verlangt wird. Gem. § 119 bzw. § 147 Abs. 3 S. 1 KAGB muss des Weiteren die „Persönlichkeit" und „Sachkunde" der Aktionärsvertreter im Aufsichtsrat gewährleisten, dass die Aktionärsinteressen gewahrt werden[572]. Mithin sind die Aufsichtsräte ebenso wie der Vorstand den Aktionärsinteressen und im Speziellen den Anlageaktionärsinteressen verpflichtet[573]. Dies wird teilweise damit begründet, dass die Aktionärsvertreter regelmäßig nicht von den Anlageaktionären gewählt werden[574]. Auch die Mitglieder des Aufsichtsrats dürfen gem. § 119 Abs. 4 bzw. § 147 Abs. 4 KAGB keine Vermögensgegenstände mit Ausnahme von Aktien der InvAG von der InvAG erwerben oder an diese veräußern[575].

Die Bestellung der Aufsichtsräte erfolgt gem. § 108 Abs. 2 S. 1 bzw. § 140 Abs. 1 S. 2 KAGB jeweils i. V. m. § 101 Abs. 1 S. 1 AktG durch die Hauptversammlung, bei welcher gem. 109 Abs. 3 S. 2 KAGB die Anlageaktionäre der InvAG m. v. K. kein Teilnahme- und Stimmrecht haben. Die Bestellung und das Ausscheiden der Aktionärsvertreter im Aufsichtsrat sind der BaFin gem. § 119 bzw. § 147 Abs. 3 S. 3 KAGB unverzüglich mitzuteilen. Zwar ist das

---

570 Ohne Begründung so auch zur InvKG *Casper*, ZHR 179 (2015), 44, 63; *Zetzsche*, AG 2013, 613, 621.

571 Vgl. zur Neuregelung für die InvKG RegE AIFM-UmsG BT-Drs. 17/12294 S. 251 sowie § 18 Abs. 4 KAGB.

572 *Lorenz* in: Weitnauer/Boxberger/Anders KAGB, § 119 KAGB Rn. 13 nennt „fachliche Autorität, Ansehen und Integrität" als Voraussetzungen.

573 *Boxberger* in: Moritz/Klebeck/Jesch KAGB, § 119 KAGB Rn. 24.

574 *Fischer/Steck* in: Berger/Steck/Lübbehüsen InvG, § 106a InvG Rn. 1; *Dornseifer* in: Emde/Dornseifer/Dreibus/Hölscher InvG, § 106a InvG Rn. 2; *Boxberger* in: Moritz/Klebeck/Jesch KAGB, § 119 KAGB Rn. 22; *Lorenz* in: Weitnauer/Boxberger/Anders KAGB, § 119 KAGB Rn. 13.

575 Vgl. hierzu oben Teil B. V. 4 a. ff.

Mitbestimmungsgesetz anwendbar[576], in der Praxis ist allerdings aufgrund der Mitarbeiterzahlen der InvAGen nicht zu erwarten, dass Arbeitnehmervertreter gewählt werden.[577]. Für sie wären gem. § 119 Abs. 3 S. 4 bzw. § 147 Abs. 3 S. 4 KAGB jeweils Abs. 3 S. 1 und 3 nicht anwendbar.

c. Interne oder externe Verwaltung der InvAG

Die InvAG kann gem. § 112 bzw. § 144 KAGB intern oder extern verwaltet werden. Obschon man gesellschaftsrechtlich betrachtet vom Grundfall der internen Verwaltung ausgehen möchte, ist in der Praxis die extern verwaltete InvAG häufiger zu finden[578]. Dies liegt darin begründet, dass eine externe KVG mehrere InvAGen verwalten kann, während jede intern verwaltete InvAG die Voraussetzungen des KAGB an KVGen selbst erfüllen muss[579]. Zudem darf die externe KVG weitere Tätigkeiten übernehmen, beispielsweise die Finanzportfolioverwaltung, Anlageberatung oder die Verwaltung eines anderen Investmentvermögens[580]. Eine externe KVG kann innerhalb der gesetzlichen Grenzen die Verwaltung wiederum auslagern[581]. Zum Vergleich der InvAG mit der AG soll auf beide Verwaltungsformen eingegangen und deren Besonderheiten herausgearbeitet werden.

aa. Interne Verwaltung der InvAG

Als intern verwaltete InvAG ist gem. § 17 Abs. 1 Nr. 2 KAGB die Investmentgesellschaft gleichzeitig KVG und hat alle Regelungen, die die KVG betreffen, selbst zu erfüllen[582]. Im Falle der internen Verwaltung kann die InvAG aufgrund

576 Umkehrschluss aus § 119 Abs. 3 S. 4 und § 147 Abs. 3 S. 4 KAGB.

577 Zustimmend *Boxberger* in: Moritz/Klebeck/Jesch KAGB, § 119 KAGB Rn. 27; *Lorenz* in: Weitnauer/Boxberger/Anders KAGB, § 119 KAGB Rn. 16.

578 *Boxberger* in: Moritz/Klebeck/Jesch KAGB, § 112 KAGB Rn. 2; *Lorenz* in: Weitnauer/Boxberger/Anders KAGB, § 112 KAGB Rn. 2; eine eigene Recherche vom 25.07.2016 und vom 25.02.2017 unter https://portal.mvp.bafin.de/database/InstInfo/ in der Kategorie Kapitalverwaltungsgesellschaften ergab, dass zu diesen Zeitpunkten jeweils acht intern verwaltete InvAGen bestanden. Am 23.05.2018 waren elf intern verwaltete InvAGen zugelassen.

579 *Boxberger* in: Moritz/Klebeck/Jesch KAGB, § 112 KAGB Rn. 3; *Lorenz* in: Weitnauer/Boxberger/Anders KAGB, § 112 KAGB Rn. 2.

580 Vgl. § 20 Abs. 2 bzw. Abs. 3 KAGB, so auch *Herring/Loff*, DB 2012, 2029, 2030.

581 Vgl. hierzu *Herring/Loff*, DB 2012, 2029, 2030f.

582 Die KVG ist in §§ 17–67 KAGB geregelt. Besondere Anforderungen sind beispielsweise in § 20ff. oder in § 25 KAGB geregelt.

§ 20 Abs. 2, 3 und 7 KAGB und des gem. § 110 Abs. 2 bzw. § 142 S. 1 KAGB auf die Verwaltung und Anlage begrenzten Unternehmensgegenstandes keine anderen Tätigkeiten wie etwa Anlageberatung oder -vermittlung erbringen[583]. Sofern sie intern verwaltet wird, kann die InvAG m. v. K. gem. § 112 Abs. 2 S. 1 KAGB ein Betriebsvermögen, nämlich das für den Betrieb der InvAG erforderliche Vermögen, bilden. Hierbei handelt es sich regelmäßig um die Ausstattung des Büros bzw. Geschäfts oder um Fahrzeuge, welche außer im seltenen Fall der Anmietung aller Gegenstände erforderlich sind[584]. Das Betriebsvermögen darf gem. § 112 Abs. 2 S. 2 KAGB nicht aus dem Kapital aus der Ausgabe von Anlageaktien gebildet werden. Außerdem grenzt § 112 Abs. 2 S. 3 KAGB die Möglichkeit der Kreditaufnahme zum Zweck des Erwerbs von Betriebsvermögen ein. Für das Betriebsvermögen empfiehlt es sich, ein TGV zu bilden, um eine Haftung der Anlageaktionäre für das Betriebsvermögen möglichst zu vermeiden[585].

Für die InvAG m. f. K. fehlt eine ausdrückliche Regelung bezüglich der Bildung von Betriebsvermögen. Es kommt daher lediglich eine analoge Anwendung des § 112 Abs. 2 KAGB in Betracht. In der Gesetzesbegründung zu § 144 KAGB findet sich kein Hinweis, weshalb eine entsprechende Regelung für die InvAG m. f. K. fehlt[586]. Mithin kann von einer planwidrigen Regelungslücke ausgegangen werden[587]. Es besteht sowohl bei der InvAG m. f. K. als auch bei der InvAG m. v. K. eine vergleichbare Interessenlage dahingehend, dass bei einer internen Verwaltung ein Betriebsvermögen aufgebaut werden muss. Eine intern verwaltete InvAG m. f. K. ist ohne ein Betriebsvermögen überhaupt nicht zulässig, da eine Totalauslagerung der Verwaltungstätigkeit den Vorgaben in § 36 Abs. 1 Nr. 5 und Abs. 5 KAGB widerspricht[588]. Hierfür spricht auch die Regelung betreffend die geschlossene InvKG gem. § 156 Abs. 1 KAGB, die ausweislich der Gesetzgebungsunterlagen der Regelung des § 112 Abs. 2 KAGB entspricht[589], sodass nicht aufgrund der Geschlossenheit der InvAG m. f. K. eine andere Regelung gewollt ist. Wenn sich bereits die Regelung der geschlossenen InvKG an derjenigen der offenen InvAG m. v. K. orientiert, so hat sich erst recht die Regelung der geschlossenen InvAG m. f. K. hieran zu orientieren. De lege ferenda

583 *Boxberger* in: Moritz/Klebeck/Jesch KAGB, § 110 KAGB Rn. 13.

584 *Boxberger* in: Moritz/Klebeck/Jesch KAGB, § 112 KAGB Rn. 33; *Lorenz* in: Weitnauer/Boxberger/Anders KAGB, § 112 KAGB Rn. 13.

585 Vgl. hierzu aber unten Teil B. V. 8. c. aa. zur Insolvenz eines TGVs.

586 RegE AIFM-UmsG BT-Drs. 17/12294 S. 248.

587 So auch *Zetzsche,* AG 2013, 613, 616.

588 *Zetzsche,* AG 2013, 613, 616 sowie ebenda Fn. 53.

589 RegE AIFM-UmsG BT-Drs. 17/12294 S. 252.

wäre eine Klarstellung, dass auch intern verwaltete InvAGen m. f. K. Betriebsvermögen bilden dürfen, wünschenswert.

Die intern verwaltete InvAG unterscheidet sich von derjenigen mit externer Verwaltung dahingehend, dass das Gesellschaftsvermögen und somit das Gesellschaftskapital neben dem Anlagevermögen auch noch das Betriebsvermögen umfasst, welches Mittel für die interne Verwaltung zur Verfügung stellt[590]. Dadurch sind die Anlageaktionäre nicht nur am Anlagevermögen, sondern auch am Betriebsvermögen beteiligt[591]. Somit unterscheidet sich die intern verwaltete InvAG vom Sondervermögen, da dort die KVG das Sondervermögen extern verwaltet und die Anleger nur am Investmentvermögen, welches dem Anlagevermögen entspricht, beteiligt sind[592]. Eine vom Gesetzgeber beabsichtigte Gleichbehandlung von Anlegern eines Sondervermögens mit Anlageaktionären der InvAG m. v. K.[593] ist folglich nur bei der extern verwalteten InvAG m. v. K. gegeben[594].

Bei der intern verwalteten InvAG bedarf es jeweils der Bildung von TGV gem. § 117 KAGB für das Betriebs- und das Anlagevermögen, um eine annähernd vergleichbare Vermögens- und Haftungstrennung herbeizuführen[595]. Sofern das Betriebs-TGV allerdings insolvent ist, führt dies auch zu einer Abwicklung der anderen TGV, da nach einer Ansicht gar kein separates Insolvenzverfahren der TGV möglich ist[596] beziehungsweise nach anderer Ansicht eine intern verwaltete InvAG ohne Betriebs-TGV nicht handlungsfähig ist[597]. Die intern verwaltete InvAG ohne TGV könnte zwar intern das Betriebsvermögen und das

590 Vgl. bereits zum InvG *Sachtleber,* Zivilrechtliche Strukturen von open-end-Investmentfonds in Deutschland und England, S. 117f.

591 Vgl. bereits zum InvG *Sachtleber,* Zivilrechtliche Strukturen von open-end-Investmentfonds in Deutschland und England, S. 117f.

592 Vgl. bereits zum InvG *Heeren/v. Tiling* in: Kempf, Novellierung des Investmentrechts, S. 201, 208f.; *Sachtleber,* Zivilrechtliche Strukturen von open-end-Investmentfonds in Deutschland und England, S. 117f.; *Dornseifer,* AG 2008, 53, 58f.

593 RegE InvÄndG BT-Drs. 16/5576 S. 84.

594 *Sachtleber,* Zivilrechtliche Strukturen von open-end-Investmentfonds in Deutschland und England, S. 122.

595 So bereits zum InvG *Sachtleber,* Zivilrechtliche Strukturen von open-end-Investmentfonds in Deutschland und England, S. 119ff.; *Dornseifer,* AG 2008, 53, 58f.

596 *Lorenz* in: Weitnauer/Boxberger/Anders KAGB, § 117 KAGB Rn. 7; bereits zum InvG: *Wegner,* Die selbstverwaltete Hedgefonds-Investmentaktiengesellschaft mit Teilgesellschaftsvermögen, S. 213ff.

597 *Sachtleber,* Zivilrechtliche Strukturen von open-end-Investmentfonds in Deutschland und England, S. 121f.

Anlagevermögen buchhalterisch trennen[598]. Allerdings wäre dies im Außenverhältnis für die Haftung gegenüber den Gläubigern unerheblich[599].

bb. Die externe Verwaltung der InvAG durch eine KVG

(1) Bestellung der externen KVG und Kündigung durch die KVG

Gem. § 112 Abs. 1 S. 1 bzw. § 144 Abs. 1 S. 1 KAGB kann die InvAG eine externe KVG bestellen. Die BaFin geht grundsätzlich bei einer rechtsfähigen Investmentgesellschaft von einer internen Verwaltung aus[600]. Erst durch die Bestellung wird die intern verwaltete Investmentgesellschaft zur extern verwalteten.

Für die Bestellung der externen KVG könnte der Vorstand oder die Hauptversammlung zuständig sein. Während für die Zuständigkeit der Hauptversammlung angeführt werden könnte, dass sich die Organisationsstruktur der InvAG verändert, ist dagegen einzuwenden, dass das KAGB die Möglichkeit der Bestellung für die InvAG als selbstverständlich ansieht[601]. Da trotz der Bestellung der externen Verwaltung die Organtätigkeit beim Vorstand verbleibt[602], liegt kein Grundlagengeschäft vor. Der Vorstand ist somit für die Bestellung zuständig[603].

Es stellt sich die Frage, was unter einer Bestellung i. S. d. § 112 Abs. 1 S. 1 bzw. § 144 S. 1 KAGB zu verstehen ist. Das InvG sah noch eine Benennung

---

598 So bereits *Heeren/v. Tiling* in: Kempf, Novellierung des Investmentrechts, S. 201, 210, die die Behandlung als Quasi-TGV fordern; *Sachtleber,* Zivilrechtliche Strukturen von open-end-Investmentfonds in Deutschland und England, S. 119.

599 *Sachtleber,* Zivilrechtliche Strukturen von open-end-Investmentfonds in Deutschland und England, S. 119.

600 *Boxberger* in: Moritz/Klebeck/Jesch KAGB, § 112 KAGB Rn. 6; so bereits früher BaFin, FAQ, Häufige Fragen zu den Übergangsvorschriften nach den §§ 343 ff. des KAGB, WA 41-Wp 2137-2013/0343 vom 18.06.2013 zu Nr. I.5., abrufbar unter: https://www.bafin.de/SharedDocs/Veroeffentlichungen/DE/FAQ/faq_kagb_ubergangsvorschriften_130618.html, zuletzt abgerufen am 22.05.2018.

601 So etwa zur offenen InvKG *Eichhorn,* WM 2016, 145, 147f.

602 RegE InvÄndG BT-Drs. 16/5576 S. 85 sowie h. M., OLG München NZG 2015, 1430, 1430f.; OLG München, BB 2016, 529, 530; *Fischer/Steck* in: Berger/Steck/Lübbehüsen InvG, § 96 InvG Rn. 34; *Dornseifer* in: Emde/Dornseifer/Dreibus/Hölscher InvG, § 96 InvG Rn. 69; *Boxberger* in: Moritz/Klebeck/Jesch KAGB, § 112 KAGB Rn. 14f.; *Lorenz* in: Weitnauer/Boxberger/Anders KAGB, § 112 KAGB Rn. 4; *Boxberger,* GWR 2016, 1, 3; *Casper,* ZHR 179 (2015), 44, 58ff.; a. A: *Zetzsche,* Prinzipien der kollektiven Vermögensanlage, S. 682; vgl. zur rechtlichen Einordnung S. u. B. V. 4. c. bb. (2).

603 *Boxberger* in: Moritz/Klebeck/Jesch KAGB, § 112 KAGB Rn. 7; *Lorenz* in: Weitnauer/Boxberger/Anders KAGB, § 112 KAGB Rn. 3.

der externen Verwaltungsgesellschaft vor[604]. Für eine Bestellung ist zumindest die vertragliche Vereinbarung der Verwaltung durch eine externe KVG erforderlich[605]. Außerdem ist es empfehlenswert, auch im Beschluss des Vorstands betreffend den Abschluss eines Verwaltungsvertrags mit der KVG eine explizite „Bestellung" vorzunehmen[606]. Die externe KVG muss dann selbst die Anforderungen an KVGen beispielsweise zur fachlichen Eignung der Geschäftsleiter erfüllen[607].

Die KVG kann den Verwaltungsvertrag gem. § 112 Abs. 1 S. 4 bzw. § 144 S. 4 i. V. m. § 99 KAGB kündigen. Für die InvAG m. f. K. müssen jedoch die Voraussetzungen des § 144 S. 4 KAGB vorliegen. Dies liegt darin begründet, dass bei der InvAG m. f. K. regelmäßig in illiquide Vermögensgegenstände investiert wird[608] und die Anleger vor einer übereilten Abwicklung geschützt werden sollen[609]. Ob ein ordentliches Kündigungsrecht für die KVG zu empfehlen ist[610], ist daher aus Gründen des Anlegerschutzes zweifelhaft. Nach § 144 S. 4 Nr. 1 KAGB ist für die Kündigung der KVG das Vorliegen eines wichtigen Grundes erforderlich. Da der schuldrechtliche Vertrag zwischen KVG und InvAG regelmäßig als Dienstvertrag einzuordnen ist, ist § 626 BGB heranzuziehen[611]. Subsidiär kann auf § 314 Abs. 1 S. 2 BGB zurückgegriffen werden. In § 144 S. 4 Nr. 2 1. Hs KAGB ist normiert, dass die Kündigungsfrist in einem angemessenen Verhältnis zu dem für die Liquidation der Vermögensgegenstände erforderlichen Zeitraum stehen muss. Diese Vorschrift gilt für alle InvAGen m. f. K.[612]. § 144 S. 4 Nr. 2

604 Vgl. etwa § 96 Abs. 4 S. 1 InvG.

605 *Lorenz* in: Weitnauer/Boxberger/Anders KAGB, § 112 KAGB Rn. 3.

606 *Boxberger* in: Moritz/Klebeck/Jesch KAGB, § 112 KAGB Rn. 7; *Lorenz* in: Weitnauer/Boxberger/Anders KAGB, § 112 KAGB Rn. 3.

607 Vgl. hierzu näher etwa *Boxberger* in: Moritz/Klebeck/Jesch KAGB, § 112 KAGB Rn. 9f. und die §§ 20ff. KAGB.

608 RegE AIFM-UmsG BT-Drs. 17/12294 S. 248.

609 *Boxberger* in: Moritz/Klebeck/Jesch KAGB, § 112 KAGB Rn. 2; *Silberberger/Lorenz* in: Weitnauer/Boxberger/Anders KAGB, § 144 KAGB Rn. 8; *Zetzsche,* AG 2013, 613, 627f.

610 So aber *Silberberger/Lorenz* in: Weitnauer/Boxberger/Anders KAGB, § 144 KAGB Rn. 9.

611 *Boxberger* in: Moritz/Klebeck/Jesch KAGB, § 144 KAGB Rn. 6.

612 So inzwischen auch *Silberberger/Lorenz* in: Weitnauer/Boxberger/Anders KAGB, § 144 KAGB Rn. 10; ebenso *Zetzsche,* AG 2013, 613, 627f.

2. Hs. KAGB setzt nach der hier vertretenen Ansicht nur eine weitere zusätzliche Mindestfrist für Publikums-InvAGen[613].

Außerdem ist im Falle einer externen Verwaltung gem. § 112 Abs. 1 S. 5 KAGB für die InvAG m. v. K. bzw. nach § 144 S. 5 KAGB unter bestimmten Voraussetzungen § 100 KAGB betreffend die Abwicklung der InvAG durch die Verwahrstelle nach Ablauf der Erlaubnis der KVG anwendbar. Es kann jedoch nur die Verfügungsbefugnis auf die Verwahrstelle übergehen, das Investmentvermögen bleibt jederzeit Eigentum der InvAG[614]. Schließlich ist die InvAG juristische Person.

(2) Rechtliche Einordnung der externen Verwaltung

Die Aufgaben der externen KVG sind in § 112 Abs. 1 S. 2 KAGB bzw. § 144 S. 2 KAGB normiert. Hiernach übernimmt sie die allgemeine Verwaltungstätigkeit sowie insbesondere die Anlage und Verwaltung der Mittel der InvAG. Mithin wird der Unternehmensgegenstand der InvAG[615] und damit die Haupttätigkeit der InvAG auf die externe KVG übertragen.

Fraglich ist, wie die externe Verwaltung rechtlich einzuordnen ist. Denkbar wäre eine Tätigkeit in Vertretung der InvAG, ein Treuhandverhältnis oder eine Verfügungsbefugnis über das Investmentvermögen der InvAG. § 112 Abs. 1 S. 3 KAGB und § 144 S. 3 KAGB legen ausdrücklich fest, dass es sich bei der Bestellung einer externen KVG weder um einen Fall des § 36 KAGB noch um einen Unternehmensvertrag handelt. Die Feststellung, dass kein Fall des § 36 KAGB vorliegt, geht fehl, da die extern verwaltete InvAG selbst keine KVG ist, die ihre Verwaltungstätigkeit auslagert[616]. Die InvAG kann entweder selbst eine intern verwaltende KVG sein oder sie bestellt eine externe KVG und ist damit gem. § 1 Abs. 12 KAGB keine KVG mehr.

In der Literatur wird bereits angemerkt, dass außerhalb des KAGB erhebliche Zweifel daran bestünden, dass der Vorstand seine Haupttätigkeit überhaupt delegieren darf[617]. Auch die BaFin spricht bei der extern verwalteten Investmentgesellschaft von einer nicht operativ tätigen Gesellschaft.[618] Man kann aber in § 112 Abs. 1 bzw. § 144 KAGB eine Ermächtigung zur Delegation der

613 *Silberberger/Lorenz* in: Weitnauer/Boxberger/Anders KAGB, § 144 KAGB Rn. 10; so wohl auch *Zetzsche,* AG 2013, 613, 627f., der auch eine längere Frist für möglich hält.

614 *Boxberger* in: Moritz/Klebeck/Jesch KAGB, § 112 KAGB Rn. 29.

615 Vgl. § 110 Abs. 2 S. 1 und § 142 S. 1 KAGB.

616 Hierzu ausführlicher *Boxberger* in: Moritz/Klebeck/Jesch KAGB, § 112 KAGB Rn. 21ff.

617 *Lorenz* in: Weitnauer/Boxberger/Anders KAGB, § 112 KAGB Rn. 5.

618 BaFin, FAQ, Häufige Fragen zum Thema Auslagerung gemäß § 36 KAGB, WA 41-Wp 2137-2013/0036 vom 10.07.2013 zu Nr. 2. Tätigkeiten der extern verwalteten

Kernaufgabe des Vorstandes erblicken[619]. Bei der Übernahme der Verwaltung handelt es sich im Innenverhältnis um eine Art „Betriebsführungsvertrag“[620], die KVG übernimmt nämlich die Geschäftsführungstätigkeit für die InvAG.

Im Außenverhältnis stellt sich die Frage, ob die KVG für die InvAG mit Vertretungsmacht handelt oder ob sie sogar, wie beim Sondervermögen, für das gesamte Investmentvermögen der InvAG verfügungsbefugt ist.

An dieser Stelle bietet sich ein Vergleich mit der Rechtslage bei der InvKG an: Für die geschlossene InvKG hat das OLG München entschieden, dass eine externe KVG nicht die gesetzliche oder organschaftliche Vertreterin der Investmentgesellschaft ist[621]. In beiden Fällen hatte die KVG einer geschlossenen InvKG Berufung eingelegt. Das OLG verneinte die Prozessfähigkeit gem. § 51 Abs. 1 ZPO mangels Vertretungsmacht der KVG[622]. Nach § 154 Abs. 1 S. 2 KAGB obliegt der KVG insbesondere die Anlage und Verwaltung des Kommanditanlagevermögens. § 129 Abs. 1 S. 2 KAGB enthält eine identische Bestimmung für offene InvKGen. Eine inhaltlich entsprechende Regelung findet sich für die InvAG m. v. K. in § 112 Abs. 1 S. 2 bzw. in § 144 Abs. 1 S. 2 KAGB. Bei der InvAG obliegt der KVG insbesondere die Anlage und Verwaltung der Mittel der InvAG. Hier unterscheidet sich die Regelung der InvKG von derjenigen der InvAG lediglich dadurch, dass bei einer KG immer die Kommanditanteile das Anlagevermögen bilden, während bei der InvAG nur durch Bildung eines TGVs den Anlageaktionären ausschließlich das Anlagevermögen zuzurechnen ist[623]. Die Frage, ob aufgrund der vorgenannten Normen eine organschaftliche Vertretungsmacht oder gar eine gesetzliche Verfügungsbefugnis der KVG mit der Annexkompetenz Vertretungsmacht besteht, ist aufgrund der inhaltlich vergleichbaren Normen für alle Investmentgesellschaften einheitlich zu beantworten[624].

Investmentgesellschaft, abrufbar unter: https://www.bafin.de/SharedDocs/Veroeffentlichungen/DE/FAQ/faq_kagb_36_auslagerung_130710.html, zuletzt abgerufen am 22.05.2018.

619 So etwa *Lorenz* in: Weitnauer/Boxberger/Anders KAGB, § 112 KAGB Rn. 5 („Legitimationsfunktion“); zustimmend *Boxberger* in: Moritz/Klebeck/Jesch KAGB, § 112 KAGB Rn. 16.

620 *Jesch* in: Baur/Tappen KAGB, § 1 KAGB Rn. 74; *Zetzsche,* AG 2013, 613, 614.

621 OLG München NZG 2015, 1430, 1430f. sowie OLG München BB 2016, 529ff.

622 OLG München, BB 2016, 529, 529.

623 Siehe oben Teil B. V. 4. c. aa.

624 So auch *Boxberger* in: Moritz/Klebeck/Jesch KAGB, § 112 KAGB Rn. 17ff., der ebenfalls die Rechtsprechung des OLG München NZG 2015, 1430f. zitiert.

Der Wortlaut der Normen spricht weder für eine organschaftliche Vertretungsmacht noch für eine Verfügungsbefugnis, aus der sich eine Annex-Vertretungsmacht ergeben könnte[625]. Die KVG übernimmt nach wohl h. M. und dem OLG München keine Rechte oder Pflichten der Organe der InvAG[626]. Der Vorstand übernimmt weiterhin die sog. „Prinzipalgeschäfte"[627]. Er bleibt vertretungsberechtigt und kann weiterhin Anlagebedingungen erlassen, Anlageaktien ausgeben oder einziehen sowie TGV auflegen[628]. Außerdem kann er die KVG auswählen und kontrollieren[629] sowie der KVG Weisungen erteilen, während die KVG gegenüber dem Vorstand hierzu nicht befugt ist[630].

Zuzustimmen ist der h. M. und dem OLG München, dass die Organtätigkeiten bei der Investmentgesellschaft verbleiben und nicht auf die KVG übertragen werden. Es sollte ja gerade keine Mischform zwischen der Investmentgesellschaft und der KVG gebildet werden[631]. Die KVG stellt kein Organ der Investmentgesellschaft dar[632]. Sowohl eine organschaftliche oder gesetzliche Vertretungsmacht

---

625 OLG München NZG 2015, 1430, 1430f.; OLG München, BB 2016, 529, 530; *Mohr,* Die offene Investmentkommanditgesellschaft, S. 83ff.; *Schewe,* Kommanditgesellschaften im Regelungsbereich des Investmentrechts, S. 165ff.; *Böhme,* BB 2014, 2380, 2382f.

626 OLG München NZG 2015, 1430, 1430f.; OLG München, BB 2016, 529, 529f.; *Fischer/Steck* in: Berger/Steck/Lübbehüsen InvG, § 96 InvG Rn. 34; *Dornseifer* in: Emde/Dornseifer/Dreibus/Hölscher InvG, § 96 InvG Rn. 69; *Boxberger* in: Moritz/Klebeck/Jesch KAGB, § 112 KAGB Rn. 14f.; *Lorenz* in: Weitnauer/Boxberger/Anders KAGB, § 112 KAGB Rn. 4; *Boxberger,* GWR 2016, 1, 3; *Casper,* ZHR 179 (2015), 44, 58ff.; a. A: *Zetzsche,* Prinzipien der kollektiven Vermögensanlage, S. 682.

627 *Fischer/Steck* in: Berger/Steck/Lübbehüsen InvG, § 96 InvG Rn. 34; *Fischer/Friedrich,* ZBB 2013, 153, 155.

628 *Fischer/Steck* in: Berger/Steck/Lübbehüsen InvG, § 96 InvG Rn. 34; *Dornseifer* in: Emde/Dornseifer/Dreibus/Hölscher InvG, § 96 InvG Rn. 69; *Boxberger* in: Moritz/Klebeck/Jesch KAGB, § 112 KAGB Rn. 14f.; *Lorenz* in: Weitnauer/Boxberger/Anders KAGB, § 112 KAGB Rn. 4; *Boxberger,* GWR 2016, 1, 3.

629 *Dornseifer* in: Emde/Dornseifer/Dreibus/Hölscher InvG, § 96 InvG Rn. 69; *Boxberger* in: Moritz/Klebeck/Jesch KAGB, § 112 KAGB Rn. 15; *Mohr,* Die offene Investmentkommanditgesellschaft, S. 102; *Boxberger,* GWR 2016, 1, 3f.; gegen eine laufende Überwachung *Eichhorn,* WM 2016, 145, 149.

630 *Lorenz* in: Weitnauer/Boxberger/Anders KAGB, § 112 KAGB Rn. 8.

631 So aber *Zetzsche,* Prinzipien der kollektiven Vermögensanlage, S. 682, der eine solche Übertragung auch aufgrund der Abbedingung des § 23 Abs. 5 AktG für zulässig hält.

632 So aber wohl *Zetzsche,* Prinzipien der kollektiven Vermögensanlage, S. 682ff., der eine personenidentische Besetzung der Organe der KVG und der Investmentgesellschaft fordert. Dann würde sich allerdings die extern verwaltete InvAG faktisch nur aufgrund der niedrigeren Kapitalanforderungen und der für die Erlaubnis nicht anfallenden Kosten von der intern verwalteten InvAG unterscheiden.

als auch eine Verfügungsbefugnis kraft Gesetz müsste explizit im KAGB geregelt sein[633]. Dies ist auch im sonstigen Recht jeweils ausdrücklich geregelt[634]. Für die InvAG gilt zudem die investmentspezifisch modifizierte Satzungsstrenge und mangels zwingendem investmentspezifischem Grund darf nicht von § 78 Abs. 1 AktG abgewichen werden[635]. Auch aus den Gesetzgebungsunterlagen zum InvG ergibt sich, dass mit der externen Verwaltung keine Änderungen der Organisationsstruktur der InvAG einhergehen und weiterhin die gleichen Rechte und Pflichten innerhalb der Gesellschaftsorgane bestehen sollten[636]. Explizit wurde dort festgestellt, dass die Kapitalanlagegesellschaft, die der heutigen KVG entspricht, nicht die InvAG vertritt[637].

In Betracht kommt jedoch, dass mit der Bestellung der KVG die Verfügungsbefugnis über das Anlagevermögen bzw. die Mittel der InvAG eingeräumt wird. In der Bestellung könnte auch eine rechtsgeschäftliche Bevollmächtigung zur Vornahme der Anlage- und Verwaltungstätigkeiten durch die Investmentgesellschaft liegen. Nach einer Ansicht erfolgt nichts dergleichen, vielmehr ist die Bevollmächtigung separat zu erteilen[638].

Für eine Treuhandkonstruktion mit Bejahung der Verfügungsbefugnis der KVG bezüglich der zu verwaltenden Mittel spricht der Gleichlauf mit dem Sondervermögen[639]. Um eine echte bzw. fiduziarische Treuhand der KVG zu begründen, müsste das Investmentvermögen auf die KVG übertragen werden und ein Treuhandverhältnis vereinbart werden[640]. Da aber die InvAG selbst das Investmentvermögen hält, fehlt es bereits an der Übertragung[641]. Diese kann

---

633 *Mohr,* Die offene Investmentkommanditgesellschaft, S. 83; *Schewe,* Kommanditgesellschaften im Regelungsbereich des Investmentrechts, S. 165ff.; *Böhme,* BB 2014, 2380, 2381; *Eichhorn,* WM 2016, 145, 148.

634 Vgl. § 78 Abs. 1 AktG; § 35 Abs. 1 S. 1 GmbHG oder auch § 1629 BGB.

635 A. A. *Zetzsche,* Prinzipien der kollektiven Vermögensanlage, S. 682.

636 RegE InvÄndG BT-Drs. 16/5576 S. 85.

637 RegE InvÄndG BT-Drs. 16/5576 S. 85.

638 *Boxberger* in: Moritz/Klebeck/Jesch KAGB, § 112 KAGB Rn. 19; zur InvKG: *Mohr,* Die offene Investmentkommanditgesellschaft, S. 83; *Seitz,* Die InvestmentKG, S. 142ff.; ebenfalls zur InvKG: *Schewe,* Kommanditgesellschaften im Regelungsbereich des Investmentrechts, S. 171ff.: *Böhme,* BB 2014, 2380, 2382ff.

639 Vgl. § 93 Abs. 1 KAGB, so wohl auch BaFin zitiert nach *Boxberger* in: Moritz/Klebeck/Jesch KAGB, § 112 KAGB Rn. 18.

640 Vgl. hierzu etwa *Reichert/Weller* in: MüKo GmbHG, Band 1, § 15 GmbHG Rn. 199; *K. Schmidt* in: MüKo HGB, Band 3, § 230 HGB Rn. 50.

641 Dies ergibt sich beispielsweise aus den Rechnungslegungsvorschriften gem. § 120 Abs. 2 KAGB.

auch nicht nur in der Bestellung der KVG gesehen werden. Es fehlt für eine Gleichstellung mit dem Sondervermögen eine dem § 93 Abs. 1 KAGB entsprechende Regelung für Investmentgesellschaften[642], wonach die KVG berechtigt ist im eigenen Namen über die zum Investmentvermögen gehörenden Gegenstände zu verfügen.

Auch aus den Verweisen in § 112 Abs. 1 S. 5 bzw. § 144 S. 5 KAGB[643] auf § 100 KAGB, wonach in den dort genannten Fällen das Verwaltungs- und Verfügungsrecht auf die Verwahrstelle übergeht, ergibt sich nicht, dass die KVG zuvor das Verwaltungs- und Verfügungsrecht innehatte[644]. Dies ist zwar für das Sondervermögen so in § 93 Abs. 1 KAGB geregelt; gerade eine solche explizite Regelung fehlt aber für die Investmentgesellschaften. Vielmehr bedeutet die entsprechende Anwendung für die Investmentgesellschaften, dass die Verwaltungs- und Verfügungsbefugnis der Investmentgesellschaft im Falle der Abwicklung der Verwahrstelle zusteht[645].

Nachteilig wäre zudem, dass die KVG als Rechtsinhaberin Inhaberin der Gegenstände des Investmentvermögens werden würde. Die BaFin geht daher uneinheitlich in den Fällen, in denen eine direkte dingliche Zuordnung zum Vermögen der InvAG ohne Durchgangserwerb erforderlich ist, von einem Handeln im Namen der InvAG aus[646]. Eine solche uneinheitliche Lösung ist mangels Rechtssicherheit abzulehnen. Für die hier vertretene Lösung spricht zudem, dass sich die Teilnehmer im Rechtsverkehr auf die bekannten Regelungen zur Vertretungsmacht und Verfügungsbefugnis kraft Organstellung oder Gesetz verlassen können[647].

Aufgrund dieser Unklarheiten empfiehlt sich de lege ferenda eine eindeutige Regelung, ob die KVG zur Verfügung über das Vermögen der InvAG ermächtigt werden muss bzw. kraft Gesetz hierzu befugt ist oder ob eine gesetzliche Vertretungsmacht besteht beziehungsweise eine Vollmacht erteilt werden muss. Bis dahin empfiehlt es sich, rechtsgeschäftlich die KVG zur Vornahme sämtlicher Rechtsgeschäfte im Namen der InvAG zu bevollmächtigen[648]. Dann kann

---

642 So bereits für die InvKG *Böhme,* BB 2014, 2380, 2384; zustimmend *Casper,* ZHR 179 (2015), 44, 59 sowie *Mohr,* Die offene Investmentkommanditgesellschaft, S. 83.

643 Vgl. für die InvKG: § 129 Abs. 2 und § 154 Abs. 2 KAGB.

644 So auch für die InvKG *Schewe,* Kommanditgesellschaften im Regelungsbereich des Investmentrechts, S. 171f.; *Casper,* ZHR 179 (2015), 44, 59.

645 *Casper,* ZHR 179 (2015), 44, 59

646 BaFin, zitiert nach *Boxberger* in: Moritz/Klebeck/Jesch KAGB, § 112 KAGB Rn. 18; *Boxberger,* GWR 2016, 1, 4.

647 *Casper,* ZHR 179 (2015), 44, 60.

648 So auch mit Verweis auf die Praxis *Böhme,* BB 2014, 2380, 2385.

die KVG alle für die Anlage erforderlichen Verpflichtungs- und Verfügungsgeschäfte im Namen der InvAG vornehmen. Ansonsten bleibt nach wohl h. M. der Vorstand beurkundungspflichtig[649]. Im Falle einer Nichtbeurkundung kommt ein Schadensersatzanspruch gegen den Vorstand in Betracht[650].

Da die Organtätigkeiten bei der InvAG verbleiben, ist die externe Verwaltung nach § 112 Abs. 1 bzw. § 142 Abs. 1 KAGB aus gesellschaftsrechtlicher Sicht unproblematisch. Nach hier vertretener Ansicht besteht zwischen der InvAG und der externen KVG ein schuldrechtlicher Vertrag bezüglich der Übernahme der externen Verwaltung. Für die Vornahme der Verwaltung ist eine Bevollmächtigung der KVG erforderlich.

(3) Rechtsverhältnis der KVG zu den Anlegern

Zwischen der KVG und den Anlegern besteht in der InvAG kein vertragliches Schuldverhältnis, da der Verwaltungsvertrag mit der InvAG geschlossen wird und die Anlagebedingungen das Verhältnis zwischen Anleger und InvAG regeln[651]. In Betracht kommt damit ein gesetzliches Schuldverhältnis[652] oder ein Verwaltungsvertrag zwischen der InvAG und der KVG zugunsten der Anleger[653]. Für einen Vertrag zugunsten Dritter fehlt es allerdings an einem Recht der Anleger, die Leistung, nämlich die Verwaltung verlangen zu können[654]. Dieses Recht soll vielmehr der InvAG zustehen.

Nach § 112 Abs. 1 S. 2 bzw. § 144 S. 2 KAGB obliegen der bestellten externen KVG die allgemeine Verwaltungstätigkeit und insbesondere die Anlage und Verwaltung der Mittel der InvAG. Dadurch könnte durch die Bestellung ein gesetzliches Schuldverhältnis zwischen den Aktionären und der KVG entstehen. Dies ist zu bezweifeln, da der Aktionär nur über seine Aktie als Gesellschaftsanteil an der InvAG beteiligt ist und diese wiederum als eigener Rechtsträger Trägerin des Anlagevermögens ist. Somit besteht gar kein Bedürfnis für ein

---

649 Vgl. zur InvKG *Böhme*, BB 2014, 2380, 2385, wonach das Geschäftsführungsorgan kein Letztentscheidungsrecht hat; zustimmend *Casper*, ZHR 179 (2015), 44, 60; *Zetzsche*, AG 2013, 613, 621 sieht den Vorstand gar als „Beurkundungsautomaten" an.

650 Dies bejaht für die InvKG *Casper*, ZHR 179 (2015), 44, 60.

651 Siehe oben Teil B. V. 3. d.

652 *Fischer/Friedrich*, ZBB 2013, 153, 155f.; *Wallach*, Der Konzern 2007, 487, 493f.; *Wallach*, ZGR 2014, 289, 301.

653 Ebenso diskutiert und abgelehnt für die offene InvKG von *Mohr*, Die offene Investmentkommanditgesellschaft, S. 143f.

654 Vgl. mit demselben Ergebnis zur offenen InvKG *Mohr*, Die offene Investmentkommanditgesellschaft, S. 143f.

gesetzliches Schuldverhältnis zwischen Anleger und KVG[655]. Der Aktionär ist bereits mittelbar durch das Schuldverhältnis zwischen InvAG und KVG ausreichend geschützt. Die externe KVG ist mithin nicht als weiteres Organ der InvAG einzuordnen.

cc. Zwischenergebnis

Im Vergleich zur AG fällt auf, dass sich die intern verwaltete InvAG mit den Regelungen zur Bildung des Betriebsvermögens, welches nicht aus dem Kapital der Anlageaktionäre gebildet werden darf, bereits deutlich von den Regelungen im AktG unterscheidet. Weitaus größere Unterschiede bestehen zur extern verwalteten InvAG. Zwar handelt es sich bei der extern bestellten KVG nicht um ein Organ der InvAG. Allerdings übernimmt die KVG de facto die Geschäftsführungstätigkeit der InvAG[656], auch wenn sie nach hier vertretener Ansicht dazu ermächtigt werden muss.

d. Die Aktionäre

In der InvAG m. v. K. wird zwischen Unternehmensaktionären und Anlageaktionären differenziert. Die Unternehmensaktionäre unterscheiden sich, wie bereits aufgezeigt[657], von den Anlageaktionären insbesondere bezüglich des Teilnahme- und Stimmrechts und des Rückgaberechts. Für die InvAG m. f. K. erfolgt diese Differenzierung nicht.

Bei den Anlageaktionären fällt auf, dass diese nicht grundsätzlich ein Teilnahme- und Stimmrecht an der Hauptversammlung haben. Dies ist nach dem AktG nur bei Vorzugsaktionären der Fall, welche im Gegenzug einen Vorzug erhalten. Bei Anlageaktionären kommt das Rückgaberecht nicht als Ausgleich in Betracht. Schließlich haben auch die Unternehmensaktionäre ein Rückgaberecht. Zwar können die Unternehmensaktionäre ihre Aktien nur unter strengeren Voraussetzungen zurückgeben und die Interessen der Anlageaktionäre sind nach hier vertretener Ansicht vorrangig zu berücksichtigen. Trotzdem kann dies nicht als Ausgleich für das fehlende Stimmrecht gesehen werden. Vielmehr besteht bei der InvAG m. v. K. mit den Anlageaktionären eine besondere

---

655 Zum selben Ergebnis für die KVG der offenen InvKG kommt *Mohr*, Die offene Investmentkommanditgesellschaft, S. 146ff.

656 *Lorenz* in: Weitnauer/Boxberger/Anders KAGB, § 112 KAGB Rn. 5.

657 Vgl. zu den unterschiedlichen Rechten und Pflichten von Unternehmens- und Anlageaktien bereits oben Teil B V. 2. h. bb. (3).

Gattung, welche auf das Vermögensinteresse der Anleger abzielt und ein unternehmerisches Interesse der Anleger negiert[658].

e. *Zwischenergebnis zum Vergleich der Organisationsverfassung der InvAG mit der Organisationsverfassung der AG*

Bereits beim Vergleich der Vorstandsvorschriften zeigen sich Unterschiede im Hinblick auf das Vier-Augen-Prinzip und die – nach hier vertretener Ansicht – Unzulässigkeit der Einzelvertretung, die gesellschaftsrechtlich erforderliche fachliche Eignung und Zuverlässigkeit sowie die Abwandlung der Business-Judgement-Rule. Auch die Aufsichtsräte sind den Aktionärsinteressen und im Speziellen den Anlageaktionärsinteressen verpflichtet. Die gem. § 119 Abs. 3 S. 2 KAGB entsprechende Anwendung des § 18 Abs. 3 S. 1 KAGB geht zwar insoweit fehl, als dass eine Unabhängigkeit von den Aktionären der InvAG wegen des Interessengleichlaufs nicht erforderlich ist. Jedoch unterscheidet sich der Aufsichtsrat der InvAG auch durch diese Regelung von der AG. Für Mitglieder des Vorstands und des Aufsichtsrats der InvAG gilt zudem ein Geschäftsverbot bezüglich des Erwerbs von Gegenständen der InvAG oder einer Veräußerung.

Sowohl die intern verwaltete InvAG, die zugleich KVG ist, als auch die externe InvAG unterscheiden sich sehr deutlich von der normalen AG. Auf die intern verwaltete InvAG sind zusätzlich die aufsichtsrechtlichen Vorschriften der §§ 17ff. KAGB anzuwenden. Die praktisch relevantere extern verwaltete InvAG hat zwar mit der KVG kein weiteres Organ, begibt sich aber mit der in der Praxis erforderlichen Bevollmächtigung zur Wahrnehmung der Geschäftsführungstätigkeit eines bedeutsamen Rechts, um die Zukunft der InvAG mitzugestalten.

Auch die Unterscheidung in Anlage- und Unternehmensaktionäre in der InvAG m. v. K. ist im Vergleich zur AG einmalig. Insgesamt sprechen auch diese Unterschiede in der Organisationsverfassung für eine eigene Gesellschaftsform.

5. Die Finanzverfassung der InvAG im Vergleich zu derjenigen der AG

a. *Vergleich der Finanzverfassungen der AG und der InvAG m. v. K.*

Gem. § 1 Abs. 2 AktG hat die Aktiengesellschaft ein in Aktien zerlegtes Grundkapital. Die Überschrift des § 1 AktG lautet „Wesen der Aktiengesellschaft". Bereits aus diesem Wortlaut ergibt sich, dass es sich beim Grundkapital der AG um ein

---

658 RegE InvÄndG BT-Drs. 16/5576 S. 83; *Herrmann* in: Baur/Tappen KAGB, § 109 KAGB Rn. 17.

wesentliches Merkmal der Aktiengesellschaft handelt. Im Folgenden wird daher untersucht, ob sich das Gesellschaftskapital in der offenen InvAG derart vom Grundkapital unterscheidet, dass es an einem wesentlichen Merkmal der AG fehlt. Teilweise wird bereits in der Abkehr vom Grundkapital das Fehlen eines wesentlichen Elementes der Aktiengesellschaft gesehen[659]. Zunächst wird die begriffliche Differenzierung erörtert. Anschließend soll anhand des Wortlauts und den jeweiligen Regelungen zur Kapitalaufbringung und Kapitalerhöhung und -herabsetzung untersucht werden, ob der InvAG ein wesentliches Merkmal fehlt. Außerdem werden die Unterschiede bei der Angabe der Finanzverfassung auf Geschäftsbriefen, der Bilanzierung des Grund- bzw. Gesellschaftskapitals und der Eintragung im Handelsregister herausgearbeitet.

aa. Die begriffliche Differenzierung: Gesellschafts- und Grundkapital

Die offene InvAG wurde, um die Rückgabemöglichkeit einzuräumen, gem. § 104 Abs. 1 InvG 2003 als Gesellschaft mit einem veränderlichen, statutarisch genehmigten Grundkapital mit einem satzungsmäßig festgelegten Mindest- und Höchstkapital konzipiert. Seit dem InvÄndG im Jahre 2007 wurde das statutarisch genehmigte Grundkapital bei der InvAG m. v. K. durch den Begriff „Gesellschaftskapital" ersetzt[660]. Diese Bezeichnung findet sich auch im KAGB für die InvAG m. v. K. wieder[661], während bei der InvAG m. f. K. keine vergleichbare Regelung zu finden ist. Bei der InvAG m. v. K. soll gerade durch den Begriff Gesellschaftskapital unterstrichen werden, dass im Gegensatz zur AG bei der InvAG m. v. K. kein starres Grundkapital, sondern ein variables Kapital besteht[662]. Das Gesellschaftskapital ist in § 109 Abs. 1 S. 3 KAGB als Vermögen der InvAG m. v. K. legaldefiniert.

bb. Die Regelungen des AktG zum Grundkapital und deren Auswirkungen auf die Gründung

Das Grundkapital der AG ist eine in der Satzung festgelegte Ziffer, welche von den Aktionären mindestens bei bzw. nach der Gründung aufzubringen ist[663]. Gem.

---

659 *Fock/Hartig* in: Festschrift Spiegelberger, S. 653, 658f., 661, 664.

660 § 104 InvG in der Fassung vom 28.12.2007.

661 §§ 109 Abs. 1, 110 Abs. 1, 115, 116, 118 Abs. 2 KAGB.

662 RegE InvÄndG BT-Drs. 16/5576 S. 83f.

663 Statt aller vgl. *Koch* in: Hüffer/Koch AktG, § 1 AktG Rn. 10f.; *Fock* in: Spindler/Stilz AktG, Band 1, § 1 AktG Rn. 83f.; *K. Schmidt,* Gesellschaftsrecht, § 26 IV 1a; sowie vgl. die folgenden Ausführungen.

§ 6 AktG lautet das Grundkapital auf einen bestimmten Nennbetrag in Euro, wobei der Mindestnennbetrag gem. § 7 AktG 50.000 Euro beträgt. Nach dem in der AG geltenden sogenannten „Grundsatz der realen Kapitalaufbringung" wird durch verschiedene Regelungen des Aktienrechts für eine tatsächliche und vollständige Aufbringung des Grundkapitals durch die Gründer gesorgt[664]:

Bereits für die Errichtung der AG, wodurch die Vor-AG entsteht, ist die Feststellung der Satzung gem. §§ 2, 23 AktG sowie die Übernahme aller Aktien durch die Gründer gem. § 29 AktG erforderlich[665]. Mit der Übernahme wird die Verpflichtung der Gründer zur Leistung der Einlage begründet[666]. § 9 AktG bestimmt, dass der geringste Ausgabetrag für Aktien der AG mindestens so hoch wie der Nennbetrag oder der auf die Aktien entfallende Anteil des Betrags des Grundkapitals sein muss. Zwar muss die Einlage für die Anmeldung der AG häufig nicht vollständig erbracht werden. Bei der Bargründung ist für die Anmeldung der AG gem. §§ 36 Abs. 2, 36a Abs. 1 AktG nur ein Teil der Einlagen zu leisten. Sacheinlagen sind gem. §§ 36 Abs. 2, 36a Abs. 2 S. 1 AktG sofort zu leisten, sofern es sich aber um eine Verpflichtung zur Übertragung eines Gegenstands handelt, ist nach der wohl h. M. die Sacheinlage innerhalb von fünf Jahren nach Eintragung der AG zu leisten[667]. Jedoch stellen weitere Vorschriften – wie etwa §§ 54, 66 AktG – klar, dass die Gründer zur Leistung der Einlage verpflichtet sind. Zudem haften die Gründer gem. § 46 AktG, Personen, für deren Rechnung die Gründer Aktien übernommen haben, gem. § 46 Abs. 5 AktG, andere Personen gem. § 47 AktG und Vorstands- und Aufsichtsratsmitglieder sowie Gründungsprüfer gem. § 49 AktG gegenüber der AG für Gründungsmängel. Sinn und Zweck der Vorschriften zur Haftung für Gründungsmängel ist ebenfalls die reale Kapitalaufbringung[668]. Diese wird zudem durch die Ausfallhaftung der Gründer unter den Voraussetzungen des § 46 Abs. 4 AktG gesichert. Des

---

664 Vgl. hierzu im Einzelnen die aufgezählten Normen bei *Pentz* in: MüKo AktG, Band 1, § 27 AktG Rn. 5.

665 Vgl. etwa *Braunfels* in: Heidel Aktienrecht, § 29 AktG Rn. 1; *Heidinger* in: Spindler/Stilz AktG, Band 1, § 41 AktG Rn. 25.

666 Klarstellend etwa *Koch,* Gesellschaftsrecht, § 31 Rn. 20.

667 *Wardenbach* in: Henssler/Strohn, § 36a AktG Rn. 5; *Koch* in: Hüffer/Koch AktG, § 36a AktG Rn. 4; a. A. *Döbereiner* in: Spindler/Stilz AktG, Band 1, § 36a AktG Rn. 10f.; *K. Schmidt,* Gesellschaftsrecht, § 27 II 2. h) Fn. 8 m. w. N.; differenzierter *Röhricht* in: Hopt/Wiedemann Großkomm. AktG, Band 1, § 36a AktG Rn. 10ff.; ausführliche Darstellung bei *Cavin,* Kapitalaufbringung in GmbH und AG, S. 68–88.

668 BGHZ 64, 52, 59; *Pentz* in: MüKo AktG, Band 1, § 27 AktG Rn. 5; *Solveen* in: Hölters AktG, § 46 AktG Rn. 2; *Koch* in: Hüffer/Koch AktG, § 1 AktG Rn. 11.

Weiteren dienen die Regelungen zur Sacheinlage und Sachübernahme gem. § 27 Abs. 1, 2 AktG, zur verdeckten Sacheinlage gem. § 27 Abs. 3 AktG, zum Hin- und Herzahlen gem. § 27 Abs. 4 AktG sowie zur Nachgründung gem. § 52 AktG dem Grundsatz der realen Kapitalaufbringung[669]. Zahlt ein Aktionär seine Einlage nach Aufforderung des Vorstandes gem. § 63 Abs. 1 AktG nicht rechtzeitig ein, so besteht die Möglichkeit der Kaduzierung gem. § 64 AktG. Dabei haftet der ausscheidende Aktionär weiterhin der Gesellschaft gegenüber nach § 64 Abs. 4 AktG nachrangig und gem. § 65 AktG können Vormänner in Anspruch genommen werden. Zusammenfassend handelt es sich beim Grundkapital somit um eine feste Ziffer, deren Mindestbetrag 50.000 Euro beträgt und die nach dem Grundsatz der realen Kapitalaufbringung zumindest im Rahmen der Gründung aufgebracht werden muss.

cc. *Die Regelungen des KAGB zum Gesellschaftskapital und deren Auswirkungen auf die Gründung*

(1) Das Gesellschaftskapital der InvAG als variable Ziffer

In der Satzung einer InvAG m. v. K. ist gem. § 110 Abs. 1 S. 1 KAGB festzuhalten, dass das Gesellschaftskapital dem Wert des Gesellschaftsvermögens entspricht[670]. § 110 Abs. 1 S. 2 KAGB legt zudem fest, dass sich der Wert des Gesellschaftsvermögens ermitteln lässt, indem die Summe der jeweiligen Verkehrswerte der Vermögensgegenstände der InvAG abzüglich der Verbindlichkeiten der InvAG gebildet wird. Es handelt sich um ein veränderliches, „atmendes" Gesellschaftskapital[671]. Somit unterscheidet sich die InvAG m. v. K. neben der begrifflichen Differenzierung dadurch von der AG, dass nicht eine starre Größe das Grundkapital bildet[672]. Im Falle der internen Verwaltung der InvAG wird das Gesellschaftsvermögen aus Betriebs- und Anlagevermögen gebildet[673]. Aus § 116 Abs. 1 KAGB ergibt sich zudem, dass statutarisch ein Mindest- und

---

669 BGHZ 170, 47, 51f. Rn. 11; BGHZ 110, 47, 64; *Pentz* in: MüKo AktG, Band 1, § 27 AktG Rn. 5; *Koch* in: Hüffer/Koch AktG, § 1 AktG Rn. 11; *Bayer* in: K. Schmidt/Lutter, § 52 AktG Rn. 2; *Benz* in: Spindler/Stilz AktG, Band 1, § 27 AktG Rn. 2.

670 Diese Regelung entspricht dem § 96 Abs. 1a InvG, der mit dem InvÄndG vom 21.12.2007 (BGBl. I 2007, S. 3089, 3116) eingefügt wurde.

671 *Lorenz* in: Weitnauer/Boxberger/Anders KAGB, § 110 KAGB Rn. 2; vgl. bereits zum variablen Grundkapital nach dem InvModG *Baums/Kiem* in: Festschrift Hadding, S. 741, 750; *Steck/Schmitz,* AG 2004, 658, 658, 660.

672 Vgl. bei der AG § 6 AktG.

673 Siehe oben, Teil B. V. 4. c. aa.

Höchstkapital für die Ausgabe und Rücknahme von Aktien festzulegen ist. Dies hat jedoch lediglich Einfluss auf die Möglichkeit der Ausgabe und Rücknahme. Das Gesellschaftskapital kann auch unter dem Mindestkapital liegen[674]. Festzuhalten ist daher, dass es sich nicht um eine feste, sondern um eine komplett variable Ziffer handelt.

(2) Der Grundsatz der realen Kapitalaufbringung

Bei der Gründung der InvAG m. v. K. müssen die Gründer gem. § 109 Abs. 2 S. 1 KAGB gegen Leistung der erforderlichen Einlagen Unternehmensaktien übernehmen. Auch hier entsteht bereits durch die Übernahme der Unternehmensaktien die Verpflichtung zur Leistung der Einlagen[675]. Gem. § 109 Abs. 4 KAGB dürfen Aktien nur gegen die volle Leistung des Ausgabepreises ausgegeben werden. Nach der zu Recht vertretenen h. M. stellt § 109 Abs. 4 KAGB eine Spezialregelung zu § 36a AktG dar[676]. Damit ist der volle Ausgabetrag einzuzahlen. Sacheinlagen sind für Publikums-InvAGen m. v. K. nach § 109 Abs. 5 KAGB ebenfalls unzulässig. Das Verbot umfasst auch verdeckte Sacheinlagen[677], während Sachübernahmen nach h. M. richtigerweise als zulässig eingeordnet werden. Die Sachübernahmen und auch die bei der Spezial-InvAG zulässigen Sacheinlagen gefährden aber nicht den Grundsatz der realen Kapitalaufbringung, da das Marktgerechtigkeitsprinzip für die InvAG gilt und zusätzlich die allgemeinen aktienrechtlichen Vorschriften diesbezüglich anwendbar sind[678].

Während bei der AG ebenfalls keine Ausfallhaftung für nicht eingezahlte Einlagen besteht[679], sorgt die in § 93 Abs. 7 KAGB geregelte Ausfallhaftung der KVG, die gem. § 108 Abs. 4 KAGB für die extern verwalteten InvAG m. v. K. entsprechend anwendbar ist, für einen zusätzlichen Schutz bei der Kapitalaufbringung. Im Ergebnis ergibt sich aus § 109 Abs. 4 KAGB als lex specialis gegenüber § 36a Abs. 1 AktG, dem Sacheinlageverbot gem. § 109 Abs. 5 AktG und der

674 Siehe unten, Ausführungen zur Unterschreitung des Mindestkapitals in Teil B. V. 5 a. cc. (3) (b) (bb).

675 Vgl. oben Ausführungen zur AG Teil B. V. 5 a. bb.

676 Siehe oben Teil B. V. 1. f. zur Aufbringung des eingeforderten Betrags nach § 109 Abs. 4 KAGB bzw. § 141 Abs. 1 KAGB als lex specialis zu § 36a AktG.

677 Siehe oben Teil B. V. 1. d. aa.

678 Siehe oben Teil B. V. 1. d. bb.

679 Es ist lediglich eine Kaduzierung möglich nach § 64 AktG und es besteht eine Haftung der Vormänner gem. § 65 AktG; a. A. wohl *Zetzsche,* AG 2013, 613, 615f. und Fn. 44, § 69 Abs. 2 AktG bezieht sich allerdings nicht auf Aktionäre, sondern lediglich auf Mitinhaber einer Aktie.

Ausfallhaftung der KVG ein höherer und im Übrigen gleichwertiger Kapitalschutz wie im AktG. Der Grundsatz der realen Kapitalaufbringung ist somit in der InvAG m. v. K. noch stärker gewährleistet.

(3) Die Höhe des Gesellschaftskapitals bei der Gründung

Die Höhe des Gesellschaftskapitals ist in den Allgemeinen Vorschriften zur InvAG m. v. K. nicht speziell geregelt. Gem. § 116 Abs. 1 KAGB ist das Mindest- und Höchstkapital der InvAG m. v. K. in der Satzung festzulegen.

(a) Der Mindestnennbetrag des Grundkapitals als Mindestbetrag des Mindestkapitals

Mangels spezieller Vorschriften könnte gem. § 108 Abs. 2 KAGB das AktG anwendbar sein. Nach dessen § 7 beträgt der Mindestnennbetrag des Grundkapitals der AG 50.000 Euro. Hier ist bereits problematisch, dass das KAGB in den §§ 108–123 KAGB nicht vom Grundkapital spricht. Der Gesetzgeber wollte ja gerade verdeutlichen, dass es sich bei dem Gesellschaftskapital nicht um ein Grundkapital handelt[680]. In der Literatur wird, sofern keine spezielleren Vorschriften des KAGB vorhanden sind, für die Höhe des Mindestkapitals auf den aktienrechtlich vorgeschriebenen Mindestnennbetrag des Grundkapitals abgestellt[681]. Somit müsste bei entsprechender Anwendung das Mindestkapital der InvAG m. v. K. 50.000 Euro betragen. Für eine entsprechende Anwendung spricht auch der Sinn und Zweck des § 7 AktG. Durch die vorgeschriebene Mindesthöhe des bei der Gründung der AG aufzubringenden Grundkapitals kaufen sich die Gründer der AG von ihrer persönlichen Haftung frei, indem sie diese Summe als anfängliches Mindesthaftkapital zur Verfügung stellen[682]. Bei der InvAG ist für die Gründung ebenfalls das Gesellschaftskapital aufzubringen. Der Sinn und Zweck des § 7 AktG ist auch auf die InvAG m. v. K. übertragbar, da sich die Gründer durch die Schaffung einer juristischen Person ebenfalls von einer persönlichen Haftung freikaufen.

Zu beachten ist allerdings, dass in der AG das Gesellschaftsvermögen den Mindestnennbetrag unterschreiten darf, da das Grundkapital lediglich eine zu passivierende Ziffer ist, die als eine Art „bilanztechnischer Sparstrumpf" bezeichnet werden kann[683]. Der Betrag wird zwar im Rahmen der Gründung

---

680 RegE InvÄndG BT-Drs. 16/5576 S. 83f.

681 *Müchler*, Die Investmentaktiengesellschaft mit veränderlichem Kapital, S. 59.

682 Vgl. *Fischer* in: Heidel Aktienrecht, § 7 AktG Rn. 2.

683 *Fock* in: Spindler/Stilz AktG, Band 1, § 1 AktG Rn. 85; *Wiedemann*, Gesellschaftsrecht Band 1, § 10 IV 1.

der AG aufgebracht, jedoch muss die AG ihn nicht jederzeit als Haftsumme vorhalten. Vielmehr kann dieser Betrag aufgebraucht werden, sodass der Wert des Gesellschaftsvermögens auch unter den Wert des Nennbetrags und somit auch unter den Mindestnennbetrag gem. § 7 AktG fallen kann[684].

Zwar ist im KAGB geregelt, dass der Betrag des Gesellschaftskapitals jederzeit dem Gesellschaftsvermögen zu entsprechen hat (§ 110 KAGB) und dass die InvAG m. v. K. in den Grenzen eines satzungsmäßig festzulegenden Mindest- und Höchstkapitals Aktien ausgeben und zurücknehmen darf (§ 116). Dies bedeutet allerdings nicht, dass das Gesellschaftskapital nicht unter den Wert des Mindestkapitals sinken darf. Sofern dies jedoch der Fall ist, dürfen gem. § 116 Abs. 1 KAGB lediglich keine Aktien zurückgenommen werden[685]. Wie *Fromm* bereits richtigerweise für die Vorgängervorschrift des § 105 InvG dargelegt hat, hat das Mindestkapital lediglich Auswirkungen auf die Rücknahme, während das Höchstkapital für die Ausgabe weiterer Aktien maßgeblich ist[686]. Die Regelung des § 116 KAGB und somit auch das satzungsmäßig festzulegende Mindestkapital gem. § 116 Abs. 1 KAGB dient der Kapitalerhaltung. Sie ist in der Zielrichtung mit derjenigen der aktienrechtlichen Regelung des § 7 AktG i. V. m. § 241 Nr. 1 AktG vergleichbar, wonach eine aktive Kapitalherabsetzung unter den Mindestnennbetrag des § 7 AktG unwirksam ist. Bei der InvAG ist andererseits eine passive Kapitalherabsetzung durch einen Wertverlust der Aktien möglich. Zudem ist der Zweck des § 116 KAGB vergleichbar mit demjenigen des § 71 Abs. 2 S. 2 AktG. Der zulässige Erwerb eigener Aktien gilt zwar nicht als verbotene Einlagenrückgewähr im Sinne des § 57 Abs. 1 S. 1 AktG, hingegen ist im AktG der rechtsgeschäftliche entgeltliche Erwerb eigener Aktien regelmäßig gem. § 71 Abs. 2 S. 2 AktG nur zulässig, wenn das Entgelt ohne das Grundkapital anzutasten entrichtet werden kann. § 71 i. V. m. § 7 AktG legt somit fest, dass ein Erwerb eigener Aktien nicht mehr möglich ist, wenn das Gesellschaftsvermögen den Mindestnennbetrag des Grundkapitals unterschreitet. In diesem Fall ist der Erwerb eigener Aktien nur unentgeltlich oder im Wege der Gesamtrechtsnachfolge möglich. Der Erwerb mittels Kapitalherabsetzung kommt wegen § 7 AktG ebenfalls nicht mehr in Betracht. Somit ist auch die Zielrichtung des § 116 KAGB mit den aktienrechtlichen Regelungen, insbesondere § 7 und § 71 AktG vergleichbar. Dies spricht dafür, dass das Mindestkapital des KAGB, um einen gleichwertigen Gläubigerschutz wie in der AG zu erreichen, zumindest dem Mindestnennbetrag gem. § 7 AktG entsprechen sollte.

---

684 *Fischer* in: Heidel Aktienrecht, § 6 AktG Rn. 3; *Fischer* in: Heidel Aktienrecht, § 7 AktG Rn. 2.

685 A. A. *Blenk*, Die Mitgliedschaft in der Investmentaktiengesellschaft S. 60f.

686 *Fromm*, Die Investmentaktiengesellschaft mit veränderlichem Kapital, S. 63.

Dafür, dass das Mindestkapital 50.000 Euro betragen sollte, spricht auch § 116 Abs. 2 S. 3 letzter Hs. KAGB. Hiernach ist die Rückgabe von Unternehmensaktien einer extern verwalteten InvAG m. v. K. ausgeschlossen, sofern bezogen auf alle Unternehmensaktien die Einlagen den Betrag von 50.000 Euro unterschreiten. Ausweislich der Gesetzgebungsmaterialien wird auf den Mindestnennbetrag des AktG Bezug genommen[687]. Hieraus ergibt sich, dass das Gesetz voraussetzt, dass auf Unternehmensaktien mindestens eine Einlage von 50.000 Euro zu leisten ist, um für Unternehmensaktien die Rückgabemöglichkeit zu eröffnen. Darüber hinaus spricht die fehlende Regelung bezüglich des Ausschlusses der Rückgabemöglichkeit der Anlageaktionäre, sofern das Gesellschaftsvermögen 50.000 Euro unterschreitet, dafür, dass die Rückgabemöglichkeit bereits gem. 116 Abs. 1 KAGB durch die Grenze des Mindestkapitals ausgeschlossen ist. Somit ist § 7 AktG anwendbar, sofern keine spezielleren Vorschriften eingreifen und das Mindestkapital bei der InvAG beträgt mindestens 50.000 Euro. Das Mindestkapital wird – im Gegensatz zum Grundkapital der AG – nicht bilanziert[688].

(b) Das Anfangskapital nach den allgemeinen Bestimmungen für Investmentvermögen gem. § 25 KAGB als Mindestkapital i. S. d. § 116 KAGB?

(aa) Anwendbarkeit des § 25 KAGB

Mangels spezieller Vorschriften zum Mindestkapital könnte auf das Anfangskapital für KVGen abgestellt werden. Für den Gesetzgeber ist selbstverständlich, dass § 25 KAGB auf die intern verwaltete InvAG m. v. K. anwendbar ist[689]. Auch in der Literatur wird dies, soweit ersichtlich, nicht in Frage gestellt. Zwar verweist § 108 Abs. 2 KAGB auf das AktG, sofern sich in den Vorschriften der §§ 108–123 KAGB nichts anderes ergibt, sodass § 7 AktG für die Höhe des Mindestkapitals einschlägig sein könnte. Jedoch handelt es sich bei den Vorschriften der §§ 17ff. KAGB um allgemeine, vor die Klammer gezogene Vorschriften des KAGB, sodass diese ebenfalls, sofern sie Auswirkungen auf das Gesellschaftsrecht haben, spezieller als die Vorschriften des AktG und zusätzlich zu beachten sind. § 25 KAGB steht in „Kapitel 1 Allgemeine Vorschriften für Investmentvermögen und Verwaltungsgesellschaften und dort wiederum in „Abschnitt 2 Kapitalverwaltungsgesellschaften Unterabschnitt 1 Erlaubnis". § 25 KAGB ist somit

---

687 RegE AIFM-UmsG BT-Drs. 17/12294 S. 239 zu § 116.

688 Vgl. zur Bilanzierung des Grundkapitals und des Gesellschaftskapitals unten Teil B. V. 5. a. ff.

689 Bundesministerium der Finanzen, DiskE AIFM-UmsG S. 407; RegE AIFM-UmsG BT-Drs. 17/12294 S. 239.

auf alle KVGen anwendbar[690]. Hinzu kommt, dass § 114 S. 1 KAGB und § 145 S. 1 KAGB, die die Anzeigepflicht bei einer Unterschreitung des Gesellschaftsvermögens unter den Wert des Anfangskapitals gem. § 25 KAGB normieren, ebenfalls die Anwendung der Vorschriften des Abschnitts Kapitalverwaltungsgesellschaften voraussetzen[691].

Sofern es sich bei der InvAG m. v. K. um eine KVG handelt, bedarf deren Geschäftsbetrieb somit gem. § 20 KAGB der Erlaubnis der BaFin. Hierfür ist jeweils ein Erlaubnisantrag gem. § 21 bzw. gem. § 22 KAGB zu stellen. Diese sehen jeweils in Abs. 1 Nr. 1 vor, dass die zum Geschäftsbetrieb erforderlichen Mittel nach § 25 KAGB nachgewiesen werden. Mithin bedarf die intern verwaltete InvAG m. v. K. der Erlaubnis gem. § 20 i. V. m. § 21 bzw. § 22 KAGB, sodass das Anfangskapital gem. § 25 KAGB für die Erlaubnis des Geschäftsbetriebs nachgewiesen werden muss. Das Anfangskapital ist in § 1 Abs. 19 Ziff. 1 KAGB definiert. Beim Anfangskapital im Sinne des KAGB handelt es sich um das eingezahlte Grundkapital ohne Berücksichtigung der Vorzugsaktien, zuzüglich der Rücklagen. Auch hier ist lediglich vom Grundkapital die Rede, mangels anderer Regelungen ist diese Vorschrift auf das Gesellschaftskapital zu übertragen[692]. Dementsprechend handelt es sich beim Anfangskapital der internen InvAG m. v. K. mangels vorhandener Vorzugsaktien[693] um das von den Gründern eingezahlte Kapital zuzüglich der Rücklagen[694]. Hiernach hat das Gesellschaftskapital der InvAG zum Zeitpunkt der Beantragung der Erlaubnis des Geschäftsbetriebs mindestens den Vorgaben des § 25 KAGB – also gem. Abs. 1 Nr. 1 a) 300.000 Euro, gegebenenfalls zuzüglich zusätzlicher Eigenmittel[695] – zu entsprechen[696].

690 Ebenfalls für eine Anwendung der allgemeinen Vorschriften *Döser* in: Patzner/Döser/Kempf, § 108 KAGB Rn. 1.

691 *Herrmann* in: Baur/Tappen KAGB, § 114 KAGB Rn. 1; *Silberberger/Lorenz* in: Weitnauer/Boxberger/Anders KAGB, § 145 KAGB Rn. 1 erkennt in § 145 KAGB ebenfalls eine Verweisfunktion.

692 Diese fehlende Kompatibilität beklagt bereits im InvG *Sachtleber,* Zivilrechtliche Strukturen von open-end-Investmentfonds in Deutschland und England, S. 108; *Eckhold,* ZGR 2007, 654, 671.

693 Vgl. zur Begebung von Aktien unterschiedlicher Gattungen, insbesondere Stamm- oder Vorzugsaktien als Aktiengattungen bereits oben Teil B. V. 2. h. bb. (2), zu den spezielleren Aktiengattungen in der InvAG m. v. K. Vgl. Teil B. V. 2. h. bb. (3).

694 So auch zum ähnlich lautenden § 2 Abs. 23 InvG *Dornseifer* in: Emde/Dornseifer/Dreibus/Hölscher InvG, § 96 InvG Rn. 78.

695 § 25 Abs. 1 Nr. 2, Abs. 2–8 KAGB.

696 So im Ergebnis auch *Müchler,* Die Investmentaktiengesellschaft mit veränderlichem Kapital, S. 59.

(bb) Entspricht das Mindestkapital dem Anfangskapital?

Es stellt sich darüber hinaus die Frage, ob das Anfangskapital dem Mindestkapital entspricht. Teilweise wird in der Literatur das Anfangskapital dem Mindestkapital gleichgesetzt[697]. *Herrmann* spricht sogar vom nach § 25 KAGB erforderlichen „Mindestanfangskapital“[698]. Zu § 105 InvG in der Fassung vom 15.12.2003 vertritt dagegen *Fromm* die Ansicht, dass das satzungsmäßig festzulegende Mindestkapital nicht dem „Mindestgrundkapital“ nach § 97 InvG – also dem Anfangskapital – entspricht, vielmehr empfiehlt *Fromm* ein höheres in der Satzung statuiertes Mindestkapital[699]. Bereits hier wird deutlich, dass die Terminologie nicht immer eindeutig verwendet wird. In dieser Arbeit werden nur die im Gesetz festgelegten Begriffe, nämlich Mindestkapital und Anfangskapital verwendet. Nach der wohl h. M. in der Kommentarliteratur zum AktG, die sich nicht speziell mit der InvAG auseinandersetzt, ist das Anfangskapital, wie andere Vorschriften, die eine höhere Kapitalausstattung der AG verlangen, lediglich eine aufsichtsrechtliche Vorgabe bezüglich der Kapitalausstattung[700]. Auch *Fischer* vertritt diese Ansicht zum früheren InvG[701].

697 So wohl *Herrmann* in: Baur/Tappen KAGB, § 116 KAGB Rn. 3; *Boxberger* in: Moritz/Klebeck/Jesch KAGB, § 116 KAGB Rn. 3; *Dornseifer* in: Emde/Dornseifer/Dreibus/Hölscher InvG, § 96 InvG, dessen Überschrift X. lautet „Anfangskapital, Mindestkapital und korrespondierende Anzeigepflichten“ und sich auf § 96 Abs. 5 und 6 bezieht; eindeutig in *Dornseifer* in: Emde/Dornseifer/Dreibus/Hölscher InvG, § 105 InvG Rn. 2; *Fromm,* Die Investmentaktiengesellschaft mit veränderlichem Kapital, S. 22; *Dornseifer,* AG 2008, 53, 62; *Zetzsche,* AG 2013, 613, 616f.

698 *Herrmann* in: Baur/Tappen KAGB, § 109 KAGB Rn. 9.

699 *Fromm,* Die Investmentaktiengesellschaft mit veränderlichem Kapital, S. 62ff.

700 Vgl. *Westermann* in: Bürgers/Körber AktG, § 7 AktG Rn. 2; *Heider* in: MüKo AktG, Band 1, § 10 AktG Rn. 15, 18; *Brändel* in: Hopt/Wiedemann Großkomm. AktG, Band 1, § 7 AktG Rn. 22f.; *Koch* in: Hüffer/Koch AktG, § 7 AktG Rn. 6; *Fleischer* in: K. Schmidt/Lutter, § 7 AktG Rn. 6; zumindest die gesellschaftsrechtlichen Konsequenzen bei Unterschreitung verneint *Drescher* in: Spindler/Stilz AktG, Band 1, § 7 AktG Rn. 2; a. A. wohl *Solveen* in: Hölters AktG, § 7 AktG Rn. 2, der von einem spezialgesetzlich höheren Mindestnennbetrag spricht.

701 *Fischer,* Die Investmentaktiengesellschaft aus aufsichtsrechtlicher und gesellschaftsrechtlicher Perspektive, S. 26ff. mit sehr anschaulichem Beispiel zur Rechtslage im InvG a. F. mit Grundkapital.

Gegen eine Gleichsetzung könnte zunächst der Wortlaut sprechen. Das KAGB spricht einerseits ausdrücklich vom Mindestkapital[702] und Anfangskapital[703]. Da sich die Regelungen zum Anfangskapital bei der InvAG m. v. K. wie dargelegt nur auf die Anforderungen des § 25 KAGB für KVGen beziehen, kommt nur bei der intern verwalteten InvAG m. v. K. eine Gleichsetzung von Anfangs- und Mindestkapital in Betracht. Indessen ist für eine Gleichsetzung von Anfangs- und Mindestkapital anzuführen, dass der Wortlaut in § 109 Abs. 2 S. 1 KAGB, der von den Gründern der InvAG m. v. K. als „Personen, die die InvAG m. v. K. unter Leistung der *erforderlichen Einlagen* gründen," spricht, an den Wortlaut der §§ 21 Abs. 1 Nr. 1, 22 Abs. 1 Nr. 1 KAGB erinnert, die von den „*erforderlichen Mitteln* nach § 25 KAGB" sprechen. Allerdings wurden lediglich ähnliche aber zugleich unterschiedliche Bezeichnungen gewählt.

Gegen eine Gleichsetzung könnte zudem sprechen, dass das Gesellschaftskapital wie aufgezeigt unter das Mindestkapital fallen kann, ohne dass die Existenz der InvAG m. v. K. gefährdet ist. Eine Unterschreitung des Mindestkapitals hat lediglich zur Folge, dass gem. § 116 Abs. 1 KAGB keine Rücknahme von Aktien möglich ist. Dies würde zwar für die Aktionäre eine starke Einschränkung bedeuten, allerdings würde aus gesellschaftsrechtlicher Sicht erst mit Eröffnung des Insolvenzverfahrens oder Ablehnung der Eröffnung des Insolvenzverfahrens mangels Masse ein Auflösungsgrund gem. § 262 Abs. 1 Nr. 2 bzw. 3 AktG vorliegen.

Zwar ist es auch möglich, dass das Gesellschaftsvermögen unter das Anfangsvermögen fällt. Dies ergibt sich im Umkehrschluss aus § 114 KAGB, der für die intern verwaltete InvAG m. v. K. eine Anzeigepflicht gegenüber der BaFin sowie den Aktionären beim Unterschreiten der erforderlichen Mittel nach § 25 KAGB vorsieht. Sinn und Zweck ist die rechtzeitige Kenntnis der Aktionäre sowie der BaFin über eine Fehlentwicklung[704]. Die BaFin kann jedoch daraufhin nach Maßgabe des § 39 Abs. 3 Nr. 2 KAGB die Erlaubnis der intern verwalteten InvAG m. v. K. aufheben. Diese Entscheidung liegt im Ermessen der BaFin („kann"). Hier zeigt sich, dass bereits das Unterschreiten des Anfangskapitals erhebliche *aufsichtsrechtliche Konsequenzen*, nämlich sogar die Aufhebung der Erlaubnis, nach sich ziehen kann[705].

702 § 116 KAGB.

703 Vgl. §§ 1 Abs. 19 Nr. 1, 23 Nr. 1, 25, 68 Abs. 5, 69 Abs. 2, 80 Abs. 2 Nr. 3, 114, 116 Abs. 2, 130, 133 Abs. 1, 145, 155 KAGB.

704 *Herrmann* in: Baur/Tappen KAGB, § 114 KAGB Rn. 5.

705 Vgl. hierzu auch allgemeiner *Brändel* in: Hopt/Wiedemann Großkomm. AktG, Band 1, § 7 AktG Rn. 23.

Erst mittelbar könnte die Unterschreitung des Anfangskapitals *gesellschaftsrechtliche Konsequenzen*, etwa die Nichtigkeit der Satzungsbestimmung über den Unternehmensgegenstand oder die Abwicklung, nach sich ziehen:

In Betracht kommt zum einen eine spezialgesetzliche Rechtsfolge, nämlich die aufsichtsrechtliche Entscheidung der BaFin, dass die Abwicklung der Gesellschaft zu erfolgen hat. Gem. § 39 Abs. 4 KAGB ist § 38 des KWG entsprechend anwendbar. Hiernach (Abs. 1 S. 1 KWG) kann die BaFin bestimmen, dass die intern verwaltete InvAG m. v. K. abzuwickeln ist. Diese Ermessensentscheidung („kann") wirkt nach § 38 Abs. 1 S. 2 KWG wie ein Auflösungsbeschluss. Somit hat die Unterschreitung des Anfangskapitals letztendlich zur Folge, dass es im Ermessen der BaFin liegt, ob die Erlaubnis aufgehoben wird und anschließend sogar, ob die Abwicklung der intern verwalteten InvAG zu erfolgen hat.

Zum anderen kommt die Nichtigkeit der Satzung gem. § 134 BGB hinsichtlich des festgelegten Unternehmensgegenstandes, der mangels fehlender Erlaubnis der BaFin nicht mehr von der InvAG m. v. K. ausgeführt werden kann, in Betracht[706]. Gem. § 20 Abs. 1 KAGB bedarf der Geschäftsbetrieb einer KVG der Erlaubnis der BaFin. Satzungsmäßig festgelegter Unternehmensgegenstand der InvAG m. v. K. darf gem. § 110 KAGB ausschließlich die Anlage und Verwaltung ihrer Mittel nach einer festen Anlagestrategie und dem Grundsatz der Risikomischung zur gemeinschaftlichen Anlage i. S. d. § 110 S. 1 Nr. 1, 2 und 3 KAGB zum Nutzen der Aktionäre sein. Sodann kommt es im Einzelfall darauf an, wie der Unternehmensgegenstand der InvAG m. v. K. formuliert ist. Da die Gleichsetzung von Anfangs- und Mindestkapital nur bei der intern verwalteten InvAG m. v. K. in Betracht kommt, lautet deren Unternehmensgegenstand entsprechend § 110 KAGB die Anlage und Verwaltung ihrer Mittel nach der Anlagestrategie gem. § 110 KAGB. Sofern die Erlaubnis zur Verwaltung nach § 39 Abs. 3 Nr. 2 KAGB aufgehoben wird, liegt ein unerlaubtes Investmentgeschäft vor, das gem. § 339 Abs. I Nr. 1 KAGB strafbar ist. Der Unternehmensgegenstand verstößt damit ab dem Zeitpunkt, zu dem die Erlaubnis entzogen wurde, gegen ein gesetzliches Verbot, da die interne Anlage und Verwaltung ohne Erlaubnis gem. § 20 KAGB nicht möglich ist[707]. Gem. § 134 BGB ist ein Rechtsgeschäft, hier also die Satzung, das gegen ein gesetzliches Verbot verstößt, nichtig, sofern

706 *Brändel* in: Hopt/Wiedemann Großkomm. AktG, Band 1, § 7 AktG Rn. 23f.

707 Der Verstoß gegen ein gesetzliches Verbot ergibt sich im Umkehrschluss aus dem präventiven Verbot mit Erlaubnisvorbehalt gem. § 20 KAGB, vgl. *Winterhalder/Weitnauer* in: Weitnauer/Boxberger/Anders KAGB, § 20 KAGB Rn. 16.

sich nicht aus dem Gesetz ein anderes ergibt. Mithin ist zu prüfen ob eine anderweitige Regelung vorliegt.

Dabei ist zu unterscheiden, ob die Erlaubnis von Anfang an nicht erteilt wurde oder ob sie nachträglich wegen der Unterschreitung des Anfangskapitals aufgehoben wurde. Bei einer Aufhebung der Erlaubnis ist die Rechtsfolge spezialgesetzlich in § 39 Abs. 4 KAGB i. V. m. § 38 KWG geregelt, § 134 BGB greift somit nicht ein. Dies ist aber lediglich für die unten erörterte Kapitalausstattung bei der laufenden Gesellschaft[708] von Bedeutung. Wird allerdings das erforderliche Anfangskapital von Anfang an nicht aufgebracht und die Erlaubnis gem. § 20 KAGB versagt, so ist keine speziellere Rechtsfolge im KAGB ersichtlich. Die Satzungsbestimmung hinsichtlich des Unternehmensgegenstandes ist somit zumindest teilweise gem. § 134 BGB nichtig. Nach den allgemeinen Regeln des BGB führt eine Teilnichtigkeit gem. § 139 1. Hs. BGB zur Nichtigkeit des gesamten Rechtsgeschäfts.

Im Falle einer nichtigen Satzungsbestimmung kommt das Eingreifen der Lehre von der fehlerhaften Gesellschaft[709] in Betracht. Bei Aktiengesellschaften ist allerdings der Fall einer nichtigen Satzungsbestimmung betreffend den Unternehmensgegenstand in § 108 Abs. 2 S. 1 KAGB i. V. m. § 275 AktG geregelt[710]. Eine Heilung gem. § 276 AktG kommt nur in Betracht, sofern für die InvAG eine externe KVG bestellt wird, die über eine entsprechende Erlaubnis verfügt. Ansonsten kann gem. § 275 AktG eine Klage auf Nichtigerklärung der InvAG erhoben werden. De lege ferenda wäre eine speziellere Regelung, dass auch für den Fall, dass das erforderliche Anfangskapital von Anfang an nicht aufgebracht wird und die Erlaubnis gem. § 20 KAGB versagt wird, ein Ermessen der BaFin über die Abwicklung der Gesellschaft besteht, wünschenswert. Für die Vor-InvAG m. v. K. bleibt es dagegen bei der Lehre von der fehlerhaften Gesellschaft[711].

(c) Stellungnahme: Keine Gleichsetzung von Mindest- und Anfangskapital

Das Mindestkapital ist in der Satzung festzulegen und somit eine gesellschaftsrechtliche Vorgabe bezüglich der Kapitalausstattung. Es ist nicht gleichzusetzen

708 Siehe unten, Kapitalausstattung bei der laufenden Gesellschaft Teil B. V. 5. a. dd (2).

709 BGHZ 13, 320, 323 f.; *Hirschmann* in: Hölters AktG, § 275 AktG Rn. 1; *K. Schmidt,* Gesellschaftsrecht, § 6 III 1.

710 § 275 AktG ist Ausdruck der Lehre von der fehlerhaften Gesellschaft, vgl. hierzu *Koch* in: Hüffer/Koch AktG, § 275 AktG Rn. 3; *Bachmann* in: Spindler/Stilz AktG, Band 2, § 275 AktG Rn. 2.

711 *Koch* in: MüKo AktG, Band 4, § 275 AktG Rn. 9; *Hirschmann* in: Hölters AktG, § 275 AktG Rn. 1; vgl. hierzu allgemein *K. Schmidt,* Gesellschaftsrecht, § 6 III 1.

mit dem Anfangskapital. Zum einen ergibt sich das bereits aus der unterschiedlichen Bezeichnung im KAGB, zum anderen hat die Unterschreitung der jeweiligen Vorgaben unterschiedliche Rechtsfolgen.

Das Anfangskapital ist eine aufsichtsrechtlich vorgeschriebene Kapitalausstattung, die für die Aufnahme des Geschäftsbetriebs erforderlich ist. Wird das Anfangskapital nicht aufgebracht, so hat dies zur Folge, dass die Erlaubnis gem. § 20 KAGB nicht erteilt wird oder eine bereits erteilte Erlaubnis aufgehoben werden kann. Zunächst hat die Unterschreitung daher lediglich aufsichtsrechtliche Konsequenzen. Daher handelt es sich beim Anfangskapital um eine aufsichtsrechtliche Voraussetzung. Erst durch eine Aufsichtsmaßnahme der BaFin, nämlich Versagung oder Aufhebung der Erlaubnis, werden wiederum gesellschaftsrechtliche Folgen in Gang gesetzt. Da aber das Unterschreiten des Anfangskapitals einschneidendere Rechtsfolgen hat als die Unterschreitung des Mindestkapitals ist für die Praxis zu empfehlen, dass das Mindestkapital für die intern verwaltete InvAG m. v. K. mindestens gleich hoch oder im Idealfall höher als das Anfangskapital anzusetzen ist[712]. Bereits hieraus ergibt sich, dass zwar formal das AktG für die Bestimmung der Höhe des Gesellschaftskapitals herangezogen werden muss. Allerdings sind aufgrund der Überlagerung durch aufsichtsrechtliche Vorschriften die Regelungen des AktG nicht für das tatsächlich für die Gründung einer intern verwalteten InvAG m. v. K. aufzubringende Kapital maßgeblich.

(4) Bewertung der Regelungen im AktG und KAGB zur Gründung

Die Regelungen im Rahmen der Gründung des KAGB weichen formal gesehen kaum vom AktG ab. Sowohl in der AG als auch in der InvAG m. v. K. gilt der Grundsatz der realen Kapitalaufbringung. Für die AG ist das Grundkapital mit einem Mindestnennbetrag von 50.000 Euro und für die InvAG das Gesellschaftskapital, dessen Mindestkapital mindestens 50.000 Euro zu betragen hat, aufzubringen. Die Kapitalaufbringung ist im KAGB strenger als im AktG geregelt[713].

Für die intern verwaltete InvAG m. v. K. ergibt sich keine andere Regelung. Auch hier beträgt das Mindestkapital 50.000 Euro. Das Mindestkapital ist nicht mit dem Anfangskapital gleichzusetzen. Allerdings muss das Anfangskapital

712 So bereits zum InvG *Fromm*, Die Investmentaktiengesellschaft mit veränderlichem Kapital, S. 62ff.; *Sachtleber*, Zivilrechtliche Strukturen von open-end-Investmentfonds in Deutschland und England, S. 109.

713 Alle Bareinlagen sind zu erbringen, für die Publikums-InvAG sind keine Sacheinlagen zulässig.

faktisch aufgebracht werden, da ansonsten die Satzung der InvAG m. v. K. nichtig sein könnte. Formal ist hier die Kapitalaufbringung vergleichbar bzw. etwas strenger als im AktG geregelt. Allerdings sind durch die Überlagerung des investmentrechtlich verlangten Anfangskapitals tatsächlich höhere Anforderungen für die Kapitalaufbringung zu beachten. Somit unterscheiden sich zumindest für die intern verwaltete InvAG m. v. K. die Regelungen betreffend die Gründung bereits deutlich von denjenigen im AktG.

dd. Die Regelungen betreffend die Kapitalausstattung bei der laufenden Gesellschaft

(1) Die Änderung des Grundkapitals nach dem AktG

(a) Die Kapitalerhöhung der AG

In der Grundform der AG kann eine Kapitalerhöhung gegen Einlagen gem. §§ 182ff. AktG, eine bedingte Kapitalerhöhung gem. §§ 192ff. AktG, eine Erhöhung mittels genehmigten Kapitals gem. §§ 202ff AktG sowie eine Kapitalerhöhung aus eigenen Mitteln gem. §§ 207ff. AktG erfolgen[714]. Diese Regelungen stellen die reale Kapitalaufbringung sicher[715].

Für den Regelfall der Kapitalerhöhung gegen Einlagen gem. § 182 AktG, für die bedingte Kapitalerhöhung gem. § 192 AktG sowie für die Kapitalerhöhung aus Gesellschaftsmitteln gem. § 207 AktG ist jeweils im ersten Schritt ein Hauptversammlungsbeschluss erforderlich. Nach h. M. hat dieser neben einem eventuell vereinbarten Aufgeld gem. § 182 Abs. 3 AktG wesentliche Details der durchzuführenden Kapitalerhöhung wie etwa den Nennbetrag oder die Gattung der Aktien zu enthalten[716]. Während für die ordentliche Kapitalerhöhung gegen Einlagen zwar gem. § 182 Abs. 1 AktG eine Mehrheit von drei Vierteln des vertretenen Grundkapitals vorgesehen ist, jedoch die Satzung gem. § 182 Abs. 1 S. 2 AktG eine hiervon abweichende Mehrheit verlangen kann, ist für die bedingte Kapitalerhöhung gem. § 193 Abs. 1 S. 1 und 2 AktG zwingend eine Mehrheit von drei Vierteln des bei Beschlussfassung vertretenen Kapitals vorgesehen. Für eine Kapitalerhöhung mit genehmigtem Kapital ist gem. § 202 AktG eine Ermächtigung des Vorstandes entweder durch Hauptversammlungsbeschluss

---

714 Im Überblick dargestellt bei *Wiedemann* in: Hopt/Wiedemann Großkomm. AktG, Band 6, Vor § 182 AktG Rn. 31.

715 *Wiedemann* in: Hopt/Wiedemann Großkomm. AktG, Band 6, Vor § 182 AktG Rn. 42.

716 *Schürnbrand* in: MüKo AktG, Band 4, § 182 AktG Rn. 40; *Elser* in: Heidel Aktienrecht, § 182 Rn. 21; *Koch* in: Hüffer/Koch AktG, § 182 AktG Rn. 11.

mit Drei-Viertel-Mehrheit (Abs. 2) oder eine entsprechende Bestimmung in der Gründungssatzung (Abs. 1) erforderlich[717]. Zudem ist der Zeitraum, indem der Vorstand das genehmigte Kapital nutzen darf, gem. § 202 Abs. 1 und 2 AktG auf fünf Jahre nach dem Aufstellen oder der Änderung der Satzung begrenzt. Gem. § 203 Abs. 1 S. 2 AktG tritt die Ermächtigung an die Stelle des Hauptversammlungsbeschlusses, sodass die originäre oder durch vorherigen Hauptversammlungsbeschluss geänderte Satzung wirksam sein muss, wofür bereits eine Eintragung ins Handelsregister erforderlich ist[718]. Der Vorstand macht von dieser Ermächtigung durch einen entsprechenden Beschluss Gebrauch, diesem soll der Aufsichtsrat jeweils zustimmen[719].

Die im zweiten Schritt erforderliche Anmeldung des Hauptversammlungsbeschlusses über die Kapitalerhöhung gem. § 184 AktG zur Eintragung im Handelsregister erfolgt entweder anschließend oder gem. § 188 Abs. 4 AktG zeitgleich mit derjenigen des Beschlusses der Durchführung der Kapitalerhöhung. Für die bedingte Kapitalerhöhung hat die nach § 195 AktG erforderliche Anmeldung des Hauptversammlungsbeschlusses zur Eintragung im Anschluss an den Beschluss zu erfolgen und kann nicht mit der Anmeldung der Durchführung verbunden werden[720]. Beim genehmigten Kapital ist die Entscheidung des Vorstandes, vom genehmigten Kapital Gebrauch zu machen, nicht ins Handelsregister einzutragen[721].

Durch die im dritten Schritt zu erfolgende Zeichnung der Aktien gem. § 185 AktG verpflichtet sich der bisherige oder künftige Aktionär bzw. eine Emissionsbank zur Übernahme der Aktien[722]. Grundsätzlich hat jeder Aktionär gem. § 186 Abs. 1 AktG ein Bezugsrecht, welches gem. § 186 Abs. 3 und 4 AktG durch einen

---

717 *Bayer* in: MüKo AktG, Band 4, § 202 AktG Rn. 3.

718 *Bayer* in: MüKo AktG, Band 4, § 203 AktG Rn. 9f.; *Hirte* in: Hopt/Wiedemann Großkomm. AktG, Band 6, § 203 AktG Rn. 11; *Koch* in: Hüffer/Koch AktG, § 203 AktG Rn. 2.

719 *Bayer* in: MüKo AktG, Band 4, § 202 AktG Rn. 5f.; *Koch* in: Hüffer/Koch AktG, § 202 AktG Rn. 20–22.

720 *Apfelbacher/Niggemann* in: Hölters AktG, § 195 AktG Rn. 2; teilweise wird sogar eine unverzügliche Anmeldung verlangt: *Fuchs* in: MüKo AktG, Band 4, § 195 AktG Rn. 10 m. w. N.

721 *Bayer* in: MüKo AktG, Band 4, § 202 AktG Rn. 89; *Hermanns* in: Henssler/Strohn, § 202 AktG Rn. 8; *Apfelbacher/Niggemann* in: Hölters AktG, § 202 AktG Rn. 65; *Koch* in: Hüffer/Koch AktG, § 202 AktG Rn. 20; *Wamser* in: Spindler/Stilz AktG, Band 2, § 202 AktG Rn. 86.

722 *Schürnbrand* in: MüKo AktG, Band 4, § 182 AktG Rn. 6f.; *Schürnbrand* in: MüKo AktG, Band 4, § 185 AktG Rn. 4; *Hermanns* in: Henssler/Strohn, § 185 AktG Rn. 1.

Hauptversammlungsbeschluss mit einer Drei-Viertel-Mehrheit ausgeschlossen werden kann. Dagegen besteht bei der bedingten Kapitalerhöhung kein Bezugsrecht der bisherigen Aktionäre, vielmehr wird ein Bezugsrecht für die künftigen Aktionäre begründet, um den Zweck der Erhöhung gem. § 192 Abs. 2 AktG zu erreichen. Beim genehmigten Kapital hat grundsätzlich jeder Aktionär ein Bezugsrecht gem. §§ 203 Abs. 1 i. V. m. § 186 Abs. 1 AktG. Es kann in dreierlei Weise ausgeschlossen werden: Erstens statutarisch, zweitens nachträglich durch eine Satzungsänderung gem. § 203 Abs. 1 i. V. m. § 186 Abs. 3 AktG und drittens durch Entscheidung des hierzu gem. § 203 Abs. 2 S. 1 und 2 AktG ermächtigten Vorstandes[723].

Nachdem im vierten Schritt die erforderlichen Einlagen gem. § 188 Abs. 2 i. V. m. §§ 36 Abs. 2, 36a AktG erbracht wurden, ist gem. § 188 i. V. m. § 37 AktG im fünften Schritt die Durchführung der Kapitalerhöhung zur Eintragung ins Handelsregister anzumelden und einzutragen. Die Eintragung der Durchführung der Kapitalerhöhung ist gem. § 189 AktG konstitutiv für die Erhöhung des Grundkapitals. Bei der bedingten Kapitalerhöhung sind gem. § 199 Abs. 1 AktG die Einlagen zuzüglich Agio vollständig zu erbringen, bevor die Aktienausgabe erfolgen darf[724]. Das Grundkapital der AG erhöht sich gem. § 200 AktG bereits mit der Ausgabe der Aktien. Erst nach Ablauf des Geschäftsjahres hat der Vorstand gem. § 201 AktG anzumelden, in welchem Umfang Bezugsaktien ausgegeben wurden.

Bei der nominellen Kapitalerhöhung wird der AG kein zusätzliches Fremdkapital zugeführt, vielmehr wird lediglich die Grundkapitalziffer erhöht[725]. Auch hier ist zunächst gem. § 207 Abs. 1, Abs. 2 S. 1 i. V. m. § 182 Abs. 1, § 207 Abs. 2 S. 2, Abs. 3 AktG ein Hauptversammlungsbeschluss erforderlich, der gem. § 207 Abs. 2 S. 1 i. V. m. § 184 Abs. 1, § 210 AktG zur Eintragung ins Handelsregister anzumelden ist. Nach § 211 AktG ist mit der Eintragung des Beschlusses das Grundkapital bereits erhöht. Die Durchführung der Kapitalerhöhung erfolgt daraufhin durch die Ausgabe neuer Aktien oder die Erhöhung des Nennbetrags[726].

---

723 Vgl. zum Hauptversammlungsbeschluss hierzu BGH NJW 1997, 2815 (Siemens/Nold).; *Hermanns* in: Henssler/Strohn, § 203 AktG Rn. 3ff.; *Koch* in: Hüffer/Koch AktG, § 203 AktG Rn. 8.

724 *Fuchs* in: MüKo AktG, Band 4, § 199 AktG Rn. 9.

725 Weshalb die Regelung auch teilweise als „Fremdkörper“ bezeichnet wird, *Arnold* in: MüKo AktG, Band 4, § 207 AktG Rn. 1; *Wagner* in: Heidel Aktienrecht, § 207 AktG Rn. 1; dem widerspricht *Veil* in: K. Schmidt/Lutter, § 207 AktG Rn. 2.

726 *Wagner* in: Heidel Aktienrecht, § 207 AktG Rn. 10.

Diese muss nicht zur Eintragung ins Handelsregister angemeldet werden, da das Grundkapital bereits aufgebracht wurde[727].

(b) Die Kapitalherabsetzung im AktG

Nach dem AktG kann die Kapitalherabsetzung als ordentliche gem. §§ 222–228, vereinfachte gem. §§ 229–236 sowie durch die Einziehung von Aktien gem. §§ 237–239 erfolgen. Während die vereinfachte Kapitalherabsetzung, die ausschließlich zu Sanierungszwecken möglich ist, in der Praxis häufig durchgeführt wird, ist die ordentliche Kapitalherabsetzung relativ selten. Die Kapitalherabsetzung durch Einziehung bezweckt die Vernichtung einzelner Mitgliedschaftsrechte bestimmter Aktien und ist daher zur Veränderung der Aktionärsstruktur geeignet[728].

Für die ordentliche Kapitalherabsetzung ist zunächst einmal gem. § 222 Abs. 1 S. 1 AktG ein Beschluss über die Kapitalherabsetzung mit einer Drei-Viertel-Mehrheit des vertretenen Kapitals erforderlich. Anschließend erfolgt gem. § 223 AktG die Anmeldung des Beschlusses über die Herabsetzung des Grundkapitals zur Eintragung ins Handelsregister durch den Vorstand und den Aufsichtsratsvorsitzenden. Gem. § 224 AktG ist die Kapitalherabsetzung mit der Eintragung des Beschlusses über die Kapitalherabsetzung wirksam. Genügt für die Durchführung der Kapitalherabsetzung die Herabsetzung des Nennbetrags der Aktien, so kann die Anmeldung der Kapitalherabsetzung mit der Anmeldung der Durchführung des Beschlusses zur Eintragung ins Handelsregister gem. § 227 Abs. 2 AktG verbunden werden. Ist dagegen die subsidiäre[729] Zusammenlegung der Aktien, die unter Beachtung von § 226 AktG vorzunehmen ist, für die Kapitalherabsetzung erforderlich, so kann die Durchführung der Kapitalherabsetzung erst nach der Eintragung des Kapitalherabsetzungsbeschlusses erfolgen[730]. Im Anschluss daran ist eine Anmeldung der Durchführung der Kapitalherabsetzung zur deklaratorischen[731] Eintragung ins Handelsregister gem. § 227 Abs. 1 AktG möglich.

Für die vereinfachte Kapitalherabsetzung gelten die §§ 222 Abs. 1, 2 und 4, 223, 224, 226–228 AktG über die ordentliche Kapitalherabsetzung sinngemäß, sodass sich für den Ablauf der Kapitalherabsetzung mit Ausnahme der nach

---

727 *Simons* in: Hölters AktG, § 207 AktG Rn. 10.

728 *Terbrack*, RNotZ 2003, 90, 90, 91, 100, 108.

729 Vgl. § 222 Abs. 4 S. 2 AktG, *Terbrack* in: Heidel Aktienrecht, § 222 AktG Rn. 56.

730 *Terbrack* in: Heidel Aktienrecht, § 227 AktG Rn. 5f.

731 *Terbrack* in: Heidel Aktienrecht, § 227 AktG Rn. 1; *Koch* in: Hüffer/Koch AktG, § 227 AktG Rn. 1.

§ 229 Abs. 1 S. 1 und 2 AktG anstatt nach § 222 Abs. 3 AktG verlangten Festlegung des Zwecks und der nicht erforderlichen Bekanntmachung gem. § 225 AktG, die wegen § 229 Abs. 2 AktG und dem in §§ 230–233 AktG geregelten Gläubigerschutz nicht erforderlich sind, keine anderen Voraussetzungen für das Verfahren ergeben[732]. Die Kapitalherabsetzung durch Einziehung kann entweder durch Zwangseinziehung der Aktien gem. § 237 Abs. 1 1. Alt. AktG, wenn dies vor Erwerb der jeweiligen Aktien in der Satzung statuiert war[733], oder durch Einziehung von Aktien nach Erwerb durch die AG gem. § 237 Abs. 1 2. Alt. AktG erfolgen. Bei der Einziehung nach Erwerb durch die AG kommt entweder ein Erwerb gem. § 71 Abs. 1 Nr. 6 AktG oder ein Erwerb gem. § 71 Abs. 1 Nr. 8 AktG in Betracht. Letztere Konstellation wird auch als „genehmigte" Kapitalherabsetzung bezeichnet[734]. Die Einziehung unter diesen beiden alternativen Voraussetzungen des § 237 Abs. 1 AktG kann wiederum entweder im ordentlichen Verfahren gem. § 237 Abs. 2 AktG oder im vereinfachten Verfahren unter den Voraussetzungen des § 237 Abs. 3–5 AktG erfolgen[735]. Obwohl die Einziehung von Stückaktien in Nr. 3 des § 237 Abs. 3 AktG geregelt ist, handelt es sich hierbei nicht um eine Kapitalherabsetzung[736]. Zudem ist auch noch eine in der Satzung angeordnete Zwangseinziehung gem. § 237 Abs. 6 AktG möglich. Auch für diese Art der Kapitalherabsetzung, mit Ausnahme der angeordneten Zwangseinziehung, bedarf es jeweils im ersten Schritt eines Hauptversammlungsbeschlusses[737]. Bei dem ordentlichen Einziehungsverfahren nach § 237 Abs. 1 und 2 AktG wird hierfür eine Drei-Viertel-Mehrheit des vertretenen Kapitals verlangt[738], während bei der vereinfachten Einziehung gem. § 237 Abs. 4 S. 1 AktG die einfache Stimmenmehrheit genügt.

---

732 *Oechsler* in: MüKo AktG, Band 4, § 229 AktG Rn. 8f.; *Terbrack* in: Heidel Aktienrecht, § 229 AktG Rn. 4; *Koch* in: Hüffer/Koch AktG, § 229 AktG Rn. 17; *Marsch-Barner* in: Spindler/Stilz AktG, Band 2, § 229 AktG Rn. 26; vgl. ausführlicher zum Ablauf, den einzelnen Voraussetzungen mit Beispielen und Gestaltungsmöglichkeiten *Terbrack*, RNotZ 2003, 90, 100–109.

733 § 237 Abs. 1 S. 2 AktG.

734 *Grigoleit/Rachlitz* in: Grigoleit AktG, § 71 AktG Rn. 64 bezeichnet es als „negatives genehmigtes Kapital"; *Kallweit/Simons*, AG 2014, 352, 354ff. spricht von einer „genehmigten Kapitalherabsetzung".

735 *Veil* in: K. Schmidt/Lutter, § 237 AktG Rn. 33; *Terbrack*, RNotZ 2003, 90, 109.

736 Vielmehr werden gem. § 237 Abs. 3 Nr. 3 AktG lediglich einzelne Stückaktien eingezogen und der Anteil der übrigen Stückaktien erhöht, *Terbrack*, RNotZ 2003, 90, 116.

737 § 237 Abs. 2 i. V. m. § 222 AktG bzw. § 237 Abs. 4 S. 1–4 AktG.

738 § 237 Abs. 2 i. V. m. § 222 Abs. 1 AktG.

Der Kapitalherabsetzungsbeschluss ist anschließend im zweiten Schritt zur Eintragung im Handelsregister anzumelden[739]. Daraufhin folgt die Eintragung des Beschlusses[740]. Während bei der ordentlichen Kapitalherabsetzung mittels Einziehung ein Hinweis an die Gläubiger gem. § 237 Abs. 2 S. 1 i. V. m. § 225 AktG zu erfolgen hat, unterbleibt dies bei der vereinfachten Herabsetzung mittels Einziehung mangels entsprechendem Verweis. Der Gläubigerschutz wird bei der vereinfachten Einziehung durch die Verpflichtung zur Bildung einer entsprechenden Kapitalrücklage gewährleistet[741].

Gem. § 238 Abs. 1 S. 1 AktG wird die Kapitalherabsetzung erst mit der Komplettierung der Voraussetzungen, nämlich der Eintragung und der Einziehungshandlung, je nachdem welche Voraussetzung als letzte erfüllt wird, wirksam. Die Einziehungshandlung ist eine empfangsbedürftige Willenserklärung des Vorstands an den Aktionär, mit der erklärt wird, dass ein bestimmtes genau bezeichnetes Mitgliedschaftsrecht beseitigt wird[742]. Nachdem Einziehungshandlungen gem. § 238 S. 3 AktG zur Durchführung der Einziehung vorgenommen wurden, hat der Vorstand gem. § 239 AktG die Durchführung zur Eintragung ins Handelsregister anzumelden. Diese Eintragung ist ebenfalls wie bei der ordentlichen Kapitalherabsetzung lediglich deklaratorisch[743].

Ist dagegen die Zwangseinziehung bereits in der Satzung für bestimmte Fälle statuiert, so handelt es sich um eine angeordnete Zwangseinziehung. In diesem Fall bedarf es gem. § 237 Abs. 6 S. 1 AktG keines Hauptversammlungsbeschlusses und gem. § 237 Abs. 6 S. 2 AktG tritt die Entscheidung des Vorstands über die Einziehung an die Stelle des Hauptversammlungsbeschlusses. Liegt ein durch Satzung geregelter Fall der Zwangseinziehung vor, so hat der Vorstand dies durch Entscheidung festzustellen[744]. Ob diese Entscheidung ins Handelsregister einzutragen ist, ist umstritten[745]. Nach der überzeugenden Ansicht ist

739 § 237 Abs. 2 i. V. m. § 223 AktG bzw. § 237 Abs. 4 S. 5. AktG.

740 § 237 Abs. 2 S. 1 i. V. m. 224 AktG bzw. ergibt sich aus § 237 Abs. 4 S. 5 AktG, *Oechsler* in: MüKo AktG, Band 4, § 237 AktG Rn. 9, 11.

741 *Terbrack*, RNotZ 2003, 90, 115.

742 *Koch* in: Hüffer/Koch AktG, § 238 AktG Rn. 7f.; *Kallweit/Simons*, AG 2014, 352, 357.

743 *Terbrack* in: Heidel Aktienrecht, § 239 AktG Rn. 1.

744 Hierfür hat der Vorstand nach h. M. keinen Entscheidungsspielraum vgl. *Terbrack* in: Heidel Aktienrecht, § 237 AktG Rn. 94.

745 Dafür *Hueck/Hueck* in: Baumbach/Hueck AktG, § 237 AktG Rn. 13; dagegen *Oechsler* in: MüKo AktG, Band 4, § 237 AktG Rn. 115; *Terbrack* in: Heidel Aktienrecht, § 237 AktG Rn. 95; *Sethe* in: Hopt/Wiedemann Großkomm. AktG, Band 7/1, § 237 AktG Rn. 126; *Koch* in: Hüffer/Koch AktG, § 237 AktG Rn. 41.

die Entscheidung nicht einzutragen, da es sich um eine anmeldepflichtige Einziehungshandlung gem. § 239 Abs. 1 S. 2 AktG handelt und zudem nur so die Ausnahmeregelung des § 238 S. 2 AktG einen eigenen Regelungsgehalt hat[746]. Anschließend erfolgt wie bei der ordentlichen Kapitalherabsetzung mittels Einziehung die Durchführung gem. § 238 S. 3 AktG. Nach § 238 S. 2 AktG ist die Kapitalherabsetzung mittels angeordneter Zwangseinziehung hiermit wirksam, sofern kein Hauptversammlungsbeschluss erfolgt.

Daraufhin erfolgt die Anmeldung und Eintragung der Durchführung ins Handelsregister. Mangels Eintragung der Vorstandsentscheidung kann erst mit der Eintragung der Durchführung der Hinweis an die Gläubiger gem. § 225 Abs. 1 AktG erfolgen[747].

(c) Exkurs: Kapitalherabsetzung durch rückerwerbbare Aktien

Der Vorschlag der AG zu ermöglichen „rückerwerbbare Aktien" zu emittieren, die eine sogenannte Call-Option, nämlich ein jederzeitiges Rückerwerbsrecht der AG vorsehen, wurde bislang vom Gesetzgeber nicht umgesetzt[748]. Auch Aktien mit einem Rückgaberecht des Aktionärs, einer sogenannten Put-Option oder einem beidseitigen Andienungsrecht[749], sind nicht eingeführt worden.

(d) Zusammenfassung zur Änderung des Grundkapitals in der AG

In der Regel ist zur Änderung des Grundkapitals einer AG im ersten Schritt ein Hauptversammlungsbeschluss über die Erhöhung oder Herabsetzung erforderlich, der anschließend zur Eintragung ins Handelsregister anzumelden ist. Bei der Kapitalerhöhung ist diese Eintragung, mit Ausnahme der nominellen Kapitalerhöhung, noch nicht für die Wirksamkeit ausreichend, während mit der Eintragung des Herabsetzungsbeschlusses (und ggf. noch mit der Vornahme von Einziehungshandlungen) das Kapital bereits wirksam herabgesetzt ist. Der Kapitalherabsetzungsbeschluss ist den Gläubigern der AG zudem bekanntzumachen. Ausnahmsweise ist kein Beschluss bei der Kapitalerhöhung mittels in der Gründungssatzung festgelegten genehmigten Kapitals sowie bei der vorher in der Satzung angeordneten Zwangseinziehung erforderlich. Beim genehmigten Kapital tritt die wirksame statutarische Ermächtigung zur Ausgabe neuer Aktien und bei

746 So auch *Oechsler* in: MüKo AktG, Band 4, § 237 AktG Rn. 115; *Terbrack* in: Heidel Aktienrecht, § 237 AktG Rn. 95.

747 *Oechsler* in: MüKo AktG, Band 4, § 237 AktG Rn. 115; *Terbrack* in: Heidel Aktienrecht, § 237 AktG Rn. 96.

748 *Habersack,* AG 2015, 613, 616; *de la Concepción Chamorro Domínguez,* AG 2004, 487, 487.

749 Diskutiert bei *de la Concepción Chamorro Domínguez,* AG 2004, 487, 487ff.

der angeordneten Zwangseinziehung die Entscheidung des Vorstandes über die Einziehung an die Stelle des Hauptversammlungsbeschlusses.

Daraufhin folgt die Durchführung der Kapitalmaßnahme. Bei der Kapitalerhöhung ist zunächst, außer bei der bedingten Kapitalerhöhung, das Bezugsrecht der Aktionäre zu beachten. Zur Durchführung der Kapitalerhöhung werden die Aktien gezeichnet und die erforderlichen (bzw. bei der bedingten Kapitalerhöhung alle) Einlagen erbracht. Bei der Kapitalherabsetzung erfolgt die Durchführung entweder durch Herabsetzung des Nennbetrags, subsidiär durch Zusammenlegung oder durch Einziehungshandlungen.

Abschließend erfolgt die Anmeldung und Eintragung der Durchführung der Kapitalmaßnahme. Diese ist für die ordentliche Kapitalerhöhung sowie für die Erhöhung mittels genehmigten Kapitals konstitutiv und beim bedingten Kapital und der Kapitalherabsetzung lediglich deklaratorisch. Bei der nominellen Kapitalerhöhung entfällt sie.

(2) Die Änderung des Gesellschaftskapitals nach dem KAGB

Das Gesellschaftskapital der InvAG ändert sich nicht nur, wie das Grundkapital einer üblichen AG, lediglich durch Kapitalerhöhung und -herabsetzung, welche für eine Ausgabe oder Rücknahme von Aktien bei einer üblichen AG erforderlich wären. Nach der Regelung des § 108 Abs. 2 KAGB sind die Vorschriften der §§ 182–240 des AktG ausdrücklich nicht auf InvAGen m. v. K. anwendbar, sodass eine Kapitalerhöhung oder eine Kapitalherabsetzung, wie sie bereits für die AG überblicksweise dargestellt wurde, nicht in Betracht kommt. Bei der InvAG m. v. K. ändert sich das Gesellschaftskapital schon mit der Ausgabe neuer Aktien gem. § 115 S. 3 KAGB und der Rücknahme von Aktien gem. § 116 KAGB. Eine formelle Kapitalerhöhung oder -herabsetzung mittels Beschluss ist hierfür gesetzlich nicht vorgesehen. Somit unterscheidet sich die Kapitalerhöhung durch Ausgabe von Aktien nach dem KAGB maßgeblich von den einzelnen Verfahren zur Kapitalerhöhung nach dem AktG. Formal gesehen wird das bei Kapitalerhöhungen übliche Verfahren[750], Beschluss – Anmeldung und Eintragung des Beschlusses – Durchführung – Anmeldung und Eintragung der Durchführung, zumindest auf den ersten Blick vom KAGB überhaupt nicht angeboten. Zusätzlich ändert sich das Gesellschaftskapital aufgrund § 110 Abs. 1 KAGB bereits durch Wertschwankungen der Aktiva und Passiva der InvAG m. v. K.

---

750 Siehe oben Teil B. V. 5. a. dd. (1) (a).

(a) Die Kapitalerhöhung durch Ausgabe von Anlageaktien

Für die Ausgabe von Anlageaktien ist keine Ermächtigung in der Satzung der InvAG m. v. K., die beim genehmigten Kapital für fünf Jahre möglich ist, oder gar ein Hauptversammlungsbeschluss erforderlich. Der Vorstand ist vielmehr gesetzlich gem. § 115 Abs. 1 S. 1 KAGB ermächtigt, das Grundkapital wiederholt durch die Ausgabe neuer Anlageaktien gegen Einlagen zu erhöhen. Diese gesetzliche Ermächtigung unterscheidet sich dadurch von der Kapitalerhöhung mittels genehmigten Kapitals, dass sie nicht nur für höchstens fünf Jahre[751], sondern dauerhaft gilt. Die Anzahl der Kapitalerhöhungen ist nicht gesetzlich begrenzt; der Wortlaut des § 115 S. 1 KAGB lässt ausdrücklich wiederholte Erhöhungen zu. Die Höhe ist zwar ebenfalls nicht gesetzlich begrenzt, diese wird jedoch durch das gem. § 116 Abs. 1 KAGB zu statuierende Höchstkapital satzungsmäßig festgelegt. Somit stellt das Höchstkapital das einzige Mittel dar, die Befugnis des Vorstandes, über die Ausgabe der Anlageaktien zu entscheiden, einzugrenzen. Da in der Regel nur Unternehmensaktionäre ein Stimmrecht haben, bleibt diese Einwirkungsmöglichkeit ihnen vorbehalten.

Gem. § 115 S. 2 KAGB haben Unternehmensaktionäre ein Bezugsrecht entsprechend § 186 AktG, während nur stimmberechtigte Anlageaktionäre ein Bezugsrecht innehaben. Dabei wird diskutiert, ob die Unternehmensaktionäre ein Recht auf den Bezug von Unternehmensaktien oder Anlageaktien haben[752]. Dass lediglich ein Bezugsrecht auf Anlageaktien besteht, wird neben dem Wortlaut des § 186 AktG mit der Zuständigkeit des Vorstands sowie damit, dass sich bei ungleichmäßiger Ausübung des Bezugsrechts die Machtverhältnisse verschieben würden[753], begründet. Ungeachtet dieser Argumente[754] ist jedoch im Aktienrecht unstrittig, dass nur ein Bezugsrecht an der Gattung der Aktien, die

751 Vgl. § 202 Abs. 1 AktG.

752 *Sachtleber*, Zivilrechtliche Strukturen von open-end-Investmentfonds in Deutschland und England, S. 110; *Wallach*, Der Konzern 2007, 487, 491.

753 *Sachtleber*, Zivilrechtliche Strukturen von open-end-Investmentfonds in Deutschland und England, S. 110; *Blenk*, Die Mitgliedschaft in der Investmentaktiengesellschaft S. 65f.

754 Während der Wortlaut „neue Aktien" in § 186 Abs. 1 AktG überzeugt, bestehen Zweifel an den anderen Argumenten: Zum einen besteht auch beim genehmigten Kapital, über dessen Ausgabe der Vorstand entscheidet, grundsätzlich ein Bezugsrecht und nicht nur ein eingeschränktes Bezugsrecht hinsichtlich einer anderen Gattung. Zum anderen ist die Machtverschiebung innerhalb einer AG regelmäßige Folge einer ungleichmäßigen Ausübung des Bezugsrechts.

ausgegeben werden, bestehen kann[755]. Somit steht nach allgemeinen aktienrechtlichen Grundsätzen den Unternehmensaktionären nur ein Bezugsrecht hinsichtlich der auszugebenden Anlageaktien zu. De lege ferenda wäre sogar der generelle Ausschluss des Bezugsrechts bei der Ausgabe von Anlageaktien ohne Stimmrecht zu empfehlen[756]. Es besteht nämlich keine Gefahr bezüglich der Verwässerung hinsichtlich der Vermögensrechte[757] und bei der Ausgabe von Anlageaktien ohne Stimmrecht auch keine hinsichtlich der Verwaltungsrechte[758].

Mangels Hauptversammlungsbeschlusses entfällt, wie auch beim genehmigten Kapital, die Anmeldung und Eintragung des Beschlusses des Vorstandes[759]. Weder die Entscheidung des Vorstandes, von der Ermächtigung Gebrauch zu machen, noch die Durchführung bedarf daher bei der Kapitalerhöhung durch die Ausgabe von Anlageaktien der Eintragung ins Handelsregister[760]. Dies erscheint sinnvoll, da die Gesellschaftskapitalziffer nicht im Handelsregister eingetragen wird. Der Wert des Gesellschaftskapitals ändert sich ständig, sodass

---

755 Es besteht ein Bezugsrecht unabhängig von der Gattung, vgl. *Schürnbrand* in: MüKo AktG, Band 4, § 186 AktG Rn. 48. Die Frage, ob ein Misch- oder Gattungsbezugsrecht besteht ist nur relevant, wenn mehrere Aktiengattungen ausgegeben werden. Dann besteht nach früherer Ansicht ein Mischbezugsrecht und nach wohl h. M. ein Gattungsbezugsrecht mit einem Ausgleich von evtl. entstehenden Spitzen, vgl. hierzu etwa *Ekkenga/Jaspers* in: Ekkenga/Schröer, Hdb. AG-Finanzierung, Kapitel 4 Rn. 133; *Schürnbrand* in: MüKo AktG, Band 4, § 186 AktG Rn. 49; *Wiedemann* in: Hopt/Wiedemann Großkomm. AktG, Band 6, § 186 AktG Rn. 70.

756 *Heeren/v. Tiling* in: Kempf, Novellierung des Investmentrechts, S. 201, 215; *Eckhold,* ZGR 2007, 654, 678.

757 Hier gilt, wie bereits oben bei den Aktiengattungen ausgeführt, dass mit Ausgabe der Anlageaktien entsprechend auch das Gesellschaftsvermögen erhöht wird, sodass die einzelne Aktie den gleichen Wert behält. Vgl. hierzu auch RegE InvÄndG BT-Drs. 16/5576 S. 88; *Fromm,* Die Investmentaktiengesellschaft mit veränderlichem Kapital, S. 56; *Sachtleber,* Zivilrechtliche Strukturen von open-end-Investmentfonds in Deutschland und England, S. 108, 110; *Baums/Kiem* in: Festschrift Hadding, S. 741, 748; *Eckhold,* ZGR 2007, 654, 676; *Köndgen/Schmies,* WM 2004, Sonderbeil. Nr. 1, Heft 11, 2, 18. Dagegen kritisch zum Sonderfall der börsennotierten InvAG: *Blenk,* Die Mitgliedschaft in der Investmentaktiengesellschaft S. 67ff.

758 *Heeren/Tiling* in: Kempf, Novellierung des Investmentrechts, S. 201, 215; *Eckhold,* ZGR 2007, 654, 678; *Wallach,* Der Konzern 2007, 487, 491.

759 Siehe oben Teil B. V. 5. dd. (1) (a) m. w. N. in Fn. 721.

760 *Herrmann* in: Baur/Tappen KAGB, § 115 KAGB Rn. 3; *Boxberger* in: Moritz/Klebeck/Jesch KAGB, § 115 KAGB Rn. 7; *Lorenz* in: Weitnauer/Boxberger/Anders KAGB, § 115 KAGB Rn. 4.

eine Eintragung im Handelsregister auch keinen besonderen Informationsgehalt für die Gläubiger der InvAG m. v. K. hätte.

Nach der Entscheidung des Vorstands werden die Anlageaktien gem. § 109 Abs. 4 KAGB gegen vollständige Zahlung des Ausgabepreises[761] ausgegeben. Der Ausgabepreis setzt sich aus dem aktuellen Wert der ausgegebenen Aktienanteile am Gesellschaftskapital zuzüglich eines Aufschlags zusammen. Für Verwahrstellen von OGAW-InvAGen m. v. K. gilt § 71 Abs. 2 KAGB. Hiernach berechnet sich der Ausgabepreis für Aktien am Nettoinventarwert der Aktie und einem Aufschlag zusammen. Dieser Preis ist an die Verwahrstelle zu entrichten. Der Ausgabeaufschlag deckt insbesondere die Verwaltungs- und Transaktionskosten[762].

Da § 71 KAGB nur für OGAW-InvAGen gilt, ist fraglich, ob § 71 KAGB für AIF-InvAGen analog angewendet werden kann. Gegen eine Regelungslücke spricht, dass der Ausgabepreis explizit nur bei OGAW-Verwahrstellen geregelt wurde und sich eine vergleichbare Regelung nicht in den §§ 80–90 KAGB findet. Da allerdings die AIFM-RL erstmals mit dem KAGB umgesetzt werden sollte[763], könnte es sich dessen ungeachtet um ein Versehen des Gesetzgebers handeln. Faktisch wird genau auf diese Weise der Ausgabepreis für alle Arten von offenen Investmentvermögen berechnet und auf den Nettoinventarwert zuzüglich Aufschlag abgestellt[764]. Diese Berechnung ergibt sich zudem aus dem Umkehrschluss aus § 93 Abs. 7 KAGB, der gem. § 108 Abs. 4 KAGB entsprechend anwendbar ist. Hieraus ergibt sich die Regel, dass der InvAG m. v. K. der Wert der Aktie zufließen soll. Somit kann eine analoge Anwendung des § 71 KAGB dahingestellt bleiben und es besteht kein Zweifel über eine einheitliche Berechnung des Ausgabepreises aus Nettoinventarwert zuzüglich Aufschlags. Nach § 115 S. 3 KAGB ist das Gesellschaftskapital mit der Ausgabe der Aktien erhöht.

(b) Die Kapitalerhöhung durch die Ausgabe von Unternehmensaktien

Unstrittig ist, dass überhaupt Unternehmensaktien emittiert werden können[765]. Auch dass die Unternehmensakten – wie die Anlageaktien – gem. § 109 Abs. 4 KAGB erst gegen die volle Leistung des Ausgabepreises ausgegeben werden

---

761 § 109 Abs. 4 KAGB gilt auch für den originären Erwerb von Aktien nach der Gründung, vgl. zur Gründung bereits oben Teil B. V. 1. f. zur Aufbringung des eingeforderten Betrags nach § 109 Abs. 4 KAGB bzw. § 141 Abs. 1 KAGB als lex specialis zu § 36a AktG.

762 *Baums/Kiem* in: Festschrift Hadding, S. 741, 748; *Eckhold,* ZGR 2007, 654, 676.

763 RegE AIFM-UmsG BT-Drs. 17/12294 S. 187.

764 So auch *Schultheiß* in: Baur/Tappen KAGB, § 168 KAGB Rn. 25.

765 *Fischer/Steck* in: Berger/Steck/Lübbehüsen InvG, § 104 InvG Rn. 7; *Dornseifer* in: Emde/Dornseif-er/Dreibus/Hölscher InvG, § 105 InvG Rn. 3; *Lorenz* in: Weitnauer/

können, ist nicht zweifelhaft. Der Ausgabepreis wird – wie bereits dargestellt – gem. § 71 Abs. 2 KAGB sowie im Umkehrschluss aus § 93 Abs. 7 KAGB aus dem Wert der auszugebenden Aktien zuzüglich eines Aufschlags ermittelt[766]. Gem. § 115 S. 3 KAGB ist das Kapital mit der Ausgabe der neuen Aktien erhöht. Wie bei der Ausgabe von Anlageaktien bedarf es daher keiner Handelsregistereintragung. Diese Vorschrift ist auch auf Unternehmensaktien anwendbar. Da das Gesellschaftskapital aufgrund seiner ständigen Änderung nicht im Handelsregister eingetragen wird, ist eine Eintragung auch nicht sinnvoll.

Umstritten ist dagegen die Zuständigkeit für die Ausgabe von Unternehmensaktien[767]. Der Wortlaut des § 116 Abs. 1 KAGB bzw. § 105 Abs. 1 InvG spricht weder für eine Zuständigkeit des Vorstands noch für eine Zuständigkeit der Hauptversammlung. In der Praxis finden sich vereinzelt Satzungsgestaltungen, wonach der Vorstand zur Ausgabe von Unternehmensaktien ermächtigt wird[768]. Auch die allgemeine Formulierung, dass der Vorstand zur Ausgabe von Aktien – ohne nähere Spezifikation der Aktien – ermächtigt ist, ist zu finden[769].

Boxberger/Anders KAGB, § 115 KAGB Rn. 3 sowie der eindeutige Wortlaut des § 109 Abs. 2 S. 2 KAGB.

766 Siehe oben Teil V. 5. dd. (2) (a); es empfiehlt sich eine Satzungsregelung, siehe oben Teil B. V. 2. g.

767 Auf diese Regelungslücke weist bereits *Eckhold*, ZGR 2007, 654, 671 hin.

768 Vgl. etwa § 9 Abs. 3 der Satzung der AVANA Investmentaktiengesellschaft mit Teilgesellschaftsvermögen veröffentlicht im Anhang zum Jahresabschluss zum 30.11.2016; § 10 Abs. 1 der Satzung der ENERCON Investmentaktiengesellschaft mit Teilgesellschaftsvermögen veröffentlicht im Anhang zum Jahresabschluss zum 31.12.2016; § 10 Abs. 1 der Satzung der Universal-Investmentaktiengesellschaft mit Teilgesellschaftsvermögen veröffentlicht im Anhang zum Jahresabschluss zum 30.09.2016; § 5 Abs. 1 der Satzung der Siemens Spezial-Investmentaktiengesellschaft mit TGV veröffentlicht im Anhang zum Jahresabschluss zum 30.09.2016, § 10 Abs. 1 der Satzung der Varengold Investmentaktiengesellschaft mit Teilgesellschaftsvermögen veröffentlicht im Anhang zum Jahresabschluss zum 30.11.2015; § 10 Abs. 1 der Satzung der Paladin Asset Management Investmentaktiengesellschaft mit Teilgesellschaftsvermögen veröffentlicht im Anhang zum Jahresabschluss zum 31.12.2016 jeweils abgerufen am 23.05.2018 unter www.unternehmensregister.de.

769 Obwohl sich das Gesellschaftskapital aus Anlage- und Unternehmensaktien zusammensetzt, siehe § 9 Abs. 3 der Satzung der Deka Investors Spezialinvestmentaktiengesellschaft mit veränderlichem Kapital und Teilgesellschaftsvermögen veröffentlicht im Anhang zum Jahresabschluss zum 31.05.2016; abgerufen am 23.05.2018 unter www.unternehmensregister.de.

(aa) Grundsätzliche Zuständigkeit des Vorstands

Nach einer Ansicht zum früheren § 105 Abs. 1 InvG, welcher dem § 116 Abs. 1 KAGB entspricht, ist der Vorstand grundsätzlich für die Ausgabe der Unternehmensaktien zuständig, sofern keine abweichende Satzungsregelung besteht[770]. Für diese Ansicht findet sich aber im Wortlaut des Gesetzes kein Hinweis.

(bb) Zuständigkeit der Hauptversammlung mit möglicher abweichender Satzungsregelung

Nach einer anderen Ansicht ist für die Ausgabe von Unternehmensaktien grundsätzlich die Hauptversammlung zuständig[771]. Teilweise wird hierbei vertreten, dass § 105 Abs. 1 InvG, der dem § 116 Abs. 1 KAGB entspricht, für Spezial-InvAGen m. v. K. weit auszulegen ist[772]. Sofern eine Ermächtigung in der Satzung zur Ausgabe von Unternehmensaktien festgelegt sei, könne der Vorstand aufgrund dieser Ermächtigung das Kapital durch die Ausgabe von Unternehmensaktien gem. § 105 Abs. 1 InvG a. F. erhöhen. Dies ist zwar mit dem Wortlaut des § 116 KAGB vereinbar, der in Abs. 1 von Aktien spricht und in Abs. 2 die Rückgabemöglichkeit von Unternehmensaktien normiert[773]. Es ist allerdings nicht ersichtlich, weshalb § 116 Abs. 1 KAGB nur für Spezial-InvAGen weit ausgelegt werden sollte. Zwar ist nicht zu verkennen, dass gerade bei Spezial-InvAGen m. v. K., die gem. § 109 Abs. 1 S. 1 KAGB auf die Begebung von Anlageaktien verzichten können, mit dem Erfordernis des Hauptversammlungsbeschlusses eine sogar im Vergleich zum AktG wenig flexible Lösung zur Verfügung steht. Der Spezial-InvAG m. v. K. bleibt es jedoch unbenommen Anlageaktien zu begeben, um eine flexible Möglichkeit zur Aktienausgabe zu ermöglichen.

Nach einer ebenfalls in der Literatur vertretenen Ansicht kann die Satzung für alle InvAGen m. v. K. bestimmen, dass der Vorstand zur Ausgabe von Unternehmensaktien ermächtigt ist[774]. Liegt eine entsprechende Ermächtigung in der Satzung nicht vor, so bedarf es auch nach diesen beiden Ansichten eines

---

770 *Müchler,* Die Investmentaktiengesellschaft mit veränderlichem Kapital, S. 99; *Eckhold,* ZGR 2007, 654, 671f.

771 *Herrmann* in: Baur/Tappen KAGB, § 115 KAGB Rn. 2; *Lorenz* in: Weitnauer/Boxberger/Anders KAGB, § 115 KAGB Rn. 3; *Wegner,* Die selbstverwaltete Hedgefonds-Investmentaktiengesellschaft mit Teilgesellschaftsvermögen, S. 285f.; *Eckhold,* ZGR 2007, 654, 678.

772 *Fischer/Steck* in: Berger/Steck/Lübbehüsen InvG, § 104 InvG Rn. 7.

773 *Lorenz* in: Weitnauer/Boxberger/Anders KAGB, § 115 KAGB Rn. 3.

774 *Herrmann* in: Baur/Tappen KAGB, § 115 KAGB Rn. 2; *Boxberger* in: Moritz/Klebeck/Jesch KAGB, § 115 KAGB Rn. 6 bemüht hierfür eine „teleologische Extension" des § 115 KAGB.

Hauptversammlungsbeschlusses[775]. Für eine entsprechende Ermächtigungsmöglichkeit durch die Satzung könnte zum einen sprechen, dass nur so ein Gleichlauf mit den Anlageaktien möglich ist. Dieser ist jedoch gesetzlich gerade nicht vorgesehen. Gegen eine versehentliche Regelungslücke spricht, dass diese Regelung bereits so in § 104 Abs. 1 S. 1 InvG bestand und vom Gesetzgeber lediglich mit redaktionellen Änderungen in § 115 S. 1 KAGB übernommen wurde[776].

Zum anderen scheint mangels Anwendung der aktienrechtlichen Satzungsstrenge eine Ermächtigung in der Satzung möglich[777]. Allerdings ist, wie bereits festgestellt, für die InvAG die Satzungsstrenge lediglich investmentspezifisch modifiziert[778], sodass nur beim Vorliegen von zwingenden investmentrechtlichen Gründen vom AktG abgewichen werden darf[779]. Ein solcher zwingender Grund könnte die Flexibilität bei der InvAG m. v. K. sein. Hinzu kommt, dass Unternehmensaktionäre im Gegensatz zu Anlageaktionären nicht nur vermögensmäßig, sondern auch unternehmerisch an der InvAG m. v. K. beteiligt werden sollen[780]. Wenn der Vorstand selbst über die Ausgabe neuer Unternehmensaktien entscheiden könnte, würde den Unternehmensaktionären das Stimmrecht über die Aufnahme neuer Gesellschafter und somit eine bedeutende Entscheidung für die InvAG m. v. K. versagt[781]. Durch den Ausschluss der Kapitalerhöhungsregelungen sowie die unterbleibenden Regelungen für Unternehmensaktien im KAGB ergibt sich die missliche Lage, dass Unternehmensaktien schwerer emittiert werden können als bei gewöhnlichen Aktiengesellschaften, die auf das bedingte oder genehmigte Kapital zurückgreifen können. Allerdings ist die Flexibilität durch die Möglichkeit der Begebung von Anlageaktien in der Gesamtschau vorhanden.

(cc) Zuständigkeit des Vorstands gem. § 115 S. 1 KAGB analog

In Betracht kommt zudem eine Ermächtigung des Vorstandes gem. § 115 S. 1 KAGB analog[782]. Die gesetzliche Ermächtigung des § 115 S. 1 KAGB gilt nach

---

775 *Fischer/Steck* in: Berger/Steck/Lübbehüsen InvG, § 104 InvG Rn. 7; *Herrmann* in: Baur/Tappen KAGB, § 115 KAGB Rn. 2.

776 Der Zusatz „mit veränderlichem Kapital“ wurde in § 115 S. 1 KAGB eingefügt; RegE AIFM-UmsG BT-Drs. 17/12294 S. 239; *Lorenz* in: Weitnauer/Boxberger/Anders KAGB, § 115 KAGB Rn. 3.

777 *Dornseifer* in: Emde/Dornseifer/Dreibus/Hölscher InvG, § 104 InvG Rn. 3

778 Siehe oben Teil B. V. 2. a.

779 *Dornseifer* in: Emde/Dornseifer/Dreibus/Hölscher InvG, § 104 InvG Rn. 3.

780 Siehe oben zu Unternehmensaktien Teil B. V. 2. h. (bb) (3).

781 *Dornseifer* in: Emde/Dornseifer/Dreibus/Hölscher InvG, § 104 InvG Rn. 3.

782 So wohl *Heeren/v. Tiling* in: Kempf, Novellierung des Investmentrechts, S. 201, 214; abgelehnt von *Müchler*, Die Investmentaktiengesellschaft mit veränderlichem Kapital,

ihrem Wortlaut lediglich für Anlageaktien. Für eine Analogie sind eine planwidrige Regelungslücke sowie eine vergleichbare Interessenlage erforderlich. Für eine planwidrige Regelungslücke könnte sprechen, dass § 109 Abs. 2 S. 2 KAGB die Emission von Unternehmensaktien erlaubt, während § 115 S. 1 KAGB lediglich die Ausgabe von Anlageaktien regelt[783]. Unabhängig davon, ob eine Regelungslücke tatsächlich vorliegt, spricht, wie bereits dargestellt, die Übernahme der Regelung vom InvG gegen eine Planwidrigkeit[784]. Auf das Vorliegen einer vergleichbaren Interessenlage kommt es mithin nicht an. Diese verneint *Müchler*[785], indem sie einwendet, der Vorstand könne durch die Ausgabe von Unternehmensaktien die Machtverhältnisse in der InvAG m. v. K. beliebig verschieben. Dies vermag auf den ersten Blick nicht zu überzeugen, da sowohl im InvG als auch im KAGB für Unternehmensaktionäre grundsätzlich ein Bezugsrecht besteht[786].

Fraglich ist zunächst, ob ein „Gattungsbezugsrecht" oder ein „gattungsübergreifendes Mischbezugsrecht" besteht[787]. Nach wohl h. M. der Literatur im Aktienrecht besteht lediglich ein Gattungsbezugsrecht, wenn die Kapitalerhöhung verhältniswahrend und somit durch Ausgabe beider Aktiengattungen erfolgt[788]. Nach der Gegenansicht wäre, um zu erreichen, dass die Aktionäre lediglich Aktien ihrer eigenen Gattung beziehen, ein sogenannter „gekreuzter Bezugsrechtsausschluss" erforderlich[789]. In der Praxis empfiehlt es sich, trotz wohl inzwischen h. Lit. zur Sicherheit einen gekreuzten Bezugsrechtsausschluss zu beschließen[790]. In der konkret von *Müchler* dargestellten Situation sollen

---

S. 98f. zu § 104 InvG, *Sachtleber,* Zivilrechtliche Strukturen von open-end-Investmentfonds in Deutschland und England, S. 113.

783 So bereits zum InvG *Heeren/v. Tiling* in: Kempf, Novellierung des Investmentrechts, S. 201, 214; *Müchler,* Die Investmentaktiengesellschaft mit veränderlichem Kapital, S. 98.

784 RegE AIFM-UmsG BT-Drs. 17/12294 S. 239; *Lorenz* in: Weitnauer/Boxberger/Anders KAGB, § 115 KAGB Rn. 3.

785 *Müchler,* Die Investmentaktiengesellschaft mit veränderlichem Kapital, S. 99.

786 § 104 S. 2 InvG in der Fassung vom 27.12.2007 bzw. § 115 S. 2 KAGB.

787 Vgl. hierzu allgemein statt aller: *Schürnbrand* in: MüKo AktG, Band 4, § 186 AktG Rn. 49.

788 *Schürnbrand* in: MüKo AktG, Band 4, § 186 AktG Rn. 49; *Wiedemann* in: Hopt/Wiedemann Großkomm. AktG, Band 6, § 186 AktG Rn. 69; *Scholz* in: Münch. Hdb. GesR, Band 4, § 57 Rn. 105; *Koch* in: Hüffer/Koch AktG, § 186 AktG Rn. 4; *Müchler,* Die Investmentaktiengesellschaft mit veränderlichem Kapital, S. 202.

789 *Veil* in: K. Schmidt/Lutter, § 186 AktG Rn. 4, 38.

790 *Ekkenga/Jaspers* in: Ekkenga/Schröer, Hdb. AG-Finanzierung, Kapitel 4 Rn. 165; *Koch* in: Hüffer/Koch AktG, § 186 AktG Rn. 4, 30.

jedoch lediglich Unternehmensaktien ausgegeben werden, sodass der Meinungsstreit bezüglich des gekreuzten Bezugsrechtsausschlusses nicht weiterhilft. Nach den zum Aktienrecht vertretenen Ansichten bestünde somit bei der ausschließlichen Ausgabe von Unternehmensaktien ein Bezugsrecht der Unternehmensaktionäre und zusätzlich ein Bezugsrecht der stimmberechtigten Anlageaktionäre auf Unternehmensaktien[791].

Fraglich ist weiterhin, ob stimmrechtslosen Anlageaktionären ein Bezugsrecht zusteht. Die Literatur zum Investmentrecht ist hierzu nicht eindeutig. Teilweise wird lediglich auf das Bezugsrecht bei gleichzeitiger Ausgabe von Anlage- und Unternehmensaktien eingegangen[792]. Zudem wird teilweise den stimmberechtigten Anlageaktionären nur ein Bezugsrecht zugestanden, sofern das satzungsmäßig festgelegte Höchstkapital überschritten wird[793]. *Lorenz* weist dagegen darauf hin, dass genau dieser Fall nicht eindeutig geregelt sei. § 115 S. 2 KAGB regelt ihm zufolge eindeutig, dass Unternehmensaktionäre und stimmberechtigte Anlageaktionäre ein Bezugsrecht innehaben, sofern Anlageaktien ausgegeben werden[794]. Erst wenn § 115 S. 2 KAGB unabhängig von S. 1 als allgemeine Regelung gelten solle, bestünde kein Bezugsrecht der stimmrechtslosen Anlageaktionäre bei der Ausgabe von Unternehmensaktien[795]. Da aber das Bestehen eines Bezugsrechts die Regel ist und der Bezugsrechtsausschluss die begründungsbedürftige Ausnahme, ist § 115 S. 2 KAGB zum gesetzlichen Ausschluss des Bezugsrechts für stimmrechtslose Anlageaktionäre nach hier vertretener Auffassung nicht auf die Ausgabe von Unternehmensaktien anwendbar. Auch eine teleologische Reduktion des § 186 AktG mit dem Ergebnis, dass nur Unternehmensaktionären oder auch stimmberechtigten Anlageaktionären ein

---

791 Im Aktienrecht besteht selbst nach der wohl h. M. in der Literatur sofern möglich verhältniswahrend ein Gattungsbezugsrecht und für den überschießendenden Teil wird ein Mischbezugsrecht gewährt: *Ekkenga/Jaspers* in: Ekkenga/Schröer, Hdb. AG-Finanzierung, Kapitel 4 Rn. 133; *Schürnbrand* in: MüKo AktG, Band 4, § 186 AktG Rn. 49; *Wiedemann* in: Hopt/Wiedemann Großkomm. AktG, Band 6, § 186 AktG Rn. 70; *Scholz* in: Münch. Hdb. GesR, Band 4, § 57 Rn. 105; *Koch* in: Hüffer/Koch AktG, § 186 AktG Rn. 4; zu diesem Ergebnis kommt ebenfalls *Blenk,* Die Mitgliedschaft in der Investmentaktiengesellschaft S. 65.

792 *Fischer/Steck* in: Berger/Steck/Lübbehüsen InvG, § 104 InvG Rn. 6; *Müchler,* Die Investmentaktiengesellschaft mit veränderlichem Kapital, S. 202f.

793 Hierzu ausführlich *Fischer/Steck* in: Berger/Steck/Lübbehüsen InvG, § 96 InvG Rn. 12; zustimmend *Herrmann* in: Baur/Tappen KAGB, § 115 KAGB Rn. 6; *Boxberger* in: Moritz/Klebeck/Jesch KAGB, § 115 KAGB Rn. 8.

794 *Lorenz* in: Weitnauer/Boxberger/Anders KAGB, § 115 KAGB Rn. 5.

795 *Lorenz* in: Weitnauer/Boxberger/Anders KAGB, § 115 KAGB Rn. 5.

Bezugsrecht bei der Ausgabe von Unternehmensaktien zugestanden wird, ist aus diesem Grund nicht möglich[796]. Im Ergebnis kann der Vorstand aufgrund des de lege lata bestehenden Bezugsrechts aller Anlageaktionäre und Unternehmensaktionäre die Machtverhältnisse innerhalb der AG eigenmächtig verschieben, sodass die Aussage von *Müchler* bestätigt wurde und eine vergleichbare Interessenlage zu Recht verneint wurde[797].

Die Unsicherheiten bezüglich des Bezugsrechts sprechen dafür, dass die Ansicht vorzugswürdig ist, die einen Hauptversammlungsbeschluss für die Ausgabe von Unternehmensaktien fordert[798]. So kann im selben Zuge über einen Bezugsrechtsausschluss entschieden werden[799]. De lege ferenda empfiehlt sich ein gesetzlicher Bezugsrechtsausschluss für stimmrechtslose Anlageaktionäre bei der Ausgabe von Unternehmensaktien.

(dd) Zuständigkeit der Hauptversammlung aufgrund aktienrechtlicher Satzungsänderung

Mangels entsprechender Regelung gelten die allgemeinen aktienrechtlichen Grundsätze. Bei der Ausgabe von Unternehmensaktien wird zum einen die Aktionärsstruktur geändert, nämlich das Verhältnis von Unternehmensaktien zu Anlageaktien, und das Kapital erhöht. Es kommt daher eine Zuständigkeit der Hauptversammlung gem. § 119 Abs. 1 Nr. 6 AktG in Betracht[800]. Da aber die Regelungen zur Kapitalbeschaffung und Herabsetzung in §§ 182–240 AktG ausgeschlossen sind, ist zumindest fraglich, ob damit auch § 119 Abs. 1 Nr. 6 AktG ausgeschlossen ist[801]. Im Aktienrecht wird aufgrund des Wortlautes „namentlich“

---

796 So aber *Wallach*, Der Konzern 2007, 487, 491: nur Bezugsrecht für Unternehmensaktionäre und stimmberechtigte Anlageaktionäre; noch strenger *Sachtleber*, Zivilrechtliche Strukturen von open-end-Investmentfonds in Deutschland und England, S. 114, der Unternehmensaktionären ein Bezugsrecht auf Unternehmensaktien und stimmberechtigten Anlageaktionären ein Bezugsrecht auf Anlageaktien mit Stimmrecht einräumt.

797 Siehe hierzu oben Teil B. V. 5 a. dd. (2) (b) (cc). S. 135.

798 Siehe sogleich Teil B. V. 5 a. dd. (2) (b) (dd).

799 So auch *Lorenz* in: Weitnauer/Boxberger/Anders KAGB, § 115 KAGB Rn. 6.

800 *Dornseifer* in: Emde/Dornseifer/Dreibus/Hölscher InvG, § 104 InvG Rn. 3; *Sachtleber*, Zivilrechtliche Strukturen von open-end-Investmentfonds in Deutschland und England, S. 114; *Wegner*, Die selbstverwaltete Hedgefonds-Investmentaktiengesellschaft mit Teilgesellschaftsvermögen, S. 285f.

801 *Blenk*, Die Mitgliedschaft in der Investmentaktiengesellschaft S. 101 verneint § 119 Abs. 1 Nr. 6 AktG als Kompetenznorm und beruft sich stattdessen auf die Holzmüller-Doktrin.

in § 119 Abs. 1 AktG zu Recht vertreten, dass es sich lediglich um eine wiederholende Aufzählung handelt und keine neuen Kompetenzen geschaffen werden[802].

Des Weiteren könnte es sich um eine Satzungsänderung gem. § 179 Abs. 1 S. 1 AktG handeln[803]. In der Satzung selbst ist die Höhe des Gesellschaftskapitals nicht festgehalten, sondern lediglich die Höhe des Mindest- und Höchstbetrags gem. § 110 Abs. 1 S. 1 KAGB. Die Argumentation im Aktienrecht, dass das in der Satzung niedergelegte Kapital geändert wird[804], kann daher nicht herangezogen werden, sofern die Ausgabe innerhalb der Höchstgrenze erfolgt. Die Satzung ist gem. § 2 AktG der Gesellschaftsvertrag. Bei Regelungen zu gesellschaftsrechtlichen Rechten und Pflichten der Aktionäre und künftigen Aktionäre handelt es sich um notwendige materielle Satzungsregeln[805]. Gerade bei der Aufnahme handelt es sich typischerweise um die Begründung gesellschaftsrechtlicher Rechte und Pflichten zwischen der AG und dem aufzunehmenden Aktionär. Der Gesellschaftsvertrag wird in diesem Fall nämlich um einen neuen Anteil und somit um einen neuen Vertragspartner erweitert. Es handelt sich bei der Ausgabe von Unternehmensaktien um einen originären Anteilserwerb. Die Aktie wird durch die Ausgabe neu geschaffen. Dies ist nicht gleichzusetzen mit dem derivativen Erwerb: Während beim originären Erwerb die Gesellschaft vergrößert und durch mehrere Anteile geteilt wird, wird beim derivativen Erwerb lediglich ein bereits bestehender Anteil übertragen. Somit ist im vorliegenden Fall die Satzung bezüglich der Anzahl der Stückaktien und dadurch ein gem. § 23 Abs. 2 Nr. 2 AktG notwendiger Satzungsbestandteil zu ändern. Ohne eine ausdrückliche Regelung im KAGB oder anwendbare Regelung im AktG kann nicht davon ausgegangen werden, dass die Möglichkeit zur Satzungsänderung dem Vorstand zusteht[806]. Es handelt sich gerade nicht um eine Geschäftsführungstätigkeit des Vorstands, sondern um eine Satzungsänderung[807]. Somit ist

---

802 *Reger* in: Bürgers/Körber AktG, § 119 AktG Rn. 3; *Spindler* in: K. Schmidt/Lutter, § 119 AktG Rn. 7.

803 Vgl. zur Kapitalerhöhung nach § 182 AktG ebenso: *Schürnbrand* in: MüKo AktG, Band 4, Erster Unterabschnitt. Kapitalerhöhung gegen Einlagen, Vorbemerkung Rn. 1; *Schürnbrand* in: MüKo AktG, Band 4, § 182 AktG Rn. 2.

804 *Haberstock/Greitemann* in: Hölters AktG, § 179 AktG Rn. 22; *Koch* in: Hüffer/Koch AktG, § 182 AktG Rn. 3.

805 *Koch* in: Hüffer/Koch AktG, § 23 AktG Rn. 3.

806 So aber *Müchler,* Die Investmentaktiengesellschaft mit veränderlichem Kapital, S. 99; im Ergebnis wie hier *Wegner,* Die selbstverwaltete Hedgefonds-Investmentaktiengesellschaft mit Teilgesellschaftsvermögen, S. 285.

807 A. A. *Müchler,* Die Investmentaktiengesellschaft mit veränderlichem Kapital, S. 99.

nach allgemeinen aktienrechtlichen Regeln ein Hauptversammlungsbeschluss gem. § 179 Abs. 1 S. 1 AktG erforderlich.

Zudem ist, wenn Unternehmensaktien ausgegeben werden sollen, mangels einer spezielleren Regelung zur Zustimmung betroffener Gattungen[808] § 179 Abs. 3 AktG anwendbar. Hiernach bedarf der Hauptversammlungsbeschluss, sofern das Verhältnis mehrerer Gattungen von Aktien zum Nachteil einer Gattung geändert werden soll, der Zustimmung der benachteiligten Aktionäre. Bei den Unternehmensaktien und Anlageaktien handelt es sich um Aktiengattungen[809]. Mithin wäre § 179 Abs. 3 AktG dem Wortlaut nach anwendbar. Allerdings ist fraglich, ob die Erhöhung von Unternehmensaktien in die Rechte der Anlageaktien und Unternehmensaktien eingreift und ein Nachteil der jeweiligen Gattungen ersichtlich ist. Beispielsweise liegt im Aktienrecht bei der Umwandlung von Vorzugsaktien in Stammaktien eine Beeinträchtigung der bisherigen Stammaktionäre vor, da deren Stimmrecht verwässert wird[810].

Für die stimmrechtslosen Anlageaktien ist § 179 Abs. 3 AktG nicht anwendbar. Zum einen ist gesetzlich gar kein Stimmrecht für Anlageaktionäre vorgesehen. Somit kann auch nicht bei der Ausgabe von Unternehmensaktien ein Stimmrecht bestehen. Zum zweiten wird durch die Ausgabe von weiteren Unternehmensaktien kein Recht der Anlageaktionäre ohne Stimmrecht beeinträchtigt. Schließlich bestehen vor und nach der Ausgabe der Unternehmensaktien keine Stimm- und Teilnahmerechte, sowie kein Bezugsrecht[811]. Eine Wertverwässerung ist ebenfalls nicht zu befürchten[812]. Somit ändert sich das Verhältnis nicht zum Nachteil der Anlageaktionäre ohne Stimmrecht.

Dagegen liegt in der Ausgabe von Unternehmensaktien eine Benachteiligung der bisherigen Unternehmensaktionäre sowie der Anlageaktionäre mit Stimmrecht. Zum einen verwässert sich bei beiden Aktiengattungen das Stimmrecht, zum anderen hat die Erhöhung der Unternehmensaktien Auswirkung auf die Rückgabemöglichkeit der Aktien gem. § 116 Abs. 2 S. 3 KAGB, für die neben dem erforderlichen Gesellschaftskaptal die Zustimmung aller Unternehmensaktionäre erforderlich ist. Somit bleibt es trotz des Bezugsrechts, das einer Stimmrechtsverwässerung abhilft, bei einer Benachteiligung der beiden

808 Vgl. etwa § 182 Abs. 2 AktG, der § 179 Abs. 3 AktG verdrängt, *Stein* in: MüKo AktG, Band 4, § 179 AktG Rn. 180 m. w. N.

809 Siehe oben Teil B. V. 2. h. bb. (3).

810 OLG Köln AG 2002, 244, 245; *Haberstock/Greitemann* in: Hölters AktG, § 179 AktG Rn. 55; differenzierend *Senger/Vogelmann,* AG 2002, 193, 194.

811 Siehe oben Teil B. V. 2. h. bb. (3).

812 Siehe oben Teil B. V. 2. h. bb. (3).

Aktionärsgruppen. Selbst wenn es keine Anlageaktionäre mit Stimmrecht gibt, sind Unternehmensaktionäre bei der Ausgabe neuer Unternehmensaktien benachteiligt. Zwar hätten sie in diesem Fall auch ein verhältniswahrendes Bezugsrecht, allerdings sind sie bereits dann benachteiligt, wenn nur ein bisheriger Unternehmensaktionär dieses nicht wahrnehmen würde, da alle Unternehmensaktionäre der Rückgabe der Unternehmensaktien gem. § 116 Abs. 2 S. 3 KAGB zustimmen müssen.

Der Sonderbeschluss gem. § 179 Abs. 3 AktG muss für jede Gattung separat und gesondert vom Hauptversammlungsbeschluss erfolgen[813]. Somit ist zusätzlich zum Hauptversammlungsbeschluss für die Ausgabe von Unternehmensaktien jeweils ein Sonderbeschluss der benachteiligten Gattung gem. § 179 Abs. 3 AktG, in der Regel der Unternehmensaktionäre, erforderlich.

(ee) Bewertung

De lege lata unterscheidet sich die Kapitalerhöhung durch die Ausgabe von Aktien bei der InvAG m. v. K. deutlich von der Kapitalerhöhung in der AG. Die Ausgabe von Unternehmensaktien bei der InvAG m. v. K. benötigt de lege lata als Satzungsänderung einen Hauptversammlungsbeschluss. Da die §§ 182ff. AktG ausdrücklich ausgeschlossen sind, ist es bei Unternehmensaktien nicht möglich, eine bedingte oder genehmigte Kapitalerhöhung durchzuführen[814]. De lege ferenda wäre es möglich und wünschenswert, die Ausgabe von Unternehmensaktien entweder durch einen Verweis auf §§ 182ff. AktG oder durch ausdrückliche Regelungen mindestens so flexibel wie bei der AG zu gestalten.

Die Ausgabe von Anlageaktien ist deutlich flexibler als das bedingte und genehmigte Kapital. Es wurden jeweils die flexibelsten Voraussetzungen der beiden Möglichkeiten zur Kapitalerhöhung herangezogen. Zum einen bedarf es wie beim genehmigten Kapital keines Kapitalerhöhungsbeschlusses der Hauptversammlung. Der Vorstand ist bereits durch das Gesetz zur Ausgabe der Anlageaktien innerhalb des Mindest- und Höchstkapitals ermächtigt. Es bedarf also nicht einmal einer Ermächtigung in der Gründungssatzung oder eines Ermächtigungsbeschlusses durch die Hauptversammlung wie beim genehmigten Kapital. Im Unterschied zum genehmigten Kapital ist die Erhöhungsmöglichkeit des Vorstandes noch weitreichender und zusätzlich auch nicht auf fünf Jahre begrenzt. Auch die Durchführung der Kapitalerhöhung bedarf, wie beim bedingten Kapital, nicht der Eintragung ins Handelsregister. Zum anderen haben die Anlageaktionäre ohne Stimmrecht kraft Gesetz kein Bezugsrecht, sodass keine

813 *Senger/Vogelmann*, AG 2002, 193, 194f.
814 A. A. wohl *Lorenz* in: Weitnauer/Boxberger/Anders KAGB, § 115 KAGB Rn. 3.

separate Ermächtigung des Vorstands erforderlich ist. Dies ist wiederum mit der bedingten Kapitalerhöhung vergleichbar, bei der zur Erfüllung des Zwecks, der bei der Ausgabe von Anlageaktien im flexiblen Gewinn neuer Investorengelder liegt, ein Bezugsrechtsausschluss erforderlich ist.

(c) Kapitalherabsetzung durch Rücknahme von Aktien

Eine InvAG m. v. K. kann gem. § 116 Abs. 1 KAGB innerhalb des statutarisch festgelegten Mindest- und Höchstkapitals und nach Maßgabe des § 116 Abs. 2 KAGB jederzeit ihre Aktien zurücknehmen. Gem. § 116 Abs. 2 S. 1 können die Aktionäre einer InvAG m. v. K. verlangen, dass ihnen gegen Rückgabe von Aktien ihr Anteil am Gesellschaftskapital ausgezahlt wird. Mithin besteht ein Rückgaberecht also eine sogenannte Put-Option bezüglich der Aktien der InvAG[815].

Da die Aktionäre selbst entscheiden, ob sie ihre Aktien zurückgeben, ist es im Gegensatz zur Kapitalerhöhung durch Ausgabe neuer Aktien nicht fraglich, wer für die Kapitalherabsetzung durch Rücknahme der Aktien zuständig ist. Beim Rückgaberecht der Aktionäre der InvAG m. v. K. handelt es sich um ein konstitutives Merkmal eines offenen Investmentvermögens[816]. Ein statutarischer Ausschluss des Rückgaberechts ist aufgrund der eindeutigen gesetzlichen Regelung gem. § 116 Abs. 1 KAGB nicht möglich[817]. Zudem differenziert § 116 Abs. 2 KAGB wie folgt:

Publikumsaktionäre sind gem. § 116 Abs. 2 S. 1 2. Hs. KAGB besonders geschützt und haben mindestens zweimal im Monat ein Rückgaberecht[818]. Wird die InvAG m. v. K. intern verwaltet, so ist die InvAG m. v. K. gem. § 116 Abs. 2 S. 2 KAGB nur zur Rücknahme verpflichtet, wenn durch die Auszahlung der zurückgegebenen Aktien nicht das Anfangskapital zuzüglich der erforderlichen Eigenmittel gem. § 25 KAGB unterschritten werden; bei Unternehmensaktionären gilt diese Grenze gem. § 116 Abs. 2 S. 3 1. Hs. KAGB bezogen auf die

---

815 *Fromm,* Die Investmentaktiengesellschaft mit veränderlichem Kapital, S. 59; *Baums/Kiem* in: Festschrift Hadding, S. 741, 751; *Hermanns,* ZIP 2004, 1297, 1300.

816 *Fischer/Steck* in: Berger/Steck/Lübbehüsen InvG, § 105 InvG Rn. 3; *Fischer,* Die Investmentaktiengesellschaft aus aufsichtsrechtlicher und gesellschaftsrechtlicher Perspektive, S. 64.

817 *Fischer,* Die Investmentaktiengesellschaft aus aufsichtsrechtlicher und gesellschaftsrechtlicher Perspektive, S. 72.

818 Der letzte Hs. wurde zu § 116 Abs. 2 S. 1 KAGB mit dem Gesetz zur Anpassung von Gesetzen auf dem Gebiet des Finanzmarktes (FMAnpG) vom 15.07.2014, (BGBl I 2014, S. 934) hinzugefügt, während die Regelung in § 110 Abs. 2. S. 2 KAGB a. F., wonach die Satzung vorzusehen hatte, dass die Aktionäre mindestens einmal jährlich ein Rückgaberecht haben, nicht mehr besteht, vgl. hierzu BT-Drs. 18/1305 S. 47.

verbleibenden Einlagen der Unternehmensaktionäre. Wird die InvAG extern verwaltet, so darf gem. § 116 Abs. 2 S. 3 2. Hs. KAGB für Unternehmensaktien der verbleibende Anteil an Einlagen 50.000 Euro nicht unterschreiten. Sofern, wie bereits erläutert, das Mindestkapital höher als das gem. § 25 KAGB erforderliche Anfangskapital gewählt wird bzw. bei externer Verwaltung wie gesetzlich vorgesehen das Mindestkapital mindestens 50.000 Euro beträgt, sind diese Grenzen für Anlageaktien bereits durch die Regelung des § 116 Abs. 1 KAGB gewahrt, da die Aktien nur zurückgegeben werden können, wenn das Mindestkapital nicht unterschritten wird[819]. Allerdings legt § 116 Abs. 2 S. 3 KAGB fest, dass für die Rückgabe von Unternehmensaktien nur das auf die Unternehmensaktien entfallende Gesellschaftskapital maßgeblich ist, sodass es sich um eine noch engere Grenze des Rückgaberechts handelt[820]. Das nach der Satzung erforderliche Mindestkapital bzw. das nach dem KAGB erforderliche Anfangskapital soll vorrangig aus Mitteln der Unternehmensaktionäre bereitgestellt werden[821].

Für die Rückgabe von Unternehmensaktien müssen zusätzlich die verbleibenden Unternehmensaktionäre gem. § 116 Abs. 2 S. 3 1. Hs. KAGB der Rücknahme der Aktien zustimmen. Dies gilt, obwohl sich die Regelung im ersten Halbsatz des § 116 Abs. 2 S. 3 KAGB befindet, für extern und intern verwaltete InvAGen m. v. K.[822]: Sinn und Zweck des Zustimmungserfordernisses ist die Gleichbehandlung und Gewährleistung, dass sich die Machtverhältnisse innerhalb der InvAG m. v. K. nicht ungeplant verschieben, sodass ein Minderheitsaktionär gegen seinen Willen zum Mehrheitsaktionär oder gar zum einzig verbleibenden Unternehmensaktionär wird[823]. In der Folge wäre die Ausübung seines Rückgaberechts zumindest teilweise nicht mehr möglich. Es soll ein „Schleichen aus der Verantwortung" durch die Unternehmensaktionäre verhindert werden[824].

---

819 A. A. *Einsele,* AG 2011, 141, 147 zu § 105 InvG: Nur die Unterschreitung der 1,25 Mio. Euro und nicht die Unterschreitung des Mindestkapitals soll das Rückgaberecht ausschließen.

820 *Herrmann* in: Baur/Tappen KAGB, § 116 KAGB Rn. 6; *Lorenz* in: Weitnauer/Boxberger/Anders KAGB, § 116 KAGB Rn. 8.

821 *Lorenz* in: Weitnauer/Boxberger/Anders KAGB, § 116 KAGB Rn. 8, 10.

822 So wohl auch *Herrmann* in: Baur/Tappen KAGB, § 116 KAGB Rn. 6f.; *Boxberger* in: Moritz/Klebeck/Jesch KAGB, § 116 KAGB Rn. 13; a. A. *Lorenz* in: Weitnauer/Boxberger/Anders KAGB, § 116 KAGB Rn. 8.

823 RegE OGAW-IV-UmsG BT-Drs. 17/4510 S. 81f.; *Dornseifer* in: Emde/Dornseifer/Dreibus/Hölscher InvG, § 105 InvG Rn. 8; *Boxberger* in: Moritz/Klebeck/Jesch KAGB, § 116 KAGB Rn. 14.

824 *Lorenz* in: Weitnauer/Boxberger/Anders KAGB, § 116 KAGB Rn. 11.

Diese Gleichbehandlung der Unternehmensaktionäre ist aber sowohl bei intern als auch bei extern verwalteten InvAGen m. v. K. zu gewährleisten. Im Ergebnis gilt daher das Zustimmungserfordernis unabhängig von der Verwaltung bei der Rücknahme von Unternehmensaktien.

Sofern die Voraussetzungen des § 116 Abs. 2 S. 2 KAGB nicht erfüllt sind, ist entgegen dem Wortlaut „Verpflichtung" auch keine fakultative Rücknahme der Anlageaktien durch die InvAG möglich[825]. Sinkt das Gesellschaftskapital unter das Anfangskapital, kann die BaFin, wie bereits dargestellt, die Erlaubnis der intern verwalteten InvAG widerrufen[826]. Es gibt ebenfalls keine fakultative Rücknahme von Unternehmensaktien: Obwohl dort das Anfangskapital noch durch Anlageaktionäre gesichert sein könnte, gilt es hier eine Ungleichbehandlung zu vermeiden und den Anlageaktionären nicht ihre Chance auf Rückgabe der Anlageaktien nach § 116 Abs. 2 S. 2 KAGB zu nehmen.

Mit der Rücknahme sind gem. § 116 Abs. 3 KAGB die Aktien herabgesetzt. Eine Einziehung der Aktien wird nicht benötigt[827]. Der Rückgabepreis wird für OGAW-InvAGen m. v. K. gem. § 71 Abs. 3 S. 1 KAGB aus dem Nettoinventarwert[828] abzüglich eines in den Anlagebedingungen festzulegenden Inventarwerts berechnet. Auch für diesen Abschlag ist eine Regelung in der Satzung und in den Anlagebedingungen empfehlenswert. Die ausdrückliche Regelung des Rückgabepreises findet sich zwar nur für Verwahrstellen der OGAW-Investmentvermögen. Allerdings ist in § 116 Abs. 1 S. 1 KAGB geregelt, dass den rückgabeberechtigten Aktionären gegen Rückgabe der Aktien ihr Anteil am Gesellschaftskapital auszuzahlen ist. Dass der Anteil um den Verwaltungsaufwand verringert wird, ist nachvollziehbar. Ansonsten trügen die verbleibenden Aktionäre den Verwaltungsaufwand der Rücknahme, was ein Wettrennen um die schnellstmögliche Rückgabe im Krisenfall verstärken würde und mit der Gleichbehandlung der Aktionäre gem. § 53a AktG nicht vereinbar wäre. Zudem ist auch keine gewollte Unterscheidung bei der Berechnung des Rücknahmepreises von AIF-InvAGen m. v. K. und OGAW-InvAGen m. v. K. ersichtlich[829].

---

825 *Fischer,* Die Investmentaktiengesellschaft aus aufsichtsrechtlicher und gesellschaftsrechtlicher Perspektive, S. 66; *Sachtleber,* Zivilrechtliche Strukturen von open-end-Investmentfonds in Deutschland und England, S. 111; *Eckhold,* ZGR 2007, 654, 685; *Hermanns,* ZIP 2004, 1297, 1301; *Steck/Schmitz,* AG 2004, 658, 661.

826 Siehe oben Teil B. V. 5 a. cc. (3) (b) (bb).

827 RegE InvÄndG BT-Drs. 16/5576 S. 88.

828 Vgl. zum Nettoinventarwert § 168 KAGB.

829 Vgl. hierzu bereits oben die Argumentation zur Berechnung des Ausgabepreises Teil B. V. 5 a. dd. (2) (a).

Hierfür spricht auch die Historie, da in einer früheren Version des § 105 InvG in der Fassung vom 25.12.2003 der Rückgabepreis in Abs. 2 S. 1 mit dem „Inventarwert abzüglich eines in der Satzung festzusetzenden Abschlags für die Transaktionskosten" festgelegt war. Die Begründung zur Änderung des § 105 InvG spricht von einer Zusammenfassung der Abs. 2 und 3 und geht nicht auf eine gewollte Neuregelung des Rückgabepreises ein[830].

Die Zahlung für die zurückgegebenen Aktien stellt gem. § 116 Abs. 2 S. 5 KAGB keine Einlagenrückgewähr dar, sodass kein Verstoß gegen § 57 AktG vorliegt[831]. Dies gilt jedoch nur, sofern die Rückgabe rechtmäßig gem. § 116 KAGB erfolgt[832]. Ansonsten handelt es sich um einen Erwerb von eigenen Aktien gem. § 71 AktG und zudem um eine unzulässige Einlagenrückgewähr[833]. Nach einer Ansicht kommt zudem ein Schadensersatzanspruch gegen den Vorstand in Betracht[834].

Zudem wird für die Beschränkung des Rückgaberechts gem. § 116 Abs. 2 S. 6 KAGB eine entsprechende Anwendung der §§ 98 Abs. 2 und 3, 223, 227 oder 283 Abs. 3 KAGB angeordnet. *Zetzsche* zufolge fehlt hier die entsprechende Anwendung des § 225 KAGB[835]. Hierbei handelt es sich um Sonderbestimmungen für die Rücknahme von Anteilen von Sondervermögen, die in den Anlagebedingungen vorzusehen sind. Da es sich um eine entsprechende Anwendung handelt, stellt sich die Frage, ob die besonderen Rücknahmevoraussetzungen statutarisch oder in den Anlagebedingungen der InvAG m. v. K. zu regeln sind. Zwar spricht für eine Regelung in den Anlagebedingungen der Wortlaut der §§ 98 Abs. 2, 223, 227 KAGB, allerdings normiert § 116 Abs. 2 S. 6 KAGB, dass für eine Beschränkung des Rückgaberechts der Aktionäre „in der Satzung" die genannten Vorschriften entsprechend gelten. Somit sind die entsprechenden Sonderregeln in der Satzung festzuhalten[836]. Sicherheitshalber wird eine Wiederholung dieser Sonderregeln in den Anlagebedingungen empfohlen.

---

830 RegE InvÄndG BT-Drs. 16/5576 S. 88.

831 *Lorenz* in: Weitnauer/Boxberger/Anders KAGB, § 116 KAGB Rn. 13.

832 *Herrmann* in: Baur/Tappen KAGB, § 116 KAGB Rn. 9; vgl. hierzu bereits zum InvG *Sachtleber*, Zivilrechtliche Strukturen von open-end-Investmentfonds in Deutschland und England, S. 112f.

833 *Sachtleber*, Zivilrechtliche Strukturen von open-end-Investmentfonds in Deutschland und England, S. 112f.; *Eckhold*, ZGR 2007, 654, 690.

834 *Lorenz* in: Weitnauer/Boxberger/Anders KAGB, § 116 KAGB Rn. 9; *Eckhold*, ZGR 2007, 654, 690.

835 *Zetzsche*, AG 2013, 613, 617 Fn. 66.

836 Eine Regelung in der Satzung empfiehlt auch *Lorenz* in: Weitnauer/Boxberger/Anders KAGB, § 116 KAGB Rn. 12.

Bei entsprechender Anwendung[837] regelt § 98 Abs. 2 KAGB die Aussetzung der Rücknahme von Aktien beim Vorliegen außergewöhnlicher Umstände, die dies unter Berücksichtigung der Interessen der Aktionäre rechtfertigen. Solche Umstände können beispielweise eine hohe Zahl rückgabewilliger Aktionäre sein, sodass die InvAG m. v. K. für die Auszahlung Liquiditätsengpässe bekommt und Vermögensgegenstände deutlich unterhalb des Wertes veräußern muss[838]. Auch eine Schließung einer für die Wertermittlung der Aktien relevanten Börse rechtfertigt das Vorliegen außergewöhnlicher Umstände[839]. Während der Aussetzung dürfen gem. § 98 Abs. 2 S. 2 keine Aktien ausgegeben werden und nach S. 3 ist die Entscheidung über die Aussetzung der BaFin[840] mitzuteilen. Die Aussetzung und die Wiederaufnahme sind außerdem gem. S. 4 zu veröffentlichen und im Anschluss daran sind die Aktionäre nach S. 5 zu unterrichten. Die Veröffentlichungspflicht findet auf Spezial-InvAGen m. v. K. gem. § 98 Abs. 2 S. 6 KAGB keine Anwendung. Die Aussetzungsoption bei außergewöhnlichen Umständen muss zumindest allgemein in der Satzung geregelt sein[841]. Unklar ist, ob die außergewöhnlichen Umstände in der Satzung konkretisiert werden müssen. Da dies teilweise verlangt wird[842], empfiehlt es sich, die außergewöhnlichen Umstände anhand von Regelbeispielen näher in der Satzung – und den Anlagebedingungen – zu regeln. Außerdem enthält § 116 Abs. 2 S. 6 i. V. m. § 98 Abs. 3

---

837 An die Stelle der Anleger treten die Aktionäre, an die Stelle der Anlagebedingungen die Satzung und an die Stelle der KVG die InvAG selbst, da diese die Aktien gem. § 116 KAGB selbst zurücknimmt, unabhängig davon, ob sie selbst KVG ist oder nicht.

838 *Herrmann* in: Baur/Tappen KAGB, § 116 KAGB Rn. 10; *Fischer/Steck* in: Berger/Steck/Lübbehüsen InvG, § 105 InvG Rn. 6; mit einem Beispiel zur praktischen Abwicklung unter Wahrung des Gleichbehandlungsgebots vgl. *Fischer,* Die Investmentaktiengesellschaft aus aufsichtsrechtlicher und gesellschaftsrechtlicher Perspektive, S. 68ff.

839 *Fischer/Steck* in: Berger/Steck/Lübbehüsen InvG, § 105 InvG Rn. 6; *Fischer,* Die Investmentaktiengesellschaft aus aufsichtsrechtlicher und gesellschaftsrechtlicher Perspektive, S. 68.

840 Sofern die Aktien der InvAG m. v. K. in anderen Mitgliedstaaten der EU oder in Mitgliedsstaaten des Vertragsabkommens über den Europäischen Wirtschaftsraum vertrieben werden, ist eine Mitteilung an die zuständige Stelle erforderlich.

841 So für die allgemeine Regelung in Anlagebedingungen von Sondervermögen: *Schmitz* in: Berger/Steck/Lübbehüsen InvG, § 37 InvG Rn. 15; wohl auch für eine allgemeine Regelung mit Verweis auf §§ 98, 223, 226 KAGB in der Satzung *Lorenz* in: Weitnauer/Boxberger/Anders KAGB, § 116 KAGB Rn. 12.

842 *Fischer,* Die Investmentaktiengesellschaft aus aufsichtsrechtlicher und gesellschaftsrechtlicher Perspektive, S. 69.

KAGB die Möglichkeit der Anordnung der Aussetzung der Rücknahme durch die BaFin, sofern dies im Interesse der Aktionäre oder der Öffentlichkeit liegt.

Für sonstige Investmentvermögen enthält § 223 KAGB Sonderregelungen für die Rücknahme. Bei entsprechender Anwendung kann die Satzung vorsehen, dass die Rücknahme von Aktien höchstens einmal halbjährlich und mindestens einmal jährlich nach schriftlicher unwiderruflich erklärter Rückgabeerklärung mit Beachtung der Rückgabefrist zu einem bestimmten Zeitpunkt erfolgt, wenn zum Zeitpunkt der Rückgabe der Aktien die Summe der Werte der zurückgegebenen Aktien einen statutarisch bestimmten Betrag überschreitet. Bei Dach-Hedgefonds kann die Rücknahme entsprechend § 227 KAGB begrenzt werden. Diese Beschränkungsmöglichkeiten dienen der besseren Planbarkeit der Rücknahme und der Reduzierung des Aufwands und der Kosten der InvAG[843].

Es verwundert, dass § 116 Abs. 2 S. 6 KAGB nicht auf § 98 Abs. 1 S. 2 KAGB verweist[844]. Für eine entsprechende Anwendung spricht, dass der Gesetzgeber bekanntlich einen Gleichlauf bei der Rückgabe von Anteilen am Sondervermögen und der Rückgabe von Aktien herbeiführen wollte[845].

Abschließend steht fest, dass sich die InvAG m. v. K. auch bei der Kapitalherabsetzung durch Rücknahme der Aktien deutlich von der Grundform der AG unterscheidet. Während bei der AG ein Kapitalherabsetzungsbeschluss erforderlich ist, können die Investmentaktionäre ihre Aktien – abgesehen von gesetzlich zugelassenen Beschränkungen in der Satzung – zurückgeben. Bereits mit der Rücknahme der Aktien ohne einen Beschluss oder eine Eintragung im Handelsregister ist das Gesellschaftskapital herabgesetzt.

(d) Änderung des Gesellschaftskapitals durch Wertschwankungen

Zusätzlich ändert sich der Wert des Gesellschaftskapitals bereits dann, wenn sich das Gesellschaftsvermögen ändert. Dies ist gem. § 110 Abs. 1 S. 1 und S. 2 KAGB der Fall, sobald Vermögensgegenstände, zu denen auch die Wertpapiere gehören, oder die Verbindlichkeiten der InvAG Wertschwankungen unterliegen[846]. Dabei ist es unerheblich, ob der Vermögensgegenstand dem Anlage- oder

---

843 *Herrmann* in: Baur/Tappen KAGB, § 116 KAGB Rn. 11.

844 *Lorenz* in: Weitnauer/Boxberger/Anders KAGB, § 116 KAGB Rn. 7.

845 RegE InvÄndG BT-Drs. 16/5576 S. 89, ebenfalls für ein Redaktionsversehen: *Lorenz* in: Weitnauer/Boxberger/Anders KAGB, § 116 KAGB Rn. 7; zustimmend *Boxberger* in: Moritz/Klebeck/Jesch KAGB, § 116 KAGB Rn. 12.

846 *Herrmann* in: Baur/Tappen KAGB, § 110 KAGB Rn. 4; *Lindauer* in: Beckmann/Scholtz/Vollmer Investment, 405 § 110 KAGB Rn. 1; *Dornseifer* in: Emde/Dornseifer/Dreibus/Hölscher InvG, § 96 InvG Rn. 24–26.

dem Betriebsvermögen angehört[847]. Für die Änderung des Gesellschaftskapitals durch Änderung des Gesellschaftsvermögens ist folglich gar kein Verfahren vorgesehen oder möglich. Das Kapital ändert sich bereits durch äußere Einflüsse, wenn beispielsweise gehaltene Wertpapiere durch Marktschwankungen an Wert verlieren. Das variable Gesellschaftskapital unterscheidet sich in dieser Hinsicht grundlegend vom Grundkapital als feste Ziffer, das dem Gläubigerschutz, welcher zudem auch bei der Kapitalherabsetzung gewahrt wird, dient[848].

ee. Angabe des Gesellschaftskapitals auf Geschäftsbriefen

Gem. § 118 Abs. 1 2. Hs. KAGB muss auf allen Geschäftsbriefen auf die Veränderlichkeit des Gesellschaftskapitals hingewiesen werden. Unter Geschäftsbriefen sind auch sämtliche Mitteilungen in elektronischer Form, die an einen bestimmten Personenkreis außerhalb der InvAG gerichtet sind, zu verstehen[849] Dieser Umstand spricht dafür, dass die Veränderlichkeit des Gesellschaftskapitals ein wesentliches Merkmal ist, auf das die Gläubiger gesondert hingewiesen werden müssen.

Dagegen ist die Angabe des Grundkapitals der AG gem. § 80 AktG optional[850]. Sofern jedoch Angaben gemacht werden, müssen Angaben zur Höhe des Grundkapitals sowie, falls vorhanden, den nicht eingezahlten Einlagen gemacht werden. Mithin unterscheidet sich die InvAG m. v. K. in einem weiteren Erfordernis von der AG.

ff. Die Bilanzierung des Grundkapitals und des Gesellschaftskapitals

Die Abkehr vom Grundkapital wirkt sich auch auf die Bilanzierung in der InvAG aus. Bei einer klassischen AG ist das Grundkapital gem. § 152 Abs. 1 AktG in der Bilanz des aufzustellenden Jahresabschlusses als gezeichnetes Kapital auszuweisen und somit gem. §§ 272, 266 Abs. 3 A. I. HGB zu passivieren. Als festgelegte Ziffer, die immer zu passivieren ist, dient das Grundkapital den Gläubigern als „Verlustpuffer"[851].

---

847 *Herrmann* in: Baur/Tappen KAGB, § 110 KAGB Rn. 6.

848 Vgl. §§ 225, 230, 232, 233, 237 Abs. 5 AktG.

849 *Spindler* in: MüKo AktG, Band 2, § 80 AktG Rn. 14ff.; *Koch* in: Hüffer/Koch AktG, § 80 AktG Rn. 2; *Boxberger* in: Moritz/Klebeck/Jesch KAGB, § 118 KAGB Rn. 6.

850 *Seibt* in: K. Schmidt/Lutter, § 80 AktG Rn. 5.

851 Statt aller vgl. *Fock* in: Spindler/Stilz AktG, Band 1, § 1 AktG Rn. 84.

(1) Die Bilanzierung des Gesellschaftskapitals

Die Bilanz ist gem. § 120 Abs. 2 S. 1 KAGB nicht wie in § 266 Abs. 1 S. 1 HGB vorgesehen in Kontoform, sondern in Staffelform zu erstellen[852]. Die Gliederung der Bilanz der InvAG ist in § 21 Abs. 4 KARBV vorgeschrieben. Unter II. Investmentanlagevermögen B. Passiva 6. Eigenkapital ist der Titel „a) Kapitalanteile bzw. das gezeichnete Kapital" aufgeführt. Fraglich ist, was als gezeichnetes Kapital gilt und wo das Gesellschaftskapital in der Bilanz der InvAG aufzuführen ist. Da das Gesellschaftskapital variabel ist und jederzeit dem Gesellschaftsvermögen entspricht, handelt es sich beim Gesellschaftskapital nicht um das ursprünglich übernommene gezeichnete Kapital, welches mit dem Grundkapital vergleichbar wäre. Vielmehr ist das Gesellschaftskapital und somit der Wert des Gesellschaftsvermögens gem. § 110 Abs. 1 S. 2 KAGB zu errechnen:

[Summe aller Verkehrswerte der Vermögensgegenstände des Gesellschaftsvermögens]
– [aufgenommene Kredite und sonstige Verbindlichkeiten]
= Gesellschaftskapital

Die Summe aller Verkehrswerte der Vermögensgegenstände der InvAG wird in den Aktiva der Bilanz der InvAG abgebildet. Das Gesellschaftskapital lässt sich bei InvAGen somit unmittelbar aus der Bilanz in Staffelform ablesen, indem von den Aktiva die Verbindlichkeiten abgezogen werden. Das Gesellschaftsvermögen entspricht somit dem Eigenkapital der Gesellschaft.

Die Werte des Investmentanlagevermögens sind gem. § 21 Abs. 1 i. V. m. §§ 26–31 und 34 KARBV sowieso mit dem aktuellen Zeitwert anzusetzen. Zwar sind die Werte des Investmentbetriebsvermögens gem. § 21 Abs. 2 KARBV nach handelsrechtlichen Grundsätzen anzusetzen, allerdings gilt der hierdurch ermittelte Wert als Verkehrswert i. S. d. § 168 Abs. 1 KAGB, sodass eventuell bestehende stille Reserven für die Ermittlung des Verkehrswerts von Publikumsinvestmentvermögen und des Gesellschaftsvermögens außer Betracht bleiben[853].

Diese Regelung des § 21 Abs. 2 KARBV ist für die Ermittlung des Gesellschaftskapitals gem. § 110 Abs. 1 S. 2 KAGB analog anzuwenden, sodass das Gesellschaftskapital i. S. d. § 110 KAGB in der Bilanz Eingang findet. Eine Regelungslücke liegt vor. Für die Planwidrigkeit könnte die alte Rechtslage im InvG sprechen. Die § 21 KARBV entsprechende Regelung betreffend die Bilanz von InvAGen fand sich in § 18 InvRBV wieder. Nach § 18 Abs. 2 S. 2 InvRBV galt der für das Investmentbetriebsvermögen nach handelsrechtlichen Grundsätzen

---

852 Vgl. zur Rechnungslegung unten Teil B. V. 6.
853 *Schneider* in: Baur/Tappen KAGB, § 120 KAGB Rn. 18.

zu ermittelnde Wert als Verkehrswert i. S. d. § 96 Abs. 1a InvG der dem heutigen § 110 Abs. 1 S. 2 KAGB entspricht und war somit für die Ermittlung des Gesellschaftskapitals maßgeblich. Der Literatur zufolge bestünde ohne den Verweis auf § 96 Abs. 1a InvG ein Widerspruch zur darin enthaltenen Vorgabe, nämlich dass das Gesellschaftskapital dem Wert des Gesellschaftsvermögens und damit wiederum der Summe aller zum Gesellschaftsvermögen gehörenden Vermögensgegenstände abzüglich der Gesellschaftsverbindlichkeiten zu entsprechen hat[854]. Dem Entwurf der KARBV zufolge sollte die KARBV lediglich die InvRBV ersetzen und für die neu eingeführten Investmentvehikel angepasst werden[855]. Da die InvAG m. v. K. bereits im InvG geregelt war und die Abweichung in der Verordnungsbegründung[856] weder erwähnt noch begründet ist, spricht dies für eine versehentliche Regelungslücke.

Zudem spricht für eine entsprechende Anwendung auch die vergleichbare Interessenlage. Sowohl in § 110 Abs. 1 S. 2 KAGB zur Ermittlung des Gesellschaftskapitals als auch in § 168 Abs. 1 KAGB zur Ermittlung des Verkehrswerts eines offenen Publikumsinvestmentvermögens, welches für die Bestimmung des Nettoinventarwertes maßgeblich ist, wird auf die Verkehrswerte abgestellt.

Mithin ist § 21 Abs. 2 KARBV auch auf die Ermittlung des Gesellschaftskapitals gem. § 110 KAGB anzuwenden, sodass infolgedessen das Gesellschaftskapital i. S. d. § 110 Abs. 1 S. 1 KAGB in der Bilanz dem Eigenkapital entspricht. Diese Ansicht wird auch durch einen Blick in die veröffentlichten Bilanzen der InvAGen m. v. K. bestätigt[857]. Dabei ist sowohl im Gesetz als auch in der Praxis

---

854 *Kempf*, Corporate Finance biz 2010, 157, 164; *Sedlmaier*, WM 2010, 1437, 1440.

855 BaFin, Entwurf KARBV S. 1, abrufbar unter: https://www.bafin.de/SharedDocs/Downloads/DE/Konsultation/2013/dl_kon_1013_karbv_wa.pdf?__blob=publicationFile&v=3, zuletzt abgerufen am 22.05.2018.

856 BaFin, Begründung zur KARBV, abrufbar unter: https://www.bafin.de/SharedDocs/Veroeffentlichungen/DE/Aufsichtsrecht/Verordnung/KARBV_Begruendung.html, zuletzt abgerufen am 22.05.2018.

857 So wird das Gesellschaftskapital als Eigenkapital dargestellt in der Bilanz im Jahresabschluss der Allianz Global Investors Investmentaktiengesellschaft mit Teilgesellschaftsvermögen zum 31.03.2017, der Deutsche Asset & Wealth Management Investmentaktiengesellschaft mit Teilgesellschaftsvermögen zum 30.11.2016, der ENERCON Investmentaktiengesellschaft mit Teilgesellschaftsvermögen zum 31.12.2016, der FPM Deutsche Investmentaktiengesellschaft mit Teilgesellschaftsvermögen zum 31.03.2016, der PB Spezial-Investmentaktiengesellschaft mit Teilgesellschaftsvermögen zum 31.12.2016 und der Universal-Investmentaktiengesellschaft mit Teilgesellschaftsvermögen zum 30.09.2016.
In der Bilanz im Jahresabschluss zum 29.02.2017 der iShares (DE) I Investmentaktiengesellschaft mit Teilgesellschaftsvermögen wird der Begriff Eigenkapital durch

keine Differenzierung zwischen InvAG m. v. K. mit oder ohne Investmentbetriebsvermögen zu erkennen, bei InvAGen m. v. K. mit Betriebsvermögen ergibt sich das Gesellschaftskapital aus der Summe des Eigenkapitals für das Investmentanlagevermögen und das Investmentbetriebsvermögens[858].

(2) Zusammenfassung und Vergleich

Im Ergebnis werden sowohl das Grundkapital als auch das Gesellschaftskapital in der Bilanz festgehalten. Durch die Bilanzierung des Grundkapitals als feste Ziffer auf der Passivseite kann in der AG erst ein Gewinn erwirtschaftet werden, wenn die Aktiva das Grundkapital und die Verbindlichkeiten übersteigen. Anderes gilt dagegen in der InvAG. Das Gesellschaftskapital wird zwar bilanziert. Es wird aber erst ermittelt aus der Differenz zwischen dem Verkehrswert der Vermögensgegenstände abzüglich der Verbindlichkeiten der Gesellschaft. Bilanziell dient das Gesellschaftskapital somit nicht als feste Größe, die auf der Aktivseite der Bilanz gedeckt sein muss. Zwar wird durch aufsichtsrechtliche Vorschriften für die intern verwaltete InvAG gesichert, dass das Anfangskapital i. H. v. mindestens 300.000 Euro ggf. zuzüglich zusätzlicher Eigenmittel nach § 25 KAGB vorhanden ist, sodass das Gesellschaftskapital in dieser Höhe vorhanden sein muss. Rein gesellschaftsrechtlich betrachtet, stellt das Gesellschaftskapital aber keinen „bilanztechnischen Sparstrumpf“[859] dar und wird nicht als feste Ziffer passiviert.

Gesellschaftskapital ersetzt und in der Bilanz im Jahresabschluss der AVANA Investmentaktiengesellschaft mit Teilgesellschaftsvermögen zum 30.11.2016, der Siemens Spezial-Investmentaktiengesellschaft mit TGV zum 30.09.2016 sowie der Varengold Investmentaktiengesellschaft mit Teilgesellschaftsvermögen zum 30.11.2015 wird sogar nur der Posten Gesellschaftskapital genannt, jeweils abgerufen am 23.05.2018 unter www.unternehmensregister.de.

858 Siehe Bilanz im Jahresabschluss der Optinova Investmentaktiengesellschaft mit Teilgesellschaftsvermögen zum 30.06.2017 (Summe Investmentvermögen); Bilanz im Jahresabschluss der Paladin Asset Management Investmentaktiengesellschaft mit Teilgesellschaftsvermögen zum 31.12.2016 Gesellschaftsvermögen entspricht dem Gesellschaftskapital; Bilanz im Jahresabschluss der Varengold Investmentaktiengesellschaft mit Teilgesellschaftsvermögen zum 30.11.2015, jeweils abgerufen am 23.05.2018 unter www.unternehmensregister.de.

859 *Fock* in: Spindler/Stilz AktG, Band 1, § 1 AktG Rn. 85; *Wiedemann*, Gesellschaftsrecht Band 1, § 10 IV 1.

gg. *Die Eintragung des Grundkapitals und des Gesellschaftskapitals im Handelsregister*

Die Regelung des § 110 KAGB wirkt sich auch registerrechtlich aus. Während in Spalte 3 des Handelsregisters (Grundkapital) mangels Grundkapitals nichts einzutragen ist, wird in Spalte 6 Unterspalte a (Rechtsform) „Aktiengesellschaft" und in Unterspalte b (sonstige Rechtsverhältnisse) „Investmentaktiengesellschaft mit einem Mindestkapital von [...] Euro und einem Höchstkapital von [...] Euro" eingetragen[860]. Das Gesellschaftskapital selbst ist nicht einzutragen, dagegen ist eine Änderung des Mindest- oder Höchstkapitals einzutragen[861]. Bei einer InvAG m. v. K. kommt nur dem Mindestkapital eine Gläubigerschutzfunktion zu, da sich das Gesellschaftskapital jederzeit ändern kann[862].

Aus der registerrechtlichen Behandlung ergibt sich aber auch nicht eindeutig, ob die InvAG eine eigene Gesellschaftsform ist. Dafür, dass eine eigene Gesellschaftsform vorliegt, ist anzuführen, dass unter Grundkapital nichts einzutragen ist und unter „sonstige Rechtsverhältnissen" „Investmentaktiengesellschaft" eingetragen wird. Dagegen spricht die Eintragung „Aktiengesellschaft" unter „Rechtsform".

hh. *Zwischenergebnis zum Vergleich der Finanzverfassung der InvAG m. v. K. mit der Finanzverfassung der AG*

Die Terminologie weist bereits auf die großen Unterschiede bei den Regelungen zur Finanzverfassung in der InvAG und der AG hin. Das Gesellschaftskapital ist variabel und entspricht dem Gesellschaftsvermögen, während das Grundkapital eine feste zu passivierende Zahl darstellt. Das Gesellschaftskapital unterscheidet sich damit grundlegend vom Grundkapital.

Bei der Gründung entspricht zwar teilweise das Mindestkapital funktional dem Grundkapital, es muss nämlich bei der Gründung aufgebracht werden und dient dem Gläubigerschutz. Der Grundsatz der realen Kapitalaufbringung wird bei der InvAG m. v. K. durch das Erfordernis der vollständigen Zahlung des

---

860 *Krafka/Kühn* in: Krafka/Kühn Registerrecht, Teil 1, Dritter Abschnitt Handelsregister Abteilung B., C. III. Rn. 1745, 1745b; § 43 Nr. 6 b) ii) Handelsregisterverordnung, geändert durch das InvÄndG vom 21.12.2007 (BGBl. I 2007, S. 3089, 3138).

861 *Herrmann* in: Baur/Tappen KAGB, § 116 KAGB Rn. 14; *Boxberger* in: Moritz/Klebeck/Jesch KAGB, § 116 KAGB Rn. 20; *Krafka/Kühn* in: Krafka/Kühn Registerrecht, Teil 1, Dritter Abschnitt Handelsregister Abteilung B., C. III. Rn. 1745a; *Müchler,* Die Investmentaktiengesellschaft mit veränderlichem Kapital, S. 83.

862 *Fischer,* Die Investmentaktiengesellschaft aus aufsichtsrechtlicher und gesellschaftsrechtlicher Perspektive, S. 74f. mit Beispiel.

Ausgabepreises und das Sacheinlageverbot für Publikums-InvAGen in § 109 Abs. 4 und 5 KAGB gewährleistet. Damit ist die Kapitalaufbringung in der InvAG m. v. K. sogar noch stärker als in der AG abgesichert.

Das lediglich aufsichtsrechtlich geregelte und im Fall einer internen Verwaltung zu erbringende Anfangskapital entspricht nicht dem Mindestkapital. Das Mindestkapital sollte jedoch höher als das Anfangskapital gewählt werden. Indirekt ist damit die Kapitalerhaltung durch aufsichtsrechtliche Regelungen betreffend das Anfangskapital ebenfalls strenger gesichert. De lege ferenda wäre eine Regelung, dass bei Nichtaufbringen des erforderlichen Anfangskapitals von Beginn an ein Ermessen der BaFin über die Abwicklung der Gesellschaft besteht, wünschenswert, um einen Gleichlauf mit § 39 Abs. 4 KAGB i. V. m. § 38 Abs. 1 S. 1 KWG zu erreichen. De lege lata führt die Nichtaufbringung des Anfangskapitals zur Nichtigkeit der Satzung, da der Unternehmensgegenstand für eine intern verwaltete InvAG ohne Erlaubnis der BaFin gem. § 20 Abs. 1 S. 1 KAGB gegen ein gesetzliches Verbot gem. § 134 BGB verstößt.

Dagegen unterscheiden sich das Mindest- und das Gesellschaftskapital vom Grundkapital bei der Bilanzierung und bei der Eintragung im Handelsregister. In der laufenden InvAG m. v. K. ändert sich das Gesellschaftskapital bereits bei Wertschwankungen. Auch die Kapitalerhöhung durch Ausgabe von Anlageaktien und die Kapitalherabsetzung durch Rückgabe der Anlageaktien ist deutlich flexibler ausgestaltet als im AktG. Es ist weder ein Hauptversammlungsbeschluss noch eine Eintragung der Durchführung der Kapitalmaßnahme im Handelsregister für die wirksame Erhöhung bzw. Herabsetzung des Kapitals erforderlich. Im Gegensatz zum AktG räumt das KAGB den Aktionären eine Put-Option ein.

Bei Unternehmensaktien ist dagegen die Ausgabe mangels gesetzlicher Regelung nach hier vertretener Ansicht in der InvAG strenger als im AktG. Aufgrund des Ausschlusses der §§ 182ff. AktG kann weder eine bedingte noch eine genehmigte Kapitalerhöhung erfolgen. Für die Ausgabe von Unternehmensaktien bedarf es mangels einer speziellen Regelung im KAGB eines Beschlusses der Hauptversammlung sowie eines Sonderbeschlusses gem. § 179 Abs. 3 AktG. De lege ferenda empfiehlt es sich, die Ausgabe von Unternehmensaktien der InvAG m. v. K. ausdrücklich im KAGB zu regeln. Entweder sollte der Vorstand hierzu gesetzlich ermächtigt werden oder es sollten die §§ 182–240 AktG für anwendbar erklärt werden. Letzteres erscheint unter Berücksichtigung des unternehmerischen Interesses der Unternehmensaktionäre vorzugswürdig. De lege lata haben mangels anderweitiger gesetzlicher Regelung die Anlageaktionäre ein Bezugsrecht bei der Ausgabe von Unternehmensaktien. De lege ferenda empfiehlt sich somit ein gesetzlicher Bezugsrechtsausschluss für stimmrechtslose Anlageaktionäre bei der Ausgabe von Unternehmensaktien. Auch bei der

Rückgabe besteht zwar eine Put-Option, jedoch ist die Zustimmung der verbleibenden Unternehmensaktionäre immer erforderlich, unabhängig davon, ob die InvAG extern oder intern verwaltet wird.

Insgesamt ist die Finanzverfassung der einmal gegründeten InvAG m. v. K. deutlich flexibler als diejenige der AG. Der Schutz der Gläubiger erfolgt eher aufsichtsrechtlich über das Anfangskapital als gesellschaftsrechtlich, wobei bei der Unterschreitung des Mindestkapitals zumindest kein Rückgaberecht der Aktionäre besteht. Dabei ist zu beachten, dass das Mindestkapital nicht dem Anfangskapital entspricht. Das Aufsichtsrecht des KAGB soll insbesondere die Anleger schützen[863], die Gläubiger sind jedoch mittelbar auch geschützt.

Die unterschiedlichen Finanzverfassungen sprechen für eine eigene Gesellschaftsform der InvAG, gegebenenfalls sogar der InvAG m. v. K. Mindestens jedoch sollte es sich um eine Unterform der InvAG handeln, die sich in einem Merkmal, nämlich dem variablen Kapital, von der InvAG m. f. K. unterscheidet und nicht um eine Unter-Unterform der AG nach dem AktG.

b. *Die Finanzverfassung der InvAG m. f. K.*

Für die Finanzverfassung der InvAG m. f. K. sind grundsätzlich gem. § 140 Abs. 1 S. 2 KAGB die Regelungen des AktG anwendbar, soweit im KAGB keine spezielleren Normen zu finden sind. Als Sonderregelungen finden sich in § 141 Abs. 1 und Abs. 2 KAGB Regelungen, die denen des § 109 Abs. 4 und 5 KAGB zur InvAG m. v. K. entsprechen. Anders als für die InvAG m. v. K. finden sich für die InvAG m. f. K. keine Sonderregelungen zum Gesellschaftskapital, keine Bestimmungen über Unternehmens- und Anlageaktien und zudem ist die Anwendung der §§ 182–240 AktG nicht ausgeschlossen.

Im Umkehrschluss verbleibt es bei den aktienrechtlichen Regelungen. Die InvAG m. f. K. hat daher ein festes Grundkapital, das von den Gründungsaktionären aufzubringen ist. Die Kapitalaufbringung der InvAG m. f. K. unterscheidet sich von derjenigen im AktG, da § 141 Abs. 1 KAGB als lex specialis zu § 36a AktG festlegt, dass Aktien nur gegen die vollständige Leistung des Ausgabepreises ausgegeben werden dürfen[864]. § 141 Abs. 2 KAGB schließt zudem für Publikums-InvAGen m. f. K. Sacheinlagen aus. Das Erfordernis der vollen Leistung der Einlage wird teilweise für die InvAG m. f. K. bezweifelt[865] und auch

---

863 Vgl. zum Sinn und Zweck des KAGB: RegE AIFM-UmsG BT-Drs. 17/12294 S. 2.

864 Siehe oben Teil B. V. 1. f. zur Aufbringung des eingeforderten Betrags nach § 109 Abs. 4 KAGB bzw. § 141 Abs. 1 KAGB als lex specialis zu § 36a AktG.

865 *Zetzsche*, AG 2013, 613, 615f. Fn. 47.

das Sacheinlageverbot wird mit Verweis auf die §§ 32ff. KAGB und die aktienrechtlichen Regelungen zur Kapitalerhaltung bei Sacheinlagen nicht für erforderlich gehalten[866].

Gem. § 140 Abs. 1 S. 2 KAGB i. V. m. § 7 AktG beträgt der Mindestnennbetrag des Grundkapitals der InvAG m. f. K. 50.000 Euro. Sofern die InvAG m. f. K. intern verwaltet wird, könnten auch hier die Anforderungen des § 25 Abs. 1 KAGB an das Anfangskapital als speziellere Vorschrift in Betracht kommen. Wie bereits zur InvAG m. v. K. erörtert[867], handelt es sich jedoch um eine rein aufsichtsrechtliche und keine gesellschaftsrechtliche Vorgabe zur Kapitalausstattung. Gem. § 145 S. 1 KAGB ist nämlich die Unterschreitung des Gesellschaftsvermögens unter den Wert des Anfangskapitals gem. § 25 KAGB der BaFin und den Aktionären der intern verwalteten InvAG m. f. K. unverzüglich anzuzeigen. Sofern das Anfangskapital unterschritten wird, droht – wie bereits dargestellt[868] – der Entzug oder die Verweigerung der Erteilung der Erlaubnis. In der Folge könnte die BaFin nach Aufhebung der Erlaubnis gem. § 39 Abs. 3 Nr. 2 KAGB die Abwicklung der InvAG m. f. K. gem. § 39 Abs. 4 KAGB i. V. m. § 38 Abs. 1 KWG verlangen bzw. bei einer Verweigerung der Erlaubnis wäre die Satzungsbestimmung über den Unternehmensgegenstand gem. § 134 BGB – bis zur Bestellung einer externen KVG – nichtig[869].

Fraglich ist, ob ein Unterschreiten des Anfangskapitals mit der Wahl eines Grundkapitals, welches dem Anfangskapital entspricht oder höher ist, verhindert werden kann. Im Gegensatz zum Gesellschaftskapital entspricht das Grundkapital nicht dem Gesellschaftsvermögen. Es handelt sich wie bei der AG nur um eine feste Ziffer, die durch ihre Passivierung einen Verlustpuffer darstellt. Sofern das Gesellschaftsvermögen nicht mehr der Summe aus Grundkapital und Verbindlichkeiten entspricht, entsteht zunächst einmal eine Unterbilanz[870]. Besteht ein Verlust in Höhe von der Hälfte des Grundkapitals, so hat der Vorstand gem. § 92 Abs. 1 AktG die Hauptversammlung einzuberufen und ihr dies anzuzeigen[871]. Erst mit dem Eintritt der Überschuldung, wenn also der Wert des Gesellschaftsvermögens negativ ist, sodass die Aktiva nicht mehr die Verbindlichkeiten decken, ist eine Aktiengesellschaft insolvenzantragspflichtig[872]. Damit kann die

---

866 *Silberberger/Lorenz* in: Weitnauer/Boxberger/Anders KAGB, § 141 KAGB Rn. 4.

867 Siehe oben Teil B. V. 5. a. cc. (3) (b) (bb).

868 Siehe oben Teil B. V. 5. a. cc. (3) (b) (bb).

869 Siehe oben Teil B. V. 5. a. cc. (3) (b) (bb).

870 BGHZ 105, 300, 303; vgl. etwa *Koch* in: Hüffer/Koch AktG, § 41 AktG Rn. 8.

871 Vgl. hierzu etwa *Krieger/Sailer-Coceani* in: K. Schmidt/Lutter, § 92 AktG Rn. 3ff.

872 § 19 Abs. 1, Abs. 2 InsO.

Festsetzung des Grundkapitals über dem Wert des Anfangskapitals nicht verhindern, dass das Anfangskapital aufgebraucht wird. Da eine Gewinnentnahme der Aktionäre möglich ist, wenn das Gesellschaftsvermögen das Grundkapital übersteigt[873], empfiehlt es sich, auch in der intern verwalteten InvAG m. f. K. das Grundkapital statutarisch mindestens in der Höhe des Anfangskapitals gem. § 25 KAGB festzulegen. Somit wird zumindest das Anfangskapital vor der Gewinnentnahme geschützt.

Insgesamt ergeben sich abgesehen von den strengeren Kapitalaufbringungsregeln und den Besonderheiten der intern verwalteten InvAG m. f. K. betreffend das Anfangskapital, welche sich mittelbar auf das Grundkapital auswirken sollten, keine Unterschiede zur normalen AG. Das geforderte Anfangskapital stimmt zwar nicht mit dem Grundkapital überein, jedoch sollte das Grundkapital für die intern verwaltete InvAG m. f. K. mindestens so hoch wie das Anfangskapital sein, um einen zu bilanzierenden Verlustpuffer in der entsprechenden Höhe zu haben.

6. Die Rechnungslegung für die InvAG im Vergleich zu derjenigen für die AG

a. Die Aufstellung des Jahresabschlusses und des Lageberichts der InvAG

Während mit Einführung des InvG noch für die Rechnungslegung der InvAG auf das AktG verwiesen wurde, kam es mit dem InvÄndG bereits im InvG zum Gleichlauf mit den Regelungen zur Rechnungslegung im Sondervermögen[874]. Für die InvAG m. v. K. und für die InvAG m. f. K. sind gem. § 108 Abs. 2 S. 1 und § 140 Abs. 2 KAGB die §§ 150–158 des AktG betreffend die Aufstellung des Jahresabschlusses ausgeschlossen. Für die Rechnungslegung gelten die §§ 120–123 KAGB, die gem. § 148 Abs. 1 KAGB entsprechend für die InvAG m. f. K. anzuwenden sind. Zusätzlich ist bei der Publikums-InvAG m. f. K. § 148 Abs. 2 KAGB zu beachten. Der Jahresabschluss einer InvAG m. v. K. ist gem. § 120 Abs. 1 KAGB nach den Vorschriften des Dritten Buches des HGB vom Vorstand als gesetzlichem Vertreter der InvAG aufzustellen, sofern im KAGB oder in der

---

873 *Koch* in: Hüffer/Koch AktG, § 1 AktG Rn. 10; *Fock* in: Spindler/Stilz AktG, Band 1, § 1 AktG Rn. 89.

874 Vgl. allg. Verweis in § 66 KAGG, später § 99 Abs. 1 i. V. m. § 110 InvG a. F. (bis 27.12.2007) und Neuregelung des § 110 InvG, der durch das InvÄndG vom 21.12.2007 (BGBl. I 2007, S. 3089, 3120) grundlegend neugefasst wurde; RegE InvÄndG BT-Drs. 16/5576 S. 89; *Schneider* in: Baur/Tappen KAGB, § 120 KAGB Rn. 2; *Lorenz* in: Weitnauer/Boxberger/Anders KAGB, § 120 KAGB Rn. 1.

KARBV, zu deren Erlass die BaFin gem. § 120 Abs. 8 ggf. i. V. m. § 148 Abs. 1 KAGB ermächtigt ist, nichts Abweichendes geregelt ist.

aa. Die Bilanz der InvAG

Gem. § 120 Abs. 2 S. 1 KAGB ist die Bilanz nicht wie in § 266 Abs. 1 S. 1 HGB vorgesehen in Kontoform, sondern in Staffelform zu erstellen. Dies ist gem. Art. 11 der EU-RL 2013/34/EU mit europäischem Recht vereinbar[875]. Zudem wird bezüglich der Bilanz des *Investmentanlagevermögens* auf das Recht zum Sondervermögen gem. § 101 Abs. 1 S. 3 Nr. 1 KAGB verwiesen. Die Gliederung der Bilanz ist in § 21 Abs. 4 KARBV für InvAGen und InvKGen vorgegeben. Außerdem ergeben sich folgende Regelungen aus der KARBV:

Handelt es sich um eine intern verwaltete InvAG oder InvKG, so sind das *Investmentbetriebsvermögen*, also Vermögen, das für den Betrieb der intern verwalteten Investmentgesellschaft erforderlich ist[876], beispielsweise Einrichtungsgegenstände[877] oder EDV, sowie das *Investmentanlagevermögen*, das heißt gem. der Legaldefinition in § 120 Abs. 2 KAGB, die dem Sondervermögen vergleichbaren Aktiva und Passiva, getrennt aufzuführen[878]. Bei einer InvAG mit TGV sind darüber hinaus die TGV einzeln aufzugliedern[879]. *Lorenz* empfiehlt dabei die Ausgestaltung des Investmentbetriebsvermögens als TGV, um dieses den Unternehmensaktionären zuweisen zu können[880].

Die Werte des *Investmentbetriebsvermögens* sind nach handelsrechtlichen Grundsätzen anzusetzen[881]. Das handelsrechtliche Niederstwertprinzip nach § 253 HGB findet somit Anwendung[882]. Der hierdurch ermittelte Wert gilt als Verkehrswert i. S. d. § 168 Abs. 1 KAGB, sodass eventuell bestehende stille Reserven für die Ermittlung des Verkehrswerts von Publikumsinvestmentvermögen außer Betracht bleiben[883]. Dagegen sind die Werte des *Investmentanlagevermögens* gem. § 120 Abs. 2 S. 2 i. V. m. § 101 Abs. 1 S. 3 Nr. 1 KAGB[884] sowie

875 *Schneider* in: Baur/Tappen KAGB, § 120 KAGB Rn. 8.

876 §§ 112 Abs. 2 S. 1, 131 Abs. 1 S. 1, 156 Abs. 1 S. 1 KAGB.

877 *Lorenz* in: Weitnauer/Boxberger/Anders KAGB, § 120 KAGB Rn. 3.

878 § 21 Abs. 1 S. 1 KARBV.

879 § 21 Abs. 1 S. 2 KARBV.

880 *Lorenz* in: Weitnauer/Boxberger/Anders KAGB, § 120 KAGB Rn. 3; § 112 Rn. 13.

881 § 21 Abs. 2 S. 1 KARBV.

882 *Schneider* in: Baur/Tappen KAGB, § 120 KAGB Rn. 18; so bereits auch zum InvG *Kempf*, Corporate Finance biz 2010, 157, 163f.

883 § 21 Abs. 2 S. 2 KARBV; *Schneider* in: Baur/Tappen KAGB, § 120 KAGB Rn. 18.

884 Vgl. hierzu zur vorherigen Fassung im InvG RegE InvÄndG BT-Drs. 16/5576 S. 89 zum Verweis des § 110 Abs. 2 InvG auf § 44 Abs. 1 S. 3 Nr. 1 InvG in der Fassung vom

gem. § 21 Abs. 3 i. V. m. §§ 26–31 und 34 KARBV mit dem aktuellen Zeitwert anzusetzen. Diese Abweichung vom handelsrechtlichen Niederstwertprinzip ist mit europäischem Recht vereinbar[885]. Da mit der AIFM-RL eine europaweite Regelung im KAGB umgesetzt wurde, ist es nachvollziehbar, dass nicht das deutsche Niederstwertprinzip, sondern das internationale True-and-Fair-View-Prinzip beim Investmentanlagevermögen zur Anwendung kommt[886].

bb. Die Gewinn- und Verlustrechnung der InvAG

Für die Gewinn- und Verlustrechnung verweist § 120 Abs. 3 KAGB für die InvAG ebenfalls auf die Regelung zum Sondervermögen in § 101 Abs. 1 S. 3 Nr. 4 KAGB. Zudem regelt § 22 KARBV die Gewinn- und Verlustrechnung der Investmentgesellschaften näher. Hiernach sind bei intern verwalteten InvAGen und InvKGen auch die dem Investmentbetriebsvermögen und -anlagevermögen zugehörigen Erträge und Aufwendungen jeweils getrennt aufzuführen und TGV zusätzlich aufzugliedern[887]. Außerdem ist bei einem in der Satzung oder in den Anlagebedingungen vorgesehen Ertragsausgleichsverfahren gem. § 22 Abs. 1 S. 3 KARBV die Regelung für das Sondervermögen in § 11 Abs. 4 KARBV und nicht wie im Wortlaut § 11 Abs. 5 KARBV anwendbar[888].

Für die InvAG m. v. K. sowie für die offene InvKG ist die Gliederung in § 101 Abs. 1 S. 3 Nr. 4 KAGB i. V. m. § 11 KARBV entsprechend anzuwenden[889], während für die InvAG m. f. K. und die geschlossen InvKG die Gliederung in § 22 Abs. 3 KARBV bestimmt ist. Somit gilt der Verweis in § 120 Abs. 3 KAGB lediglich bezüglich der InvAG m. v. K. *Schneider* zufolge ist bei diesem Verweis zudem wie beim Verweis in § 120 Abs. 2 S. 2 KAGB bei einer intern verwalteten InvAG

21.12.2007 sowie RegE AIFM-UmsG BT-Drs. 17/12294 S. 236, 240, wonach § 101 Abs. 1 S. 3 Nr. 1 KAGB die Regelung des § 44 Abs. 1 S. 3 Nr. 1 InvG a. F. und § 120 Abs. 2 S. 1 KAGB die Regelung des § 110 Abs. 2 S. 1 InvG a. F. übernimmt.

885 Art. 8 Abs. 1 Richtlinie 2013/34/EU; vgl. zu altem und neuem Recht *Schneider* in: Baur/Tappen KAGB, § 120 KAGB Rn. 6ff.

886 *Bielenberg/Schmuhl*, DB 2014, 1089, 1091.

887 § 22 Abs. 1 S. 1, S. 2 KARBV.

888 Hierbei wurde ein Redaktionsversehen aus § 19 S. 4 InvRBV übernommen; vgl. BaFin, Begründung zur KARBV A Allgemeiner Teil sowie B Besonderer Teil, zu § 22 und zu § 11 Abs. 4 KARBV, abrufbar unter: https://www.bafin.de/SharedDocs/Veroeffentlichungen/DE/Aufsichtsrecht/Verordnung/KARBV_Begruendung.html, zuletzt abgerufen am 22.05.2018; vgl. hierzu auch *Tschesche/Hofmann* in: Berger/Steck/Lübbehüsen InvG, § 110 InvG Rn. 57; *Lorenz* in: Weitnauer/Boxberger/Anders KAGB, § 120 KAGB Rn. 4.

889 § 22 Abs. 2 KARBV.

m. v. K. zwischen dem Investmentbetriebsvermögen und dem Investmentanlagevermögen zu differenzieren[890]. Bezüglich des Anlagevermögens bejaht er eine Anwendbarkeit des § 101 Abs. 1 S. 3 Nr. 4 KAGB, sodass diesbezüglich die Gliederung in § 11 Abs. 2 KARBV maßgeblich sei[891]. Für das Betriebsvermögen verneint er dagegen die Anwendbarkeit und verweist auf die Regeln in 275 HGB[892].

Dieser Ansicht ist zuzustimmen. Auch ohne eine ausdrückliche gesetzliche Regelung sprechen die Systematik aufgrund der Regelung in § 120 Abs. 2 KAGB und die entsprechende Anwendung der Regelungen des Sondervermögens für eine Unterscheidung zwischen Investmentanlagevermögen und -betriebsvermögen. Ein Sondervermögen kann lediglich gem. § 1 Abs. 10 KAGB von einer Verwaltungsgesellschaft extern verwaltet sein, sodass es an Regelungen für ein Investmentbetriebsvermögen fehlt und diese nicht analog angewandt werden können. De lege ferenda sollte ein entsprechender Hinweis in § 120 Abs. 3 KAGB aufgenommen werden.

cc. Der Lagebericht der InvAG

Der Lagebericht der InvAG und InvKG, in § 120 Abs. 5 KAGB i. V. m. § 101 Abs. 1 S. 2 KAGB sowie § 23 KARBV geregelt, ist unabhängig von der Größenklasse gem. § 289 HGB und analog zum Jahresbericht mit Tätigkeitsbericht bei Sondervermögen zu erstellen[893]. Zusätzlich hat er die Angaben nach § 23 Abs. 2 KARBV zu enthalten. Der Bericht über die Tätigkeit im abgelaufenen Geschäftsjahr bestimmt sich nach der Regelung zum Sondervermögen und ist, sofern vorhanden, für jedes TGV separat zu erstellen[894]. Die Chancen- und Risikobeurteilung gem. § 289 Abs. 1 S. 4 HGB ist nur für das *Investmentbetriebsvermögen* vorzunehmen, während für das *Investmentanlagevermögen* die bisherige Wertentwicklung und künftige Wertentwicklung gem. § 165 Abs. 2 Nr. 9 KAGB sowie § 4 Abs. 4–6 WpDVerOV zusammen mit einem Warnhinweis, die bisherige Entwicklung sei kein verlässlicher Indikator für die künftige Entwicklung, darzustellen ist[895]. Außerdem müssen bei der extern verwalteten InvAG Angaben zur KVG gem. § 120 Abs. 5 KAGB und § 23 Abs. 2 Nr. 5 KARBV enthalten sein.

---

890 *Schneider* in: Baur/Tappen KAGB, § 120 KAGB Rn. 19.

891 *Schneider* in: Baur/Tappen KAGB, § 120 KAGB Rn. 19.

892 *Schneider* in: Baur/Tappen KAGB, § 120 KAGB Rn. 19.

893 *Lorenz* in: Weitnauer/Boxberger/Anders KAGB, § 120 KAGB Rn. 5.

894 § 23 Abs. 4 S. 1 i. V. m. §§ 8, 23 Abs. 4 S. 2 KARBV.

895 § 23 Abs. 5 S. 2 KARBV ordnet eine entsprechende Anwendung von § 165 Abs. 2 Nr. 9 KAGB und § 4 Abs. 4–7 WpDVerOV vom 20. Juli 2007 (BGBl. I 2007, S. 1432) an.

dd. Der Anhang der InvAG

Auch für den Anhang verweisen § 120 Abs. 4 KAGB für Spezial- und Publikums-InvAGen und Abs. 6 KAGB für AIF-InvAGen m. v. K. auf das Recht betreffend das Sondervermögen in § 101 Abs. 1 und Abs. 2 KAGB. Seit der AIFM-RL sind Vergütungen der Mitarbeiter und bei Publikums-AIF und Spezial-AIF Änderungen der im Verkaufsprospekt veröffentlichten Informationen im Jahresbericht[896] und somit bei der InvAG im Jahresabschluss offenzulegen. Dies wurde in § 101 Abs. 3 KAGB umgesetzt, auf welchen § 120 Abs. 6 KAGB verweist.

Mit der Umsetzung der OGAW-V-RL wurde zudem auch die Veröffentlichung der Vergütung von Geschäftsleitern im Jahresabschluss in § 101 Abs. 4 KAGB geregelt[897], der gem. § 120 Abs. 6 S. 3 KAGB auch für die OGAW-InvAG m. v. K. anwendbar ist.

Außerdem sind gem. § 120 Abs. 3 Nr. 3 KAGB bei Publikums-AIF-InvAGen sämtliche und bei Spezial-AIF-InvAGen teilweise wesentliche Änderungen des Verkaufsprospekts im vergangenen Geschäftsjahr zu veröffentlichen. Zusätzlich finden auf AIF-InvAGen gem. § 120 Abs. 6 S. 2 i. V. m. § 101 Abs. 3 S. 2 KAGB die Art. 103–107 der Level 2-VO Anwendung[898]. Auch ist ersichtlich, wie kompliziert und anspruchsvoll es ist, die relevanten Normen zu ermitteln und einzuhalten[899].

Besondere Regelungen für den Anhang finden sich noch in § 25 KARBV. Zudem gelten über den allgemeinen Verweis in § 120 KAGB die handelsrechtlichen Regelungen in §§ 284–285 HGB sowie gem. § 108 Abs. 2 S. 1 bzw. § 140 Abs. 1 S. 2 KAGB subsidiär § 160 AktG, der im Gegensatz zu den §§ 150–158 AktG nicht ausgeschlossen ist[900]. Gem. § 25 Abs. 2 KARBV gilt § 285 HGB nur für Investmentbetriebsvermögen. Ansonsten ergeben sich die notwendigen Angaben aus § 25 Abs. 3 KARBV und für die InvAG m. f. K. zusätzlich aus § 25

---

896 Richtlinie 2011/61/EU (AIFM-Richtlinie) in Art. 22 Abs. 2 lit. e) und lit. f) und Art. 22 Abs. 2 lit. d) i. V. m. Art. 23; vgl. hierzu ausführlich *Dornseifer* in: Dornseifer/Jesch/Klebeck/Tollmann AIFM-RL, Art. 22 Rn. 35ff., 71.

897 Gesetz zur Umsetzung der Richtlinie 2014/91/EU des Europäischen Parlaments und des Rates vom 23. Juli 2014 zur Änderung der Richtlinie 2009/65/EG zur Koordinierung der Rechts- und Verwaltungsvorschriften betreffend bestimmte Organismen für gemeinsame Anlagen in Wertpapieren (OGAW) im Hinblick auf die Aufgaben der Verwahrstelle, die Vergütungspolitik und Sanktionen vom 03.03.2016 (BGBl. I 2016, S. 348, 356).

898 Delegierte Verordnung (EU) Nr. 231/2013, ABl. EU Nr. L 83/1.

899 *Lorenz* in: Weitnauer/Boxberger/Anders KAGB, § 120 KAGB Rn. 10.

900 *Schneider* in: Baur/Tappen KAGB, § 120 KAGB Rn. 22.

Abs. 5 KARBV. Bei einer InvAG mit TGV müssen gem. § 25 Abs. 1 KARBV die erforderlichen Angaben in einem Anhang für jedes TGV separat gemacht werden.

ee. Der Jahresfinanzbericht der InvAG

Im Umkehrschluss aus § 120 Abs. 7 KAGB ergibt sich, dass § 37v WpHG Anwendung auf AIF-InvAGen m. v. K. findet. Für börsennotierte AIF-InvAGen m. v. K., die zur Erstellung eines Jahresfinanzberichts verpflichtet sind, ergeben sich Entlastungen aus § 120 Abs. 7 KAGB, da die Angaben der Abs. 2–6 nur der Vorlage bedürfen. Aufgrund eines Versehens des Gesetzgebers sind die Angaben nach Abs. 2–6 und nicht die Angaben nach Abs. 3–7 vorzulegen[901].

ff. Besonderheiten im Konzern für die Rechnungslegung der InvAG

InvAGen, die ein Mutterunternehmen i. S. d. § 290 HGB sind, haben gem. § 120 Abs. 1 S. 1 KAGB i. V. m. § 290 HGB einen Konzernabschluss sowie einen Konzernlagebericht aufzustellen. Die Ausnahme in § 290 Abs. 2 Nr. 4 S. 2 HGB gilt expressis verbis nur für Sondervermögen und findet damit auf Spezial-InvAGen keine Anwendung[902].

b. Die Prüfung des Jahresabschlusses und des Lageberichts der InvAG

Zur Prüfung des Jahresabschlusses finden sich Sonderregelungen in § 121 KAGB sowie in der KAPrüfbV[903], deren Ermächtigungsgrundlage § 121 Abs. 4 KAGB ggf. i. V. m. § 148 Abs. 1 KAGB ist.

Wie im aktienrechtlichen Verfahren in §§ 170, 171 AktG sind der Jahresabschluss und der Lagebericht nach h. M. zunächst durch den Abschlussprüfer gem. § 121 Abs. 2 und 3 KAGB sowie anschließend durch den Aufsichtsrat gem. § 121 Abs. 1 KAGB zu prüfen, da ansonsten keine Stellungnahme des Aufsichtsrates zum Testat des Abschlussprüfers möglich ist[904]. Zusätzlich wird der Bericht

---

901 So bereits *Lorenz* in: Weitnauer/Boxberger/Anders KAGB, § 120 KAGB Rn. 12 nach einem Vergleich mit Art. 22 Abs. 1 und 2 der Richtlinie 2011/61/EU (AIFM-Richtlinie).

902 *Schneider* in: Baur/Tappen KAGB, § 120 KAGB Rn. 49ff.

903 KAPrüfbV vom 24. Juli 2013 (BGBl. I 2013, S. 2777), die durch Artikel 8 Abs. 20 des Gesetzes vom 17.07.2015 (BGBl. I 2015, S. 1245) geändert wurde.

904 Ganz h. M. trotz anderer Reihenfolge in § 121 KAGB: *Schneider* in: Baur/Tappen KAGB, § 121 KAGB Rn. 7; *Hornschu*/*Neuf* in: Emde/Dornseifer/Dreibus/Hölscher InvG, § 110a InvG Rn. 5; *Lorenz* in: Weitnauer/Boxberger/Anders KAGB, § 121 KAGB

des Aufsichtsrats, anders als im Aktienrecht, wiederum an den Abschlussprüfer übermittelt, wodurch die Kontrollrechte des Aufsichtsrates gestärkt werden[905].

Die Prüfung des Abschlussprüfers wird durch § 121 Abs. 3 S. 1 und 2 KAGB erweitert und umfasst die Einhaltung von Normen des KAGB, der Satzungs- und Anlagebedingungen und des Geldwäschegesetzes. Bei einer intern verwalteten InvAG ist zudem § 38 KAGB anwendbar[906]. Ergänzt wird § 121 KAGB durch die KAPrüfbV, worin weitere Anforderungen an die Prüfung geregelt sind[907]. Der Bericht über die Prüfung ist gem. § 121 Abs. 3 S. 4 KAGB für Publikums-InvAGen zwingend und für Spezial-InvAGen auf Verlangen bei der BaFin einzureichen.

Nach erfolgter Prüfung gem. § 121 Abs. 2 S. 1 KAGB des Jahresabschlusses und des Lageberichts erteilt der Abschlussprüfer gem. S. 2 sein Testat. Bei der InvAG mit TGV ist das Testat gem. § 121 Abs. 3 S. 1 KAGB für jedes TGV separat zu erstellen. Der Jahresabschluss ist mit der Billigung des Aufsichtsrates gem. § 121 Abs. 1 S. 3 KAGB festgestellt. Im Gegensatz zur AG bedarf es hierfür keines Hauptversammlungsbeschlusses[908].

c. Halbjahres- und Liquidationsbericht der InvAG

Auch der Halbjahresbericht orientiert sich am Sondervermögen[909] und ist in § 122 Abs. 1 KAGB ggf. i. V. m. § 148 Abs. 1 KAGB normiert[910]. Lediglich bezüglich der gem. § 37w Abs. 5 WpHG optionalen Prüfung bzw. prüferischen

---

Rn. 2; *Heeren/v. Tiling* in: Kempf, Novellierung des Investmentrechts, S. 201, 238f.; a. A. zum InvG *Volhard/Wilkens,* DB 2008, 1195, 1197.

905 *Schneider* in: Baur/Tappen KAGB, § 121 KAGB Rn. 7.

906 RegE AIFM-UmsG BT-Drs. 17/12294 S. 241; *Lorenz* in: Weitnauer/Boxberger/Anders KAGB, § 121 KAGB Rn. 6.

907 *Schneider* in: Baur/Tappen KAGB, § 121 KAGB Rn. 13ff.; vgl. hierzu: *Lorenz* in: Weitnauer/Boxberger/Anders KAGB, § 121 KAGB Rn. 7.

908 *Hornschu/Neuf* in: Emde/Dornseifer/Dreibus/Hölscher InvG, § 110a InvG Rn. 6; *Lorenz* in: Weitnauer/Boxberger/Anders KAGB, § 121 KAGB Rn. 3; *Volhard/Wilkens,* DB 2008, 1195, 1197.

909 *Volhard/Wilkens,* DB 2008, 1195, 1197.

910 Nach § 122 Abs. 1 S. 1 KAGB findet § 120 KAGB entsprechende Anwendung. Wie beim Sondervermögen gelten gem. § 122 Abs. 1 S. 2 KAGB die Verweise in § 120 Abs. 3–6 KAGB auf § 101 KAGB nur in den Fällen des § 103 KAGB. Auch auf die §§ 103, 107 KAGB wird subsidiär bezüglich der Halbjahresberichterstattung verwiesen.

Durchsicht durch einen Abschlussprüfer wird auf § 121 Abs. 2 und 3 KAGB verwiesen[911].

Im Zuge der Auflösung der Publikums-InvAG ist nach § 122 Abs. 2 KAGB vom Vorstand[912] eine Eröffnungsbilanz aufzustellen. Außerdem ist ein Abwicklungsbericht zu erstellen. Diesbezüglich ist umstritten, ob hierfür der Vorstand[913] oder die Verwahrstelle[914] zuständig ist. Hierauf finden die §§ 120 und 121 KAGB entsprechende Anwendung. Für eine Zuständigkeit der Verwahrstelle spricht, dass sie verfügungsbefugt gem. § 112 Abs. 1 S. 5 i. V. m. § 100 KAGB (ggf. analog) ist. Allerdings wird für den Liquidationsbericht nicht auf § 105 KAGB verwiesen, sodass es bei den aktienrechtlichen Regelungen verbleibt und die Pflicht Erstellung des Abwicklungsberichts nicht auf die Verwahrstelle übergegangen ist[915].

Bei einer InvAG mit TGV ist § 122 Abs. 2 KAGB analog anzuwenden[916], sodass für das TGV ein Liquidationsbericht durch die InvAG zu erstellen ist[917].

d. Die Offenlegung des Jahresabschlusses und der Berichte der InvAG

Für die Offenlegung und Vorlage des Jahresabschlusses und der Berichte ist § 123 KAGB ggf. i. V. m. § 148 Abs. 1 KAGB maßgeblich. Die Fristen für die Offenlegung in § 123 Abs. 1 KAGB entsprechen denjenigen für die Offenlegung von Berichten der Sondervermögen gem. § 107 Abs. 1 S. 1 KAGB[918]. Der Halbjahresbericht ist nach § 123 Abs. 2 S. 1 KAGB i. V. m. § 37w WpHG offenzulegen sowie gem. § 123 Abs. 2 S. 2 KAGB unverzüglich im Bundesanzeiger zu veröffentlichen. Die Berichte müssen nach Maßgabe des. § 123 Abs. 3 KAGB

---

911 Vgl. hierzu näher *Lorenz* in: Weitnauer/Boxberger/Anders KAGB, § 122 KAGB Rn. 3ff.

912 Wohl h. M., obwohl die Verfügungsbefugnis der Verwahrstelle während der Liquidation umstritten ist, vgl. hierzu *Lorenz* in: Weitnauer/Boxberger/Anders KAGB, § 122 KAGB Rn. 9; so bereits zum InvG *Hornschu/Neuf* in: Emde/Dornseifer/Dreibus/Hölscher InvG, § 111 InvG Rn. 13.

913 *Lorenz* in: Weitnauer/Boxberger/Anders KAGB, § 122 KAGB Rn. 9.

914 *Hornschu/Neuf* in: Emde/Dornseifer/Dreibus/Hölscher InvG, § 111 InvG Rn. 9; differenzierend *Schneider* in: Baur/Tappen KAGB, § 122 KAGB Rn. 10.

915 *Lorenz* in: Weitnauer/Boxberger/Anders KAGB, § 122 KAGB Rn. 10.

916 *Lorenz* in: Weitnauer/Boxberger/Anders KAGB, § 122 KAGB Rn. 11.

917 Für eine Zuständigkeit der Verwahrstelle: *Schneider* in: Baur/Tappen KAGB, § 122 KAGB Rn. 13.

918 RegE AIFM-UmsG BT-Drs. 17/12294 S. 241; *Döser* in: Patzner/Döser/Kempf, § 123 KAGB Rn. 1; *Lorenz* in: Weitnauer/Boxberger/Anders KAGB, § 123 KAGB Rn. 2.

dem Publikum zugänglich sein[919]. Außerdem kann ein Anleger der InvAG nach § 123 Abs. 4 KAGB die Vorlage des Jahresabschlusses und des Jahresberichts verlangen. Die Vorlage kann schriftlich oder unter den Voraussetzungen des § 167 KAGB analog mittels dauerhaftem Datenträger erfolgen[920].

Der Jahresabschluss, der Lagebericht sowie der Halbjahresbericht einer Publikums-InvAG sind unverzüglich gem. § 123 Abs. 5 KAGB bei der BaFin einzureichen. Hier unterscheidet sich die Publikums-InvAG vom Sondervermögen am Anknüpfungspunkt. Dass die genannten Berichte des Sondervermögens erst unverzüglich nach erstmaliger Verwendung und nicht bereits nach Feststellung oder Erstellung bei der BaFin einzureichen sind, ist einzig der Tatsache geschuldet, dass der Jahresabschluss des Sondervermögens keiner Feststellung bedarf[921].

Die Liquidationsberichte sind gem. § 270 Abs. 2 S. 2 AktG ebenso wie der Jahresabschluss zu veröffentlichen, sodass auch hier die Sonderregelungen des KAGB nach § 123 KAGB nicht zur Anwendung kommen[922].

e. *Zusammenfassung und Vergleich der Rechnungslegung für die InvAG mit der Rechnungslegung für die AG*

Im Unterschied zur AG erfolgt die Bilanz in Staffelform und nicht in Kontoform. Bei der Bilanzierung wird nur das Investmentbetriebsvermögen in der Gewinn- und Verlustrechnung, im Lagebericht sowie im Anhang nach den Regelungen des HGB behandelt, die auch auf die AG Anwendung finden.

Bezüglich des Anlagevermögens wird auf das Sondervermögen verwiesen. Die Abkehr vom handelsrechtlichen Niederstwertprinzip ist zwar nachvollziehbar, allerdings wird dadurch auch deutlich, dass der Schutz der Anleger auf eine faire Bewertung und nicht der Schutz der Gläubiger vor einer Überbewertung Vorrang genießt[923]. Auch dass sämtliche bzw. wesentliche Änderungen des Verkaufsprospekts zusätzlich im Anhang zu veröffentlichen sind, dient dem Anlegerschutz. Weitere Besonderheiten ergeben sich bei einer InvAG m. v. K. mit TGV. Hier sind ebenfalls die einzelnen TGV innerhalb des Jahresabschlusses darzustellen.

---

919 In § 123 Abs. 3 KAGB befindet sich ein Schreibfehler „angegebenen", so bereits *Lorenz* in: Weitnauer/Boxberger/Anders KAGB, § 123 KAGB Rn. 5.

920 *Lorenz* in: Weitnauer/Boxberger/Anders KAGB, § 123 KAGB Rn. 6.

921 RegE AIFM-UmsG BT-Drs. 17/12294 S. 241.

922 So bereits *Lorenz* in: Weitnauer/Boxberger/Anders KAGB, § 123 KAGB Rn. 8.

923 So auch *Bielenberg/Schmuhl*, DB 2014, 1089, 1089.

Der Jahresabschluss der InvAG wird mit Billigung des Aufsichtsrats aufgestellt und kann nicht der Feststellung durch die Hauptversammlung gem. § 172 S. 1 AktG überlassen werden. Die Prüfung des Jahresabschlusses erfolgt zunächst durch den Abschlussprüfer, sodann durch den Aufsichtsrat, der wiederum den Jahresabschluss an den Abschlussprüfer zur Testatserteilung weiterleitet. Der Prüfungsumfang des Abschlussprüfers ist zusätzlich um die Einhaltung des KAGB, der Satzungs- und Anlagebedingungen und des Geldwäschegesetzes erweitert.

Auch hier zeigt sich, dass für die Aktionäre das Anlageinteresse Vorrang hat. Das ergibt sich auch aus den Regelungen zur Offenlegung, die ebenfalls dem Investmentrecht entstammen und dem Anlegerschutz dienen. Die abweichenden Regelungen zur Rechnungslegung, insbesondere die Abweichung vom handelsrechtlichen Niederstwertprinzip stellen gravierende Unterschiede zum Recht der AG dar. Diese sprechen mithin für eine eigene Gesellschaftsform.

7. Die Liquidation der InvAG im Vergleich zur AG

a. Sonderregelungen für die Liquidation der InvAG

Während die extern verwaltete InvAG unter den Voraussetzungen des § 112 Abs. 1 S. 5 Nr. 1 bzw. § 144 S 5 Nr. 1 KAGB gem. § 100 KAGB von der Verwahrstelle abzuwickeln ist, stellt sich zum einen die Frage, ob andere Gründe zur Auflösung führen können und zum anderen, welche Normen sonst für die Abwicklung anwendbar sind. Es sind folgende investmentrechtliche Auflösungsgründe gesetzlich geregelt:

Eine extern verwaltete InvAG wird gem. § 112 Abs. 1 S. 5 bzw. § 144 S. 5 i. V. m. § 100 KAGB abgewickelt und somit aufgelöst, wenn das Recht der externen KVG zur externen Verwaltung der InvAG erlischt und sich die InvAG weder in eine intern verwaltete InvAG umgewandelt hat noch eine andere KVG wirksam bestellt hat. Konsequenterweise besteht dann auch ein Auflösungsgrund, wenn die KVG selbst aufgelöst ist und keine andere KVG wirksam bestellt wurde.

Für die intern verwaltete InvAG ist gem. § 39 Abs. 4 KAGB § 38 Abs. 1 S. 1 KWG anwendbar, sodass die BaFin nach Aufhebung oder Erlöschen der Erlaubnis als interne KVG nach ihrem Ermessen bestimmen kann, dass die InvAG abzuwickeln ist. Diese Entscheidung wirkt gem. § 38 Abs. 1 S. 2 KWG wie ein Auflösungsbeschluss. Nach einer Auffassung ist die intern verwaltete InvAG nach den Vorschriften der §§ 262ff. AktG abzuwickeln[924]. Die Gegenansicht

924 *Lorenz* in: Weitnauer/Boxberger/Anders KAGB, § 122 KAGB Rn. 8.

wendet dagegen auf intern verwaltete InvAGen ebenfalls § 112 Abs. 1 S. 5 Nr. 1 bzw. § 144 S. 5 i.V. m. § 100 KAGB an[925]. Dies wird damit begründet, dass einzig die Bestellung oder Nichtbestellung einer externen KVG nicht entscheidend sein könne, nach welchen Normen sich die Abwicklung der InvAG richte[926]. Für den Fall, dass eine intern verwaltete InvAG vorliegt, welche nicht mehr die Erlaubnis hat, als selbstverwaltete InvAG tätig zu sein, liegt eine vergleichbare Interessenlage mit § 112 Abs. 1 S. 5 bzw. § 144 S. 5 Nr. 1 KAGB vor. § 100 KAGB ist damit analog anzuwenden. Hierfür spricht auch, dass bei einer Liquidation eines TGVs gem. § 117 Abs. 8 S. 4 KAGB § 100 Abs. 1 und 2 KAGB analog zur Anwendung kommt. Wenn also bei einer InvAG mit TGV unabhängig von der internen oder externen Verwaltung die Verwahrstelle die Liquidation übernimmt, so ist § 100 KAGB auch auf die Abwicklung von intern verwalteten InvAGen entsprechend anzuwenden.

Für die InvAG m. f. K. als geschlossenen Fonds könnte in Betracht gezogen werden, die Regelung in § 154 Abs. 2 S. 1 Nr. 2 KAGB analog anzuwenden. Dies wird von Teilen der Literatur gefordert[927]. Dafür könnte sprechen, dass auch bei InvAGen m. f. K. ebenso wie bei geschlossenen InvKGen zum einen kein so großer Liquiditätsdruck besteht und zum anderen ein Bedürfnis besteht, dass jemand anderes als Banken die schwerer zu veräußernden Vermögensgegenstände verwalten und veräußern darf[928]. Zwar gilt für die AG nicht der § 147 HGB, jedoch können in der „normalen" AG auch die Aktionäre gem. § 265 Abs. 2 AktG andere als die gesetzlich vorgesehenen Abwickler bestellen. Bei einem Vergleich der Regelungen fällt allerdings auf, dass während § 147 HGB für die offene InvKG ganz und für die geschlossene InvKG teilweise ausgeschlossen wird, die § 112 Abs. 1 S. 5 und 6 bzw. § 144 S. 5 und 6 KAGB keine hiermit vergleichbaren Regelungen enthalten. Damit bleibt für eine analoge Anwendung innerhalb des KAGB nach hier vertretener Ansicht kein Raum. Mangels einer speziellen Regelung im KAGB kommt § 265 AktG zur Anwendung, soweit er nicht wie beispielsweise Abs. 1 von den Sonderregelungen im KAGB verdrängt wird. Anknüpfend daran stellt sich die Frage, ob Aktionäre der offenen und geschlossenen InvAG gem. § 265 Abs. 2 AktG auch andere Personen als Abwickler bestellen können. Dies kann allerdings nicht Sinn und Zweck der Regelung in § 112 Abs. 1 S. 5 bzw.

925 So zumindest zum InvG *Hornschu/Neuf* in: Emde/Dornseifer/Dreibus/Hölscher InvG, § 111 InvG Rn. 11.

926 *Hornschu/Neuf* in: Emde/Dornseifer/Dreibus/Hölscher InvG, § 111 InvG Rn. 11.

927 *Eichhorn,* WM 2016, 145, 149; *Zetzsche,* AG 2013, 613, 628.

928 *Zetzsche,* AG 2013, 613, 628.

§ 144 S. 5 KAGB sein. Auch hier dient die Abwicklung durch die Verwahrstelle dem Anlegerschutz. Hinzu kommt, dass eine Geltung des § 265 Abs. 2 AktG kaum gewollt sein kann, da ansonsten alle Investmentgesellschaften mit Ausnahme der offenen InvKG, welche als einzige nur für Spezialanleger zur Verfügung steht, ihre Abwickler selbst wählen könnten, sodass letzten Endes die Spezialanleger besser geschützt wären als Publikumsanleger. Hinzu kommt, dass die Anlageaktionäre in der InvAG m. v. K. regelmäßig gar kein Stimmrecht haben, sodass die Unternehmensaktionäre einen anderen, unbeaufsichtigten Liquidator einsetzen könnten. Nach hier vertretener Ansicht wird daher § 265 Abs. 2 AktG ebenfalls von § 112 Abs. 1 S. 5 bzw. § 144 S. 5 KAGB verdrängt. Somit verbleibt es bei der Anwendung der § 265 Abs. 3 und 4 AktG. De lege ferenda wäre eine gesetzliche Regelung wünschenswert, die das Spannungsverhältnis zwischen dem KAGB und § 265 AktG auflöst.

b. Zwischenergebnis und Vergleich mit der Liquidation der AG

Festzuhalten bleibt, dass neben dem Vorliegen spezieller Auflösungstatbestände auch in der Liquidation keine freie Wahl des Abwicklers besteht. Die Verwahrstelle ist für alle Formen der InvAG der gesetzliche Liquidator. Für den Fall, dass eine intern verwaltete InvAG vorliegt, die nicht mehr die Erlaubnis hat als selbstverwaltete InvAG tätig zu sein, ist § 112 Abs. 1 S. 5 i. V. m. § 100 bzw. § 144 S. 5 i. V. m. § 100 KAGB analog anzuwenden. Die Aktionäre können nicht gem. § 265 Abs. 2 AktG einen anderen Liquidator als die Verwahrstelle auswählen; sie haben lediglich die Möglichkeit gem. § 265 bei Vorliegen eines wichtigen Grundes die Abberufung zu verlangen. Aus Gründen des Anlegerschutzes wird die freie Auswahl der Anleger eingeschränkt. Auch bezüglich der Abwicklung besteht bei der InvAG damit ein weiterer Unterschied zu den Regelungen im AktG.

8. Die Umbrellakonstruktion in der InvAG m. v. K.

In § 108 Abs. 4 i. V. m. § 96 KAGB sowie in § 117 KAGB finden sich Regelungen betreffend TGV von InvAGen m. v. K. Zunächst sollen die Regelungen im KAGB hierzu untersucht werden und anschließend sollen vergleichbare aktienrechtliche Regelungen ermittelt werden. Sofern eine InvAG unter ihrem Dach mehrere TGV bildet, wird dies auch als Umbrellakonstruktion bezeichnet[929]. Da eine

929 *München* in: Baur/Tappen KAGB, § 117 KAGB Rn. 2; *Kurth* in: Beckmann/Scholtz/Vollmer Investment, 405 § 117 KAGB Rn. 4; *Lorenz* in: Weitnauer/Boxberger/Anders KAGB, § 117 KAGB Rn. 2.

intern verwaltete InvAG entweder AIF- oder OGAW-KVG sein kann, ist eine Bildung von AIF- TGV und OGAW-TGV unter dem Dach derselben InvAG m. v. K. als sogenannte „Super-InvAG“ nur bei externer Verwaltung durch eine KVG, die für beide Fondsarten zugelassen ist, möglich[930].

a. *Statutarische Ermöglichung der Bildung von TGV*

Die Bildung von TGV muss durch die Satzung ermöglicht werden[931]: So hat die Firma einer InvAG m. v. K. gem. § 118 Abs. 1 S. 2 KAGB den Zusatz „mit Teilgesellschaftsvermögen“ oder eine allgemein verständliche Abkürzung hiervon, beispielsweise „TGV“[932], zu beinhalten. Zudem muss gem. § 117 Abs. 7 S. 1 KAGB die Satzung einen Hinweis auf die Geltung der besonderen Anlagebedingungen enthalten. Dies hat zur Folge, dass zumindest bei der erstmaligen Bildung von TGV eine Satzungsänderung und im Ergebnis ein Hauptversammlungsbeschluss gem. § 179 Abs. 1 S. 1 AktG zur Satzungsänderung erforderlich ist.

b. *Bildung und Auflösung von TGV*

aa. *Die Bildung von TGV*

In § 117 Abs. 1 S. 2 KAGB ist genau geregelt, dass der Vorstand zur Bildung neuer TGV ermächtigt ist und hierfür der Zustimmung des Aufsichtsrats bedarf. Der letzte Halbsatz schließt explizit eine Erforderlichkeit der Zustimmung der Hauptversammlung aus.

Nach einer in der Literatur vertretenen Ansicht kann zudem in der Satzung geregelt sein, dass die Bildung von TGV der Zustimmung der Hauptversammlung bedarf[933]. Zur Vorgängernorm in § 100 Abs. 1 InvG wurde diese Ansicht

930 Vgl. § 20 Abs. 7 KAGB und hierzu BaFin, Auslegungsschreiben zu §§ 20 Abs. 7, 110 Abs. 2 KAGB, WA 41-Wp 2137-2013-0020 vom 16.07.2013 unter Nr. 1 und Nr. 2, abrufbar unter: https://www.bafin.de/SharedDocs/Veroeffentlichungen/DE/Auslegungsentscheidung/WA/ae_160723_20Abs7_110Abs2_KAGB.html, zuletzt abgerufen am 22.05.2018; *Döser* in: Patzner/Döser/Kempf, § 117 KAGB Rn. 3; *Boxberger* in: Moritz/Klebeck/Jesch KAGB, § 110 KAGB Rn. 11f.; *Lorenz* in: Weitnauer/Boxberger/Anders KAGB, § 110 KAGB Rn. 6; *Fischer/Friedrich*, ZBB 2013, 153, 159.

931 So auch ohne Beispiele *Lorenz* in: Weitnauer/Boxberger/Anders KAGB, § 117 KAGB Rn. 2; für die InvKG ergibt sich dies eindeutig aus § 132 Abs. 1 S. 1 KAGB.

932 *Herrmann* in: Baur/Tappen KAGB, § 118 KAGB Rn. 2.

933 *München* in: Baur/Tappen KAGB, § 117 KAGB Rn. 3; *Kurth* in: Beckmann/Scholtz/Vollmer Investment, 405 § 117 KAGB Rn. 6; so auch RegE InvÄndG BT-Drs. 16/5576 S. 87 zu § 100 InvG.

und die statutarisch regelbare Zustimmungspflicht des Aufsichtsrats ebenfalls vertreten[934]. Im InvG war lediglich geregelt, dass die Auflegung von TGV nicht der Zustimmung der Hauptversammlung bedarf. Im KAGB sind dagegen sogar ausdrücklich die Zuständigkeit des Vorstandes und das Zustimmungserfordernis des Aufsichtsrats geregelt. Somit kann zu Recht davon ausgegangen werden, dass eine statutarisch geregelte Zustimmungspflicht der Hauptversammlung gegen § 117 Abs. 1 S. 2 KAGB verstößt und es sich somit um eine Ansicht handelt, die nicht mehr zur Neuregelung des KAGB passt. Zudem gilt für die InvAG nach hier vertretener Ansicht nicht nur aus Anlegerschutzgründen, sondern auch um die Rechtssicherheit und die Funktionsfähigkeit des Kapitalmarkts zu stärken, die investmentspezifisch modifizierte Satzungsstrenge[935]. Somit kann in der Satzung nicht von der Vorschrift des § 117 Abs. 1 KAGB abgewichen werden, obwohl dies dem Anlegerschutz dient.

Werden Alt-Aktionäre beeinträchtigt, so müssen diese nach einem allgemeinen zivilrechtlichen Grundsatz, nämlich dem Verbot des Vertrages zu Lasten Dritter, der Auflegung des neuen TGVs zustimmen[936]. Eine solche Beeinträchtigung der Alt-Aktionäre läge beispielsweise bei einem Vorrang des neuen TGVs gegenüber den bisherigen TGV bezüglich der Anlagemöglichkeiten vor[937].

Ebenso wird in der Literatur darauf hingewiesen, dass sofern in der Satzung eine Höchstzahl an TGV geregelt ist, bei deren Überschreitung ebenfalls ein satzungsändernder Hauptversammlungsbeschluss erforderlich ist[938]. Fraglich ist jedoch angesichts der Regelung des § 117 S. 1 KAGB und der investmentspezifisch modifizierten Satzungsstrenge, ob eine Regelung mit einer Höchstzahl von TGV überhaupt zulässig ist. Die Zulässigkeit ergibt sich aber bereits aus der Begründung des Regierungsentwurfs zu § 117 KAGB[939].

bb. Die Auflösung von TGV

Die Auflösung des TGVs ist in § 117 Abs. 8 KAGB geregelt. Nach S. 1 kann die Satzung vorsehen, dass der Vorstand mit Zustimmung des Aufsichtsrats oder alternativ mit Zustimmung der Verwahrstelle die Auflösung eines TGVs beschließen kann. Hier ist anders als bei der Bildung von TGV keine

---

934 *Dornseifer* in: Emde/Dornseifer/Dreibus/Hölscher InvG, § 100 InvG Rn. 5.
935 Siehe oben Teil B. V. 2. a. cc.
936 *Zetzsche,* AG 2013, 613, 617 und Fn. 75.
937 *Zetzsche,* AG 2013, 613, 617.
938 *München* in: Baur/Tappen KAGB, § 117 KAGB Rn. 3.
939 RegE AIFM-UmsG BT-Drs. 17/12294 S. 239; so auch *Döser* in: Patzner/Döser/Kempf, § 117 KAGB Rn. 1.

ausschließliche, sondern eine fakultative Zuständigkeit des Vorstands geregelt. Es empfiehlt sich somit eine ausdrückliche Regelung mit Ermächtigung des Vorstandes in der Satzung.

Aus dem Wahlrecht zwischen Zustimmung der Verwahrstelle oder des Aufsichtsrates, von welchem die Satzung der InvAG m. v. K. Gebrauch machen muss[940], ergibt sich der Eindruck, dass die Kontrolle des Aufsichtsrates diejenige der Verwahrstelle ersetzen kann[941]. Für die anschließende Abwicklung ist allerdings wiederum gem. § 117 Abs. 8 S. 4 i. V. m. § 100 Abs. 1 und Abs. 2 KAGB die Verwahrstelle zuständig und die Verfügungsbefugnis bezüglich des TGVs geht auf die Verwahrstelle über[942]. Da dies einen wirksamen Auflösungsbeschluss voraussetzt, ist die Zustimmung durch den Aufsichtsrat keine wesentliche Erleichterung[943]. Der Auflösungsbeschluss des Vorstands wird gem. § 117 Abs. 8 S. 2 KAGB sechs Monate nach seiner Bekanntgabe im Bundesanzeiger wirksam.

Zetzsche kritisiert hier die fehlende Differenzierung zwischen Spezial- und Publikumsanlegern und bejaht eine analoge Anwendung des § 132 Abs. 7 S. 2 und 3 KAGB für Letztere[944]. Nach § 132 Abs. 7 S. 2 KAGB wird der Beschluss sechs Monate nach Mitteilung an die Anleger des TGVs wirksam; nach Hs. 2 können die Anleger auch einer früheren Wirksamkeit des Auflösungsbeschlusses zustimmen. Da die Bekanntgabe im Bundesanzeiger explizit in § 117 Abs. 8 S. 2 KAGB geregelt ist, besteht für eine analoge Anwendung der Mitteilung an die Anleger selbst gar keine Regelungslücke. Bezüglich der Zustimmung der Anleger zu einer früheren Wirksamkeit liegt eine Regelungslücke vor. An der offenen InvKG dürfen gem. § 127 Abs. 1 S. 1 KAGB nur professionelle und semiprofessionelle Anleger beteiligt sein, mithin bestünde nur für diese Anleger eine vergleichbare Interessenlage[945]. Zudem wäre die analoge Anwendung auf AIF-InvAGen beschränkt[946].

Gegen eine Planwidrigkeit spricht allerdings, dass die Regelung des § 117 Abs. 8 KAGB derjenigen des § 100 Abs. 4 InvG a. F. entspricht[947] und bereits

---

940 *Lorenz* in: Weitnauer/Boxberger/Anders KAGB, § 117 KAGB Rn. 17.

941 *Zetzsche,* AG 2013, 613, 617 spricht von einer verdrängenden Kompetenz.

942 *Lorenz* in: Weitnauer/Boxberger/Anders KAGB, § 117 KAGB Rn. 18.

943 So bereits *Zetzsche,* AG 2013, 613, 617.

944 *Zetzsche,* AG 2013, 613, 617f.; zustimmend: *Lorenz* in: Weitnauer/Boxberger/Anders KAGB, § 117 KAGB Rn. 17.

945 *Zetzsche,* AG 2013, 613, 617f.; zustimmend: *Lorenz* in: Weitnauer/Boxberger/Anders KAGB, § 117 KAGB Rn. 17.

946 So zu Recht *Lorenz* in: Weitnauer/Boxberger/Anders KAGB, § 117 KAGB Rn. 17.

947 RegE AIFM-UmsG BT-Drs. 17/12294 S. 240.

hier keine frühere Wirksamkeit vorgesehen war[948]. Auch wenn bereits zur Vorgängervorschrift des § 100 Abs. 4 InvG vertreten wurde, dass gem. § 99 Abs. 3 InvG vom 22.06.2011. i. V. m. § 95 Abs. 5 InvG vom 01.04.2012 für Spezial-InvAGen § 38 Abs. 1 InvG a. F. zur Anwendung kommt[949], so war dies weder mit dem früheren Wortlaut des InvG[950] noch mit der Begründung des Regierungsentwurfs vereinbar[951]. Hinzu kommt, dass die Gesetzesbegründung in § 132 Abs. 7 KAGB sich bezüglich der auch in der offenen InvKG erforderlichen Ermächtigung im Gesellschaftsvertrag ebenfalls auf § 117 KAGB bezieht. Auf die frühere Wirksamkeit des Auflösungsbeschlusses in der offenen InvKG wird dagegen nicht eingegangen. Da aber der Gesetzgeber § 132 Abs. 7 KAGB und dessen Entsprechung in § 117 Abs. 7 KAGB gesehen hat, ist nicht von einem Versehen auszugehen. Somit ist eine analoge Anwendung des § 132 Abs. 7 S. 2 und 3 KAGB mangels planwidriger Regelungslücke ausgeschlossen. Zudem ist gem. § 117 Abs. 8 S. 2 KAGB eine Veröffentlichung des Auflösungsbeschlusses im Jahres- oder Halbjahresbericht vorgesehen[952].

Der Verweis für die Abwicklung des TGVs in § 117 Abs. 8 S. 4 auf § 110 Abs. 1 und Abs. 2 KAGB führt dazu, dass die Verwahrstelle die Abwicklung und Verteilung des TGVs übernimmt und hierfür auch die Verfügungsbefugnis erhält[953].

c. Kennzeichen des TGVs

aa. Haftungsrechtliche und vermögensrechtliche Trennung der TGV

Die TGV sind gem. § 117 Abs. 2 S. 1 KAGB sowohl hinsichtlich der Haftung und ihres Vermögens voneinander getrennt. Nach § 117 Abs. 2 S. 2 KAGB sind die TGV im internen Verhältnis der Aktionäre untereinander als selbstständige Gesellschaftsvermögen zu behandeln. Nach § 117 Abs. 2 S. 3 KAGB beschränken sich die Rechte der Aktionäre, aber auch die Rechte der Gläubiger auf die Vermögensgegenstände des einzelnen TGVs. Was der Einschub in § 117 Abs. 2 S. 3 KAGB „insbesondere dessen Bildung, Verwaltung und Auflösung" zu bedeuten hat, ist nicht ganz klar. Weder die Aktionäre noch die Gläubiger haben ein

948 *Dornseifer* in: Emde/Dornseifer/Dreibus/Hölscher InvG, § 100 InvG Rn. 18f.; a. A.: *Fischer/Steck* in: Berger/Steck/Lübbehüsen InvG, § 99 InvG Rn. 10.

949 *Fischer/Steck* in: Berger/Steck/Lübbehüsen InvG, § 99 InvG Rn. 10.

950 Vgl. „soweit sich aus den Vorschriften dieses Kapitels nichts anderes ergibt" in § 99 Abs. 3 S. 1 InvG in der Fassung vom 22.06.2011.

951 RegE InvÄndG BT-Drs. 16/5576 S. 87.

952 *Boxberger* in: Moritz/Klebeck/Jesch KAGB, § 117 KAGB Rn. 26.

953 *Lorenz* in: Weitnauer/Boxberger/Anders KAGB, § 117 KAGB Rn. 18.

Recht auf Bildung, Verwaltung und Auflösung eines TGVs. Es könnte sich auf die Kosten der Bildung, Auflösung und Verwaltung beziehen[954]. Dies ist allerdings zumindest für die Kosten der Bildung des TGVs in § 117 Abs. 4 S. 1 KAGB geregelt. Denkbar ist auch, dass die Rechte während der Bildung und Auflösung sowie gegenüber der Verwaltung nur bezüglich des TGVs, an dem auch eine Beteiligung besteht, vorliegen können. Auch § 117 Abs. 4 KAGB spricht für ein solches Verständnis, indem er ergänzt, dass eine vermögens- und haftungsrechtliche Trennung auch während der Insolvenz und der Abwicklung des TGVs fortbesteht. Die Stück- oder Bruchteilsaktien einer InvAG mit TGV sind gem. § 117 Abs. 3 KAGB jeweils direkt einem TGV zugeordnet. Die einzelnen TGV werden daher wie separate Investmentfonds behandelt[955].

§ 117 Abs. 2 S. 4 KAGB stellt zusätzlich zu S. 1 klar, dass nur das TGV für seine Verbindlichkeiten haftet. Fraglich ist, ob dies auch für Verbindlichkeiten, die der gesamten Gesellschaft dienen, gilt. Bei einer intern verwalteten InvAG besteht eine interne Verwaltungs-InvAG mit TGV; die TGV sind nicht selbstverwaltend tätig[956]. In der Praxis sollte im Falle der internen Verwaltung für das Betriebsvermögen der InvAG m. v. K. ein eigenes TGV gebildet werden, sodass auch hierfür nur dieses TGV haftet[957]. Dies ist auch mit Blick auf die Auszahlung des Anteils am TGV bei Rückgabe der Aktien zu empfehlen, um einen Anspruch auf Auszahlung eines Anteils am Betriebsvermögen zu verhindern[958]. Für den Fall, dass das Betriebsvermögen anteilig auf alle TGV verteilt ist oder, dass in der extern verwalteten InvAG eine übergreifende Verbindlichkeit besteht, haften alle TGV[959]. Hier empfiehlt es sich, im Innenverhältnis die Aufteilung entsprechend der Anlagevolumina auf die einzelnen TGV festzulegen[960].

---

954 *Boxberger* in: Moritz/Klebeck/Jesch KAGB, § 117 KAGB Rn. 27; *Lorenz* in: Weitnauer/Boxberger/Anders KAGB, § 117 KAGB Rn. 4.

955 *Lorenz* in: Weitnauer/Boxberger/Anders KAGB, § 117 KAGB Rn. 9.

956 *Boxberger* in: Moritz/Klebeck/Jesch KAGB, § 114 KAGB Rn. 10.

957 *Boxberger* in: Moritz/Klebeck/Jesch KAGB, § 117 KAGB Rn. 9; *Lorenz* in: Weitnauer/Boxberger/Anders KAGB, § 117 KAGB Rn. 5; so bereits zum InvG *Sachtleber*, Zivilrechtliche Strukturen von open-end-Investmentfonds in Deutschland und England, S. 119ff.

958 *Wallach*, ZGR 2014, 289, 312.

959 *Fischer/Steck* in: Berger/Steck/Lübbehüsen InvG, § 100 InvG Rn. 13; *Lorenz* in: Weitnauer/Boxberger/Anders KAGB, § 117 KAGB Rn. 6; so auch für die InvKG *Wallach*, ZGR 2014, 289, 311.

960 *Kurth* in: Beckmann/Scholtz/Vollmer Investment, 405 § 117 KAGB Rn. 11; *Fischer/Steck* in: Berger/Steck/Lübbehüsen InvG, § 100 InvG Rn. 15; *Lorenz* in: Weitnauer/Boxberger/Anders KAGB, § 117 KAGB Rn. 6.

Außerdem ist in § 117 Abs. 4 S. 1 und 2 KAGB die Kostentragung der Neuauflage durch den jeweiligen TGV selbst sowie die separate Berechnung des Werts der jeweiligen Anteile der TGV geregelt. Die haftungsrechtliche Trennung der einzelnen TGV ist gem. § 118 Abs. 1 S. 2 KAGB bereits in der Firmenbezeichnung zu kennzeichnen. Außerdem ist im Rechtsverkehr gem. § 118 Abs. 2 KAGB auf die getrennte Haftung hinzuweisen, sofern die InvAG nur für ein TGV tätig wird.

Teilweise wird vertreten, dass für ein TGV das Insolvenzverfahren separat eröffnet werden kann[961]. Nach wohl h. M. ist dies nicht möglich, das Insolvenzverfahren wird über die gesamte Gesellschaft eröffnet[962]. Hierfür spricht auch der Wortlaut des § 117 Abs. 2 S. 5 KAGB, der von der Insolvenz der InvAG spricht und dort die weitere Geltung der haftungs- und vermögensrechtlichen Trennung anordnet. Somit ist dieser Ansicht zuzustimmen.

bb. Beteiligung der Aktionäre am TGV

Die Aktionäre sind gem. § 117 Abs. 3 i. V. m. § 109 Abs. 1 S. 3 KAGB direkt mit Stück- oder Bruchteilsaktien am TGV beteiligt. Die Aktien können nicht der InvAG selbst, sondern nur den TGV zugeordnet sein[963]. Die Wertermittlung für die Aktien erfolgt ebenfalls gem. § 117 Abs. 4 S. 2 KAGB nur in Bezug auf das jeweilige TGV. Eine Wertermittlung im Verhältnis zur Dach-InvAG findet dagegen nicht statt[964].

Im Gegensatz zur InvAG ist für die InvKG speziell in § 132 Abs. 6 KAGB normiert, dass im Gesellschaftsvertrag geregelt sein muss, dass Angelegenheiten, die die gesamte InvKG betreffen, in einer Gesellschafterversammlung, zu der sämtliche Gesellschafter der InvKG einzuladen sind, entschieden werden. In der Sache besteht hier kein Unterschied zur InvAG m. v. K., allerdings können die Aktionäre nur an einer Hauptversammlung teilnehmen, sofern sie ein Teilnahmerecht hierzu innehaben.

---

961 *Fischer,* Die Investmentaktiengesellschaft aus aufsichtsrechtlicher und gesellschaftsrechtlicher Perspektive, S. 219ff.

962 *Boxberger* in: Moritz/Klebeck/Jesch KAGB, § 117 KAGB Rn. 11; *Lorenz* in: Weitnauer/Boxberger/Anders KAGB, § 117 KAGB Rn. 7; *Mohr,* Die offene Investmentkommanditgesellschaft, S. 115 Fn. 611 weist jedoch auf die Möglichkeit eines Insolvenzplans zur Vermeidung der vollständigen Abwicklung der Investmentgesellschaft hin; bereits zum InvG: *Wegner,* Die selbstverwaltete Hedgefonds-Investmentaktiengesellschaft mit Teilgesellschaftsvermögen, S. 220ff.

963 *Kurth* in: Beckmann/Scholtz/Vollmer Investment, 405 § 117 KAGB Rn. 12.

964 *Kurth* in: Beckmann/Scholtz/Vollmer Investment, 405 § 117 KAGB Rn. 13.

cc. Die Anlagebedingungen der TGV

Es bedarf für jedes TGV separater Anlagebedingungen, die den Vorgaben des § 117 Abs. 5 KAGB entsprechen müssen. Für Publikums-TGV müssen diese gem. § 117 Abs. 5 S. 2 KAGB den Inhalt des § 162 KAGB enthalten und bedürfen gem. § 117 Abs. 5 S. 2 i. V. m. § 163 KAGB der Genehmigung der BaFin[965]. Bei TGV für Spezialanleger genügt gem. § 117 Abs. 5 S. 4 KAGB eine Vorlage an die BaFin. Aus § 117 Abs. 5 S. 3 und 4 KAGB ergibt sich, dass eine InvAG m. v. K. sowohl Spezial-TGV als auch Publikums-TGV auflegen darf[966]. Auf die besonderen Anlagebedingungen ist in der Satzung der InvAG m. v. K. mit TGV gem. § 117 Abs. 7 S. 1 KAGB hinzuweisen. Teilweise wird in der Literatur vertreten, dass die Bezugnahme auf § 162 KAGB und damit insbesondere auf § 162 Abs. 2 Nr. 8 KAGB nicht sinnvoll sei, da dann die einzelnen Anlagebedingungen gegenseitige Verweise enthalten müssten[967]. § 162 Abs. 2 Nr. 8 KAGB regelt unter anderem, dass in den Anlagebedingungen enthalten sein muss, ob die InvAG TGV bildet, unter welchen Voraussetzungen die Anteile an TGV ausgegeben werden, nach welchen Grundsätzen die Bildung der TGV erfolgt und wie der Wert der Aktien berechnet wird. Dies spricht eher dafür, dass Anlagebedingungen Regelungen betreffend mehrere TGV enthalten dürfen[968]. Hierfür spricht auch der Wortlaut des § 117 Abs. 7 S. 1 KAGB, der von besonderen Anlagebedingungen für TGV spricht. Mithin sprechen die besseren Gründe für die Möglichkeit Allgemeine Anlagebedingungen für die gesamte InvAG mit TGV zu erlassen und anschließend für jedes TGV nochmals besondere Anlagebedingungen zu erstellen.

dd. Benennung einer Verwahrstelle für ein TGV

Außerdem muss gem. § 117 Abs. 6 KAGB für jedes TGV eine Verwahrstelle benannt werden. In der Praxis wird jedoch dieselbe Verwahrstelle für die einzelnen TGV benannt[969].

---

965 Dass sich § 117 Abs. 5 S. 3 KAGB nur auf Publikums-InvAGen nach S. 2 bezieht, ergibt sich im Umkehrschluss aus § 117 Abs. 5 S. 4 KAGB.

966 *Lorenz* in: Weitnauer/Boxberger/Anders KAGB, § 117 KAGB Rn. 13.

967 *Lorenz* in: Weitnauer/Boxberger/Anders KAGB, § 117 KAGB Rn. 12.

968 *Lorenz* in: Weitnauer/Boxberger/Anders KAGB, § 117 KAGB Rn. 12.

969 *Boxberger* in: Moritz/Klebeck/Jesch KAGB, § 117 KAGB Rn. 21; *Lorenz* in: Weitnauer/Boxberger/Anders KAGB, § 117 KAGB Rn. 15.

ee. *Die Rechnungslegung der InvAG m. v. K. mit TGV*

Die Rechnungslegung bestimmt sich nach den §§ 20ff. KARBV, zu deren Erlass die BaFin gem. § 117 Abs. 9 S. 1 und 2 KAGB berechtigt war. Die Rechnungslegung einer InvAG m. v. K. hat gem. § 20 Abs. 3 KARBV zusammenhängend zu erfolgen. Wie bei der InvAG ohne TGV erfolgt die Bilanz nach § 120 Abs. 2 S. 1 KAGB in Staffelform. Außerdem sind gem. §§ 21 Abs. 1 S. 2, 22 Abs. 1 S. 2 KARBV die TGV separat in der Bilanz und der GuV aufzuführen. Im Lagebericht muss nach § 23 Abs. 2 Nr. 2, 4, 6 KARBV die Zuordnung der Unternehmensaktien zum Investmentanlagevermögen und zum Investmentbetriebsvermögen unter Nennung der jeweiligen TGV, die Anzahl der jeweils je TGV im Umlauf befindlichen Aktien, sowie die Belastung der Verwaltungskosten pro TGV angegeben werden. Auch der Bericht über die Geschäftstätigkeit erfolgt entsprechend § 23 Abs. 4 S. 2 KARBV separat. Bei Auflösung eines TGVs ist § 20 Abs. 2 S. 2 KARBV zufolge ein Auflösungsbericht zu erstellen. Somit erfolgt die Rechnungslegung gewissermaßen separat für jedes TGV[970].

ff. *Die Geschäftsführung in der InvAG m. v. K. mit TGV*

Mangels eigener Regelungen für die Geschäftsführung von TGV verbleibt es bei der Geschäftsführungsbefugnis des Vorstands. Er kann somit die Geschäfte aller TGV führen und diese wirksam vertreten.

d. *Tracking Stocks oder Konzernierung als zur Bildung von TGV vergleichbare aktienrechtliche Regelungen?*

Nachdem die Regelungen des KAGB zur Bildung von TGV dargestellt wurden, stellt sich die Frage, mit welchen Regelungen im Aktienrecht diese verglichen werden könnten. In Betracht kommt die Ausgabe von Tracking Stocks oder die Ausgliederung in eine Tochtergesellschaft. Nach einer Ansicht sind Tracking Stocks mit dem TGV vergleichbar[971]. Auch *Eckhold* vergleicht TGV mit den Tracking Stocks, weist aber darauf hin, dass beim TGV, anders als bei den sogenannten Spartenaktien, nur das jeweilige TGV den Gesellschaftsgläubigern haftet[972]. Andere wiederum verweisen auf den Unterschied, dass Tracking Stocks

---

970 *Boxberger* in: Moritz/Klebeck/Jesch KAGB, § 117 KAGB Rn. 32; *Lorenz* in: Weitnauer/Boxberger/Anders KAGB, § 117 KAGB Rn. 21.

971 *Lorenz* in: Weitnauer/Boxberger/Anders KAGB, § 117 KAGB Rn. 2 („wirtschaftlich gesehen"); *Zetzsche*, AG 2013, 613, 614.

972 *Eckhold*, ZGR 2007, 654, 665.

nur virtuell das Gesellschaftsvermögen unterteilen[973]. Das allgemeine Aktienrecht sieht nämlich auch bei Spartenaktien keine Möglichkeit vor, das Gesellschaftsvermögen in unterschiedliche haftungsrechtlich voneinander getrennte Vermögenseinheiten innerhalb einer Gesellschaft aufzuteilen; vielmehr haftet das gesamte Gesellschaftsvermögen gegenüber den Gläubigern[974]. Aufgrund der Beschränkung durch den Verlust anderer Sparten ist eine separate Gewinnausschüttung nur begrenzt möglich[975]. Somit fehlt es an der haftungs- und auch vermögensrechtlichen Trennung.

Eine Auslagerung von Gesellschaftsvermögen in Tochtergesellschaften ist ebenfalls nicht vergleichbar mit der Bildung von TGV, da jede Tochtergesellschaft einzeln eine entsprechende Organisationsstruktur benötigen würde[976] und das erforderliche Kapital mehrfach aufgebracht werden muss. Hinzu kommt, dass die TGV zwar haftungs- und vermögensrechtlich getrennt sind, es sich aber nicht um eigene Rechtspersönlichkeiten handelt[977]. Zudem müsste die Konzernmutter ebenfalls zu einem beträchtlichen Teil an der Tochtergesellschaft beteiligt sein, da sonst kein Mutter-Tochter-Verhältnis bestünde. Im Falle einer Konzernierung käme es zu Vermögensverflechtungen und zu einer Gewinnausschüttung an die Muttergesellschaft. Somit handelt es sich bei TGV um eine ganz eigene investmentrechtliche Besonderheit und auch nicht um einen Konzern innerhalb einer Gesellschaft, da keine vergleichbare finanzielle Abhängigkeit zwischen dem TGV und der InvAG m. v. K. besteht.

e. *Keine Bildung von TGV in der InvAG m. f. K.*

Es stellt sich die Frage, weshalb der Gesetzgeber nur für die InvAG m. v. K. und die offene InvKG die Bildung von TGV zulässt. Dies wird in der Literatur kritisiert; es bestehe kein ersichtlicher sachlicher Grund hierfür[978]. Zudem wurde die

---

973 *Malcher,* Die Rechtsform(en) der Aktiengesellschaften, S. 49 Fn. 191; *Dornseifer,* AG 2008, 53, 57.

974 *Müchler,* Die Investmentaktiengesellschaft mit veränderlichem Kapital, S. 254f.

975 *Müchler,* Die Investmentaktiengesellschaft mit veränderlichem Kapital, S. 255; hierzu nennt *Cichy/Heins,* AG 2010, 181, 186 Satzungsgestaltungen.

976 *Müchler,* Die Investmentaktiengesellschaft mit veränderlichem Kapital, S. 256.

977 *München* in: Baur/Tappen KAGB, § 117 KAGB Rn. 5 und *Kurth* in: Beckmann/Scholtz/Vollmer Investment, 405 § 117 KAGB Rn. 7 allerdings mit Verweis auf RegE InvÄndG BT-Drs. 16/5576 S. 68. Dort wird festgestellt, dass ein Teilfonds, ebenfalls wie das Sondervermögen keine eigene Rechtspersönlichkeit haben kann.

978 *Fischer/Friedrich,* ZBB 2013, 153, 163; *Wallach,* ZGR 2014, 289, 312; *Zetzsche,* AG 2013, 613, 617.

Bildung von TGV in anderen Ländern auch für geschlossene Investmentgesellschaften ermöglicht[979]. Die fehlende Möglichkeit der Bildung von TGV hat zur Folge, dass für die InvAG lediglich die gesellschaftsrechtlichen Möglichkeiten zur Verteilung des Gewinns oder zum Ausschluss des Stimmrechts durch die Ausgabe von Vorzugs- und Stammaktien gem. § 11 AktG bestehen[980]. Wie bei der AG kommt auch die Ausgabe von Tracking-Stocks oder die Konzernierung in Betracht. Eine mit der Bildung von TGV vergleichbare Regelung fehlt. Damit besteht kein Unterschied zwischen der InvAG m. f. K. und der AG.

f. Zwischenergebnis zur Umbrellakonstruktion der InvAG im Vergleich zur AG

Zusammenfassend bleibt festzuhalten, dass das Aktienrecht kein mit dem TGV vergleichbares Instrument vorsieht. Auch die Bildung von TGV, wofür keine Zustimmung der Hauptversammlung erforderlich ist, stellt somit einen Sonderfall zur AG nach dem AktG dar. Die TGV sind haftungsrechtlich und vermögensrechtlich voneinander getrennt. Die Anleger sind lediglich an einzelnen TGV beteiligt. Im Falle einer Insolvenz führt jedoch die Insolvenz eines TGV zur Insolvenz der gesamten InvAG. Es sind separate Anlagebedingungen und eine getrennte Rechnungslegung erforderlich. Durch die Möglichkeit der Bildung von TGV können innerhalb der InvAG weitere Sonderformen, nämlich die InvAG m. v. K. und TGV gebildet werden. Dies spricht eher für eine InvAG als eigene Gesellschaftsform mit Unterformen als für weitere Unterformen der Unterform der AG. Für die InvAG m. f. K. ist dagegen die Bildung von TGV nicht vorgesehen. Sie unterscheidet sich damit in diesem Punkt nicht von der AG.

VI. Ergebnis zum Teil B.: Die InvAG als eigenständige Gesellschaftsform

Nach einer Gegenüberstellung der besonderen Regelungen des KAGB zur InvAG und der Regelungen des AktG zur AG wird die These, dass mit der InvAG eine neue Gesellschaftsform geschaffen wurde, bestätigt. Dafür, dass die InvAG eine Unterform der AG nach dem AktG ist, spricht zwar, dass der Regierungsentwurf des KAGBs dies so vorsieht[981]. Dagegen unterstützt der Wortlaut des KAGB,

---

979 *Zetzsche,* AG 2013, 613, 617 Fn. 72 mit Hinweis auf Art. 3 SICAR-Gesetz in Luxemburg, Art. 103 FL AIFM-Gesetz in Liechtenstein.

980 So auch *Zetzsche,* AG 2013, 613, 617.

981 Teil B. I.

insbesondere die Verwendung des geschützten Begriffs „Investmentaktiengesellschaft“ aber die These von einer neuen Gesellschaftsform[982]. Auch die Systematik des KAGB, in welchem der InvAG m. v. K. und der InvAG m. f. K. verschiedene Abschnitte gewährt werden, sodass zwischen den verschiedenen Unterformen der InvAG unterschieden wird sowie die Verweistechnik des KAGB auf das AktG sprechen für das Vorliegen einer neuen Gesellschaftsform und gegen das bloße Einfügen in eine bestehende Gesellschaftsform[983].

Ein Vergleich der einzelnen Regelungen im KAGB mit dem Aktienrecht bestätigt die aufgestellte These in weiteren Aspekten:

Die Vorschriften zur Gründung der InvAG[984] unterscheiden sich von den Regelungen im AktG. Bei der Gründung der InvAG handelt es sich nach hier vertretener Ansicht bereits um eine Vor-InvAG. Zudem muss das Kapital vollständig aufgebracht werden und Sacheinlagen sind in der Publikums-InvAG nicht zulässig. Damit sollen wie so oft im KAGB die Anleger geschützt werden.

Die Satzungsstrenge bleibt dagegen in der InvAG trotz Ausschlusses des § 23 Abs. 5 AktG als investmentspezifisch modifizierte Satzungsstrenge erhalten, da auch dies der Rechtssicherheit und dem Schutz der Anleger dient, sodass hier kein wesentliches Merkmal der AG fehlt[985]. Indessen weisen die in der InvAG erforderlichen Satzungsbestimmungen große Unterschiede zur AG auf: So hat die Firma den Zusatz „InvAG“ oder eine vergleichbare Abkürzung zu enthalten[986], die Unternehmensgegenstände der InvAG und der AG stehen in einem Alternativverhältnis zueinander und es wird zwischen Spezial- und Privatanlegern differenziert[987]. Lediglich die Regelungen betreffend den Sitz unterscheiden sich nicht vom AktG[988]. Dass ein Satzungssitz in Deutschland sein muss, ist allerdings auch keine spezielle Regelung des AktG, vgl. etwa § 4a GmbHG. Noch stärker als die InvAG m. f. K. unterscheidet sich die Satzung der InvAG m. v. K. von derjenigen der AG. Dort gibt es gar kein Grundkapital, sondern ein variables Gesellschaftskapital[989], ein Rückgaberecht der Aktionäre[990] und es

982 Teil B. II.
983 Teil B. IV.
984 Teil B. V. 1.
985 Teil B. V. 2. a.
986 Teil B. V. 2. b.
987 Teil B. V. 2. d.
988 Teil B. V. 2. c.
989 Teil B. V. 2. e.
990 Teil B. V. 2. f. und g.

werden Anlageaktien und Unternehmensaktien begeben[991]. Zusätzlich ist bei InvAGen m. v. K. die Bildung von TGV möglich, was statutarisch geregelt werden muss[992].

Die Anlagebedingungen sind zwar lediglich zweiseitige schuldrechtliche Verträge[993]. Der Umstand, dass diese für InvAGen immer vorgesehen sind, spricht aber ebenfalls – als schwaches Argument – für eine andere Form als die AG.

Was die Organisationsverfassung betrifft, so gibt es bei der InvAG – wie bei der AG – einen Vorstand, einen Aufsichtsrat sowie eine Hauptversammlung. Zusätzlich kann die InvAG intern oder extern verwaltet werden[994]. Eine externe KVG ist zwar kein Organ der InvAG. Jedoch begibt sich die InvAG mit der Bevollmächtigung der KVG zur externen Verwaltung de facto der sonst üblichen Geschäftsführungstätigkeit[995]. Die intern verwaltete InvAG muss dagegen zusätzlich die aufsichtsrechtlichen Voraussetzungen der §§ 17ff. KAGB erfüllen[996]. In Hinblick auf den Vorstand[997] sieht das KAGB spezielle Voraussetzungen zur fachlichen Eignung und Zuverlässigkeit seiner Mitglieder sowie nach hier vertretener Ansicht aufgrund des Vier-Augen-Prinzips die Unzulässigkeit der Einzelvertretung vor. Außerdem hat der Vorstand, ebenso wie der Aufsichtsrat, im Zweifel die Aktionärsinteressen und im Speziellen die Anlageaktionärsinteressen zu berücksichtigen[998] und es besteht für die Mitglieder dieser Organe ein Geschäftsverbot betreffend die Vermögensgegenstände der InvAG[999]. In der Hauptversammlung der InvAG und der AG bestehen zwar – soweit ersichtlich – keine Unterschiede, jedoch haben Anlageaktionäre der InvAG regelmäßig gar kein Teilnahme- oder Stimmrecht an dieser[1000].

Die Finanzverfassung der InvAG m. v. K.[1001] unterscheidet sich gravierend von derjenigen der AG. Es gibt kein statutarisch festgelegtes zu passivierendes Grundkapital, sondern nur ein Gesellschaftskapital mit einem in der Satzung

991 Teil B. V. 2. h. Vgl. zur InvAG m. v. K. auch die Finanzverfassung der InvAG m. v. K. Teil B. V. 5. a.
992 Teil B. V. 2. m. sowie Teil B. V. 8.
993 Teil B. V. 3.
994 Teil B. V. 4. c.
995 Teil B. V. 4. c. bb. und cc.
996 Teil B. V. 4. c. aa.
997 Teil B. V. 4. a.
998 Teil B. V. 4. a. ee. (2) und Teil B. V. 4. b.
999 Teil B. V. 4. a. ff. und Teil B. V. 4. b.
1000 Teil B. V. 4. d.
1001 Vgl. hierzu ausführlich Teil B. V. 5. a.

festgelegten Mindest- und Höchstkapital[1002]. Bei der Gründung entspricht das Mindestkapital teilweise dem Grundkapital, da es aufgebracht werden muss[1003]. Allerdings ist es nicht zu passivieren[1004] und es wird zwar im Handelsregister eingetragen, aber nicht an der Stelle Grundkapital, sondern in Spalte 6 Unterspalte b) „sonstige Rechtsverhältnisse"[1005]. Die Kapitalaufbringungsregeln für die InvAG m. v. K. sind durch das Erfordernis der vollständigen Zahlung des Ausgabepreises und das Sacheinlageverbot für Publikums-InvAGen bereits strenger als in der AG[1006]. Das Gesellschaftskapital der InvAG entspricht dem Gesellschaftsvermögen und verändert sich bereits mit Wertschwankungen der Vermögensbestandteile sowie der Ausgabe oder Rücknahme von Aktien[1007]. Bezüglich der Ausgabe und Rücknahme von Aktien ist zwischen Unternehmensaktien und Anlageaktien zu trennen. Während Anlageaktien sehr flexibel durch den Vorstand ausgegeben werden können[1008], ist eine Ausgabe von Unternehmensaktien nur aufgrund eines Hauptversammlungsbeschlusses möglich[1009]. Auch eine Rückgabe von Anlageaktien ist noch flexibler als die Rückgabe von Unternehmensaktien, bei der die verbleibenden Unternehmensaktionäre zustimmen müssen[1010]. Insgesamt unterscheidet sich die Kapitalerhöhung durch die Ausgabe von Anlageaktien der InvAG m. v. K.[1011] sowie die Kapitalherabsetzung durch Rückgabe von Unternehmens- und Anlageaktien[1012] stark von den strengen Vorgaben des Aktienrechts. Lediglich für die Erhöhung mittels Ausgabe von Unternehmensaktien ist – auch mangels wohl versehentlich unterbliebener Regelung – in jedem Fall ein Hauptversammlungsbeschluss erforderlich[1013]. In der intern verwalteten InvAG m. v. K. sind die Anleger aufsichtsrechtlich zusätzlich durch das nach dem KAGB erforderliche Anfangskapital geschützt, was wiederum reflexhaft die Gläubiger zusätzlich schützt[1014].

1002 Teil B. V. 5. a. cc.
1003 Teil B. V. 5. a. cc. (3) (a).
1004 Teil B. V. 5. a. ff. (1), wonach sich lediglich das Gesellschaftskapital aus der Bilanz ergibt.
1005 Teil B. V. 5. a. gg.
1006 Teil B. V. 5. a. cc. (2).
1007 Teil B. V. 5. a. dd. (2).
1008 Teil B. V. 5. a. dd. (2) (a).
1009 Teil B. V. 5. a. dd. (2) (b).
1010 Teil B. V. 5. a. dd. (2) (c).
1011 Teil B. V. 5. a. dd. (2) (a).
1012 Teil B. V. 5. a. dd. (2) (c).
1013 Teil B. V. 5. a. dd. (2) (b).
1014 Teil B. V. 5. a. cc. (3) (b) und (c).

Die Finanzverfassung der InvAG m. f. K.[1015] unterscheidet sich dagegen nicht so sehr von der AG nach dem AktG. Es gelten zwar – wie bei der InvAG m. v. K. – mit dem Sacheinlagenverbot für Publikums-InvAGen und der Pflicht zur vollen Leistung der Einlage strengere Kapitalaufbringungsregeln, zudem sind die Anleger bei einer internen Verwaltung ebenfalls aufsichtsrechtlich durch die Normen zum Anfangskapital geschützt. Im Übrigen verbleibt es aber, etwa bei der Kapitalerhöhung und -herabsetzung, bei den Regelungen der AG.

Die Rechnungslegung in der InvAG[1016] erfolgt abweichend vom HGB, welches für die AG gilt, in Staffelform. Darüber hinaus findet für die Bewertung[1017] des Anlagevermögens nicht das handelsrechtliche Niederstwertprinzip Anwendung. Lediglich die Bewertung des Betriebsvermögens erfolgt nach den Vorschriften des HGB. Sofern TGV vorhanden sind, ist der Jahresabschluss weiter zu untergliedern. Auch die Prüfung des Jahresabschlusses durch den Abschlussprüfer und den Aufsichtsrat umfasst für die InvAG zusätzlich die Einhaltung des KAGB, der Satzungs- und Anlagebedingungen sowie des Geldwäschegesetzes[1018]. Diese Abweichungen bei der Rechnungslegung weisen ebenfalls auf das Vorliegen einer neuen Gesellschaftsform hin.

Es besteht für die InvAG zudem ein spezieller Auflösungsgrund des KAGB, sofern keine externe Verwaltung bestellt wird oder eine interne Verwaltung vorliegt[1019]. Hinzu kommt, dass die Verwahrstelle für alle Formen der InvAG gesetzlich vorgesehener Abwickler ist. Eine Bestellung eines anderen Liquidators – wie in der AG – ist nicht möglich[1020].

Des Weiteren ist die Möglichkeit der Bildung von TGV für InvAGen m. v. K. ein Sonderfall des KAGB, welcher im AktG nicht ermöglicht wird[1021]. Es gibt auch keine vergleichbare Option, sodass auch diese Abweichung vom AktG für das Bestehen einer eigenen Gesellschaftsform spricht[1022].

Insgesamt wird mithin durch den Vergleich der InvAG und der AG aufgezeigt, dass diese zwar Gemeinsamkeiten haben, allerdings eine Vielzahl von Unterschieden aufweisen, die die These von der InvAG als neue Gesellschaftsform bestätigen.

1015 Teil B. V. 5. b.
1016 Teil B. V. 6.
1017 Teil B. V. 6. a. aa.
1018 Teil B. V. 6. b.
1019 Teil B. V. 7. a.
1020 Teil B. V. 7. a.
1021 Teil B. V. 8.
1022 Teil B. V. 8. d.

C. Die InvKG als eigenständige Gesellschaftsform

In diesem Kapitel soll die These untersucht werden, dass es sich bei der InvKG ebenfalls um eine neu geschaffene Gesellschaftsform handelt. Da das KAGB eine Reihe von speziellen Normen für die InvKG aufführt, könnte es sich dogmatisch sowohl um eine eigene Gesellschaftsform[1023] als auch um eine Unterform[1024] der KG, deren Grundform in §§ 161ff. HGB sowie in §§ 105ff. HGB geregelt ist, handeln. Andere wiederum betonen die Unterschiede zur KG und wollen dies durch den Begriff „Sonder[form]"[1025] zum Ausdruck bringen.

1023 *Casper*, ZHR 179 (2015), 44, 79 nennt die InvKG „faktisch (…) eine eigene Rechtsform"; *Emde/Dreibus*, BKR 2013, 89, 93 sehen in der InvKG eine „bislang nicht vorgesehene Rechtsform"; *Freitag*, NZG 2013, 329, 335 erscheint die InvKG „als eigenständige Gesellschaftsform"; *Möllers/Seidenschwann* in: Möllers/Kloyer, S. 1, 4 nennen die offene oder geschlossene InvKG als mögliche Rechtsformen beziehungsweise gesellschaftsrechtliche Formen für Investmentfonds; *Voigt/Busse*, BKR 2013, 184, 185 sprechen von Rechtsformen im Hinblick auf die geschlossene und die offene InvKG; und *Zetzsche*, AG 2013, 613, 629 spricht von einem Spezialgesellschaftsrecht.

1024 *K. Schmidt* in: K. Schmidt/Lutter, § 278 AktG Rn. 1; *Silberberger/Lorenz* in: Weitnauer/Boxberger/Anders KAGB, § 139 KAGB Rn. 5; *Paul* in: Weitnauer/Boxberger/Anders KAGB, § 149 KAGB Rn. 6; *Stöber* in: Westermann/Wertenbruch, Hdb. Personengesellschaften, § 54a Die Investment-KG Rn. 3167; *Seitz*, Die InvestmentKG, S. 261 bezeichnet die InvKG als „Sonderrechtsform einer Kommanditgesellschaft" und ordnet sie dem Typus der Personengesellschaft zu, derselbe S. 246ff.; *Schewe*, Kommanditgesellschaften im Regelungsbereich des Investmentrechts, S. 198f. spricht zwar de facto von einer eigenständigen Rechtsform jedoch de jure von einer modifizierten KG; *Fischer/Friedrich*, ZBB 2013, 153, 160; *Wallach*, ZGR 2014, 289, 327.

1025 *Oetker* in: Oetker HGB, § 161 HGB Rn. 163; *Casper* in: Staub HGB, Band 4, § 161 HGB Rn. 280; *Casper*, ZHR 179 (2015), 44, 79; *Seitz*, Die InvestmentKG, S. 261 bezeichnet die InvKG als „Sonderrechtsform einer Kommanditgesellschaft" und ordnet sie dem Typus der Personengesellschaft zu; *Assmann*, AG 2015, 597, 601 ordnet die §§ 124ff. KAGB als Sondergesellschaftsrecht ein; *Schürnbrand*, ZGR 2014, 256, 258 bezeichnet die InvKG als spezielle Rechtsform.

I. Historische Untersuchung zur Einordnung der InvKG als eigenständige Gesellschaftsform

1. Der Wille des Gesetzgebers des KAGB

Der Wille des Gesetzgebers spricht, wie bereits dargelegt[1026], eindeutig gegen die Schaffung einer neuen Gesellschaftsform.

2. Die Einordnung der Publikums-KG als Vorgängerin der InvKG

Als Vorgängerin der InvKG kann die Publikums-KG betrachtet werden[1027]. Diese war im Gegensatz zur InvKG nicht gesetzlich geregelt, sondern wurde im Laufe der Zeit durch die Rechtsprechung als Sonderform zur KG herausgebildet und ist auch in der Literatur anerkannt[1028].

Die ersten Immobilienfonds in Form einer KG wurden von Wolfgang Essen 1960 entwickelt[1029] und von ihm selbst als „legale Flucht vor dem Finanzamt" angepriesen[1030]. Die Bezeichnung als Vorgängerin folgt daraus, dass Publikums-KGen von dem, dem KAGB vorhergehenden InvG und dem KAGG nicht erfasst waren.

In dem dem InvG vorhergehenden KAGG galt zwar ein Rechtsformzwang gem. § 1 Abs. 2 KAGG (1957) für Kapitalanlagegesellschaften, welche gem. § 1 Abs. 1 KAGG (1957) Unternehmen waren, die Geld ihrer Einleger im eigenen Namen nach dem Grundsatz der Risikomischung in Wertpapieren gesondert vom eigenen Vermögen anlegten. Die als KG organisierten Abschreibungsgesellschaften[1031] investierten das Geld unmittelbar und nicht gesondert vom eigenen Vermögen, sodass sie nicht in den Anwendungsbereich des KAGG gelangten[1032].

1026 Vgl. oben Ziel der Arbeit, Teil A. I. und siehe RegE AIFM-UmsG BT-Drs. 17/12294 S. 241, 249.

1027 So auch *Wiedemann*, NZG 2013, 1041, 1042.

1028 *Roth* in: Baumbach/Hopt, HGB, Anh. nach § 177a HGB Rn. 53; *Horbach* in: Münch. Hdb. GesR, Band 2, § 61 Rn. 2ff.; *Krieger* in: Festschrift Stimpel, S. 307, 312ff. stellt allein für 1972 bis 1984 chronologisch 50 Entscheidungen des BGH dar; *Schürnbrand*, ZGR 2014, 256, 257.

1029 *Lorenzen*, Kollektive Kapitalanlagen in Immobilien, S. 87f.

1030 Zitiert aus, Der Spiegel, Ausgabe Nr. 30/1957, S. 17 abrufbar unter: http://www.spiegel.de/spiegel/print/d-41758065.html; vgl. hierzu auch *Wendt*, Vermögensanlage nach Maß, Die Zeit Nr. 18, 1957, abrufbar unter: http://www.zeit.de/1957/18/vermoegensanlage-nach-mass; jeweils zuletzt abgerufen am 22.05.2017.

1031 Erläuterung der Funktionsweise von Abschreibungsgesellschaften mit Beispielsrechnung bei *Wechsler*, Immobilienfonds, S. 39ff.

1032 *Kohl/Kübler/Walz/Wüstrich*, ZHR 138 (1974), 1, 27.

Für das das KAGG ablösende InvG galt bezüglich inländischer Investmentvermögen, wie bereits ausgeführt, wiederum ein sogenannter „formeller Investmentbegriff“[1033], da nur Sondervermögen oder InvAGen in dessen Anwendungsbereich fielen[1034], sodass Publikums-KGen weitgehend unreguliert und trotzdem zulässig waren. Allenfalls waren bei Publikums-KGen punktuelle Regelungen des VermAnlG zu beachten[1035]. Nach der h. M., die vom 6. Senat des BVerwG im Jahre 2008 bestätigt wurde, konnte in der Tätigkeit der Publikums-KG bzw. ihrer Komplementär-GmbH kein erlaubnispflichtiges Finanzkommissionsgeschäft gemäß § 1 Abs. 1 Satz 2 Nr. 4 KWG gesehen werden[1036], sodass die Publikums-KG zunächst nicht vom KWG erfasst war. Erst mit Einführung des § 1 Abs. 1a Satz 2 Nr. 11 KWG mit Wirkung ab dem 26.03.2009 kam das Vorliegen einer Anlageverwaltung in Betracht[1037].

Im Gegensatz dazu liegt dem KAGB, wie bereits erörtert[1038], ein „materieller Investmentbegriff“ zugrunde[1039]. Nach dessen § 1 Abs. 1 S. 1 ist jeder Organismus für gemeinsame Anlagen, der von einer Anzahl von Anlegern Kapital einsammelt, welches gemäß einer festgelegten Anlagestrategie investiert wird, und der kein operativ tätiges Unternehmen außerhalb des Finanzsektors ist, als Investmentvermögen vom Regelungsbereich des KAGB erfasst. Unbeschadet

---

1033 Bezeichnung nach wohl h. M.: hierzu ausführlich: *Verfürth/Emde* in: Emde/Dornseifer/Dreibus/Hölscher InvG, § 1 InvG Rn. 13ff.; vgl. *Patzner/Schneider-Deters* in: Patzner/Döser/Kempf, Vor § 1 KAGB Rn. 11; *Wallach,* ZGR 2014, 289, 291.

1034 Gem. § 1 S. 1 Nr. 1 InvG; vgl. auch Begründung der Bundesregierung zum Anwendungsbereich des § 1 RegE InvModG BT-Drs. 15/1553 S. 74.

1035 Vgl. auch *Wallach,* ZGR 2014, 289, 290.

1036 BVerwGE 130, 262–284, Leitsatz sowie Rn. 23ff. m. w. N., wonach ein Kommissionsgeschäft i. S. d. §§ 383ff. HGB vorausgesetzt wird; Bestätigung durch BVerfwG NVwZ-RR 2009, 980, 980 Leitsatz sowie Rn. 27ff.; BGH NJW 2010, 1077, 1078, Rn 14f., wonach typische Merkmale des Kommissionsgeschäfts, wie z. B. Weisungsrecht beim Handeln für eine Anlagegesellschaft nicht vorliegen; a. A., zuvor BaFin, die lediglich auf eine wirtschaftliche Betrachtungsweise abstellte, vgl. OLG München, Urteil vom 16.09.2008, Az. 5 U 2503/08, Rn. 3 veröffentlicht in juris; ausführlich zur Entwicklung *Eßer,* WM 2008, 671, 671ff.

1037 *Wallach,* ZGR 2014, 289, 290f.

1038 Teil A. V. 5.

1039 H. M., vgl. *Casper* in: Staub HGB, Band 4, § 161 HGB Rn. 260; *Stöber* in: Westermann/Wertenbruch, Hdb. Personengesellschaften, § 54a Die Investment-KG Rn. 3167b; *Emde/Dreibus,* BKR 2013, 89, 90; *Hartrott/Goller,* BB 2013, 1603, 1603.

bleibt hierbei nach dem Gesetzeswortlaut und dem Auslegungsschreiben der BaFin[1040], in welcher Rechtsform der Organismus für gemeinsame Anlagen auftritt. Gleichzeitig regelt das KAGB mit seinem sogenannten numerus clausus der Rechtsformen gem. § 91 KAGB für offene und gem. § 139 KAGB für geschlossene inländische Investmentvermögen, dass diese nur in der Form der InvAG, InvKG oder dem Sondervermögen aufgelegt werden dürfen. Somit sind Publikums-KGen, die nach den genannten Kriterien unter den Begriff Investmentvermögen fallen[1041], zwingend als InvKGen zu organisieren[1042]. Im Falle einer intern verwalteten InvKG ohne entsprechende Erlaubnis liegt sogar ein unerlaubtes Investmentgeschäft vor[1043], dessen Betreiben gem. § 339 Abs. 1 Nr. 1 KAGB strafbar ist[1044]. Zwar ist, sofern kein Investmentvermögen gem. § 1 Abs. 1 S. 1 KAGB vorliegt, noch ein Anwendungsbereich vorhanden, allerdings wird bereits aufgrund des Vorliegens des KAGB vertreten, dass eine Kodifikation der Publikums-KG im Rahmen einer gesetzlichen Neuordnung des Personengesellschaftsrechts nicht erforderlich sei[1045].

a. Merkmale der Publikums-KG

Eine Publikums-KG zeichnet sich in der Regel dadurch aus, dass sie mit dem Ziel der Kapitalanlage als sog. „Kapitalsammelbecken“[1046] für eine unbestimmte „Vielzahl“[1047] von Kommanditisten, die zueinander keinerlei persönliche

---

1040 BaFin, Auslegungsschreiben zum Anwendungsbereich des KAGB und zum Begriff des „Investmentvermögens“, Q 31-Wp 2137-2013/0006 vom 14.06.2013 zuletzt geändert am 09.03.2015, I. Investmentvermögen 1. Organismus, abrufbar unter: http://www.bafin.de/SharedDocs/Veroeffentlichungen/DE/Auslegungsentscheidung/WA/ae_130614_Anwendungsber_KAGB_begriff_invvermoegen.html?nn=2818492#doc399660 4bodyText1, zuletzt abgerufen am 22.05.2018.

1041 Zum Anwendungsbereich des KAGB mit weitergehenden Literaturnachweise hierzu siehe oben Teil A. III.

1042 So auch *Freitag*, NZG 2013, 329, 329f.; *Möllers/Seidenschwann* in: Möllers/Kloyer, S. 1, 4; *Schürnbrand*, ZGR 2014, 256, 258; *Servatius*, ZfIR 2014, 134, 135.

1043 Dies ergibt sich aus §15 und § 20 KAGB.

1044 So auch *Emde/Dreibus*, BKR 2013, 89, 90; *Hartrott/Goller*, BB 2013, 1603, 1603.

1045 *Schäfer*, Gutachten E zum 71. Deutschen Juristentag, S. E 107f.; *Tröger*, JZ 2016, 834, 840.

1046 *Bitter/Heim*, Gesellschaftsrecht, § 7 Rn. 43; *Kellermann* in: Festschrift Stimpel, S. 295, 296.

1047 Eine Vielzahl ist jedenfalls bei 50, nicht aber schon bei 20 Kommanditisten anzunehmen, vgl. BGHZ 64, 238, 239; BGH NJW-RR 1990, 474, 475.

Beziehungen pflegen und deren Werbung mittels Prospekten öffentlich am Kapitalmarkt erfolgt, gegründet wird[1048].

Bei einer Neuaufnahme zusätzlicher Kommanditisten ist regelmäßig nicht die Zustimmung der einzelnen bereits vorhandenen Kommanditisten erforderlich, vielmehr genügt die Zustimmung durch den hierzu ermächtigten Komplementär oder die (ermächtigte) Gesellschaft selbst und die Unterzeichnung eines vorformulierten Gesellschaftsvertrages[1049]. Die Ermächtigung kann entweder so ausgestaltet sein, dass der Komplementär die Kommanditisten vertritt[1050] oder die Gesellschaft zum Abschluss des Vertrags mit dem aufzunehmenden Kommanditisten im eigenen Namen ermächtigt wird[1051].

Die Publikums-KG wird typischerweise als GmbH & Co.KG errichtet, sodass einzig persönlich haftender Gesellschafter die Komplementär-GmbH ist[1052]. Die Kapitalanleger werden lediglich als Kommanditisten gegebenenfalls sogar mittelbar über eine Treuhandgesellschaft beteiligt, während die Gründer der Publikums-KG regelmäßig GmbH-Gesellschafter sind und die Geschäftsführung der

---

1048 H. M., vgl. BGHZ 64, 238, 241; BGHZ 104, 51, 53; *Henze/Notz* in: EBJS HGB, Anhang nach § 177a HGB A. Die GmbH & Co. KG Rn. 1ff.; *Oetker* in: Oetker HGB, § 161 HGB Rn. 122; *Kellermann* in: Festschrift Stimpel, S. 295, 296; *Schürnbrand*, ZGR 2014, 256, 257; so auch *Wagner* in: Assmann/Schütze, § 17 Rn. 10ff. und *Wagner*, Die Massenkommanditgesellschaft als Mittel zur Vermögensbeteiligung der Arbeitnehmer, S. 9f., der den Begriff Publikums-KG von der Massen-KG, bei der es *lediglich* auf die Vielzahl der Gesellschafter ankomme, abgrenzt. A. A. *Haas/Mock* in: Röhricht/Graf von Westphalen/Haas HGB, § 161 HGB Rn. 107, der in Rn. 108 jedoch feststellt, dass typischerweise keine persönliche Beziehung unter den Kommanditisten bestehen; *Grunewald* in: MüKo HGB, Band 3, § 161 HGB Rn. 106, die auch für die Publikums-KG lediglich auf die „Vielzahl" der Gesellschafter abstellt.

1049 BGHZ 64, 238, 241; BGHZ 104, 50, 53; *Haas/Mock* in: Röhricht/Graf von Westphalen/Haas HGB, § 161 HGB Rn. 130; *Kellermann* in: Festschrift Stimpel, S. 295, 296, 298.

1050 BGH BB 1976, 154, 154; wenn der Komplementär im Namen der KG unterschreibt, kann es trotzdem mithilfe der Auslegung als Handeln im Namen der Kommanditisten angesehen werden: BGH NZG 2011, 551, 552.

1051 BGH NJW 1978, 1000, 1000.

1052 *Roth* in: Baumbach/Hopt, HGB, Anh. nach § 177a HGB Rn. 52; *Henze/Notz* in: EBJS HGB, Anhang nach § 177a HGB A. Die GmbH & Co. KG Rn. 1; *Grunewald* in: MüKo HGB, Band 3, § 161 HGB Rn. 110; *Hoppe* in: Hesselmann/Tillmann/Mueller-Thuns, § 2 F. Rn. 2.281; *Oetker* in: Oetker HGB, § 161 HGB Rn. 122.

Komplementär-GmbH und somit auch mittelbar die der Publikums-KG übernehmen[1053].

b. *Motive für die Errichtung der Publikums-KG*

Motive für die Errichtung von Publikumspersonengesellschaften, zu deren Unterform die Publikums-KG gehört, sind und waren die Vorteile gegenüber Kapitalgesellschaften. Zum einen sind diese steuerrechtlicher Natur, zum anderen ist auch wegen § 163 HGB eine flexiblere Gestaltung im Innenverhältnis möglich[1054]. Zunächst ist die Publikums-KG gegenüber den Kapitalgesellschaften steuerlich vorteilhaft, da keine Körperschaftsteuer anfällt[1055] und folglich die Besteuerung nicht bei der Gesellschaft selbst, sondern bei den Gesellschaftern erfolgt[1056]. So können etwaige Verluste, inzwischen in gewissen Grenzen[1057], mit anderen Einkünften der Kommanditisten verrechnet werden, um somit die Steuerlast zu senken[1058]. Vor dem Körperschaftsteuerreformgesetz im Jahre 1976 bestand gegenüber einer Kapitalgesellschaft zusätzlich der Vorteil, dass keine doppelte Besteuerung durch das Anfallen von Körperschaftsteuer bei der Gesellschaft und Einkommenssteuer beim Gesellschafter selbst erfolgte[1059]. Dieser Anreiz wurde im Zuge der Reform durch Anrechnung der bereits angefallenen Körperschaftsteuer auf die Einkommenssteuer der Gesellschafter beseitigt[1060]. Bei

---

1053 Die Initiatoren sichern sich die Geschäftsführungsbefugnis in der Regel durch ihre Beteiligung an der GmbH, *Roth* in: Baumbach/Hopt, HGB, Anh. nach § 177a HGB Rn. 52; *Koch,* Gesellschaftsrecht, § 23 Rn. 4, 6; § 37 Rn. 9.

1054 So auch *Grunewald* in: MüKo HGB, Band 3, § 161 HGB Rn. 111; *Oetker* in: Oetker HGB, § 161 HGB Rn. 125; *Koch,* Gesellschaftsrecht, § 23 Rn. 2, 3.

1055 H. M., seit BFHE 141, 405, 1. Leitsatz ständige Rspr.; *Desens* in: Herrmann/Heuer/Raupach, EStG/KStG, Einführung zum KStG Rn. 71; *Jurkat,* GmbHR 1983, 224, 224ff.

1056 *Kirmse/Spönemann* in: Michalski GmbHG, Systematische Darstellung 3 Rn. 1.

1057 Vgl. § 15a EStG, der im Jahre 1980 eingeführt wurde, sowie § 15b, der Ende 2005 eingeführt wurde; Beschluss des BFH in: BFHE 141, 405, 5. Leitsatz: Verneinung der Gewinnerzielungsabsicht; *Haas/Mock* in: Röhricht/Graf von Westphalen/Haas HGB, § 161 HGB Rn. 109; inzwischen ist nur noch bis zur Höhe der Hafteinlage eine Verlustzuweisung möglich, *Koch,* Gesellschaftsrecht, § 23 Rn. 3, Fn. 9.

1058 Besonders früher waren diese sogenannten Abschreibungsgesellschaften beliebt, *Eberl* in: Heidel/Schall, HGB, § 161 Rn. 4; *Koch,* Gesellschaftsrecht, § 23 Rn. 3; *Kellermann* in: Festschrift Stimpel, S. 295, 295f.; *Krieger* in: Festschrift Stimpel, S. 307, 308f.

1059 Dieses Motiv erkannte bereits das RG im Jahre 1922, vgl. RGZ 105, 101, 103; hierzu auch *Haas/Mock* in: Röhricht/Graf von Westphalen/Haas HGB, § 161 HGB Rn. 44; *Bitter/Heim,* Gesellschaftsrecht, § 7 Rn. 50.

1060 Vgl. *Koch,* Gesellschaftsrecht, § 37 Rn. 4.

einem früheren Vergleich einer Publikums-KG mit einer InvAG wurde sogar eine dreifache Besteuerung vermieden[1061]. Später wurde das Anrechnungsmodell durch das Halbeinkünfteverfahren abgelöst, das wiederum durch die Abgeltungssteuer bzw. das Teileinkünfteverfahren ersetzt wurde[1062].

Neben steuerrechtlichen Überlegungen, die – nach den genannten Reformen – allenfalls im Einzelfall vorteilhaft sind, führen auch gesellschaftsrechtliche Überlegungen zur Gründung der Publikums-KG in Form einer GmbH & Co. KG. Zunächst bestehen, wie auch bei Kapitalgesellschaften, gegenüber einer Personengesellschaft mit ausschließlich natürlichen Gesellschaftern Haftungserleichterungen. Kein natürlicher Gesellschafter der GmbH & Co. KG haftet unbegrenzt persönlich, vielmehr hat es bei der unbegrenzten persönlichen Haftung der Komplementär-GmbH sein Bewenden, deren Gesellschafter wiederum nicht persönlich haften[1063]. Verglichen mit der GmbH ergeben sich bei der KG bereits erhebliche Erleichterungen bei der Kapitalaufbringung, da das Kapital in einer KG erhöht werden kann, ohne dass dieses gebunden bleibt und gem. § 30 I GmbHG einem Auszahlungsverbot an die Gesellschafter unterfällt[1064]. Verglichen mit der AG, die häufiger für Kapitalanlagen genutzt wird, ergibt sich ein noch größerer Unterschied: Einmal aufgebrachtes Kapital ist auch dort gem. § 57 I AktG gebunden, zudem darf, abgesehen von der Verteilung des Bilanzgewinns gem. § 57 Abs. 3 AktG, gar kein Vermögen an die Aktionäre ausgezahlt werden[1065]. Bei der KG sind dagegen mangels Bindung des Eigenkapitals gewinnunabhängige Auszahlungen zulässig. Darüber hinaus hat die Höhe des Eigenkapitals keinen Einfluss auf die Berechnung der Höhe des Gewinns der KG[1066]. Hinzu kommt, dass durch die Kombination von GmbH und KG in Form der GmbH & Co. KG ein Nicht-Gesellschafter Geschäftsführer der Komplementär-GmbH werden kann und somit, mit Blick auf die

---

1061 Neben der Körperschaftsteuer, Kapitalertragssteuer und Einkommenssteuer beim Aktionär fiel bei der Investmentgesellschaft für das Anlagevermögen noch eine Vermögensteuer an, *Schäcker*, Entwicklung und System des Investmentsparens, S. 28.

1062 *Haas/Mock* in: Röhricht/Graf von Westphalen/Haas HGB, § 161 HGB Rn. 44; *Binz/Sorg*, Die GmbH & Co. KG im Gesellschafts- und Steuerrecht, Handbuch für Familienunternehmen, § 22 Rn. 21ff.

1063 Die Haftung des Kommanditisten ist gem. §§ 171, 172 HGB eingeschränkt.

1064 *Koch*, Gesellschaftsrecht, § 37 Rn. 6.

1065 *Koch*, Gesellschaftsrecht, § 32 Rn. 2.

1066 *Koch*, Gesellschaftsrecht, § 37 Rn. 6, 7.

Geschäftsführungsbefugnis der Komplementär-GmbH in der KG gem. § 161 Abs. 2 i. V. m. § 114 HGB, mittelbar die Geschäftsführung der KG übernehmen kann[1067].

c. *Die Publikums-KG als Unterform der KG*

Das Recht der Publikumspersonengesellschaften wird als Sonderrecht bzw. die Publikums-KG als Sonderform der KG bezeichnet[1068]. Daraus, dass die Publikums-KG regelmäßig als GmbH & Co. KG gegründet wird, folgt nicht, dass eine eigene Gesellschaft vorliegt. Die Zulässigkeit der GmbH & Co. KG ist unstrittig[1069] und wird durch entsprechende gesetzliche Regelungen bestätigt[1070]. Nach herrschender Ansicht handelt es sich bei der GmbH & Co. KG nicht um eine eigene Rechtsform, sondern um eine KG und damit rein formal um eine Personengesellschaft[1071]. Bei der GmbH & Co. KG werden zwei selbstständig bestehende Gesellschaften, für die das jeweilige Recht – nämlich die §§ 161ff. für die KG und das GmbHG für die Komplementär-GmbH – anwendbar ist, miteinander verbunden[1072]. Zwar wurde auch für die Publikums-KG festgestellt, dass sich diese so „von dem gesetzlichen Leitbild einer personenbezogenen Gesellschaftsform so weit entfernt hat, daß sie bereits heute als Kapitalgesellschaft (KGaA-ähnlich) im Kleid einer Personengesellschaft (KG) anzusehen

1067 *Haas/Mock* in: Röhricht/Graf von Westphalen/Haas HGB, § 161 HGB Rn. 48 spricht von einer „faktischen Drittorganschaft"; *Bitter/Heim*, Gesellschaftsrecht, § 7 Rn. 51.

1068 *Roth* in: Baumbach/Hopt, HGB, Anh. nach § 177a HGB Rn. 53; *Eberl* in: Heidel/Schall, HGB, § 161 Rn. 4; *Haas/Mock* in: Röhricht/Graf von Westphalen/Haas HGB, § 161 HGB Rn. 111.

1069 So bereits RGZ 105, 101–106; h. M. Vgl. etwa; *Liebscher* in: Reichert GmbH & Co. KG, § 1 Rn. 13; *Haas/Mock* in: Röhricht/Graf von Westphalen/Haas HGB, § 161 HGB Rn. 51.

1070 Vgl. z. B. §§ 19 Abs. 2, 125 a Abs. 1 S. 2, 130 a, 131 Abs. 2, 172 Abs. 6, 177 a, 264a HGB, §§ 15 Abs. 3 S. 1, 15a Abs. 1 S. 2, 19 Abs. 3 InsO; § 4 MitbestG; so auch *Liebscher* in: Reichert GmbH & Co. KG, § 1 Rn. 13; *Haas/Mock* in: Röhricht/Graf von Westphalen/Haas HGB, § 161 HGB Rn. 51; *K. Schmidt*, Gesellschaftsrecht, § 56 I 2 a).

1071 BGHZ 62, 216, 226; BayObLGZ 1984, 273, 278; *Haas/Mock* in: Röhricht/Graf von Westphalen/Haas HGB, § 161 HGB Rn. 40.

1072 RGZ 105, 101, 103ff.; *Haas/Mock* in: Röhricht/Graf von Westphalen/Haas HGB, § 161 HGB Rn. 40; *Westermann* in: Festschrift Karsten Schmidt, S. 1709, 1709; *Wiedemann*, Gesellschaftsrecht Band 2, § 9 IV 1 d; vgl. zur Normanwendung in einzelnen Konfliktfällen für eine Grundtypenvermischung bereits: *Zielinski*, Grundtypvermischungen und Handelsgesellschaftsrecht, S. 45ff.; a. A.: *Esch*, BB 1991, 1129, 1129ff.

ist"[1073], jedoch wurde die Publikums-KG trotz alledem als Unterform der KG eingeordnet[1074].

Mithin spricht die historische Betrachtung der Publikums-KG als Vorgängerin der InvKG gegen eine Einordnung der InvKG als neu geschaffene Gesellschaftsform. Die Publikums-KG unterscheidet sich jedoch von der InvKG, da sie nicht gesetzlich geregelt ist.

II. Wortlaut des KAGB

Ebenso wie bei der InvAG[1075] spricht der allgemeine Sprachgebrauch des KAGB für eine eigene Gesellschaftsform. Die geschützte Bezeichnung „Investmentkommanditgesellschaft" wird gem. § 134 Abs. 1 bzw. § 157 KAGB als Firmenzusatz verwendet. § 1 Abs. 11 KAGB bezeichnet zudem die InvKG als Rechtsform, sodass auch der gesetzesspezifische Sprachgebrauch auf eine neue Gesellschaftsform hindeutet.

III. Sinn und Zweck des KAGB

Auch für die InvKG[1076] ergibt der Sinn und Zweck des KAGB, eine einheitliche Regelung für Investmentfonds und deren Verwalter zu schaffen, sowie einen hohen Anlegerschutz zu gewährleisten[1077], keine Anhaltspunkte für oder gegen die Schaffung einer eigenen Rechtsform. Der Sinn und Zweck der einzelnen Normen des KAGB werden beim folgenden Vergleich der einzelnen Normen der KG mit denjenigen der InvKG aufgezeigt.

IV. Systematik des KAGB

1. Äußere Systematik des KAGB betreffend die Regelungen zur InvKG

Bezüglich der äußeren Anordnung der Regelungen im KAGB gelten die Ausführungen zur InvAG entsprechend[1078]: Auch die Regelungen zur offenen InvKG

1073 *Krieger* in: Festschrift Stimpel, S. 307, 324.

1074 Vgl. etwa BGHZ 20, 363, 364; BGHZ 69, 207, 220; *Binz/Sorg,* Die GmbH & Co. KG im Gesellschafts- und Steuerrecht, Handbuch für Familienunternehmen, § 1 Rn. 16; *K. Schmidt,* GmbHR 1984, 272, 274ff.

1075 Vergleiche zur InvAG Teil B. II.

1076 Vergleiche zur InvAG Teil B. III.

1077 RegE AIFM-UmsG BT-Drs. 17/12294 S. 2.

1078 Vergleiche zur InvAG Teil B. IV. 1.

sind – wie die InvAG m. v. K. – im Kapitel 1 des KAGB in dessen Abschnitt 4 „Offene inländische Investmentvermögen" zu finden, während die geschlossene inländische InvKG parallel zur InvAG m. f. K. im Abschnitt 5 „Geschlossene inländische Investmentvermögen" normiert ist. Die Untergliederung in einzelne Unterabschnitte[1079] sowie die Regelungen in §§ 91 und 139 KAGB samt ihrer Überschrift „Rechtsform" sprechen dafür, dass es sich bei der InvKG – eventuell sogar bei der offenen und bei der geschlossenen InvKG – jeweils um eigenständige Gesellschaftsformen handelt[1080].

Da die offene InvKG in § 124 KAGB und die geschlossene InvKG in § 139 KAGB unter der Überschrift Rechtsform genannt werden, könnte dies für eine eigene Gesellschaftsform sprechen. Allerdings ist in § 124 KAGB für offene sowie in § 149 KAGB für geschlossene InvKGen unter der Überschrift „Rechtsform, anwendbare Vorschriften" jeweils festgehalten, dass diese nur in der Rechtsform der KG betrieben werden können, sodass sich aus den Überschriften keine eindeutige Systematik ergibt, die für oder gegen das Bestehen einer eigenen Gesellschaftsform spricht.

2. Innere Systematik des KAGB betreffend die Regelungen zur InvKG

Bei der InvKG ist ebenfalls zwischen der Rückgabemöglichkeit (offene oder geschlossene InvKG), den Anlegern (Spezial- oder Publikums-InvKG) und der Bestellung einer externen KVG (intern verwaltete oder extern verwaltete InvAG) zu unterscheiden. Hinzu kommt in der geschlossenen Publikums-InvKG noch die Möglichkeit der mittelbaren Beteiligung über einen Treuhandkommanditisten an der InvKG (Treuhand-Kommanditgesellschaft). Eine Unterscheidung zwischen AIF oder OGAW ist nicht notwendig, da die InvKG ausschließlich als AIF, also gem. § 1 Abs. 2 KAGB Investmentvermögen, die keine OGAW sind, zu klassifizieren ist[1081].

1079 Innerhalb von Abschnitt 4 „Offene inländische Investmentvermögen" befindet sich Unterabschnitt 4 „Allgemeine Vorschriften für offene Investmentkommanditgesellschaften" und in Abschnitt 5 „Geschlossene inländische Investmentvermögen" ist der Unterabschnitt 3 „Allgemeine Vorschriften für geschlossene Investmentkommanditgesellschaften" zu finden.

1080 Siehe hierzu unten Teil D.

1081 Siehe bereits oben Fn. 114 zur InvAG: Dies ergibt sich bereits aus § 1 Abs. 2 KAGB i. V. m. Art. 1 Abs. 2 lit. b der Richtlinie 2009/65/EG (OGAW-Richtlinie). Hiernach handelt es sich um Organismen, deren Anteile auf Verlangen zurückgenommen werden können, sodass nur offene OGAW-Fonds möglich sind. Nach § 91 Abs. 2 KAGB können jedoch lediglich offene inländische Investmentvermögen, die nicht OGAW sind, als offene InvKG aufgelegt werden.

Abb. 2: Die Vorschriften des KAGB für die verschiedenen Arten der InvKG[1082]

<table>
<tr><td></td><td>Offene InvKG
§§ 91 Abs. 2,
124–148 KAGB</td><td colspan="3">Geschlossene InvKG
§§ 139, 149–161 KAGB</td></tr>
<tr><td>Produkt-
vorschriften</td><td>Spezial-InvKG
= AIF:
§§ 273–277,
§§ 278–284 KAGB</td><td colspan="2">Publikums-InvKG
= AIF:
§§ 261–272 KAGB</td><td>Spezial-InvKG
= AIF:
§§ 273–277,
§§ 285–292 KAGB</td></tr>
<tr><td>Beteiligung
der Anleger</td><td>unmittelbar</td><td>unmittelbar</td><td>mittelbar
Treuhand-
InvKG
§ 152 Abs. 1
S. 2–4, Abs. 1
S. 3 KAGB</td><td>unmittelbar</td></tr>
<tr><td>Verwaltung</td><td colspan="4">Alle InvAGen können intern oder extern verwaltet werden.
Bei intern verwalteter InvAG sind zusätzlich anwendbar: §§ 17–67 KAGB</td></tr>
</table>

Gem. § 1 Abs. 4 KAGB liegt eine offene InvKG vor, sofern deren Anlegern mindestens einmal jährlich die Gelegenheit zur Rückgabe ihrer Anteile verbunden mit einer Auszahlung des Werts ihrer Anteile gewährt wird. Alle anderen InvKGen sind nach § 1 Abs. 5 KAGB geschlossene InvKGen. Da für Immobilienfonds gem. § 93 Abs. 3 KAGB nur das Sondervermögen zur Verfügung steht, können diese nicht als offene InvKG aufgelegt werden. Während offene InvKGen gem. § 91 Abs. 2, 3, § 127 Abs. 1 KAGB nur semiprofessionellen und professionellen Anlegern zugänglich sind, dürfen sich an geschlossenen InvKGen auch Privatanleger beteiligen. Die Gesetzesbegründung erklärt dies damit, dass für die Bündelung des betrieblichen Altersvorsorgevermögens, ebenso wie in anderen Staaten, ein steuerlich transparentes und reguliertes Fondsvehikel zur Verfügung gestellt werden soll, um die Attraktivität des Investmentstandorts Deutschlands für dieses sogenannte Pension-Asset-Pooling zu steigern[1083].

Hier stellt sich die Frage, weshalb die offene InvKG für Publikumsanleger nicht offensteht. Eine Begründung gegen eine offene InvKG für Publikumsanleger könnte sich aus Art. 1 Abs. 3 OGAW-RL 2009/65/EG ergeben[1084]. Hiernach können OGAW lediglich in Vertragsform, in Form des Trusts oder Satzungsform

1082 Eigene Darstellung vgl. zur InvAG Abbildung 1 Teil B. IV. 2.

1083 RegE AIFM-UmsG BT-Drs. 17/12294 S. 235; BR-Drs. 791/12 S. 430; vgl. zum Pension-Asset-Pooling *Seitz,* Die InvestmentKG, S. 17f.

1084 *Zetzsche,* AG 2013, 613, 614.

(Investmentgesellschaft) errichtet werden. Zudem gelten nach Art. 1 Abs. 3 lit. b) der OGAW-RL Aktien von OGAW als Anteile von OGAW. Gegen eine Zulässigkeit der offenen InvKG könnte somit sprechen, dass es sich hierbei um eine Personengesellschaft und nicht um eine Körperschaft, die einer Satzung bedarf, handelt[1085]. Auch die englische Fassung „statute" (as investment companies)" und französische Fassung „la forme statutaire (société d'investissement)" der OGAW-RL spricht jeweils dafür, dass als dritte zugelassene Möglichkeit nur eine Körperschaft in Betracht kommt[1086]. Somit ist die bereits oben angesprochene Regelung des § 91 Abs. 2 KAGB, dass offene inländische Investmentvermögen, die nicht OGAW, sondern AIF sind, auch als offene InvKG organisiert werden dürfen, mit der OGAW-RL vereinbar. Dies erklärt aber noch nicht die Einschränkung der offenen InvKG auf Spezialanleger, sondern lediglich die Beschränkung des Fondsvehikels der offenen InvKG für AIF.

Denkbar ist, dass eine Öffnung eine jederzeitige Rückgabemöglichkeit suggeriert, die aber aufgrund der Bedingungen nach § 133 Abs. 1 S. 3 KAGB nur bei einem entsprechenden Gesellschaftsvermögen besteht. Im Gegensatz zur InvAG können die Kommanditanteile auch nicht an der Börse notiert werden, sodass eine Veräußerung schwieriger ist. Hierfür spricht, dass in die geschlossene InvKG auch Publikumsanleger investieren können, obwohl dort gerade keine Rückgabemöglichkeit besteht. Die Kommanditisten haben in der geschlossenen InvKG auch ebenso wie in der offenen InvKG ein Mitspracherecht, sodass Anlageaktionäre in der InvAG m. v. K. überdies weniger Teilnahmerechte haben als in der offenen InvKG.

An der geschlossenen InvKG dürfen sich gem. § 152 Abs. 1 KAGB die Anleger[1087] auch mittelbar über einen Kommanditisten beteiligen[1088]. An der offenen InvKG dürfen sich dagegen gem. § 127 Abs. 1 KAGB die Anleger nur unmittelbar als Kommanditisten beteiligen.

Wie bei der InvAG können sich an der Spezial-InvKG lediglich Spezialanleger und bei der Publikums-InvKG auch Publikumsanleger beteiligen. Außerdem kann die InvKG wie die InvAG intern oder extern verwaltet werden[1089].

Typischerweise ist bei einer InvKG eine GmbH Komplementärin. Da die Kommanditisten gem. §§ 164 Abs. 1 1. Hs, 170 HGB von der Geschäftsführung

1085 *Freitag*, NZG 2013, 329, 331.

1086 *Freitag*, NZG 2013, 329, 331.

1087 Vgl. allgemein zum Anwendungsbereich *Schewe*, Kommanditgesellschaften im Regelungsbereich des Investmentrechts, S. 55ff.

1088 Siehe unten Teil C. V. 4. f.

1089 Siehe oben zur InvAG Teil B. V. 4. c.; siehe unten zur InvKG Teil C. V. 4. g.

und Vertretung ausgeschlossen sind, ergibt sich aus § 161 Abs. 2 i. V. m. §§ 114 Abs. 1, 125 Abs. 1 HGB, dass die Komplementärin die Geschäftsführungsbefugnis sowie die Vertretungsmacht innehat. Der Geschäftsführer der Komplementär-GmbH verwaltet daher die InvKG. Hierin ist jedoch keine externe Verwaltung zu sehen, da die Komplementär-GmbH als Organ der GmbH & Co. KG der KG zugerechnet wird[1090]. Hierfür spricht auch, dass die Komplementär-GmbH die Geschäftsführung lediglich aufgrund ihrer Stellung als persönlich haftende Gesellschafterin wahrnimmt.

Fraglich ist, ob die interne Verwaltung der InvKG mit der AIFM-RL[1091] vereinbar ist, da gem. Art. 4 Abs. 1 lit. b) AIFM-RL Verwalter eines AIF nur eine juristische Person sein kann. Auch hier ergibt sich aus anderen Sprachfassungen („legal persons" bzw. „les personnes morales") keine andere Auslegungsmöglichkeit[1092]. Der Wortlaut der RL ist mithin eindeutig und stellt die Grenze der Auslegung dar. Indessen könnte eine interne Verwaltung mit der AIFM-RL vereinbar sein, sofern sichergestellt ist, dass die Komplementärgesellschaft, die die Verwaltung übernimmt, eine juristische Person ist[1093]. Dagegen spricht allerdings, dass die gesamte Investmentgesellschaft und nicht nur ihr geschäftsführender Gesellschafter eine juristische Person sein muss. Damit ist nach hier vertretener Ansicht eine intern verwaltete InvKG nicht mit der AIFM-RL vereinbar. In der Praxis stellt sich diese Frage jedoch kaum, da nur zwei InvKGen als KVG registriert sind[1094] und somit wohl aktuell kein großer Bedarf an intern verwalteten InvKGen besteht.

1090 So auch *Eichhorn,* WM 2016, 145, 147; *Herring/Loff,* DB 2012, 2029, 2029f.; *Weiser/Hüwel,* BB 2013, 1091, 1093 vgl. aber *Schewe,* Kommanditgesellschaften im Regelungsbereich des Investmentrechts, S. 115ff., der bejaht, dass die Komplementär-GmbH zugleich externe KVG sein kann.

1091 Richtlinie 2011/61/EU (AIFM-Richtlinie).

1092 So bereits *Freitag,* NZG 2013, 329, 332, Fn. 18; dagegen mit ausführlicher Begründung *Mohr,* Die offene Investmentkommanditgesellschaft, S. 70ff.; *Schewe,* Kommanditgesellschaften im Regelungsbereich des Investmentrechts, S. 91ff.; *Wallach,* ZGR 2014, 289, 299.

1093 So etwa *Stöber* in: Westermann/Wertenbruch, Hdb. Personengesellschaften, § 54a Die Investment-KG Rn. 3168a; *Seitz,* Die InvestmentKG, S. 136; mit ausführlicher historischer Begründung und w. N. *Mohr,* Die offene Investmentkommanditgesellschaft, S. 70ff.; a. A. *Freitag,* NZG 2013, 329, 332 wonach nur intern verwaltete InvKGen außerhalb der AIFM-RL zulässig sind.

1094 Vgl. Unternehmensdatenbank der BaFin abrufbar unter: https://portal.mvp.bafin.de/database/InstInfo/, eine eigene Recherche vom 21.06.2016 in der Kategorie Kapitalverwaltungsgesellschaften ergab keine Treffer; eine Recherche vom 29.01.2017 und vom 01.10.2017 ergab einen Treffer: Die Garching SLC 2.2 Fonds GmbH & Co.

An der Spezial-InvKG dürfen sich die Anleger gem. § 127 Abs. 1 S. 2 bzw. § 152 Abs. 1 S. 1 KAGB nur unmittelbar als Kommanditisten beteiligen[1095]. Es stellt sich die Frage, ob dies auch bedeutet, dass jegliche Treuhandkonstruktionen ausgeschlossen sind oder nur solche, die von der InvKG selbst angeboten werden[1096]. Der Wortlaut in § 127 Abs. 1 S. 2 bzw. § 152 Abs. 1 S. 1 KAGB spricht eindeutig gegen eine Zulässigkeit jedweder mittelbarer Beteiligung. Dem Gesetzgeber war bekannt, dass durch eine Treuhandkonstruktion eine einfachere und kostengünstigere Verwaltung möglich ist und er hat diese bewusst nur der geschlossenen Publikums-InvKG ermöglicht[1097]. Durch eine Eintragung der Kommanditisten soll Transparenz hergestellt werden[1098]. Es kommt daher entgegen der in der Literatur vertretenen Ansicht[1099] nicht darauf an, ob die Treuhandkonstruktion von der InvKG selbst oder von außen angeboten wird. Es kommt noch die Möglichkeit der Anleger, eine Gesellschaft zu gründen, die als Spezialanleger gilt und sich wiederum an der offenen InvKG beteiligt, in Betracht. Bei einer solchen Treuhandgesellschaft wäre allerdings aufgrund des materiellen Investmentbegriffs wiederum fraglich, ob diese als Investmentvermögen einzuordnen ist und als intern verwaltete InvKG als unerlaubtes Investmentgeschäft betrieben wird[1100]. Zu Recht wurde bereits darauf hingewiesen, dass in der fehlenden Regelung der Treuhandkonstruktion und auch in der ausschließlichen Zulassung von Spezialanlegern der gesetzgeberische Wille, mit der offenen InvKG lediglich ein Investmentvehikel für Pension-Asset-Pooling zu ermöglichen, zum Ausdruck kommt[1101]. Somit sind andere Treuhandkonstruktionen zur Beteiligung an der offenen InvKG nicht zulässig.

---

geschlossene Investment-KG ist zugleich KVG; eine Recherche am 19.04.2018 ergab zwei Treffer: Die Garching SLC 2.2 Fonds GmbH & Co. geschlossene Investment-KG und die [e: Kju:] Investment Services GmbH & Co. 1. geschl. Inv.KG sind zugleich KVG; am 23.05.2018 war lediglich die Die Garching SLC 2.2 Fonds GmbH & Co. geschlossene Investment-KG als KVG registriert.

1095 Kritisch dazu *Wallach,* ZGR 2014, 289, 320f.

1096 Für letztere Ansicht plädiert *Hoffert* in: Moritz/Klebeck/Jesch KAGB, § 152 KAGB Rn. 17.

1097 RegE AIFM-UmsG BT-Drs. 17/12294 S. 250.

1098 RegE AIFM-UmsG BT-Drs. 17/12294 S. 242.

1099 So aber *Hoffert* in: Moritz/Klebeck/Jesch KAGB, § 152 KAGB Rn. 17; für eine einschränkende Auslegung auch *Wallach,* ZGR 2014, 289, 305ff.

1100 So zu Immobilienfonds mit Mindestanlagegrenze bereits *Niewerth/Rybarz,* WM 2013, 1154, 1165.

1101 RegE AIFM-UmsG BT-Drs. 17/12294 S. 242; *Fischer/Friedrich,* ZBB 2013, 153, 161.

An der geschlossenen Publikums-InvKG dürfen sich die Anleger entweder gem. § 152 Abs. 1 S. 1 KAGB unmittelbar oder gem. S. 2 mittelbar über einen Treuhandkommanditisten beteiligen. Gem. § 152 Abs. 1 S. 3 KAGB hat der treugebende Anleger die gleiche Rechtsstellung gegenüber der InvKG und deren Gesellschaftern wie ein Kommanditist. Mit Blick auf § 152 Abs. 1 S. 2 KAGB, der eine Treuhandkonstruktion nur für die Publikums-InvKG zulässt, stellt sich die Frage, ob sich nur Publikumsanleger als Treugeber über einen Treuhandkommanditisten an der geschlossenen InvKG beteiligen können[1102]. Dies ergibt sich de lege lata allerdings nicht aus § 152 Abs. 1 S. 2 KAGB. Die Treuhandkonstruktion ist zwar nur in der Publikums-InvKG möglich, es besteht jedoch keine Einschränkung auf Publikumsanleger[1103]. Vielmehr genügt es, wenn die InvKG die Produktvorschriften für Publikums-Fonds in ihrem Unternehmensgegenstand niedergelegt hat. Auch der Treuhänder kann sowohl Privat- als auch Spezialanleger sein[1104]. Ein Vorteil der Treuhandkonstruktion ist, dass die Anleger als Treugeber nicht im Handelsregister einzutragen sind, sondern lediglich der Treuhandkommanditist seine Gesellschafterstellung mit Eintragung im Handelsregister erwirbt[1105]. Auf die einzelnen Rechte und Pflichten der treugebenden Anleger wird innerhalb des Abschnitts „Organisationsverfassung" näher eingegangen.

Insgesamt ergibt sich auch für die InvKG aufgrund der weiteren Unterformen, die sich jeweils wiederum in einem Kriterium – z.B. offen vs. geschlossen; Spezial-vs. Publikumsanleger, intern vs. extern verwaltet oder unmittelbare vs. mittelbare Anleger – von der Grundform InvKG unterscheiden, eine Tendenz dazu, dass die InvKG eine neu eingeführte Gesellschaftsform ist.

3. Der Verweis auf das Recht der KG innerhalb der Regelungen zur InvKG

Wie bereits für die InvAG dargestellt, entspricht die lediglich fragmentarische Regelung der InvKG im KAGB mit generellem Verweis auf das Recht der KG der gängigen Regelungsweise von neuen Gesellschaftsformen und ist daher als Indiz für eine eigene Gesellschaftsform zu werten[1106].

1102 Dafür wohl *Freitag*, NZG 2013, 329, 334, der die Rechtsfolge des Beitritts eines nicht qualifizierten Anlegers als Treugeber erörtert.

1103 So auch *Oetker* in: Oetker HGB, § 161 HGB Rn. 206; *Casper*, ZHR 179 (2015), 44, 70.

1104 *Oetker* in: Oetker HGB, § 161 HGB Rn. 206.

1105 *Casper*, ZHR 179 (2015), 44, 69.

1106 Vgl. zur InvAG bereits oben Teil B. IV. 3.; a. A. *Casper*, ZHR 179 (2015), 44, 79.

V. Vergleich der InvKG mit der KG

Sowohl in § 124 Abs. 1 S. 2 KAGB als auch in § 149 Abs. 1 S. 2 KAGB ist normiert, dass die Vorschriften des HGB Anwendung finden, soweit sich aus den Vorschriften des jeweiligen Unterabschnittes nichts anderes ergibt. Im Gegensatz zur InvAG ist für die InvKG nicht die Geltung bestimmter Normen ausgeschlossen. Grund hierfür ist zunächst, dass es bei der KG, anders als im Aktienrecht, keine gesetzlich normierte Satzungsstrenge bzw. Gesellschaftsvertragsstrenge gibt und die Vorschriften im Innenverhältnis überwiegend dispositiv sind[1107]. Mithin muss nicht klargestellt werden, dass für investmentrechtliche Zwecke von den allgemeinen Regelungen der KG abgewichen werden darf. Im Folgenden wird daher das spezielle Recht zur InvKG mit dem Recht der KG und der Publikums-KG verglichen.

Hier stellt sich bereits die nächste Frage: Finden die allgemeinen Vorschriften des HGB zur Kommanditgesellschaft Anwendung oder gilt subsidiär zu den Regelungen im KAGB das Richterrecht betreffend die Publikums-KG? Nimmt man den Gesetzgeber beim Wort, so sind nach § 124 Abs. 1 S. 2 KAGB und § 149 Abs. 1 S. 2 KAGB eindeutig die Regelungen des HGB anzuwenden. Auch die Gesetzgebungsmaterialien sprechen von einer Einfügung in das Regelwerk für KGen[1108]. Das durch Rechtsprechung geschaffene Sonderrecht für Publikums-KGen wird in den Unterlagen überhaupt nicht erwähnt. Zum einen könnte es sich bei den Normen zur InvKG um die spezielle Kodifikation der Publikums-KG handeln, zum anderen könnte es sich um ein Versehen des Gesetzgebers handeln. Im Folgenden wird daher das Recht der InvAG mit dem Recht der KG verglichen und, um entsprechende Unterschiede zur normalen KG aufzuzeigen, wird teilweise auch auf das Recht, das zur Publikums-KG entwickelt wurde, eingegangen. Nach hier vertretener Auffassung besteht für die InvKG – im Gegensatz zur KG – eine sogenannte „investmentspezifische Vertragsstrenge“[1109].

1. Die Gründung der InvKG bzw. der KG

Die Gründung der InvKG erfolgt wie die der KG zunächst durch den Abschluss eines Gesellschaftsvertrags[1110]. Dieser bedarf jedoch gem. § 125 Abs. 1 bzw. § 150 Abs. 1 KAGB der Schriftform. Nach § 124 Abs. 1 S. 2 bzw. § 149 Abs. 1

1107 Vgl. hierzu § 163 HGB, § 109 HGB und die Formulierungen in den §§ 706ff. BGB, die häufig auf den Gesellschaftsvertrag abstellen.

1108 RegE AIFM-UmsG BT-Drs. 17/12294 S. 241, 249.

1109 Teil C. V. 2 b. aa.

1110 Vgl. hierzu die folgenden Abschnitte in Teil C. V. 2. a. und b.

S. 2 KAGB i. V. m. § 161 Abs. 1 HGB besteht die InvKG mindestens aus einem Komplementär und einem Kommanditisten. Gem. § 124 Abs. 1 S. 2 bzw. § 149 Abs. 1 S. 2 KAGB i. V. m. §§ 161 Abs. 2, 106 Abs. 1 HGB ist die InvKG bei dem Gericht, in dessen Bezirk sie ihren Sitz hat, zur Eintragung ins Handelsregister anzumelden. Notwendige Angaben sind gem. § 106 Abs. 2 HGB die Daten der Gesellschafter, die Firma der InvKG, der Sitz der InvKG sowie die inländische Geschäftsanschrift und die Vertretungsmacht der Gesellschafter. Zusätzlich ist gem. § 162 Abs. 1 S. 1 HGB eine Bezeichnung der Kommanditisten sowie die Höhe der Hafteinlage anzugeben. Bei einer GbR als Kommanditistin sind gem. § 162 Abs. 1 S. 2 HGB deren Gesellschafter wiederum entsprechend gem. § 106 Abs. 2 HGB anzumelden.

a. Der Zeitpunkt der Entstehung der InvKG

Fraglich ist, zu welchem Zeitpunkt die InvKG entsteht. Im Innenverhältnis entsteht eine KG grundsätzlich bereits mit Abschluss des Gesellschaftsvertrags, während im Außenverhältnis gem. § 123 Abs. 1 HGB grundsätzlich auf den Zeitpunkt der Eintragung im Handelsregister oder bei Aufnahme der Geschäfte vor Eintragung ins Handelsregister gem. § 123 Abs. 2 HGB auf den Zeitpunkt des Geschäftsbeginns abzustellen ist. In der InvKG stellt sich wie bei der InvAG die Frage, ob vor Eintragung im Handelsregister überhaupt ein Geschäftsbeginn der InvKG möglich ist. Sofern die InvKG intern verwaltet ist, bedarf sie gem. § 20 KAGB der Erlaubnis der BaFin zur Aufnahme des Geschäftsbetriebs. Sofern die InvKG erlaubnispflichtig ist, steht der Wortlaut des § 20 KAGB, der von einer bestehenden KVG ausgeht, einer Erteilung der Erlaubnis vor der Entstehung im Außenverhältnis entgegen[1111]. In der Praxis liegt regelmäßig eine extern verwaltete InvKG vor[1112], die keiner Erlaubnis bedarf. Daher kann der Geschäftsbetrieb bereits vor der Eintragung ins Handelsregister aufgenommen werden. Bei

---

1111 So bereits oben zur Gründung der InvAG Teil B. V. 1. b. Exkurs: Aufnahme des Geschäftsbetriebs.

1112 Vgl. Unternehmensdatenbank der BaFin abrufbar unter: https://portal.mvp.bafin.de/database/InstInfo/, eine eigene Recherche vom 21.06.2016 in der Kategorie Kapitalverwaltungsgesellschaften ergab keine Treffer; eine Recherche vom 29.01.2017 und vom 01.10.2017 ergab einen Treffer: Die Garching SLC 2.2 Fonds GmbH & Co. geschlossene Investment-KG ist zugleich KVG; eine Recherche am 19.04.2018 ergab zwei Treffer: Die Garching SLC 2.2 Fonds GmbH & Co. geschlossene Investment-KG und die [e: Kju:] Investment Services GmbH & Co. 1. geschl. Inv.KG sind zugleich KVG; am 23.05.2018 war lediglich die Die Garching SLC 2.2 Fonds GmbH & Co. geschlossene Investment-KG als KVG registriert.

einer geschlossenen Publikums-InvKG können die Kommanditisten gem. § 152 Abs. 5 KAGB der Aufnahme des Geschäftsbetriebs nicht vor der Eintragung im Handelsregister zustimmen. Damit wird, wie vom Gesetzgeber beabsichtigt[1113], die Haftung des Kommanditisten gem. § 176 Abs. 1 HGB in der geschlossenen Publikums-InvKG ausgeschlossen. In einer offenen oder geschlossenen Spezial-InvKG können dagegen die Kommanditisten gem. § 176 Abs. 1 HGB haften. Ein Schutz der Komplementäre ist nicht notwendig, da ein Komplementär immer persönlich haftet. Bereits bei der Gründung der InvKG ist mithin ersichtlich, dass insbesondere Anleger von Publikums-InvAGen besonders geschützt werden.

b. Qualifizierte Gründung der InvKG mit Sacheinlagen

Wie in der InvAG[1114] stellt sich die Frage, ob Sacheinlagen oder -übernahmen zulässig sind. Sacheinlagefähige Gegenstände sind in der InvKG ebenfalls nur solche Gegenstände, die die InvKG halten darf, was sich wiederum aus den im Unternehmensgegenstand geregelten Anlagegenständen ergibt[1115].

aa. Verbot von Sacheinlagen und verdeckten Sacheinlagen in der geschlossenen Publikums-InvKG

§ 152 Abs. 7 KAGB schließt – wie in der InvAG[1116] – als gesetzliches Verbot gem. § 134 BGB Sacheinlagen für geschlossene Publikums-InvKGen aus. Den Gesetzesmaterialien zufolge dient es, wie bei der InvAG auch, dem Anlegerschutz, da eine Verwässerung des Anteilswertes durch unrichtige Bewertung verhindert werden soll[1117]. Die Rechtsfolgen, wenn gegen das Sacheinlageverbot verstoßen wird, sind umstritten. Klar ist, dass sich eine Sacheinlage nicht auf die Wirksamkeit des Beitritts des Kommanditisten auswirkt[1118]. Fraglich ist, ob die Einlage des Kommanditisten bei einer Sacheinlage als nicht geleistet gilt.

Parallel zur InvAG besteht ein generelles Verbot von Sacheinlagen, das auch erst recht keine verdeckten Sacheinlagen zulässt. Eine verdeckte Sacheinlage stellt eine Umgehung des gesetzlichen Verbots dar und ist vom Sinn und Zweck

1113 RegE AIFM-UmsG BT-Drs. 17/12294 S. 250.
1114 Siehe oben Teil B. V. 1. d.
1115 Siehe oben Teil B. V. 1. d. dd.
1116 Siehe hierzu die Ausführungen oben Teil B. V. 1 d. aa.
1117 RegE AIFM-UmsG BT-Drs. 17/12294 S. 251.
1118 So auch *Casper*, ZHR 179 (2015), 44, 64; a. A. dagegen *Seitz*, Die InvestmentKG, S. 63, welcher sich auf Rechtssicherheit und den Anlegerschutz beruft.

des Sacheinlageverbots, nämlich dem Schutz vor einer Anteilsverwässerung ebenfalls erfasst. Daher sind alle Rechtsgeschäfte, etwa bei der Sacheinlage die Übereignung oder bei der verdeckten Sacheinlage, die in diesem Zusammenhang erfolgte Zahlung sowie das Verpflichtungs- und Verfügungsgeschäft betreffend die Sacheinlage, gem. § 134 BGB nichtig. Somit bleibt der Anleger weiterhin zur Leistung seiner Einlage verpflichtet. Mangels Leistung der Einlage ist der Anspruch gegen den Kommanditisten auch nicht gem. § 152 Abs. 3 S. 1 KAGB erloschen[1119]. Damit haftet der Kommanditist bis zur Höhe seiner Einlage gem. § 171 Abs. 1 S. 1 1. Hs. HGB unmittelbar im Außenverhältnis. Ein Ausschluss der Haftung gegenüber den Gläubigern besteht de lege lata nicht[1120]. Auch der Anlegerschutz gebietet keine andere Betrachtung[1121]. Schließlich sollen die anderen Anleger und nicht der gegen das Verbot verstoßende Anleger vor einer Verwässerung des Anteilswerts geschützt werden. Zwar dient die Außenhaftung primär dem Schutz der Gläubiger der InvKG, mittelbar verhindert eine solche Haftung mit ihrer Sanktionswirkung, dass Sacheinlagen vorgenommen werden. Blieben Sacheinlagen folgenlos, dann bestünde auch kein Schutz der Mitanleger mehr. Auch hier besteht ein größerer Schutz der Anleger der Publikums-InvKG als für die Kommanditisten einer normalen KG.

Wie bereits für die InvAG dargestellt, sind Sachübernahmen dagegen aufgrund des eindeutigen Wortlauts des § 152 Abs. 7 KAGB zulässig[1122]. Da für die geschlossene Publikums-InvKG – wie für die InvAG – das Marktgerechtigkeitsprinzip gem. § 168 Abs. 7 KAGB gilt, wonach die Veräußerung oder der Erwerb von Gegenständen zu nicht marktgerechten Preisen zum Nachteil der InvKG unzulässig sind, sind die Anleger zumindest aufsichtsrechtlich geschützt.

bb. Sacheinlagen und Sachübernahmen in der Spezial-InvKG

Sowohl in der offenen als auch in der geschlossenen Spezial-InvKG sind Sacheinlagen sowie Sachübernahmen mangels Verbots zulässig[1123]. Für diese findet

---

1119 Die §§ 127 Abs. 3 S. 1, 152 Abs. 3 S. 1 KAGB sind spezieller als § 362 Abs. 1 BGB und werden als nicht notwendig angesehen, vgl. etwa *Stöber* in: Westermann/Wertenbruch, Hdb. Personengesellschaften, § 54a Die Investment-KG Rn. 3169f; *Casper*, ZHR 179 (2015), 44, 65; *Freitag*, NZG 2013, 329, 335.

1120 So ohne juristische Herleitung aber *Casper*, ZHR 179 (2015), 44, 64.

1121 A. A. aufgrund des Anlegerschutzes *Casper* in: Staub HGB, Band 4, § 161 HGB Rn. 270; *Casper*, ZHR 179 (2015), 44, 64.

1122 Siehe oben Teil B. V. 1. d. bb.; so ohne Begründung auch *Paul* in: Weitnauer/Boxberger/Anders KAGB, § 152 KAGB Rn. 38.

1123 Siehe oben zur InvAG Teil B. V. 1. d. cc.; *Könnecke* in: Baur/Tappen KAGB, § 152 KAGB Rn. 145, 148; so wohl auch *Paul* in: Weitnauer/Boxberger/Anders KAGB,

ebenfalls das Marktgerechtigkeitsprinzip gem. § 278 i. V. m. § 168 Abs. 7 KAGB Anwendung.

cc. Zwischenergebnis und Vergleich mit der qualifizierten Gründung der KG

Für die KG finden sich im HGB keine Vorschriften betreffend Sacheinlagen[1124], jedoch wird die Anwendung des § 27 AktG für die Publikums-KG in Betracht gezogen und befürwortet[1125]. Dies erscheint auch für die InvKG aufgrund des Anlegerschutzes sowie mit Blick auf die investmentspezifische Gesellschaftsvertragsstrenge[1126] berechtigt[1127]. Lediglich sofern das KAGB für geschlossene InvKGen speziell ein Sacheinlageverbot festlegt, findet § 27 Abs. 3 S. 2 und 3 AktG keine Anwendung[1128]. Mithin unterscheidet sich die geschlossene Publikums-InvKG durch das Sacheinlageverbot sowie das Verbot verdeckter Sacheinlagen von der Publikums-KG, jedoch ergibt sich kein Unterschied betreffend die Dokumentationspflichten im Gesellschaftsvertrag. Diese Unterschiede bestehen lediglich zur normalen KG. Das Marktgerechtigkeitsprinzip, welches für alle InvKGen gilt, stellt ebenfalls höhere Anforderungen an die Gründung mit Sacheinlagen bzw. Sachübernahmen.

c. Zwischenergebnis zur Gründung der InvKG bzw. der KG

Die InvKG unterscheidet sich mit dem Erfordernis der Schriftform von der KG. Für die geschlossene Publikums-InvKG besteht zusätzlich die Besonderheit, dass eine Haftung der Kommanditisten vor der Eintragung gem. § 176 Abs. 1 HGB ausgeschlossen wird. Außerdem sind in der geschlossenen Publikums-InvKG Sacheinlagen sowie verdeckte Sacheinlagen unzulässig. Selbst wenn diese in der Spezial-InvKG zulässig sind sowie für Sachübernahmen findet zusätzlich das Marktgerechtigkeitsprinzip sowie § 27 Abs. 1 AktG analog Anwendung.

---

§ 152 KAGB Rn. 37, der wohl versehentlich von einer offenen „Publikums-InvKG" mit (semi-)professionellen Anlegern spricht; für die offene InvKG ebenfalls *Seitz,* Die InvestmentKG, S. 63.

1124 *Könnecke* in: Baur/Tappen KAGB, § 152 KAGB Rn. 146; *Horbach* in: Münch. Hdb. GesR, Band 2, § 64 Rn. 4.

1125 Vgl. hierzu ausführlich: *Horbach* in: Münch. Hdb. GesR, Band 2, § 64 Rn. 5ff.

1126 Vergleiche hierzu unten Teil C. V. 2. b. aa.

1127 *Seitz,* Die InvestmentKG, S. 64ff. diskutiert ebenfalls die Anwendung des § 27 AktG.

1128 Siehe hierzu ausführlich oben zur InvAG Teil B. V. 1. d. aa.

2. Der Gesellschaftsvertrag der InvKG und seine einzelnen Bestimmungen im Vergleich zu demjenigen der KG

a. Der Abschluss des Gesellschaftsvertrags in der InvKG und in der KG

Der Gesellschaftsvertrag bedarf gem. § 125 Abs. 1 bzw. § 150 Abs. 1 KAGB, um Transparenz zu wahren[1129], der Schriftform. Diese Regelung gilt aufgrund ihres Wortlauts sowohl für den Abschluss des Gesellschaftsvertrags als auch für dessen Änderung[1130]. Im Vergleich dazu ist bei der Grundform der KG der Abschluss und die Änderung des Gesellschaftsvertrags formfrei möglich[1131]. Für Publikumsgesellschaften war es dagegen üblich und aufgrund der Inhaltskontrolle notwendig, den Vertrag schriftlich abzuschließen und schriftlich zu ändern[1132]. Somit besteht mit dem Schriftformerfordernis bereits ein Unterschied zur Grundform der KG.

Ein Verstoß gegen ein Schriftformerfordernis führt nach allgemeinen Regeln zur Nichtigkeit des Vertrags gem. § 126 BGB. Sofern die InvKG bereits in Vollzug gesetzt wurde, kommt die Lehre von der fehlerhaften Gesellschaft zur Anwendung[1133]. Aus Anlegerschutzgesichtspunkten wäre es aber sogar denkbar, eine Nichtigkeit anzunehmen bzw. abhängig von der bisherigen positiven Entwicklung den Anlegern einen Anspruch auf Fortführung der InvKG unter Einhaltung der Regeln des KAGB einzuräumen[1134]. Damit wäre die Rechtsfolge von

---

1129 RegE AIFM-UmsG BT-Drs. 17/12294 S. 242, 249.

1130 *Oetker* in: Oetker HGB, § 161 HGB Rn. 168.

1131 Ganz h. M., vgl. etwa *Gummert* in: Henssler/Strohn, § 161 HGB Rn. 11; *Oetker* in: Oetker HGB, § 161 HGB Rn. 22; *Casper* in: Staub HGB, Band 4, § 161 HGB Rn. 34.

1132 BGH NJW 1976, 1451 (Leitsatz); BGH NJW 1978, 755f.; nach BGH NJW 1990, 2684. 1985 muss eine nachträgliche Änderung in den schriftlichen Gesellschaftsvertrag aufgenommen werden, um die Änderung für später beitretende Kommanditisten erkennbar zu machen, selbst eine übliche Praxis über längere Zeit ändere hieran nichts; *Haas/Mock* in: Röhricht/Graf von Westphalen/Haas HGB, § 161 HGB Rn. 112; *Casper* in: Staub HGB, Band 4, § 161 HGB Rn. 131; a. A. *Grunewald* in: MüKo HGB, Band 3, § 161 HGB Rn. 113.

1133 *Kracke* in: Baur/Tappen KAGB, § 125 KAGB Rn. 5; *Eichhorn* in: Moritz/Klebeck/Jesch KAGB, § 125 KAGB Rn. 7; *Oetker* in: Oetker HGB, § 161 HGB Rn. 168; *Mohr,* Die offene Investmentkommanditgesellschaft, S. 31; *Seitz,* Die InvestmentKG, S. 37ff. S. 40; *Casper,* ZHR 179 (2015), 44, 54; *Eichhorn,* WM 2016, 110, 112; *Freitag,* NZG 2013, 329, 330, 333.

1134 So bei einem Verstoß gegen den Rechtsformzwang etwa *Oetker* in: Oetker HGB, § 161 HGB Rn. 164; *Casper* in: Staub HGB, Band 4, § 161 HGB Rn. 264; *Mohr,* Die offene Investmentkommanditgesellschaft, S. 19f.; *Casper,* ZHR 179 (2015), 44, 52f.

einer Prognoseentscheidung abhängig. Aus Gründen der Rechtssicherheit ist die Lehre von der fehlerhaften Gesellschaft vorzugswürdig[1135]. In der Literatur wird sogar überlegt, eine notarielle Beurkundung wie in der AG oder der GmbH zu verlangen[1136]. Mangels eines Schutzbedürfnisses der Fondsinitiatoren wird diese Forderung zu Recht verworfen[1137].

b. Materielle Vorgaben für den Gesellschaftsvertrag der InvKG im Vergleich zum Gesellschaftsvertrag der KG

aa. Geltung der investmentspezifischen Vertragsstrenge für die InvKG

Bei der InvKG stellt sich die Frage, ob – wie bei der InvAG[1138] – eine investmentspezifische Vertragsstrenge zur Anwendung kommt.

(1) Keine Vertragsstrenge nach dem HGB

Im für die KG anwendbaren Recht findet sich keine dem § 23 Abs. 5 AktG vergleichbare Regelung. Hinzu kommt, dass die für die Grundform der KG anwendbaren Vorschriften im Innenverhältnis überwiegend zur Disposition der Gesellschafter stehen. Eine sogenannte Gesellschaftsvertragsstrenge ist daher nach dem allgemeinen Recht der KG im HGB nicht denkbar.

(2) Vertragsstrenge bei der InvKG

Nach einer Ansicht wird die Vertragsfreiheit der InvKG nicht grundsätzlich durch die Normen des KAGB eingeschränkt[1139]. Etwas anderes könnte sich bei einer Betrachtung der Regelungen zur Publikums-KG, der Vorgängerform der InvKG, ergeben. Dort ist zwar nicht geregelt, dass der Gesellschaftsvertrag einer Publikums-KG einen bestimmten Inhalt haben muss. Allerdings ist nach ständiger Rechtsprechung anerkannt, dass die Gesellschaftsverträge der Publikums-KG einer Inhaltskontrolle unterworfen sind: Die typische Situation der Unterzeichnung eines vorformulierten Gesellschaftsvertrags in der Publikums-KG ist nach ständiger Rechtsprechung und h. L. mit derjenigen bei Vorlage von AGB vergleichbar, daher unterliegt der Gesellschaftsvertrag der Inhaltskontrolle gem.

1135 So mit Bezugnahme auf die gefestigte Rechtsprechung zur Lehre von der fehlerhaften Gesellschaft zu Recht auch *Seitz,* Die InvestmentKG, S. 37ff., 40.

1136 *Servatius,* ZfIR 2014, 134, 139.

1137 *Servatius,* ZfIR 2014, 134, 139.

1138 Siehe oben zur Satzungsstrenge bei der InvAG Teil B. V. 2. a.

1139 *Lorenz* in: Weitnauer/Boxberger/Anders KAGB, § 125 KAGB Rn. 11.

§ 242 BGB[1140]. Wird der Anleger lediglich über einen Treuhänder mittelbar an einer Publikums-KG beteiligt, so unterliegen die Treuhandabrede sowie der Gesellschaftsvertrag der Inhaltskontrolle.[1141] Hinzu kommt, dass die Kommanditisten einer Publikums-KG lediglich Vermögensanlageinteressen verfolgen. Die Inhaltskontrolle dient daher dem Schutz der Anleger, die im Grundsatz strukturell unterlegen sind und weder das Interesse noch die Kenntnisse haben, um eine andere Vertragsgestaltung auszuhandeln[1142]. Beim Maßstab der Inhaltskontrolle orientiert sich die Rechtsprechung grundsätzlich an den aktienrechtlichen Regelungen[1143]. Die subsidiäre Anwendung des Aktienrechts folgt daraus, dass der Gesellschaftsvertrag der Publikums-KG für eine Vielzahl von Anlegern ausgelegt ist und eine stark ausgeprägte körperschaftliche Struktur besteht[1144]. Es ist jedoch in jedem einzelnen Anwendungsfall zu überprüfen, ob das Aktienrecht zur Anwendung kommt, von einer „sklavische[n] Übernahme“ ist abzusehen[1145]. Beispielsweise kommt das Aktienrecht nur zur Anwendung, wenn dies dem Anlegerschutz oder der Funktionsfähigkeit der Gesellschaft dient, jedoch nicht, sofern der Gläubigerschutz eingeschränkt wird[1146]. Auch die Auslegung des schriftlich niedergelegten Gesellschaftsvertrages erfolgt wie sonst bei Kapitalgesellschaften objektiv und nicht subjektiv wie bei (kleineren) KGen, die dem gesetzlichen Leitbild entsprechen[1147].

1140 H. M., vgl. etwa BGHZ 64, 238, 241f.; BGHZ 84, 11, 13f.; BGHZ 102, 172, 177ff.; BGH NJW 2001, 1270, 1270; BGH NJW 2006, 2410, 2411; NJW-RR 2012, 1312, 1315 Rn. 32f.; vgl. zuletzt etwa BGH NZG 2013, 1334, 1335f.; *Haas/Mock* in: Röhricht/Graf von Westphalen/Haas HGB, § 161 HGB Rn. 115, *Roth/Schubert* in: MüKo BGB, Band 2, § 242 BGB Rn. 473; *Bitter/Heim*, Gesellschaftsrecht, § 7 Rn. 45; *Kellermann* in: Festschrift Stimpel, S. 295, 297f.

1141 BGHZ 104, 50, 53ff.

1142 *Casper* in: Staub HGB, Band 4, § 161 HGB Rn. 137.

1143 BGHZ 69, 207, 220; BGHZ 87, 84, 87f.

1144 BGHZ 69, 207, 220.

1145 BGHZ 69, 207, 220.

1146 BGHZ 84, 383, 386f.

1147 Ständige Rspr. seit BGH NJW 1978, 755, 755; so auch BGH NJW 1979, 419, 420; BGH NJW 1979, 2102, 2102; BGH NJW 1982, 877, 878 (für GbR); BGH NJW 1985, 974, 974; BGH NJW-RR 1989, 993, 994; BGH NJW 1990, 2684, 2685; NJW 1991, 2906; BGH NJW 1999, 3113, 3114; BGH NJW-RR 2005, 1347, 1348; BGH NJW 2011, 921, 923 Rn. 12 (GbR); vgl. zuletzt etwa BGHZ 191, 293 Rn. 17; BGH NJW 2015, 859, 862; h. M., vgl. *Haas/Mock* in: Röhricht/Graf von Westphalen/Haas HGB, § 161 HGB Rn. 113; *Grunewald* in: MüKo HGB, Band 3, § 161 HGB Rn. 115; *Casper* in: Staub HGB, Band 4, § 161 HGB Rn. 136; *Bitter/Heim*, Gesellschaftsrecht, § 7 Rn. 45.

Es stellt sich die Frage, ob die Grundsätze zur Inhaltskontrolle sowie zur Auslegung auch auf die InvKG übertragbar sind. Zunächst ist festzustellen, dass gem. § 124 Abs. 1 S. 2 bzw. § 149 Abs. 1 S. 2 KAGB die Bestimmungen des Handelsgesetzbuches nur Anwendung finden, sofern in den jeweiligen Unterabschnitten zur offenen InvKG bzw. zur geschlossenen InvKG nicht anderes geregelt ist. Hieraus ergibt sich bereits, dass die Vorschriften des KAGB Anwendung finden. Es besteht somit bezüglich der Vorschriften in §§ 124–138 bzw. §§ 149–161 KAGB eine Vertragsstrenge. Dies bedeutet, dass im Gesellschaftsvertrag beispielsweise der Unternehmensgegenstand, die ordnungsgemäße Ladung zur Hauptversammlung in Textform mit Angabe der Beschlussgegenstände und die Erstellung eines schriftlichen Protokolls bezüglich der Ergebnisse der Hauptversammlung festzulegen sind[1148]. Für im KAGB enthaltene Regelungen wird sogar umgekehrt eine Ausstrahlungswirkung auf andere Publikums-KGen diskutiert[1149].

Angesichts des Wortlauts der § 124 Abs. 1 S. 2 bzw. § 149 Abs. 1 S. 2 KAGB[1150] stellt sich die Frage, ob andere Vorschriften des KAGB Anwendung finden. Auch bei der InvKG ist festzuhalten, wie bereits bei der InvAG, dass der Gesetzgeber von einer Anwendung anderer Vorschriften, beispielsweise des § 25 KAGB für intern verwaltete InvKGen ausgeht[1151]. Das ergibt sich auch aus der Gesetzesbegründung der §§ 124 Abs. 1 und 149 Abs. 1 KAGB, die von einer Anwendung des HGB ausgehen, sofern nicht das KAGB aufsichtsrechtliche[1152] Sonderregelungen enthält, die der Eigenschaft der InvKG als Fondsvehikel geschuldet sind[1153]. Da Investmentvermögen, die nach dem materiellen Investmentbegriff den Vorschriften des KAGB unterliegen, sämtliche einschlägigen Vorschriften

1148 Vgl. § 124 und § 150 KAGB jeweils Abs. 2 zum Unternehmensgegenstand, Abs. 3 Nr. 1 zur Ladung und Abs. 3 Nr. 2 zur Verpflichtung der Protokollerstellung.

1149 *Casper* in: Staub HGB, Band 4, § 161 HGB Rn. 139 differenziert hier zwischen anlegerschützenden Vorschriften und investmentrechtliche Normen, die außerhalb des KAGB gerade nicht zur Anwendung kommen sollen. Dies wäre beispielsweise beim Unternehmensgegenstand, nicht aber bei der Ladung oder der Protokollerstellung der Fall. Eine Ausstrahlungswirkung verneint *Seitz,* Die InvestmentKG, S. 240ff.

1150 Der Wortlaut „soweit sich aus den Vorschriften dieses Unterabschnitts nichts anderes ergibt" (Hervorhebungen sind solche der Verfasserin) spricht gegen eine Anwendung weiterer Vorschriften des KAGB.

1151 RegE AIFM-UmsG BT-Drs. 17/12294 S. 243, 252.

1152 Vgl. hierzu oben mit Nachweisen Teil A. IV.

1153 RegE AIFM-UmsG BT-Drs. 17/12294 S. 241, 249.

des KAGB – und nicht nur diejenigen welche ihre Rechtsform regeln – einzuhalten haben[1154], entspricht dies auch dem Sinn und Zweck des KAGB.

Fraglich ist allerdings weiterhin, ob auch die Grundsätze über die Inhaltskontrolle, die für Publikums-KGen entwickelt wurden, Anwendung finden. Zumindest der Wortlaut des Gesetzes geht nur von einer Anwendung des HGB aus[1155]. Auch die Gesetzgebungsmaterialien sprechen von einer grundsätzlichen Einfügung „in das bestehende Regelwerk für KGen im Handelsgesetzbuch"[1156]. Die Inhaltskontrolle wäre dann nicht anwendbar, wenn bereits alle wesentlichen Regelungen als lex specialis im KAGB abschließend geregelt wären[1157].

Da die einzelnen Regelungen des Gesellschaftsvertrags im Folgenden dargestellt werden, erfolgt an dieser Stelle kein ausführlicher Vergleich der von der Rechtsprechung angewendeten Grundsätze zur Inhaltskontrolle mit den Vorschriften des KAGB. Sofern aber ein Fall tatsächlich nicht geregelt ist, wie etwa erforderliche Mehrheiten für Beschlüsse, ist für die Bejahung der Inhaltskontrolle anzuführen, dass der Gesetzgeber den Anleger einer InvKG nicht schlechter stellen wollte als den Anleger einer nichtregulierten Publikums-KG[1158]. Es sind allerdings zunächst die Vorschriften des KAGB und deren Sinn und Zweck heranzuziehen, bevor man sich an den Vorschriften des Aktienrechts orientieren kann[1159]. Neben dem zu Recht angeführten Anlegerschutz streiten die bereits für die investmentspezifisch modifizierte Satzungsstrenge bei der InvAG angeführten Gründe[1160] für eine Anwendung der Inhaltskontrolle gem. § 242 BGB: Hohe Rechtssicherheit, Schutz der Gesellschaftsgläubiger sowie Schutz der Funktionsfähigkeit des Kapitalmarktes. Zudem hat die InvKG ebenso wie die Publikums-KG eine stark ausgeprägte körperschaftliche Struktur. Somit sind die Grundsätze der Inhaltskontrolle nachrangig anwendbar. Sofern sich im KAGB Lücken finden, sind diese durch das AktG zu schließen.

1154 Vgl. hierzu etwa §§ 339 und 340 KAGB, die Sanktionen bei Nichtbeachtung einer Vielzahl von Regelungen vorsehen.

1155 § 124 Abs. 1 S. 2 und § 149 Abs. 1 S. 2 KAGB; *Schewe,* Kommanditgesellschaften im Regelungsbereich des Investmentrechts, S. 144 nennt diesen Wortlaut zu eng.

1156 RegE AIFM-UmsG BT-Drs. 17/12294 S. 241, 249.

1157 So auch *Casper* in: Staub HGB, Band 4, § 161 HGB Rn. 141; *Casper,* ZHR 179 (2015), 44, 55.

1158 Diese Ansicht vertritt *Casper* in: Staub HGB, Band 4, § 161 HGB Rn. 141; *Casper,* ZHR 179 (2015), 44, 55; vgl. hierzu ebenfalls *Seitz,* Die InvestmentKG, S. 236ff.

1159 *Casper* in: Staub HGB, Band 4, § 161 HGB Rn. 141.

1160 Siehe oben Teil B. V. 2. a. cc.

Sind die Voraussetzungen der Publikums-KG nicht erfüllt, so gilt nach einer Ansicht auch nicht der Erst-Recht-Schluss[1161]. In ganz seltenen Fällen kann es sein, dass eine InvKG nicht auf die Aufnahme von einer Vielzahl von Personen gerichtet ist oder die Anleger persönliche Beziehungen untereinander pflegen und die Gesellschaft nicht als „Kapitalsammelbecken" ausgelegt ist. Dies wäre beispielsweise bei einer offenen InvKG, die nur für Spezialanleger zugänglich ist, denkbar. Die besseren Gründe sprechen jedoch dafür, dass die offene InvKG auf eine Vielzahl von Anlegern ausgerichtet ist, da gerade die offene Struktur jederzeit die Aufnahme neuer Kommanditisten ermöglicht, zu denen keinerlei persönliche Beziehung erfolgt[1162].

Auch die Auslegung des Vertrags der InvKG erfolgt aus denselben Gründen aus objektiver Sicht[1163]. Insofern gilt auch für die InvKG der bereits für die Publikums-KG entwickelte Grundsatz der objektiven Auslegung[1164]. Bei der Publikums-KG ist allerdings strittig, ob die objektive Auslegung von Anfang an gilt oder erst mit dem Eintreten von Gesellschaftern, die nicht Gründer sind, eingreift[1165]. Auch dieser Streit ist für die InvKG zu entscheiden. Anders als Anlageaktionäre können Anleger bereits bei der Gründung der InvKG beitreten. Zudem dient das KAGB dem Anlegerschutz. Somit ist auch bereits in der Gründungsphase eine objektive Auslegung zu bejahen[1166]. Zum einen werden dadurch Rechtsunsicherheiten[1167] und Beweisschwierigkeiten vermieden und zum anderen werden die Anleger geschützt.

1161 *Casper* in: Staub HGB, Band 4, § 161 HGB Rn. 122f.; *Casper,* ZHR 179 (2015), 44, 55; so ebenfalls *Schewe,* Kommanditgesellschaften im Regelungsbereich des Investmentrechts, S. 144ff.

1162 *Seitz,* Die InvestmentKG, S. 42f. spricht sich aus Gründen des Anlegerschutzes ebenfalls für eine Geltung der Inhaltskontrolle für Spezial-InvKGen aus, a. A. dagegen derselbe S. 238f. betreffend das „richterrechtliche Sonderrecht zu Publikumspersonengesellschaften" für professionelle Anleger.

1163 So auch *Seitz,* Die InvestmentKG, S. 41; *Casper,* ZHR 179 (2015), 44, 54; zustimmend *Mohr,* Die offene Investmentkommanditgesellschaft, S. 20.

1164 Ständige Rspr. Vgl. etwa BGH NJW 1979, 419, 420; NJW 1982, 877, 878; NJW 1990, 2684, 2685; *Haas/Mock* in: Röhricht/Graf von Westphalen/Haas HGB, § 161 HGB Rn. 113; *Grunewald* in: MüKo HGB, Band 3, § 161 HGB Rn. 115.

1165 *Haas/Mock* in: Röhricht/Graf von Westphalen/Haas HGB, § 161 HGB Rn. 113; für letzteres *Grunewald* in: MüKo HGB, Band 3, § 161 HGB Rn. 117; *Oetker* in: Oetker HGB, § 161 HGB Rn. 138; für eine restriktive und jeweils günstigere Auslegung *Casper* in: Staub HGB, Band 4, § 161 HGB Rn. 133f.

1166 So im Ergebnis mit Verweis auf die körperschaftliche Struktur auch *Casper* in: Staub HGB, Band 4, § 161 HGB Rn. 135; *Casper,* ZHR 179 (2015), 44, 54.

1167 *Casper* in: Staub HGB, Band 4, § 161 HGB Rn. 133.

De lege ferenda könnte, um den Anlegerschutz auszuweiten und einen Gleichlauf mit der InvAG zu erreichen, darüber nachgedacht werden, ob ein Eintritt von Anlegern als Kommanditisten erst nach Eintragung der InvKG zugelassen wird – wie für die InvAG m. v. K. in § 109 Abs. 3 S. 1 KAGB für Anlageaktionäre festgelegt. Das KAGB schützt die Anleger in der geschlossenen Publikums-InvKG zumindest mit § 152 Abs. 5 KAGB vor einer unbegrenzten Haftung nach § 176 Abs. 1 S. 1 HGB.

(3) Stellungnahme und Bewertung

Während bei der KG die Regelungen weitgehend dispositiv sind, gilt bei der InvKG tatsächlich eine investmentspezifische Vertragsstrenge. Der Gesellschaftsvertrag der InvKG richtet sich damit vorrangig nach den zwingenden Vorschriften des KAGB und aufgrund des Anlegerschutzes und der Rechtssicherheit sind die übrigen Regelungen einer Inhaltskontrolle zu unterziehen, sodass diese am AktG zu messen sind. Dadurch besteht de facto auch bei der InvKG eine Vertragsstrenge, was auch mit dem Sinn und Zweck des KAGB, dem Anlegerschutz, vereinbar ist. Bereits hier zeigt sich, dass die InvKG große Ähnlichkeit zur InvAG und zur AG aufweist und sich deutlich von der KG nach den §§ 161ff. HGB unterscheidet. Somit besteht bereits ein weiteres Indiz für das Vorliegen einer neuen Gesellschaftsform.

bb. Die Firma, Rechtsformzusatz und Hinweispflicht für die InvKG

Die Firma der InvKG muss gem. § 134 Abs. 1 bzw. § 157 KAGB die Bezeichnung „offene Investmentkommanditgesellschaft" bzw. „geschlossene Investmentkommanditgesellschaft" oder eine allgemein verständliche Abkürzung hiervon enthalten. Diese Bezeichnungen bleiben gem. § 3 Abs. 3 KAGB für InvKGen, die den Normen des KAGB entsprechen, geschützt. Spiegelbildlich zur InvAG[1168] dürften sich die Bezeichnungen „offene InvKG"[1169] oder „geschlossene InvKG"[1170] durchsetzen. Die Bezeichnungen „offene Investment-KG"[1171] bzw. „geschlossene Investment-KG"[1172] sind ebenfalls verständliche Abkürzungen. Zudem wird als

1168 Siehe hierzu oben Teil B. V. 2. b.

1169 *Hüwel* in: Baur/Tappen KAGB, § 134 KAGB Rn. 11; *Kunschke/Klebeck* in: Beckmann/Scholtz/Vollmer Investment, 405 § 134 KAGB Rn. 8; *Lorenz* in: Weitnauer/Boxberger/Anders KAGB, § 134 KAGB Rn. 2.

1170 *Klebeck/Kunschke* in: Beckmann/Scholtz/Vollmer Investment, 405 § 157 KAGB Rn. 5.

1171 *Hüwel* in: Baur/Tappen KAGB, § 134 KAGB Rn. 11.

1172 *Klebeck/Kunschke* in: Beckmann/Scholtz/Vollmer Investment, 405 § 157 KAGB Rn. 5.

verständliche Abkürzung „oInvKG“, „gInvKG“, aber auch „geschlInvKG“[1173] oder „geschl. InvestmentKG“ und „geschl. InvKG“[1174] vorgeschlagen. Welche Abkürzungen sich durchsetzen werden, wird die Praxis zeigen. Die beiden letztgenannten Vorschläge sind zumindest verständlicher, während oInvKG und gInvKG kürzer sind, wobei die Verständlichkeit teilweise bezweifelt wird[1175].

Außerdem muss die Firma der offenen InvKG mit TGV gem. § 134 Abs. 2 S. 1 KAGB den Zusatz „mit Teilgesellschaftsvermögen“ bzw. eine allgemein verständliche Abkürzung hiervon, beispielsweise „TGV“ enthalten[1176]. Wird die InvKG mit TGV nur für ein oder mehrere TGV tätig, so hat sie dies gem. § 134 Abs. 2 S. 2 KAGB aufzudecken und die separate Haftung der TGV aufzuzeigen.

Im Vergleich zur InvAG fehlt die Hinweispflicht auf die offene Form der InvKG in Geschäftsbriefen gem. § 118 Abs. 1 S. 1 letzter Hs. KAGB. Im Unterschied zur AG hat jedoch die KG kein festes Grundkapital als wesentliches Kennzeichen, sodass die Unveränderlichkeit der Gesellschaftereinlagen, abgesehen von der Möglichkeit der Kapitalerhöhung und der Kapitalherabsetzung, nicht vom Rechtsverkehr erwartet wird[1177]. Zudem fehlt es an einer dem § 80 AktG vergleichbaren Regelung betreffend Geschäftsbriefe. Das Argument, dass bereits mit der Firmenbezeichnung „offene InvKG“ auf eine Veränderlichkeit des Kapitals der InvKG hingewiesen wird[1178], lässt sich zwar hören, allerdings

---

1173 Siehe zu den vorherigen Abkürzungen *Casper*, ZHR 179 (2015), 44, 56; „oInvKG“ bejahend *Mohr*, Die offene Investmentkommanditgesellschaft, S. 31; offengelassen, ob „oInvKG“ genügt, *Lorenz* in: Weitnauer/Boxberger/Anders KAGB, § 134 KAGB Rn. 2; zweifelnd an der „gInvKG“ *Paul* in: Weitnauer/Boxberger/Anders KAGB, § 157 KAGB Rn. 3 und *Könnecke* in: Baur/Tappen KAGB, § 157 KAGB Rn. 12.

1174 *Könnecke* in: Baur/Tappen KAGB, § 157 KAGB Rn. 12; *Paul* in: Weitnauer/Boxberger/Anders KAGB, § 157 KAGB Rn. 3.

1175 Zweifel an der Abkürzung für „offene“ haben auch *Kunschke/Klebeck* in: Beckmann/Scholtz/Vollmer Investment, 405 § 134 KAGB Rn. 9; *Klebeck/Kunschke* in: Beckmann/Scholtz/Vollmer Investment, 405 § 157 KAGB Rn. 5 halten eine Abkürzung von geschlossene für unzulässig; zweifelnd an der gInvKG *Könnecke* in: Baur/Tappen KAGB, § 157 KAGB Rn. 12; zweifelnd an der „gInvKG“ *Paul* in: Weitnauer/Boxberger/Anders KAGB, § 157 KAGB Rn. 3; offengelassen, ob „oInvKG“ genügt, hat dies *Lorenz* in: Weitnauer/Boxberger/Anders KAGB, § 134 KAGB Rn. 2.

1176 Siehe oben zur InvAG Teil B. V. 2. b.; *Lorenz* in: Weitnauer/Boxberger/Anders KAGB, § 134 KAGB Rn. 4; zur Abkürzung TGV bereits RegE InvÄndG BT-Drs. 16/5576 S. 86.

1177 RegE AIFM-UmsG BT-Drs. 17/12294 S. 245; mit Verweis auf die geringeren Beschränkungen zur Herabsetzung der Kommanditeinlage.

1178 *Lorenz* in: Weitnauer/Boxberger/Anders KAGB, § 134 KAGB Rn. 3.

stellt sich dann die Frage, ob nicht bei der InvAG m. v. K. auch bereits der Hinweis in der Firma auf die Veränderlichkeit genügen müsse.

Fraglich ist zunächst, ob die Firma der InvKG auch auf die Konstruktion als GmbH & Co. KG hinweisen muss. In der Praxis wird regelmäßig eine GmbH Komplementärin der InvKG sein, um eine persönliche Haftung zu vermeiden. In der Literatur besteht mangels speziellerer Regelung im KAGB Einigkeit, dass auf die GmbH als Komplementärin gem. § 19 Abs. 2 HGB hingewiesen werden muss[1179]. Unklar ist allerdings mit welcher Bezeichnung. Etwas anderes gilt auch nicht, wenn die InvKG als eigenständige Gesellschaftsform einzuordnen ist. Im KAGB ist nämlich keine Norm zu finden, die vorschreibt, dass an einer InvKG immer eine GmbH als Komplementärin beteiligt ist[1180]. Außerdem müsste bis zu einer Änderung des § 19 Abs. 2 HGB bzw. einer de lege ferenda zu empfehlenden Klarstellung in den §§ 134 Abs. 1, 157 Abs. 1 KAGB, dass § 19 Abs. 2 HGB anwendbar ist, § 19 Abs. 2 HGB analog angewendet werden[1181].

Es stellt sich die Frage, mit welchem Zusatz die Firma auf die fehlende Haftung einer natürlichen Person hinweist. In der Literatur wird die Bezeichnung „Investment-GmbH & Co. KG" genannt[1182]. Diese wird zutreffend abgelehnt, da sie darauf schließen lasse, die GmbH und nicht die KG sei im Investmentgeschäft tätig[1183]. Dagegen werden die Bezeichnungen „GmbH & Co. geschlossene Investmentkommanditgesellschaft" „geschlossene Investmentkommanditgesellschaft GmbH & Co."[1184] oder Kurzformen hiervon, beispielsweise „GmbH & Co. gInvKG"[1185] oder „geschl. Inv.KG GmbH & Co."[1186] vorgeschlagen. Auch hier

1179 *Hüwel* in: Baur/Tappen KAGB, § 134 KAGB Rn. 10; *Könnecke* in: Baur/Tappen KAGB, § 157 KAGB Rn. 13; *Klebeck/Kunschke* in: Beckmann/Scholtz/Vollmer Investment, 405 § 157 KAGB Rn. 6; *Casper*, ZHR 179 (2015), 44, 56; *Freitag*, NZG 2013, 329, 333.

1180 Aus § 128 Abs. 1 S. 2 KAGB sowie dem gleichlautenden § 153 Abs. 1 S. 1 KAGB wird allerdings ersichtlich, dass diese Möglichkeit zulässig ist.

1181 Es bestünde nämlich eine Regelungslücke, da der Gesetzgeber nach hier vertretener Ansicht eine neue Gesellschaftsform geschaffen hat und es besteht zudem eine vergleichbare Interessenlage, da die Gläubiger darauf hingewiesen werden müssen, dass keine natürliche Person persönlich haftet.

1182 *Freitag*, NZG 2013, 329, 332.

1183 *Casper*, ZHR 179 (2015), 44, 56; zustimmend *Mohr*, Die offene Investmentkommanditgesellschaft, S. 32.

1184 *Könnecke* in: Baur/Tappen KAGB, § 157 KAGB Rn. 16.

1185 *Casper*, ZHR 179 (2015), 44, 56.

1186 *Könnecke* in: Baur/Tappen KAGB, § 157 KAGB Rn. 17.

bleibt abzuwarten, welche Abkürzungen sich in der Praxis durchsetzen, bisher wurde nur die Abkürzung „geschl. Inv.KG“ verwendet[1187].

Im Ergebnis werden in der Firma eine Vielzahl von mehr oder weniger für den (Publikums-) Anleger verständliche Abkürzungen aneinandergereiht. Ob damit die Anleger oder die Gläubiger der InvKG noch durch Transparenz und Publizität geschützt werden, wird zu Recht in der Literatur bezweifelt[1188]. Die Entscheidung, welche Bezeichnungen zulässig sind, obliegt gem. § 3 Abs. 5 KAGB i. V. m. § 42 S. 1 KWG der BaFin.

Auch hier spricht wie bei der InvAG[1189] der eigene Firmenzusatz und die Vielzahl der Zusätze, die auf die Besonderheiten der InvKG hinweisen, für das Vorliegen einer besonderen, eigenen Gesellschaftsform.

cc. Sitz der InvKG und der KG

Wie bereits bei der InvAG muss es sich bei der InvKG gem. § 91 Abs. 1 KAGB bzw. § 139 KAGB um eine inländische Gesellschaft handeln. Gesellschaftsrechtliche Voraussetzung für eine inländische Gesellschaft ist es in jedem Fall, dass sich der Satzungssitz im Inland befindet. Indessen ist umstritten, ob bei Personengesellschaften der Verwaltungssitz ein inländischer sein muss[1190] oder ob dieser ins Ausland verlegt werden kann, sofern der im Gesellschaftsvertrag oder mittels Gesellschafterbeschluss festgelegte Sitz im Inland ist[1191].

Für die erstere Ansicht spricht, dass der Gesetzgeber lediglich in § 5 AktG und § 4a GmbHG nicht aber im Personengesellschaftsrecht eine Abkehr von

---

1187 Vgl. Unternehmensdatenbank der BaFin abrufbar unter: https://portal.mvp.bafin.de/database/InstInfo/, eine eigene Recherche vom 21.06.2016 in der Kategorie Kapitalverwaltungsgesellschaften ergab keine Treffer; eine Recherche vom 29.01.2017 und vom 01.10.2017 ergab einen Treffer: Die Garching SLC 2.2 Fonds GmbH & Co. geschlossene Investment-KG ist zugleich KVG; eine Recherche am 19.04.2018 ergab zwei Treffer: Die Garching SLC 2.2 Fonds GmbH & Co. geschlossene Investment-KG und die [e: Kju:] In-vestment Services GmbH & Co. 1. geschl. Inv.KG sind zugleich KVG; am 23.05.2018 war lediglich die Die Garching SLC 2.2 Fonds GmbH & Co. geschlossene Investment-KG als KVG registriert.

1188 *Kunschke/Klebeck* in: Beckmann/Scholtz/Vollmer Investment, 405 § 134 KAGB Rn. 14.

1189 Siehe oben Teil B. V. 2. b.

1190 BGH WM 1957, 999, 1000; Kammergericht Berlin, FGPrax 2012, 172; *Lieder* in: Oetker HGB, § 106 HGB Rn. 23; *Krafka* in: MüKo HGB, Band 1, § 13 HGB Rn. 27.

1191 *Roth* in: Baumbach/Hopt, HGB, § 106 HGB Rn. 8; *Koch,* ZHR 173 (2009), 101, 106ff.; *Schnittker/Bennecke,* FR 2010, 565, 569ff.

der Sitztheorie geregelt hat[1192]. Da die Rechtsprechung diese Ansicht ebenfalls vertritt und ohne gesetzliche Neuregelung Zurückhaltung für geboten hält[1193], müssen in der Praxis die InvKGen nicht nur ihren vertragsmäßigen, sondern auch den Satzungssitz im Inland haben. Sofern es sich um eine intern verwaltete InvKG handelt, muss sich zudem gem. § 17 Abs. 1 S. 1 und § 23 Nr. 7 KAGB der Sitz der Hauptverwaltung ebenfalls im Inland befinden[1194]. Was den Sitz betrifft, unterscheiden sich die InvKG und die Grundform der KG damit nicht voneinander.

dd. Der Unternehmensgegenstand als Abgrenzungsmerkmal der InvKG zur KG

Der im Gesellschaftsvertrag festzulegende Unternehmensgegenstand der InvKG ist in § 125 Abs. 2 und § 150 Abs. 2 KAGB niedergelegt. Auch hier darf die InvKG ausschließlich die Anlage und Verwaltung ihrer Mittel nach einer festgelegten Anlagestrategie zur gemeinschaftlichen Kapitalanlage nach den jeweiligen Produktvorschriften zum Nutzen ihrer Anleger zum Unternehmensgegenstand haben. Als Produktvorschriften kommen lediglich die §§ 273–284 KAGB für die offene InvKG als offener Spezial-AIF und für die geschlossene InvKG je nach Ausgestaltung als Spezial-AIF die §§ 273–277 und §§ 285–292 KAGB oder als Publikums-AIF die §§ 261–272 KAGB in Betracht.

Die Anlage hat bei der offenen Spezial-InvAG gem. § 125 Abs. 2 S. 1 KAGB ausdrücklich nach dem Grundsatz der Risikomischung zu erfolgen. Bei geschlossenen Publikums-InvKGen ergibt sich dieser Grundsatz aus § 262 Abs. 1 S. 1 KAGB. Mangels entsprechender Regelung ist der Grundsatz der Risikomischung nicht bei geschlossenen Spezial-InvKGen zu beachten.

Während bei der InvAG die Verwaltung und Anlage der Mittel zum Nutzen der Aktionäre erfolgen muss, hat diese bei der InvKG zum Nutzen ihrer Anleger zu erfolgen. Fraglich ist, ob hierbei das Interesse der Kommanditisten oder auch das Interesse der Komplementäre enthalten ist. Aus dem Wortlaut Anleger ergibt sich, dass eher das Anlageinteresse, also das Vermögensinteresse der Kommanditisten, als das unternehmerische Interesse der Komplementäre gemeint sein muss.

1192 *Weitemyer* in: Oetker HGB, 4. Auflage 2015, § 106 HGB Rn. 22; a. A. aber *Lieder* in: Oetker HGB, § 106 HGB Rn. 23.

1193 BGHZ 178, 192 = DStR 2009, 59 mit Anmerkung Goette.

1194 Vgl. hierzu die Ausführungen zur Vereinbarkeit mit der Richtlinie 2011/61/EU (AIFM-Richtlinie) oben InvAG Teil B. V. 2. c.

Der Umstand, dass die offene InvKG geschaffen wurde, um das Pension-Asset-Pooling zu ermöglichen, schließt allerdings nicht aus, dass die offene InvKG nicht auch für weitere Zwecke, die mit dem Unternehmensgegenstand vereinbar sind, genutzt werden kann[1195].

Wie bereits bei der InvAG ist der Unternehmensgegenstand der InvKG eng gefasst. Ein weiterer Unterschied der InvKG zur KG ist, dass in der KG regelmäßig gar kein Unternehmensgegenstand festgelegt ist[1196]. Es findet sich im HGB auch keine Vorschrift betreffend den Unternehmensgegenstand der KG. Der Unternehmensgegenstand ist auch nicht im Handelsregister einzutragen[1197]. Die Differenzierung zwischen den Begriffen Unternehmensgegenstand und Gesellschaftszweck ist vielmehr nur im Aktienrecht oder GmbHG zu finden:

Beim Unternehmensgegenstand handelt es sich um einen festgelegten Wirtschaftsbereich, in dem die Gesellschaft tätig wird[1198]. Nach überwiegender Ansicht wird der Unternehmensgegenstand als Mittel zum Erreichen des Gesellschaftszwecks verstanden[1199]. Verbreitet ist auch die Ansicht, der Unternehmensgegenstand lege die Tätigkeit der Gesellschaft im Außenverhältnis fest, während im Innenverhältnis der Gesellschaftszweck maßgeblich ist[1200]. Nach beiden Ansichten legt der Unternehmensgegenstand die Tätigkeiten der Gesellschaft fest. Während dieser für die KG im HGB nicht eingeschränkt ist, besteht eine enge Begrenzung für die InvKG. Aufgrund des Rechtsformzwangs des KAGB[1201] muss, sobald eine Tätigkeit gewählt wird, die unter den Unternehmensgegenstand der InvKG zu subsumieren ist, auch eine InvKG gegründet werden. Der eng begrenzte Unternehmensgegenstand dient dem Schutz der Anleger, da dadurch die Geschäftsführungsbefugnis eingegrenzt wird[1202]. Bei allen Geschäften innerhalb des Unternehmensgegenstandes handelt es sich nämlich regelmäßig um

1195 So bereits *Kunschke/Klebeck* in: Beckmann/Scholtz/Vollmer Investment, 405 § 124 KAGB Rn. 12; *Eichhorn,* WM 2016, 110, 111.

1196 *Servatius,* ZfIR 2014, 134, 139.

1197 *Roth* in: Baumbach/Hopt, HGB, § 106 HGB Rn. 2, beachte aber § 24 Abs. 4 HRV.

1198 BGHZ 127, 176, 179; BGHZ 102, 209, 213; *Schäfer* in: Henssler/Strohn, § 1 GmbHG Rn. 5.

1199 *Fastrich* in: Baumbach/Hueck GmbHG, § 1 GmbHG Rn. 5; *Schäfer* in: Henssler/Strohn, § 1 GmbHG Rn. 6; *Holzborn* in: Spindler/Stilz AktG, Band 2, § 179 AktG Rn. 62; *Kübler/Assmann,* Gesellschaftsrecht, § 5, S. 35.

1200 *Fastrich* in: Baumbach/Hueck GmbHG, § 1 GmbHG Rn. 5.

1201 § 91 Abs. 2 und § 139 KAGB; vgl. zu den Folgen des Rechtsformzwangs *Seitz,* Die InvestmentKG, S. 36ff.

1202 *Könnecke* in: Baur/Tappen KAGB, § 150 KAGB Rn. 9; *Mohr,* Die offene Investmentkommanditgesellschaft, S. 25f.

gewöhnliche Geschäfte[1203]. Hinzu kommt, dass auch hier wiederum ein Merkmal aus dem Kapitalgesellschaftsrecht für die InvKG übernommen wird[1204]. Die InvKG unterscheidet sich dadurch wesentlich von der KG und nähert sich der InvAG und auch den Körperschaften an.

Sobald der Unternehmensgegenstand nach § 125 Abs. 2 S. 1 bzw. § 150 Abs. 2 S. 1 KAGB vorliegt, darf aufgrund des materiellen Investmentbegriffs gem. § 1 Abs. 1 KAGB i. V. m. § 91 Abs. 1 bzw. § 139 KAGB nur eine InvKG und keine normale KG gegründet beziehungsweise betrieben werden[1205]. Auch diese Abgrenzbarkeit stellt ein Indiz für eine neu geschaffene Gesellschaftsform dar.

ee. *Keine Angaben zum Gesellschaftskapital in der InvKG und der KG*

Im Gegensatz zur AG und zur InvAG gibt es bei der InvKG und bei der KG als Personengesellschaft keine Vorgaben zum Mindestkapital oder Höchstkapital, die im Gesellschaftsvertrag geregelt werden müssen. Es besteht lediglich bei intern verwalteten InvKGen gem. § 131 bzw. § 156 KAGB die Pflicht zur Bildung eines Betriebsvermögens aus den Anteilen der geschäftsführenden Gesellschaftern und eines Kommanditanlagevermögens, welches aus den Anteilen der Anlegerkommanditisten besteht. Eine solche Aufteilung in Betriebs- und Anlagevermögen sowie eine differenzierte Zuordnung zu Komplementären einerseits und Kommanditisten andererseits ist für die KG vom HGB nicht vorgesehen. Bereits hier zeigt sich ein weiterer Unterschied zur normalen KG. Damit wird wiederum der Anleger geschützt, da das Anlagevermögen zunächst einmal geschont und vorrangig erhalten bleibt. Im Falle der Insolvenz würde jedoch trotz der Trennung von Anlage- und Betriebsvermögen das Anlagevermögen für Schulden des Betriebsvermögens haften, auch wenn in § 121 Abs. 1 S. 3 bzw. § 156 Abs. 1 S. 3 KAGB der Erwerb von Gegenständen des Betriebsvermögens nicht mit Kapital aus der Begebung von Anlageaktionären bestritten werden darf. Diese genannten Normen stellen lediglich auf das durch Begebung der Kommanditanteile erlangte Kapital ab und nicht auf das nach Begebung den Kommanditanteilen zugeordneten Kapitals.

Außerdem sind bei der intern verwalteten InvKG gem. § 130 bzw. § 155 KAGB Anzeigepflichten bei einer Unterschreitung der gem. § 25 KAGB erforderlichen

1203 *Haas* in: Röhricht/Graf von Westphalen/Haas HGB, § 116 HGB Rn. 2.

1204 *Servatius,* ZfIR 2014, 134, 139 stellt eine Annäherung an verbandsrechtliche Denkfiguren fest; zustimmend *Mohr,* Die offene Investmentkommanditgesellschaft, S. 25.

1205 Von einer „exklusive[n] Sonderstellung" spricht *Seitz,* Die InvestmentKG, S. 229, der herausarbeitet, dass die operative Tätigkeit ausgeschlossen ist, vgl. S. 222ff.

Mittel zu beachten. Dies hat aber keinen Einfluss auf die vertragliche Ausgestaltung.

Die Aufteilung in Betriebs- und Anlagevermögen und deren jeweilige Zuordnung zu den geschäftsführenden Gesellschaftern bzw. Anlagekommanditisten stellt ebenfalls einen deutlichen Unterschied zur normalen KG nach dem HGB dar. Auch die Gesellschaftsvermögensstruktur sowohl der offenen als auch der geschlossenen InvKG spricht damit eher für eine neue Gesellschaftsform.

ff. Angaben bezüglich der Gesellschafterversammlung der InvKG

Der Gesellschaftsvertrag der InvKG muss gem. § 125 Abs. 3 Nr. 1 und § 150 Abs. 3 Nr. 1 KAGB festlegen, dass zu den Gesellschafterversammlungen nur in Textform unter vollständiger Angabe der Beschlussgegenstände geladen werden darf. Zudem ist im Gesellschaftsvertrag gem. § 125 Abs. 3 Nr. 2 und § 150 Abs. 3 Nr. 2 KAGB zu regeln, dass ein schriftliches Protokoll über die Ergebnisse der Gesellschafterversammlung zu erstellen ist und eine Kopie hiervon von der InvKG an die Anleger zu übersenden ist. Hierdurch soll gegenüber den Anlegern Transparenz über die Gesellschafterversammlung geschaffen werden[1206]. Das Erfordernis der Ladung in Textform soll der InvKG die Wahl des Kommunikationsmittels überlassen[1207]. Für das Protokoll wird vertreten, dass dieses ebenfalls in Textform erstellt werden darf[1208]. Allerdings steht der eindeutige Wortlaut, der ein schriftliches Protokoll vorsieht, einer solchen Ansicht entgegen. Die InvKG kann trotzdem moderne Kommunikationsmittel nutzen, da den Anlegern gem. § 125 Abs. 3 Nr. 2 bzw. § 150 Abs. 3 Nr. 2 KAGB lediglich eine Kopie hiervon zu übersenden ist. Ob es sich hierbei um eine Fotokopie oder um eine elektronische Kopie handelt, wurde bewusst offengelassen, da nach dem Willen des Gesetzgebers die Übermittlung auch per Email zulässig sein soll[1209].

In der Literatur wird die Frage aufgeworfen, ob den Kommanditisten überhaupt ein Teilnahmerecht an der Gesellschafterversammlung eingeräumt werden sollte[1210]. Im Falle der Versagung des Stimmrechts wären Anleger der InvKG

1206 RegE AIFM-UmsG BT-Drs. 17/12294 S. 242, 249; Beschlussempfehlung und Bericht des Finanzausschusses zum RegE AIFM-UmsG BT-Drs. 17/13395 S. 405f.; *Lorenz* in: Weitnauer/Boxberger/Anders KAGB, § 125 KAGB Rn. 9.

1207 Beschlussempfehlung und Bericht des Finanzausschusses zum RegE AIFM-UmsG BT-Drs. 17/13395 S. 405f.

1208 *Mohr*, Die offene Investmentkommanditgesellschaft, S. 28.

1209 Beschlussempfehlung und Bericht des Finanzausschusses zum RegE AIFM-UmsG BT-Drs. 17/13395 S. 405f.

1210 *Lorenz* in: Weitnauer/Boxberger/Anders KAGB, § 125 KAGB Rn. 10.

den Anlageaktionären der InvAG m. v. K., die kein Teilnahme- und Stimmrecht an der Hauptversammlung innehaben, gleichgestellt. De lege lata haben mangels entgegenstehender Regelung alle Gesellschafter das Recht zur Teilnahme an der Hauptversammlung. Dies ergibt sich sowohl aus den Regelungen der Publikums-KG[1211] und aus §§ 119ff. AktG. Auch in der KG haben alle Gesellschafter ein Teilnahmerecht an der Gesellschafterversammlung gem. § 161 Abs. 2 i. V. m. § 119 HGB. Ein Ausschluss des Rechts zur Teilnahme an der Gesellschafterversammlung würde zu einer noch weiteren Entfernung von der Struktur als Personengesellschaft führen, wäre aber mit dem Ziel des KAGB, die Anleger und damit vorrangig das Anlageinteresse zu schützen, vereinbar.

Bezüglich der Gesellschafterbeschlüsse ist zudem eine Regelung im Gesellschaftsvertrag der InvKG zu empfehlen, wonach die Mehrheit der abgegebenen Stimmen pro Kapitalanteil zählt[1212]. Solche Bestimmungen sind aber im dispositiven Innenverhältnis der normalen KG bereits gängig[1213], sodass kein Unterschied zwischen KG und InvKG besteht.

De lege lata unterscheidet sich die InvKG von der normalen KG nach dem HGB nur durch die Sondervorschriften bezüglich der Ladung und des Protokolls über die Gesellschafterversammlung. Auch diese Förmlichkeiten ähneln mehr den Vorschriften über die Einberufung einer Hauptversammlung gem. §§ 121ff. AktG als denjenigen über die Einberufung einer Gesellschafterversammlung, für die im HGB keine Regelungen zu finden sind. Da aber das Innenverhältnis in der KG gem. § 161 Abs. 2 i. V. m. § 109 HGB zur Disposition der Gesellschafter steht, kann aufgrund dieser Unterschiede kein Indiz für eine neue Gesellschaftsform herangezogen werden.

gg. Die Spezialregelungen im KAGB zu § 131 HGB

Gem. § 125 Abs. 4 und § 150 Abs. 4 KAGB darf der Gesellschaftsvertrag der InvKG nicht von den ansonsten für die „normale" KG dispositiven Regelungen des § 131 Abs. 3 Nr. 2 und Nr. 4 HGB abweichen. Von den anderen Voraussetzungen des § 131 Abs. 3 HGB kann im Umkehrschluss abgewichen werden. Daher führt die Eröffnung des Insolvenzverfahrens über das Vermögen eines Gesellschafters und die Kündigung durch den Privatgläubiger eines Gesellschafters der InvKG nur zum Ausscheiden des betreffenden Gesellschafters. Hierdurch soll gewährleistet werden, dass in den genannten Fällen die InvKG nicht

1211 *Haas/Mock* in: Röhricht/Graf von Westphalen/Haas HGB, § 161 HGB Rn. 123f.
1212 *Lorenz* in: Weitnauer/Boxberger/Anders KAGB, § 125 KAGB Rn. 10.
1213 *Casper* in: Staub HGB, Band 4, § 161 HGB Rn. 38, 142.

aufgelöst wird[1214]. Den Gesetzgebungsmaterialien zufolge soll ein Gleichlauf mit der für Sondervermögen geltenden Regelung in § 99 Abs. 5 KAGB geschaffen werden[1215].

In § 99 Abs. 5 KAGB ist geregelt, dass kein Anleger und auch nicht dessen Gläubiger die Aufhebung des Sondervermögens verlangen kann. Fraglich ist mithin, weshalb nicht auf § 131 Abs. 3 Nr. 3 HGB Bezug genommen wurde. Allerdings findet das HGB gem. § 124 Abs. 1 S. 2 bzw. § 149 Abs. 1 S. 2 KAGB nur Anwendung, sofern das KAGB keine spezielleren Regelungen enthält. Für die offene InvKG ist die ordentliche Kündigung von Kommanditanteilen in § 133 KAGB geregelt. Aus dessen Abs. 1 S. 2, der einen Abfindungsanspruch vorsieht, und Abs. 2. S. 2, der die Haftung für künftige Verbindlichkeiten ausschließt, ergibt sich, dass die InvKG auch im Falle der Kündigung durch den Kommanditisten fortbesteht. Fraglich ist, ob auch eine ordentliche Kündigung in der geschlossenen InvKG möglich ist. Diese Möglichkeit könnte sich aus § 132 HGB ergeben. § 132 HGB ist allerdings durch § 161 Abs. 1 KAGB als lex specialis ausgeschlossen, da hiernach in der geschlossenen InvKG kein Recht zur ordentlichen Kündigung besteht. Zudem können die Gesellschafter der offenen und der geschlossenen InvKG gem. § 138 Abs. 1 bzw. § 161 Abs. 2 KAGB bei Vorliegen eines wichtigen Grundes kündigen. Im Falle einer außerordentlichen Austrittskündigung würde § 133 Abs. 3 Nr. 3 HGB zum Ausscheiden des Gesellschafters führen. Eine abweichende Regelung im Gesellschaftsvertrag ist nicht zu empfehlen. De lege ferenda sollte die Regelung des § 131 Abs. 3 Nr. 3 HGB ebenfalls in den § 125 Abs. 4 bzw. § 150 Abs. 4 KAGB als unabdingbar aufgenommen werden, um die Gleichstellung mit dem Sondervermögen zu erreichen.

Dass in der normalen KG § 131 Abs. 3 HGB abdingbar ist und in der InvKG de lege lata § 131 Abs. 3 Nr. 2 und 4 HGB nicht, spricht weder für noch gegen eine eigene Gesellschaftsform der InvKG. Festzuhalten bleibt lediglich, dass die normale KG eine größere Flexibilität im Innenverhältnis hat, während die InvKG stärker an das Sondervermögen angeglichen ist.

hh. Besondere gesellschaftsvertragliche Regelung der offenen InvKG: Kündigungsrecht der Kommanditisten

Der Gesellschaftsvertrag einer offenen InvKG muss zudem den Kommanditisten ein Rückgaberecht im Wege der Kündigung gem. § 133 KAGB einräumen. In der vorherigen Fassung[1216] musste die Kündigungsmöglichkeit mindestens einmal

---

1214 RegE AIFM-UmsG BT-Drs. 17/12294 S. 242.
1215 RegE AIFM-UmsG BT-Drs. 17/12294 S. 242.
1216 § 133 KAGB in der Fassung vom 04.07.2013.

pro Jahr eingeräumt werden. In der Praxis wird regelmäßig sogar die tägliche oder eine monatliche Kündigungsmöglichkeit eingeräumt, da nur so das Pension-Asset-Pooling sinnvoll ist[1217]. Die Kündigungsmöglichkeit ist wie bei der InvAG ein konstitutives Merkmal der offenen InvKG und die Einzelheiten sind gem. § 133 Abs. 1 S. 4 KAGB im Gesellschaftsvertrag zu regeln[1218].

Die fakultativen Beschränkungen des Rückgaberechts, die gem. § 133 Abs. 1 S. 5 i. V. m. § 98 Abs. 2 und § 283 Abs. 3 KAGB zulässig sind, müssen im Gesellschaftsvertrag und sollten zusätzlich in den Anlagebedingungen geregelt sein[1219]. Die Anordnungsbefugnis der BaFin gem. § 133 Abs. 2 S. 5 i. V. m. § 98 Abs. 3 KAGB gilt dagegen bereits ohne eine entsprechende Regelung in den Anlagebedingungen, sodass diese für die InvKG auch nicht mit dem Begriff Gesellschaftsvertrag ersetzt werden kann. Auch bei einer analogen Anwendung des § 98 Abs. 3 KAGB verbleibt es damit bei der gesetzlich vorgesehen Anordnungsbefugnis der Aussetzung der Kündigung der Anteile, sofern das Anlegerinteresse oder das Interesse der Öffentlichkeit dies erfordert.

Im Gegensatz zu § 132 HGB besteht für die Kündigung der Kommanditisten der offenen InvKG zumindest eine deutlich flexiblere Regelung, solange die Beschränkungen des KAGB nicht eingreifen. Sofern allerdings im Falle einer internen Verwaltung gem. § 133 Abs. 1 Nr. 3 KAGB der gem. § 25 KAGB erforderliche Betrag unterschritten wird oder die Voraussetzungen des § 98 Abs. 2, Abs. 3 KAGB oder § 283 Abs. 3 KAGB vorliegen, ist die Kündigungsmöglichkeit ausgeschlossen. Damit ist die offene InvKG in der Regel noch „offener" als die normale KG nach dem HGB, im Krisenfall aber auch „geschlossener" und unterscheidet sich auch im Hinblick auf die Kündigungsmöglichkeit deutlich von der normalen KG.

Auch hier stellt sich die Frage, ob es sich bei der offenen InvKG und der geschlossenen InvKG jeweils um eigene Gesellschaftsformen oder um Unterformen der InvKG handelt. Die weitere Differenzierung spricht jedenfalls dafür, dass es sich bei der InvKG um eine eigene Gesellschaftsform mit weiteren Unterformen handelt. Die offene und die geschlossene InvKG unterscheiden sich dagegen hauptsächlich durch die Rückgabemöglichkeit.

1217 *Lorenz* in: Weitnauer/Boxberger/Anders KAGB, § 125 KAGB Rn. 4.

1218 *Stöber* in: Westermann/Wertenbruch, Hdb. Personengesellschaften, § 54a Die Investment-KG Rn. 3170b, 3170c; siehe bereits oben zum Rückgaberecht bei der InvAG m. v. K. Teil B. V. 2. f.

1219 Vgl. hierzu bereits oben zum Rückgaberecht bei der InvAG m. v. K. Teil B. V. 2. f.

ii. Besondere gesellschaftsvertragliche Regelung der offenen InvKG: Angaben zum Ausgabe und Rückgabepreis

Ebenfalls wie bei der InvAG stellt sich die Frage, ob für die offene InvKG ein Aufschlag für den Ausgabepreis und ein Abschlag für den Rückgabepreis im Gesellschaftsvertrag niedergelegt sein müssen[1220]. Für den Aufschlag, der durch Transaktionskosten entsteht, ist eine solche Regelung zu verlangen. Schließlich stellt dies eine Bedingung dar, unter der künftige Kommanditisten aufgenommen werden. Der Abschlag für den Rücknahmepreis ist – anders als für die InvAG m. v. K. – in § 133 Abs. 1 S. 2 KAGB bereits gesetzlich geregelt. Klarstellend ist auch diesbezüglich eine Regelung im Gesellschaftsvertrag zu empfehlen.

Für die KG gibt es im HGB keine speziellen Regelungen zum Ausscheiden eines Gesellschafters gegen Abfindung, sodass sich dieses mangels anderer Regelung im Gesellschaftsvertrag nach § 738 Abs. 1 S. 2 BGB bestimmt. Dann wäre der ausscheidende Kommanditist so zu stellen, wie er stünde, wenn die Gesellschaft zu diesem Zeitpunkt abgewickelt worden wäre. In der Praxis werden im Gesellschaftsvertrag jedoch Abfindungsklauseln wie etwa Buchwertklauseln vereinbart, um eine komplizierte Berechnung der Abfindung zu vermeiden[1221].

Auch hier zeigt sich wiederum, dass für die InvKG eine spezielle Regelung besteht, die an die Besonderheiten des Investmentrechts angepasst ist. Aufgrund der für die InvKG geltenden Vertragsstrenge[1222] können auch keine abweichenden Regelungen wie etwa Buchwertklauseln getroffen werden[1223].

jj. Angaben bezüglich der Gesellschafteranteile: Keine Differenzierung nach Anlage- und Unternehmenskommanditisten

Bezüglich der Anteile könnten besondere Regelungen im Gesellschaftsvertrag erforderlich sein. Während in der offenen InvAG zwischen Unternehmensaktien und Anlageaktien differenziert wird, ist eine solche Unterscheidung im KAGB betreffend die InvKG nicht zu finden. Dies mag daran liegen, dass innerhalb der KG bereits zwischen Komplementären und Kommanditisten unterschieden wird.

1220 Siehe oben Teil B. V. 2. g. zur notwendigen Satzungsbestimmung in der InvAG.

1221 Vgl. hierzu etwa BGHZ 123, 281, 1. und 2. Leitsatz, 285ff.; *Koch,* Gesellschaftsrecht, § 18 Rn. 18ff.

1222 Siehe oben Teil C. V. 2. b. aa.

1223 Dies wäre auch nicht zu empfehlen, da eine Bilanzierung nach aktuellen Werten erfolgt, siehe oben Teil B. V. 6 a. aa. und unten Teil C. V. 6. a., der auf die Rechnungslegung der InvAG verweist.

De lege ferenda könnte es aus investmentrechtlicher Sicht sinnvoll sein, die Kommanditisten als Anlagekommanditisten auszugestalten. Dies wäre der Fall, wenn sich die Kommanditisten von den Anlageaktionären unterscheiden. Während Anlageaktien gem. § 109 Abs. 2 KAGB grundsätzlich stimmrechtslos und ohne ein Teilnahmerecht an der Hauptversammlung ausgestaltet sind, haben die Kommanditisten der offenen InvKG ein Stimmrecht sowie ein Teilnahmerecht an der Hauptversammlung[1224]. Nach einer in der Literatur vertreten Ansicht kann zwar nicht das Teilnahmerecht an der Gesellschafterversammlung, wohl aber das Stimmrecht einzelner oder aller Kommanditisten ausgeschlossen werden, sofern deren Rechtsstellung nicht durch den Beschluss ausgeschlossen wird[1225]. Diese Ansicht entspricht der Rechtslage in der KG[1226]. Aufgrund der körperschaftlichen Struktur ist das Recht der AG bzw. der Publikums-KG heranzuziehen. Da im Aktienrecht keine stimmrechtslosen Aktien ohne Vorzug zulässig sind, kann das Stimmrecht nicht pauschal ausgeschlossen werden. In der Publikums-KG haben die Anleger ebenfalls, abgesehen von Einzelfällen vergleichbar mit § 47 GmbHG, ein Stimmrecht[1227]. Somit kann den Investmentkommanditisten weder ihr Stimmrecht noch ihr Teilnahmerecht an der Gesellschafterversammlung entzogen werden.

Auch aus dem gem. § 124 Abs. 2 bzw. § 149 Abs. 2 KAGB analog auf die InvKG anwendbaren § 96 Abs. 1 KAGB, der die Bildung unterschiedlicher Anteilklassen ermöglicht, ergibt sich kein Gleichlauf. Zum einen wird die Bildung unterschiedlicher Anlageklassen auch in der InvAG m. v. K. nach § 108 Abs. 4 KAGB erlaubt. Zum anderen unterscheiden sich die Anteilklassen nicht durch das Stimmrecht, sondern lediglich durch die in § 96 Abs. 1 KAGB genannten bzw. vergleichbaren Kriterien. Da es sich bei den genannten Kriterien mit Ertragsverwendung, Ausgabe- bzw. Rücknahmeabschlag, Währung des Anteilwertes, Verwaltungsvergütung und Mindestanlagesumme nur um Merkmale handelt, die die vermögensmäßige Beteiligung betreffen, können aufgrund des analog anwendbaren § 96 Abs. 1 KAGB keine Anteile mit oder ohne Stimmrecht gebildet werden. De lege ferenda wäre allerdings eine Regelung, die Anlagekommanditisten ohne Stimm- und Teilnahmerecht in der Gesellschafterversammlung vorsieht, denkbar.

1224 *Lorenz* in: Weitnauer/Boxberger/Anders KAGB, § 125 KAGB Rn. 10.

1225 *Lorenz* in: Weitnauer/Boxberger/Anders KAGB, § 125 KAGB Rn. 10.

1226 BGHZ 20, 363, 369f.; *Casper* in: Staub HGB, Band 4, § 161 HGB Rn. 38.

1227 *Haas/Mock* in: Röhricht/Graf von Westphalen/Haas HGB, § 161 HGB Rn. 151; *Casper* in: Staub HGB, Band 4, § 161 HGB Rn. 197.

De lege ferenda könnte auch eine Regelung im KAGB zu empfehlen sein, die nur Spezialanleger oder juristische Personen als Komplementäre zulässt[1228]. Sofern wie in aller Regel die Geschäftsführung durch die Komplementäre oder die Komplementär-GmbH vorgenommen wird, stellen allerdings § 128 Abs. 2 und § 153 Abs. 2 KAGB sicher, dass keine Privatanleger mit bloßem Vermögensinteresse sich als Komplementäre der InvKG beteiligen. Außerdem normieren § 127 Abs. 1 S. 2 sowie § 152 Abs. 1 S. 1 und 2 KAGB, dass sich Anleger „nur (…) als Kommanditisten beteiligen" dürfen. Damit dürfen sich auch Spezialanleger de lege lata nicht als Komplementär an der InvKG beteiligen[1229]. Im Ergebnis wäre eine Unterscheidung zwischen Anlegern, die sich nur als Kommanditisten beteiligen können und Investoren mit unternehmerischem Interesse, die sich auch als Komplementäre beteiligen können, zu empfehlen. Schließlich hängt die Haftung der Investoren von der Stellung als Komplementär und nicht von der Geschäftsführertätigkeit ab.

kk. Besondere gesellschaftsvertragliche Regelung der Spezial-InvKG: Begrenzung auf (semi-)professionelle Anleger

Bei der offenen InvKG, die gem. § 127 Abs. 1 S. 1 KAGB immer eine Spezial-InvKG ist, und im Falle der geschlossenen Spezial-InvKG muss der Gesellschaftsvertrag gem. § 125 Abs. 2 S. 2 und § 150 Abs. 2 S. 2 KAGB eine Bestimmung enthalten, dass die Gesellschaftsanteile allein von professionellen und semiprofessionellen Anlegern gehalten werden dürfen. Diesbezüglich handelt es sich, wie bereits für die gleichlautenden Vorschriften der InvAG dargestellt[1230], lediglich um ein schuldrechtliches Veräußerungsverbot. Es besteht daher bei einem Verstoß ein Anspruch des Anlegers auf Schadensersatz, ggf. unter Berücksichtigung eines Mitverschuldens, der auch die Rückabwicklung des Beitritts umfasst[1231]. Daneben kann auch die BaFin aufsichtsrechtliche Maßnahmen anordnen[1232].

Bei der offenen Spezial-InvKG besteht zusätzlich in § 127 Abs. 1 S. 1 KAGB ein gesetzliches Erwerbsverbot i. S. d. § 134 BGB, da die Norm im Gesetz den Erwerb der Anteile der offenen InvKG untersagt[1233]. Damit ist dort der Beitritt

---

1228 Dies fordert etwa *Freitag,* NZG 2013, 329, 334.

1229 *Lorenz* in: Weitnauer/Boxberger/Anders KAGB, § 127 KAGB Rn. 4.

1230 Vgl. hierzu InvAG Teil B. V. 2. i.

1231 Siehe oben InvAG Teil B. V. 2. i.; vgl. hierzu auch *Eichhorn,* WM 2016, 110, 115.

1232 Gem. § 5 Abs. 6 S. 1 i. V. m. § 1 Abs. 6 KAGB bzw. § 127 Abs. 1 S. 1. bzw. bei interner Verwaltung gem. §§ 15, 16 KAGB.

1233 *Freitag,* NZG 2013, 329, 334; zustimmend aufgrund des Anlegerschutzes ebenfalls *Seitz,* Die InvestmentKG, S. 67; a. A. *Casper* in: Staub HGB, Band 4, § 161 HGB Rn. 276; *Stöber* in: Westermann/Wertenbruch, Hdb. Personengesellschaften, § 54a

eines Publikumsanlegers gem. § 134 BGB nichtig. Dies hat aufgrund des Anlegerschutzes zur Folge, dass der Beitritt ex tunc unwirksam ist[1234].

Zusätzlich sollte, da die offene InvKG in der Praxis sinnvollerweise nur für das Pension-Asset-Pooling[1235] genutzt werden kann, die Satzung eine Bestimmung enthalten, die natürliche Personen von der Beteiligung an der InvKG ausschließt[1236]. Fraglich ist, ob ein Verstoß gegen diese Regelung den Beteiligungserwerb gem. § 134 BGB unwirksam macht. Dies ist umstritten[1237]. Gegen eine Unwirksamkeit spricht wie bereits bei den Satzungsbestimmungen betreffend Spezialanleger, dass es sich lediglich um eine vertragliche Regelung handelt und somit kein dingliches Erwerbsverbot bestehen kann. Der größtmögliche Anlegerschutz wäre auch hier mit einem gesetzlichen Erwerbsverbot erreicht.

Eine solche Unterscheidung in Spezial- und Publikumsanleger ist in der KG nicht anzutreffen und stellt eine weitere Besonderheit der InvKG im Vergleich zur normalen KG dar.

II. Gesellschaftsvertragliche Regelungen bezüglich Sacheinlagen bzw. Sachübernahmen

Für die zulässigen Sacheinlagen in Spezial-InvKGen sowie für Sachübernahmen empfiehlt es sich, aufgrund der investmentspezifischen Gesellschaftsvertragsstrenge und der Transparenz für die Anleger, die erforderlichen Angaben nach § 27 Abs. 1 S. 1 AktG analog im Gesellschaftsvertrag niederzulegen[1238]. Hierzu gehören der Gegenstand, die Person, von der der Gegenstand erworben wird, der Wert des übernommenen Anteils bzw. bei Sachübernahmen die zu

---

Die Investment-KG Rn. 3170a; *Mohr,* Die offene Investmentkommanditgesellschaft, S. 46.

1234 *Freitag,* NZG 2013, 329, 334; zustimmend und die Lehre von der fehlerhaften Gesellschaft ablehnend *Seitz,* Die InvestmentKG, S. 67ff.; a. A. ohne Begründung *Lorenz* in: Weitnauer/Boxberger/Anders KAGB, § 127 KAGB Rn. 2.

1235 Vgl. hierzu RegE AIFM-UmsG BT-Drs. 17/12294 S. 235.

1236 *Lorenz* in: Weitnauer/Boxberger/Anders KAGB, § 125 KAGB Rn. 7.

1237 Für eine Unwirksamkeit: *Freitag,* NZG 2013, 329, 334; dagegen: *Stöber* in: Westermann/Wertenbruch, Hdb. Personengesellschaften, § 54a Die Investment-KG Rn. 3170a; *Lorenz* in: Weitnauer/Boxberger/Anders KAGB, § 125 KAGB Rn. 8; *Zetzsche,* AG 2013, 613, 615.

1238 Vgl. zur Zulässigkeit von Sacheinlagen und Sachübernahmen oben Teil C. V. 1. b.; zur investmentspezifischen Gesellschaftsvertragsstrenge Teil C. V. 2. b. aa.; sowie ausführlich zur Anwendung des § 27 AktG auf Publikums-KGen *Horbach* in: Münch. Hdb. GesR, Band 2, § 64 Rn. 5ff.

gewährende Vergütung. Diese vertragliche Regelung stellt ebenfalls eine Besonderheit im Vergleich zur normalen KG dar.

mm. Besondere gesellschaftsvertragliche Regelungen der offenen InvKG mit TGV

Die offene InvKG kann gem. § 132 Abs. 1 KAGB TGV bilden[1239], sofern dies im Gesellschaftsvertrag vorgesehen ist. Zusätzlich muss die Firma gem. § 134 Abs. 2 S. 1 KAGB den Zusatz „mit Teilgesellschaftsvermögen" oder eine allgemein verständliche Abkürzung hiervon beinhalten. Darüber hinaus hat der Gesellschaftsvertrag der offenen InvKG mit TGV gem. § 132 Abs. 6 KAGB zu bestimmen, dass Entscheidungen bezüglich Angelegenheiten der gesamten InvKG in einer Gesellschafterversammlung, zu der die Anleger aller TGV eingeladen werden, getroffen werden. Eine vergleichbare Regelung, dass TGV gebildet werden können, findet sich im Recht der KG nicht, sodass es sich um eine weitere Besonderheit der offenen InvKG handelt.

nn. Ermächtigung zur Aufnahme weiterer Gesellschafter

Nicht explizit im KAGB oder HGB genannt, jedoch durchaus zu empfehlen, um eine einfachere Aufnahme neuer Gesellschafter zu ermöglichen, und mithin praxisrelevant ist die gesellschaftsvertragliche Ermächtigung zur Aufnahme künftiger Kommanditisten.

Grundsätzlich ist ein Gesellschaftsvertrag nämlich mit allen Gesellschaftern abzuschließen[1240], sodass zur Aufnahme eines neuen Kommanditisten ein Vertragsschluss mit allen aktuellen Gesellschaftern der InvKG erforderlich wäre. Zur Publikums-KG ist unstreitig anerkannt, dass bereits mit Gründung bzw. nachträglichem Beitritt der Gesellschafter eine Ermächtigung des Komplementärs[1241] bzw. der Gesellschaft selbst[1242] zur Aufnahme von neuen Gesellschaftern erfolgt.

1239 Siehe hierzu ausführlicher unten C. V. 8. Die Umbrellakonstruktion in der offenen InvKG.

1240 BGHZ 76, 160, 164; *Roth* in: Baumbach/Hopt, HGB, § 105 HGB Rn. 67; *K. Schmidt,* Gesellschaftsrecht, § 45 II 3 a.

1241 Ganz h. M., vgl. BGH BB 1976, 154, 154; BGH NJW 2011, 1666, 1666f.; *Henze/Notz* in: EBJS HGB, Anhang nach § 177a HGB A. Die GmbH & Co. KG Rn. 13; *Haas/Mock* in: Röhricht/Graf von Westphalen/Haas HGB, § 161 HGB Rn. 130; *Grunewald* in: MüKo HGB, Band 3, § 161 HGB Rn. 142.

1242 H. M., vgl. BGH NJW 1978, 1000, 1000; *Henze/Notz* in: EBJS HGB, Anhang nach § 177a HGB B. Die Publikumskommanditgesellschaft Rn. 14; *Haas/Mock* in: Röhricht/Graf von Westphalen/Haas HGB, § 161 HGB Rn. 130; a. A. hier *Grunewald* in: MüKo HGB, Band 3, § 161 HGB Rn. 142.

Wird der Komplementär zur Aufnahme künftiger Gesellschafter ermächtigt, so schließt er den Gesellschaftsvertrag im Namen der übrigen Gesellschafter ab, während bei einer Ermächtigung der Gesellschaft selbst der Aufnahmevertrag direkt mit der Gesellschaft im eigenen Namen abgeschlossen wird[1243]. Für die InvKG sind diese Grundsätze ebenfalls anwendbar[1244], sodass eine entsprechende Ermächtigung in den Gesellschaftsvertrag der InvKG aufzunehmen ist. Anderenfalls, müssten bei einem Beitritt alle Gesellschafter zustimmen. Mithin besteht kein Unterschied der Publikums-KG zur InvKG.

oo. Besondere gesellschaftsvertragliche Regelungen der geschlossenen Publikums-InvKG mit Treuhandkonstruktion

An der geschlossenen Publikums-InvKG dürfen sich die Anleger entweder gem. § 152 Abs. 1 S. 1 KAGB unmittelbar oder gem. S. 2 mittelbar über einen Treuhandkommanditisten beteiligen. Entgegen einer Ansicht in der Literatur ist für die offene und die geschlossene Spezial-InvKG jedwede Treuhandkonstruktion unzulässig[1245]. Dies ergibt sich eindeutig aus dem Wortlaut in § 127 Abs. 1 S. 2 bzw. § 152 Abs. 1 S. 1 KAGB, welcher im Gegensatz zu § 152 Abs. 1 S. 2 KAGB steht. Gem. § 152 Abs. 1 S. 3 KAGB hat der treugebende Anleger die gleiche Rechtsstellung gegenüber der InvKG und deren Gesellschaftern wie ein Kommanditist. Daher steht dem treugebenden Anleger ein Stimmrecht in der InvKG zu[1246].

Mit Blick auf § 152 Abs. 1 S. 2 KAGB, der eine Treuhandkonstruktion nur für die Publikums-InvKG zulässt, stellt sich die Frage, ob sich nur Publikumsanleger als Treugeber über einen Treuhandkommanditisten an der geschlossenen InvKG beteiligen können[1247]. Dies ergibt sich de lege lata allerdings nicht aus § 152 Abs. 1 S. 2 KAGB. Die Treuhandkonstruktion ist zwar nur in der Publikums-InvKG möglich, es besteht jedoch nach dem Wortlaut keine Einschränkung auf Publikumsanleger.

1243 Ganz h. M., vgl. hierzu etwa BGH NJW 2011, 1666, 1666f.; BGH NJW 1978, 1000, 1000; *Haas/Mock* in: Röhricht/Graf von Westphalen/Haas HGB, § 161 HGB Rn. 130.

1244 *Seitz,* Die InvestmentKG, S. 62.

1245 So aber *Hoffert* in: Moritz/Klebeck/Jesch KAGB, § 152 KAGB Rn. 17; für eine einschränkende Auslegung auch *Wallach,* ZGR 2014, 289, 305f., 307; wie hier wohl auch *Haas/Mock* in: Röhricht/Graf von Westphalen/Haas HGB, § 161 HGB Rn. 204.

1246 *Freitag,* NZG 2013, 329, 3334.

1247 Dafür wohl *Freitag,* NZG 2013, 329, 3334, der die Rechtsfolge des Beitritts eines nicht qualifizierten Anlegers als Treugeber erörtert.

Im Vergleich zur InvKG nach dem KAGB besteht für die KG nach dem HGB mangels Vertragsstrenge eine größere Gestaltungsfreiheit im Innenverhältnis. Dort sind Treuhandkommanditisten zulässig und anerkannt und auch Gesellschaften dürfen sich als Kommanditisten an der KG beteiligen[1248]. Damit sind die Regelungen des KAGB wiederum strenger und weichen von den normalen Regelungen zur KG ab.

pp. Entbehrlichkeit von Angaben im Gesellschaftsvertrag der InvKG de lege ferenda

Für die dargestellten in der Regel vom KAGB geforderten notwendigen Angaben im Gesellschaftsvertrag stellt sich die Frage, ob diese zwingend im Gesellschaftsvertrag enthalten sein müssen oder ob de lege ferenda eine Auslagerung beispielsweise in den Verkaufsprospekt zu empfehlen ist[1249].

Allerdings handelt es sich sowohl beim Unternehmensgegenstand als auch bei den Angaben zum Gesellschafterkreis oder dem Rückgaberecht immer um Regelungen, die das Gesellschaftsverhältnis näher konkretisieren und dieses maßgeblich ausgestalten. Vielmehr muss sogar jede Regelung, die Rechte und Pflichten der Gesellschaft, ihrer Organe oder der Gesellschafter enthält, unmittelbar im Gesellschaftsvertrag geregelt sein. Die Anlagebedingungen oder der Verkaufsprospekt können solche Angaben lediglich deklaratorisch wiederholen.

c. Zwischenergebnis zum Vergleich des Gesellschaftsvertrags der InvKG und seinen einzelnen Bestimmungen mit dem Gesellschaftsvertrag der KG

Der Vergleich der Regelungen zum Gesellschaftsvertrag ergibt deutliche Unterschiede zwischen der InvKG und der KG. So besteht für die KG im Innenverhältnis kein bzw. wenig zwingendes Recht, während für die InvKG in jedem Falle bezüglich der Vorschriften des KAGB sowie nach hier vertretener Ansicht auch bezüglich der Vorschriften des AktG, die im Rahmen der Inhaltskontrolle Anwendung finden, eine investmentspezifische Gesellschaftsvertragsstrenge gilt. Des Weiteren bedarf der Gesellschaftsvertrag der InvKG, anders als derjenige der KG, der Schriftform. Dies erinnert bereits mehr an eine Kapitalgesellschaft als an eine Personengesellschaft, im Speziellen besteht eine große Ähnlichkeit

---

1248 Vgl. hierzu bereits BGH NJW 1987, 2677, 2677f.; BGH NJW-RR 1992, 930, 930ff. oder BGH NJW 2011, 921, 921ff.; *Haas/Mock* in: Röhricht/Graf von Westphalen/Haas HGB, § 161 HGB Rn. 204.

1249 So etwa *Freitag*, NZG 2013, 329, 333.

zur InvAG. Die Auslegung des Gesellschaftsvertrags erfolgt zudem von Anfang an objektiv.

Daneben weist die vorgeschriebene und geschützte Firmenbezeichnung darauf hin, dass es sich um einen Rechtsformzusatz handelt.

Der Unternehmensgegenstand der InvKG und der Unternehmensgegenstand der KG stehen aufgrund des materiellen Investmentbegriffes in einem Alternativverhältnis zueinander. Dies spricht ebenfalls dafür, dass die InvKG eine eigenständige Rechtsform ist. Die gesetzliche Regelung des Unternehmensgegenstands ist im Personengesellschaftsrecht zudem unüblich. Hier besteht wiederum eine Übereinstimmung mit den Regelungen zu Kapitalgesellschaften, insbesondere denjenigen der InvAG.

Die Sonderregelungen zur Ladung und zum Protokoll der Gesellschafterversammlung sowie das Verbot der Sacheinlagen für geschlossene Publikums-InvKGen erinnern ebenfalls an Kapitalgesellschaften. De lege lata kann den Investmentkommanditisten weder das Teilnahme- noch das Stimmrecht in der Hauptversammlung entzogen werden.

Hinsichtlich des Kündigungsrechts in der offenen InvKG wurde festgestellt, dass die InvKG deutlich „offener" als die normale KG ist, sofern die Sicherungsregelungen des KAGB nicht eingreifen. Für den Fall, dass aber das Anfangsvermögen unterschritten wird, ist die offene InvKG „geschlossener" als die KG nach dem HGB. Auch der Ausgabe- und Rückgabepreis ist jeweils gesetzlich geregelt und hiervon kann nach hier vertretener Ansicht nicht abgewichen werden.

Eine Unterscheidung der Gesellschafter nach ihren jeweiligen Fachkenntnissen in Spezial- und Publikumsanleger ist dem Recht der KG ebenfalls fremd. In Spezial-InvKGen besteht durch die nach § 125 Abs. 2 S. 2 und § 150 Abs. 2 S. 2 KAGB erforderliche Vertragsbestimmung ein schuldrechtliches Erwerbsverbot für Privatanleger. Dieses sollte aufgrund des Schutzzwecks, nämlich dem Schutz der Anleger, de lege ferenda als gesetzliches Verbot auch für geschlossene InvKGen – wie für offene InvKGen in § 127 Abs. 1 KAGB – normiert werden. De lege ferenda ist eine Unterscheidung zwischen Anlegern mit Anlageinteresse, die sich nur als Kommanditisten beteiligen können und Investoren mit unternehmerischem Interesse, die sich auch als Komplementäre beteiligen könnten, wünschenswert. Auch eine Unterscheidung zwischen Anlagekommanditisten und Unternehmenskommanditisten wäre denkbar. De lege ferenda könnte eine Regelung geschaffen werden, dass Anleger, die aus reinem Anlageinteresse handeln, erst nach Eintragung der InvKG dieser beitreten können, um einen Gleichlauf mit der InvAG m. v. K. zu erreichen.

Auch die Regelungen zum Anlage- und Betriebsvermögen unterscheiden sich von den Regelungen zur normalen KG. Darüber hinaus kennt das HGB keine Bildung von TGV. Bei dem Vergleich der Treuhandkonstruktionen ergibt sich, dass diese im HGB zwar nicht gesetzlich vorgesehen, jedoch nach wohl h. M. zulässig sind. Für die InvKG ist dies aber nur bei der geschlossenen Publikums-InvKG möglich. Auch hier sind die Regelungen zur InvKG strenger.

Die offene InvKG unterscheidet sich mithin durch die Kündigungsmöglichkeit und die Möglichkeit zur Bildung von TGV noch stärker von der geschlossenen InvKG. Bei der geschlossenen Publikums-InvKG kann dagegen wiederum eine Beteiligung über einen Treuhandkommanditisten erfolgen. Diese Ausdifferenzierung in verschiedene Unterarten spricht dafür, dass die InvKG bereits eine eigene Rechtsform mit verschieden Sonderformen ist und nicht, dass weitere Sonderformen der Sonderform bestehen.

Dagegen unterscheiden sich die Regelungen zum Gesellschaftssitz oder auch zur Ermächtigung der Aufnahme von künftigen Gesellschaftern nicht voneinander.

In der Gesamtschau wird jedoch die These gestützt, dass es sich bei der InvKG um eine eigene Rechtsform handelt. Außerdem erinnern deren Regelungen teilweise an das Recht der Kapitalgesellschaft, wobei festzuhalten ist, dass die strengeren Regelungen der InvKG nicht wie bei Kapitalgesellschaften vorrangig den Gläubigern, sondern vielmehr den Anlegern dienen.

3. Die Anlagebedingungen der InvKG

Bezüglich der Anlagebedingungen ist auf die Ausführungen zur InvAG zu verweisen[1250]. Für die InvKG sind die Anlagebedingungen im mit § 111 bzw. § 143 KAGB identischen § 126 bzw. § 151 KAGB normiert. Für offene Publikums-InvKGen ist ebenfalls § 162 Abs. 1 Nr. 2 und Abs. 2 KAGB einschlägig, während für geschlossene Publikums-InvKGen die §§ 266 und 267 KAGB zu beachten sind. Bei Spezial-InvKGen ist § 273 S. 1 Nr. 3 sowie S. 2 KAGB einzuhalten. Auch die Anlagebedingungen der InvKG sind als AGB einzuordnen und haben, sofern sie gesellschaftsrechtliche Regelungen enthalten, lediglich Klarstellungs-, Informations- sowie Konkretisierungsfunktion[1251]. Im Gegensatz zur InvAG haben die Anlagebedingungen nicht einmal den Vorteil der Formerleichterung bei

1250 Siehe oben Teil B. V. 3.

1251 Vgl. hierzu etwa *BVI*, Muster-Anlagebedingungen für geschlossene Publikums-InvKGen; abrufbar unter: https://www.bvi.de/?id=1762&file=2016_07_19_Muster-Anlagebedingungen_InvKG_Stand_18.Juli_2016.docx, zuletzt aufgerufen am 22.05.18, die entweder die gesetzliche Regelung wiedergeben oder auf den Gesellschaftsvertrag Bezug nehmen.

Änderungen[1252]. Vielmehr bedarf eine Änderung des Gesellschaftsvertrags der InvKG nur der Schriftform. Somit bleibt es bei dem obigen Zwischenergebnis zur InvAG. Insbesondere sollten Anlagebedingungen de lege ferenda erst recht im Gesellschaftsvertrag geregelt sein, da keine Erleichterung bei Änderungen der Anlagebedingungen ersichtlich ist.

4. Die Organisationsverfassung der InvKG im Vergleich zu derjenigen der KG

a. Die Gesellschafterversammlung

Ein Organ der InvKG ist die Gesellschafterversammlung. Im HGB findet sich dagegen gar keine Regelung betreffend Gesellschafterversammlungen[1253]. Vielmehr können Gesellschafterbeschlüsse auch außerhalb einer Versammlung erlassen werden[1254]. Bereits durch die Notwendigkeit einer Gesellschafterversammlung unterscheidet sich damit die InvKG von der normalen KG.

aa. Ladung und Protokollierung

Für die Gesellschafterversammlung der InvKG sind, wie bereits dargestellt[1255], für die Ladung die Textform und für die anschließend zu übersendende Protokollkopie die Regelungen im Gesellschaftsvertrag gem. § 125 Abs. 3 und § 150 Abs. 3 KAGB zu beachten. Auch diesbezüglich besteht ein Unterschied zur KG. Dort ist zum einen gar keine Gesellschafterversammlung gesetzlich geregelt und erforderlich[1256], sodass, sofern eine Gesellschafterversammlung im Gesellschaftsvertrag vorgesehen ist, zu dieser zum anderen auch formfrei eingeladen werden kann. Auch eine Protokollführung ist somit nicht geregelt.

bb. Die Beschlussfassung in der InvKG

Auf den ersten Blick unterscheidet sich die InvKG nicht wesentlich von der KG, was die Beschlussfassung angeht. Im KAGB sind hierzu keine Regelungen enthalten. Ein Unterschied besteht jedoch bereits dadurch, dass die Beschlüsse in

---

1252 *Wallach,* ZGR 2014, 289, 297f.; zustimmend *Seitz,* Die InvestmentKG, S. 49.

1253 Vgl. § 161 Abs. 2 i. V. m. § 119 und § 166 HGB so auch *Roth* in: Baumbach/Hopt, HGB, Anh. nach § 177a HGB Rn. 32.

1254 So auch *Könnecke* in: Baur/Tappen KAGB, § 150 KAGB Rn. 24.

1255 Siehe oben Teil C. V. 2. b. ff.

1256 Vgl. § 161 Abs. 2 i. V. m. § 119 und § 166 HGB so auch *Roth* in: Baumbach/Hopt, HGB, Anh. nach § 177a HGB Rn. 32.

der Gesellschafterversammlung stattfinden müssen. Dies ergibt sich aus § 125 Abs. 3 Nr. 1 bzw. § 150 Abs. 3 Nr. 1 KAGB.

(1) Die erforderliche Mehrheit

Das KAGB enthält bezüglich der erforderlichen Mehrheit keine Vorschriften[1257]. In der Regel wird im Gesellschaftsvertrag der InvKG geregelt sein, dass Beschlüsse mit einfacher Mehrheit der Stimmen pro Anteil gefasst werden[1258]. Wie in der KG muss nach Aufgabe des Bestimmtheitsgrundsatzes[1259] nicht in einer Aufzählung im Gesellschaftsvertrag niedergelegt sein, welche Entscheidungen von der Mehrheit getroffen werden können. Es genügt, wenn sich aus der objektiven Auslegung gem. § 157 BGB aus dem Vertrag ergibt, dass die jeweilige Entscheidung von der Mehrheit beschlossen werden kann[1260]. Das bedeutet, dass Mehrheitsklauseln grundsätzlich zulässig sind und auch keine Aufzählung der einzelnen Beschlussgegenstände erforderlich ist. In materieller Hinsicht sind Mehrheitsbeschlüsse anschließend auf ihre Wirksamkeit zu überprüfen, beispielsweise ob eine Zustimmungspflicht aufgrund der Treuepflicht der Gesellschafter untereinander bestand[1261].

Grundsätzlich bedarf es für Beschlüsse der KG gem. § 161 Abs. 2 i. V. m. § 119 Abs. 1 HGB der Einstimmigkeit aller Gesellschafter. Diese Vorschrift ist allerdings gem. § 119 Abs. 2 HGB abdingbar und der Gesellschaftsvertrag kann auch Mehrheitsentscheidungen vorsehen. Nach der Auslegungsregel des § 119 Abs. 2 HGB berechnet sich die Mehrheit im Zweifel nach der Anzahl und nicht nach den Anteilen der Gesellschafter. Da bereits in der KG Mehrheitsbeschlüsse zulässig sind, unterscheidet sich die InvKG in diesem Punkt nicht von der KG.

(2) Gegenstand der Beschlussfassung

Gegenstand der Gesellschafterbeschlüsse sind nur Grundlagengeschäfte, während Alltagsgeschäfte, wie etwa Fragen betreffend die Kapitalanlage, von den

---

1257 Hierauf weist ebenfalls *Seitz,* Die InvestmentKG, S. 217f. hin.

1258 *Kracke* in: Baur/Tappen KAGB, § 125 KAGB Rn. 4; *Lorenz* in: Weitnauer/Boxberger/Anders KAGB, § 125 KAGB Rn. 10.

1259 BGHZ 203, 77, 2. Leitsatz, 85, Rn. 14; die Abkehr zeichnete sich bereits durch vorherige Entscheidungen ab: BGHZ 191, 293, 299 Rn. 16; BGHZ 179, 13, 20 Rn. 15; BGHZ 170, 283 (OTTO), 1. Leitsatz, 286f. Rn. 9, 10.

1260 BGHZ 203, 77, 2. Leitsatz, 86f., Rn. 15.

1261 BGHZ 170, 283, 287f., Rn. 10; BGHZ 183, 1, 5ff., Rn. 14ff.; BGHZ 203, 77, 2. Leitsatz, 84f., Rn. 12f.

geschäftsführenden Gesellschaftern oder im Falle der externen Verwaltung von der KVG entschieden werden[1262].

(3) Folgen fehlerhafter Beschlussfassung

Bei der fehlerhaften Beschlussfassung ist zu differenzieren: Nach einer in der Literatur vertretenen Ansicht kann bei Verfahrensfehlern einstimmig auf ihre Geltendmachung verzichtet werden[1263]. Dieser Ansicht ist zuzustimmen, da es bloße Förmelei wäre, den Beschluss unter Vermeidung des Verfahrensfehlers nochmals durchzuführen. Als Verfahrensfehler ist etwa die mangelbehaftete Ladung anzusehen[1264]. Ansonsten führen Verfahrensfehler, die kausal für den Beschluss waren, und materielle Fehler zur Nichtigkeit[1265].

cc. Zwischenergebnis

Die Gesellschafterversammlung ist in der InvKG das Organ, wofür bestimmte Formalien bei der Ladung und beim Protokoll zu beachten sind und indem die Gesellschafterbeschlüsse über Grundlagengeschäfte gefasst werden. Die normale KG hat hierzu gar keine Regelungen, sodass für die InvKG ebenfalls strengere und zwingende Regelungen bestehen. Auch hier erinnern die Regeln des KAGB für die InvKG an das Kapitalgesellschaftsrecht, wie etwa in §§ 48f. GmbHG, auch wenn die Regelungen im KAGB bei weitem nicht so detailliert sind wie die §§ 119ff. AktG, und untermauern die These, dass es sich bei der InvKG um eine eigene Gesellschaftsform handelt.

b. Die Geschäftsführung der InvKG

aa. Bestellung und „Abberufung" der Geschäftsführung

Die Geschäftsführung übernimmt in der Regel der Komplementär gem. § 164 HGB und § 161 Abs. 2 i. V. m. §§ 114ff. HGB. Sofern eine Komplementär-GmbH

1262 *Kracke* in: Baur/Tappen KAGB, § 125 KAGB Rn. 16; *Eichhorn* in: Moritz/Klebeck/Jesch KAGB, § 125 KAGB Rn. 28.

1263 *Könnecke* in: Baur/Tappen KAGB, § 150 KAGB Rn. 26; *Kunschke/Klebeck* in: Beckmann/Scholtz/Vollmer Investment, 405 § 125 KAGB Rn. 52; *Wiedemann*, NZG 2013, 1041, 1042.

1264 *Oetker* in: Oetker HGB, § 161 HGB Rn. 188, der § 124 Abs. 4 S. 1 AktG analog anwendet.

1265 *Eichhorn* in: Moritz/Klebeck/Jesch KAGB, § 125 KAGB Rn. 25; *Haas/Mock* in: Röhricht/Graf von Westphalen/Haas HGB, § 161 HGB Rn. 148; *Mohr*, Die offene Investmentkommanditgesellschaft, S. 28f.; *Eichhorn*, WM 2016, 110, 113.

besteht, übernehmen deren Geschäftsführer gem. § 35 GmbHG die Geschäftsführung und Vertretung der Komplementär-GmbH und damit mittelbar die Geschäftsführung und Vertretung der GmbH & Co. InvKG[1266]. Es ist allerdings wegen § 163 HGB auch denkbar, dass einer oder mehrere Kommanditisten die Geschäftsführung übernehmen, ohne dass gegen den Grundsatz der Selbstorganschaft verstoßen wird[1267].

Die Entziehung der Geschäftsführungsbefugnis bestimmt sich für die KG nach § 117 HGB, die Entziehung der Vertretungsmacht nach § 127 HGB.

Auch für die InvKG findet sich in § 128 Abs. 4 und § 153 Abs. 5 KAGB die Möglichkeit der BaFin, die „Abberufung" der Geschäftsführung oder ihrer Mitglieder zu verlangen, sofern sie nicht zuverlässig oder fachlich geeignet sind. Hier findet sich ein Versehen des Gesetzgebers, der auf Abs. 3 statt auf Abs. 2 verweist[1268]. Dies sollte de lege ferenda geändert werden. Mit „Abberufung" kann nur die Entziehung der Geschäftsführungsbefugnis und der Vertretungsmacht gemeint sein[1269]. Gesellschaftsrechtlich wäre, im theoretischen Fall, dass es sich bei den Komplementären um natürliche Personen handelt, zum Entzug der Geschäftsführungsbefugnis gem. § 117 HGB und der Vertretungsmacht gem. § 127 HGB eine gerichtliche Entscheidung auf Antrag der übrigen Gesellschafter erforderlich.

Diese könnte bei einem Abberufungsverlangen der BaFin entbehrlich sein. De lege ferenda sollte das Erfordernis der gerichtlichen Entscheidung grundsätzlich – unabhängig von der gesellschaftsvertraglichen Regelung – abgeschafft werden. Hierfür spricht, dass bereits eine behördliche Entscheidung, die eine Entziehung der Vertretungsmacht und der Geschäftsführungsbefugnis verlangt, vorliegt. Diese kann angefochten werden, sodass der Rechtsweg eröffnet wird. Für die Publikums-KG wird von der wohl h. M. vertreten, dass eine Entziehung der Geschäftsführungsbefugnis durch einfachen Mehrheitsbeschluss erfolgt und keine Gestaltungsklage gem. § 117 HGB notwendig ist[1270]. Aufgrund der

---

1266 Unstrittig statt aller *Henze/Notz* in: EBJS HGB, Anhang nach § 177a HGB A. Die GmbH & Co. KG Rn. 83.

1267 Siehe hierzu sogleich Teil C. V. 4. a. bb.

1268 So auch *Mohr,* Die offene Investmentkommanditgesellschaft, S. 105.

1269 Noch weitergehend *Schewe,* Kommanditgesellschaften im Regelungsbereich des Investmentrechts, S. 177ff., der auch eine Ausschließungsklage in Betracht zieht.

1270 Vgl. etwa BGHZ 102, 172 1. Leitsatz, 178f.; *Drescher* in: EBJS HGB, § 117 HGB Rn. 3; *Jickeli* in: MüKo HGB, Band 2, § 117 HGB Rn. 5 jeweils m. w. N.; *Hopt,* ZGR 1979, 1, 27; zu den Voraussetzungen einer Mehrheitsentscheidung bereits oben Teil C. V. 4. b. aa.

körperschaftlichen Struktur der Publikums-KG wäre es auch sehr aufwendig, wenn alle untereinander nicht bekannten Gesellschafter eine gemeinsame Klage erheben müssten[1271]. Es genügt daher zu Recht, wie in der Rechtsprechung für die Publikums-GbR festgestellt[1272], ein Beschluss mit einfacher Mehrheit, sofern ein wichtiger Grund für die Abberufung vorhanden ist.

Für die InvKG wäre ein Vorgehen nach § 117 HGB noch weniger praktikabel. Letzten Endes haben die Anleger hauptsächlich ein Vermögensinteresse[1273]. Dass diese Anleger dann geschlossen gegen einen Geschäftsführer vor Gericht vorgehen, ist nicht vorstellbar und zeitaufwendig. Zunächst müssten alle Mitanleger ermittelt werden. Zudem erfordert auch der Sinn und Zweck des KAGB, der das Anlageinteresse schützt, keine gerichtliche Entscheidung, sofern bereits eine Entscheidung der BaFin vorliegt. Damit ist auch für die InvKG aufgrund der körperschaftlichen Struktur und trotz des Verweises auf das Recht der KG § 117 HGB nicht anwendbar.

In Betracht kommt allerdings auch, die Regelungen des § 84 Abs. 3 AktG analog anzuwenden. Hierfür spricht zum einen die investmentspezifische Gesellschaftsvertragsstrenge, wonach sich die InvKG einer Inhaltskontrolle zu unterziehen hat und die Lücken aufgrund der stark ausgeprägten körperschaftlichen Struktur der InvKG durch das AktG zu schließen sind[1274]. Somit ist, sofern die InvKG einen Beirat hat, § 84 Abs. 3 AktG analog anzuwenden, da dieser den Interessen der Anleger gerecht wird. Dogmatisch ist zum anderen eine Analogie des § 84 Abs. 3 AktG der Anwendung der Rechtsprechung zur Publikums-GbR vorzuziehen.

Zu überlegen ist noch, ob eine Entziehung der Geschäftsführungsbefugnis durch die Gesellschafter oder durch den Beirat zu erfolgen hat. Sofern ein Beirat vorhanden ist, ist gerade aufgrund des hauptsächlich vorliegenden Anlageinteresses eine Abberufung durch den Beirat möglich. Ist dagegen kein Beirat vorhanden, so kann die Gesellschafterversammlung selbst mittels einfacher Mehrheit die Entziehung der Geschäftsführungsbefugnis gem. § 84 Abs. 3 AktG analog beschließen. Da bereits ein Vertrauensentzug durch die Gesellschafterversammlung einen wichtigen Grund darstellt, ist dieser bereits gegeben[1275].

1271 *Drescher* in: EBJS HGB, § 117 HGB Rn. 3.

1272 BGHZ 102, 172 1. Leitsatz, 178f.; vgl. hierzu *Reichert/Winter*, BB 1988, 981, 992; LG Frankfurt GWR 2009, 248.

1273 *Zetzsche,* AG 2013, 613, 614; vgl. zu Anlageaktionären RegE InvÄndG BT-Drs. 16/5576 S. 83; *Herrmann* in: Baur/Tappen KAGB, § 109 KAGB Rn. 17.

1274 Siehe oben Teil C. V. 2. b. aa.

1275 So wohl auch LG Frankfurt a. M. GWR 2009, 248, 248.

Ein wichtiger Grund liegt regelmäßig vor, wenn die Voraussetzungen des § 128 Abs. 4 bzw. § 153 Abs. 4 KAGB tatsächlich vorliegen.

Man könnte zudem darüber nachdenken, dass gar keine natürlichen Personen als Komplementäre zugelassen werden[1276]. Hierfür spricht, dass sich gem. § 127 Abs. 1 S. 1 bzw. § 152 Abs. 1 KAGB Anleger nicht als Komplementäre beteiligen dürfen. Dass das KAGB von einer Abberufung ausgeht, spricht dafür, dass dem Gesetzgeber ausschließlich eine GmbH & Co. InvKG vor Augen stand. Hier wird der Widerruf der Bestellung des Geschäftsführers auch als Abberufung bezeichnet[1277]. Insbesondere, um die bereits genannten Schwierigkeiten bei der Entziehung der Geschäftsführungsbefugnis zu umgehen, empfiehlt sich de lege ferenda eine solche Regelung.

Bei einer geschäftsführenden Komplementär-GmbH erfolgt die Bestellung der Geschäftsführer gem. §§ 6 Abs. 3 S. 2, 46 Nr. 5 GmbHG entweder im Gesellschaftsvertrag oder durch Gesellschafterbeschluss. Die Bestellung ist gem. § 38 Abs. 1 GmbHG grundsätzlich widerruflich. Die Widerruflichkeit kann gem. § 38 Abs. 2 S. 1 GmbHG beim Vorliegen wichtiger Gründe nicht vertraglich abbedungen werden. Sofern die BaFin die Abberufung eines Geschäftsleiters verlangt, ist daher im Falle der GmbH & Co. InvKG die Komplementär-GmbH verpflichtet die Bestellung des betreffenden Geschäftsleiters zu widerrufen[1278]. Hierfür ist gem. §§ 46 Nr. 5, 47 Abs. 1 GmbHG ein Gesellschafterbeschluss erforderlich.

Für den Fall, dass die InvKG bzw. ihre Komplementär-GmbH nicht dem Abberufungsverlangen der BaFin nachkommt, ist fraglich, ob der BaFin die Instrumentarien der §§ 39ff. KAGB zur Verfügung stehen[1279]. Die §§ 39ff. KAGB finden nur insofern Anwendung, als die InvKG intern verwaltet wird und zugleich KVG ist. Die regelmäßig extern verwaltete InvKG bedarf nämlich gar keiner Erlaubnis, die folglich auch nicht aufgehoben werden kann. Mithin kann die BaFin gem. § 128 Abs. 4 bzw. § 153 Abs. 4 KAGB den Geschäftsleitern der extern verwalteten InvKG nur die Ausübung ihrer Tätigkeit untersagen. Bei der Untersagung handelt es sich um einen Verwaltungsakt, der notfalls auch mittels Zwangsmitteln nach dem VwVG vollstreckt werden kann.

1276 So etwa mit ausführlicherer Kritik an der Zulässigkeit natürlicher Personen *Freitag*, NZG 2013, 329, 334.

1277 Vgl. § 46 Nr. 5 GmbHG und *Zöllner/Noack* in: Baumbach/Hueck GmbHG, § 38 GmbHG Rn. 3; *Stephan/Tieves* in: MüKo GmbHG, Band 2, § 38 GmbHG Rn. 1.

1278 Vgl. hierzu ebenfalls ausführlich *Schewe*, Kommanditgesellschaften im Regelungsbereich des Investmentrechts, S. 176f.

1279 Dies bejaht aber *Casper*, ZHR 179 (2015), 44, 62.

Die InvKG unterscheidet sich vom Grundfall der KG dahingehend, dass die BaFin die Abberufung der Geschäftsführer verlangen kann und ihre Tätigkeit bei der intern verwalteten InvKG untersagen kann. In allen Konstellationen kann die Untersagung der Tätigkeit des Geschäftsführers nach dem VwVG vollstreckt werden. Hinzu kommt, dass § 117 HGB für die InvKG nicht anwendbar ist und beim Bestehen eines Beirats § 84 Abs. 3 AktG analog anzuwenden ist und ansonsten mit Vorliegen eines wichtigen Grundes ein einfacher Mehrheitsbeschluss ausreicht. Bereits die Terminologie „Abberufung" sowie die für die InvKG anwendbaren Vorschriften zur Abberufung sprechen für das Bestehen einer neuen Gesellschaftsform und entsprechen der Rechtslage im Kapitalgesellschaftsrecht.

bb. Übernahme der Geschäftsführung durch den Kommanditisten

Im Regelfall sind die Kommanditisten mangels anderweitiger Regelung gem. § 164 S. 1 1. Hs. HGB von der Geschäftsführung ausgeschlossen. In atypischen KGen ist es allerdings auch denkbar, dass ein Kommanditist die Geschäftsführung übernimmt.

Für eine sogenannte gewerbliche Entprägung gem. § 15 Abs. 3 Nr. 2 EStG wäre es sogar notwendig, dass ein Kommanditist die Geschäftsführungsbefugnis innehat[1280]. Die InvKG unterliegt als Personengesellschaft gem. § 1 Abs. 3 Nr. 2 InvStG nicht dem Anwendungsbereich des InvStG, sofern es sich nicht um eine offene InvKG als Altersvorsorgevermögenfonds i. S. d. § 53 Abs. 1 InvStG handelt. Für Altersvorsorgevermögenfonds ist in § 53 Abs. 4 S. 2 InvStG bereits geregelt, dass deren Einkünfte nicht als gewerblich gelten. Mithin ist für alle geschlossenen InvKGen sowie offenen InvKGen, die kein Altersvorsorgevermögensfonds sind, nach § 15 Abs. 3 Nr. 2 EStG die gewerbliche Prägung für das Vorliegen eines Gewerbebetriebs maßgeblich. Eine gewerbliche Prägung liegt hiernach vor, wenn eine oder mehrere Kapitalgesellschaften persönlich haftende Gesellschafter sind und nur diese oder Nicht-Gesellschafter eine Geschäftsführungsbefugnis innehaben. Durch die Übertragung der Geschäftsführung an einen Kommanditisten fände mithin eine sogenannte gewerbliche Entprägung statt, die sich steuerlich günstig auswirkt[1281].

1280 *Ewald/Jansen,* DStR 2016, 1784, 1788; vgl. hierzu ausführlich Rüber/Reiff, BB 2014, 1634, 1635ff.

1281 Vgl. hierzu ausführlich *Rüber/Reiff,* BB 2014, 1634, 1635ff.

Nach dem HGB ist es unbestritten zulässig, dass der Kommanditist neben dem Komplementär zur Geschäftsführung berechtigt und verpflichtet ist[1282]. Umstritten ist, ob der Kommanditist die alleinige Geschäftsführungsbefugnis innehaben kann, wobei eindeutig der Grundsatz der Selbstorganschaft diesem Vorhaben nicht im Wege steht[1283]. Teilweise wird damit argumentiert, dass für die Komplementäre aufgrund der zwingenden Vertretungsmacht gem. § 170 HGB nicht komplett die Geschäftsführungsbefugnis ausgeschlossen werden kann[1284]. Als weiteres Argument gegen eine alleinige Geschäftsführung des Kommanditisten wird angeführt, dass es dem Komplementär unzumutbar sei für Fehler, die der Kommanditist begeht, persönlich zu haften[1285]. Im Gegensatz zur Vertretungsbefugnis gem. § 170 HGB ist die Geschäftsführungsbefugnis gem. § 163 HGB abdingbar. Da Vertretungsmacht und Geschäftsführungsbefugnis voneinander unabhängig bestehen können, ändert auch dies nichts daran, dass die Geschäftsführungsbefugnis sogar ausschließlich auf den Kommanditisten übertragen werden kann[1286].

Übernimmt der Kommanditist die Geschäftsführung, so haftet er im Innenverhältnis wie ein Komplementär, wobei im Außenverhältnis keine Haftung gem. § 128 HGB entsteht[1287]. De lege ferenda sollten Anleger daher von der Geschäftsführung ausgeschlossen werden, um eine Haftung im Innenverhältnis zu vermeiden.

Bis hierher unterscheidet sich die InvKG noch nicht von der Grundform der KG. Mangels besonderer Regelungen, die vom Gesetzgeber bewusst nicht erlassen wurden[1288], bleibt es bei den Regelungen zur KG. Allerdings müssen auch Kommanditisten, denen die Geschäftsführung übertragen wird, die Voraussetzungen des § 128 KAGB bzw. § 153 KAGB einhalten. So müsste der Kommanditist zusätzlich die Anforderungen des KAGB an die Zusammensetzung, die

---

1282 *Oetker* in: Oetker HGB, § 164 HGB Rn. 38; *Casper* in: Staub HGB, Band 4, § 164 HGB Rn. 32.

1283 *Grunewald* in: MüKo HGB, Band 3, § 164 HGB Rn. 23; *Casper* in: Staub HGB, Band 4, § 164 HGB Rn. 33.

1284 *Weipert* in: EBJS HGB, § 164 HGB Rn. 4f.

1285 *Wiedemann,* Gesellschaftsrecht Band 2, § 9 II 2 a).

1286 BGHZ 17, 392, 394f.; BGHZ 51, 198, 201.

1287 *Roth* in: Baumbach/Hopt, HGB, § 164 HGB Rn. 9; *Gummert* in: Henssler/Strohn, § 164 HGB Rn. 18.

1288 So sah § 149 des Diskussionsentwurfs zum KAGB noch vor, dass die Geschäftsführung nur von einem oder mehreren Komplementären ausgeübt werden darf, vgl. Bundesministerium der Finanzen, DiskE AIFM-UmsG S. 144.

Zuverlässigkeit und die fachliche Eignung der Geschäftsleiter erfüllen. Bezüglich dieser Anforderungen an die Geschäftsführer wird in Gänze auf die Ausführungen oben zu den Anforderungen an den Vorstand der InvAG verwiesen[1289].

cc. Zusammensetzung der Geschäftsführung

Gem. § 128 Abs. 1 S. 1 bzw. § 153 Abs. 1 S. 1 KAGB muss die Geschäftsführung – wie die der InvAG – aus mindestens zwei Personen bestehen. Ebenso gilt das Vier-Augen-Prinzip[1290]. Hiermit sind zwei natürliche Personen gemeint[1291], es sind also zwei Komplementäre notwendig. Nach § 128 Abs. 1 S. 2 bzw. § 153 Abs. 1 S. 2 KAGB genügt es allerdings auch, sofern die Komplementärin eine juristische Person ist, deren Geschäftsführung wiederum von zwei Personen wahrgenommen wird. Innerhalb der GmbH haben die beiden Geschäftsführer gem. § 35 Abs. 2 S. 1 GmbHG Gesamtgeschäftsführungsbefugnis inne, sodass das Vier-Augen-Prinzip gewahrt ist. Nach der Rechtsprechung und der wohl h. M. wäre es auch zulässig, die Geschäftsführungsbefugnis auf zwei Kommanditisten zu übertragen, die dann die Voraussetzungen des § 128 Abs. 1 bzw. § 153 Abs. 1 KAGB einhalten müssten[1292].

Mit Blick auf die erforderliche Mindestanzahl ist zu überlegen, wie vorzugehen ist, wenn diese unterschritten wird. Bei einer Komplementär-GmbH könnte dann eine gerichtliche Notbestellung der Geschäftsführung abhelfen, während bei natürlichen Personen als Komplementäre dies aufgrund des Grundsatzes der Selbstorganschaft nicht möglich wäre[1293]. Aufsichtsrechtlich kann die BaFin aufgrund der Generalklausel in § 5 Abs. 6 S. 1 KAGB Anordnungen treffen, die zur Durchsetzung des in § 128 Abs. 1 bzw. § 153 Abs. 1 KAGB normierten Gebots erforderlich sind.

1289 Siehe oben Teil B. V. 4. a. bb. und cc.; §§ 128 bzw. 153 KAGB entsprechen den §§ 119 bzw. 147 KAGB mit Ausnahme der § 128 Abs. 1 S. 2 und § 153 Abs. 1 S. 2 KAGB welche eine zusätzliche Regelung enthalten, die bereits erörtert wurde. Außerdem fehlt in § 128 KAGB eine mit §§ 119 bzw. 147 Abs. 3 KAGB betreffend den Aufsichtsrat vergleichbare Regelung und eine § 119 Abs. 6 KAGB entsprechende Norm fehlt, da die InvKG kein OGAW ist.

1290 Siehe oben zur InvAG Teil B. V. 4. a. bb.; *Casper,* ZHR 179 (2015), 44, 57.

1291 Siehe oben zur InvAG Teil B. V. 4. a. bb.; zur InvKG etwa *Eichhorn,* WM 2016, 145, 145.

1292 Siehe oben zur InvAG Teil C. V. 4. b. bb.

1293 *Freitag,* NZG 2013, 329, 334.

dd. Einzel- oder Gesamtgeschäftsführungsbefugnis bzw. -vertretungsmacht

Für den in der Praxis seltenen Fall, dass es mehrere Komplementäre gibt, ist fraglich ob die Komplementäre jeweils Einzelgeschäftsführungsbefugnis und Einzelvertretungsmacht gem. §§ 115 Abs. 1 1. Hs., 125 Abs. 1 HGB haben[1294]. Als speziellere Regelung könnten § 128 Abs. 1 S. 1 und § 153 Abs. 1 S. 1 KAGB entgegenstehen. Hier ist allerdings keine Gesamtgeschäftsführungsbefugnis oder Gesamtvertretungsmacht geregelt, sondern nur, dass die Geschäftsführung aus mindestens zwei Personen bestehen soll. Sinn und Zweck des Vier-Augen-Prinzips ist die gegenseitige Kontrolle[1295] und gemeinsame Verantwortung[1296]. Eine Einzelgeschäftsführungsbefugnis und Einzelvertretungsmacht ist daher nach hier vertretener Ansicht nicht mit dem Vier-Augen-Prinzip vereinbar[1297]. So ist sichergestellt, dass vier Augen eine Geschäftsführungsmaßnahme überprüfen. De lege ferenda sollte dies im KAGB geregelt werden[1298]. De lege lata muss der Gesellschaftsvertrag der InvKG enthalten, dass mehrere Komplementäre nur Gesamtgeschäftsführungsbefugnis haben[1299].

Besteht eine Komplementär-GmbH, so haben deren Geschäftsführer gem. § 35 Abs. 2 S. 1 GmbHG Gesamtgeschäftsführungsbefugnis und Gesamtvertretungsmacht. Auch hiervon darf aufgrund des Vier-Augen-Prinzips nach hier vertretener Ansicht im Gesellschaftsvertrag nicht abgewichen werden[1300]. Sollte allerdings das KAGB, wie etwa § 29 Abs. 1 für die intern verwaltete InvKG, eine funktionale Trennung verlangen, kann bzw. muss dafür eine Einzelgeschäftsführungsbefugnis eingeräumt werden[1301].

1294 Offen *Casper*, ZHR 179 (2015), 44, 61 und *Freitag*, NZG 2013, 329, 334.

1295 Vgl. etwa zum Vier-Augen-Prinzip: *Schäfer* in: Boos/Fischer/Schulte-Mattler KWG, § 2b KWG Rn. 4.

1296 Siehe bereits oben Teil C. 4. b. bb., nach der hier vertretenen Ansicht ist eine Entscheidung von vier Augen zu treffen.

1297 Diese Ansicht vertritt ebenfalls *Seitz*, Die InvestmentKG, S. 109f.; a. A. *Schewe*, Kommanditgesellschaften im Regelungsbereich des Investmentrechts, S. 162f.

1298 So auch *Freitag*, NZG 2013, 329, 334; zustimmend *Mohr*, Die offene Investmentkommanditgesellschaft, S. 99f.

1299 Dies empfiehlt ebenfalls *Mohr*, Die offene Investmentkommanditgesellschaft, S. 99, der jedoch von einer Einzelgeschäftsführungsbefugnis ausgeht.

1300 So ebenfalls *Seitz*, Die InvestmentKG, S. 109f.; a. A. *Casper*, ZHR 179 (2015), 44, 61.

1301 *Wallach*, ZGR 2014, 289, 314.

ee. *Zuverlässigkeit und fachliche Eignung der Geschäftsführung*

Wie die Vorstandsmitglieder der InvAG müssen die Geschäftsführer gem. § 128 Abs. 2 S. 1 bzw. § 152 Abs. 2 S. 1 KAGB zuverlässig und zur Leitung der offenen bzw. geschlossenen InvKG fachlich geeignet sein[1302].

ff. *Rechte und Pflichten der Geschäftsführer der InvKG*

Die Geschäftsführer sind zur Leitung der InvKG berechtigt und verpflichtet und haben im Interesse der Integrität des Marktes sowie vorrangig im Interesse der Gesellschafter zu handeln[1303].

gg. *Haftung der Geschäftsführung*

Die Komplementäre oder Kommanditisten der InvKG haften gegenüber der InvKG, wenn sie ihre Geschäftsführung fehlerhaft ausüben. Innerhalb der Komplementär-GmbH haften die Geschäftsführer gem. § 43 Abs. 2 GmbHG.

Die Komplementäre oder Kommanditisten der KG haften gem. § 708 BGB nur für die Verletzung der eigenüblichen Sorgfalt. Die Haftungserleichterung bei eigenüblicher Sorgfalt gem. § 708 BGB findet für die InvKG, ebenso wie für die Publikums-KG, keine Anwendung[1304]. Dies ergibt sich nicht aus der körperschaftlichen Struktur[1305] oder den geltenden Regelungen zur Publikums-KG, sondern aus den spezielleren Regelungen in § 128 Abs. 1 S. 3 bzw. § 153 Abs. 1 S. 3 KAGB. Dort ist niedergelegt, dass die Geschäftsführung ihre Tätigkeit mit der gebotenen Sorgfalt und Gewissenhaftigkeit im besten Interesse der Gesellschafter, des von ihr verwalteten Vermögens sowie der Integrität des Marktes auszuüben hat, wobei im Konflikt das Gesellschafterinteresse Vorrang hat. Ob die Geschäftsführung interessengerecht wahrgenommen wurde, kann nur ex ante beurteilt werden und die anzuwendende Sorgfaltspflicht wird von *Zetzsche*

1302 Auch hier gelten die Ausführungen zur InvAG in Teil B. V. 4. a. cc.

1303 Es wird auf die Ausführungen zur InvAG Teil B. V. 4. a. ee. verwiesen; kritisch zu einem Handeln im ausschließlichen Anlegerinteresse *Seitz,* Die InvestmentKG, S. 170ff.

1304 *Stöber* in: Westermann/Wertenbruch, Hdb. Personengesellschaften, § 54a Die Investment-KG Rn. 3169c; *Casper,* ZHR 179 (2015), 44, 61; *Wiedemann,* NZG 2013, 1041, 1043; vgl. zur Publikums-KG: BGHZ 69, 207, 207ff.; BGHZ 75, 321, 2. Leitsatz, 327f.; *Haas/Mock* in: Röhricht/Graf von Westphalen/Haas HGB, § 161 HGB Rn. 117; *Habermeier* in: Staudinger, § 708 BGB Rn. 18.

1305 So wohl auch *Casper,* ZHR 179 (2015), 44, 61, der aber auch auf die ausdrücklichen Regelungen in § 128 Abs. 1 S. 2 Nr. 2 und § 153 Abs. 1 S. 2 Nr. 2 KAGB eingeht.

als „Investment Judgement Rule" bezeichnet[1306]. Mithin unterscheidet sich die InvKG bezüglich der Geschäftsführerhaftung im anzuwendenden Sorgfaltsmaßstab.

hh. Verbot des Erwerbs oder der Veräußerung von Vermögensgegenständen der InvKG durch die Geschäftsführung

Wie in der InvAG[1307] ist gem. § 128 Abs. 3 S. 1 KAGB bzw. § 153 Abs. 4 S. 1 KAGB der Erwerb oder die Veräußerung von Vermögensgegenständen von bzw. an die InvKG durch Mitglieder der Geschäftsführung gesetzlich i. S. d. § 134 BGB verboten. Ein solches gesetzliches Geschäftsverbot findet sich für die KG dagegen nicht. Vom Geschäftsverbot in der InvAG sind wegen des Interessengleichlaufs zwischen dem Erwerbenden und der InvKG jeweils nach S. 2 der Erwerb bzw. die Veräußerung eigener Anteile der InvKG ausgenommen. Nach dem Willen des Gesetzgebers soll der persönlich haftende Gesellschafter trotz des Erwerbs eines Kommanditanteils nur persönlich haftender Gesellschafter bleiben[1308]. Es handelt sich dabei lediglich um eine überflüssige Klarstellung, dass der Komplementär weiterhin seine Rechte und Pflichten als Komplementär innehat. Die persönliche Haftung aufgrund des Komplementäranteils besteht weiterhin, und die Haftung kann nicht mit Verweis auf die bereits erbrachte Kommanditeinlage ausgeschlossen werden. Mit dem Gesetzeswortlaut in § 128 Abs. 3 S. 2 bzw. § 153 Abs. 3 S. 2 KAGB wäre es auch nicht vereinbar, dass der erworbene Kommanditanteil sich mit Erwerb durch einen Komplementär in einen Komplementäranteil umwandelt[1309]. Schließlich wird explizit der Erwerb und die Veräußerung von Kommanditanteilen erlaubt.

ii. Zwischenergebnis und Vergleich zur KG

Die Regelungen zur Geschäftsführung der InvKG unterscheiden sich in vielen Bereichen von denjenigen der normalen KG.

Zum einen kann die BaFin eine Abberufung verlangen, womit sich wiederum eine aufsichtsrechtliche Regelung auf die Gesellschaftsstruktur auswirkt. Des

1306 *Zetzsche*, Prinzipien der kollektiven Vermögensanlage, S. 671ff.; *Zetzsche*, AG 2013, 613, 623; zur Anwendung der Investment-Judgement-Rule ebenfalls *Seitz*, Die InvestmentKG, S. 121ff.

1307 Siehe oben Teil B. V. 4. a. ff.

1308 RegE AIFM-UmsG BT-Drs. 17/12294 S. 243.

1309 Für eine Zulässigkeit von Mehrfachbeteiligungen ebenfalls *Mohr*, Die offene Investmentkommanditgesellschaft, S. 40ff.

Weiteren findet § 117 HGB zur Entziehung der Geschäftsführungsbefugnis der InvKG keine Anwendung. Sofern ein Beirat vorhanden ist, ist eine Abberufung durch den Beirat gem. § 84 Abs. 3 AktG analog möglich. Ist dagegen kein Beirat vorhanden, so kann die Gesellschafterversammlung selbst mittels einfacher Mehrheit die Entziehung der Geschäftsführungsbefugnis gem. § 84 Abs. 3 AktG analog beschließen.

Zum anderen findet das Vier-Augen-Prinzip Anwendung, sodass die Geschäftsführer nur gemeinschaftlich die Geschäftsführungsbefugnis ausüben können. Außerdem enthält das KAGB spezielle Regelungen zur fachlichen Eignung, zu den Interessen, denen die Geschäftsführung dienen muss, zur maßgeblichen erforderlichen Sorgfalt sowie ein Geschäftsverbot. Auch hier kann festgestellt werden, dass es nicht mehr um persönliche Verbundenheit und Vertrauen, sondern um die Sicherstellung der Professionalität des Geschäftsführers geht.

Damit erinnern auch die Sonderregelungen zur Geschäftsführung an das Kapitalgesellschaftsrecht und sind mit der These, dass eine neue Gesellschaftsform geschaffen wurde, vereinbar.

c. *Der Beirat der InvKG*

Gem. § 153 Abs. 3 S. 1 KAGB hat die intern verwaltete geschlossene Publikums-InvKG einen Beirat zu bilden, der die Geschäftsführung explizit nur bei der Umsetzung der Anlagebedingungen überwacht[1310]. Für den Beirat verweist § 153 Abs. 3 S. 2 auf § 18 Abs. 2 S. 4 und Abs. 3 S. 2 KAGB. § 18 Abs. 2 S. 4 KAGB verweist für die Zusammensetzung und die Rechte und Pflichten des Beirats wiederum auf die §§ 90 Abs. 3–5 S. 2, 95, 100, 101, 103, 105, 107–114, 116, 118 Abs. 3, 125 Abs. 3, 171 und 268 Abs. 2 des AktG. Hier wurde bereits in der Literatur die Frage aufgeworfen, ob für die Einrichtung des Beirats die Normen des AktG zwingend anzuwenden sind. Da aufgrund der investmentspezifischen Gesellschaftsvertragsstrenge[1311] auch hier eine Verweiskette gilt, sind die Normen, auf die verwiesen wird, sofern sie nicht selbst abdingbar sind, zwingend anwendbar[1312].

1310 Darauf weist auch *Freitag,* NZG 2013, 329, 3334 hin; so ebenfalls *Schewe,* Kommanditgesellschaften im Regelungsbereich des Investmentrechts, S. 164; kritisch hierzu *Seitz,* Die InvestmentKG, S. 118ff.

1311 Siehe oben Teil C. V. 2. b. aa.

1312 So wohl auch *Casper,* ZHR 179 (2015), 44, 63, der die Normen des AktG, auf die verwiesen wird, als Mindestvorgabe ansieht und die Einräumung von weitergehenden Kompetenzen für zulässig hält.

Für die Zusammensetzung des Beirats regelt die gem. § 18 Abs. 3 S. 2 KAGB entsprechende Anwendung des § 18 Abs. 3 S. 1 KAGB, dass bei einer KG, deren Komplementär ausschließlich eine GmbH ist, mindestens ein Beiratsmitglied zu wählen ist, welches unabhängig von den Gesellschaftern, den mit ihnen verbundenen Unternehmen und den Geschäftspartnern der InvKG ist. Wie bereits für den Aufsichtsrat der InvAG dargestellt[1313], ist bei einer entsprechenden Anwendung § 18 Abs. 3 S. 1 KAGB für die GmbH & Co. InvKG dahingehend teleologisch zu reduzieren, dass nur eine Unabhängigkeit von den Komplementären der intern verwalteten geschlossenen Publikums-GmbH & Co. InvKG gefordert werden kann. Eine Unabhängigkeit von den Kommanditisten ist dagegen nicht erforderlich, da die Interessen des Aufsichtsrats mit denjenigen der Kommanditisten gleichgerichtet sind. De lege ferenda sollte innerhalb des § 153 Abs. 3 KAGB statt des Verweises auf § 18 Abs. 3 S. 2 KAGB für die intern verwaltete geschlossene InvKG, deren Komplementär ausschließlich eine juristische Person ist, eine entsprechende Anwendung des § 18 Abs. 3 S. 1 KAGB angeordnet werden, mit der Maßgabe „Aktionäre“ durch „Komplementäre“ zu ersetzen.

Wie auch die Aufsichtsratsmitglieder der InvAG müssen die Mitglieder des Beirats gem. § 153 Abs. 3 S. 3 KAGB eine entsprechende „Persönlichkeit“ und „Sachkunde“ haben, um die Interessen der Anleger zu wahren[1314]. Zudem sind die Bestellung und das Ausscheiden nach S. 4 der BaFin anzuzeigen. Außerdem besteht für alle Beiratsmitglieder gem. § 153 Abs. 4 KAGB unabhängig von der Verwaltung ein Geschäftsverbot bezüglich Vermögensgegenstände der geschlossenen InvKG.

Für die offene Spezial-InvKG sowie die geschlossene extern verwaltete Publikums- oder Spezial-InvKG ist die Bildung eines Beirats fakultativ[1315]. Für ihn gelten mangels gesetzlicher Regelung nicht die Anforderungen des § 153 Abs. 3 KAGB, jedoch sind aufgrund der investmentspezifischen Gesellschaftsvertragsstrenge[1316] auch dort die Vorschriften des AktG heranzuziehen.

§ 153 Abs. 4 KAGB, welcher für alle geschlossenen InvKGen Anwendung findet, ist analog auf die Beiräte der offenen InvKG anzuwenden, da auch hier nur ein Interessengleichlauf mit den Anlegern Sinn und Zweck der Schaffung eines Beirats ist. Somit müssen Veräußerungs- bzw. Erwerbsgeschäfte über

---

1313 Teil B. V. 4. b.

1314 *Lorenz* in: Weitnauer/Boxberger/Anders KAGB, § 119 KAGB Rn. 13 nennt „fachliche Autorität, Ansehen und Integrität“ als Voraussetzungen.

1315 Umkehrschluss aus § 153 Abs. 3 KAGB; wohl nur für die offene InvKG und die geschlossene Spezial-InvKG fakultativ: *Wallach*, ZGR 2014, 289, 314.

1316 Siehe oben Teil C. V. 2. b. aa.

Vermögensgegenstände der InvKG auch für Beiräte unzulässig sein. De lege ferenda sollte eine solche Regelung für die offene InvKG in § 128 Abs. 3 KAGB für den fakultativen Beirat aufgenommen werden.

Bezüglich des Haftungsmaßstabs für Beiräte findet ebenfalls § 708 BGB keine Anwendung. Mangels speziell geregelter Sorgfaltspflicht, wie etwa für die Geschäftsführung, muss diesbezüglich aber auf die Regelungen zur Publikums-KG und damit auf die Regelungen zum Aufsichtsrat im AktG zurückgegriffen werden. Die Regelung des § 708 BGB, die sowieso nur für Gesellschafter anwendbar ist, setzt voraus, dass zwischen den Gesellschaftern ein persönliches Vertrauensverhältnis besteht[1317]. Selbst wenn ein Gesellschafter Beiratsmitglied ist, so fehlt in der InvKG – wie in der Publikums-KG – das dem § 708 BGB zugrunde gelegte Vertrauensverhältnis unter Gesellschaftern. Die Gesellschafter der typischen Personengesellschaft können aufgrund der persönlichen Beziehung nicht mehr als die Einhaltung der eigenüblichen Sorgfalt erwarten[1318] und kennen bereits bei der Gründung der Gesellschaft beziehungsweise Neuaufnahme der Gesellschafter den Grad der eigenüblichen Sorgfalt ihrer Mitgesellschafter. Daher sind für die Haftung der Beiratsmitglieder die §§ 116, 93 AktG entsprechend anzuwenden[1319].

Für Personengesellschaften ist typisch, dass die Gesellschafter selbst umfassende Entscheidungs- und Kontrollbefugnisse haben, während diese in der Körperschaft von anderen Organen wahrgenommen werden[1320]. Durch den teilweise zwingend notwendigen Beirat nähert sich die InvKG noch stärker an die Organisationsverfassung einer Körperschaft an.

d. Die Komplementäre

Als Komplementäre kommen, wie bei der Grundform, natürliche und juristische Personen in Betracht[1321]. Bei der extern verwalteten InvKG können unbestritten auch natürliche Personen Komplementäre sein[1322].

1317 BGHZ 69, 207, 208f.; *Habermeier* in: Staudinger, § 708 BGB Rn. 17.

1318 BGHZ 69, 207, 208f.; zu den Überlegungen des Gesetzgebers bereits RGZ 143, 212, 215; *Habermeier* in: Staudinger, § 708 BGB Rn. 18.

1319 BGHZ 69, 207, 209ff, 220; *Haas/Mock* in: Röhricht/Graf von Westphalen/Haas HGB, § 161 HGB Rn. 117; einschränkend für Beiratsmitglieder, die Kommanditisten sind, *Seitz,* Die InvestmentKG, S. 132.

1320 Vgl. einerseits §§ 709ff. BGB; §§ 114ff., 125 HGB, andererseits § 26 BGB; § 35 GmbHG; §§ 76ff. AktG.

1321 Die Zulässigkeit von juristischen Personen ergibt sich aus dem Umkehrschluss von § 128 Abs. 1 S. 2 bzw. § 153 Abs. 1 S. 2 KAGB.

1322 *Casper,* ZHR 179 (2015), 44, 57.

Anleger können sich nicht als Komplementäre an der InvKG beteiligen[1323]. Dies ist ausdrücklich in § 127 Abs. 1 S. 2 bzw. § 152 Abs. 1 S. 1 bzw. 2 KAGB geregelt, wonach sich Anleger „nur (…) als Kommanditisten beteiligen“ dürfen. De lege ferenda sollten Spezialanleger als Komplementäre zugelassen werden. Diese verfügen über ausreichende Kenntnisse, um selbst einzuschätzen, ob sie an einer InvKG unternehmerisch beteiligt sein wollen.

Im Innenverhältnis haften die Komplementäre als Geschäftsführer für Pflichtverletzungen[1324]. Die Komplementäre der InvKG haften im Außenverhältnis gem. § 124 Abs. 1 S. 2 bzw. § 149 Abs. 1 S. 2 KAGB i. V. m. § 161 Abs. 2 i. V. m. § 128 S. 1 HGB persönlich und unbegrenzt für die Verbindlichkeiten der InvKG gegenüber den Gläubigern.

Abgesehen von den Sonderregelungen zur Geschäftsführung unterscheidet sich die KG von der InvKG dadurch, dass von vornherein eine breite Masse an Personen als Komplementär nicht in Betracht kommt. Dies erinnert an die PartG, bei der der Gesellschafterbereich ebenfalls – wenn auch nicht so eng – eingegrenzt ist. Auch dies spricht für die Schaffung einer besonderen Gesellschaftsform.

e. Die Kommanditisten

aa. Unmittelbare oder treuhänderische Beteiligung

Gem. § 128 Abs. 1 S. 2 sowie § 152 Abs. 1 S. 1 KAGB dürfen sich die Anleger grundsätzlich nur unmittelbar an der offenen bzw. an der geschlossenen InvKG beteiligen. Eine Ausnahme besteht diesbezüglich für geschlossene Publikums-InvKGen, für die § 152 Abs. 1 S. 2 KAGB eine mittelbare Beteiligung der Anleger als Treugeber über einen Treuhandkommanditisten zulässt. Die Unterschiede zwischen der unmittelbaren und mittelbaren Beteiligung als Anleger an einer InvKG werden nach Darstellung der Sonderregelungen für die Kommanditisten der InvKG in einem neuen Abschnitt erörtert[1325].

bb. Der Beitritt der Kommanditisten

Der Eintritt des Kommanditisten ist weder im KAGB noch im HGB speziell geregelt. Grundsätzlich wäre zur Aufnahme eines neuen Kommanditisten ein

---

1323 *Lorenz* in: Weitnauer/Boxberger/Anders KAGB, § 127 KAGB Rn. 4; *Mohr*, Die offene Investmentkommanditgesellschaft, S. 35ff.; anders aber *Stöber* in: Westermann/Wertenbruch, Hdb. Personengesellschaften, § 54a Die Investment-KG Rn. 3168j.

1324 Siehe oben Teil C. V. 4. b. gg.

1325 Siehe unten Teil C. V. 4. f.

Vertragsschluss mit allen aktuellen Gesellschaftern der InvKG erforderlich[1326]. Aufgrund der bereits empfohlenen und in der Praxis vorhandenen Bestimmung im Gesellschaftsvertrag[1327] erfolgt der Beitritt eines neuen Kommanditisten durch Abschluss eines Gesellschaftsvertrags, auch „Zeichnungsvereinbarung" genannt[1328], mit dem Komplementär – je nach Ermächtigung – im Namen der übrigen Gesellschafter oder im Namen der InvKG selbst[1329]. Gem. § 124 Abs. 1 S. 2 bzw. § 149 Abs. 1 S. 2 KAGB i. V. m. §§ 162 Abs. 3, 162 Abs. 1 und 2 HGB sind beim Eintritt eines Kommanditisten in die InvKG die Bezeichnung der eintretenden Kommanditisten sowie die Höhe ihrer Hafteinlage zur Eintragung im Handelsregister anzumelden. Damit ist die Eintragung der Kommanditisten im Handelsregister notwendig. Dies ist auch vom KAGB beabsichtigt. Der Eintritt wird nämlich gem. § 127 Abs. 4 und § 152 Abs. 4 KAGB erst mit Eintragung des Eintritts im Handelsregister wirksam. Dadurch wird für den Beitritt eines Kommanditisten in die InvKG die gem. § 176 Abs. 2 HGB mögliche unbeschränkte persönliche Haftung für Gesellschaftsverbindlichkeiten zwischen Eintritt des Kommanditisten und dessen Eintragung im Handelsregister verhindert[1330].

cc. *Die Haftung der Kommanditisten*

(1) Haftung der Kommanditisten im Innenverhältnis

Im Innenverhältnis sind die Kommanditisten durch Vereinbarung im Gesellschaftsvertrag zur Leistung der vereinbarten Einlage verpflichtet (Pflichteinlage)[1331]. Die Höhe der Einlage entspricht regelmäßig der Hafteinlage im Außenverhältnis, kann hiervon aber abweichen[1332].

Der Anspruch auf die Pflichteinlage erlischt gem. § 127 Abs. 3 S. 1 bzw. § 152 Abs. 3 S. 1 KAGB. Eine Haftung im Innenverhältnis durch Rückzahlung der Einlage ist damit bereits ausgeschlossen[1333]. Nichts anderes gilt aber in der KG, da

---

1326 Siehe oben Teil C. V. 2. b. nn.

1327 Siehe oben Teil C. V. 2. b. nn.

1328 *Hoffert* in: Moritz/Klebeck/Jesch KAGB, § 152 KAGB Rn. 20.

1329 Ganz h. M., vgl. hierzu etwa BGH NJW 1978, 1000, 1000; BGH NJW 2011, 1666, 1666f.; *Haas/Mock* in: Röhricht/Graf von Westphalen/Haas HGB, § 161 HGB Rn. 130.

1330 RegE AIFM-UmsG BT-Drs. 17/12294 S. 242f., 250.

1331 BGH NJW 1995, 197, Leitsatz; *Haas/Mock* in: Röhricht/Graf von Westphalen/Haas HGB, § 171 HGB Rn. 9ff.

1332 BGH NJW 1995, 197, Leitsatz.

1333 Die §§ 127 Abs. 3 S. 1, 152 Abs. 3 S. 1 sind spezieller als § 362 Abs. 1 BGB und werden als überflüssig angesehen, vgl. etwa *Casper* in: Staub HGB, Band 4, § 161 HGB

dort § 362 Abs. 1 BGB zur Anwendung kommt, sodass hier kein Unterschied zur KG besteht.

Dass auch ansonsten nachträglich keine Haftung entsteht, ist für folgende Fälle in § 127 Abs. 3 und § 152 Abs. 3 KAGB geregelt: Nach S. 2 sind die Kommanditisten nicht verpflichtet, Verluste auszugleichen. S. 3 schließt eine Nachschusspflicht aus, und nach S. 4 ist § 707 BGB unabdingbar. In S. 5 wird sogar klarstellend darauf hingewiesen, dass entgegenstehende Vereinbarungen unwirksam sind. Diese Regelung in S. 5 sollte de lege ferenda gestrichen werden[1334], um den Eindruck zu vermeiden, dass alle anderen Regelungen zum Innenverhältnis der InvKG disponibel sind. Auch ohne ausdrücklichen Hinweis stehen beispielsweise die Regelungen in § 152 Abs. 4 KAGB zur Wirksamkeit des Eintritts des Kommanditisten oder in Abs. 5 zur Zustimmung zum Geschäftsbeginn vor Handelsregistereintragung nicht zur Disposition der Gesellschafter. Die Unabdingbarkeit ergibt sich bereits aus der Gesellschaftsvertragsstrenge, die wiederum aufgrund der Inhaltskontrolle Anwendung findet[1335].

Es ist nicht zulässig, die Einlage in einen bei Eintritt zu zahlenden und einen zu einem noch nicht bestimmten späteren Zeitpunkt zu zahlenden Anteil aufzuteilen[1336]. Nach einer Ansicht wird dies zwar bejaht, sofern die noch ausstehende Einlage bestimmbar ist und der Kommanditist deutlich auf die Aufteilung der Einlageleistung hingewiesen wird[1337]. Betrachtet man dagegen parallel das Recht zur InvAG, so ist in § 109 Abs. 4 bzw. § 141 Abs. 2 KAGB geregelt, dass Aktien nur gegen volle Leistung des Ausgabepreises ausgegeben werden dürfen. Diese Regelungen dienen den Anlegern und stellen sicher, dass das Gesellschaftskapital im Ausgabezeitpunkt dem Eigenkapital entspricht[1338]. In der InvKG gibt es zwar keine feste Ziffer als Gesellschaftskapital, sodass im Zeitpunkt der Ausgabe gegen Leistung der Einlagen das Gesellschaftskapital immer dem Eigenkapital entspricht. Allerdings ist für die Berechnung des Rücknahmepreises in der offenen InvKG relevant, ob und wann ein weiterer Teil geleistet werden soll. Mithin

---

Rn. 270; *Stöber* in: Westermann/Wertenbruch, Hdb. Personengesellschaften, § 54a Die Investment-KG Rn. 3169f.; *Casper*, ZHR 179 (2015), 44, 65; *Freitag*, NZG 2013, 329, 335.

1334 *Lorenz* in: Weitnauer/Boxberger/Anders KAGB, § 127 KAGB Rn. 8 geht ebenfalls von einer Klarstellungsfunktion aus.

1335 Siehe oben Teil C. V. 2. b. aa.

1336 *Wiedemann*, NZG 2013, 1041, 1043.

1337 *Casper*, ZHR 179 (2015), 44, 65 nennt beispielsweise die Hervorhebung im Prospekt oder der Beitrittserklärung als möglichen Ort für den Hinweis.

1338 RegE AIFM-UmsG BT-Drs. 17/12294 S. 247.

besteht die Gefahr der Benachteiligung, Bewertungsrisiken und der Rechtsunsicherheit für rückgabewillige Anleger. Dies ist nicht mit dem Sinn und Zweck des KAGB, dem Anlegerschutz, vereinbar. Zudem erlischt nur durch die Leistung der Einlage gem. § 127 Abs. 3 S. 1 bzw. § 152 Abs. 3 S. 1 KAGB die Haftung im Innenverhältnis, was von einem Anleger mit bloßem Vermögensinteresse auch gewollt ist. In der InvKG ist damit zum Schutz der Mitanleger keine Spaltung der Einlage auf unbestimmte Zeit zulässig, sondern allenfalls aufgrund der Planbarkeit eine von vornherein bestimmte Ratenzahlung möglich[1339].

Abgesehen von der unzulässigen Spaltung der Einlage in der InvKG, besteht kein Unterschied zwischen KG und InvKG bei der Haftung bezüglich der Kommanditisten im Innenverhältnis.

(2) Haftung der Kommanditisten im Außenverhältnis

Die Haftungsregelungen der InvKG unterscheiden sich im Außenverhältnis von denjenigen der KG. Bereits bei der Gründung einer geschlossenen Publikums-InvKG wird die Haftung gem. § 176 HGB durch § 152 Abs. 5 KAGB ausgeschlossen.

Auch der Beitritt aller Kommanditisten zur InvKG ist gem. § 127 Abs. 4 und § 152 Abs. 4 KAGB erst mit Eintragung wirksam, sodass eine unbegrenzte persönliche Haftung gem. § 176 Abs. 2 i. V. m. Abs. 1 S. 1 HGB unmöglich ist. Für den Umfang der Haftung nach Eintritt in die KG gem. § 173 HGB findet sich dagegen im KAGB keine Sonderregelung[1340].

Im Außenverhältnis haften die Kommanditisten der InvKG wie in der „normalen“ KG den Gläubigern gem. § 124 Abs. 1 S. 2 bzw. § 149 Abs. 1 S. 2 KAGB i. V. m. § 171 Abs. 1 HGB und §161 Abs. 2 i. V. m. § 128 S. 1 HGB unmittelbar bis zur Höhe ihrer Hafteinlage. Haben die Kommanditisten ihre Einlage geleistet, so ist ihre Haftung gem. § 171 Abs. 1 2. Hs. HGB ausgeschlossen. Die Haftung lebt dagegen gem. § 172 Abs. 4 S. 1 HGB wieder auf, wenn dem Kommanditisten die Einlage zurückbezahlt wird.

In der InvKG darf gem. § 127 Abs. 2 S. 1 bzw. § 152 Abs. 2 S. 1 KAGB eine Rückgewähr, die den Wert der Kommanditeinlage unter den Wert der Hafteinlage herabsetzt, nur mit Zustimmung des Kommanditisten erfolgen. Die InvKG hat den Kommanditisten nach dem jeweiligen S. 2 bereits vor dessen Zustimmung auf die dann entstehende unmittelbare Haftung gegenüber den

---

1339 *Wiedemann,* NZG 2013, 1041, 1043.

1340 *Casper* in: Staub HGB, Band 4, § 161 HGB Rn. 271; *Seitz,* Die InvestmentKG, S. 126; *Wallach,* ZGR 2014, 289, 317; *Zetzsche,* AG 2013, 613, 625.

Gläubigern in Höhe der ausstehenden Hafteinlage hinzuweisen. Die Zustimmung kann gem. § 183 S. 1 BGB als vorherige Einwilligung oder gem. § 184 Abs. 1 BGB als nachträgliche Genehmigung erteilt werden. Daran ändern auch § 127 Abs. 2 S. 2 und § 152 Abs. 2 S. 2 KAGB nichts[1341]. Es ist lediglich geregelt, dass der Kommanditist vor der Zustimmung auf die unmittelbare Haftung hinzuweisen ist, wodurch eine antizipierte generelle Zustimmung unzulässig ist[1342]. Die Zustimmung kann dem KAGB zufolge formfrei erfolgen. In der Literatur wird bezweifelt, dass bereits eine Zustimmung zum Beschluss zur Auszahlung der Einlagen ausreicht[1343]. Sofern allerdings ein vorheriger Hinweis betreffend die unmittelbare Haftung erfolgt ist, kann die Zustimmung zur Auszahlung nach allgemeinen Regelungen auch konkludent beispielsweise mit der Zustimmung zu einem Beschluss wirksam erfolgt sein[1344]. Dies wäre im Einzelfall durch Auslegung gem. §§ 133, 157 BGB zu ermitteln. Aus Beweisgründen empfiehlt es sich aber, für die InvKG eine schriftliche Zustimmung zu verlangen.

Die Rechtsfolge bei einem Verstoß gegen § 127 Abs. 2 bzw. § 152 Abs. 2 KAGB ergibt sich, indem wiederum zwischen dem Innen- und dem Außenverhältnis in der InvKG differenziert wird: Die InvKG „darf" zwar nicht die Rückzahlung der Einlage vornehmen, „kann" dies jedoch trotzdem tun. Im Innenverhältnis hat die InvKG gegen die genannte Vorschrift verstoßen und ist gegenüber dem Kommanditisten aufgrund der Überschreitung des rechtlichen Dürfens zum Schadensersatz verpflichtet[1345]. Im Außenverhältnis lebt die Haftung des Kommanditisten gem. § 172 Abs. 4 HGB bereits durch die Rückzahlung der Einlage auf[1346]. Sie ist nicht von einer Zustimmung oder einem Hinweis gegenüber

---

1341 A. A. *Casper* in: Staub HGB, Band 4, § 161 HGB Rn. 271: *Casper,* ZHR 179 (2015), 44, 67.

1342 Ebenso *Mohr,* Die offene Investmentkommanditgesellschaft, S. 131f.; *Wiedemann,* NZG 2013, 1041, 1043; a. A. wohl *Eichhorn,* WM 2016, 110, 115.

1343 *Casper,* ZHR 179 (2015), 44, 67; dafür aber *Wiedemann,* NZG 2013, 1041, 1042.

1344 So im Ergebnis auch *Wiedemann,* NZG 2013, 1041, 1042.

1345 *Casper* in: Staub HGB, Band 4, § 161 HGB Rn. 271; *Stöber* in: Westermann/Wertenbruch, Hdb. Personengesellschaften, § 54a Die Investment-KG Rn. 3169g; *Casper,* ZHR 179 (2015), 44, 68; *Eichhorn,* WM 2016, 110, 115f.; *Freitag,* NZG 2013, 329, 335.

1346 A. A. *Mohr,* Die offene Investmentkommanditgesellschaft, S. 133f., der § 127 Abs. 2 KAGB als lex specialis zu § 172 Abs. 4 KAGB ansieht und lediglich eine Pflicht des Anlegers zur Rückgewähr der Auszahlung gegenüber der InvKG annimmt; sowie *Zetzsche,* AG 2013, 613, 625 aus Gründen des Anlegerschutzes.

dem Gesellschafter abhängig[1347]. Die Auszahlung konnte vorgenommen werden. Gegenüber den Gläubigern ist nur das rechtliche Können maßgeblich.

Die Zulässigkeit einer nachträglichen Erhöhung der Hafteinlage ist umstritten. Dagegen spricht, dass es sich hierbei im Ergebnis um eine Nachschusspflicht handelt, die gerade gem. § 127 Abs. 3 S. 2 bis 5 bzw. § 152 Abs. 3 S. 2 bis 5 KAGB ausgeschlossen ist. Allerdings ist auch hier zwischen der Haftsumme, die die Haftung im Außenverhältnis festlegt, und der im Innenverhältnis zu erbringenden Einlage zu unterscheiden[1348]. Daher wird vertreten, dass der Anleger, der seine Haftung im Außenverhältnis durch Rückgewähr der Einlage gem. § 127 Abs. 2 bzw. § 152 Abs. 2 KAGB aufleben lassen kann, erst recht auch einer Erhöhung seiner Haftsumme zustimmen kann[1349]. Allerdings wird hierbei verkannt, dass es gerade keine wie in § 127 Abs. 2 bzw. 152 Abs. 2 KAGB enthaltene explizite Regelung zur Zustimmung und einem Hinweis auf das Aufleben der Haftung gibt[1350]. Wenn der Kommanditist intern gegenüber der Gesellschaft schon nicht nachträglich seine Leistungspflicht erhöhen darf, so kann er erst recht nicht die Haftung im Außenverhältnis gegenüber den Gläubigern erhöhen. Somit ist eine nachträgliche Erhöhung der Hafteinlage nicht zulässig.

Auch die Haftung beim Ausscheiden der Kommanditisten aus der InvKG unterscheidet sich von der „normalen“ KG:

In der offenen InvKG ist grundsätzlich die Kündigung der Anteile gegen eine Abfindung in Höhe des Anteilswertes nach § 133 KAGB möglich. Diese Abfindung stellt gem. § 133 Abs. 2 S. 1 KAGB keine Einlagenrückzahlung dar und gem. S. 2 haftet der ausscheidende Kommanditist nach seinem Ausscheiden nicht mehr für die Verbindlichkeiten der offenen InvKG. Damit lebt der Anspruch gem. § 172 Abs. 4 S. 1 HGB trotz Zahlung der Abfindung nicht mehr auf und eine Nachhaftung gem. §§ 161 Abs. 2 i. V. m. 160 Abs. 1 HGB wird ausgeschlossen.

Für die Haftung beim Ausscheiden aus der geschlossenen InvKG, beispielsweise durch außerordentliche Kündigung[1351], besteht eine Sonderregelung in § 152 Abs. 6 S. 1 KAGB, die festlegt, dass eine Erfüllung des Abfindungsanspruchs

---

1347 So auch *Casper* in: Staub HGB, Band 4, § 161 HGB Rn. 271; *Casper*, ZHR 179 (2015), 44, 67f.; *Eichhorn*, WM 2016, 110, 115; *Freitag*, NZG 2013, 329, 335; a. A. *Mohr*, Die offene Investmentkommanditgesellschaft, S. 133f.; *Zetzsche*, AG 2013, 613, 625.

1348 So auch *Casper*, ZHR 179 (2015), 44, 65f.

1349 *Casper*, ZHR 179 (2015), 44, 65f.

1350 *Seitz*, Die InvestmentKG, S. 130 zieht eine analoge Anwendung in Betracht.

1351 Vgl. *Stöber* in: Westermann/Wertenbruch, Hdb. Personengesellschaften, § 54a Die Investment-KG Rn. 3170k.

nicht als Rückzahlung der Einlage gilt. Außerdem wird gem. § 152 Abs. 6 S. 2 KAGB ebenfalls die Nachhaftung der ausscheidenden Kommanditisten ausgeschlossen. Die Kommanditisten der geschlossenen InvKG werden vom Gesetzgeber bewusst so gestellt wie Aktionäre einer InvAG m. v. K., die ihre Aktien zurückgeben können[1352]. Da die geschlossene InvKG grundsätzlich den Anlegern kein Rückgaberecht einräumt, verwundert dies. Schließlich können die Anleger nicht damit rechnen, dass sie jederzeit den Investmentfonds verlassen können. Auch hier ist zu erkennen, dass die Anleger auch im Falle der außerordentlichen Kündigung besonders geschützt werden sollen.

Zu erwarten ist in der geschlossenen InvKG regelmäßig, dass ein bestehender Kommanditanteil an einen neuen Kommanditisten übertragen wird. Hier stellt sich die Frage, ob bei einem versehentlich unterbliebenen Rechtsnachfolgevermerk die Haftung ebenfalls ausgeschlossen ist. Dafür spricht ein Erst-Recht-Schluss[1353] sowie der Sinn und Zweck des § 152 Abs. 6 KAGB, nämlich den Schutz der Anleger vor einer Nachhaftung und die Gleichstellung der Fondsvehikel[1354]. Schließlich besteht in der AG auch bei einer Übertragung an andere Aktionäre keine Nachhaftung der Aktionäre.

Wird die InvKG aufgelöst, so haften die Kommanditisten nach der Beendigung der Abwicklung gem. § 138 Abs. 2 bzw. § 161 Abs. 4 KAGB nicht mehr für die Verbindlichkeiten der InvKG. Damit wird die Nachhaftung der Kommanditisten nach § 159 HGB ausgeschlossen.

Insgesamt wird die Haftung des Investment-Kommanditisten so weit wie möglich eingegrenzt. Er soll nur mit seiner Einlage während der Dauer des Investments haften[1355]. Das KAGB bevorzugt die Interessen der Anleger vor denjenigen der Gläubiger[1356]. In Hinblick auf die Professionalität der Gläubiger der InvKG, welche regelmäßig Banken oder Finanzinstrumente sind, kann ein Vorrang der Interessen der Anleger gerechtfertigt werden[1357]. Allerdings ergibt sich wiederum auch kein Unterschied mehr zur AG, da auch dort der Aktionär nur maximal das Geld verliert, welches er in Aktien investiert. Es fehlt somit

---

1352 RegE AIFM-UmsG BT-Drs. 17/12294 S. 250f.

1353 Beim Anschein des Eintritts eines neuen Kommanditisten und Ausscheiden eines alten kann nichts anderes gelten als beim tatsächlichen Ausscheiden und Eintritt. Vgl. hierzu ausführlicher *Casper*, ZHR 179 (2015), 44, 69.

1354 RegE AIFM-UmsG BT-Drs. 17/12294 S. 250f.

1355 So ebenfalls *Schewe*, Kommanditgesellschaften im Regelungsbereich des Investmentrechts, S. 155ff., 159.

1356 *Wiedemann*, NZG 2013, 1041, 1043.

1357 *Wallach*, ZGR 2014, 289, 321f.

insbesondere durch den Ausschluss der Nachhaftung ein weiteres Element der KG als Personengesellschaft.

(3) Zwischenergebnis

Während sich im Innenverhältnis die Haftung der Kommanditisten – abgesehen von der nicht zulässigen Aufspaltung der Pflichteinlage – in der InvKG nicht von der Haftung in der KG unterscheidet, ist die Haftung der Investmentkommanditisten im Außenverhältnis stark eingeschränkt. Der Investmentkommanditist haftet nur während des Anlagezeitraums mit seiner Hafteinlage.

dd. Die Treuepflicht der Kommanditisten

Wie in jeder Gesellschaft haben die Kommanditisten gegenüber der InvKG und ihren Mitgesellschaftern eine Treuepflicht[1358]. Diese kann so weit reichen, dass eine Zustimmungspflicht der Kommanditisten zu einem Gesellschafterbeschluss bestehen kann[1359]. Eine Zustimmungspflicht zur Sanierung mittels Nachschusspflicht kann aber aufgrund der expliziten Regelung in § 127 Abs. 3 bzw. § 152 Abs. 3 KAGB nicht bestehen[1360]. Auch ein Ausscheiden der nicht sanierungswilligen Kommanditisten ist nicht mit § 127 Abs. 3 bzw. § 152 Abs. 3 KAGB vereinbar[1361].

ee. Das Ausscheiden der Kommanditisten

Im Gegensatz zur InvAG m. v. K. ist bei der offenen InvKG keine Rückgabe des Anteils, sondern eine Kündigung des Gesellschafters gem. § 133 Abs. 1 KAGB oder gem. § 161 Abs. 2 KAGB erforderlich.

Die unterschiedliche Terminologie ergibt sich *Zetzsche* zufolge daher, dass es sich bei der Aktie um eine Sache handele[1362]. In der Praxis wird jedoch eine Aktie immer seltener als Urkunde, die die Mitgliedschaft verbrieft, ausgegeben[1363].

1358 BGH NJW 1985, 974f. 1. Leitsatz; BGHZ 183, 1, Leitsatz, 8ff. (Sanieren oder Ausscheiden); BGH NZG 2011, 1667, 1668ff.; BGH NJW 2015, 2882, 2884; *Casper* in: Staub HGB, Band 4, § 161 HGB Rn. 189f.

1359 *Casper,* ZHR 179 (2015), 44, 66.

1360 *Casper,* ZHR 179 (2015), 44, 66f.

1361 So auch *Mohr,* Die offene Investmentkommanditgesellschaft, S. 135; *Casper,* ZHR 179 (2015), 44, 67; vgl. dagegen zur Publikums-KG BGHZ 183, 1, Leitsatz, 8ff. (Sanieren oder Ausscheiden) und BGH NZG 2011, 1667, 1668ff, worin klargestellt wird, dass eine Treuepflicht zur Zustimmung zu einem „Sanieren oder Ausscheiden"- Beschluss bereits durch Gesellschaftsvertrag ausgeschlossen werden kann.

1362 *Zetzsche,* AG 2013, 613, 617.

1363 *Heider* in: MüKo AktG, Band 1, § 10 AktG Rn. 10f.

Vielmehr ist eine Ausgabe einer in einer Aktie verkörperten Mitgliedschaft nicht notwendig; eine „Ausgabe von Aktien" im Sinne des Gesetzes liegt bereits dann vor, wenn die Mitgliedschaft verbucht wird[1364]. Dass Aktien zurückgegeben werden können und Mitgliedschaften gekündigt werden können, ist jedoch mit der historischen Entwicklung im Aktienrecht von der Einzelurkunde zur Sammel- bzw. Globalurkunde nachvollziehbar[1365]. So ist auch im AktG immer noch von der Ausgabe von Aktien die Rede[1366] und den Gegensatz zur Ausgabe von Aktien stellt die Rückgabe bzw. die Rücknahme dar.

In der offenen InvKG hat der Kommanditist gem. § 133 Abs. 1 S. 1 KAGB Gelegenheit zum freiwilligen Ausscheiden durch eine ordentliche Kündigung. Im Gesellschaftsvertrag sind fakultative Beschränkungen des Kündigungsrechts gem. § 133 Abs. 1 S. 5 i. V. m. § 98 Abs. 2 und § 283 Abs. 3 KAGB zulässig[1367]. Für den Kommanditisten der geschlossenen InvKG gibt es statt der Auflösungsklage in der KG gem. § 161 Abs. 2 KAGB lediglich die Möglichkeit der außerordentlichen Kündigung aus wichtigem Grunde. Zudem scheidet ein Kommanditist auch nach der Kündigung eines Privatgläubigers bzw. nach seiner Insolvenz gem. § 125 Abs. 4 bzw. § 150 Abs. 4 KAGB zwingend aus, da keine von § 131 Abs. 3 Nr. 2 HGB abweichende Regelung vereinbart werden darf.

In der KG kann dagegen nach § 132 HGB mit einer Frist von sechs Monaten zum Schluss des Geschäftsjahres gekündigt werden. Damit zeigt sich wiederum, dass die offene InvKG noch offener und die geschlossene InvKG als geschlossene Gesellschaft deutlich restriktiver als die normale KG ist, wobei die Kündigung aus wichtigem Grund statt der Auflösungsklage aus wichtigem Grund dem Vermögensanlageinteresse der einzelnen Anleger dient. Da aber bei der KG das Innenverhältnis disponibel ist und verschiedene Regelungen getroffen werden können, spricht dies weder für noch gegen eine abweichende Gesellschaftsform.

ff. Zwischenergebnis und Vergleich zur KG

Kommanditisten können sich an der InvKG grundsätzlich nur unmittelbar beteiligen. Nur an der geschlossenen Publikums-InvKG können sich – wie in der normalen KG ebenfalls zulässig – Anleger auch mittelbar beteiligen.

1364 *Noack* in: Aktienrecht im Wandel II, S. 510. 514 Rn. 7 und Fn. 7.

1365 *Vatter* in: Spindler/Stilz AktG, Band 1, § 10 AktG Rn. 3.

1366 So ist beispielsweise in den §§ 9, 10, 12, 27, 36a, 37, 182–219 AktG von einer Ausgabe der Aktien, ausgeben oder dem Ausgabebetrag die Rede.

1367 Vgl. hierzu oben Teil C. V. 2 b. hh.

Der Beitritt unterscheidet sich nicht von demjenigen zur KG, es bedarf eines Vertragsschlusses mit allen Gesellschaftern, die den Komplementär oder die InvKG hierzu ermächtigen. In der Beitrittsphase der InvKG schließen § 127 Abs. 4 bzw. § 152 Abs. 4 KAGB die unbeschränkte persönliche Haftung aus, da der Beitritt erst mit der Eintragung des Kommanditisten im Handelsregister wirksam wird. Auch die Haftung im Außenverhältnis während der Mitgliedschaft des Investment-Kommanditisten ist nur auf die Hafteinlage des Kommanditisten begrenzt. Nach Beendigung der Mitgliedschaft besteht darüber hinaus keine Nachhaftung, die nach dem HGB einen ausscheidenden Kommanditisten trifft. Im Innenverhältnis dagegen sind die Kommanditisten der InvKG wie in der KG zur Leistung der Einlage verpflichtet. Lediglich eine Spaltung der Einlage auf unbestimmte Zeit ist in der InvKG unzulässig.

In der InvKG besteht – im Gegensatz zur KG – keine Treuepflicht dahingehend, dass einer Sanierung, welche mit Nachschüssen verbunden ist, zugestimmt werden muss.

Bei der Austrittsregelung zeigt sich die offene InvKG noch offener und die geschlossene InvKG als geschlossene Gesellschaft deutlich restriktiver als die normale KG.

Insgesamt gleichen die Regelungen zum Ausschluss der Nachschusspflicht und zur Haftung, die im Außenverhältnis nur für die Hafteinlage während der Zeit der Mitgliedschaft besteht, dem Recht der Kapitalgesellschaften und unterscheiden sich deutlich vom Recht der KG.

f. Die mittelbare Beteiligung über einen Treuhandkommanditisten an der InvKG

Gem. § 152 Abs. 1 S. 2 KAGB dürfen sich Anleger auch mittelbar über einen Treuhandkommanditisten an der geschlossenen Publikums-KG beteiligen, sofern die InvKG eine solche Beteiligung anbietet[1368]. Formal ist der Treuhandkommanditist Gesellschafter und hält den Anteil im eigenen Namen jedoch zu treuen Händen und für Rechnung des Anlegers[1369]. Zwischen dem Anleger und dem

1368 Es besteht nämlich kein Anspruch des Anlegers auf mittelbare Beteiligung, so bereits *Klebeck/Kunschke* in: Beckmann/Scholtz/Vollmer Investment, 405 § 152 KAGB Rn. 23; *Hoffert* in: Moritz/Klebeck/Jesch KAGB, § 152 KAGB Rn. 30.

1369 *Hoffert* in: Moritz/Klebeck/Jesch KAGB, § 152 KAGB Rn. 23 weist zu Recht darauf hin, dass wie immer bei der fremdnützigen Treuhand die wirtschaftliche und dingliche Zuordnung auseinanderfallen.

Treuhandkommanditisten besteht ein schuldrechtlicher Treuhandvertrag[1370]. Dieser enthält regelmäßig AGB und unterliegt damit der Inhaltskontrolle gem. §§ 305ff.[1371]. Der Treuhandvertrag ist regelmäßig als Geschäftsbesorgungsvertrag oder Auftrag zu qualifizieren[1372].

aa. Der Beitritt des mittelbaren Anlegers

Für den Beitritt der Anleger, die sich lediglich über einen Treuhandkommanditisten an der InvKG beteiligen, bedarf es nach wohl h. M. keiner Eintragung im Handelsregister[1373]. § 162 Abs. 1 S. 2 HGB könnte dem entgegenstehen. Sofern die Gesellschafter eine GbR bilden, müssen nämlich die GbR-Gesellschafter ebenfalls im Handelsregister eingetragen werden. Die Treugeber bilden zwar keine GbR, allerdings sind sie gem. § 152 Abs. 1 S. 2 KAGB so zu stellen, als wären sie Mitgesellschafter. Es stellt sich daher – wie beim sogleich zu erörternden Anspruch auf Auskunft der persönlichen Daten der Mitgesellschafter – die Frage, ob diese Gemeinschaft der Treugeber wie eine Innen-GbR zu behandeln ist[1374].

Die Treuhandkonstruktion unterscheidet sich jedoch dahingehend von der Innen-GbR, dass nicht die Gesellschaft als Rechtsträger, an dem die Gesellschafter gesamthänderisch beteiligt sind, Kommanditist wird, sondern ein Treuhänder, der den Kommanditanteil treuhänderisch für die treugebenden Anleger hält. Selbst wenn die mittelbaren Anleger eine Innen-GbR sind, so wird nicht diese Kommanditist. Außerdem beabsichtigte der Gesetzgeber durch die Treuhandkonstruktion für die Vielzahl der Anleger ein Eintragungserfordernis zu vermeiden[1375]. Dies entspricht auch der h. M. in Literatur und Rechtsprechung,

1370 *Klebeck/Kunschke* in: Beckmann/Scholtz/Vollmer Investment, 405 § 152 KAGB Rn. 29; *Hoffert* in: Moritz/Klebeck/Jesch KAGB, § 152 KAGB Rn. 27; *Casper*, ZHR 179 (2015), 44, 71f.

1371 *Hoffert* in: Moritz/Klebeck/Jesch KAGB, § 152 KAGB Rn. 27; *Haas/Mock* in: Röhricht/Graf von Westphalen/Haas HGB, § 161 HGB Rn. 212; a. A.: *Casper* in: Staub HGB, Band 4, § 161 HGB Rn. 242 lehnt dagegen die §§ 307ff. BGB als Maßstab ab und fordert eine Kontrolle nach dem Aktienrecht.

1372 *Hoffert* in: Moritz/Klebeck/Jesch KAGB, § 152 KAGB Rn. 29; *Haas/Mock* in: Röhricht/Graf von Westphalen/Haas HGB, § 161 HGB Rn. 205.

1373 *Casper*, ZHR 179 (2015), 44, 69.

1374 Dies bejahte für die frühere Publikums-KG *Bost/Halfpap* in: Lüdicke/Arndt Geschlossene Fonds, S. 5, 39f.

1375 RegE AIFM-UmsG BT-Drs. 17/12294 S. 250.

die nur den Auskunftsanspruch im Innenverhältnis diskutiert[1376]. Damit sind auch die Treugeber nicht gem. § 162 Abs. 1 S. 2 HGB im Handelsregister einzutragen. Zumindest nach außen können die Anleger anonym bleiben[1377].

bb. Der Treuhand-Kommanditist

Nach der Rechtsprechung zur Treuhand-Publikums-KG, ist eine Unabhängigkeit des Treuhänders von der Geschäftsführung der KG erforderlich[1378]. Damit soll sichergestellt werden, dass der Treuhandkommanditist seine Position zur Geltendmachung der Interessen der Treugeber nutzt[1379].

Es ist umstritten, ob dieser Grundsatz ebenfalls für die Treuhand-InvKG gilt[1380]. Dagegen spricht zum einen, dass es an einer gesetzlichen Regelung fehlt. Zum anderen kann nach Ansicht der BaFin auch die externe KVG gleichzeitig Treuhandkommanditist sein, da dort ein Gleichlauf der Interessen der KVG und der Anleger bestehe[1381]. Ein solcher Gleichlauf besteht jedoch auch bei der Geschäftsführung und den Anlegern der InvKG unabhängig von der Verwaltungsform. Die Verwaltung und Anlage der Mittel der InvKG und somit die Geschäftsführung muss gem. § 125 Abs. 2 und § 150 Abs. 2 KAGB zum Nutzen der Anleger erfolgen. Daher laufen auch hier beide Interessen parallel, sodass eine Unabhängigkeit von der Geschäftsführung nicht aufgrund der Interessenvertretung gerechtfertigt ist. Der Treuhandkommanditist muss daher erst recht nicht von der Geschäftsführung unabhängig sein. Auch eine Kontrolle der Geschäftsführung durch den Treuhandkommanditisten ist nicht notwendig, da die Anleger, zumindest nach hier vertretener Ansicht, ihr Stimmrecht oder auch ihr Informationsrecht selbst ausüben[1382].

1376 Vgl. BGHZ 196, 131, 135ff., Rn. 11ff. und 24ff.; fortgeführt durch BGH NZG 2015, 269, 270ff., Rn. 9ff.; siehe bereits zur Publikums-GbR: BGH NJW 2010, 439, 439f., Rn. 8, 10ff.; zur Publikums-KG mit Anlegern, die eine Innen-GbR bilden: BGH NJW 2011, 921, 922f., Rn. 10ff.; vgl. zur Literatur: *Wertenbruch* in: EBJS HGB, § 105 HGB Rn. 159; *Henze/Notz* in: EBJS HGB, Anhang nach § 177a HGB A. Die GmbH & Co. KG Rn. 36; *Lieder* in: Oetker HGB, § 105 HGB Rn. 56; *Schäfer* in: MüKo BGB, Band 6, § 716 Rn. 12ff.

1377 Vgl. zum Auskunftsanspruch im Innenverhältnis sogleich Teil C. V. 4 f. cc. (2).

1378 BGHZ 73, 294, 298f.; BGH NJW 1980, 1162, 1163.

1379 BGHZ 73, 294, 298f.

1380 Dafür wohl *Hoffert* in: Moritz/Klebeck/Jesch KAGB, § 152 KAGB Rn. 24.

1381 *Hoffert* in: Moritz/Klebeck/Jesch KAGB, § 152 KAGB Rn. 25; nach hier vertretener Ansicht handelt es sich um eine intern verwaltete InvKG, sofern die externe KVG als Treuhandkommanditistin auch die Geschäftsführungsbefugnis innehat.

1382 Siehe unten Teil C. V. 4. f. cc. (3).

Eine andere Frage ist wiederum, ob die extern verwaltete InvKG, deren KVG zugleich eine Kommanditistenstellung einnimmt, nicht durch die Personenidentität von verwaltender KVG und Kommanditist zur internen InvKG wird. Dies ist nach hier vertretener Auffassung zu bejahen[1383], da kein Unterschied zur InvKG, bei der bereits mit Gründung der Kommanditist die Anlage und Verwaltung der Mittel der InvKG übernimmt, vorliegt.

Dagegen steht der früheren Praxis, dass die Verwahrstelle zugleich Treuhandkommanditist ist, § 85 Abs. 2 S. 1 KAGB entgegen[1384].

cc. Das Innenverhältnis des mittelbaren Anlegers zu den Mitanlegern, der Gesellschaft und dem Treuhandkommanditisten

Nach § 152 Abs. 1 S. 3 KAGB hat der mittelbar beteiligte Anleger gegenüber der InvKG im Innenverhältnis die gleiche Rechtsstellung wie ein unmittelbar beteiligter Kommanditist. Mithin hat sich der Gesetzgeber für das bereits von der Rechtsprechung und Literatur entwickelte und anerkannte Modell eines im Innenverhältnis einem Gesellschafter gleichgestellten Treugebers entscheiden[1385]. Dieses Modell, bei dem der Treugeber die Stellung eines „Quasi-Gesellschafters" innehat, wird auch als offene bzw. qualifizierte Treuhand bezeichnet[1386].

(1) Erforderlichkeit einer vertraglichen Umsetzung des Gleichstellungsgebots

Während in der früheren Publikums-KG eine Treuhandkonstruktion im Innenverhältnis frei geregelt werden konnte[1387], ist in § 152 Abs. 1 S. 3 KAGB festgelegt, dass die Treuhandkommanditisten im Innenverhältnis der Gesellschafter und der Gesellschafter zueinander wie ein Kommanditist gestellt sind. Es ist umstritten,

---

1383 So auch zur Komplementärin als KVG *Mohr,* Die offene Investmentkommanditgesellschaft, S. 75; dagegen differenzierend zur Kommanditistin *Mohr,* Die offene Investmentkommanditgesellschaft, S. 76f.; a. A. *Schewe,* Kommanditgesellschaften im Regelungsbereich des Investmentrechts, S. 115ff.

1384 So auch *Hoffert* in: Moritz/Klebeck/Jesch KAGB, § 152 KAGB Rn. 27; *Paul* in: Weitnauer/Boxberger/Anders KAGB, § 152 KAGB Rn. 12, die aber bei juristischen Personen mit getrennten Zuständigkeitsbereichen von einer zulässigen Identität von Treuhandkommanditist und Verwahrstelle ausgehen; vgl. hierzu ebenfalls *Seitz,* Die InvestmentKG, S. 85.

1385 Ständige Rspr. BGHZ 196, 131, 136ff. Rn. 14ff.; BGHZ 178, 271, 276f. Rn. 20; BGHZ 148, 201, 205; BGHZ 10, 44, 49f.; *Schürnbrand,* ZGR 2014, 256, 259f.

1386 *Schürnbrand,* ZGR 2014, 256, 259; BGHZ 178, 271, 276 Rn. 20.

1387 *Casper,* ZHR 179 (2015), 44, 70.

ob es zu dieser Gleichstellung eines schuldrechtlichen Vertrags bedarf[1388] oder ob bereits kraft Gesetz der treugebende Anleger einem Kommanditisten als „Quasikommanditist“ gleichgestellt ist[1389].

Der Wortlaut des § 152 Abs. 1 S. 3 KAGB spricht für eine gesetzliche Regelung. Anders als in anderen Regelungen des KAGB ist nicht die Formulierung „der Gesellschaftsvertrag hat vorzusehen“[1390] oder eine ähnliche Formulierung, die sich auf den Treuhandvertrag bezieht, zu finden. Vielmehr „hat der mittelbar beteiligte Anleger im Innenverhältnis (…) die gleiche Rechtsstellung wie ein Kommanditist“[1391]. Eine anderweitige Ausgestaltung des Treuhandverhältnisses im Innenverhältnis[1392] ist auch nicht zulässig. Dies wäre zudem nicht mit der bereits oben festgestellten Gesellschaftsvertragsstrenge[1393] vereinbar.

Damit ist keine schuldrechtliche Regelung im Treuhandvertrag oder im Gesellschaftsvertrag zur Ausgestaltung des Rechtsverhältnisses der Treuhandkommanditisten mit den anderen Anlegern, Gesellschaftern oder der Gesellschaft erforderlich. Ob eine solche „halbseitige Beteiligung“ eines Nicht-Gesellschafters durch schuldrechtliche Vereinbarung erreicht werden kann[1394], ist damit unerheblich.

Der treugebende Anleger bleibt weiterhin nur schuldrechtlich aufgrund des Treuhandvertrags mit dem Kommanditisten der InvKG verbunden und wird nur kraft Gesetz wie ein Kommanditist behandelt. Er ist mithin nicht durch Gesellschaftsvertrag mit der InvKG verbunden[1395].

1388 *Casper,* ZHR 179 (2015), 44, 70f.; wohl *Wiedemann,* NZG 2013, 1041, 1045.

1389 *Oetker* in: Oetker HGB, § 161 HGB Rn. 208 spricht von einem „Quasigesellschafter“; *Wallach,* ZGR 2014, 289, 304; nicht eindeutig *Hoffert* in: Moritz/Klebeck/Jesch KAGB, § 152 KAGB Rn. 31, da einerseits „Quasi-Kommanditist“ kraft Gesetzes anerkannt, andererseits schuldrechtliche Umsetzung des Gleichstellungsgebots verlangt wird.

1390 Vgl. § 125 Abs. 3 bzw. § 150 Abs. 3, § 132 Abs. 6, Abs. 7 KAGB.

1391 Zitiert aus § 152 Abs. 1 S. 3 KAGB.

1392 So aber *Klebeck/Kunschke* in: Beckmann/Scholtz/Vollmer Investment, 405 § 152 KAGB Rn. 26.

1393 Siehe oben Teil C. V. 2. b. aa.

1394 Kritisch hierzu *Wiedemann,* NZG 2013, 1041, 1044.

1395 Vgl. hierzu *Casper,* ZHR 179 (2015), 44, 71f.

(2) Der Anspruch des mittelbaren Anlegers gegenüber der Gesellschaft oder Gesellschaftern auf Auskunft über Name und Anschrift der Mitanleger

Die Stellung als Quasi-Kommanditist im Innenverhältnis bedeutet auch, dass die Anonymität im Innenverhältnis nicht gewahrt wird:

In der Publikums-KG hat nach der Rechtsprechung des BGH jeder Anleger ein Recht auf Auskunft des Namens und der Anschrift der anderen Mitanleger[1396]. Dies gelte unabhängig davon, ob diese unmittelbar oder als Treugeber beteiligt seien, und zwar sowohl gegenüber der KG[1397] als auch gegenüber jedem Mitgesellschafter, der eine solche Auskunft erteilen kann[1398]. Da es sich bei dem Recht auf Kenntnis der Mitgesellschafter um ein unentziehbares Recht eines Gesellschaftsmitglieds handelt und die mittelbar beteiligten Gesellschafter im Innenverhältnis nach den dortigen Vertragsbestimmungen wie Gesellschafter zu behandeln sind[1399], ist der Rechtsprechung zuzustimmen. Die mittelbar beteiligten Anleger sind gem. § 152 Abs. 1 S. 3 KAGB im Innenverhältnis gleich wie Kommanditisten zu stellen, sodass die Rechtsprechung auch auf Treuhandkonstruktionen der InvKG anwendbar ist[1400]. Es besteht also ein Auskunftsanspruch auf Angabe der Daten der unmittelbar oder mittelbar beteiligten Gesellschafter gegenüber der InvKG sowie den anderen Gesellschaftern, die eine solche Auskunft erteilen können.

(3) Rechte und Pflichten des mittelbar beteiligten Anlegers

Fraglich ist, welche Rechte und Pflichten dem mittelbar beteiligten Anleger konkret zustehen. Eindeutig ist, dass dem Treugeber keine weitreichenderen Rechte eingeräumt werden dürfen und können als dem tatsächlichen

---

1396 Ständige Rechtsprechung, vgl. BGHZ 196, 131, 135ff., Rn. 11ff. und 24ff.; fortgeführt durch BGH NZG 2015, 269, 270ff., Rn. 9ff.; siehe bereits zur Publikums-GbR: BGH NJW 2010, 439, 439f., Rn. 8, 10ff.; zur Publikums-KG mit Anlegern, die eine Innen-GbR bilden: BGH NJW 2011, 921, 922ff. Rn. 10ff.; vgl. hierzu auch *Schürnbrand,* ZGR 2014, 256, 261ff.

1397 BGHZ 196, 131, 135ff., Rn. 11ff. und 24ff.

1398 BGH NZG 2015, 269, 270ff., Rn. 9ff.

1399 BGH NZG 2015, 269, 270, Rn. 11; BGHZ 196, 131, 135ff., Rn. 12ff.; zwischen der qualifizierten und der schlichten Treuhand differenzierend: *Schürnbrand,* ZGR 2014, 256, 262ff.; a. A.: *Altmeppen,* NZG 2010, 1321, 1327, der in der Treuhand-KG nur von Vertragsbeziehungen jeweils zwischen Treugeber und Treuhänder ausgeht.

1400 So ohne Begründung auch *Casper,* ZHR 179 (2015), 44, 69; kritisch hierzu mit alternativen Lösungsansätzen *Seitz,* Die InvestmentKG, S. 87ff.

Kommanditisten[1401]. Aus dem Gleichbehandlungsverbot ergibt sich allerdings im Umkehrschluss, dass zumindest im Innenverhältnis den mittelbaren Anlegern auch keine schlechtere Position als den bestehenden Kommanditisten in der InvKG eingeräumt werden darf[1402].

Nach wohl überwiegender Ansicht stehen den mittelbaren Anlegern ein Teilnahmerecht und Rederecht an der Gesellschafterversammlung zu[1403]. Beim Stimmrecht ist die Meinungslage nicht eindeutig: Während einerseits dem mittelbaren Kommanditisten ein eigenes Stimmrecht eingeräumt wird[1404], wird dies andererseits verneint[1405]. Gegen ein Stimmrecht könnte zum einen die Vermeidung einer „Doppelzuständigkeit" von Treugeber und Treuhänder sprechen[1406]. Zum anderen hätte der Treugeber dann bereits alle Rechte einer echten Gesellschafterstellung inne, ohne dass er deren Pflichten, nämlich die Haftung gegenüber den Gläubigern übernehmen würde[1407]. Da allerdings der Gesetzgeber dem Anleger lediglich Verwaltungskosten und Aufwand ersparen wollte und den Treugeber im Innenverhältnis explizit so stellt wie einen echten Gesellschafter, ist genau dies gewollt. Fraglich ist sodann, ob der Treuhänder weiterhin echter Gesellschafter sein kann. Der Treuhänder muss das Stimmrecht sowieso so ausüben, wie ihm das der treugebende Anleger im Innenverhältnis vorschreibt. Er könnte jedoch im Außenverhältnis, also gegenüber der Gesellschaft, so abstimmen, wie er möchte. Damit hat der Gesetzgeber eine besondere Form der mittelbaren Beteiligung geschaffen. Es besteht nach hier vertretener Ansicht eine sogenannte „Zwitterstellung". Im Verhältnis zur Gesellschaft treffen den Treugeber grundsätzlich nach § 152 Abs. 1 S. 3 KAGB alle Rechte und Pflichten eines Kommanditisten. Die Pflichten können im Gesellschaftsvertrag eingeschränkt werden. Schließlich würde dadurch der Schutz der Anleger vergrößert[1408]. Im

---

1401 Ebenso *Oetker* in: Oetker HGB, § 161 HGB Rn. 208; *Casper,* ZHR 179 (2015), 44, 71.

1402 A. A. *Wallach,* ZGR 2014, 289, 304, der eine unterschiedliche Behandlung von Kommanditisten und mittelbaren Kommanditisten für möglich hält.

1403 *Oetker* in: Oetker HGB, § 161 HGB Rn. 209; *Casper,* ZHR 179 (2015), 44, 71; *Freitag,* NZG 2013, 329, 334.

1404 *Freitag,* NZG 2013, 329, 334; differenzierend und zumindest ein Stimmrecht für Beschlüsse, die den Kernbereich betreffen, bejahend: *Wallach,* ZGR 2014, 289, 304.

1405 *Stöber* in: Westermann/Wertenbruch, Hdb. Personengesellschaften, § 54a Die Investment-KG Rn. 3170l; *Seitz,* Die InvestmentKG, S. 73.

1406 *Wiedemann,* NZG 2013, 1041, 1045f.

1407 *Stöber* in: Westermann/Wertenbruch, Hdb. Personengesellschaften, § 54a Die Investment-KG Rn. 3170l.

1408 So zu Recht LG Kleve, GWR 2015, 525, 525.

Verhältnis zu den Gesellschaftsgläubigern treffen jedoch den mittelbaren Anleger keine und den Treuhandkommanditisten alle Rechte und Pflichten.

dd. Haftung des Treuhandkommanditisten und des treugebenden Anlegers

Im Verhältnis zur Treuhand-InvKG schuldet der mittelbare Anleger als Treugeber der Treuhand-InvKG die vereinbarte Einlage. Da es sich hierbei um eine Pflicht des Anlegers handelt, kann durch Vereinbarung zwischen InvKG, Treuhandkommanditist und dem treugebenden Anleger vereinbart werden, dass nur der Treuhänder gegenüber der InvKG zur Leistung der Einlage verpflichtet ist[1409]. Im Verhältnis zu den Gläubigern der InvKG haftet nach dem bereits Gesagten nur der Kommanditist selbst und somit der Treuhänder[1410].

Anders als im Innenverhältnis wird der mittelbare Anleger im Außenverhältnis nicht kraft Gesetz einem unmittelbaren Anleger gleichgestellt. Eine Begründung für eine zusätzliche Haftung des Treugebers im Verhältnis zu den Gesellschaftsgläubigern könnte sich aus den Regelungen in § 152 Abs. 2 S. 3 KAGB ergeben[1411]. Es besteht gem. § 152 Abs. 2 S. 3 1. Hs. KAGB ein Zustimmungserfordernis des treugebenden Anlegers bezüglich einer Einlagenrückgewähr. Daneben ordnet § 152 Abs. 2 S. 3 letzter Hs. KAGB die entsprechende Anwendung des § 152 Abs. 2 S. 2 KAGB an, wonach der Kommanditist auf ein Aufleben seiner unmittelbaren Haftung hinzuweisen ist. Fraglich ist, was mit dieser entsprechenden Anwendung beabsichtigt ist.

Nach wohl h. M. ist § 152 Abs. 2 S. 2 KAGB auf den Freistellungsanspruch des Treuhand-Kommanditisten gegenüber dem mittelbaren Anleger entsprechend anzuwenden[1412]. Ein solcher Freistellungsanspruch besteht regelmäßig aufgrund der Vereinbarung im Treuhandvertrag oder aufgrund der gesetzlichen

---

1409 So zu Recht LG Kleve, GWR 2015, 525, 525.

1410 So auch *Stöber* in: Westermann/Wertenbruch, Hdb. Personengesellschaften, § 54a Die Investment-KG Rn. 3170m und wohl h. M. zur Publikums-KG; vgl. hierzu ders. § 54a Die Investment-KG 3170m Fn. 1 m. w. N. und BGHZ 178, 271, 275ff. Rn. 18ff.; BGHZ 189, 45, 48 Rn. 10.

1411 Dies verneint auch *Casper,* ZHR 179 (2015), 44, 72.

1412 *Klebeck/Kunschke* in: Beckmann/Scholtz/Vollmer Investment, 405 § 152 KAGB Rn. 75; *Stöber* in: Westermann/Wertenbruch, Hdb. Personengesellschaften, § 54a Die Investment-KG Rn. 3170m; *Paul* in: Weitnauer/Boxberger/Anders KAGB, § 152 KAGB Rn. 15f., der aber in Rn. 19 von einer unmittelbaren Zahlungspflicht spricht; vgl. auch zur Publikums-KG mit weiteren Nachweisen *Casper,* ZHR 179 (2015), 44, 72f.; a. A. wohl *Seitz,* Die InvestmentKG, S. 73f.

Regelungen in § 670 gegebenenfalls i. V. m. § 675 und § 257 BGB[1413]. Dagegen könnte auch § 152 Abs. 2 S. 2 KAGB entsprechend auf den mittelbaren Anleger angewandt werden, mit der Rechtsfolge, dass dieser ebenfalls darauf hinzuweisen ist, dass er den Gläubigern der InvKG unmittelbar haftet[1414]. Zwar spricht der Wortlaut auf den ersten Blick eher für letztere Möglichkeit, jedoch ist bereits nach dem Telos die h. M. vorzugswürdig. Auch die Gesetzgebungsmaterialien gehen wie selbstverständlich von einer Hinweispflicht auf die Regressmöglichkeit des Treuhandkommanditisten aus[1415]. Gegen die unmittelbare Haftung der Treugeber im Außenverhältnis spricht zum einen, dass die Gläubiger der InvKG mit Treuhandkonstruktion sich sowohl an den Treuhandkommanditisten als auch an die Treugeber wenden könnten. Dies entspricht sicherlich nicht dem Sinn und Zweck des KAGB, welches dem Anlegerschutz dient. Formal ist der Kommanditanteil zudem zumindest im Verhältnis zu den Gesellschaftsgläubigern dem Treuhänder zugeordnet. Hinzu kommt zum anderen, dass § 152 Abs. 2 S. 3 letzter Hs. KAGB lediglich eine Hinweispflicht regelt. Deren Inhalt mag zwar aufgrund der entsprechenden Anwendung unklar sein. Allerdings ergibt sich hieraus keine gesetzliche Anordnung der Haftung des Kommanditisten im Außenverhältnis. Diese hätte vielmehr – wie für den normalen Kommanditisten in § 171 Abs. 1 i. V. m. § 172 Abs. 4 S. 1 HGB – separat angeordnet werden müssen. Daher bleibt es bei einer Haftung des treugebenden mittelbaren Anlegers gegenüber dem Treuhand-Kommanditisten im Innenverhältnis.

Die analoge Anwendung des § 152 Abs. 2 S. 2 KAGB gem. § 152 Abs. 2 S. 3 KAGB berechtigt den mittelbaren Anleger gegenüber dem Treuhandkommanditisten zum Einwand, dass eine Rückzahlung ohne seine Zustimmung erfolgt sei[1416]. Anders als im Außenverhältnis überwiegt hier das Interesse des Anlegers und nicht das Gläubigerinteresse. Die Gläubiger haben ja bereits einen Haftungsanspruch gegen den Treuhandkommanditisten, der wiederum nicht schutzbedürftiger als der mittelbare Anleger ist.

Wenn ein Freistellungsanspruch des Treuhandkommanditisten gegenüber den mittelbaren Anlegern besteht, kann er wiederum von Gläubigern der InvKG

1413 BGHZ 189, 45, 48ff. Rn. 11ff.; *Stöber* in: Westermann/Wertenbruch, Hdb. Personengesellschaften, § 54a Die Investment-KG Rn. 3170m; *Casper,* ZHR 179 (2015), 44, 74 m. w. N.; a. A: bezüglich des gesetzlichen Anspruchs *Haas/Mock* in: Röhricht/Graf von Westphalen/Haas HGB, § 161 HGB Rn. 208.

1414 So wohl *Könnecke* in: Baur/Tappen KAGB, § 152 KAGB Rn. 79f.

1415 RegE AIFM-UmsG BT-Drs. 17/12294 S. 250.

1416 Offengelassen bei *Klebeck/Kunschke* in: Beckmann/Scholtz/Vollmer Investment, 405 § 152 KAGB Rn. 81.

gepfändet und überwiesen werden[1417]. Einer Abtretung steht nach h. M. zur Publikums-KG auch nicht § 399 Fall 1 BGB entgegen, da eine Abtretung an den Gläubiger der freizustellenden Forderung zulässig ist[1418]. Diese Ansicht ist auch für die InvKG übertragbar.

Daran ändert auch § 127 Abs. 3 S. 4 und 5 bzw. § 152 Abs. 3 S. 4 und 5 KAGB nichts[1419]. Diese schließen zwar die Nachschusspflicht der Kommanditisten aus, sodass auch § 735 BGB ausgeschlossen ist. Jedoch ist der Freistellungsanspruch nicht mit der Nachschusspflicht der Anleger gleichzusetzen. Vielmehr entspricht der Freistellungsanspruch dem Anspruch gegen den Kommanditisten gem. §§ 171, 172 i. V. m. 128 HGB. Dementsprechend haften der Kommanditist und der mittelbare Anleger nur bis zur Höhe der von ihnen jeweils übernommenen Hafteinlage, sodass hierin keine Nachschusspflicht zu erkennen ist.

Nach einer Abtretung kann den Gläubigern gegenüber nach wohl h. M. nicht mit Forderungen aus Prospekthaftung aufgerechnet werden[1420]. Zwar besteht für die InvKG kein gesetzliches Aufrechnungsverbot, jedoch wird der mittelbare Anleger gem. § 152 Abs. 1 S. 3 KAGB so gestellt, als sei er Kommanditist. Daher könnte sich auch für den mittelbaren Anleger der InvKG ein Aufrechnungsverbot gem. § 242 BGB bezüglich der Schadensersatzansprüche gegenüber dem Treuhandkommanditisten ergeben, da der Anleger als Kommanditist solche Ansprüche ebenfalls nicht gegenüber den Gläubigern geltend machen kann[1421].

Auch hier ist zu bedenken, dass der Anleger im Außenverhältnis zu den Gesellschaftsgläubigern gerade nicht wie ein Kommanditist gestellt werden sollte. Es handelt sich um einen Anspruch, der im Verhältnis Anleger und Treuhänder entstanden ist. Die Interessen des Anlegers sind vorrangig. Es wäre willkürlich, die Möglichkeit der Aufrechnung vom zufälligen Zeitpunkt der Abtretung des Freistellungsanspruches an den Gesellschaftsgläubiger abhängig zu machen. Damit ist ein Aufrechnungsverbot betreffend Forderungen des Treugebers an den Treuhänder gegenüber dem Gesellschaftsgläubiger abzulehnen.

1417 *Klebeck/Kunschke* in: Beckmann/Scholtz/Vollmer Investment, 405 § 152 KAGB Rn. 78.

1418 H. M. in Rechtsprechung und Literatur BGHZ 185, 310, 314ff., Rn. 12ff.; BGHZ 189, 45, 49, Rn. 14; BGH ZIP 2012, 2246, 2247, Rn. 18; *Schürnbrand,* ZGR 2014, 256, 269f.

1419 A. A. aber *Casper,* ZHR 179 (2015), 44, 74.

1420 BGHZ 189, 45, 54ff., Rn. 27, 28; BGHZ 194, 180, 189ff., Rn. 32ff.; vgl. hierzu ausführlich *Menkel,* NZG 2014, 1253, 1253ff.; *Schäfer,* ZHR 177 (2013), 619, 627ff.

1421 So zutreffend zur Treuhandpublikums-KG BGHZ 189, 45, 54ff., Rn. 27, 28; BGHZ 194, 180, 189ff., Rn. 32ff.

Unklar ist, ob die treugebenden Anleger für den Freistellungsanspruch gesamtschuldnerisch haften. Nach einer Ansicht ist dies zumindest für die frühere Publikums-KG zu bejahen, da die Anleger eine Innen-GbR bilden[1422]. Aufgrund der Sternförmigkeit der Verträge, da jeweils Treuhandverträge der Anleger mit dem Treuhandkommanditisten bestehen, ist allerdings in der InvKG das Vorliegen einer Innen-GbR zu verneinen. Die Haftung ergibt sich jedoch aus § 152 Abs. 1 S. 3 KAGB, da die mittelbaren Anleger kraft Gesetz ein Verhältnis wie normale Kommanditisten zueinander haben und diese gem. §§ 171, 172, 161 Abs. 2 i. V. m. § 128 S. 1 HGB auf ihre Hafteinlage begrenzt gesamtschuldnerisch haften. Dies gilt jedoch für den einzelnen treugebenden Anleger nur, soweit er seine Hafteinlage nicht erbracht hat oder er deren Rückzahlung zugestimmt hat.

Da es sich im Verhältnis zu den Gläubigern der Treuhand-InvKG um einen Treuhandkommanditanteil handelt, der zur treuen Hand für alle mittelbaren Anleger gehalten wird, können die Gläubiger der InvKG bei einer Zwangsvollstreckung auch nur in diesen vollstrecken[1423]. Um dies abzuwenden, müsste ein mittelbarer Anleger allerdings einen Betrag bis zur Höhe der kompletten Hafteinlage des Kommanditanteils aufbringen[1424]. Hier wurde bereits bezweifelt, ob dies der Absicht des Gesetzgebers entspricht[1425]. Da aber ein Anleger vorrangig ein Vermögensinteresse hat und er das Geld reinvestieren könnte, ist zweifelhaft, ob eine Zwangsvollstreckung in den Kommanditanteil den mittelbaren Anleger tatsächlich trifft. Mithin hat der Treugeber die Zwangsvollstreckung zu dulden oder die komplette Hafteinlage des Treuhandkommanditanteils zu leisten.

ee. Zwischenergebnis

Die geschlossene Publikums-InvKG unterscheidet sich zum einen von den anderen InvKGen dahingehend, dass lediglich für sie eine treuhänderische Beteiligung zugelassen ist. Die Unterteilung in verschiedene Arten der InvKG, die wiederum verschiedene Ausgestaltungen ermöglichen, spricht eher dafür, dass es sich bei der InvKG um eine neu geschaffene Rechtsform mit eigenen Unterformen handelt.

1422 *Bost/Halfpap* in: Lüdicke/Arndt Geschlossene Fonds, S. 5, 40.

1423 *Klebeck/Kunschke* in: Beckmann/Scholtz/Vollmer Investment, 405 § 152 KAGB Rn. 82; *Bost/Halfpap* in: Lüdicke/Arndt Geschlossene Fonds, S. 5, 40.

1424 *Klebeck/Kunschke* in: Beckmann/Scholtz/Vollmer Investment, 405 § 152 KAGB Rn. 82; *Bost/Halfpap* in: Lüdicke/Arndt Geschlossene Fonds, S. 5, 40.

1425 *Klebeck/Kunschke* in: Beckmann/Scholtz/Vollmer Investment, 405 § 152 KAGB Rn. 82.

Zum anderen unterscheiden sich die Regelungen von denjenigen zur KG, für die eine Treuhandkonstruktion zwar nach h. M. zulässig ist, wofür jedoch keine speziellen Regelungen bestehen. Schließlich ist im KAGB gesetzlich normiert, dass die mittelbaren Anleger im Innenverhältnis gegenüber der Gesellschaft und den anderen unmittelbaren und mittelbaren Anlegern dieselbe Rechtsstellung wie ein Kommanditist innehaben, sodass in der InvKG keine anderen Gestaltungsmöglichkeiten bestehen.

g. Interne oder externe Verwaltung der InvKG

Die InvKG kann – ebenfalls wie die InvAG[1426] – intern oder extern verwaltet werden. Auch hier wäre die intern verwaltete InvKG gesellschaftsrechtlich betrachtet und nach der Verwaltungspraxis der BaFin[1427] der Grund- und Regelfall, allerdings sind in der Praxis zwei intern verwaltete InvKG tätig[1428]. Dies wurde aufgrund des höheren Aufwands bereits befürchtet[1429].

aa. Interne Verwaltung der InvKG

Auch wenn dieser Fall bisher praktisch nicht sehr relevant ist, müsste die intern verwaltete InvKG als KVG selbst alle Anforderungen an eine KVG erfüllen. Das bereits zur InvAG Gesagte kann hier übertragen werden[1430]:

Die InvKG darf aufgrund des begrenzten Unternehmensgegenstandes gem. § 125 Abs. 2 S. 1 bzw. § 150 Abs. 2 S. 1 KAGB ebenfalls keine weiteren

---

1426 Siehe oben Teil B. V. 4. c.

1427 BaFin, FAQ, Häufige Fragen zu den Übergangsvorschriften nach den §§ 343 ff. des KAGB, WA 41-Wp 2137-2013/0343 vom 18.06.2013 zu Nr. I.5, abrufbar unter: https://www.bafin.de/SharedDocs/Veroeffentlichungen/DE/FAQ/faq_kagb_ubergangsvorschriften_130618.html, zuletzt abgerufen am 22.05.2018.

1428 Vgl. Unternehmensdatenbank der BaFin abrufbar unter: https://portal.mvp.bafin.de/database/InstInfo/, eine eigene Recherche vom 21.06.2016 in der Kategorie Kapitalverwaltungsgesellschaften ergab keine Treffer; eine Recherche vom 29.01.2017 und vom 01.10.2017 ergab einen Treffer: Die Garching SLC 2.2 Fonds GmbH & Co. geschlossene Investment-KG ist zugleich KVG; eine Recherche am 19.04.2018 ergab zwei Treffer: Die Garching SLC 2.2 Fonds GmbH & Co. geschlossene Investment-KG und die [e: Kju:] In-vestment Services GmbH & Co. 1. geschl. Inv.KG sind zugleich KVG; am 23.05.2018 war lediglich die Die Garching SLC 2.2 Fonds GmbH & Co. geschlossene Investment-KG als KVG registriert.

1429 *Böhme*, BB 2014, 2380, 2380; *Rüber/Reiff*, BB 2014, 1634, 1635; *Wallach*, ZGR 2014, 289, 300.

1430 Siehe oben Teil B. V. 4. c. aa.

Tätigkeiten anbieten. Für die InvKG findet sich die dem § 112 Abs. 2 KAGB vergleichbare Regelung zur Bildung des Betriebsvermögens in den § 131 Abs. 1 bzw. § 156 Abs. 1 KAGB unter der Überschrift „Gesellschaftsvermögen". Nach deren S. 1 darf die InvKG Betriebsvermögen bilden, welches nach S. 2 rechnerisch den Kapitalanteilen der geschäftsführenden Gesellschafter also regelmäßig den Komplementäranteilen zuzuordnen ist. Damit werden die Anleger-Kommanditisten im Innenverhältnis nicht am Gewinn und Verlust aufgrund der Betriebsführung beteiligt.

Eine Haftung der Kommanditisten im Außenverhältnis besteht bei laufender Investmentgesellschaft insofern nicht, als diese gem. § 171 Abs. 1 2. Hs. HGB ihre Einlage geleistet haben. Wurde die Hafteinlage dagegen entgegen den geltenden Regelungen noch nicht geleistet, so haftet der Kommanditist im Außenverhältnis auch im Hinblick auf Geschäfte betreffend das Betriebsvermögen[1431]. Sollten allerdings die Betriebsführungskosten zu einer Insolvenz führen, so haften auch die Anteile der Kommanditisten für die Verluste des Betriebsvermögens und werden nicht mehr ausbezahlt. Anders als bei der InvAG[1432] ist es somit nicht zwingend notwendig, ein TGV für das Betriebsvermögen zu bilden, um die InvKG, abgesehen vom Fall der nicht geleisteten Einlage oder der Insolvenz – bei dem ein TGV auch nichts bewirken kann[1433] – dem Sondervermögen gleichzustellen[1434].

Während die intern verwaltete InvKG noch selten praktisch relevant ist, gibt es allerdings zwei interessante Rechtsfragen, die sich nur bei der InvKG und nicht bei der InvAG stellen:

Für die InvKG wird die Frage aufgeworfen, ob eine interne Verwaltung europarechtlich zulässig ist[1435]. Zu überprüfen ist, ob eine intern verwaltete InvKG

1431 Vgl. *Sachtleber,* Zivilrechtliche Strukturen von open-end-Investmentfonds in Deutschland und England, S. 119; mit ausführlicher Begründung für eine rein rechnerische und keine haftungsrechtliche Trennung *Schewe,* Kommanditgesellschaften im Regelungsbereich des Investmentrechts, S. 188ff.

1432 Siehe oben Teil B. V. 4. c. aa.

1433 Vgl. zur InvAG bereits *Lorenz* in: Weitnauer/Boxberger/Anders KAGB, § 117 KAGB Rn. 7; bereits zum InvG: *Sachtleber,* Zivilrechtliche Strukturen von open-end-Investmentfonds in Deutschland und England, S. 121f.; *Wegner,* Die selbstverwaltete Hedgefonds-Investmentaktiengesellschaft mit Teilgesellschaftsvermögen, S. 213ff.

1434 Die Bildung eines TGVs wird teilweise trotzdem empfohlen: *Eichhorn* in: Moritz/Klebeck/Jesch KAGB, § 131 KAGB Rn. 7; *Lorenz* in: Weitnauer/Boxberger/Anders KAGB, § 131 KAGB Rn. 3.

1435 *Freitag,* NZG 2013, 329, 331ff.; *Wallach,* ZGR 2014, 289, 299f.

mit Art. 4 Abs. 1 lit. b AIFM-RL vereinbar ist, da hiernach nur juristische Personen AIFM und somit KVGen sein dürfen. Eine GmbH & Co. InvKG könnte diesen Anforderungen genügen. Dies wäre zu bejahen, wenn es sich bei einer GmbH & Co. KG um eine juristische Person handeln würde. Nach wohl herrschender Ansicht handelt es sich bei der GmbH & Co. KG nicht um eine eigene Rechtsform, sondern um eine KG und damit rein formal um eine Personengesellschaft[1436]. Das KAGB und die Gesetzgebungsmaterialien gehen davon aus, dass eine InvKG intern verwaltet werden kann[1437]. Nach anderer Ansicht sind lediglich extern verwaltete InvKGen zulässig[1438]. Darüber hinaus wird vertreten, dass der Begriff „rechtsfähige Person" eher dem in der englischen Fassung verwendeten Begriff „legal person" bzw. in der französischen Fassung zu findenden „personne morale" entspricht, sodass keine juristische Person erforderlich ist[1439]. Allerdings ist hierbei zu bedenken, dass andere EU-Richtlinien sehr wohl zwischen juristischen Personen und Gesellschaften mit vergleichbarem Schutzniveau unterscheiden[1440]. Nach anderer Ansicht genügt es, wenn der Komplementär bzw. das interne Organ, das die Verwaltung des AIF übernimmt, eine juristische Person ist[1441].

In diesem hauptsächlich in der Theorie relevanten Streit ist der erstgenannten Ansicht zuzustimmen. Es genügt nicht wenn die Komplementär-GmbH als juristische Person die Verwaltung und Anlage der Mittel der InvKG übernimmt. Hieran ändert der Umstand nichts, dass die InvKG nach hier vertretener Ansicht bereits dann zur intern verwalteten InvKG wird, wenn die KVG als

---

1436 BGHZ 62, 216, 226; BayObLGZ 1984, 273, 278; *Fleischer* in: MüKo GmbHG, Band 1, § 1 GmbHG Rn. 85; *Haas/Mock* in: Röhricht/Graf von Westphalen/Haas HGB, § 161 HGB Rn. 40.

1437 Vgl. §§ 129 Abs. 2, 130 S. 1, 131 Abs. 1 S. 1, 133 Abs. 1 S. 3, 135 Abs. 10, 153 Abs. 3, 154 Abs. 2 Nr. 1, 155 S. 1, 156 Abs. 1 S. 1 KAGB und RegE AIFM-UmsG BT-Drs. 17/12294 S. 332.

1438 *Freitag,* NZG 2013, 329, 332.

1439 So bereits *Gottschling* in: Moritz/Klebeck/Jesch KAGB, § 1 KAGB Rn. 21; *Mohr,* Die offene Investmentkommanditgesellschaft, S. 70ff.; *Schewe,* Kommanditgesellschaften im Regelungsbereich des Investmentrechts, S. 91ff.; *Niewerth/Rybarz,* WM 2013, 1154, 1158; *Wallach,* ZGR 2014, 289, 299.

1440 *Freitag,* NZG 2013, 329, 332.

1441 *Stöber* in: Westermann/Wertenbruch, Hdb. Personengesellschaften, § 54a Die Investment-KG Rn. 3168a, 3169a; *Casper,* ZHR 179 (2015), 44, 57f.; *Niewerth/Rybarz,* WM 2013, 1154, 1158.

geschäftsführende Komplementärin der InvKG beitritt[1442]. Die intern verwaltete InvKG ist nicht mit dem Wortlaut der AIFM-RL, deren Wortlaut eindeutig ist, vereinbar.

Sofern man von einer europarechtlichen Zulässigkeit der intern verwalteten InvKG ausgeht, ist eine Beteiligung der externen KVG als Komplementärin an der InvKG generell zulässig[1443]. Nach einer Ansicht wird die InvKG dadurch nicht zur intern verwalteten InvKG, da die InvKG selbst die KVG sein muss[1444]. Da bei einem Beitritt der KVG die Komplementärin die Verwaltung und Anlage der Mittel übernähme, würde sich die extern verwaltete InvKG in eine intern verwaltete InvKG umwandeln, sodass der Ansicht, dass eine intern verwaltete InvKG vorliegt, welche den Gesetzesmaterialien entspricht[1445], zuzustimmen ist. Die KVG wird nämlich selbst zum Organ der InvKG und übernimmt die Verwaltung. Sie unterscheidet sich damit nicht von der intern verwalteten InvKG, in der auch die Komplementärin als geschäftsführendes Organ die Anlage und Verwaltung übernimmt. Es kann keinen Unterschied machen, ob eine KVG von Anfang an als Komplementärin die Geschäftsführung der InvKG übernimmt oder ob sie nach vorheriger Bestellung als externe KVG zu einem späteren Zeitpunkt der InvKG beitritt. Nichts anderes ergibt sich, wenn die KVG, wie dies wohl aus steuerlichen Gründen in der Praxis passiert[1446], als geschäftsführende Kommanditistin der von ihr verwalteten InvKG beitritt. Dadurch wird die InvKG ebenfalls zur intern verwalteten InvKG und muss selbst die Voraussetzungen des KAGB an KVGen erfüllen. In der Praxis ist allerdings fraglich, ob aufgrund der unbegrenzten Haftung des Komplementärs und wegen des Mehraufwands überhaupt ein Eintritt einer KVG als Komplementärin einer InvKG erfolgt[1447].

Des Weiteren stellt sich zudem die Frage, ob es ausreicht, dass die Komplementärin als KVG zugelassen ist oder ob die InvKG als Unternehmensträgerin die Erlaubnis als AIF-KVG beantragen muss. Nach dem Wortlaut des § 17 Abs. 2 Nr. 2 KAGB kann nur die InvKG selbst die KVG sein[1448]. Daher muss auch diese die Anforderungen an eine KVG erfüllen. Dadurch wird der Beitritt der KVG als

1442 So auch RegE AIFM-UmsG BT-Drs. 17/12294 S. 251f.

1443 So wohl auch *Eichhorn,* WM 2016, 145, 147; vgl. zur Zulässigkeit *Wallach,* ZGR 2014, 289, 301f.; so auch RegE AIFM-UmsG BT-Drs. 17/12294 S. 243, 251f.

1444 *Schewe,* Kommanditgesellschaften im Regelungsbereich des Investmentrechts, S. 115ff.; *Wallach,* ZGR 2014, 289, 302; *Weiser/Hüwel, BB* 2013, 1091, 1093.

1445 So auch RegE AIFM-UmsG BT-Drs. 17/12294 S. 243, 251f.

1446 *Boxberger,* GWR 2016, 1, 2.

1447 Zweifelnd auch *Wallach,* ZGR 2014, 289, 302f.

1448 A. A. aber wohl *Niewerth/Rybarz,* WM 2013, 1154, 1159.

Komplementärin der KG eher unattraktiv, da die KG selbst alle Voraussetzungen, die bisher die externe KVG erfüllt hat, erfüllen muss. Während die fachliche Eignung und Zuverlässigkeit kein Problem darstellen dürften, müsste die InvKG selbst aber auch die Kapitalanforderungen für KVGen erfüllen. Hier reicht es nicht aus, dass die Komplementär-GmbH diese erfüllt, vielmehr muss dann das Gesellschaftsvermögen der InvKG die Voraussetzungen des § 25 KAGB erfüllen. Darin zeigt sich, wie komplex die Regelungen des KAGB sind und wie unglücklich es ist, sich der KG als Grundform zu bedienen und explizit die GmbH & Co. KG als Mischform ebenfalls zuzulassen.

Außerdem ist fraglich, ob die KVG dann überhaupt noch andere Investmentvermögen extern verwalten kann. Dies wäre nur möglich, wenn sie hierfür weiterhin die Voraussetzungen für ihre Erlaubnis als KVG erfüllen würde. Alle Anforderungen, wie etwa das Anfangskapital, müssten daher jeweils von der KVG und der InvKG, die durch den Beitritt zum intern verwalteten Investmentvehikel wird, erfüllt werden.

bb. Externe Verwaltung der InvKG

Aufgrund der bereits bei der InvAG benannten Vorteile[1449] wird die extern verwaltete InvKG in der Praxis relevanter. Für die Bestellung ist gem. § 129 Abs. 1 S. 1 bzw. § 154 Abs. 1 S. 1 KAGB, wie bereits oben für die InvAG dargestellt[1450], ein Abschluss eines Verwaltungsvertrags durch die Geschäftsführung der InvKG sowie ein Beschluss der Geschäftsführung über die Bestellung der externen KVG erforderlich. Die Geschäftsführer sind zuständig, da es sich nicht um eine grundlegende Veränderung der Organisationsstruktur handelt und die Prinzipalgeschäfte bei der Geschäftsführung verbleiben[1451]. Bei der InvKG stellt sich zusätzlich die Frage, ob es sich um ein „außergewöhnliches Geschäft" i. S. d. § 164 HGB handelt. Zwar ist im KAGB selbstverständlich die Möglichkeit der Bestellung einer externen KVG genannt. Eine externe KVG wird selten bestellt, sodass es sich nicht um ein gewöhnliches Geschäft einer InvKG handelt. Damit können in der InvKG, sofern der Gesellschaftsvertrag keine andere Bestimmung

1449 Siehe oben InvAG Teil B. V. 4. c.

1450 Siehe oben InvAG Teil B. V. 4. c. bb. (1): § 129 Abs. 1 S. 1 und § 154 Abs. 1 S. 1 KAGB entsprechen den Regelungen in § 112 Abs. 1 S. 1 und § 144 S. 1 KAGB.

1451 Siehe oben InvAG Teil B. V. 4 c. bb. (1); a. A. *Mohr*, Die offene Investmentkommanditgesellschaft, S. 90, 101.

enthält, trotz der Zuständigkeit der Geschäftsführung alle Kommanditisten der Bestellung einer KVG widersprechen[1452].

Daher ist zu empfehlen, die externe KVG bereits im Gesellschaftsvertrag zu bestellen, damit zum einen für die fachliche Eignung zum Ausdruck kommt, dass die Aufgaben der Geschäftsführung eingeschränkt sind[1453] und zum anderen ein Widerspruch aller Kommanditisten gem. § 164 HGB nicht möglich ist, da die Zustimmung antizipiert erfolgt[1454]. Ohne eine solche Satzungsregel kommt eine Zustimmungspflicht der Kommanditisten aufgrund der Treuepflicht in Betracht[1455]. Die Komplementär-GmbH kann keine externe KVG sein[1456].

Die Kündigung der KVG gegenüber der InvKG kann ebenfalls gem. §129 Abs. 1 S. 4 und 5 bzw. § 154 Abs. 1 S. 4 und 5 i. V. m. § 99 Abs. 1 bis 4 KAGB erfolgen. Dass in § 129 Abs. 1 S. 4 KAGB von der „externen" KVG die Rede ist, während § 154 Abs. 1 S. 4 nur an die KVG adressiert ist, ändert inhaltlich nichts und ist nur Ausdruck einer unsauberen Formulierung. Bei der Kündigung durch die KVG müssen für die geschlossenen InvKGen aufgrund der illiquiden Vermögensgegenstände ebenfalls die zusätzlichen Voraussetzungen gem. § 154 Abs. 1 S. 5 KAGB vorliegen[1457].

Ebenso wie bei der InvAG ist die rechtliche Einordnung der externen Verwaltung umstritten. Ein Vergleich zu den aktienrechtlichen Vorschriften ergibt, dass für die intern verwaltete InvKG in § 133 Abs. 1 S. 3 bzw. in § 154 Abs. 1 S. 3 KAGB nur geregelt ist, dass es sich nicht um einen Fall des § 36 KAGB handelt. Im Gegensatz zur InvAG ist nicht geregelt, dass es sich um keinen Unternehmensvertrag handelt[1458]. Es könnte sein, dass eine Konzernierung für Personengesellschaften nicht in Betracht gezogen wurde, da diese lediglich im Aktienrecht geregelt ist[1459]. Da der Gesetzgeber einen Gleichlauf mit den aktienrechtlichen

1452 *Eichhorn* in: Moritz/Klebeck/Jesch KAGB, § 129 KAGB Rn. 11; a. A. mit ausführlicher Begründung *Schewe,* Kommanditgesellschaften im Regelungsbereich des Investmentrechts, S. 110ff.

1453 *Wallach,* ZGR 2014, 289, 301.

1454 *Eichhorn,* WM 2016, 145, 148.

1455 *Grunewald* in: MüKo HGB, Band 3, § 164 HGB Rn. 11.

1456 Siehe bereits oben Teil C. IV. 2 sowie Teil C. V. 4. g. aa; so auch *Eichhorn,* WM 2016, 145, 147; *Weiser/Hüwel, BB* 2013, 1091, 1093; a. A: *Schewe,* Kommanditgesellschaften im Regelungsbereich des Investmentrechts, S. 115ff.

1457 § 154 Abs. 1 S. 5 KAGB entspricht § 144 S. 4 KAGB, siehe oben zur InvAG Teil B. V. 4. c. bb. (1).

1458 So auch *Escher* in: Bankrechtstag 2013, S. 137, 140f.; vgl. §§ 112 Abs. 1 S. 3, 144 Abs. 1 S. 3 KAGB, siehe oben Teil B. V. 4 c. bb. (2).

1459 *Escher* in: Bankrechtstag 2013, S. 137, 141.

Regelungen in § 112 Abs. 1 bzw. § 144 Abs. 1 KAGB vor Augen hatte[1460], ist jedenfalls davon auszugehen, dass es sich bei der externen Verwaltung von Personengesellschaften nicht im Umkehrschluss um eine Konzernierung handelt.

Es handelt sich bei der externen Verwaltung in der InvKG ebenfalls um einen „Betriebsführungsvertrag"[1461]: Die externe KVG übernimmt die Geschäftsführungstätigkeit der InvKG.

Im Außenverhältnis liegt – wie bereits ausführlich für die InvAG erörtert[1462] – weder eine gesetzliche noch eine organschaftliche Vertretungsmacht der KVG für die InvKG vor[1463]. Es besteht auch keine gesetzliche Verfügungsbefugnis[1464] oder eine Treuhandkonstruktion zwischen KVG und InvKG. Mangels dieser fehlenden Kompetenz der KVG verstößt die Bestellung einer externen KVG auch nicht gegen den Grundsatz der Selbstorganschaft[1465]. Da der Geschäftsführung der InvKG – ebenso wie derjenigen der InvAG[1466] – die Prinzipalgeschäfte, beispielsweise die Vertretung, der Erlass von Anlagebedingungen, Bestellung und Kündigung der KVG, Einberufung der Gesellschafterversammlung, verbleiben, verstößt die externe Verwaltung nicht gegen den Grundsatz der Selbstorganschaft[1467].

1460 RegE AIFM-UmsG BT-Drs. 17/12294 S. 243 zu § 129; sowie die Begründung im selben Entwurf zu § 154 Abs. 1 auf S. 251, die fast wortgleich und zumindest bis auf den letzten Satz inhaltsgleich mit derjenigen zu § 144 auf S. 248 ist.

1461 *Jesch* in: Baur/Tappen KAGB, § 1 KAGB Rn. 74; *Zetzsche,* AG 2013, 613, 614.

1462 Vgl. hierzu die obigen Ausführungen mit Darstellung der Urteile der OLG München Teil B. V. 4. c. bb. (2).

1463 Vgl. hierzu ebenfalls *Schewe,* Kommanditgesellschaften im Regelungsbereich des Investmentrechts, S. 165ff.

1464 *Schewe,* Kommanditgesellschaften im Regelungsbereich des Investmentrechts, S. 171ff.

1465 OLG München NZG 2015, 1430, 1431 sowie OLG München BB 2016, 529f.; so auch *Mohr,* Die offene Investmentkommanditgesellschaft, S. 96ff.; *Casper,* ZHR 179 (2015), 44, 60.

1466 Siehe oben zur InvAG Teil B. V. 4. c. bb. (2); zur InvKG auch *Wallach,* ZGR 2014, 289, 300.

1467 So wohl auch OLG München NZG 2015, 1430, 1431 sowie OLG München BB 2016, 529–532; so auch *Mohr,* Die offene Investmentkommanditgesellschaft, S. 96ff.; *Casper,* ZHR 179 (2015), 44, 60; *Fischer/Friedrich,* ZBB 2013, 153, 155; zweifelnd *Wallach,* ZGR 2014, 289, 324f. mit anschließender aufsichtsrechtlicher Rechtfertigung; sehr ausführlich mit anderer Begründung *Schewe,* Kommanditgesellschaften im Regelungsbereich des Investmentrechts, S. 207ff., der das Prinzip der Selbstorganschaft aufgrund der gesetzlichen Regelung der externen Verwaltung nicht berührt sieht.

Lediglich bezüglich der Übernahme von Geschäftsführungstätigkeiten kommt ein Verstoß gegen den Grundsatz der Selbstorganschaft in Betracht. Hierfür hat der BGH grundsätzlich festgehalten, dass ein Betriebsführungsvertrag dann mit dem Grundsatz der Selbstorganschaft vereinbar ist, wenn im Einzelfall die Organstellung und deren Wesensgehalt nicht beeinträchtigt werden[1468]. Selbst eine fehlende konkrete Weisungsbefugnis ist mit dem Grundsatz der Selbstorganschaft vereinbar, sofern ausdrücklich vertragliche Grenzen festgelegt sind, innerhalb derer die übernommene Geschäftsführungstätigkeit ausgeübt wird[1469]. Auf die InvKG übertragen bedeutet dies, dass der Grundsatz der Selbstorganschaft nicht verletzt ist, da das KAGB zum einen die Verwaltungs- und Anlagetätigkeit einschränkt und zum anderen die von der Geschäftsführung zu erlassenden Anlagebedingungen einzuhalten sind[1470]. Die KVG muss außerdem im Anlegerinteresse handeln[1471]. Die Geschäftsführer der InvKG können der KVG zudem kündigen. Zwar können sie die Geschäftsführung nur an sich ziehen, wenn die Investmentgesellschaft selbst alle erforderlichen Voraussetzungen einer KVG erfüllt[1472], allerdings kann die externe Verwaltung an eine andere KVG vergeben werden. Auch hat die Geschäftsführung der InvKG einen Anspruch auf ordnungsgemäße Übernahme der Anlage und Verwaltung und kann bei Verletzung der Pflichten durch die KVG Leistungsstörungsrechte geltend machen[1473]. Insgesamt ist daher der Grundsatz der Selbstorganschaft nicht verletzt.

Im Geschäftsbesorgungsvertrag mit der KVG sollte vereinbart werden, dass hierbei die Anlagebedingungen zu beachten und die Anlegerinteressen zu berücksichtigen sind[1474]. Neben einer rechtsgeschäftlichen Vertretungsmacht sollten zusätzlich noch Kontroll- und Auskunftsrechte vereinbart werden; eine Kündigungsregelung ist ebenfalls empfehlenswert[1475]. So wird sichergestellt,

1468 BGH NJW 1982, 1817, 1817; vgl. hierzu ebenfalls ausführlich *Seitz,* Die InvestmentKG, S. 192ff.

1469 BGH NJW 1982, 1817, 1817f.

1470 So ähnlich auch *Wallach,* ZGR 2014, 289, 324; ebenso *Mohr,* Die offene Investmentkommanditgesellschaft, S. 96ff.; gegen eine Überwachungspflicht aber *Eichhorn,* WM 2016, 145, 147.

1471 *Mohr,* Die offene Investmentkommanditgesellschaft, S. 97f.; *Rüber/Reiff,* BB 2014, 1634, 1636.

1472 *Wallach,* ZGR 2014, 289, 325.

1473 So auch BGH NJW 1982, 1817, 1817 bezüglich eines Betriebsführungsvertrags über ein Hotel.

1474 *Rüber/Reiff,* BB 2014, 1634, 1637.

1475 *Rüber/Reiff,* BB 2014, 1634, 1637.

dass der Grundsatz der Selbstorganschaft gewahrt bleibt. Umgekehrt stellt die Geschäftsführung durch den Komplementär keine Fremdverwaltung dar[1476].

Ein weiterer Unterschied zur InvAG ist, dass die KVG der InvAG die Verwaltungstätigkeit, insbesondere die Anlage und Verwaltung der Mittel der InvAG übernimmt, während für die KVG der InvKG geregelt ist, dass diese insbesondere die Anlage und Verwaltung des Kommanditanlagevermögens übernimmt[1477]. Im Umkehrschluss ergibt sich daher, dass die KVG nicht notwendigerweise das Komplementärvermögen verwaltet. Allerdings wird dies in der Praxis keine große Bedeutung haben, da es für eine extern verwaltete InvKG keine Mindestkapitalausstattung gibt[1478] und in der Regel kein nennenswertes Komplementärvermögen vorhanden sein wird.

cc. Zwischenergebnis

In der Praxis ist der Sonderfall der externen Verwaltung relevant. Die externe KVG ist zwar kein Organ der InvKG, sodass nicht gegen den Grundsatz der Selbstorganschaft verstoßen wird, jedoch übernimmt die externe KVG faktisch Tätigkeiten, die regelmäßig von der Geschäftsführung wahrgenommen werden. Eine Unterscheidung nach interner und externer Verwaltung mit höheren Anforderungen an die interne Verwaltung ist dem HGB fremd.

h. Zwischenergebnis zum Vergleich der Organisationsverfassungen

In der InvKG ist die Gesellschafterversammlung – wie in den Kapitalgesellschaften – zwingend das Organ, in dem die Beschlüsse der Gesellschafter der InvKG gefasst werden. Stimmen bei einem verfahrensfehlerhaften Beschluss alle Teilnehmer der Gesellschafterversammlung der InvKG zu, so ist keine Wiederholung, welche eine bloße Förmelei darstellt, zur Gültigkeit des Gesellschafterbeschlusses notwendig. Die erforderliche Ladung und das Protokoll für die

---

1476 *Weiser/Hüwel*, BB 2013, 1091, 1093; *Zetzsche*, AG 2013, 613, 614; a. A. mit ausführlicher Begründung *Schewe*, Kommanditgesellschaften im Regelungsbereich des Investmentrechts, S. 115ff.

1477 Dies ergibt sich aus einem Vergleich von § 112 Abs. 1 S. 2 und § 144 S. 2 KAGB mit § 129 Abs. 1 S. 2 und § 154 Abs. 1 S. 2 KAGB.

1478 Im KAGB ist für die Komplementäre bzw. die geschäftsführenden Gesellschafter keine Mindestkapitalausstattung vorgesehen, während in der InvAG die Unternehmensaktionäre nach § 109 Abs. 2 S. 1 KAGB die erforderlichen Einlagen übernehmen müssen und die Unternehmensaktionäre zudem im Falle einer internen Verwaltung ihre Aktien nur unter den Voraussetzungen des § 116 Abs. 2 S. 1 KAGB zurückgeben können.

Gesellschafterversammlung erinnern an Kapitalgesellschaften, während das HGB gar keine Gesellschafterversammlung fordert. Dies untermauert die These, dass es sich bei der InvKG um eine eigene Gesellschaftsform handelt.

Bei der Geschäftsführung gelten für die InvKG mit dem Vier-Augen-Prinzip, den Regelungen zur Zuverlässigkeit und zur fachlichen Eignung sowie der erforderlichen Sorgfalt wiederum strengere Regelungen als in der KG oder einer anderen Personengesellschaft üblich. Eine Einzelgeschäftsführungsbefugnis und Einzelvertretungsmacht ist nicht mit dem Vier-Augen-Prinzip im Investmentrecht vereinbar. De lege ferenda sollte dies im KAGB in § 128 Abs. 1 und § 153 Abs. 1 KAGB geregelt werden. Indessen muss de lege lata der Gesellschaftsvertrag der InvKG enthalten, dass mehrere Komplementäre nur eine Gesamtgeschäftsführungsbefugnis und Gesamtvertretungsmacht innehaben. Auch im Gesellschaftsvertrag einer Komplementär-GmbH darf nicht von § 35 Abs. 2 S. 1 GmbHG abgewichen werden. Aus den spezielleren Regelungen in § 128 Abs. 1 S. 3 bzw. § 153 Abs. 1 S. 3 KAGB ergibt sich, dass die Geschäftsführung ihre Tätigkeit mit der gebotenen Sorgfalt und Gewissenhaftigkeit im besten Interesse der Gesellschafter, des von ihr verwalteten Vermögens sowie der Integrität des Marktes auszuüben hat, sodass für eine Anwendung des § 708 BGB kein Raum bleibt.

Die BaFin kann die Geschäftsführung oder deren Mitglieder abberufen, wenn diese nicht zuverlässig sind, oder die erforderliche fachliche Eignung nicht haben. Die § 128 Abs. 4 und § 153 Abs. 4 KAGB beziehen sich jeweils auf die fehlende Zuverlässigkeit bzw. fachliche Eignung gem. deren Abs. 2, sodass hier ein Versehen des Gesetzgebers vorliegt. Wird gegen das Abberufungsverlangen und die Untersagung der Tätigkeit des Geschäftsführers durch die BaFin verstoßen, so handelt es sich bei der Untersagung um einen Verwaltungsakt, welcher auch mittels Zwangsmitteln nach dem VwVG vollstreckt werden kann. Für den Fall, dass eine natürliche Person Geschäftsführer ist, bedarf es keiner Gestaltungsklage gem. § 117 HGB zur Entziehung der Geschäftsführungsbefugnis. Sofern die InvKG einen Beirat hat, ist § 84 Abs. 3 AktG für die Abberufung des Geschäftsführers analog anwendbar. In allen anderen Fällen genügt ein Beschluss mit einfacher Mehrheit der Gesellschafter. De lege ferenda sollte, um die aufgezeigten Schwierigkeiten zu vermeiden, geregelt werden, dass nur juristische Personen und damit deren Vertreter die Geschäftsführung in der InvKG wahrnehmen dürfen.

Auch der – bei der geschlossenen InvKG sogar zwingend notwendige – Beirat, der die Geschäftsführung bei der Umsetzung der Anlagebedingungen überwacht, erinnert an eine Körperschaft, bei der die Anleger ihre Kontrollbefugnisse nicht selbst wahrnehmen. De lege ferenda sollte innerhalb des § 153

Abs. 3 KAGB betreffend die Zusammensetzung des Beirats statt des Verweises auf § 18 Abs. 3 S. 2 KAGB für die intern verwaltete geschlossene InvKG, deren Komplementär ausschließlich eine juristische Person ist, eine entsprechende Anwendung des § 18 Abs. 3 S. 1 KAGB angeordnet werden, mit der Maßgabe „Aktionäre“ durch „Komplementäre“ zu ersetzen. Eine Unabhängigkeit von den Kommanditisten ist aufgrund der gleichgerichteten Interessen nicht erforderlich. Zudem sollte ein Geschäftsverbot betreffend die Vermögensgegenstände der InvKG auch für Mitglieder des fakultativen Beirats in der offenen InvKG in § 128 Abs. 3 KAGB aufgenommen werden. Für die Haftung der Beiratsmitglieder finden aufgrund des fehlenden persönlichen Vertrauensverhältnisses die §§ 116, 93 AktG Anwendung.

Der Kreis der möglichen Komplementäre der InvKG ist ähnlich wie im PartGG aufgrund der Anforderungen an Geschäftsleiter – sofern eine Geschäftsführung wahrgenommen werden soll – sowie der Vorgabe, dass sich Anleger nur als Kommanditisten beteiligen dürfen, stark eingeschränkt. De lege ferenda sollten entgegen § 127 Abs. 1 S. 2 bzw. § 154 Abs. 1 S. 1 und 2 KAGB Spezialanleger als Komplementäre zugelassen werden.

Die Haftung des Kommanditisten einer InvKG unterscheidet sich von der Haftung eines Kommanditisten der KG, da weder vor der Eintragung des Beitritts noch nach dem wirksamen Austritt aus der InvKG eine persönliche Haftung besteht. Die Haftung ist wie in Kapitalgesellschaften während der Mitgliedschaft auf die anfangs übernommene Hafteinlage beschränkt. Die Haftung lebt gegenüber den Gläubigern während der Mitgliedschaft mit Rückzahlung der Einlage auf. Es besteht lediglich im Innenverhältnis ein Regressanspruch, wenn keine Zustimmung zur Rückzahlung erteilt wurde. Auf die Zustimmung gem. § 127 Abs. 2 S. 1 bzw. § 152 Abs. 2 S. 1 KAGB finden die allgemeinen Regelungen des BGB Anwendung. Sie kann gem. § 183 S. 1 BGB entweder als vorherige Einwilligung oder gem. § 184 Abs. 1 BGB als nachträgliche Genehmigung erteilt werden und ist durch Auslegung gem. §§ 133, 157 BGB zu ermitteln. Eine nachträgliche Erhöhung der Hafteinlage ist nicht zulässig.

Anleger dürfen sich grundsätzlich nur unmittelbar und ausnahmsweise an der geschlossenen Publikums-InvKG mittelbar beteiligen. Auch dass nur für eine besondere Art der InvKGen Treuhandkonstruktionen zulässig sind, spricht eher für eine neue Gesellschaftsform mit verschiedenen Varianten. Für die InvKG ist im Gegensatz zur KG nach dem HGB vorgegeben, dass die mittelbaren Anleger kraft Gesetz im Innenverhältnis zur geschlossenen InvKG und den anderen Anlegern die Rechtsposition eines Investmentkommanditisten innehaben. Der Gesetzgeber hat eine besondere Form der mittelbaren Beteiligung geschaffen: Einerseits treffen den Treugeber im Verhältnis zur Gesellschaft grundsätzlich nach § 152 Abs. 1 S. 3 KAGB alle Rechte und Pflichten eines Kommanditisten, welche zugunsten des Anlegers einschränkbar sind. Andererseits treffen im Außenverhältnis den mittelbaren Anleger keine und den Treuhandkommanditisten alle Rechte und Pflichten. In der normalen KG ist das Innenverhältnis dispositiv, sodass verschiedene Regelungen getroffen werden können. Entgegen der h. M. zur Publikums-KG muss der Treuhandkommanditist aufgrund des Interessengleichlaufs zwischen Geschäftsführung und Anlegern nicht unabhängig von der Geschäftsführung sein. Bei der Haftung des mittelbaren Anlegers berechtigt die analoge Anwendung des § 152 Abs. 2 S. 2 gem. § 152 Abs. 2 S. 3 KAGB zum Einwand, dass keine Zustimmung zur Rückzahlung der Einlage erfolgt ist, begründet aber keine Haftung der Treugeber im Außenverhältnis. Im Innenverhältnis zwischen Treugeber und Treuhänder führt die fehlende Zustimmung zum Erlöschen des Regressanspruchs des Treuhänders, gegen den auch unabhängig von der Abtretung an den Gläubiger mit Ansprüchen aus Prospekthaftung aufgerechnet werden kann. Die treugebenden Anleger haften jedoch für den Freistellungsanspruch des Treuhänders gesamtschuldnerisch, soweit sie ihre eigene Einlage nicht erbracht haben bzw. einer Rückzahlung ihrer Einlage zugestimmt haben. Die Gläubiger der InvKG können im Falle einer Zwangsvollstreckung in den Treuhandkommanditanteil vollstrecken. De lege lata muss zur Abwendung einer solchen Vollstreckung der komplette Betrag bis zur Höhe der gesamten Hafteinlage aller Treugeber aufgebracht werden.

Die intern verwaltete InvKG ist mit Art. 4 der AIFM-RL nicht vereinbar. Es handelt sich nicht um eine juristische Person. Zur intern verwalteten InvKG wird die InvKG zum einen dadurch, dass sie selbst, also ihr geschäftsführendes Organ, die Verwaltung und Anlage übernimmt. Zum anderen wird die extern verwaltete InvKG zur intern verwalteten, sofern die externe KVG der InvKG beitritt und dort als Organ die Geschäftsführung übernimmt. Dann muss aber die InvKG als KVG die Anforderungen des KAGB selbst erfüllen. Die externe KVG ist kein Organ der InvKG und übernimmt keine Organpflichten. De lege ferenda sollte im KAGB geregelt werden, ob eine gesetzliche bzw. rechtsgeschäftliche Vertretungsmacht für die KVG oder eine gesetzliche bzw. rechtsgeschäftliche Verfügungsbefugnis der KVG über das Investmentvermögen bestehen soll. Auch die Übernahme von Geschäftsführungstätigkeiten durch die externe KVG stellt keinen Verstoß gegen den Grundsatz der Selbstorganschaft dar.

Insgesamt mit Gesellschafterversammlung, den besonderen Anforderungen an Geschäftsführern, dem Beirat und der stark eingeschränkten Außenhaftung der Kommanditisten deuten die Regelungen der InvKG mehr auf eine Kapitalgesellschaft als auf eine Personengesellschaft hin. Bereits diese Merkmale unterscheiden die InvKG deutlich von der normalen KG. Hinzu kommen die speziellen Regelungen zur Treuhandkonstruktion sowie die Differenzierung in interne und externe Verwaltung, wobei von der intern verwalteten Gesellschaft strengere Voraussetzungen zu erfüllen sind.

Auch solche Regelungen finden sich im HGB nicht, sodass sich die Regelungen, die einen Einfluss auf die Organisationsverfassung haben können, sehr stark von denjenigen im HGB zur normalen KG unterscheiden. Die zu überprüfende These, dass auch die InvKG eine eigene Gesellschaftsform darstellt, wurde mit der Untersuchung der Organisationsverfassung weiterhin bestätigt.

5. Die Finanzverfassung der InvKG im Vergleich zu derjenigen der KG

a. Besonderheiten der Finanzverfassung der offenen InvKG

Kennzeichen der offenen InvKG ist es, dass die InvKG neue Anleger aufnehmen kann und die Anleger ebenso wie die Aktionäre der InvAG m. v. K. ein Recht zur Kündigung ihrer Mitgliedschaft innerhalb gewisser Grenzen haben. Im Gegensatz zur AG hat die KG kein festes Grundkapital, von dem für die Investmentgesellschaft abgewichen werden muss.

aa. Die Kapitalerhöhung durch Ausgabe neuer Anteile

Das Kapital der InvKG kann durch die Ausgabe neuer Anteile erhöht werden. Hierzu ist in der Regel, wie bereits für den Beitritt eines Kommanditisten für alle Arten der InvKG ausgeführt, eine Ermächtigung des Geschäftsführers oder eine Ermächtigung der KG selbst zur Aufnahme weiterer Anleger erforderlich[1479]. Der Geschäftsführer schließt dann den Gesellschaftsvertrag im Namen der übrigen Gesellschafter oder im Namen der InvKG mit dem aufzunehmenden Anleger ab. Der Anleger übernimmt einen Anteil, der dem Wert der von ihm übernommenen Pflichteinlage entspricht. Mit Einzahlung der Einlage wird das Anlagekapital der InvKG gem. § 131 Abs. 2 KAGB erhöht. Da die Spaltung der Pflichteinlage auf unbestimmte Zeit nach hier vertretener Ansicht zum Schutz der Mitanleger nicht zulässig ist[1480], erhöht sich das Kapital mit Zahlung der Einlage oder bei Ratenzahlung zum jeweiligen Zahlungszeitpunkt, wobei bereits vorher die aufschiebend bedingte Forderung besteht und dem Gesellschaftsvermögen zuzurechnen ist.

1479 Siehe oben Teil C. V. 2. b. nn.

1480 Siehe oben Teil C. V. 4. e. cc. (1) zur Haftung der Kommanditisten im Innenverhältnis.

bb. Die Kapitalherabsetzung durch die Kündigung der Beteiligung

Gem. § 133 Abs. 1 S. 1 KAGB können die Kommanditisten der offenen InvKG ihre Beteiligung innerhalb gewisser Grenzen ganz oder teilweise kündigen. Für die intern verwaltete InvKG besteht ein solches Kündigungsrecht nur, wenn die nach § 25 KAGB erforderlichen Eigenmittel durch die Erfüllung des Abfindungsanspruchs nicht unterschritten werden. Außerdem kann gem. § 133 Abs. 1 S. 5 i. V. m. § 98 Abs. 2 KAGB im Gesellschaftsvertrag der InvKG vorgesehen sein, dass die Kündigung beim Vorliegen außergewöhnlicher Umstände ausgeschlossen ist.

Für Hedge-Fonds-InvKGen muss die Kündigung gem. § 133 Abs. 1 S. 5 i. V. m. § 283 Abs. 3 i. V. m. § 227 KAGB unwiderruflich 40 Tage vor dem Kündigungstermin erklärt werden und der Gesellschaftsvertrag kann vorsehen, dass die Kündigung nur zu bestimmten Terminen, mindestens aber vierteljährlich, möglich ist.

Der Kommanditist erhält gem. § 133 Abs. 1 S. 2 KAGB nach erfolgter Kündigung den Wert seiner gekündigten Beteiligung abzüglich entstandener Aufwendungen der InvKG erstattet. Die Erfüllung dieses Abfindungsanspruchs gilt wegen § 133 Abs. 2 S. 1 KAGB nicht als Rückzahlung der Kommanditeinlage. Außerdem legt § 133 Abs. 2 S. 2 KAGB fest, dass den ausgeschiedenen Kommanditist der InvKG keine Nachhaftung trifft[1481].

In der Grundform der KG können Kommanditisten gem. § 161 Abs. 2 i. V. m. § 132 HGB eine auf unbestimmte Dauer angelegte KG ordentlich kündigen und die KG wird regelmäßig gem. § 131 Abs. 3 S. 1 Nr. 3 HGB ohne sie weitergeführt. Nach seinem Ausscheiden kann zwar der Anspruch gegenüber dem Kommanditisten auf Leistung der Pflichteinlage nicht mehr geltend gemacht werden[1482], dagegen bleibt die Haftung gegenüber den Gläubigern als Nachhaftung bestehen[1483]. Den Kommanditisten trifft beim Ausscheiden in Kombination mit einer Einlagenrückgewähr oder nicht vollständig geleisteten Hafteinlage gem. §§ 171 Abs. 1, 172 Abs. 4, 161 Abs. 2 i. V. m. § 160 HGB eine Nachhaftung für die bis zu seinem Ausscheiden begründeten Ansprüche, sofern diese innerhalb von fünf Jahren nach dem Ausscheiden des Kommanditisten fällig und in der in § 160 Abs. 1 S. 1 HGB genannten Weise geltend gemacht wurden.

1481 So auch RegE AIFM-UmsG BT-Drs. 17/12294 S. 245.

1482 BGH NJW 2000, 2586, 1. Leitsatz, 2587; *Kindler* in: Koller/Kindler/Roth/Morck HGB, § 172 HGB Rn. 30; *K. Schmidt* in: MüKo HGB, Band 3, § 172 HGB Rn. 73.

1483 *Kindler* in: Koller/Kindler/Roth/Morck HGB, § 172 HGB Rn. 30.

Die Abfindungszahlung stellt in der KG mithin eine Einlagenrückgewähr dar[1484]. Auch von dieser Vorschrift kann abgewichen werden, allerdings müsste diese mit dem Gläubiger vereinbart werden[1485].

Dadurch, dass die Nachhaftung des Investment-Kommanditisten trotz Auszahlung der Abfindung im KAGB gesetzlich ausgeschlossen ist, findet im Gegensatz zur Grundform der KG faktisch eine Herabsetzung des verfügbaren Kapitals der InvKG und noch beachtenswerter der Hafteinlagen statt. Schließlich kann theoretisch auch in der normalen KG eine Abfindung zu einer faktischen Kapitalherabsetzung führen, wobei jedenfalls durch die Nachhaftung die Haftsumme für bereits getätigte Rechtsgeschäfte mit der KG zunächst erhalten bliebe.

cc. Änderung des Gesellschaftskapitals der offenen InvKG durch Wertschwankungen

Das Gesellschaftskapital der offenen InvKG ändert sich wie dasjenige der KG durch Wertschwankungen des Anlage- und Betriebsvermögens oder damit getätigte Geschäfte. Für das Anlagevermögen und damit erlangte Surrogate ist dies sogar explizit in § 131 Abs. 2 bzw. § 156 Abs. 2 KAGB geregelt. Der Gewinn wird wie in der KG auch den Kapitalanteilen der Anleger sowie der Komplementäre gem. §§ 167, 168 HGB gutgeschrieben. Spiegelbildlich dazu werden auch die Verluste auf die einzelnen Kapitalanteile verteilt. Wie in der KG und der OHG können jedoch anderweitige Regelungen zur Beteiligung am Gewinn und Verlust getroffen werden[1486].

dd. Bildung von TGV

Wie in der InvAG m. v. K. kann in der offenen InvKG gem. § 132 Abs. 2 und 4 KAGB ein TGV gebildet werden[1487].

1484 *Roth* in: Baumbach/Hopt, HGB, § 172 HGB Rn. 6; *K. Schmidt* in: MüKo HGB, Band 3, § 172 HGB Rn. 73.

1485 In BGHZ 142, 324, 325ff. wird ein Verzicht des Gläubigers als möglich bezeichnet; wohl h. L. Vgl. statt aller: *Hillmann* in: EBJS HGB, § 160 HGB Rn. 19; *Kindler* in: Koller/Kindler/Roth/Morck HGB, § 160 HGB Rn. 4; *K. Schmidt* in: MüKo HGB, Band 2, § 160 HGB Rn. 17; a. A. dagegen *Habersack* in: Staub HGB, Band 3, § 160 HGB Rn. 6f.

1486 Umkehrschluss aus § 168 Abs. 2 HGB.

1487 Siehe unten: Teil C. V. 8. zur Umbrellakonstruktion in der offenen InvKG.

b. *Die Finanzverfassung der geschlossenen InvKG*

Für die geschlossene InvKG ergeben sich mit der Ausnahme, dass kein TGV gebildet werden kann, keine Unterschiede zur offenen InvKG. Zwar kann nicht jederzeit ein Anleger aufgenommen werden oder kündigen. Sofern dies in der Aufnahmephase der Fall ist oder aber eine außerordentliche Kündigung erfolgt, verändert sich das Gesellschaftskapital wie bei der offenen InvKG beschrieben. Zudem ändert sich das Kapital durch Wertschwankungen oder laufende Geschäfte.

c. *Das Anfangskapital der intern verwalteten InvKG*

Im praktisch selten relevanten Falle einer internen Verwaltung[1488] muss – wie in der InvAG – ein Anfangskapital gem. § 25 Abs. 1 KAGB in Höhe von mindestens 300.000 Euro gegebenenfalls zuzüglich zusätzlicher Eigenmittel gem. § 25 Abs. 1 Nr. 2, Abs. 2–8 KAGB bestehen[1489]. Hierdurch wird eine Mindestkapitalausstattung der InvKG verlangt[1490]. Das erinnert zwar zunächst an Kapitalgesellschaften[1491]. Es zeigte sich aber bereits bei der Untersuchung der InvAG, dass das Anfangskapital nicht dem Mindestkapital für Kapitalgesellschaften entspricht. Vielmehr handelt es sich um eine aufsichtsrechtliche Kapitalanforderung, die einschneidendere Rechtsfolgen hat und mittelbar einen Einfluss auf das gesellschaftsvertraglich festzulegende Mindestkapital hat[1492]. Es bestehen mithin

---

1488 Vgl. Unternehmensdatenbank der BaFin abrufbar unter: https://portal.mvp.bafin.de/database/InstInfo/, eine eigene Recherche vom 21.06.2016 in der Kategorie Kapitalverwaltungsgesellschaften ergab keine Treffer; eine Recherche vom 29.01.2017 und vom 01.10.2017 ergab einen Treffer: Die Garching SLC 2.2 Fonds GmbH & Co. geschlossene Investment-KG ist zugleich KVG; eine Recherche am 19.04.2018 ergab zwei Treffer: Die Garching SLC 2.2 Fonds GmbH & Co. geschlossene Investment-KG und die [e: Kju:] In-vestment Services GmbH & Co. 1. geschl. Inv.KG sind zugleich KVG; am 23.05.2018 war lediglich die Die Garching SLC 2.2 Fonds GmbH & Co. geschlossene Investment-KG als KVG registriert.

1489 Zusätzlich muss etwa die intern verwaltete InvKG als AIF gem. § 25 Abs. 4 KAGB i. V. m. Art. 9 Abs. 5 Richtlinie 2011/61/EU i. V. m. Art. 21 Richtlinie 2006/49/EG Eigenmittel in Höhe von 25 % der Gemeinkosten des vergangenen Jahres bzw. der Gemeinkosten, die im Unternehmensplan veranschlagt wurden, vorhalten.

1490 RegE AIFM-UmsG BT-Drs. 17/12294 S. 245.

1491 *Stöber* in: Westermann/Wertenbruch, Hdb. Personengesellschaften, § 54a Die Investment-KG Rn. 3168d.

1492 Vgl. hierzu ausführlich zur InvAG Teil B V. 5. a. cc. (3) (b). Diese Ausführungen zum Anfangskapital gelten ebenso für die intern verwaltete InvKG, da das Anfangskapital vor die Klammer gezogen in § 25 KAGB für alle KVGen geregelt ist.

mittelbar für die intern verwaltete InvKG strengere Kapitalerhaltungsregeln als für Kapitalgesellschaften außerhalb des KAGB.

Das Anfangskapital der intern verwalteten InvKG muss nicht zwingend von den Gründern der InvKG aufgebracht werden[1493]. Wie bereits dargestellt wird bei der intern verwalteten InvKG zunächst die InvKG gegründet und anschließend die Erlaubnis als KVG beantragt. Somit ist es durchaus möglich, dass zwischen dem Entstehen der InvKG und der Erteilung der Erlaubnis als KVG Kommanditisten in die InvKG eintreten. Der Eintritt eines Kommanditisten in eine bestehende InvKG wird zwar gem. § 127 Abs. 4 bzw. § 152 Abs. 4 KAGB erst mit dessen Eintragung im Handelsregister wirksam. Da die InvKG bereits vor der Erlaubniserteilung der BaFin in das Handelsregister eingetragen werden kann, ändert sich dadurch nichts. Das KAGB findet aufgrund des materiellen Investmentbegriffes zudem in jedem Fall Anwendung.

d. Betriebs- und Anlagevermögen der InvKG

Die Einlagen der Anleger sowie die dafür erworbenen und verwalteten Vermögensgegenstände sowie Sicherheiten für diese und liquide Mittel bilden gem. § 131 Abs. 2 bzw. § 156 Abs. 2 KAGB das Kommanditanlagevermögen.

Da sich die Anleger gem. § 127 Abs. 1 S. 2 bzw. § 152 Abs. 1 S. 1 KAGB nur als Kommanditisten beteiligen dürfen, verbleibt noch die Einlage der Komplementäre und gegebenenfalls der geschäftsführenden Kommanditisten, die nicht unter den Anlegerbegriff zu subsumieren sind. Die intern verwaltete InvKG hat gem. § 131 Abs. 1 S. 1–3 KAGB zudem ein Betriebsvermögen zu bilden, welches nicht aus den Einlagen der Anleger bestehen darf.

Dagegen benötigt die extern verwaltete InvKG de lege lata nicht explizit ein Betriebsvermögen. Etwas anderes könnte allerdings aufgrund des in der InvKG geltenden Grundsatzes der Selbstorganschaft gelten. Schließlich verbleiben die Prinzipalgeschäfte bei den Geschäftsführern der InvKG. Die InvKG kann außerdem die externe KVG bestellen und kündigen und diese damit auch kontrollieren. Um diese Tätigkeiten ausfüllen zu können und keine bloße „Briefkastengesellschaft“ zu sein, wird vertreten, dass auch die extern verwaltete InvKG über eine entsprechende Substanz, nämlich ein Betriebsvermögen verfügen muss[1494].

1493 So im Ergebnis auch *Wallach,* ZGR 2014, 289, 308.

1494 *Könnecke* in: Baur/Tappen KAGB, § 156 KAGB Rn. 5; *Mohr,* Die offene Investmentkommanditgesellschaft, S. 113ff.; so im Ergebnis wohl *Wallach,* ZGR 2014, 289, 308, dagegen aber S. 309.

Hinzu kommt, dass die Einlagen der Komplementäre (und ggf. der geschäftsführenden Kommanditisten) auch bei der extern verwalteten InvKG faktisch ein Betriebsvermögen bilden, unabhängig davon, ob es vom Gesetz ausdrücklich als solches bezeichnet wird. Schließlich wird es nicht gem. § 131 Abs. 2 S. 2 bzw. § 156 Abs. 2 S. 2 KAGB dem Kommanditanlagevermögen zugerechnet. In der Praxis sind die Einlagen der Geschäftsführer allerdings so gering, dass überlegt werden kann, ob die Ausgaben für die Geschäftsführung auch auf den Anleger umgelegt werden können[1495]. Dagegen spricht jedoch der Wortlaut des § 131 Abs. 2 bzw. § 156 Abs. 2 KAGB. Hiernach wird unabhängig von der Verwaltungsart festgelegt, dass das Vermögen der Anleger nur das Kommanditanlagevermögen bildet. Somit haben in der Praxis die Komplementäre und die geschäftsführenden Kommanditisten auch in der extern verwalteten InvKG für ein Betriebsvermögen zu sorgen, dass für die Geschäftsführung ausreicht. Eine Hintertür ist jedoch aufgrund der bloßen rechnerischen Aufteilung denkbar: Dies kann auch durch die Aufnahme eines Kredits erfolgen, für den wiederum im Außenverhältnis auch eine Haftung der Anleger möglich ist[1496].

Wie in der InvAG handelt es sich bei der Trennung in Betriebs- und Anlagevermögen nur um eine rechnerische Trennung[1497]. Für eine haftungsrechtliche Trennung wäre eine gesonderte Bildung und Zuweisung des Vermögens an TGV erforderlich, wobei zumindest mit Leistung der Pflichteinlage keine Haftung des Kommanditisten für das Betriebsvermögen zu befürchten ist und eine Haftung im Rahmen der Insolvenz auch nicht durch die Bildung von TGV verhindert werden kann[1498].

1495 *Wallach,* ZGR 2014, 289, 309.

1496 Vgl. die Ausführungen zur intern verwalteten InvKG von *Wallach,* ZGR 2014, 289, 309.

1497 Vgl. *Sachtleber,* Zivilrechtliche Strukturen von open-end-Investmentfonds in Deutschland und England, S. 119; mit ausführlicher Begründung für eine rein rechnerische und keine haftungsrechtliche Trennung *Schewe,* Kommanditgesellschaften im Regelungsbereich des Investmentrechts, S. 188ff.; für eine rechnerische Trennung auch *Wallach,* ZGR 2014, 289, 308; a. A. für eine haftungsrechtliche Trennung zugunsten der Anleger-Kommanditisten: *Mohr,* Die offene Investmentkommanditgesellschaft, S. 111.

1498 Siehe oben bereits Teil C. V. 4. g. aa. zur internen Verwaltung der InvKG und vgl. zum TGV bei der InvAG bereits *Lorenz* in: Weitnauer/Boxberger/Anders KAGB, § 117 KAGB Rn. 7; bereits zum InvG: *Sachtleber,* Zivilrechtliche Strukturen von open-end-Investmentfonds in Deutschland und England, S. 121f.; *Wegner,* Die selbstverwaltete Hedgefonds-Investmentaktiengesellschaft mit Teilgesellschaftsvermögen, S. 213ff.

e. Zwischenergebnis zum Vergleich der Finanzverfassungen

Hinsichtlich der Kapitalerhöhung und -herabsetzung unterscheiden sich die Regelungen zur InvKG nicht von denjenigen zur KG. Da die InvKG ebenfalls kein festes Grundkapital hat, erhöht sich das Gesellschaftskapital auch durch Aufnahme und Kündigung der Gesellschafter. Lediglich mangels Nachhaftung bei der Kündigung des Kommanditisten der InvKG verringert sich auch dort das Haftkapital, während in der KG durch Auszahlung der Pflichteinlage die Nachhaftung ausgelöst wird. Lediglich die Kapitalaufbringung unterscheidet sich durch das bereits bei der Gründung dargestellte Sacheinlageverbot für geschlossene Publikums-InvKGen[1499].

Im seltenen Fall der internen Verwaltung bestehen ebenso wie für die intern verwaltete InvAG strengere aufsichtsrechtliche Kapitalerhaltungsregelungen als für „normale" Kapitalgesellschaften. Das aufsichtsrechtliche Anfangskapital muss vorhanden sein, sodass das entsprechende Gesellschaftskapital erhalten bleiben muss. Hier liegen deutliche Unterschiede zur KG vor.

Außerdem ist rechnerisch für Anleger-Kommanditisten ein Anlagevermögen und für jede InvKG mit den Einlagen der restlichen Gesellschafter ein Betriebsvermögen zu bilden. Obschon nur für die intern verwaltete InvKG normiert, bedarf jede InvKG der Bildung eines Kommanditanlagevermögens und eines Betriebsvermögens. Diese sind jedoch nur rechnerisch voneinander getrennt. Eine solche nach Gesellschaftern differenzierende Vermögenszuordnung ist dem HGB ebenfalls fremd.

Damit ergeben sich zwar verglichen mit den Unterschieden der InvAG m. v. K. zur AG keine gravierenden Unterschiede, aber es sind trotzdem weitere Sonderregelungen für die InvKG festzustellen, sodass die These von der eigenen Rechtsform gestützt wird.

6. Die Rechnungslegung für die InvKG im Vergleich zu derjenigen für die KG

Die Rechnungslegung der InvKG ist in §§ 135–137 KAGB für die offene InvKG und in §§ 158–160 KAGB für die geschlossene InvKG geregelt. Außerdem wurde aufgrund § 135 Abs. 11 S. 1 ggf. i. V. m. § 158 S. 1 KAGB die KARBV sowie aufgrund von § 136 Abs. 4 S. 1 ggf. i. V. m. § 159 S. 1 KAGB die KAPrüfbV von der BaFin erlassen.

1499 Siehe oben Teil C. V. 1. b.

a. Der Jahresbericht der InvKG

Die KVG hat für die InvKG einen Jahresbericht gem. § 135 Abs. 1 KAGB aufzustellen, der den Jahresabschluss, den Lagebericht, Erklärungen der gesetzlichen Vertreter sowie Bestätigungen des Abschlussprüfers enthält. Gem. § 158 KAGB ist § 135 KAGB auf den Jahresbericht für die geschlossene InvKG anzuwenden.

Für den Jahresabschluss finden gem. § 135 Abs. 2b S. 1 KAGB die Vorschriften des HGB Anwendung, soweit sich nicht aus den Vorschriften des KAGB etwas anderes ergibt. Die Erleichterungen in § 264 Abs. 1 S. 4 HGB betreffend kleine Kapitalgesellschaften sowie Abs. 3 und 4 für Tochtergesellschaften und § 264b HGB für Konzernmitglieder finden keine Anwendung. Nach § 267a Abs. 3 Nr. 1 KAGB sind Investmentgesellschaften nach § 1 Abs. 11 KAGB auch keine Kleinstkapitalgesellschaften. Wie bei der InvAG ist die Bilanz der InvKG gem. § 135 Abs. 3 S. 1 KAGB in Staffelform aufzustellen und bezüglich des Investmentanlagevermögens ist § 101 Abs. 1 S. 3 Nr. 1 KAGB anzuwenden, sodass in Gänze auf die Ausführungen zur Bilanz der InvAG verwiesen werden kann[1500]. Zusätzlich regelt § 135 Abs. 9 KAGB, dass das Privatvermögen der Gesellschafter nicht in die Bilanz oder auch die Gewinn- und Verlustrechnung aufgenommen werden darf. Damit wird eine Selbstverständlichkeit klargestellt.

Für die Gewinn- und Verlustrechnung verweist § 135 Abs. 4 KAGB für die InvKG ebenfalls auf die Regelung zum Sondervermögen in § 101 Abs. 1 S. 3 Nr. 4 KAGB, sodass auch hier auf die Ausführungen zur InvAG Bezug genommen wird[1501]. Außerdem ist in § 135 Abs. 10 KAGB normiert, dass im Falle einer internen Verwaltung eine getrennte Ausweisung des Investmentbetriebs- sowie des Investmentanlagevermögens erforderlich ist. Dies ergibt sich allerdings auch bereits aus § 22 Abs. 1 KARBV, sodass dies für alle InvAGen und für alle InvKGen gilt. Wie nämlich bereits erörtert, bilden nach hier vertretener Ansicht auch extern verwaltete InvKGen ein Betriebsvermögen[1502].

Auch der Lagebericht der InvKG entspricht demjenigen der InvAG[1503], da § 135 Abs. 6 KAGB dem § 120 Abs. 5 KAGB entspricht. Lediglich § 135 Abs. 7 KAGB verlangt die zusätzlichen Angaben gem. § 101 Abs. 3 KAGB zu Vergütungen und wesentlichen Änderungen der angegebenen Informationen des Verkaufsprospekts im Lagebericht, statt wie in § 120 Abs. 6 KAGB im Anhang. Hier

---

1500 Siehe oben Teil B. V. 6. a. aa.
1501 Siehe oben Teil B. V. 6. a. bb.
1502 Siehe oben Teil C. V. 5. d.
1503 Siehe oben Teil B. V. 6. a. cc.

sollte de lege ferenda eine einheitliche Regelung getroffen werden, um die vom Gesetzgeber beabsichtigte Transparenz für die Anleger zu erhöhen[1504].

Bezüglich des Anhangs kann mit Ausnahme der Vorschriften betreffend OGAW und der bereits genannten Angaben gem. § 101 Abs. 3 KAGB, die bereits im Lagebericht enthalten sind, auf die Ausführungen zur InvAG verwiesen werden[1505].

b. Die Prüfung des Jahresabschlusses in der InvKG

Gem. § 136 Abs. 1 S. 1 KAGB ist der Jahresabschluss nach Maßgabe der HGB-Vorschriften, die gem. § 316 Abs. 1 S. 1 HGB für Kapitalgesellschaften gelten, zu prüfen. Nach erfolgter Prüfung hat der Prüfer gem. § 136 Abs. 1 S. 2 KAGB sein Testat zu erteilen. Ohne im Detail auf diese Prüfung des Abschlussprüfers gem. § 136 KAGB einzugehen, zeigen sich bereits hier deutliche Unterschiede zur normalen KG, da dort keine Prüfung des Jahresabschlusses durch einen Abschlussprüfer vorgesehen ist.

c. Die Offenlegung und Vorlage von Berichten der InvKG

Bei der Offenlegung unterscheidet das KAGB zwischen offenen InvKGen und geschlossenen Spezial-InvKGen, deren Anleger den Jahresbericht gem. § 137 bzw. § 160 Abs. 3 KAGB auf Anfrage vorgelegt bekommen, und der geschlossenen Publikums-InvKG, für die eine Offenlegung des Jahresberichts nach Maßgabe des § 160 Abs. 1, Abs. 2 KAGB zu erfolgen hat. Unabhängig davon, ob die Voraussetzungen des § 264a HGB erfüllt sind, ordnet § 160 KAGB für geschlossene Publikums-InvKGen die entsprechende Anwendung der §§ 325 Abs. 1, Abs. 2–2b, Abs. 5, Abs. 6; 328, 329 Abs. 1, Abs. 2, Abs. 4 und 335–335b HGB an. Somit besteht für geschlossene Publikums-KGen eine Offenlegungspflicht, die typischerweise gem. § 325 Abs. 1 HGB nur für Kapitalgesellschaften besteht.

d. Zusammenfassung und Vergleich mit der Rechnungslegung der KG

Bereits die Pflicht zur Aufstellung des Jahresberichtes und die detaillierten Regelungen erinnern an das Kapitalgesellschaftsrecht. In der KG besteht eine Pflicht zur Aufstellung eines Jahresabschlusses nach den Regeln des Zweiten Abschnittes des Dritten Buches des HGB nur in den Fällen des § 264a HGB, nämlich

---

1504 Diese Transparenz durch eine einheitliche Regelung war Sinn und Zweck des AIFM-Umsetzungsgesetzes, vgl. etwa RegE AIFM-UmsG BT-Drs. 17/12294 S. 224.

1505 Siehe oben Teil B. V. 6. a. dd.

regelmäßig, wenn nur juristische Personen persönlich haftende Gesellschafter sind. Die Regelungen zum Jahresabschluss der InvKG entsprechen in weiten Teilen denjenigen der InvAG. Die Bilanz ist in Staffelform aufzustellen und weicht damit von den Vorschriften zur normalen KG deutlich ab. Hinzu kommt, dass bei der Bewertung der Gegenstände des Anlagevermögens das im HGB geltende Niederstwertprinzip keine Anwendung findet. Damit wird der Anlegerschutz über den Gläubigerschutz gestellt. Bei der Rechnungslegung ist bei der Bewertung und bezüglich der Gliederung in der Gewinn- und Verlustrechnung wie bei der InvAG zwischen dem Anlagevermögen und dem Betriebsvermögen zu unterscheiden. Auf das Anlagevermögen finden die Regelungen des Sondervermögens Anwendung, während das Betriebsvermögen im Sondervermögen gar nicht vorhanden ist, sodass dort kein entsprechend anwendbares Recht vorhanden ist. Auch eine Aufteilung in der Gewinn- und Verlustrechnung nach Anlage- und Betriebsvermögen sowie nach TGV kennt das HGB so nicht.

Die zusätzlichen Angaben gem. § 101 Abs. 3 KAGB zu Vergütungen und wesentlichen Änderungen der angegebenen Informationen des Verkaufsprospekts sollten entweder einheitlich für die InvAG und die InvKG im Lagebericht, wie in § 135 Abs. 7 KAGB für die InvKG normiert, oder im Anhang, wie für die InvAG in § 120 Abs. 6 KAGB geregelt, verlangt werden. Dies trägt zu einer höheren Transparenz für die Anleger bei.

Die Prüfungspflicht des Jahresabschlusses, welche nach § 316 Abs. 1 S. 1 HGB nur für Kapitalgesellschaften gilt, jedoch gem. § 136 Abs. 1 S. 1 KAGB für InvKGen anwendbar ist, spricht auch für das Bestehen einer neuen Gesellschaftsform. Auch hier nähert sich die InvKG den Kapitalgesellschaften an. Das gilt ebenso für die Offenlegungspflicht, die für geschlossene Publikums-InvKGen gilt.

Insgesamt erinnern die Sonderregelungen des KAGB an das Kapitalgesellschaftsrecht oder orientieren sich an den investmentrechtlichen Regelungen zum Sondervermögen. Die These, dass mit der InvKG eine neue Gesellschaftsform und keine bloße Unterform der KG geschaffen wurde, kann auch nach einer Betrachtung der Rechnungslegungsvorschriften aufrechterhalten werden.

7. Die Liquidation der InvKG im Vergleich zur KG

a. *Sonderregelungen für die Auflösung und Liquidation der InvKG*

Die Liquidation der InvKG erfolgt nach den Regeln der normalen KG gem. §§ 145ff. HGB im Anschluss an die Auflösung gem. §§ 131ff. HGB. Zur Überprüfung der These, dass eine neue Gesellschaftsform geschaffen wurde, soll lediglich auf die abweichenden Sonderregelungen des KAGB eingegangen werden, um die Unterschiede der Gesellschaften herauszuarbeiten.

Zur Auflösung finden sich diese lediglich in § 125 Abs. 4 bzw. § 150 Abs. 4 KAGB in Hinblick auf die Ausscheidungsgründe in § 131 Abs. 3 Nr. 2 und 4 HGB, von denen nicht abgewichen werden darf, sowie in § 138 Abs. 1 S. 1 bzw. § 161 Abs. 2 S. 1 KAGB, der jeweils anordnet, dass § 133 Abs. 1 HGB nicht gilt. § 133 Abs. 1 HGB regelt die Auflösungsklage aus wichtigem Grund. Indessen ist in § 138 Abs. 1 S. 2 und S. 3 bzw. § 161 Abs. 2 S. 2 und S. 3 KAGB ein unabdingbares außerordentliches Kündigungsrecht bei Vorliegen eines wichtigen Grundes eingeräumt. Damit werden die Interessen der Mitanleger hinsichtlich Stabilität und Rechtssicherheit geschützt, da kein einzelner Anleger die Auflösung herbeiführen kann und soll[1506]. Hiermit wird die Ausrichtung der InvKG auf eine Vielzahl von Mitgliedern berücksichtigt.

Zudem wird die InvKG gem. § 129 Abs. 2 S. 1 bzw. § 154 Abs. 2 S. 1 KAGB i. V. m. § 100 KAGB abgewickelt, wenn das Recht der externen KVG zur externen Verwaltung der InvKG erlischt und sich die InvKG weder in eine intern verwaltete InvKG umwandelt noch eine andere externe KVG wirksam bestellt hat. Damit besteht auch ein Auflösungsgrund, wenn die KVG selbst aufgelöst ist und keine andere externe KVG wirksam bestellt wurde. Es handelt sich damit um einen gesetzlichen Auflösungsgrund.

Außerdem kann eine Verfügung der BaFin zur Auflösung führen. Für die intern verwaltete InvKG ist gem. § 39 Abs. 4 KAGB, § 38 Abs. 1 S. 1 KWG anwendbar, sodass es nach einer Aufhebung oder dem Erlöschen der Erlaubnis für die interne KVG im Ermessen der BaFin steht, ob die InvKG abzuwickeln ist. Die Entscheidung darüber wirkt gem. § 38 Abs. 1 S. 2 KWG wie ein Auflösungsbeschluss.

Auch hier stellt sich die Frage, ob die Verfügungsbefugnis innerhalb der Liquidation auf die Verwahrstelle übergeht oder bei der InvKG verbleibt. Die InvKG hatte jederzeit die Geschäftsführung, zumindest über die Prinzipalgeschäfte inne. In der Literatur ist das Meinungsbild eindeutig:

Bei der Liquidation einer extern verwalteten InvKG geht die Verfügungsbefugnis auf die Verwahrstelle über und diese ist gem. § 129 Abs. 2 S. 1 bzw. § 154 Abs. 2 S. 1 Nr. 1 KAGB gesetzlich vorgesehener Liquidator[1507]. Wie bereits bei der

---

1506 *Wallach*, ZGR 2014, 289, 317, 320.

1507 *Eichhorn* in: Moritz/Klebeck/Jesch KAGB, § 129 KAGB Rn. 27; *Stöber* in: Westermann/Wertenbruch, Hdb. Personengesellschaften, § 54a Die Investment-KG Rn. 3169o.

InvAG dargestellt, ist § 100 KAGB auch analog auf die intern verwaltete InvKG anzuwenden, da eine vergleichbare Interessenlage vorliegt[1508].

Bei der offenen InvKG wird das Recht zur Abberufung des Liquidators gem. § 147 HGB in § 129 Abs. 2 S. 3 KAGB explizit ausgeschlossen. Der Grund könnte der Liquiditätsdruck während der Abwicklung einer offenen InvKG sein[1509]. Eine andere Lesart, nämlich dass dadurch ein einfacher Mehrheitsbeschluss zur Abberufung der Verwahrstelle als Liquidator ausreicht, ist zum einen aus Gründen des Anlegerschutzes[1510] und zum anderen im Umkehrschluss aus der in § 154 Abs. 2 S. 1 Nr. 2 KAGB vorhandenen Regelung nicht denkbar. Dort wird den Gesellschaftern der geschlossenen InvKG ausdrücklich die Möglichkeit der Bestellung eines anderen Abwicklers, der nicht zugleich Verwahrstelle ist, eingeräumt. Für den Beschluss der Bestellung anstatt der Verwahrstelle ist gem. § 154 Abs. 2 Nr. 2 2. Hs. KAGB § 147 HGB nicht anwendbar, sodass ein Mehrheitsbeschluss genügt. Dies bedeutet auch, dass ansonsten § 147 HGB anwendbar ist. Die geschlossene InvKG kann daher nach hier vertretener Ansicht anstatt eines Liquidators, der nicht Verwahrstelle ist, einen anderen Liquidator gem. § 147 HGB bestellen.

Für die Haftung nach der Auflösung der InvKG regeln § 138 Abs. 2 bzw. § 161 Abs. 4 KAGB, dass die Kommanditisten nach Beendigung der Liquidation keine Nachhaftung – wie sie nach § 161 Abs. 2 i. V. m. § 159 HGB für die „normale" KG besteht – trifft.

b. Zwischenergebnis und Vergleich mit der KG

Zunächst bestehen im Vergleich der InvKG zur KG spezielle Auflösungstatbestände. Liegt ein gesetzlicher Auflösungsgrund oder eine Auflösungsentscheidung vor, so wird die InvKG von der Verwahrstelle abgewickelt. § 129 Abs. 2 i. V. m. § 100 bzw. § 154 Abs. 2 i. V. m. § 100 KAGB sind analog auf die intern verwaltete InvKG anzuwenden, die nicht mehr die Erlaubnis hat, als selbstverwaltete InvAG tätig zu sein. Bei der offenen InvKG wird das Recht zur Abberufung eines Liquidators gem. § 147 HGB in § 129 Abs. 2 S. 3 KAGB explizit nicht eingeräumt. Dagegen kann in der geschlossenen InvKG anstatt der Verwahrstelle durch Mehrheitsbeschluss ein anderer Liquidator bestellt werden. § 147 HGB findet in der geschlossenen InvKG aber Anwendung, wenn ein Liquidator,

---

1508 Siehe oben Teil B. V. 7. a.

1509 *Eichhorn* in: Moritz/Klebeck/Jesch KAGB, § 129 KAGB Rn. 29; *Zetzsche,* AG 2013, 613, 628.

1510 *Lorenz* in: Weitnauer/Boxberger/Anders KAGB, § 129 KAGB Rn. 10.

der nicht Verwahrstelle ist, ersetzt werden soll. Außerdem haften die Kommanditisten nach der Vollbeendigung der Gesellschaft nicht mehr – wie in der KG – nach. Auch hier wird durch das Vorliegen von Sonderregelungen bezüglich der Liquidation die These, dass eine eigene neue Gesellschaftsform mit der InvKG geschaffen wurde, gestützt.

8. Die Umbrellakonstruktion in der offenen InvKG

Ebenso wie die InvAG m. v. K. kann die offene InvKG gem. § 132 KAGB TGV bilden. Die Vorschriften in § 117 und § 132 KAGB sind weitgehend identisch. Im Grundsatz kann daher auf die obigen Ausführungen[1511] verwiesen werden. Zu beachten ist hierbei allerdings, dass die offene InvKG immer ein Spezial-AIF ist. Im Folgenden soll lediglich kurz auf die Unterschiede zur InvAG eingegangen werden.

a. Statutarische Ermöglichung der Bildung von TGV

Für die InvKG ergibt sich bereits aus § 132 Abs. 1 S. 1 KAGB, dass die Bildung von TGV gesellschaftsvertraglich vorgesehen sein muss. Darüber hinaus muss – ebenso wie in der InvAG mit TGV – der Firmenzusatz entsprechend angefügt werden, um den Anforderungen des § 134 Abs. 2 S. 1 KAGB zu genügen. Mangels einer dem § 117 Abs. 7 S. 1 KAGB entsprechenden Vorschrift, muss der Gesellschaftsvertrag de lege lata nicht auf die Geltung besonderer Anlagebedingungen hinweisen. Dagegen hat der Gesellschaftsvertrag eine Bestimmung gem. § 132 Abs. 6 KAGB zu enthalten, wonach die Entscheidungen über Angelegenheiten, die die InvKG insgesamt betreffen, von einer Gesellschafterversammlung, zu welcher alle Anleger sämtlicher TGV zu laden sind, getroffen werden.

b. Die Bildung und Auflösung von TGV

Im Gegensatz zu § 117 Abs. 1 S. 2 KAGB regelt § 132 Abs. 1 KAGB nicht, wer für die Bildung eines TGVs zuständig ist. Primär bestimmt sich die Zuständigkeit zur Bildung eines TGVs nach § 132 Abs. 1 S. 1 KAGB aus dem Gesellschaftsvertrag. Erst bei einer fehlenden Zuständigkeitsregelung stellt sich die folgende Frage nach der Zuständigkeit.

In Betracht kommt parallel zur Regelung in der InvAG eine Zuständigkeit des Geschäftsführers[1512] oder eine Zuständigkeit der Gesellschafterversammlung.

1511 Siehe oben Teil B. V. 8.

1512 Siehe oben zur Bildung von TGV bei der InvAG Teil B. V. 8. b. aa.

Gegen eine Zuständigkeit des Geschäftsführers spricht zunächst die fehlende explizite Regelung. Zwar könnte dafür ein Umkehrschluss aus § 132 Abs. 7 S. 1 KAGB angeführt werden[1513], jedoch ergibt sich auch dort die Zuständigkeit nicht aus dem Gesetz, sondern aus dem Gesellschaftsvertrag. Zu differenzieren ist somit, ob es sich bei der Bildung eines TGVs um eine Geschäftsführungsmaßnahme oder um ein Grundlagengeschäft handelt. Ein Grundlagengeschäft und kein außergewöhnliches Geschäft liegt nach h. M. vor, wenn das Geschäft nicht mehr vom Gesellschaftszweck erfasst wird[1514] oder der Gesellschaftsvertrag geändert werden muss[1515]. Im vorliegenden Fall hat der Gesellschaftsvertrag bereits die Möglichkeit der Bildung von TGV vorzusehen. Allerdings ändert sich mit der Bildung von TGV die Vermögens- und Haftungsstruktur innerhalb der offenen InvKG derart, dass es sich hierbei nicht mehr um eine Geschäftsführungsmaßnahme handelt. Den bisherigen Gesellschaftern entgehen durch die Aufteilung in TGV auch möglicherweise Investitionsgelegenheiten, wenn diese nur den anderen TGV zugeordnet werden, sodass es sich um einen erheblichen Eingriff in ihre bestehenden Rechte handelt. Mangels expliziter Regelung im Gesetz und im Gesellschaftsvertrag ist mithin die Gesellschafterversammlung für die Bildung von TGV zuständig.

Für die Auflösung von TGV kann auf die Ausführungen zur InvAG verwiesen werden[1516], da § 132 Abs. 7 KAGB den Regelungen in § 117 Abs. 8 KAGB entspricht, wobei die Auflösung nur mit Zustimmung der Verwahrstelle beschlossen werden kann.

c. *Kennzeichen des TGVs*

Für die haftungs- und vermögensrechtliche Trennung, die in § 132 Abs. 1 S. 2–6 KAGB identisch zu § 117 Abs. 2 KAGB geregelt ist, kann zunächst auf die obigen Ausführungen zur InvAG m. v. K. mit TGV verwiesen werden[1517]. Im Gegensatz zur InvAG hat die InvKG mit TGV nicht nur eine Art von Gesellschafter, sondern Kommanditisten und Komplementäre. Während die Anleger als Kommanditisten gem. § 132 Abs. 5 S. 2 KAGB nur für die Verbindlichkeiten des sie

---

1513 *Lorenz* in: Weitnauer/Boxberger/Anders KAGB, § 132 KAGB Rn. 3.

1514 *Jickeli* in: MüKo HGB, Band 2, § 116 HGB Rn. 7.

1515 *Jickeli* in: MüKo HGB, Band 2, § 114 HGB Rn. 9; zwar differenzierend, aber zumindest die Geschäftsführungsbefugnis bei einer erforderlichen Änderung des Gesellschaftsvertrags verneinend *Schäfer* in: Staub HGB, Band 3, § 116 HGB Rn. 8.

1516 Teil B. V. 8. b. bb.

1517 Siehe oben Teil B. V. 8. c. aa.

betreffenden Vermögens haften, haften die Komplementäre dagegen nach S. 1 für die Verbindlichkeiten sämtlicher TGV. Somit werden die Anleger als Kommanditisten gleich wie (InvAG-) Aktionäre behandelt. Sie sind nur an einem TGV vermögensmäßig beteiligt und haften auch nur für dieses. Dagegen sind die Komplementäre aufgrund ihrer Haftung gem. § 132 Abs. 5 S. 1 KAGB für sämtliche TGV auch an allen TGV einer InvKG vermögensmäßig zu beteiligen.

Außerdem ist gem. § 132 Abs. 6 KAGB i. V. m. der entsprechenden gesellschaftsvertraglichen Regelung über Angelegenheiten, die die gesamte InvKG betreffen, in einer Gesellschafterversammlung, zu der sämtliche Gesellschafter der InvKG einzuladen sind, zu entscheiden. Ansonsten genügt eine Versammlung der TGV-Gesellschafter sowie der Komplementäre[1518].

d. Zwischenergebnis und Vergleich mit der KG

In der offenen InvKG ist die Gesellschafterversammlung für die Bildung von TGV zuständig. Die Insolvenz eines TGVs führt trotz der Haftungs- und Vermögenstrennung zur Insolvenz der gesamten InvKG. Dem HGB ist eine Haftungstrennung für separate mit dem TGV vergleichbare Einheiten fremd. Es finden sich auch keine mit TGV vergleichbaren Regelungen. Insbesondere entspricht eine Konzernierung nicht einer Umbrellakonstruktion mit TGV[1519]. Damit spricht auch hier die weitere Ausgestaltungsmöglichkeit und Sonderform innerhalb der offenen InvKG für das Bestehen einer eigenen Gesellschaftsform.

VI. Ergebnis zum Teil C.: Die InvKG als eigenständige Gesellschaftsform

Die These, dass die InvKG eine neu geschaffene Gesellschaftsform ist, wurde nicht widerlegt. Zwar spricht der Wille des Gesetzgebers[1520] gegen die Schaffung einer neuen Gesellschaftsform. Auch die Publikums-KG als Vorgängerin der InvKG ist eine Unterform der KG[1521], sodass die InvKG historisch lediglich eine Form der KG darstellt. Der Sinn und Zweck des KAGB[1522] – der Anlegerschutz – spricht an

1518 *Stöber* in: Westermann/Wertenbruch, Hdb. Personengesellschaften, § 54a Die Investment-KG Rn. 3170f.
1519 Vgl. hierzu die Ausführungen zur InvAG Teil B. V. 8. d.
1520 Teil C. I. 1.
1521 Teil C. I. 2.
1522 Teil C. III.

sich noch nicht für oder gegen eine neue Gesellschaftsform, diese kann erst nach einem Vergleich der einzelnen Normen aufgezeigt werden.

Jedoch spricht der Wortlaut des KAGB[1523], nämlich der gesetzesspezifische Sprachgebrauch für eine neue Gesellschaftsform: Demnach wird die Bezeichnung „Investmentkommanditgesellschaft" geschützt und auch die InvKG wird als Rechtsform bezeichnet. Die Systematik des KAGB, sowohl der äußere Aufbau[1524] mit der Gliederung in einzelne Unterabschnitte für die offene und geschlossene InvKG als auch die Verweisart[1525] auf das Recht der KG und die innere Systematik[1526] mit der Unterscheidung zwischen den verschiedenen Arten der InvKG, spricht ebenfalls für das Vorliegen einer neuen Gesellschaftsform.

Auch der inhaltliche Vergleich[1527] der Regelungen der InvKG mit den Regelungen der KG bestätigt die These von der neu geschaffenen Gesellschaftsform:

Schon während der Gründungsphase wird die Haftung der Anleger einer geschlossenen Publikums-InvKG bei Aufnahme des Geschäftsbetriebs vor Eintragung im Handelsregister ausgeschlossen[1528]. Zudem besteht für die geschlossene Publikums-InvKG ein Sacheinlageverbot, welches verdeckte Sacheinlagen erfasst, während für zulässige Sacheinlagen und Sachübernahmen das Marktgerechtigkeitsprinzip Anwendung findet[1529]. Das Schriftformerfordernis bei Abschluss des Gesellschaftsvertrags erinnert an das Kapitalgesellschaftsrecht[1530]. Auch der Inhalt des Gesellschaftsvertrags, der aufgrund der investmentspezifischen Gesellschaftsvertragsstrenge[1531], nämlich aufgrund der zwingenden Normen des KAGB und der Inhaltskontrolle, vorgegeben ist, unterscheidet sich deutlich von dem Recht der KG nach dem HGB:

Während die Regelungen zum Gesellschaftssitz[1532] oder die Ermächtigung zur Aufnahme weiterer Gesellschafter[1533] nicht von den für die KG geltenden Regelungen abweichen, hat die InvKG mit „Investmentkommanditgesellschaft" einen eigenen geschützten Firmenzusatz, welcher bereits auf einen Rechtsformzusatz

1523 Teil C. II.
1524 Teil C. IV. 1.
1525 Teil C. IV. 3.
1526 Teil C. IV. 2.
1527 Teil C. V.
1528 Teil C. V. 1. a.
1529 Teil C. V. 1. b.
1530 Teil C. V. 2. a.
1531 Teil C. V. 2. b. aa.
1532 Teil C. V. 2. b. cc.
1533 Teil C. V. 2. b. nn.

hinweist[1534]. Die Unternehmensgegenstände der InvKG und der KG verhalten sich außerdem aufgrund des materiellen Investmentbegriffs jeweils alternativ zueinander[1535]. Hinzu kommt, dass im Personengesellschaftsrecht eine Regelung des Unternehmensgegenstands absolut unüblich ist[1536].

Zusätzlich erinnern die Protokoll- und Ladungsvorschriften zur Gesellschafterversammlung, welche im Gesellschaftsvertrag enthalten sein müssen,[1537] ebenfalls an das Recht der AG, wobei diese Regelungen im Innenverhältnis für die KG auch geregelt werden können.

Die fehlende vertragliche Abdingbarkeit des § 131 Abs. 3 Nr. 2 und 3 HGB[1538] hat dagegen keine Auswirkung auf die Einordnung als eigenständige Gesellschaftsform. Außerdem unterscheidet sich das Recht zur Kündigung der offenen InvKG einschließlich des gesetzlich geregelten Ausgabe- und Rückgabepreises, deren Einzelheiten gesellschaftsvertraglich festzuhalten sind, von der KG[1539]. Hinzu kommt, dass nach hier vertretener Ansicht für die InvKG Sacheinlagen, sofern diese zugelassen sind, sowie Sachübernahmen gem. § 27 Abs. 1 AktG analog im Gesellschaftsvertrag offengelegt werden sollten[1540].

Wie bei der InvAG ist in der InvKG die Differenzierung (mit Auswirkung auf gesellschaftsvertragliche Regelungen) zwischen Spezial- und Publikumsanlegern sowie offenen InvKGen mit oder ohne TGV möglich[1541], welche im Recht der KG ansonsten nicht bekannt sind. Auch diese besonderen Merkmale sprechen für das Bestehen einer neuen Rechtsform mit weiteren Sonderformen und nicht für das Vorliegen von Sonderformen einer Sonderform.

Der Umstand, dass die InvKG Anlagebedingungen[1542] benötigt, ist eine weitere Besonderheit der InvKG gegenüber der KG. Da Anlagebedingungen nach hier vertretener Ansicht lediglich deklaratorisch sind und keine Regelungen bezüglich des Innenverhältnisses der Gesellschaft neu begründen können, kann das Erfordernis von Anlagebedingungen als schwaches Indiz für das Vorliegen einer neuen Gesellschaftsform herangezogen werden.

1534 Teil C. V. 2. b. bb.

1535 Teil C. V. 2. b. dd.

1536 Teil C. V. 2. b. dd.

1537 Teil C. V. 2. b. ff.

1538 Teil C. V. 2. b. gg.

1539 Teil C. V. 2. b. hh. und ii.

1540 Teil C. V. 1 b. zur Zulässigkeit sowie C. V. 2. b. ll.

1541 Vgl. zu den speziellen Bestimmungen im Gesellschaftsvertrag der InvKG für Spezial-InvKGen Teil C. V. 2. b. kk. und InvKGen mit TGV Teil C. V. 2. b. mm.

1542 Teil C. V. 3.

Der Vergleich der Regelungen zur Organisationsverfassung[1543] stützt die aufgestellte These von der InvKG als eigene Gesellschaftsform: Bereits das Erfordernis der Gesellschafterversammlung als notwendiges Organ für die Beschlussfassung innerhalb der InvKG mit den Vorschriften zur Ladung und Protokollierung[1544] sowie der – bei der geschlossenen InvKG sogar notwendige – Beirat[1545] spricht für eine eigenständige Gesellschaft und entspricht der Organisationsverfassung von Körperschaften. Betreffend die Geschäftsführung statuieren die Regelungen zum Vier-Augen-Prinzip, wonach eine Gesamtgeschäftsführungsbefugnis erforderlich ist[1546], zur Zuverlässigkeit und zur fachlichen Eignung[1547], der erforderlichen Sorgfalt[1548] sowie das Geschäftsverbot betreffend Vermögensgegenstände höhere Anforderungen als diejenigen, die das HGB für die Geschäftsführung vorsieht. Hinzu kommt, dass das KAGB den Kreis der Gesellschafter einschränkt. In der InvKG dürfen sich Anleger nur als Kommanditisten beteiligen, während von geschäftsführenden Gesellschaftern zusätzlich die Anforderungen an die fachliche Eignung und Zuverlässigkeit zu erfüllen sind[1549]. Die Haftung der Investmentkommanditisten ist im Vergleich zur Kommanditistenhaftung derart eingeschränkt, dass diese nur für die Dauer der Mitgliedschaft in Höhe der anfangs übernommenen Hafteinlage besteht, während vor Eintragung des Beitritts und nach dem Austritt aus der InvKG eine Haftung ausgeschlossen ist[1550]. Darüber hinaus sind in der InvKG – anders als in der KG – ausschließlich für die geschlossene Publikums-InvKG Treuhandkonstruktionen erlaubt[1551]. Die Anleger dürfen sich regelmäßig nur unmittelbar an der InvKG beteiligen, während ausnahmsweise an der geschlossenen Publikums-InvKG auch eine mittelbare Beteiligung der Anleger möglich ist[1552]. Im Falle einer Treuhandkonstruktion sind die Anleger kraft Gesetz im Verhältnis zur InvKG sowie zu den anderen Anlegern so gestellt, als wären sie Kommanditisten[1553]. Damit sind die Regelungen in der InvKG unflexibler und strenger als in der KG, in der nach

1543 Teil C. V. 4.
1544 Teil C. V. 4. a., insbesondere Teil C. V. 4. a. aa.
1545 Teil C. V. 4. c.
1546 Teil C. V. 4. b. cc. und dd.
1547 Teil C. V. 4. b. ee.
1548 Teil C. V. 4. B. ff. und gg.
1549 Teil C. V. 4. d. und Teil C. V. 4. b. ee.
1550 Teil C. V. 4. e. cc.
1551 Teil C. V. 2. b. oo.
1552 Teil C. V. 2. b. oo.; Teil C. V. 4. f.
1553 Teil C. V. 4. f. cc.

bisheriger Rechtsprechung flexible Treuhandkonstruktionen zulässig waren[1554]. Die externe KVG ist zwar kein weiteres Organ der InvKG, jedoch stellt die Möglichkeit der externen und internen Verwaltung ein weiteres Unterscheidungsmerkmal zur KG dar[1555].

Mit Blick auf die Finanzverfassung ergeben sich, abgesehen vom Sacheinlageverbot in der geschlossenen Publikums-InvKG, für die extern verwaltete offene oder geschlossene InvKG zunächst keine Unterschiede zur KG, da dort ebenfalls ein variables Gesellschaftskapital besteht[1556]. Wird die InvKG dagegen intern verwaltet, so muss zudem das Anfangskapital erhalten bleiben, eine Kündigung der Gesellschafter ist bei Unterschreitung des Anfangskapitals nicht mehr möglich und die Unterschreitung ist den Anlegern und der BaFin anzuzeigen[1557]. Des Weiteren ist für die intern verwaltete InvKG und nach hier vertretener Ansicht auch für die extern verwaltete InvKG die Bildung eines Betriebsvermögens mit den Einlagen der Gesellschafter, die keine Anleger nach dem KAGB sind, notwendig[1558]. Hier besteht allerdings nur eine rechnerische und keine haftungsrechtliche Trennung[1559]. Insgesamt unterscheidet sich jede InvKG durch die Bildung des Betriebsvermögens und die intern verwaltete InvKG zusätzlich durch die aufsichtsrechtlichen Regelungen zum Erhalt des Anfangsvermögens, die mittelbar der Kapitalerhaltung dienen, von der normalen KG.

Die Rechnungslegungsvorschriften für InvKGen weichen mit der grundsätzlichen Pflicht zur Erstellung des Jahresberichtes[1560], der Staffelform[1561], der Bewertung des Anlagevermögens zum aktuellen Zeitwert[1562], der Prüfungspflicht[1563] und der Offenlegungspflicht für geschlossene Publikums-InvKGen[1564] von den Vorschriften zur Rechnungslegung betreffend die KG ab. Lediglich für die Bewertung des Betriebsvermögens findet das handelsrechtliche Niederstwertprinzip Anwendung[1565]. Somit wird die leitende These der Arbeit auch bei näherer Betrachtung der Rechnungslegungsvorschriften gestützt.

1554 Teil C. V. 4. f.
1555 Teil C. V. 4. g.
1556 Teil C. V. 5.
1557 Teil C. V. 5. c.
1558 Teil C. V. 5. d.
1559 Teil C. V. 5. d.
1560 Teil C. V. 6. a.
1561 Teil C. V. 6. a.
1562 Teil C. V. 6. a.
1563 Teil C. V. 6. b.
1564 Teil C. V. 6. c.
1565 Teil C. V. 6. a.

Dies gilt ebenso für die Vorschriften bezüglich der Liquidation der InvKG. Neben den speziellen Auflösungstatbeständen regelt das KAGB außerdem, dass im Falle der Auflösung die InvKG von der Verwahrstelle abgewickelt wird[1566]. Lediglich in der geschlossenen InvKG kann ein anderer Liquidator bestellt werden[1567]. Hinzu kommt, dass die Kommanditisten nach Vollbeendigung der InvKG keine Nachhaftung mehr trifft[1568].

Des Weiteren findet sich im HGB für die KG keine mit der Bildung von TGV vergleichbare Möglichkeit der Haftungstrennung während der laufenden Gesellschaft[1569]. Auch die Umbrellakonstruktion stellt eine Besonderheit der offenen InvKG dar.

In der Gesamtschau wird damit die These von der InvKG als ebenfalls neu geschaffene Gesellschaftsform gestützt und kann auch nach dem Vergleich der Regelungen beider Gesellschaften aufrechterhalten werden.

1566 Teil C. V. 7. a.
1567 Teil C. V. 7. a.
1568 Teil C. V. 7. a.
1569 Teil C. V. 8.

D. Zusammenfassung der Untersuchung

Nach der Untersuchung des Gesellschaftsrechts des KAGB wurde die These, dass die Regelungen zur InvAG und zur InvKG sich derart vom Recht der AG bzw. der KG unterscheiden, dass keine Unterformen, sondern separate Gesellschaftsformen geregelt sind, bestätigt[1570].

Abgesehen vom Willen des Gesetzgebers[1571] unterscheiden sich die Investmentgesellschaften in jedem näher untersuchten Bereich von ihren Pendants im AktG oder im HGB. Bei beiden Investmentgesellschaften sprechen bereits der Wortlaut[1572] und die Systematik[1573] für eigenständige Gesellschaftsformen. Auch der Vergleich der Gründung[1574], die Vorgaben für die Satzung[1575] bzw. den Gesellschaftsvertrag[1576] – für die jeweils eine investmentspezifische Vertragsstrenge besteht[1577] – das Erfordernis der Anlagebedingungen[1578], die Regelungen zur Organisations-[1579] und Finanzverfassung[1580] sowie zur Rechnungslegung[1581] und Liquidation[1582] sprechen für jeweils neue Gesellschaftsformen, sodass die zu überprüfende These bestätigt wurde. Bei den offenen Investmentgesellschaften kommt noch die Möglichkeit zur Bildung von TGV hinzu[1583]. Im Einzelnen wurden die Unterschiede bereits in den Ergebnissen des Teils B. und C. aufgeführt.

Insgesamt ergibt sich der Eindruck, dass die InvKG der InvAG größtenteils ähnelt, sodass die Wahl der Rechtsform keine große Auswirkung für die Anleger hat[1584]. Des Weiteren könnte eine neue Einordnung der Investmentgesellschaften

1570 Vgl. hierzu jeweils Teil B. und Teil C. der Arbeit mit jeweils den Ergebnissen in Teil B. VI. und Teil C. VI.
1571 Teil B. I. und Teil C. I. 1.
1572 Teil B. II. und Teil C. II.
1573 Teil B. IV. und Teil C. IV.
1574 Teil B. V. 1. und Teil C. V. 1.
1575 Teil B. V. 2.
1576 Teil C. V. 2.
1577 Teil B. V. 2. a. und Teil C. V. 2. b. aa.
1578 Teil B. V. 3. und Teil C. V. 3.
1579 Teil B. V. 4. und Teil C. V. 4.
1580 Teil B. V. 5., insbesondere Teil B. V. 5. a., Teil C. V. 5.
1581 Teil B. V. 6. und Teil C. V. 6.
1582 Teil B. V. 7. und Teil C. V. 7.
1583 Teil B. V. 8. und Teil C. V. 8.
1584 *Silberberger/Lorenz* in: Weitnauer/Boxberger/Anders KAGB, § 139 KAGB Rn. 6; *Seitz,* Die InvestmentKG, S. 283; *Zetzsche,* AG 2013, 613, 613ff., 629.

ins Recht der Körper- oder Personengesellschaften vorgenommen werden. Da einige Regelungen zur InvKG an eine körperschaftliche Struktur erinnern, wurde bereits in der Literatur die Frage aufgeworfen, ob es sich um eine Körperschaft handelt[1585]. Stellt man die Normen des KAGB zur InvAG m. v. K. und zur InvAG m. f. K. den Normen zur offenen und zur geschlossenen InvKG gegenüber, so zeigt sich, dass diese über weite Teile übereinstimmen. Dies ermöglichte auch im Rahmen der Betrachtung der Regelungen zur InvKG, großenteils auf die bereits vorangegangene Untersuchung der InvAG zu verweisen. Bei beiden Rechtsformen haftet der Anleger – abgesehen von seiner Einlage – nicht mit seinem persönlichen Vermögen, was vom Gesetzgeber beabsichtigt war[1586].
Bei näherem Hinsehen ergeben sich aber auch Unterschiede:

Bereits bei der Gründung bedarf die Satzung der InvAG einer notariellen Beurkundung[1587], der Gesellschaftsvertrag der InvKG nur der Schriftform[1588]. Die InvAG kann, da § 3 Abs. 2 AktG anwendbar ist, an der Börse notiert werden. Dies ist beispielsweise für ETF (exchange-traded-funds) zwingend notwendig[1589]. Im Gegensatz zur börsennotierten InvAG m. f. K. ist es bei der geschlossenen InvKG mit größeren Schwierigkeiten verbunden die Anteile weiterzuveräußern[1590]. Außerdem haben InvAGen m. f. K. ein festes Grundkapital und InvAGen m. v. K. ein Mindestkapital von 50.000 Euro[1591], welches in der InvKG nicht vorgesehen ist. Dieses Grundkapital in der InvAG ist jedoch notwendig, da anders als in der InvKG kein Gesellschafter für die Verbindlichkeiten der InvAG persönlich haftet. Zudem steht die offene InvKG gem. § 127 Abs. 1 S. 1 KAGB nicht für Publikumsanleger zur Verfügung und die geschlossene Publikums-InvKG ermöglicht sogar gem. § 152 Abs. 1 S. 2–4 KAGB Treuhandbeteiligungen.
Allerdings haben sich die InvAG und die InvKG gegenseitig angenähert:

Statt formfrei kann der Gesellschaftsvertrag der InvKG nur schriftlich geschlossen werden[1592]. Sowohl für die InvAG als auch für die InvKG besteht eine sogenannte investmentspezifische Satzungs- bzw. Gesellschaftsvertragsstrenge[1593].

1585 *Casper*, ZHR 179 (2015), 44, 79ff.

1586 *Silberberger/Lorenz* in: Weitnauer/Boxberger/Anders KAGB, § 139 KAGB Rn. 3.

1587 Teil B. V. 1.

1588 Teil C. V. 2. a.

1589 *Freitag* in: Moritz/Klebeck/Jesch KAGB, § 91 KAGB Rn. 9

1590 RegE 3. FMFG BT-Drs. 13/8933 S. 126.

1591 Teil B. V. 2. e. sowie Teil B. V. 5. a. und b.

1592 Teil C. V. 2. a.

1593 Teil B. V. 2. a. und Teil C. V. 2. b. aa.

Für die InvKG ist – im Personengesellschaftsrecht unüblich – der Unternehmensgegenstand geregelt[1594]. Insbesondere die Organisationsverfassung der InvKG erinnert an das Recht der Kapitalgesellschaften. Die Gesellschafterversammlung ist als notwendiges Organ der InvKG vorgesehen, für welches Ladungs- und Protokollvorschriften zu beachten sind[1595]. Auch der teils zwingende ansonsten fakultative Beirat der InvKG erinnert an das Recht der Kapitalgesellschaften[1596], ebenso die Anforderungen an Anzahl, fachliche Eignung, Zuverlässigkeit und Sorgfaltspflicht der Geschäftsführer[1597]. In der InvAG gilt der Grundsatz der Fremdorganschaft, der in der InvKG ebenfalls durch die übliche Gründung einer GmbH & Co. InvKG zur Anwendung kommt[1598]. Auch die Kommanditisten der InvKG haften während der Dauer ihres Investments als Anleger nur begrenzt für den Betrag ihrer Einlage[1599], sodass die Haftung der Investmentkommanditisten und Investmentaktionäre vergleichbar ist. In der InvAG m. v. K. wurde das feste Grundkapital abgeschafft und das Gesellschaftskapital schwankt bereits bei Wertänderungen der Aktiva ebenso wie bei der offenen InvKG[1600].

Während bereits bei der InvAG lediglich vereinzelt die Frage nach der Existenzberechtigung gestellt wurde[1601], drängt sich diese Frage für die InvKG geradezu auf. Für die Existenzberechtigung der InvKG werden steuerliche Gründe genannt[1602]. Wie bei der früheren Publikums-KG wäre dann zu beklagen, dass das Gesellschaftsrecht hier lediglich dazu verwendet wird, das Steuerrecht zu unterlaufen[1603]. In der Tat ist aber nicht einzusehen, weshalb das Steuerrecht die InvKG vor der InvAG bevorzugt. Auffällig ist, dass eine InvKG mangels der Erforderlichkeit einer notariellen Beurkundung und eines Grundkapitals, sofern die Investmentgesellschaft extern verwaltet wird, etwas vereinfachter zu gründen ist. Die InvKG ist jedoch aufgrund des abweichenden Firmenzusatzes[1604] und insbesondere der persönlichen Haftung eines Komplementärs[1605] als eigene

1594 Teil C. V. 2. b. dd.
1595 Teil C. V. 4. a.
1596 Teil C. V. 4. c.
1597 Teil C. V. 4. b.
1598 Teil C. V. 4. b. aa.
1599 Teil C. V. 4. e. cc.
1600 Zum Gesellschaftskapital der InvAG Teil B. V. 5. a.
1601 *Fock/Hartig* in: Festschrift Spiegelberger, S. 653, 664ff. verneinte dies für die Publikums-InvAG.
1602 *Freitag* in: Moritz/Klebeck/Jesch KAGB, § 91 KAGB Rn. 9
1603 *Krieger* in: Festschrift Stimpel, S. 307, 325.
1604 Teil C. V. 2. b. bb.
1605 Teil C. V. 4. d.

Gesellschaftsform anzusehen und weiterhin im Personengesellschaftsrecht zu verorten.

Es drängte sich sogar immer wieder die Frage auf, ob aufgrund der weiteren Ausdifferenzierung innerhalb der Investmentgesellschaften[1606] sogar offene und geschlossene Investmentgesellschaften, Spezial- und Publikumsgesellschaften oder extern und intern verwaltete Investmentgesellschaften bzw. Treuhand-InvKGen als eigene Gesellschaftsformen einzuordnen sind. Dies ist jedoch zu verneinen, da die Investmentgesellschaften sich immer nur in dem jeweils auch im Namen bezeichneten Kriterium unterscheiden. Zuzugeben ist zwar, dass für die offene bzw. geschlossene Variante der Investmentgesellschaft sogar ein eigener Unterabschnitt[1607] mit einem speziellen Firmenzusatz[1608] besteht, in der InvAG m. v. K. kein Grundkapital vorliegt und eine flexible Rückgabe der Aktien bzw. Kündigung durch die Anleger möglich ist[1609]. Allerdings unterscheiden sich die Investmentgesellschaften in den genannten Kriterien nur aufgrund des Merkmals „offen" – was einen flexiblen Ein- und Austritt der Gesellschafter und damit eine flexible Kapitalstruktur voraussetzt – oder „geschlossen".

Mithin wurden mit den beiden Investmentgesellschaften des KAGB jeweils zwei neue Gesellschaftsformen mit eigenen Unterformen geschaffen.

1606 Vgl. hierzu die Grafiken in Teil B. IV. 2. sowie Teil C. IV. 2.

1607 Teil B. IV. 1. und Teil C. IV. 1.

1608 Teil B. V. 2. b. und Teil C. V. 2. b. bb.

1609 Teil B. V. 2. e., f., g. und Teil B. V. 5. a.

Literaturverzeichnis

Altmeppen, Holger: Pflicht zur Herausgabe der Gesellschafterliste einer Fondsgesellschaft?, Neue Zeitschrift für Gesellschaftsrecht (NZG) 2010, S. 1321–1327.

Assmann, Heinz-Dieter: Überlagerung und Komplementierung des Aktienrechts nach dem Aktiengesetz 1965 durch Kapitalmarktrecht, Die Aktiengesellschaft (AG) 2015, S. 597–613.

Assmann, Heinz-Dieter; *Schütze*, Rolf A.: Handbuch des Kapitalanlagerechts, 4. neubearbeitete Auflage, München 2015.

Baumbach, Adolf (Begr.); *Hueck*, Alfred (Hrsg.), Aktiengesetz vom 6. Sept. 1965 Bd. 23, 13., völlig neu bearbeitete Auflage, München 1986 (zitiert: *Bearbeiter* in: Baumbach/Hueck AktG).

Baumbach, Adolf (Begr.); *Hueck*, Alfred (Hrsg.), Gesetz betreffend die Gesellschaften mit beschränkter Haftung - GmbHG Bd. 20, 21. Auflage, München 2017 (zitiert: *Bearbeiter* in: Baumbach/Hueck GmbHG).

Baumbach, Adolf (Begr.); *Hopt*, Klaus J.; *Kumpan*, Christoph; *Merkt*, Hanno; *Roth*, Markus (Hrsg.), Handelsgesetzbuch - Mit GmbH & Co. Handelsklauseln Bank- und Börsenrecht Transportrecht (ohne Seerecht) Bd. 9, 38., neubearbeitete Auflage, München 2018 (zitiert: *Bearbeiter* in: Baumbach/Hopt HGB).

Baums, Theodor; *Kiem*, Roger: Die Investmentaktiengesellschaft mit veränderlichem Kapital in: Häuser, Franz; Hammen, Horst; Hennrichs, Joachim; Steinbeck, Anja; Siebel, Ulf R.; Welter, Reinhard (Hrsg.): Festschrift für Walther Hadding zum 70. Geburtstag am 8. Mai 2004, Berlin 2004, S. 741–757.

Baur, Jürgen: Investmentgesetze, Kommentar zum Gesetz über Kapitalanlagegesellschaften (KAGG) und zum Gesetz über den Vertrieb ausländischer Investmentanteile (AuslInvestmG), Berlin 1970 (zitiert: *Bearbeiter* in: Baur InvG (1970)).

Baur, Jürgen; *Tappen*, Falko: Investmentgesetze Band 1: §§ 1 - 272 KAGB, 3., neu bearbeitete Auflage, neue Ausgabe, Berlin 2015 (zitiert: *Bearbeiter* in: Baur/Tappen KAGB).

Bayer, Walter: Empfehlen sich besondere Regelungen für börsennotierte und nichtbörsennotierte Gesellschaften?, Neue Juristische Wochenschrift (NJW) 2008, Sonderbeil. zu Heft 21, S. 21–26.

Bayer, Walter: Gutachten E für den 67. Deutschen Juristentag, Empfehlen sich besondere Regelungen für börsennotierte und für geschlossene Gesellschaften?, München 2008.

Beckmann, Klaus; *Scholtz*, Rolf-Detlev; *Vollmer*, Lothar: Investment, Ergänzbares Handbuch für das gesamte Investmentwesen; Kommentar zu den Rechtsvorschriften einschließlich der steuerrechtlichen Regelungen Erläuterungen und Materialien zu den wirtschaftlichen Grundlagen, Berlin Stand Januar 2016 (zitiert: *Bearbeiter* in: Beckmann/Scholtz/Vollmer Investment).

Berg, Cai: Korruption in Unternehmen und Risikomanagement nach § 91 Abs. 2 AktG, Die Aktiengesellschaft (AG) 2007, S. 271–278.

Berger, Hanno; *Steck*, Kai-Uwe; *Lübbehüsen*, Dieter: Investmentgesetz, Investmentsteuergesetz: InvG, InvStG, München 2010 (zitiert: *Bearbeiter* in: Berger/Steck/Lübbehüsen InvG).

Bielenberg, Oliver; *Schmuhl*, Wolf: Implikationen des KAGB auf die Rechnungslegung geschlossener Fonds, Der Betrieb (DB) 2014, S. 1089–1091.

Binder, Jens-Hinrich: Vorstandshandeln zwischen öffentlichem und Verbandsinteresse, Pflichten- und Kompetenzkollisionen im Spannungsfeld von Bankaufsichts- und Gesellschaftsrecht, Zeitschrift für Unternehmens- und Gesellschaftsrecht (ZGR) 2013, S. 760–801.

Binder, Sabrina: Grenzen der Vorstandshaftung – Eine Untersuchung der vorhandenen Beschränkungen der Haftung der Vorstandsmitglieder gegenüber der Aktiengesellschaft und der Möglichkeiten und Notwendigkeiten der Schaffung von Haftungserleichterungen de lege lata und de lege ferenda, Berlin 2016.

Binz, Mark K.; *Sorg*, Martin H.: Die GmbH & Co. KG im Gesellschafts- und Steuerrecht, Handbuch für Familienunternehmen, 11. Auflage, München 2010.

Bitter, Georg; *Heim*, Sebastian: Gesellschaftsrecht, 4., neu bearbeitete Auflage, München 2018.

Blenk, Stefan: Die Mitgliedschaft in der Investmentaktiengesellschaft – Kritische Würdigung und Ausstrahlwirkung auf das allgemeine Aktienrecht, Baden-Baden 2018.

Böhme, Andreas: Die Vertretung der extern verwalteten Kommanditgesellschaft, Betriebsberater (BB) 2014, S. 2380–2385.

Boos, Karl-Heinz; *Fischer*, Reinfrid; *Schulte-Mattler*, Hermann: Kommentar zu Kreditwesengesetz, VO (EU) Nr. 575/2013 (CRR) und Ausführungsvorschriften, 5. Auflage, München 2016 (zitiert: *Bearbeiter* in: Boos/Fischer/Schulte-Mattler KWG).

Bost, Jan-Patrick; *Halfpap*, Patrick: AT II. in: Lüdicke, Jochen; Arndt, Jan-Holger (Hrsg.): Geschlossene Fonds – Rechtliche, steuerliche und wirtschaftliche Aspekte von Immobilien-, Schiffs-, Flugzeug-, Solarenergie- sowie Private-Equity-Fonds und anderen geschlossenen Fondsprodukten mit einem Exkurs

Offene Fonds, 6. völlig neu bearbeitete und erweiterte Auflage, München 2013, S. 6–70.

Boxberger, Lutz: Vertretungsbefugnis einer externen Kapitalverwaltungsgesellschaft, Gesellschafts- und Wirtschaftsrecht (GWR) 2016, S. 1–5.

Boxberger, Lutz; *Klebeck*, Ulf: Anforderungen an die Vergütungssysteme von AIF-Kapitalverwaltungsgesellschaften, Zeitschrift für Bank- und Kapitalmarktrecht (BKR) 2013, S. 441–450.

Bürgers, Tobias; *Körber*, Torsten: Aktiengesetz, 4., neu bearbeitete Auflage, Heidelberg 2017 (zitiert: *Bearbeiter* in: Bürgers/Körber AktG).

Bürkle, Jürgen: Corporate Compliance als Standard guter Unternehmensführung des Deutschen Corporate Governance Kodex, Betriebsberater (BB) 2007, S. 1797–1801.

Cammerer, Ernst von: Kapitalanlage- oder Investmentgesellschaften, Juristenzeitung (JZ) 1958, S. 41–50.

Casper, Matthias: Die Investmentkommanditgesellschaft: große Schwester der Publikums-KG oder Kuckuckskind?, Zeitschrift für das gesamte Handelsrecht und Wirtschaftsrecht (ZHR) 179 (2015), S. 44–82.

Cavin, Adrian: Kapitalaufbringung in GmbH und AG – Abgrenzung zur Kapitalerhaltung – Haftung in der Vorgesellschaft, Berlin 2012.

Cichy, Patrick; *Heins*, Jan-Christian: Tracking Stocks: Ein Gestaltungsmittel für deutsche Unternehmen (nicht nur) bei Börsengängen, Die Aktiengesellschaft (AG) 2010, S. 181–192.

Consbruch, Johannes: Investmentsparen gesetzlich geschützt, Betriebsberater (BB) 1957, S. 337–341.

Cramer, Carsten: PartG mbB ist Rechtsformvariante der Partnerschaft, Gesellschafts- und Wirtschaftsrecht (GWR) 2014, S. 197.

de la Concepción Chamorro Domínguez, Maria: Rückerwerbbare Aktien: ein Plädoyer für ihre Zulassung in Deutschland aus rechtsvergleichender Perspektive, Die Aktiengesellschaft (AG) 2004, S. 487–492.

Demleitner, Andreas: Aufsichtsrechtliche Folgen eines verkannten AIF, Betriebsberater (BB) 2014, S. 2058–2061.

Dornseifer, Frank: Die Neugestaltung der Investmentaktiengesellschaft durch das Investmentänderungsgesetz, Die Aktiengesellschaft (AG) 2008, S. 53–67.

Dornseifer, Frank; *Jesch*, Thomas; *Klebeck*, Ulf; *Tollmann*, Claus: AIFM-Richtlinie, Richtlinie 2011/61/EU über die Verwalter alternativer Investmentfonds mit Bezügen zum KAGB-E, Kommentar, München 2013 (zitiert: *Bearbeiter* in: Dornseifer/Jesch/Klebeck/Tollmann AIFM-RL).

Dreher, Meinrad: Ausstrahlungen des Aufsichtsrechts auf das Aktienrecht – Unter besonderer Berücksichtigung des Risikomanagement, Zeitschrift für Unternehmens- und Gesellschaftsrecht (ZGR) 2010, S. 496–542.

Dreher, Meinrad: Die Vorstandsverantwortung im Geflecht von Risikomanagement, Compliance und interner Revision in: Kindler, Peter; Koch, Jens; Ulmer, Peter; Winter, Martin (Hrsg.): Festschrift für Uwe Hüffer zum 70. Geburtstag, München 2010, S. 161–177.

Drygala, Tim; *Staake*, Marco; *Szalai*, Stephan: Kapitalgesellschaftsrecht – Mit Grundzügen des Konzern- und Umwandlungsrechts, Berlin, Heidelberg 2012.

Ebenroth, Carsten Thomas; *Boujong*, Karlheinz; *Joost*, Detlev (Begr.); *Joost*, Detlev; *Strohn*, Lutz (Hrsg.), Handelsgesetzbuch, Band 1: §§ 1 – 342e, 3. Auflage, München 2014 (zitiert: *Bearbeiter* in: EBJS HGB).

Eckhold, Thomas: Struktur und Probleme des Aktienrechts der Investmentaktiengesellschaft unter Berücksichtigung des Entwurfs des Investmentänderungsgesetzes, Zeitschrift für Unternehmens- und Gesellschaftsrecht (ZGR) 2007, S. 654–700.

Eichhorn, Jochen: Die offene Investmentkommanditgesellschaft nach dem Kapitalanlagegesetzbuch – Teil I -, Wertpapier-Mitteilungen (WM) 2016, S. 110–116.

Eichhorn, Jochen: Die offene Investmentkommanditgesellschaft nach dem Kapitalanlagegesetzbuch – Teil II -, Wertpapier-Mitteilungen (WM) 2016, S. 145–150.

Einsele, Dorothee: Bank- und Kapitalmarktrecht – Nationale und internationale Bankgeschäfte, 3., neu bearbeitete Auflage, Tübingen 2014.

Einsele, Dorothee: Der Anlegerschutz bei der Investmentaktiengesellschaft, Die Aktiengesellschaft (AG) 2011, S. 141–154.

Ekkenga, Jens; *Schröer*, Henning: Handbuch der AG-Finanzierung, Köln 2014 (zitiert: *Bearbeiter* in: Ekkenga/Schröer, Hdb. AG-Finanzierung).

Emde, Thomas; *Dornseifer*, Frank; *Dreibus*, Alexandra; *Hölscher*, Luise: Investmentgesetz: InvG, mit Bezügen zum Kapitalanlagegesetzbuch Kommentar, München 2013 (zitiert: *Bearbeiter* in: Emde/Dornseifer/Dreibus/Hölscher InvG).

Emde, Thomas; *Dreibus*, Alexandra: Der Regierungsentwurf für ein Kapitalanlagengesetzbuch, Zeitschrift für Bank- und Kapitalmarktrecht (BKR) 2013, S. 89–102.

Erman, Walter (Begr.); *Grunewald*, Barbara; *Maier-Reimer*, Georg; *Westermann*, Harm Peter (Hrsg.), Erman, BGB, Band I, 15. neu bearbeitete Auflage, Köln 2017 (zitiert: *Bearbeiter* in: Erman BGB, Band I).

Erman, Walter (Begr.); *Grunewald*, Barbara; *Maier-Reimer*, Georg; *Westermann*, Harm Peter (Hrsg.), Erman, BGB, Band II, 15. neu bearbeitete Auflage, Köln 2017 (zitiert: *Bearbeiter* in: Erman BGB, Band II).

Esch, Günther: Die GmbH & Co. als „Einheitsgesellschaft", Betriebs-Berater (BB) 1991, S. 1129–1133.

Escher, Markus: Die Regulierung der geschlossenen Fonds im Kapitalanlagegesetzbuch in: Habersack, Mathias; Mülbert, Peter O.; Nobbe, Gerd; Wittig, Arne (Hrsg.): Bankenregulierung, Insolvenzrecht, Kapitalanlagegesetzbuch, Honorarberatung – Bankrechtstag 2013, Berlin 2014, S. 137–156.

Eßer, Martin: Kollektive Anlagemodelle als Finanzportfolioverwaltung, Wertpapier-Mitteilungen (WM) 2008, S. 671–678.

Ewald, Jens; *Jansen*, Thomas: Ausgewählte ertragsteuerrechtliche Aspekte bei Investment-Kommanditgesellschaften, Deutsches Steuerrecht (DStR) 2016, S. 1784–1790.

Fischer, Carsten: Die Investmentaktiengesellschaft aus aufsichtsrechtlicher und gesellschaftsrechtlicher Perspektive, Frankfurt am Main 2008.

Fischer, Carsten; *Friedrich*, Till: Investmentaktiengesellschaft und Investmentkommanditgesellschaft unter dem Kapitalanlagegesetzbuch, Zeitschrift für Bankrecht und Bankwirtschaft (ZBB) 2013, S. 153–163.

Fleischer, Holger: Aktienrechtliche Compliance-Pflichten im Praxistest: Das Siemens/Neubürger-Urteil des LG München I, Neue Zeitschrift für Gesellschaftsrecht (NZG) 2014, S. 321–329.

Fock, Till: Das neue Recht der Investmentaktiengesellschaft, Betriebsberater (BB) 2006, S. 2371–2376.

Fock, Till; *Hartig*, Helge: Ist die Investmentaktiengesellschaft überhaupt eine Aktiengesellschaft? in: Wachter, Thomas (Hrsg.): Festschrift für Sebastian Spiegelberger zum 70. Geburtstag – Vertragsgestaltung im Zivil- und Steuerrecht, Bonn 2009, S. 653–666.

Freitag, Robert: Die „Investmentkommanditgesellschaft" nach dem Regierungsentwurf für ein Kapitalgesetzbuch, Neue Zeitschrift für Gesellschaftsrecht (NZG) 2013, S. 329–336.

Fromm, Andreas: Die Investmentaktiengesellschaft mit veränderlichem Kapital – Haftungsfolgen im Falle einer Besteuerung der Anteilseigner nach § 6 InvStG, Frankfurt am Main 2008.

Gehb, Jürgen; *Drange*, Günter; *Heckelmann*, Martin: Gesellschaftsrechtlicher Typenzwang als Zwang zu neuem Gesellschaftstyp – Gemeinschaftsrecht fordert deutsche UGG, Neue Zeitschrift für Gesellschaftsrecht (NZG) 2006, S. 88–96.

Geßler, E.: Das Recht der Investmentgesellschafter und ihrer Zertifikatsinhaber, Wertpapier-Mitteilungen (WM) 1957, Sonderbeil. Nr. 4, S. 10–28.

Geurts, Matthias; *Schubert*, Leif: KAGB kompakt – Eine strukturelle Einführung in das neue Investmentrecht, Köln 2014.

Goldschmidt, Rudolf F.: Investment Trusts in Deutschland – Wirtschaftsrechtliche Abhandlungen, 9. Heft, Mannheim 1932.

Grigoleit, Hans Christoph: Aktiengesetz, Kommentar, München 2013 (zitiert: *Bearbeiter* in: Grigoleit AktG).

Habersack, Mathias: Die Finanzierung der AG – gestern und heute, Die Aktiengesellschaft (AG) 2015, S. 613–621.

Habersack, Mathias: Dienst- Werkleistungen des Gesellschafters und das Verbot der verdeckten Sacheinlage und des Hin- und Herzahlens in: Hommelhoff, Peter; Rawert, Peter; Schmidt, Karsten (Hrsg.): Festschrift für Hans-Joachim Priester zum 70. Geburtstag, Köln 2007, S. 157–173.

Habersack, Mathias: Wandlungen des Aktienrechts, Die Aktiengesellschaft (AG) 2009, S. 1–14.

Hangebrauck, Ralf: Aktuelle Fragen zur Unternehmergesellschaft (haftungsbeschränkt), § 5 a GmbHG, Juristische Rundschau 2010, S. 323–328.

Hartrott, Sebastian; *Goller*, Sascha: Immobilienfonds nach dem Kapitalanlagegesetzbuch, Betriebsberater (BB) 2013, S. 1603–1612.

Heeren, Stefanie; *Tiling*, Annke von: G Die InvAG vor dem Durchbruch? in: Kempf, Arno (Hrsg.): Novellierung des Investmentrechts 2007 – Ein Praxishandbuch, Frankfurt, M. 2008, S. 201–241.

Heidel, Thomas: Aktienrecht und Kapitalmarktrecht, 4. Auflage, Baden-Baden 2014 (zitiert: *Bearbeiter* in: Heidel Aktienrecht).

Heidel, Thomas; *Schall*, Alexander: Handelsgesetzbuch: HGB, Handkommentar, 2. Auflage, Baden-Baden 2015 (zitiert: *Bearbeiter* in: Heidel/Schall HGB).

Henssler, Martin: Die LLP die bessere Alternative zur PartG mbB?, Neue Juristische Wochenschrift (NJW) 2014, S. 1761–1766.

Henssler, Martin; *Strohn*, Lutz: Gesellschaftsrecht: BGB, HGB, PartGG, GmbHG, AktG, GenG, UmwG, InsO, AnfG, IntGesR Bd. 62, 3. Auflage, München 2016 (zitiert: *Bearbeiter* in: Henssler/Strohn).

Hermanns, Marc: Die Investmentaktiengesellschaft nach dem Investmentmodernisierungsgesetz eine neue Gesellschaftsform, Zeitschrift für Wirtschaftsrecht und Insolvenzpraxis (ZIP) 2004, S. 1297–1303.

Herring, Frank; Loff, Detmar: Die Verwaltung alternativer Investmentvermögen nach dem KAGB-E, Der Betrieb (DB) 2012, S. 2029–2036.

Herrmann, Carl; *Heuer*, Gerhard; *Raupach*, Arndt (Begr.); *Hey*, Johanna; *Wendt*, Michael (Hrsg.), Einkommensteuer- und Körperschaftsteuergesetz, Köln 2017, 284. Lieferung 02.2018 (zitiert: *Bearbeiter* in: Herrmann/Heuer/Raupach, EStG/KStG).

Hesselmann, Malte; *Tillmann*, Bert; *Mueller-Thuns*, Thomas: Handbuch GmbH & Co. KG: Gesellschaftsrecht, Steuerrecht, 21. Auflage, Köln 2016 (zitiert: *Bearbeiter* in: Hesselmann/Tillmann/Mueller-Thuns).

Hirte, Heribert: Die aktienrechtliche Satzungsstrenge: Kapitalmarkt und sonstige Legitimation versus Gestaltungsfreiheit in: Lutter, Marcus; Wiedemann, Herbert (Hrsg.): Gestaltungsfreiheit im Gesellschaftsrecht – Deutschland Europa und USA, 11. ZGR-Symposium „25 Jahre ZGR“, Berlin 1998, S. 61–98.

Hölters, Wolfgang: Aktiengesetz Kommentar, 3. Auflage, München 2017 (zitiert: *Bearbeiter* in: Hölters AktG).

Hopt, Klaus J.: Aktionärskreis und Vorstandsneutralität, Zeitschrift für Unternehmens- und Gesellschaftsrecht (ZGR) 1993, S. 534–566.

Hopt, Klaus J.: ECLR Übernahmen, Geheimhaltung und Interessenkonflikte: Probleme für Vorstände, Aufsichtsräte und Banken, Zeitschrift für Unternehmens- und Gesellschaftsrecht (ZGR) 2002, S. 333–376.

Hopt, Klaus J.: Inwieweit empfiehlt sich eine allgemeine gesetzliche Regelung des Anlegerschutzes? – Gutachten G zum 51. Deutschen Juristentag, München 1976.

Hopt, Klaus J.: Zur Abberufung des GmbH-Geschäftsführers bei der GmbH & Co., insbesondere der Publikumskommanditgesellschaft, Zeitschrift für Unternehmens- und Gesellschaftsrecht (ZGR) 1979, S. 1–30.

Hopt, Klaus J.; *Wiedemann*, Herbert: Aktiengesetz Großkommentar, Band 1: Einleitung; §§ 1–53, 4., neubearbeitete Auflage, Berlin 2004 (zitiert: *Bearbeiter* in: Hopt/Wiedemann Großkomm. AktG, Band 1).

Hopt, Klaus J.; *Wiedemann*, Herbert: Aktiengesetz Großkommentar, Band 6: §§ 150–220, 4., neubearbeitete Auflage, Berlin 2006 (zitiert: *Bearbeiter* in: Hopt/Wiedemann Großkomm. AktG, Band 6).

Hopt, Klaus J.; *Wiedemann*, Herbert: Aktiengesetz Großkommentar, Band 7 Teil 1: §§ 221–240, 4., neubearbeitete Auflage, Berlin 2012 (zitiert: *Bearbeiter* in: Hopt/Wiedemann Großkomm. AktG, Band 7/1).

Hopt, Klaus J.; *Wiedemann*, Herbert: Aktiengesetz Großkommentar, Band 8: §§ 278–310, 4., neubearbeitete Auflage, Berlin 2013 (zitiert: *Bearbeiter* in: Hopt/Wiedemann Großkomm. AktG, Band 8).

Hufen, Friedhelm: Verwaltungsprozessrecht, 10., überarbeitete und aktualisierte Auflage, München 2016.

Hüffer, Uwe (Begr.); *Koch*, Jens (Hrsg.), Aktiengesetz Bd. 53, 13. Auflage, München 2018 (zitiert: *Bearbeiter* in: Hüffer/Koch AktG).

Insam, Alexander; *Heisterhagen*, Christoph; *Hinrichs*, Lars: Neue Vergütungsregelungen für Manager von Kapitalverwaltungsgesellschaften: Variable Vergütung (to be) reloaded, Deutsches Steuerrecht (DStR) 2014, S. 913–919.

Iversen, Malte: Die außerbörsliche Übertragung von Aktien unter Beachtung des sachenrechtlichen Bestimmtheitsgrundsatzes, Die Aktiengesellschaft (AG) 2008, S. 736–741.

Jäger, Lars; *Maas*, Gero; *Renz*, Hartmut T.: Compliance bei geschlossenen Fonds – Ein Überblick, Corporate Compliance Zeitschrift (CCZ) 2014, S. 63–74.

Jauernig, Othmar (Begr.); *Stürner*, Rolf (Hrsg.), Bürgerliches Gesetzbuch, mit Rom-I- Rom-II- Rom-III-VO EG-UntVOHUntProt und EuErbVO; Kommentar, 16., neubearbeitete Auflage, München 2015 (zitiert: *Bearbeiter* in: Jauernig BGB).

Jesch, Thomas; *Klebeck*, Ulf; *Dobrauz-Saldapenna*, Günther: Investmentrecht – Handbuch zum Investmentrecht in Deutschland Österreich Schweiz Luxemburg und Liechtenstein, München, Wien, Basel 2014.

Jurkat, Werner: Zur Körperschaftsteuerpflicht einer Publikums-KG, einer GmbH & Co. KG und ähnlicher Gesellschaftsformen, GmbH Rundschau (GmbHR) 1983, S. 224–231.

Kallweit, Dominik; *Simons*, Cornelius: Aktienrückkauf zum Zweck der Einziehung und Kapitalherabsetzung, Die Aktiengesellschaft (AG) 2014, S. 352–359.

Kellermann, Alfred: Zur Anwendung körperschaftsrechtlicher Grundsätze und Vorschriften auf die Publikums-Kommanditgesellschaft in: Lutter, Marcus; Mertens, Hans-Joachim; Ulmer, Peter (Hrsg.): Festschrift für Walter Stimpel zum 68. Geburtstag am 29. November 1985, Berlin 1985, S. 295–306.

Kempf, Arno: Rechnungslegung von Investmentvermögen – Die neue Rechnungslegungs- und Bewertungsverordnung (InvRBV), Corporate Finance biz 2010, S. 157–164.

Kirchhof, Roland: Gestaltungsmöglichkeiten für ein erlaubnisfreies Pooling durch Angel Investoren, Gesellschafts- und Wirtschaftsrecht (GWR) 2016, S. 333–337.

Koch, Jens: Freie Sitzwahl für Personengesellschaften, Zeitschrift für das gesamte Handelsrecht und Wirtschaftsrecht (ZHR) 173 (2009), S. 101–118.

Koch, Jens: Gesellschaftsrecht – begründet von Uwe Hüffer, 10. Auflage, München 2017.

Koemm, Florian: Immobilien-Investmentfonds – Vorschläge zur Reform der Immobilienfonds des InvG unter Berücksichtigung des schweizerischen und spanischen Investmentrechts, Hamburg 2012.

Kohl, Helmut; *Kübler*, Friedrich; *Walz*, Rainer; *Wüstrich*, Wolfgang: Abschreibungsgesellschaften, Kapitalmarkteffizienz und Publizitätszwang – Plädoyer für ein Vermögensanlagegesetz, Zeitschrift für das gesamte Handelsrecht und Wirtschaftsrecht (ZHR) 138 (1974), S. 1–49.

Köhler, Helmut: BGB, Allgemeiner Teil, 41., neu bearbeitete Auflage, München 2017.

Koller, Ingo; *Kindler*, Peter; *Roth*, Wulf-Henning; *Morck*, Winfried: Handelsgesetzbuch: HGB, Kommentar, 8. Auflage, München 2015 (zitiert: *Bearbeiter* in: Koller/Kindler/Roth/Morck HGB).

Kölner Kommentar zum Aktiengesetz, Band 1: §§ 1–75 AktG, herausgegeben von *Zöllner*, Wolfgang; *Noack*, Ulrich, 3. neu bearbeitete Auflage, Köln 2011 (zitiert: *Bearbeiter* in: Kölner Kommentar AktG, Band 1).

Kölner Kommentar zum Aktiengesetz, Band 2/1: §§ 76 – 94 AktG, herausgegeben von *Zöllner*, Wolfgang; *Noack*, Ulrich, 3. neu bearbeitete Auflage, Köln 2010 (zitiert: *Bearbeiter* in: Kölner Kommentar AktG, Band 2/1).

Köndgen, Johannes; *Schmies*, Christian: Die Neuordnung des deutschen Investmentrechts, Wertpapier-Mitteilungen (WM) 2004, Sonderbeil. Nr. 1, Heft 11, S. 2–26.

König, Markus: Anlegerschutz im Investmentrecht, Wiesbaden 1998.

Kort, Michael: Compliance-Pflichten von Vorstandsmitgliedern und Aufsichtsratsmitgliedern in: Grundmann, Stefan; Haar, Brigitte; Merkt, Hanno; Mülbert, Peter O.; Wellenhofer, Marina; Baum, Harald; Hein, Jan von; Hippel, Thomas von; Pistor, Katharina; Roth, Markus; Schweitzer, Heike (Hrsg.): Festschrift für Klaus J. Hopt zum 70. Geburtstag am 24. August 2010 – Unternehmen Markt und Verantwortung, Berlin, New York 2010, S. 983–1003.

Kort, Michael: Die Regelung von Risikomanagement und Compliance im neuen KAGB – Vorbild für alle Kapitalgesellschaften?, Die Aktiengesellschaft (AG) 2013, S. 582–588.

Kort, Michael: Verhaltensstandardisierung durch Corporate Compliance, Neue Zeitschrift für Gesellschaftsrecht (NZG) 2008, S. 81–86.

Kort, Michael; *Lehmann*, Erik: Risikomanagement und Compliance im neuen KAGB – juristische und ökonomische Aspekte in: Möllers, Thomas M. J.; Kloyer, Andreas (Hrsg.): Das neue Kapitalanlagegesetzbuch – Tagung vom 14./15. Juni 2013 an der Juristischen Fakultät Augsburg, München 2013, S. 197–220.

Krafka, Alexander; *Kühn*, Ulrich: Handbuch der Rechtspraxis, Band 7, Registerrecht, 10., neu bearbeitete Auflage des von Theodor Keidel und Hans Schmatz begründeten sowie von Helmut Keidel und Kurt Stöber bis zur 5. Aufl. fortgeführten und von Alexander Krafka und Heinz Willer bis zur 7. Auflage verfassten Handbuchs, München 2017 (zitiert: *Bearbeiter* in: Krafka/Kühn Registerrecht).

Krieger, Albrecht: Empfiehlt sich eine gesetzliche Regelung der Publikums-KG? in: Lutter, Marcus; Mertens, Hans-Joachim; Ulmer, Peter (Hrsg.): Festschrift für Walter Stimpel zum 68. Geburtstag am 29. November 1985, Berlin 1985, S. 307–333.

Kübler, Friedrich; *Assmann*, Heinz-Dieter: Gesellschaftsrecht – Die privatrechtlichen Ordnungsstrukturen und Regelungsprobleme von Verbänden und Unternehmen, 6., neu bearbeitete und erweiterte Auflage, Heidelberg 2006.

Kuntz, Thilo: Gestaltung von Kapitalgesellschaften zwischen Freiheit und Zwang – Venture Capital in Deutschland und den USA, Tübingen 2016.

Langenbucher, Katja: Bankaktienrecht unter Unsicherheit, Zeitschrift für Unternehmens- und Gesellschaftsrecht (ZGR) 2010, S. 75–112.

Langenbucher, Katja: Bausteine eines Bankgesellschaftsrechts – Zur Stellung des Aufsichtsrats in Finanzinstituten, Zeitschrift für das gesamte Handelsrecht und Wirtschaftsrecht (ZHR) 176 (2012), S. 652–668.

Larenz, Karl: Methodenlehre der Rechtswissenschaft, 6., neubearbeitete Auflage, Berlin 1991.

Lieder, Jan; *Hoffmann*, Thomas: Rechtstatsachen zur PartG mbB und zur LLP, Neue Zeitschrift für Gesellschaftsrecht (NZG) 2014, S. 127–131.

Liefmann, Robert: Beteiligungs- und Finanzierungsgesellschaften – Eine Studie über den Effektenkapitalismus, 5., neubearbeitete Auflage, Jena 1931.

Lorenzen, Jörg: Kollektive Kapitalanlagen in Immobilien – Eine Untersuchung über Wesen und betriebswirtschaftliche Problematik schweizerischer und deutscher Zertifikate mit Immobilienanlagen, Hamburg 1970.

Loritz, Karl-Georg; *Rickmers*, Benedikt: Unternehmensfinanzierung im Kapitalmarkt und Kapitalanlagegesetzbuch bei operativ tätigen Unternehmen, Neue Zeitschrift für Gesellschaftsrecht (NZG) 2014, S. 1241–1250.

Lutter, Marcus: Das überholte Thesaurierungsgebot bei Eintragung einer Kapitalgesellschaft im Handelsregister, Neue Juristische Wochenschrift (NJW) 1989, S. 2649–2656.

Lutter, Marcus; *Hommelhoff*, Peter (Begr.); *Bayer*, Walter; *Hommelhoff*, Peter; *Kleindiek*, Detlef; *Lutter*, Marcus (Hrsg.), GmbH-Gesetz – Kommentar, 19. neu bearbeitete und erweiterte Auflage, Köln 2016 (zitiert: *Bearbeiter* in: Lutter/Hommelhoff GmbHG).

Malcher, Ulrike: Die Rechtsform(en) der Aktiengesellschaften, Baden-Baden 2014.

Maunz, Theodor; *Dürig*, Günter (Begr.); *Herzog*, Roman; *Scholz*, Rupert; *Herdegen*, Matthias; *Klein*, Hans H. (Hrsg.), Grundgesetz – Kommentar, Stand: Dez. 2017 (81. Ergänzungslieferung), München 2017 (zitiert: *Bearbeiter* in: Maunz/Dürig).

Menkel, Andreas: Die Aufrechnungsbefugnis der Treugebergesellschafter gegen den Zessionar bei Abtretung des Freistellungsanspruchs durch die Treuhandgesellschafterin, Neue Zeitschrift für Gesellschaftsrecht (NZG) 2014, S. 1253–1258.

Merkt, Hanno: Das Kapitalanlagerecht und die Finanzierung operativ tätiger Unternehmen, Der Betrieb (DB) 2015, S. 2988–2998.

Michalski, Lutz (Begr.); *Heidinger*, Andreas; *Leible*, Stefan; *Schmidt*, Jessica (Hrsg.), Kommentar zum Gesetz betreffend die Gesellschaften mit beschränkter Haftung (GmbH-Gesetz), Band I, Systematische Darstellungen, §§ 1–34 GmbHG, 3. neu bearbeitete Auflage, München 2017 (zitiert: *Bearbeiter* in: Michalski GmbHG).

Mohr, Philipp: Die offene Investmentkommanditgesellschaft – Investmentrecht, Gesellschaftsrecht und Anlegerschutz, Frankfurt 2016.

Möllers, Thomas M. J.; *Seidenschwann*, Sabine: Das neue Kapitalanlagegesetzbuch (KAGB) – Großer Wurf oder historische Schule des 19. Jahrhunderts? in: Möllers, Thomas M. J.; Kloyer, Andreas (Hrsg.): Das neue Kapitalanlagegesetzbuch – Tagung vom 14./15. Juni 2013 an der Juristischen Fakultät Augsburg, München 2013, S. 1–19.

Moritz, Joachim; *Klebeck*, Ulf; *Jesch*, Thomas: Frankfurter Kommentar zum Kapitalanlagerecht, Band 1: Kommentar zum Kapitalanlagegesetzbuch (KAGB), Frankfurt am Main 2016 (zitiert: *Bearbeiter* in: Moritz/Klebeck/Jesch KAGB).

Müchler, Henny: Die Investmentaktiengesellschaft mit veränderlichem Kapital, Frankfurt am Main 2014.

Münchener Handbuch des Gesellschaftsrechts, Band 2: Kommanditgesellschaft, GmbH & Co. KG, Publikums-KG, Stille Gesellschaft, herausgegeben von *Gummert*, Hans; *Weipert*, Lutz, 4. neubearbeitete Auflage, München 2014 (zitiert: *Bearbeiter* in: Münch. Hdb. GesR, Band 2).

Münchener Handbuch des Gesellschaftsrechts, Band 4: Aktiengesellschaft, herausgegeben von *Hoffmann-Becking*, Michael, 4. neubearbeitete Auflage, München 2015 (zitiert: *Bearbeiter* in: Münch. Hdb. GesR, Band 4).

Münchener Kommentar zum Aktiengesetz: AktG, Band 1: §§ 1–75, herausgegeben von *Goette*, Wulf; *Habersack*, Mathias, 4. Auflage, München 2016 (zitiert: *Bearbeiter* in: MüKo AktG, Band 1).

Münchener Kommentar zum Aktiengesetz: AktG, Band 2: §§ 76–117, MitbestG, DrittelbG, herausgegeben von *Goette*, Wulf; *Habersack*, Mathias, 4. Auflage, München 2014 (zitiert: *Bearbeiter* in: MüKo AktG, Band 2).

Münchener Kommentar zum Aktiengesetz: AktG, Band 4: §§ 179–277, herausgegeben von *Goette*, Wulf; *Habersack*, Mathias, 4. Auflage, München 2016 (zitiert: *Bearbeiter* in: MüKo AktG, Band 4).

Münchener Kommentar zum Aktiengesetz: AktG, Band 5: §§ 278–328, SpruchG, ÖGesAusG, Österreichisches Konzernrecht, herausgegeben von *Goette*, Wulf; *Habersack*, Mathias, 4. Auflage, München 2015 (zitiert: *Bearbeiter* in: MüKo AktG, Band 5).

Münchener Kommentar zum Bürgerlichen Gesetzbuch: BGB, Band 1: Allgemeiner Teil, §§ 1–240, ProstG, AGG, herausgegeben von *Säcker*, Franz Jürgen; *Rixecker*, Roland; *Oetker*, Hartmut; *Limperg*, Bettina, 7. Auflage, München 2015 (zitiert: *Bearbeiter* in: MüKo BGB, Band 1).

Münchener Kommentar zum Bürgerlichen Gesetzbuch: BGB, Band 2: Schuldrecht – Allgemeiner Teil, herausgegeben von *Säcker*, Franz Jürgen; *Rixecker*, Roland; *Oetker*, Hartmut; *Limperg*, Bettina, 7. Auflage, München 2016 (zitiert: *Bearbeiter* in: MüKo BGB, Band 2).

Münchener Kommentar zum Bürgerlichen Gesetzbuch: BGB, Band 6: Schuldrecht – Besonderer Teil IV, §§ 705–853, Partnerschaftsgesellschaftsgesetz, Produkthaftungsgesetz, herausgegeben von *Säcker*, Franz Jürgen; *Rixecker*, Roland; *Oetker*, Hartmut; *Limperg*, Bettina, 7. Auflage, München 2017 (zitiert: *Bearbeiter* in: MüKo BGB, Band 6).

Münchener Kommentar zum Bürgerlichen Gesetzbuch: BGB, Band 12: Internationales Privatrecht II, Internationales Wirtschaftsrecht, Einführungsgesetz zum Bürgerlichen Gesetzbuche (Art. 50–253), herausgegeben von *Säcker*, Franz Jürgen; *Rixecker*, Roland; *Oetker*, Hartmut; *Limperg*, Bettina, 7. Auflage, München 2018 (zitiert: *Bearbeiter* in: MüKo BGB, Band 12).

Münchener Kommentar zum Gesetz betreffend die Gesellschaften mit beschränkter Haftung: GmbHG, Band 1: §§ 1–34, herausgegeben von *Fleischer*, Holger; *Goette*, Wulf, 3. Auflage, München 2018 (zitiert: *Bearbeiter* in: MüKo GmbHG, Band 1).

Münchener Kommentar zum Gesetz betreffend die Gesellschaften mit beschränkter Haftung: GmbHG, Band 2: §§ 35–52, herausgegeben von *Fleischer*, Holger; *Goette*, Wulf, 2. Auflage, München 2016 (zitiert: *Bearbeiter* in: MüKo GmbHG, Band 2).

Münchener Kommentar zum Handelsgesetzbuch: HGB Band 1: Erstes Buch. Handelsstand, §§ 1–104 a, herausgegeben von *Schmidt*, Karsten, 4. Auflage, München 2016 (zitiert: *Bearbeiter* in: MüKo HGB, Band 1).

Münchener Kommentar zum Handelsgesetzbuch: HGB Band 2: Zweites Buch. Handelsgesellschaften und stille Gesellschaft. Erster Abschnitt. Offene Handelsgesellschaft §§ 105–160, herausgegeben von *Schmidt*, Karsten, 4. Auflage, München 2016 (zitiert: *Bearbeiter* in: MüKo HGB, Band 2).

Münchener Kommentar zum Handelsgesetzbuch: HGB Band 3: Zweites Buch. Handelsgesellschaften und stille Gesellschaft, §§ 161–237, herausgegeben von *Schmidt*, Karsten, 3. Auflage, München 2012 (zitiert: *Bearbeiter* in: MüKo HGB, Band 3).

Neuburger, August: Das Gesetz über Kapitalgesellschaften, Die Aktiengesellschaft (AG) 1957, S. 97–99.

Niewerth, Johannes; *Rybarz*, Jonas: Änderung der Rahmenbedingungen für Immobilienfonds – das AIFM-Umsetzungsgesetz und seine Folgen, Wertpapier-Mitteilungen (WM) 2013, S. 1154–1167.

Noack, Ulrich: 11. Kapitel: Aktien – Gattungen, Verbriefung, Übertragung in: Bayer, Walter; Habersack, Mathias (Hrsg.): Aktienrecht im Wandel – Band II Grundsatzfragen des Aktienrechts, Tübingen 2007, S. 510–545.

Noack, Ulrich; *Zetzsche*, Dirk: Bankaktienrecht und Aktienbankrecht in: Grundmann, Stefan; Haar, Brigitte; Merkt, Hanno; Mülbert, Peter O.; Wellenhofer, Marina; Baum, Harald; Hein, Jan von; Hippel, Thomas von; Pistor, Katharina; Roth, Markus; Schweitzer, Heike (Hrsg.): Festschrift für Klaus J. Hopt zum 70. Geburtstag am 24. August 2010 – Unternehmen Markt und Verantwortung, Berlin, New York 2010, S. 2283–2300.

Oetker, Hartmut: Handelsgesetzbuch Kommentar, 5. Auflage, München 2017 (zitiert: *Bearbeiter* in: Oetker HGB).

Oetker, Hartmut: Kommentar zum Handelsgesetzbuch (HGB), 4. Auflage, München 2015 (zitiert: *Bearbeiter* in: Oetker HGB, 4. Auflage 2015).

Palandt, Otto: Bürgerliches Gesetzbuch – Mit Nebengesetzen insbesondere mit Einführungsgesetz (Auszug) einschließlich Rom I-, Rom II- und Rom III-Verordnungen sowie Haager Unterhaltsprotokoll und EU-Erbrechtsverordnung, Allgemeines Gleichbehandlungsgesetz (Auszug), Wohn- und Betreuungsvertragsgesetz, BGB-Informationspflichten-Verordnung, Unterlassungsklagengesetz, Produkthaftungsgesetz, Erbbaurechtsgesetz, Wohnungseigentumsgesetz, Versorgungsausgleichsgesetz, Lebenspartnerschaftsgesetz, Gewaltschutzgesetz, 77. Auflage, München 2018.

Patzner, Andreas; *Döser*, Achim; *Kempf*, Ludger J.: Investmentrecht, Kapitalanlagegesetzbuch – Investmentsteuergesetz, Handkommentar, 2. Auflage, Baden-Baden 2015 (zitiert: *Bearbeiter* in: Patzner/Döser/Kempf).

Pluskat, Sorika: Die Investmentaktiengesellschaft mit veränderlichem Kapital – Tot- oder Lebendgeburt?, Wertpapier-Mitteilungen (WM) 2005, S. 772–777.

Priester, Hans-Joachim: Die Kommanditgesellschaft auf Aktien ohne natürlichen Komplementär, Zeitschrift für das gesamte Handelsrecht und Wirtschaftsrecht (ZHR) 160 (1996), S. 250–264.

Reichert, Jochem: GmbH & Co. KG, 7. überarbeitete Auflage, München 2015 (zitiert: *Bearbeiter* in: Reichert GmbH & Co. KG).

Reichert, Jochem; *Winter*, Martin: Die »Abberufung« und Ausschließung des geschäftsführenden Gesellschafters der Publikums-Personengesellschaft – Zugleich Besprechung der BGH-Entscheidung vom 9. 11. 1987 – II ZR 100/87, BB 1988 S. 159, Betriebsberater (BB) 1988, S. 981–992.

Reiner, Fabienne Stephanie: Geschlossene Photovoltaik-/Projektentwicklungsfonds unter dem Kapitalanlagegesetzbuch (KAGB), Gesellschafts- und Wirtschaftsrecht (GWR) 2016, S. 202–206.

Röhricht, Volker; *Graf von Westphalen*, Friedrich; *Haas*, Ulrich: Handelsgesetzbuch – Kommentar zu Handelsstand, Handelsgesellschaften, Handelsgeschäften und besonderen Handelsverträgen (ohne Bilanz- Transport- und Seerecht), 4. neu bearbeitete und erweiterte Auflage, Köln 2014 (zitiert: *Bearbeiter* in: Röhricht/Graf von Westphalen/Haas HGB).

Rüber, Bernd; *Reiff*, Gunter: Voraussetzungen einer gewerblichen Entprägung der extern verwalteten geschlossenen Investmentkommanditgesellschaft, Betriebsberater (BB) 2014, S. 1634–1637.

Sachtleber, Ole W.: Zivilrechtliche Strukturen von open-end-Investmentfonds in Deutschland und England, Göttingen 2010.

Schäcker, Hanns-Erhard: Entwicklung und System des Investmentsparens, Frankfurt a.M. 1961.

Schäfer, Carsten: Besondere Regelungen für börsennotierte und für nichtbörsennotierte Gesellschaften?, Neue Juristische Wochenschrift (NJW) 2008, S. 2536–2544.

Schäfer, Carsten: Gesellschaftsrecht, 5. Auflage, München 2018.

Schäfer, Carsten: Gutachten E zum 71. Deutschen Juristentag – Empfiehlt sich eine grundlegende Reform des Personengesellschaftsrechts?, München 2016.

Schäfer, Carsten: Zu Fragen der Treugeberhaftung bei qualifizierten Treuhandbeteiligungen an Publikumspersonengesellschaften, Zeitschrift für das gesamte Handelsrecht und Wirtschaftsrecht (ZHR) 177 (2013), S. 619–642.

Schewe, Benedikt: Kommanditgesellschaften im Regelungsbereich des Investmentrechts – Eine Analyse des Spannungsverhältnisses zwischen personengesellschaftsrechtlicher Organisationsverfassung und dem System der kollektiven Vermögensverwaltung im KAGB sowie dessen Auswirkungen im Steuerrecht, Berlin 2017.

Schimansky, Herbert; *Bunte*, Hermann-Josef; *Lwowski*, Hans-Jürgen: Bankrechts-Handbuch, Band 1, 4. Auflage, München 2011 (zitiert: *Bearbeiter* in: Schimansky/Bunte/Lwowski, Bankrechts-Handbuch, 4. Auflage).

Schmidt, Karsten: Die Freiberufliche Partnerschaft – Zum neuen Gesetz zur Schaffung von Partnerschaftsgesellschaften, Neue Juristische Wochenschrift (NJW) 1995, S. 1–7.

Schmidt, Karsten: Die GmbH & Co. – eine Zwischenbilanz, GmbH Rundschau (GmbHR) 1984, S. 272–284.

Schmidt, Karsten: Gesellschaftsrecht, 4., völlig neu bearbeitete und erweiterte Auflage, Köln, Berlin, Bonn, München 2002.

Schmidt, Karsten; *Lutter*, Marcus: Aktiengesetz Kommentar, 3. Auflage, Köln 2015 (zitiert: *Bearbeiter* in: K. Schmidt/Lutter).

Schmidt, Reinhard H.; *Spindler*, Gerald: Shareholder-Value zwischen Ökonomie und Recht in: Assmann, Heinz-Dieter; Brinkmann, Thomas; Gounalakis, Georgios; Kohl, Helmut; Walz, Rainer (Hrsg.): Freundesgabe für Friedrich Kübler zum 65. Geburtstag, Heidelberg 1997, S. 515–555.

Schneider, Uwe H.: Compliance als Aufgabe der Unternehmensleitung, Zeitschrift für Wirtschaftsrecht (ZIP) 2003, S. 645–650.

Schnittker, Helder; *Bennecke*, Andreas: Wegzug und Zuzug von Personengesellschaften – Gesellschafts- und steuerrechtliche Folgen, Finanz-Rundschau (FR) 2010, S. 565–578.

Scholz, Franz: GmbHG, Kommentar zum GmbH-Gesetz in 3 Bänden, Band I: §§ 1 – 34, 12. Auflage, Köln, Saarbrücken 2018 (zitiert: *Bearbeiter* in: Scholz GmbHG).

Schubert, Leif; *Schuhmann*, Alexander: Die Kategorie des semiprofessionellen Anlegers nach dem Kapitalanlagegesetzbuch, Zeitschrift für Bank- und Kapitalmarktrecht (BKR) 2015, S. 45–52.

Schuler, Hans: Kapitalanlagegesellschaften, ihre Sondervermögen und Anteilscheine, Neue Juristische Wochenschrift (NJW) 1957, S. 1049–1053.

Schürnbrand, Jan: Publikumspersonengesellschaften in Rechtsprechung und Literatur, Zeitschrift für Unternehmens- und Gesellschaftsrecht (ZGR) 2014, S. 256–283.

Schwintowski, Hans-Peter: Gesellschaftsrechtliche Anforderungen an Vorstandshaftung und Corporate Governance durch das neue System der kartellrechtlichen Legalausnahme, Neue Zeitschrift für Gesellschaftsrecht (NZG) 2005, S. 200–203.

Sedlmaier, Holger: Die Investment-Rechnungslegungs- und Bewertungsverordnung – Überblick und kritische Würdigung, Wertpapier-Mitteilungen (WM) 2010, S. 1437–1444.

Seitz, Georg: Die InvestmentKG – Bereichsspezifisches Sonderrecht für die InvestmentKG und deren Verortung im Gefüge des (Personen-)Gesellschaftsrechts, Aachen 2017.

Senger, Michael; *Vogelmann*, Axel: Die Umwandlung von Vorzugsaktien in Stammaktien, Die Aktiengesellschaft (AG) 2002, S. 193–214.

Servatius, Wolfgang: Verbesserter Anlegerschutz bei geschlossenen Fonds nach dem KAGB, Zeitschrift für Immobilienrecht (ZfIR) 2014, S. 134–142.

Siara, Georg; *Tormann*, Wolfgang: Gesetz über Kapitalanlagegesellschaften vom 16. April 1957, Frankfurt a.M. 1957 (zitiert: *Bearbeiter* in: Siara/Tormann KAGG 1957).

Sodan, Helge; *Ziekow*, Jan: Grundkurs Öffentliches Recht – Staats- und Verwaltungsrecht, 8., wesentlich überarbeitete Auflage, München 2018.

Spindler, Gerald: Deregulierung des Aktienrechts?, Die Aktiengesellschaft (AG) 1998, S. 53–74.

Spindler, Gerald: Regeln für börsennotierte vs. Regeln für geschlossene Gesellschaften – Vollendung des Begonnenen?, Die Aktiengesellschaft (AG) 2008, S. 598–604.

Spindler, Gerald; *Stilz*, Eberhard: Kommentar zum Aktiengesetz: AktG Band 1: §§ 1–149, 2. Auflage, München 2010 (zitiert: *Bearbeiter* in: Spindler/Stilz AktG, Band 1, 2. Aufl.).

Spindler, Gerald; *Stilz*, Eberhard: Kommentar zum Aktiengesetz: AktG Band 1: §§ 1–149, 3. Auflage, München 2015 (zitiert: *Bearbeiter* in: Spindler/Stilz AktG, Band 1).

Spindler, Gerald; *Stilz*, Eberhard: Kommentar zum Aktiengesetz: AktG Band 2: §§ 150–410, IntGesR, SpruchG, SE-VO, 3. Auflage, München 2015 (zitiert: *Bearbeiter* in: Spindler/Stilz AktG, Band 2).

Staub, Hermann (Begr.); *Canaris*, Claus-Wilhelm; *Habersack*, Mathias; *Schäfer*, Carsten (Hrsg.), Handelsgesetzbuch: HGB Band 3: §§ 105–160, 5. völlig neu bearbeitete Auflage, Berlin 2009 (zitiert: *Bearbeiter* in: Staub HGB, Band 3).

Staub, Hermann (Begr.); *Canaris*, Claus-Wilhelm; *Habersack*, Mathias; *Schäfer*, Carsten (Hrsg.), Handelsgesetzbuch: HGB Band 4: §§ 161–237, 5. neu bearbeitete Auflage, Berlin 2015 (zitiert: *Bearbeiter* in: Staub HGB, Band 4).

Staudinger, Julius von: J. von Staudingers Kommentar zum Bürgerlichen Gesetzbuch: Staudinger BGB – Buch 2: Recht der Schuldverhältnisse §§ 705–740 (Gesellschaftsrecht), 13. Bearbeitung, Berlin 2003 (zitiert: *Bearbeiter* in: Staudinger).

Steck, Kai-Uwe; *Schmitz*, Rainer: Die Investmentaktiengesellschaft mit veränderlichem und fixem Grundkapital – Eine (neue) Rechtsform für Kapitalanlagen, Die Aktiengesellschaft (AG) 2004, S. 658–669.

Stoffels, Markus: AGB-Recht, 3., neubearbeitete Auflage, München 2015.

Terbrack, Christoph: Kapitalherabsetzende Maßnahmen bei Aktiengesellschaften, Rheinische Notar-Zeitschrift (RNotZ) 2003, S. 90–119.

Tieves, Johannes: Der Unternehmensgegenstand der Kapitalgesellschaft, Köln 1998.

Tröger, Tobias: Gesetzgebung im Recht der Personengesellschaften, Juristenzeitung (JZ) 2016, S. 834–845.

Ulmer, Peter; *Brandner*, Hans E.; *Hensen*, Horst-Diether: AGB-Recht, Kommentar zu den §§ 305–310 BGB und zum UKlaG, 12., neu bearbeitete Auflage, Köln 2016 (zitiert: *Bearbeiter* in: Ulmer/Brandner/Hensen, AGB-Recht).

Veltmann, Till: Instrumente des Anlegerschutzes im Investmentrecht, Aachen 2007.

Voigt, Frederik; *Busse*, Ulrike: Die Übergangsvorschriften für geschlossene Fonds nach dem Regierungsentwurf zum AIFM-Umsetzungsgesetz, Zeitschrift für Bank- und Kapitalmarktrecht (BKR) 2013, S. 184–192.

Volhard, Patricia; *Jang*, Jin-Hyuk: Der Vertrieb alternativer Investmentfonds – Regelungsrahmen für den Vertrieb an professionelle und semi-professionelle Anleger in Deutschland nach dem RegE zur Umsetzung der AIFM-RL, Der Betrieb (DB) 2013, S. 273–278.

Volhard, Patricia; *Wilkens*, Sarah: Änderungen im Investmentrecht, Der Betrieb (DB) 2008, S. 1195–1199.

Wagner, Klaus-Rudolf: Die Massenkommanditgesellschaft als Mittel zur Vermögensbeteiligung der Arbeitnehmer, Göttingen 1985.

Wallach, Edgar: Die Investmentaktiengesellschaft mit veränderlichem Kapital im Gewand des Investmentänderungsgesetzes 2007, Der Konzern 2007, S. 487–497.

Wallach, Edgar: Die Regulierung von Personengesellschaften im Kapitalgesetzbuch, Zeitschrift für Unternehmens- und Gesellschaftsrecht (ZGR) 2014, S. 289–328.

Wälzholz, Eckhard: Wege in die PartG mbB – Überlegungen zur Gründung und Umwandlung bereits existierender Rechtsträger in eine PartG mbB, Deutsches Steuerrecht (DStR) 2013, S. 2637–2642.

Wechsler, Ulrich: Immobilienfonds, Frankfurt a. M. 1968.

Wegner, Ralf: Die selbstverwaltete Hedgefonds-Investmentaktiengesellschaft mit Teilgesellschaftsvermögen – Ausgewählte aufsichtsrechtliche Fragen des InvG (2007) unter besonderer Berücksichtigung des Verbots des öffentlichen Vertriebs und unter Ausschluss bilanzrechtlicher Aspekte, Hamburg 2010.

Weiser, Benedikt; *Hüwel*, Martin: Verwaltung alternativer Investmentfonds und Auslagerung nach dem KAGB-E, Betriebsberater (BB) 2013, S. 1091–1097.

Weitnauer, Wolfgang: Handbuch Venture Capital – Von der Innovation zum Börsengang, 5. überarbeitete Auflage, München 2016.

Weitnauer, Wolfgang; *Boxberger*, Lutz; *Anders*, Dietmar: KAGB – Kapitalanlagegesetzbuch, 2. Auflage, München 2017 (zitiert: *Bearbeiter* in: Weitnauer/Boxberger/Anders KAGB).

Westermann, Harm Peter: Theorie der Grundtypenvermischung am Beispiel der GmbH & Co KG in: Bitter, Georg; Lutter, Marcus; Priester, Hans-Joachim; Schön, Wolfgang; Ulmer, Peter (Hrsg.): Festschrift für Karsten Schmidt zum 70. Geburtstag, Köln 2009, S. 1709–1729.

Westermann, Harm Peter; *Wertenbruch*, Johannes: Handbuch Personengesellschaften – Gesellschaftsrecht, Steuerrecht, Sozialversicherungsrecht, Verträge und Formulare, 70. Lieferung 01.2018, Köln (zitiert: *Bearbeiter* in: Westermann/Wertenbruch, Hdb. Personengesellschaften).

Wiedemann, Herbert: Alte und neue Kommanditgesellschaften, Neue Zeitschrift für Gesellschaftsrecht (NZG) 2013, S. 1041–1046.

Wiedemann, Herbert: Gesellschaftsrecht Band 1 – Grundlagen, München 1980.

Wiedemann, Herbert: Gesellschaftsrecht Band 2 – Recht der Personengesellschaften, München 2004.

Wiesner, Georg: Die Enthaftung ausgeschiedener persönlich haftender Gesellschafter einer KGaA, Zeitschrift für das gesamte Handelsrecht und Wirtschaftsrecht (ZHR) 148 (1984), S. 56–73.

Windbichler, Christine: Empfehlen sich besondere Regeln für börsennotierte und für geschlossene Gesellschaften?, Juristenzeitung (JZ) 2008, S. 840–846.

Windbichler, Christine: Gesellschaftsrecht – Ein Studienbuch, 24., völlig neu bearbeitete Auflage, München 2017 des von Alfred Hueck begründeten und in der 18. und 19. Auflage von Götz Hück bearbeiteten Werkes.

Wolf, Manfred; *Lindacher*, Walter F.; *Pfeiffer*, Thomas: AGB-Recht – Kommentar, 6. Auflage, München 2013 (zitiert: *Bearbeiter* in: Wolf/Lindacher/Pfeiffer AGB-Recht).

Wolff, Hans J.: Der Unterschied zwischen öffentlichem und privatem Recht, Archiv des öffentlichen Rechts (AöR) 1950/51, S. 205–217.

Wundenberg, Malte: Compliance und die prinzipiengeleitete Aufsicht über Bankengruppen, Tübingen 2012.

Zetzsche, Dirk: Aktivlegitimation gemäß §§ 78, 89 KAGB im Investment-Drei- und -Viereck in: Casper, Matthias; Klöhn, Lars; Roth, Wulf-Henning; Schmies, Christian (Hrsg.): Festschrift für Johannes Köndgen zum 70. Geburtstag, Köln 2016, S. 677–699.

Zetzsche, Dirk: Das Gesellschaftsrecht des Kapitalanlagegesetzbuches, Die Aktiengesellschaft (AG) 2013, S. 613–630.

Zetzsche, Dirk: Grundprinzipien des KAGB in: Möllers, Thomas M. J.; Kloyer, Andreas (Hrsg.): Das neue Kapitalanlagegesetzbuch – Tagung vom 14./15. Juni 2013 an der Juristischen Fakultät Augsburg, München 2013, S. 131–160.

Zetzsche, Dirk: Prinzipien der kollektiven Vermögensanlage, Tübingen 2015.

Zielinski, Gustav: Grundtypvermischungen und Handelsgesellschaftsrecht – Der Eintritt von Kapitalgenossenschaften in Personalgesellschaften seine wirtschaftliche Bedeutung und rechtliche Zulässigkeit, Marburg i. Hessen 1925.

Ziemons, Hildegard; *Jäger*, Carsten: Beck'scher Online-Kommentar GmbHG, 34. Edition, Stand: 01.02.2018, München (zitiert: *Bearbeiter* in: Beck OK GmbHG).

FSC
www.fsc.org
MIX
Papier | Fördert gute Waldnutzung
FSC® C083411

Kolibri 360 GmbH
Ferdinand-Jühlke-Straße 7
99095 Erfurt, Deutschland
produktsicherheit@kolibri360.de

Druck:
CPI Druckdienstleistungen GmbH
im Auftrag der
Kolibri 360 GmbH
Ferdinand-Jühlke-Str. 7
99095 Erfurt